Linux Para leigos

O Linux pode parecer um ambiente muito intimidador. Mas não precisa ser! Com os dois tópicos nesta folha de cola — os comandos que você usará diariamente e as páginas de ajuda úteis — você conseguirá navegar com facilidade seu ambiente Linux.

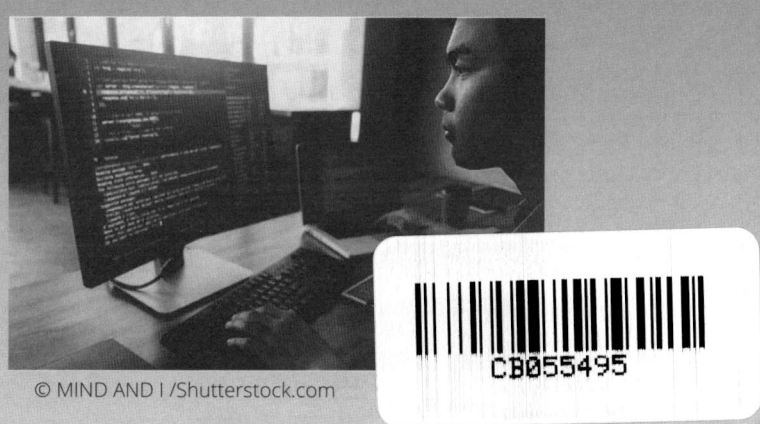

© MIND AND I /Shutterstock.com

COMANDOS DO LINUX

Embora atualmente seja possível fazer a maioria das coisas no Linux apontando e clicando, você ainda pode querer tentar usá-lo no prompt de comando. Esta tabela mostra os comandos que ajudam a navegar o sistema Linux usando apenas o teclado.

Comando	Descrição
cat [*nome_arquivo*]	Exibe o conteúdo do arquivo no dispositivo de saída padrão (em geral seu monitor).
cd /*caminho_diretório*	Muda para o diretório.
chmod [*opções*] modo nome_arquivo	Muda as permissões de um arquivo.
chown [*opções*] nome_arquivo	Muda o proprietário de um arquivo.
clear	Limpa a tela/janela da linha de comando para recomeçar.
cp [*opções*] origem destino	Copia arquivos e diretórios.
date [*opções*]	Exibe ou define a data/hora do sistema.
df [*opções*]	Exibe o espaço em disco usado e disponível.
du [*opções*]	Mostra quanto espaço cada arquivo ocupa.
file [*opções*] nome_arquivo	Mostra o tipo de dados de um arquivo.

(continua)

(continuação)

Comando	Descrição
find [*nome_caminho*] [*expressão*]	Pesquisa arquivos que correspondem a um padrão fornecido.
grep [*opções*] *padrão* [*nome_arquivo*]	Pesquisa arquivos ou saída segundo certo padrão.
kill [*opções*] *pid*	Para um processo. Se o processo se recusar a parar, use kill-9 pid.
less [*opções*] [*nome_arquivo*]	Exibe o conteúdo de um arquivo em uma página por vez.
ln [*opções*] *origem* [*destino*]	Cria um atalho.
locate *nome_arquivo*	Pesquisa uma cópia do sistema de arquivos feita por volta das 3h da manhã para obter o nome de arquivo especificado.
lpr [*opções*]	Envia um trabalho de impressão.
ls [*opções*]	Lista o conteúdo do diretório.
man [*comando*]	Exibe informações de ajuda para o comando especificado.
mkdir [*opções*] *diretório*	Cria um diretório.
mv [*opções*] *origem destino*	Renomeia ou move arquivo(s) ou diretórios.
passwd [*nome* [*senha*]]	Muda a senha ou permite (ao administrador do sistema) mudar qualquer senha.
ps [*opções*]	Exibe um instantâneo dos processos em execução atualmente.
pwd	Exibe o nome de caminho do diretório atual.
rm [*opções*] *diretório*	Remove (exclui) arquivo(s) e/ou diretórios.
rmdir [*opções*] *diretório*	Exclui diretórios vazios.
ssh [*opções*] *usuário@máquina*	Login remoto em outra máquina Linux, na rede. Saia de uma sessão ssh digitando exit.
su [*opções*] [*usuário* [*argumentos*]]	Troca para outra conta do usuário.
tail [*opções*] [*nome_arquivo*]	Exibe as últimas n linhas de um arquivo (o padrão é 10).
tar [*opções*] *nome_arquivo*	Armazena e extrai arquivos de tarfile (.tar) ou tarball (.tar.gz ou .tgz).
top	Exibe os recursos usados no sistema. Pressione q para sair.
touch *nome_arquivo*	Cria um arquivo vazio com o nome especificado.
who [*opções*]	Exibe quem está conectado.

Linux®
Para leigos

Linux® para leigos

Tradução da 10ª Edição

Richard Blum

ALTA BOOKS
GRUPO EDITORIAL
Rio de Janeiro, 2023

Linux Para Leigos

Copyright © 2023 da Starlin Alta Editora e Consultoria Eireli.
ISBN: 978-65-5520-836-8

Translated from original Linux For Dummies. Copyright © 2020 by Wiley Publishing, Inc. ISBN 978-1-119-70425-6. This translation is published and sold by permission of John Wiley, the owner of all rights to publish and sell the same. PORTUGUESE language edition published by Starlin Alta Editora e Consultoria Eireli, Copyright © 2023 by Starlin Alta Editora e Consultoria Eireli.

Impresso no Brasil — 1ª Edição, 2023 — Edição revisada conforme o Acordo Ortográfico da Língua Portuguesa de 2009.

Todos os direitos estão reservados e protegidos por Lei. Nenhuma parte deste livro, sem autorização prévia por escrito da editora, poderá ser reproduzida ou transmitida. A violação dos Direitos Autorais é crime estabelecido na Lei nº 9.610/98 e com punição de acordo com o artigo 184 do Código Penal.

A editora não se responsabiliza pelo conteúdo da obra, formulada exclusivamente pelo(s) autor(es).

Marcas Registradas: Todos os termos mencionados e reconhecidos como Marca Registrada e/ou Comercial são de responsabilidade de seus proprietários. A editora informa não estar associada a nenhum produto e/ou fornecedor apresentado no livro.

Erratas e arquivos de apoio: No site da editora relatamos, com a devida correção, qualquer erro encontrado em nossos livros, bem como disponibilizamos arquivos de apoio se aplicáveis à obra em questão.

Acesse o site www.altabooks.com.br e procure pelo título do livro desejado para ter acesso às erratas, aos arquivos de apoio e/ou a outros conteúdos aplicáveis à obra.

Suporte Técnico: A obra é comercializada na forma em que está, sem direito a suporte técnico ou orientação pessoal/exclusiva ao leitor.

A editora não se responsabiliza pela manutenção, atualização e idioma dos sites referidos pelos autores nesta obra.

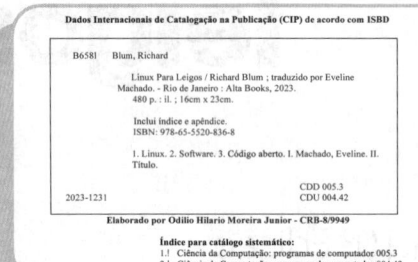

Dados Internacionais de Catalogação na Publicação (CIP) de acordo com ISBD

B658l Blum, Richard
Linux Para Leigos / Richard Blum ; traduzido por Eveline Machado. - Rio de Janeiro : Alta Books, 2023.
480 p. : il. ; 16cm x 23cm.

Inclui índice e apêndice.
ISBN: 978-65-5520-836-8

1. Linux. 2. Software. 3. Código aberto. I. Machado, Eveline. II. Título.

CDD 005.3
2023-1231   CDU 004.42

Elaborado por Odílio Hilario Moreira Junior - CRB-8/9949

Índice para catálogo sistemático:
1.! Ciência da Computação: programas de computador 005.3
2.! Ciência da Computação: programas de computador 004.42

Produção Editorial
Grupo Editorial Alta Books

Diretor Editorial
Anderson Vieira
anderson.vieira@altabooks.com.br

Editor
José Ruggeri
j.ruggeri@altabooks.com.br

Gerência Comercial
Claudio Lima
claudio@altabooks.com.br

Gerência Marketing
Andréa Guatiello
andrea@altabooks.com.br

Coordenação Comercial
Thiago Biaggi

Coordenação de Eventos
Viviane Paiva
comercial@altabooks.com.br

Coordenação ADM/Finc.
Solange Souza

Coordenação Logística
Waldir Rodrigues

Gestão de Pessoas
Jairo Araújo

Direitos Autorais
Raquel Porto
rights@altabooks.com.br

Produtor da Obra
Thiê Alves

Produtores Editoriais
Illysabelle Trajano
Maria de Lourdes Borges
Paulo Gomes
Thales Silva

Equipe Comercial
Adenir Gomes
Andrea Riccelli
Ana Claudia Lima
Daiana Costa
Everson Sete
Kaique Luiz
Luana Santos
Maira Conceição
Natasha Sales
Pablo Frazão

Equipe Editorial
Ana Clara Tambasco
Andreza Moraes
Beatriz de Assis
Beatriz Frohe
Betânia Santos
Brenda Rodrigues
Caroline David

Erick Brandão
Elton Manhães
Gabriela Paiva
Gabriela Nataly
Henrique Waldez
Isabella Gibara
Karolayne Alves
Kelry Oliveira
Lorrahn Candido
Luana Maura
Marcelli Ferreira
Mariana Portugal
Marlon Souza
Matheus Mello
Milena Soares
Patricia Silvestre
Viviane Corrêa
Yasmin Sayonara

Marketing Editorial
Amanda Mucci
Ana Paula Ferreira
Beatriz Martins
Ellen Nascimento
Guilherme Nunes
Livia Carvalho
Thiago Brito

Atuaram na edição desta obra:

Tradução
Eveline Machado

Copidesque
Maíra Meyer

Revisão Gramatical
Kamila Wozniak
Thaís Pol

Revisão Técnica
Vagner Fonseca
Especialista em Linux

Diagramação
Lucia Quaresma

Editora afiliada à: ASSOCIADO

ALTA BOOKS
GRUPO EDITORIAL

Rua Viúva Cláudio, 291 – Bairro Industrial do Jacaré
CEP: 20.970-031 – Rio de Janeiro (RJ)
Tels.: (21) 3278-8069 / 3278-8419
www.altabooks.com.br — altabooks@altabooks.com.br
Ouvidoria: ouvidoria@altabooks.com.br

Sobre o Autor

Richard Blum atuou na indústria de TI por mais de trinta anos como administrador de rede e sistemas. Nessa época, ele teve a oportunidade de trabalhar com muitos produtos diferentes, inclusive Windows, Netware, Cisco, Avaya, vários tipos de UNIX e, claro, Linux. Ao longo dos anos, ele foi voluntário em várias ONGs para ajudar a dar suporte a pequenas redes que tinham pouco apoio financeiro. Rich é autor de vários livros sobre Linux para verdadeiros nerds Linux e dá cursos online em Linux e programação web.

Quando não está ocupado como nerd de computador, Rich gosta de tocar piano e baixo, passa seu tempo com a esposa, Barbara, e suas duas filhas, Katie Jane e Jessica.

Dedicatória

Às minhas filhas, Katie Jane e Jessica. Lembrem-se: sempre é a hora certa para aprender coisas novas (mesmo quando não está na escola).

"O sábio ouvirá e crescerá em conhecimento, e o entendido adquirirá sábios conselhos." Provérbios 1:5 (versão padrão)

Agradecimentos

Primeiro, todo louvor e glória a Deus, que por meio de Seu Filho torna todas as coisas possíveis, e nos dá o dom da vida eterna.

Um agradecimento especial aos autores anteriores na série *Linux Para Leigos*. Entrei neste projeto na Edição 8; é incrível pensar nos grandes autores que participaram na orientação dessa série desde o início. Fico feliz por participar dessa tradição e de todo o trabalho dedicado de vocês.

Muitos agradecimentos para as ótimas pessoas na John Wiley & Sons por sua ajuda e orientação na escrita do livro. Obrigado a Katie Mohr por começar este projeto e a Kelsey Baird por pegar as coisas no meio e levar até o fim. Agradeço também a Rebecca Senninger por ajudar a manter o projeto focado e nos trilhos, mesmo quando parecia que tudo desandaria! Um agradecimento especial a Guy Hart-Davis, o editor técnico deste livro. As correções e as sugestões de Guy melhoraram muito o livro — obrigado, Guy! Obrigado também a Carole Jelen da Waterside Productions por organizar este trabalho e manter minha carreira de escritor nos trilhos.

Por fim, gostaria de agradecer a meus pais, Mike e Joyce Blum, por sempre colocarem a educação acima da brincadeira, e à minha esposa Barbara e filhas Katie Jane e Jessica por seu amor e apoio, sobretudo durante o trabalho neste projeto.

Sumário Resumido

Introdução 1

Parte 1: O Começo de Tudo 5
CAPÍTULO 1: Conhecendo o Linux 7
CAPÍTULO 2: Preparando Seu PC para o Linux 19
CAPÍTULO 3: Instalando o Linux 37
CAPÍTULO 4: Examinando o Ambiente GNOME 61
CAPÍTULO 5: Examinando o Ambiente KDE Plasma 83
CAPÍTULO 6: Explorando Ambientes Alternativos....................... 101

Parte 2: Fique por Dentro do Linux..................... 117
CAPÍTULO 7: Entendendo o Sistema de Arquivos Linux 119
CAPÍTULO 8: Usando o Sistema de Arquivos................................ 133
CAPÍTULO 9: Conectando à Internet 153

Parte 3: Realizando Tarefas 173
CAPÍTULO 10: Usando a Internet 175
CAPÍTULO 11: Colocando os Pingos nos Is 203
CAPÍTULO 12: Processamento de Texto e Muito Mais com o LibreOffice 219
CAPÍTULO 13: Lidando com Áudio 253
CAPÍTULO 14: Lidando com Vídeo e Gráficos............................. 273

Parte 4: Iniciação para Administrador Júnior............291
CAPÍTULO 15: Adicionando Software ao Linux 293
CAPÍTULO 16: Trabalhando sem GUI 307
CAPÍTULO 17: Fundamentos da Administração do Sistema 325
CAPÍTULO 18: Um Linux Seguro É um Linux Feliz 345
CAPÍTULO 19: Automatizando Seu Mundo................................. 363
CAPÍTULO 20:: O Mundo Virtual... 385

Parte 5: A Parte dos Dez 401
CAPÍTULO 21: Dez Etapas para Rodar um Servidor Web 403
CAPÍTULO 22: Dez Dicas para Solução de Problemas 427

Apêndice A: Comandos Comuns do Linux 439

Apêndice B: Distribuições Linux 449

Índice 455

Sumário

INTRODUÇÃO 1
    Sobre Este Livro 1
    Como Usar Este Livro 2
    Penso que... 3
    Ícones Usados neste Livro 4
    De Lá para Cá, Daqui para Lá 4

PARTE 1: O COMEÇO DE TUDO 5

CAPÍTULO 1: Conhecendo o Linux 7
    Gratuito É Realmente de Graça? 7
    Linux: Revolução ou Só Outro SO?. 8
    Anatomia de um Projeto de Software de Código Aberto 11
        GNU? 11
        Quem é responsável pelo Linux? 13
        Einstein foi voluntário 13
    Pacote Linux: A Distribuição 14
        Distribuições Linux de núcleo 14
        Distribuições Linux especializadas 16
        Distribuição Linux Live 17

CAPÍTULO 2: Preparando Seu PC para o Linux 19
    Preparando-se para Usar o Linux e o
      Microsoft Windows Juntos 22
        Instalando um segundo disco rígido 22
        Particionando um disco existente 23
    Confirmando a Compatibilidade do Hardware 29
    Finalmente, Finalmente, Antes de Começar 33
        Desativando o recurso de inicialização segura 33
        Criando um disco de inicialização 34

CAPÍTULO 3: Instalando o Linux 37
    Antes de Começar a Instalação 38
    Instalando a Partir do Ubuntu Live 39
    Primeira Inicialização do Ubuntu 50
    Instalando o openSUSE 52

CAPÍTULO 4: Examinando o Ambiente GNOME 61
    A História do GNOME 61

Esmiuçando o Ambiente GNOME. 62
    O Menu, por favor!. 63
    Ambiente de trabalho 67
Explorando a Visão Geral das Atividades 69
    Painel. 69
    Área de visão geral das janelas. 72
    Trabalhando com espaços de trabalho 73
Personalizando Seu Caminho 75
    Plano de fundo 75
    Aparência 76
    Telas 77
    Mouse e touchpad 79
Atenção aos Recursos de Acessibilidade 80

CAPÍTULO 5: Examinando o Ambiente KDE Plasma 83
Ambiente KDE Plasma 83
    Mais menus!. 85
    Painel. 89
    Ambiente de trabalho 91
Usando Widgets. 92
    Adicionando widgets 92
    Obtendo mais widgets 95
Configurações do Sistema Plasma 97
Configurações da Pasta Desktop 98
Configurações de Acessibilidade 99

CAPÍTULO 6: Explorando Ambientes Alternativos 101
Incrementando com Cinnamon 101
    A História do Cinnamon. 102
    Examinando o menu 103
    Mudando as configurações. 104
    Incrementando mais 106
Trabalhando com o MATE 107
    A história do MATE 107
    Examinando o menu 109
    Mudando as configurações do ambiente. 110
    Applets 111
Interface do Ambiente Xfce 112
    A história do Xfce 112
    Menu Whisker 113
    Mudando as configurações do Xfce. 115
    Applets 116

PARTE 2: FIQUE POR DENTRO DO LINUX **117**

CAPÍTULO 7: Entendendo o Sistema de Arquivos Linux **119**
    Peças do Quebra-cabeças 120
    Tour no Sistema de Arquivos Linux 120
        A raiz da árvore 120
        A importância de ser /etc 122
        Onde reside a mídia removível 122
        Onde está /usr no computador 123
    Gerenciando Seu Sistema de Arquivos sem
      Rede (ou Mouse) 124
        Exibindo informações sobre arquivos
          na linha de comando 124
        As informações da listagem de arquivos 126
        Entendendo os tipos de arquivo 127
        Navegando o sistema de arquivos no Linux 128
    Manual de Permissões 129
        Verificando o trio 130
        Cuidado com os proprietários 131
        Andando em grupos 132

CAPÍTULO 8: Usando o Sistema de Arquivos **133**
    Clicando no Sistema de Arquivos 133
    Usando Files 134
        Definindo quanta informação você vê 137
        Criando diretórios 138
        Abrindo arquivos e executando programas 139
        Copiando e movendo arquivos 139
        Excluindo arquivos e diretórios 140
        Tirando da lixeira 141
        Exibindo e alterando permissões 142
    Nadando com o Dolphin 143
    Não se Esqueça do Xfce! 146
    Usando DVDs e Outra Mídia Removível 148
    Acessando as Unidades do Windows no Computador 149
    Acessando as Unidades de Rede 150
    Encontrando Coisas 151

CAPÍTULO 9: Conectando à Internet **153**
    Fundamentos da Conectividade com a Internet 153
    Configurando o Hardware 155
    Selecionando um ISP (Provedor de Serviços de Internet) 156
    Obtendo as Informações Necessárias com Seu ISP 157

Sumário   **xiii**

Configurando a Conexão..................................158
    Network Manager.......................................158
    Ferramentas da linha de comando.....................162
    Discagem 169
Tudo É Festa Até Algo Não Funcionar.......................169
Após Conectar..171

PARTE 3: REALIZANDO TAREFAS 173

CAPÍTULO 10: Usando a Internet............................ 175
Navegando na Web com o Firefox..........................175
Comunicação por E-mail 182
Transferências de Arquivo à Moda Antiga 197
Conversando com o Skype 199
Trabalhando com Outras Ferramentas da Internet 201

CAPÍTULO 11: Colocando os Pingos nos Is 203
O Conteúdo de um Arquivo de Texto 204
Editando Arquivos de Texto com nano 205
    Salvando seu trabalho durante o processo.............205
    Salvando e seguindo sua vida.........................206
Escolhendo o gedit 206
    Inserindo e editando texto no gedit 207
    Salvando seu trabalho 207
    Definindo as preferências............................208
Editando Texto no KDE Plasma............................211
    Escrevendo com o KWrite.............................212
    Conheça o Kate......................................216

CAPÍTULO 12: Processamento de Texto e Muito Mais com o LibreOffice 219
Instalando o Pacote LibreOffice 220
Processamento de Texto com o LibreOffice Writer 221
    Um tour no LibreOffice Writer 221
    Trabalhar com arquivos Writer.......................225
Planilhas com LibreOffice Calc 226
    Um tour no LibreOffice Calc 226
    Trabalhando com arquivos Calc......................230
Apresentações com LibreOffice Impress 231
    Criando uma apresentação...........................231
    Um tour no LibreOffice Impress......................232
    Trabalhando com arquivos Impress 236
Arte com o LibreOffice Draw..............................236

Um tour no LibreOffice Draw 236
Trabalhando com arquivos Draw. 240
Gerenciando Dados com LibreOffice Base. 240
Obtendo ajuda com o assistente. 240
Um tour no LibreOffice Base 243
Colocando na tabela. 245
Layout com o LibreOffice Math. 247
Barra de menus. 248
Barra de ferramentas padrão. 249
Seção do documento. 250
Apresentações com LibreOffice Impress .231
Criando uma apresentação. 231
Um tour no LibreOffice Impress. 232
Trabalhando com arquivos Impress .236
Arte com o LibreOffice Draw. 236
Um tour no LibreOffice Draw 236
Trabalhando com arquivos Draw. 240
Gerenciando Dados com LibreOffice Base. 240
Obtendo ajuda com o assistente. 240
Um tour no LibreOffice Base 243
Colocando na tabela. 245
Layout com o LibreOffice Math. 247
Barra de menus. 248
Barra de ferramentas padrão. 249
Seção do documento. 250

CAPÍTULO 13: Lidando com Áudio 253
Que Som? Não Ouço Nada!. 253
Ouvindo CDs 256
GNOME 3 e Rhythmbox. 257
KDE Plasma e CDs. 259
VLC ao resgate. 260
Ouvindo as Músicas Baixadas. 261
Amarok 262
Rhythmbox revisitado. 264
Ouvindo Rádio na Internet 265
Extraindo Trilhas dos CDs 266
Gravando CDs e DVDs de Áudio. 268
Usando o Brasero. 268
Usando o K3b 270

CAPÍTULO 14: Lidando com Vídeo e Gráficos ... 273
Assistindo a Vídeos na Web... 274
    Suporte de vídeo do Firefox... 274
    Mais suporte de vídeo... 275
Vendo Arquivos de Filme... 277
    Videos do GNOME... 278
    Dragon do KDE... 279
    VLC... 280
Assistindo a DVDs... 281
Criando e Modificando Gráficos... 282
    Ferramentas básicas do GIMP... 283
    Capturando telas... 284
    Editando um arquivo de imagem... 285
    Usando scripts do GIMP... 287
Jogos em 3D... 289

PARTE 4: INICIAÇÃO PARA ADMINISTRADOR JÚNIOR ... 291

CAPÍTULO 15: Adicionando Software ao Linux ... 293
Abrindo os Arquivos Baixados... 294
Compactando e Reunindo Arquivos para Compartilhar... 295
Mantendo Atualizado... 296
    Atualizando o Ubuntu... 296
    Atualizando o openSUSE... 298
Instalando um Novo Software... 299
    Adicionando aplicações... 299
    Adicionando pacotes... 301
Encontrando Mais Software... 304
Atualizando Seu SO... 305

CAPÍTULO 16: Trabalhando sem GUI... 307
Lidando com o Shell... 308
    Acessando um shell... 308
    Prompt do shell... 310
Entendendo a Sintaxe e a Estrutura do Comando bash... 311
Iniciando Programas no Shell... 313
Bom Uso da Expansão dos Caracteres Especiais... 314
Trabalhando com Comandos Longos... 314
    Pedindo ao Linux para completar um comando ou um nome de arquivo... 314
    Acessando o histórico de comandos... 315
Trabalhando com Variáveis... 316
    Variáveis versus variáveis de ambiente... 316

As variáveis de ambiente mais usadas 317
Armazenando e recuperando os valores das variáveis 318
Usando Redirecionamento e Pipes 320
Redirecionando a saída do comando 321
Colocando pipes 322
"Socorro!" 323
Limpando a tela 323

capítulo 17: Fundamentos da Administração do Sistema .. 325
Gerenciando Usuários e Grupos 326
Encontrando a ferramenta certa 326
Adicionando novos usuários 328
Adicionando novos grupos 330
Imprimindo 332
Configurações do servidor da impressora 334
Adicionando uma nova impressora 336
Modificando as propriedades da impressora 338
Monitor do Sistema 340
Processes 340
Resources 343
File Systems 344

capítulo 18: Um Linux Seguro É um Linux Feliz 345
Escolhendo Senhas Seguras 346
Atualizando o Software 347
Falhas na rede 347
Shell seguro (SSH) 353
Falhas no software 359
Fique de Olho nos Arquivos de Log com
System Log Viewer 359
Localizando os Recursos da Segurança 362

capítulo 19: Automatizando Seu Mundo 363
Fundamentos do Shell Script 363
Executando vários comandos 364
Redirecionando a saída 364
Redirecionando dados com pipe 365
Formato do shell script 366
Executando o shell script 368
Shell Script Avançado 369
Exibindo mensagens 369
Usando variáveis 370
Argumentos da linha de comando 373

Status da saída 374
Escrevendo Programas de Script 375
  Substituição de comando 375
  Fazendo cálculos 376
  Declarações lógicas 378
  Loops 382

CAPÍTULO 20: O Mundo Virtual 385
O que É Software de Virtualização? 385
Instalando o VirtualBox 386
Criando uma Máquina Virtual 388
Personalizando uma Máquina Virtual 392
  Mudando as configurações 392
  Instalando um SO 395
Trabalhando com a Máquina Virtual 397
  Área do menu Machine 397
  Menu View 399
  Área do menu Devices 399

PARTE 5: A PARTE DOS DEZ 401

CAPÍTULO 21: Dez Etapas para Rodar um Servidor Web 403
Partes Obrigatórias 404
Etapa 1: Selecione um Servidor Web 404
Etapa 2: Selecione uma Linguagem de Programação 405
Etapa 3: Selecione o Servidor do Banco de Dados 406
Etapa 4: Instale os Servidores 408
  Instalando servidores no Ubuntu 408
  Instalando servidores no openSUSE 410
Etapa 5: Examine o Servidor Apache 412
  Definindo o local da pasta da web 412
  Definindo a porta TCP padrão 413
  Interagindo com o servidor PHP 413
  Rastreando erros 414
Etapa 6: Examine o Servidor MySQL (ou MariaDB) 415
  Principais configurações do servidor 416
  Trabalhando com o mecanismo de armazenamento InnoDB 416
Etapa 7: Personalize o Servidor PHP 417
Etapa 8: Crie o Ambiente BD 420
Etapa 9: Crie a Aplicação 423
Etapa 10: Implemente e Teste a Aplicação 424

CAPÍTULO 22: Dez Dicas para Solução de Problemas 427
    Dica 1: "O Instalador do Linux Congelou" 428
    Dica 2: Verificando as Distribuições Gravadas 429
    Dica 3: "Pedi ao Instalador para Testar os Gráficos e Eles
        Falharam" 430
    Dica 4: "O Instalador Testou Bem os Gráficos, mas
        Minha GUI Não Inicia" 430
    Dica 5: "Acho que Estou no Linux, Mas Não Sei
        o que Fazer!" 431
    Dica 6: "Não Quero Inicializar Aqui!" 432
    Dica 7: Mudando o Ambiente de Inicialização de
        Modo "Permanente" 433
        Mudando o ambiente de inicialização por ora 435
    Dica 8: "Quero Mudar as Resoluções da Tela" 435
    Dica 9: "Minha GUI Travou e Fiquei Preso!" 436
    Dica 10: "Socorro, Minha Máquina Trava na Inicialização!" 437
    "Aaah! Esqueci Minha Senha Root! E Agora?" 438

APÊNDICE A: COMANDOS COMUNS DO LINUX 439
    Comandos do Linux por Função 439
    Arquivos e Sistemas de Arquivos 442
    Controle do Sistema 445

APÊNDICE B: DISTRIBUIÇÕES LINUX 449
    Slackware 450
    Fedora 450
    Debian 452
    Gentoo 454

ÍNDICE 455

Introdução

Bem-vindo ao fascinante mundo do software de código aberto que é o Linux. Neste livro apresento as maravilhas do sistema operacional Linux, originalmente criado como um trabalho por amor de Linus Torvalds no começo dos anos 1990. Meu objetivo é iniciá-lo no rápido crescimento de usuários e apaixonados pelo Linux, que rescrevem ativamente as regras do mercado do SO.

Se você pensa em mudar para o Linux, mas acha a possibilidade hostil, relaxe. Pode colocar a água para ferver e acertar o alarme, você também pode se tornar um usuário Linux. (É sério!)

Quando este livro surgiu em sua primeira edição, o Linux era um fenômeno emergente não muito conhecido nem compreendido. Nesta edição, para uma nova geração de usuários Linux, há tanto material disponível que eu adaptei este título em particular para o que é o Linux e como você pode usá-lo melhor em seu ambiente de trabalho. Para tanto, estas páginas contêm vários recursos online, dicas e truques, assim como instruções mais gerais. Se você busca material sobre servidores, o livro *Linux All-in--One Desk Reference For Dummies* de Emmett Dulaney (sem publicação no Brasil) pode atender suas necessidades.

Neste livro mantenho o mínimo de linguagem técnica e uso o português mais claro possível. Além da explicação clara sobre a instalação do Linux, inicialização, configuração e software, incluo muitos exemplos, muitas instruções detalhadas para ajudá-lo a configurar e usar sua máquina Linux com um mínimo de estresse ou confusão.

Sobre Este Livro

Pense neste livro como um guia amistoso e acessível para abordar a terminologia e a coleção de ferramentas, utilitários e widgets do Linux. Embora o Linux não seja muito difícil de entender, ele tem um monte de detalhes, parâmetros e *administrivia* (trivialidades administrativas, no linguajar UNIX). É preciso adaptar esses detalhes ao instalar, configurar, gerenciar e solucionar problemas em um computador Linux. Alguns tópicos de exemplo encontrados neste livro incluem:

- » Entender de onde vem o Linux e o que ele pode fazer por você
- » Instalar o sistema operacional Linux
- » Trabalhar com um sistema Linux para gerenciar arquivos e adicionar software

» Configurar o acesso à internet e navegar na web
» Personalizar o ambiente de trabalho do Linux
» Gerenciar a segurança e os recursos do sistema Linux

Embora à primeira vista possa parecer que trabalhar com o Linux requer anos de experiência prática, tentativas e erros sem fim, treinamento avançado em ciência da computação e dedicação intensa, coragem! Não é verdade! Se você consegue dizer a alguém como encontrar seu escritório, com certeza pode criar um sistema Linux que faz o que você deseja. A finalidade deste livro não é transformá-lo em um verdadeiro nerd Linux (que é o estágio final do conhecimento Linux, claro); é mostrar os prós e os contras que você precisa dominar para criar um sistema Linux funcional e lhe dar prática e confiança para usá-lo.

Como Usar Este Livro

Este livro mostra como instalar, configurar e personalizar um sistema Linux. Atualmente, embora você possa fazer a maioria das coisas no Linux apontando e clicando, ainda pode querer usar o Linux no prompt de comando, onde instruções detalhadas são digitadas para carregar ou configurar software, acessar arquivos e fazer outras tarefas. Neste livro, a entrada aparece em fonte monoespaçada:

```
rmdir /etc/bin/devone
```

Ao digitar os comandos Linux ou outras informações afins, copie a informação exatamente como a vê no livro, inclusive as letras maiúsculas e minúsculas, porque é parte da mágica que faz o Linux se comportar corretamente.

Não seguir as instruções com exatidão pode ter efeitos colaterais tristes, indesejáveis ou inesperados.

As margens de um livro não lhe dão o mesmo espaço na tela do computador; portanto, neste livro algumas URLs e comandos longos no prompt podem aparecer divididos na linha seguinte. Lembre-se de que seu computador vê essas linhas quebradas como um *único conjunto de instruções* ou como uma URL; se você digitar uma parte de texto, mantenha-o em uma única linha. Não insira uma quebra forçada se vir uma dessas linhas quebradas. Minha dica é que deve estar tudo em uma linha, dividindo a linha com uma barra ou uma quebra natural da palavra (significando "Espere, tem mais!") e recuar um pouco o excesso, como no exemplo simples a seguir:

```
      www.infocadabra.transylvania.com/nexus/plexus/lexus/
      praxis/okay/this/is/a/make-believe/URL/but/some/real/
      ones/ are/SERIOUSLY/long.html
```

Note que, conforme você se aprofunda neste livro e em outras fontes de astúcia, sabedoria e inspiração do Linux, poderá encontrar termos usados de modo alternado. Por exemplo, pode ver a mesma parte do software chamada de *programa, comando utilitário, script, aplicação* ou *ferramenta*, dependendo da fonte, do contexto e da origem da informação sendo consultada. Em grande parte, é possível tratar esses termos como sinônimos e, quando uma diferenciação importante precisar ser feita entre eles, mostrarei. Do mesmo modo, quando estiver trabalhando com vários comandos ou controles de configuração, você também pode encontrar termos como *flag, argumento, opção* ou *parâmetro*, usados de forma mais ou menos alternada. Nesse caso, todos eles se referem a modos como é possível controlar, aprimorar ou modificar os comandos/programas básicos para que façam o que você deseja. Mais uma vez, onde for necessário fazer distinção e dar esclarecimentos, vou fornecê-los.

Penso que...

Dizem que fazer suposições torna a pessoa que as faz uma tola, assim como a pessoa sobre quem as suposições são feitas. (E quem são *elas*, a propósito? *Penso que* eu sei, mas não importa.) Mesmo assim, a praticidade requer que eu faça algumas suposições sobre você, caro leitor:

> » Você consegue ligar e desligar seu computador.
>
> » Sabe usar o mouse e o teclado.
>
> » Deseja instalar, configurar e/ou usar um sistema Linux no ambiente de trabalho porque está curioso ou interessado, ou seu trabalho exige isso.

Você não precisa ser mestre em lógica ou um mago na arte oculta da programação para usar este livro, nem precisa ser doutor em ciência da computação. Você nem precisa entender por completo ou com perfeição o que acontece dentro do computador.

Se você tem uma imaginação ativa e capacidade para resolver problemas básicos, é ainda melhor — já dominou os principais ingredientes necessários para fazer o Linux funcionar. O resto são meros detalhes e um pouco de paciência. Posso ajudá-lo com os detalhes, mas a paciência cabe a você!

Ícones Usados neste Livro

Em cada capítulo, os ícones destacam informações particularmente importantes ou úteis. Você encontra os seguintes ícones neste livro:

O ícone Dica marca as informações úteis que tornam a convivência com seu sistema Linux bem menos complicada do que você temia ser.

Às vezes uso este ícone para destacar informações que você não deve esquecer — não ignore estes gentis lembretes (a vida, a sanidade ou a página que você salva pode ser a sua).

Tenha cuidado quando vir este ícone; ele avisa sobre coisas que você não deve fazer. Ele serve para enfatizar que as consequências de ignorar essas pérolas de sabedoria podem ser graves.

Este ícone sinaliza os detalhes técnicos que informam e interessam, mas não são essenciais para entender e usar o Linux. Pule esses parágrafos se quiser (mas volte e leia-os mais tarde).

De Lá para Cá, Daqui para Lá

É onde você segue uma direção e coloca o pé na estrada! O *Linux Para Leigos*, 10ª Edição, lembra muito o livro *As Mil e Uma Noites* porque quase não importa onde você começa. Você vê muitas cenas e histórias diferentes conforme se prepara para criar seu próprio sistema Linux. Embora cada história tenha personagens e enredos distintos e próprios, o todo certamente é algo para se admirar. Não se preocupe, você consegue. Quem se importa se outra pessoa pensa que você só está brincando? Sei que está pronto para se divertir como nunca.

E não se esqueça de verificar a Folha de Cola Online. Vá para `www.altabooks.com.br` e procure pelo título do livro. Faça o download da Folha de Cola completa, bem como de erratas e possíveis arquivos de apoio.

Divirta-se!

1
O Começo
de Tudo

NESTA PARTE...

Descubra o que é Linux, de onde veio e como funciona.

Lide com as várias tarefas e atividades envolvidas ao preparar e instalar o Linux em um PC.

Inicialize seu novo ambiente Linux.

Encontre seu caminho no ambiente de trabalho e ajuste como quiser.

> **NESTE CAPÍTULO**
>
> » Mergulhando nas origens e nos recursos do Linux
>
> » Diferenciando o Linux do resto dos sistemas operacionais
>
> » Dependendo do GNU e da GPL
>
> » Admirando-se com a Empresa Linux (ou a ausência dela)
>
> » Verificando as distribuições Linux populares

Capítulo **1**

Conhecendo o Linux

Bem-vindo ao mundo do Linux, o sistema operacional desenvolvido por milhares de pessoas no mundo todo! Neste capítulo você aprende sobre o Linux em si: o que é, de onde vem e por que chama tanta atenção. Prepare-se para desafiar suas suposições sobre como um software *deve* ser desenvolvido e vendido, e se abra a novas possibilidades.

Gratuito É Realmente de Graça?

Entender o Linux requer uma mudança radical de pensamento quanto ao modo como você adquire e usa um software de computador. (**Nota:** Radical significa chegar à raiz do problema, não enfeitar nem acampar no prédio da administração.) Seu primeiro passo para mudar a mentalidade é alterar sua conotação geral da palavra *gratuito* para representar *liberdade*, em vez de *preço zero*. Isso mesmo; você pode vender um software "gratuito" por um valor... e encorajamos que faça isso, contanto que repasse a mesma liberdade a cada destinatário do software.

Não coce muito a cabeça; esses conceitos são difíceis de entender no início, sobretudo quando consideramos o condicionamento recebido dos departamentos de marketing da indústria de softwares. Talvez não saiba que, quando compra a maioria dos pacotes de software patenteados, na verdade você não *possui* o software. Ao contrário, tem uma permissão para usar o software dentro dos limites ditados por quem concede a licença.

O Linux também tem uma licença. Mas os motivos e a finalidade da licença são muito diferentes em relação ao software comercial. Em vez de usar uma licença para limitar o uso do software, a GNU GPL (Licença Pública Geral GNU) que o Linux usa assegura que o software sempre será aberto a todos. Nenhuma empresa pode ter a propriedade do Linux nem ditar como você o usa ou modifica, embora ela possa ter copyrights individuais e marcas registradas em suas várias marcas do produto, como Red Hat e SUSE. Em essência, você já tem o Linux e pode usá-lo para qualquer coisa desejada, contanto que reproduza as liberdades GPL para qualquer outro destinatário do software.

Linux: Revolução ou Só Outro SO?

Antes de nos aprofundamos no Linux, preciso explicar a terminologia.

Tux é o nome formal do pinguim mascote que representa o Linux. Há boatos de que o criador do Linux, Linus Torvalds, seja apaixonado por esses habitantes bem vestidos da Antártica.

Sistema operacional (SO) é o software executado em seu computador, lidando com todas as interações entre você e o hardware. Se você escreve uma carta, calcula um orçamento ou gerencia suas receitas no PC, o SO fornece o ar essencial que seu computador respira. E mais, um SO não é só um programa; ele consiste em centenas de programas e utilitários menores que permitem que nós, seres humanos, usemos um computador para fazer algo útil. Então você executa outros programas (como seu processador de texto) no SO para fazer tudo.

Na história tecnológica recente, o Linux passou de um parquinho tecnológico para uma solução consolidada para empresas. O mesmo software que antes fora rejeitado como perigoso, agora está sendo adotado e promovido por líderes do segmento, como IBM, Hewlett-Packard, Motorola, Microsoft e Intel. Cada um desses fabricantes de computador determinou que o Linux tem valor para seus clientes (assim como para suas próprias operações).

O Linux foi acusado de ser "apenas outro sistema operacional". Na superfície, pode parecer que sim, mas, vendo mais a fundo, conseguimos perceber que não. O projeto Linux é o carro-chefe que lidera a tendência atual de software de código aberto e gratuito (como liberdade, não como preço zero) no setor de computação. Um SO sólido devido ao modelo sob o qual foi desenvolvido (e continua sendo), o Linux representa muito o que é bom no desenvolvimento de software.

Duas distinções fundamentais separam o Linux do resto dos SOs:

» O Linux é licenciado sob uma *GNU GPL* única e inteligente, sobre a qual você pode ler na próxima seção.

» O Linux é desenvolvido e mantido por uma equipe de voluntários e programadores pagos do mundo todo, trabalhando juntos pela internet.

O Linux é ótimo por muitos motivos, inclusive o fato de que as pessoas que o criaram do zero queriam que ele fosse

» **Multiusuário:** Mais de um usuário pode estar conectado a um computador ao mesmo tempo.

» **Multiprocesso:** Ser realmente *multitarefa preemptiva* permite que o núcleo do SO lide de modo eficiente com vários programas executados ao mesmo tempo. É importante para fornecer vários serviços em um computador.

» **Multiplataforma:** Ao passo que o MacOS roda apenas nas CPUs Intel e o Windows apenas nas CPUs Intel e ARM, atualmente o Linux roda em mais de 24 *plataformas* diferentes de CPU (tipos de hardware), inclusive PCs Intel com 32 e 64 bits, Digital/Compaq Alpha, todas as variações do Apple Macintosh, Sun SPARC, Apple iPod, CPUs ARM e até Microsoft XBox.

» **Interoperável:** O Linux se sai bem com a maioria dos protocolos de rede (linguagens) e SOs, permitindo interagir com usuários e computadores com Microsoft Windows, UNIX, computadores Apple Macintosh e outros grupos específicos.

» **Escalável:** Conforme sua computação precisa aumentar, você pode contar com o Linux para acompanhar esse crescimento. O mesmo SO Linux pode rodar em um porta-retratos eletrônico minúsculo, desktop ou servidor industrial muito grande.

» **Portável:** O Linux é escrito em grande parte na linguagem de programação *C*, que é criada especificamente para escrever software para SO e pode ser *portada* (convertida) facilmente para rodar no novo hardware do computador.

» **Flexível:** Você pode configurar o SO Linux como um host de rede, roteador, estação de trabalho gráfica, PC para escritório, computador para entretenimento doméstico, servidor de arquivos, servidor web, cluster ou qualquer outro equipamento de computação imaginado.

» **Estável:** O *kernel* do Linux (o núcleo do SO) atingiu um nível de maturidade que deixa a maioria dos desenvolvedores de software com inveja. É comum ouvir relatos de servidores Linux rodando por anos sem dar pau.

» **Eficiente:** O design modular do Linux permite incluir apenas os componentes necessários para rodar os serviços desejados. Mesmo os computadores mais antigos podem usar o Linux e voltar a ser úteis.

» **Gratuito:** Para a maioria, o aspecto mais intrigante do Linux é o fato que costuma está disponível de graça. Como é possível (os capitalistas comentam baixinho) criar uma isca melhor sem o incentivo do retorno financeiro direto?

Neste capítulo, pretendo responder à última pergunta. Também espero dar uma ideia do modelo de desenvolvimento de software de código aberto que criou o Linux.

DE ONDE VEIO O LINUX?

O modo mais rápido de entender o Linux é dar uma olhada em seu valioso legado. Embora a programação do núcleo do Linux tenha iniciado em 1991, os conceitos do design se basearam no SO *UNIX* já testado.

O UNIX foi desenvolvido no Bell Telephone Laboratories no final dos anos 1960. Os arquitetos originais do UNIX, trabalhando quando havia poucos SOs, queriam criar um que compartilhasse dados, programas e recursos com eficiência e segurança, algo não disponível na época (e ainda buscado atualmente). Desde então, o UNIX evoluiu em muitas versões diferentes; sua família atual é tão complicada que parece uma erva daninha, crescendo em todo lugar!

Em 1991, Linus Torvalds era aluno de Ciência da Computação na Universidade de Helsinque, Finlândia. Ele queria um sistema operacional que lembrasse o UNIX, pelo qual se afeiçoara na universidade, mas o UNIX e o hardware no qual ele rodava eram caros demais. Uma versão UNIX chamada Minix estava disponível de graça, mas não atendia bem suas necessidades. Assim, como aluno de Ciência da Computação, Torvalds estudou o Minix e começou a escrever ele mesmo uma nova versão. Em suas próprias palavras (registradas para a posteridade na internet porque estava em uma versão inicial de uma sala de chat online), seu trabalho era "apenas um passatempo, não será grande nem profissional como o GNU".

Escrever um SO não é fichinha. Mesmo após seis meses de trabalho pesado, Torvalds tinha feito pouco progresso quanto à utilidade geral do sistema. Ele postou na internet o que tinha, e descobriu que muitas pessoas compartilhavam seu interesse e curiosidade. Pouco depois, algumas das mentes mais brilhantes no mundo estavam colaborando com o projeto de Linus, adicionando melhorias ou corrigindo bugs (erros no código).

Anatomia de um Projeto de Software de Código Aberto

Para o observador casual (e alguns tomadores de decisão de TI em empresas), o Linux parece uma aberração, uma criatura perigosa gerada aleatoriamente pela anarquia. Afinal, como algo tão complexo e dependente de disciplina quanto um SO pode ser desenvolvido por um bando de nerds voluntários dispersos no mundo todo?

Assim como a ciência tenta classificar e explicar constantemente tudo na existência, analistas da tecnologia ainda tentam entender como a abordagem de código aberto pode criar um software superior, sobretudo nos casos em que é de graça. Muitas vezes os motivos têm muita relação com o desejo comum do homem em atender uma necessidade que precisa de solução. Quando um programador no mundo Linux quer uma ferramenta, simplesmente escreve uma, ou se junta a outras pessoas que querem um pacote parecido e escrevem juntas.

GNU?

Imagine um software criado a partir de uma necessidade, não como uma estimativa de lucro. Mesmo que o UNIX tenha enfim se tornado um software patenteado caro, ideias e motivos para sua criação se basearam originalmente em necessidades práticas. O que as pessoas costumam se referir (no singular) como *sistema operacional Linux* é realmente uma coleção de ferramentas de software criadas com o único propósito de resolver problemas de computação específicos.

A velocidade da popularidade do Linux também não seria possível sem a visão de um homem a quem Steven Levy (autor do livro *Hackers* — sem publicação no Brasil) se refere como "O último dos grandes hackers do Lab de IA do MIT" — no sentido original da palavra, *hacker* é alguém especializado em codificação, não o significado popular atual que implica intenções criminosas. Esse pioneiro e defensor do software *gratuito* é Richard Stallman.

O Instituto de Tecnologia de Massachusetts (MIT) há tempos é conhecido por fomentar as maiores mentes nas disciplinas tecnológicas. Em 1984, Stallman, um aluno talentoso e programador brilhante no MIT, enfrentava um dilema: vender seu talento para uma empresa por uma soma considerável de dinheiro ou doá-lo para o mundo. Ele fez o que todos nós faríamos... certo?

Stallman iniciou uma jornada para criar um SO totalmente gratuito que ele doaria para o mundo. Ele entende e continua a viver com a ética original do hacker, que declara que a informação quer ser livre. Esse conceito não era novo em seu tempo. No início da indústria da computação, muitos progressos foram feitos compartilhando gratuitamente ideias e código de programação. Grupos de usuários patrocinados por fabricantes reuniam suas melhores mentes para resolver problemas complexos. Essa ética, Stallman sentia, foi perdida quando as empresas começaram a acumular software como uma propriedade intelectual própria, com a única finalidade de ter lucro.

Como você pode ou não ter percebido neste ponto, um código-fonte comum e acessível é vital para um desenvolvimento de software bem-sucedido. *Código-fonte* é o termo para o texto legível por pessoas (em oposição aos hieróglifos cibernéticos ilegíveis em um arquivo "executável") que um programador digita para comunicar instruções ao computador.

Escrever programas de computador com código que os computadores conseguem executar diretamente é uma tarefa muito árdua. Em geral, um software de computador moderno é escrito em uma linguagem de fácil entendimento para pessoas, então *compilada* ou traduzida no conjunto de instruções nativo do computador. Para fazer alterações nesse software, um programador precisa acessar o código-fonte do programa. A maioria dos softwares patenteados vem apenas como um produto pré-compilado; o desenvolvedor do software mantém trancado a sete chaves o código-fonte de tais programas.

Após determinar que o SO seria criado em torno de uma estrutura conceitual do UNIX, Stallman quis que o nome do projeto diferenciasse seu sistema do UNIX. Assim, escolheu o acrônimo recursivo *GNU* (pronunciado como ga-*new*), que significa GNUs, não Unix.

Para financiar o projeto GNU, Stallman organizou a Free Software Foundation (FSF), que vendeu o software de código aberto para ajudar a alimentar os programadores que trabalhavam em seu desenvolvimento contínuo (lembre-se, estamos falando *gratuito* como sendo *livre*, não como *preço zero*). Embora a organização e o objetivo de criar um SO completo fossem necessários e importantes, uma parte muito mais fundamental do quebra-cabeças tinha que existir para proteger esse novo software da pirataria de grandes empresas, uma preocupação ainda muito relevante hoje quando uma primeira empresa Linux tenta se apropriar de décadas de trabalho voluntário de milhares de pessoas do mundo todo.

GNU GPL (Licença Pública Geral GNU) é uma licença de software única e criativa que usa a lei de copyright para proteger a liberdade do usuário do software, normalmente o oposto de como funciona um copyright. Em geral, copyright é uma designação aplicável de propriedade e restrição contra duplicação por qualquer pessoa, exceto o detentor do copyright. Quando um software está licenciado sob a GPL, os destinatários são limitados pela lei de copyright e devem respeitar a liberdade de outra pessoa usar o software da maneira que desejar. Um software licenciado sob a GPL também é conhecido como software copy*left* (o inverso de copyright, entendeu?).

Outro modo de lembrar da GPL é por seu resultado final: Garantia Pública para Liberação.

Embora o trabalho de Stallman tenha preparado o terreno para a rápida escalada do Linux em popularidade, o SO em que ele e sua equipe trabalhavam levou mais tempo que o esperado. Se você estiver interessado na versão completa, acesse www.gnu.org/software/hurd/hurd.html (conteúdo em inglês).

Quem é responsável pelo Linux?

Conforme um projeto de código aberto evolui, várias pessoas surgem como líderes. Esse líder é normalmente conhecido como *ditador benevolente do projeto*. Uma pessoa que se torna ditador benevolente provavelmente passou mais tempo que outra em determinado problema e em geral tem uma visão única. Normalmente as palavras *democrático* e *ditador* nunca andam juntas na mesma frase, mas o modelo de código aberto é um processo muito democrático que apoia o reinado de um ditador benevolente.

Linus Torvalds ainda é considerado o ditador benevolente do *kernel* do Linux (o núcleo do SO). Em última instância, ele determina quais recursos são adicionados ou não ao kernel. A comunidade confia na visão e no critério dele. No caso de ele perder o interesse pelo projeto ou a comunidade decidir que ficou caduco, um novo líder surgirá entre as pessoas competentes que trabalham com ele.

Einstein foi voluntário

Alguém que é voluntário ou doa seu tempo para um projeto não está necessariamente oferecendo um esforço inferior (ou só trabalha nos fins de semana e feriados). Na verdade, qualquer especialista em RH dirá que as pessoas que escolhem fazer um trabalho próprio gratuito criarão produtos de qualidade mais alta.

Os voluntários que contribuem em projetos de código aberto em geral são líderes em seus setores que dependem da colaboração da comunidade para fazer um trabalho útil. O conceito de código aberto não é novidade na comunidade científica. O processo imparcial de avaliação por iguais que os projetos de código aberto promovem é essencial ao validar um novo recurso ou capacidade como sendo correta tecnicamente.

LEMBRE-SE

Aqueles que pintam a comunidade de código aberto como violadores e ladrões de copyright em geral entendem mal ou ignoram por completo questões vitais. Os programadores de código aberto têm muito orgulho de seu trabalho *e* também estão muito preocupados com seus próprios copyrights, não querendo que seu trabalho seja roubado por terceiros, daí as licenças como GPL. Essa preocupação cria uma atmosfera com o maior respeito ao copyright. Bandidos que declaram ser "apenas de código aberto" quando roubam o trabalho dedicado de outras pessoas estão fazendo um total mau uso do termo para aliviar suas próprias consciências.

Muitos também destacaram que, se o copyright é violado no código aberto, é fácil dizer. Veja as notícias e observe com que frequência grandes corporações de software são convencidas de roubar o código de terceiros e incorporá-lo no próprio trabalho. Se o produto final é de código aberto, é fácil para qualquer pessoa ver e assegurar que nada roubado exista nele. Como se pode imaginar, rastrear tais violações de copyright é muito mais difícil em um esquema de fonte fechada.

Pacote Linux: A Distribuição

Um pacote com sistema Linux completo é chamado de *distribuição*. Uma distribuição Linux contém o kernel Linux, as ferramentas do projeto GNU e quaisquer projetos de software de código aberto para fornecer as várias funcionalidades do sistema.

Muitas distribuições Linux diferentes estão disponíveis para atender praticamente qualquer requisito de computação que se possa ter. A maioria das distribuições é personalizada para um grupo específico de usuários, como usuários comerciais, fãs de multimídia, desenvolvedores de software ou usuários domésticos normais.

Cada distribuição personalizada inclui pacotes de software requeridos para dar suporte a funções especializadas, como software de edição de áudio e vídeo para fãs de multimídia, ou compiladores e IDEs (ambientes de desenvolvimento integrado) para desenvolvedores de software.

As diferentes distribuições Linux costumam ser divididas em três categorias:

- Distribuições principais de Linux
- Distribuições especializadas
- Distribuições de teste Live

As seguintes seções descrevem os diferentes tipos de distribuições Linux e mostram exemplos em cada categoria.

Distribuições Linux de núcleo

Uma distribuição Linux principal contém o Linux e o SO GNU, um ou mais ambientes gráficos da área de trabalho e quase toda aplicação Linux disponível, pronta para instalar e rodar. A distribuição Linux principal fornece um serviço centralizado para uma instalação Linux completa, não importando os seus requisitos!

A Tabela 1-1 mostra uma das distribuições Linux de núcleo mais populares que existem.

TABELA 1-1 **Distribuições Linux de Núcleo**

Distribuição	Descrição
Slackware	Um dos conjuntos de distribuição Linux originais, popular entre os nerds Linux
Red Hat	Uma distribuição comercial usada principalmente para servidores
CentOS	A versão de código aberto do Red Hat planejada para testes
Fedora	Outra versão de código aberto do Red Hat, mas planejada para uso doméstico
Gentoo	Uma distribuição planejada para usuários Linux avançados, contendo apenas o código-fonte Linux
SUSE	Uma distribuição comercial para uso corporativo
Debian	Popular entre especialistas Linux e produtos Linux comerciais

Nos primórdios do Linux, uma distribuição foi lançada como um conjunto de disquetes. Era preciso baixar grupos de arquivos e copiá-los manualmente nos discos. Em geral requeria vinte ou mais discos para uma distribuição inteira! Nem é preciso dizer que era uma experiência penosa.

Mais tarde, quando era comum os computadores domésticos terem leitores de CD ou DVD embutidos, as distribuições Linux foram lançadas como um conjunto de CDs ou um único DVD. Muitas vezes era preciso baixar um único arquivo de imagem de DVD (normalmente chamado de arquivo ISO segundo a extensão de arquivo usada), então gravar essa imagem em um DVD. Isso tornou a instalação do Linux muito mais fácil.

Atualmente, com muitos computadores acabando com os leitores de DVD, as distribuições Linux ainda são lançadas como arquivos de imagem ISO, mas agora utilitários permitem gravá-los em um dispositivo USB inicializável, que ainda é comumente encontrado em estações de trabalho e servidores.

Embora ter muitas opções disponíveis em uma distribuição seja ótimo para os nerds Linux, pode se tornar um pesadelo para os iniciantes. A maioria das distribuições faz várias perguntas durante o processo de instalação para determinar quais aplicações carregar por padrão, qual hardware está conectado ao PC e como configurar o hardware. Muitas vezes os novatos acham essas perguntas confusas. Como resultado, eles costumam carregar programas demais em seu computador ou não carregam o suficiente, descobrindo mais tarde que o computador não fará o que queriam.

Para a sorte dos iniciantes, há um modo muito mais simples de instalar o Linux.

Distribuições Linux especializadas

Com os anos, um novo subgrupo de distribuição Linux apareceu, planejado especificamente para novos usuários Linux. Em geral, se baseia em uma das distribuições principais, mas contém apenas um subconjunto de aplicações que fariam sentido para uma área específica de uso.

Além de fornecer um software especializado (como somente produtos de escritório para usuários corporativos ou jogos para gamers), as distribuições Linux personalizadas também tentam ajudar os novatos em Linux detectando e configurando automaticamente dispositivos de hardware comuns. Isso torna a instalação um processo muito mais agradável.

A Tabela 1-2 mostra algumas distribuições Linux específicas e mais populares disponíveis, e em que se especializam.

TABELA 1-2 **Distribuições Linux Especializadas**

Distribuição	Descrição
Mint	Uma distribuição para desktop configurada para substituir uma estação de trabalho Windows padrão
Ubuntu	Fornece distribuições para desktop e servidor planejadas para usos estudantil e doméstico
MX Linux	Uma distribuição para desktop para usuários domésticos com hardware mais antigo
openSUSE	Uma versão de código aberto da distribuição SUSE comercial
PCLinuxOS	Uma distribuição focando suporte para placas gráficas e de som avançadas
Puppy	Outra pequena distribuição que roda bem em PCs mais antigos

É apenas uma pequena amostra das distribuições Linux especializadas. Há literalmente centenas delas e outras que surgem o tempo todo na internet.

Não importa sua especialidade, provavelmente encontrará uma distribuição Linux feita para você.

DICA

Você pode ter notado que normalmente uma distribuição Linux lançará versões diferentes da distribuição para cobrir mais terreno. Por exemplo, o Ubuntu lança uma distribuição separada, cada uma usando um ambiente de trabalho diferente.

Distribuição Linux Live

Um fenômeno incrível no mundo Linux é a distribuição Linux DVD de inicialização, originalmente chamada de *LiveDVD*. Hoje, a maioria dos computadores permite iniciar lendo o SO a partir de um DVD ou dispositivo USB, em vez do disco rígido. Isso permite ver como é um sistema Linux sem realmente instalá-lo.

Para utilizar tal recurso, algumas distribuições Linux criam um arquivo ISO de inicialização que você pode gravar em um DVD ou USB. Essas distribuições contêm um subconjunto do sistema Linux completo. Devido aos limites de tamanho, a amostra pode não conter um sistema Linux completo, mas você ficaria surpreso com o software que eles conseguem reunir! O resultado é que você pode inicializar seu PC a partir do DVD ou do USB, então instalar o resto dos pacotes necessários a partir da internet.

É uma excelente maneira de testar várias distribuições Linux sem bagunçar seu PC. Basta colocar um DVD ou dispositivo USB e inicializar! Todo o software Linux rodará diretamente do DVD ou do USB. Na atualidade, quase toda distribuição Linux tem uma versão Live, portanto é fácil baixar uma distribuição na internet e gravá-la em um DVD (ou USB) para fazer um test drive.

Algumas distribuições Linux Live, como o Ubuntu, permitem instalar a distribuição Linux diretamente do dispositivo Live também. Isso permite inicializar com o DVD ou o USB, fazer um test drive da distribuição, então, se gostar, é possível instalar no disco rígido. Esse recurso é muitíssimo útil e amistoso.

Como todas as coisas boas, as distribuições Linux Live têm desvantagens. Como você acessa tudo a partir do DVD ou do USB, as aplicações rodam mais lentamente, sobretudo se a pessoa usa computadores mais antigos e lentos, e unidades de DVD. E mais, qualquer alteração feita no sistema Linux não será replicada na próxima reinicialização.

> **NESTE CAPÍTULO**
>
> » Etapas básicas da pré-instalação
>
> » Usando Linux e Windows no mesmo PC
>
> » Personalizando as partições de disco antes da instalação
>
> » Conhecendo (e descobrindo) as informações do seu hardware
>
> » Preparando a mídia para a instalação

Capítulo **2**

Preparando Seu PC para o Linux

Há muitos modos diferentes de ativar e executar uma estação de trabalho Linux. Com a crescente popularidade do Linux, algumas empresas vendem notebooks com o Linux já instalado. Se você comprou um, pode pular e ir direto para o Capítulo 4, entrando no mundo Linux. Se tem um computador reserva que só rodará o Linux e nada mais, você está com sorte! Pode pular toda a seção "Preparando-se para Usar o Linux e o Microsoft Windows Juntos". Na verdade, se tiver coragem, pode querer ir direto para o Capítulo 3 e começar a instalação. Há informações para solução de problemas no Capítulo 22 também.

Claro, muitas pessoas não têm o luxo de ter mais de um computador dedicado ao Linux. Para instalar o Linux de modo permanente em um PC, é preciso ter uma área do disco rígido configurada para ele. Há três soluções comuns:

» Substitua completamente o SO existente no disco rígido

» Instale o Linux em um segundo disco rígido

» Particione o disco rígido existente para incluir o Linux

BACKUP DO WINDOWS

O termo *backup* significa coisas diferentes para pessoas diferentes. Um *backup completo* copia todo o SO, programas e arquivos de dados no sistema. Em geral requer um software especial que pode copiar todos os arquivos quando seu PC está em execução. Um *backup de dados* só copia os arquivos pessoais individuais criados. Você mesmo pode fazer isso copiando os arquivos normalmente encontrados nas pastas Documentos, Music, Pictures e Vídeos para um dispositivo externo, como DVD ou dispositivo USB. Muito provavelmente para sua transição Linux você pode fazer um backup de dados. Hoje, a maioria dos PCs modernos inclui uma partição separada com arquivos do SO Windows para ser possível restaurar com facilidade o SO em si. Tudo o que você precisa fazer é assegurar que seus arquivos pessoais estejam seguros.

A primeira solução é a mais fácil para instalar o Linux em um PC. A maioria das instalações Linux até inclui um processo automático que o guia na conversão de um PC para ser inteiramente Linux. Contudo, é uma abordagem extrema; você substituirá seu SO inteiramente pelo Linux!

CUIDADO

Se substituir seu SO existente, saiba que, quando terminar, não terá mais seus arquivos de dados originais! Se quiser manter algum arquivo no PC Windows, será preciso fazer backup deles em uma mídia que você possa ler a partir do Linux. Veja a seção separada "Backup do Windows" para obter mais detalhes sobre o processo.

Os outros dois métodos requerem um cenário de *inicialização dupla*. Nesse caso, Linux e Microsoft Windows residem nos discos rígidos no mesmo computador. Ao inicializar o computador, aparece um menu, perguntando sobre qual SO você deseja usar. Isso permite manter suas aplicações e arquivos Windows originais, além de usar o Linux, tudo no mesmo computador!

Se você usa um PC desktop, pode conseguir adicionar um segundo disco rígido novo para instalar o Linux. É de longe a solução mais fácil para um sistema de inicialização dupla e deve ser usada se possível. Infelizmente, a maioria dos notebooks não tem a capacidade de adicionar um segundo disco rígido, portanto você terá que recorrer ao particionamento do disco rígido existente, como explicado na próxima seção.

Se adicionar um segundo disco rígido, anote qual disco é qual em relação a como o computador os vê: você deseja que sua instalação Microsoft Windows fique intocada. Tudo o que precisa saber é qual disco é o primeiro e o segundo no que diz respeito ao computador. Quando souber isso, vá para seção "Confirmando a Compatibilidade do Hardware", posteriormente neste capítulo.

CUIDADO: É muitíssimo importante saber qual disco rígido tem sua instalação Windows original. Quando chegar a hora de carregar o Linux, você não desejará instalá-lo sem querer na unidade com o Windows original! É outro motivo para ser essencial fazer backup de qualquer arquivo importante antes de iniciar o processo. Acidentes acontecem (e com frequência)!

As pessoas que não podem reservar um disco rígido inteiro para o Linux e já têm o Microsoft Windows instalado terão que redimensionar a instalação Windows atual e criar uma segunda partição no disco rígido. A partição permite que um único disco rígido tenha seções lógicas separadas que o PC vê como discos individuais. Se esse for o seu caso, muito provavelmente precisará ler este capítulo inteiro.

DICA: Algumas distribuições Linux (como o Ubuntu) têm a capacidade de modificar as partições existentes do Windows e adicionar uma partição Linux automaticamente como parte do processo de instalação. Por sorte, esse recurso será mais comum entre as outras distribuições. Primeiro verifique a documentação de instalação da sua distribuição Linux em particular antes de avançar.

Se você não quiser mesmo uma inicialização dupla usando seu disco rígido, terá três outras opções; reconheço que eu disse que havia três abordagens no total e estou adicionando mais três aqui, totalizando seis, mas deixe-me explicar.

Você pode usar um *software de virtualização*, como VMware ou VirtualBox da Oracle (veja o Capítulo 20) para instalar uma máquina Linux "virtual" que reside em uma janela dentro de sua instalação Windows existente. Você mantém o disco Windows como está sem modificação. Basta instalar o Linux na área virtual criada pelo software VMware ou VirtualBox.

Também pode fazer o oposto; instale apenas o Linux no computador, então use o VMware ou o VirtualBox para instalar uma máquina Windows virtual que reside em uma janela em sua instalação Linux. Nesse caso, lembre-se de fazer backup de seus arquivos Windows originais antes de instalar o Linux, então restaure-os na nova área do Windows.

Por fim, se pensar em mudar algo em seu PC lhe dá coceiras, basta usar uma *distribuição Live* (veja o Capítulo 1) para iniciar seu computador no Linux sem instalar nada. Executar o Linux a partir de uma unidade de DVD ou USB será mais lento (talvez até muito lento nos PCs mais antigos), todavia funcionará e você terá uma ideia sobre o Linux.

Portanto, considere qual opção detalhada aqui é sua preferida, então leia.

DICA: O Windows 10 introduziu um novo recurso chamado Subsistema do Windows para Linux (WSL). Ele fornece a interface Linux básica (*muito* básica) para que você possa rodar algumas aplicações Linux no Windows. Quando escrevi este livro, o WSL ainda estava no início e não era adequado para rodar um sistema Linux em grande escala dentro do Windows. Mas esperamos que a próxima versão dele tenha suporte para um kernel Linux completo e bibliotecas. Talvez um dia...

Preparando-se para Usar o Linux e o Microsoft Windows Juntos

Se você planeja rodar o Linux e o Microsoft Windows em um ambiente de inicialização dupla na mesma máquina, há chances de que já tem o Windows instalado e já o utiliza há um tempo. Como odeio ouvir gritos de angústia de novos usuários Linux, pare um pouco para avaliar o que você tem e o que precisa fazer.

DICA

No caso remoto de ainda não ter o Windows instalado e desejar a capacidade da inicialização dupla, deve instalar o Windows *antes* de instalar o Linux. Do contrário, durante a instalação o Windows vai sobregravar parte do seu disco rígido que o Linux usa para armazenar seu *menu de inicialização*. (Isso pode bagunçar as coisas mais tarde quando você quiser inicializar de volta no Linux!) Então, após instalar o Windows, retorne aqui.

Mas a maioria deseja uma inicialização dupla porque a pessoa tem uma máquina e já roda uma instalação Windows que ela realmente não deseja refazer. As próximas seções explicam os processos necessários para preparar seu computador para um ambiente de inicialização dupla.

Instalando um segundo disco rígido

Depois de substituir o SO existente, o segundo modo mais fácil de colocar o Linux em um PC é instalar um segundo disco rígido. Muitos PCs desktop suportam vários discos rígidos encadeando os dois no mesmo cabo de disco ou fornecendo vários cabos para lidar com os discos rígidos.

É preciso abrir o gabinete, procurar para ver o que você terá pela frente. As placas padrão do controlador de disco na maioria dos PCs permitem até dois dispositivos por controlador e os PCs costumam ter mais de um controlador instalado na placa-mãe. Se você vir dois cabos com longos conectores de múltiplos pinos, está com sorte. Se vir apenas um cabo com um conector vazio, tudo bem também.

Em geral é possível determinar a configuração do controlador de disco vendo a tela de configuração BIOS no PC. Para acessar essa tela BIOS, em geral é preciso pressionar uma tecla de Função (F2 ou F12) quando seu PC inicializa pela primeira vez. Consulte o fabricante específico do PC para saber qual tecla usar. Além do disco rígido, os controladores também permitem conectar unidades de CD/DVD, então você precisará ter cuidado ao avaliar a situação do seu controlador de disco.

DICA

Se a placa-mãe tiver apenas um controlador de disco e o utiliza para o disco rígido e um dispositivo DVD, você não conseguirá adicionar um segundo disco rígido nesse controlador. Em geral, consegue encontrar placas controladoras de disco plug-in para adicionar um segundo controlador ao PC. Será preciso fazer isso apenas se quiser adicionar outro disco rígido.

Após instalar o segundo disco rígido, você está pronto para prosseguir com o Linux. Como mencionado antes, será útil saber qual é o disco rígido do Windows e qual será usado para o Linux. Se não souber, poderá usar uma das ferramentas de gerenciamento de disco explicadas na próxima seção. Assim que souber quem é quem, poderá ir para a seção "Confirmando a Compatibilidade do Hardware" para verificar o resto do hardware do computador.

Particionando um disco existente

Se você tem apenas um disco rígido disponível no PC, precisa criar áreas separadas (chamadas partições) nele para o Windows e o Linux. Esta seção mostra o processo de como fazer isso, mas primeiro você precisa entender como funcionam as partições.

Há três tipos de partições: primária, estendida e lógica. Um disco rígido pode ter três partições *primárias* e uma partição *estendida*. Cada partição primária age como um disco rígido separado, no que diz respeito ao SO. Dentro da partição estendida, você pode ter até doze partições *lógicas*; considere uma partição estendida como uma caixa de papelão contendo partições lógicas. As partições lógicas se comportam de modo parecido com as partições primárias e mantêm dados; as partições estendidas mantêm apenas partições lógicas. Como não consigo prever qual software você deseja instalar, recomendo ter, pelo menos, 10GB de espaço disponível em uma partição para sua instalação Linux. Mais é sempre melhor porque lhe dá mais espaço para downloads e até mais programas.

DICA

Anote a partição dedicada ao Windows e ao Linux. Você precisa dessa informação ao instalar o Linux.

As pessoas que não começam do zero para uma inicialização dupla provavelmente precisarão fazer alterações na instalação atual. Vá para a próxima seção para descobrir como.

Particionando com ferramentas do Windows

Se você já tem o Windows instalado no disco rígido inteiro, precisará reduzir essa partição para criar espaço para o Linux. O primeiro passo é verificar seu disco rígido existente para saber quanto espaço livre há disponível para dedicar ao Linux. Faça isso usando a ferramenta File Explorer no Windows seguindo estas etapas:

CAPÍTULO 2 **Preparando Seu PC para o Linux** 23

1. Abra o File Explorer clicando no ícone da pasta na barra de tarefas ou digitando `file explorer` na área de pesquisa na barra de tarefas e selecionando File Explorer nos resultados da pesquisa.

2. Quando o Explorer abrir, clique em `This PC` à esquerda da janela.

   Isso exibe o status de vários dispositivos de armazenamento conectados ao PC. A Figura 2-1 mostra um exemplo do que aparece no Explorador de Arquivos.

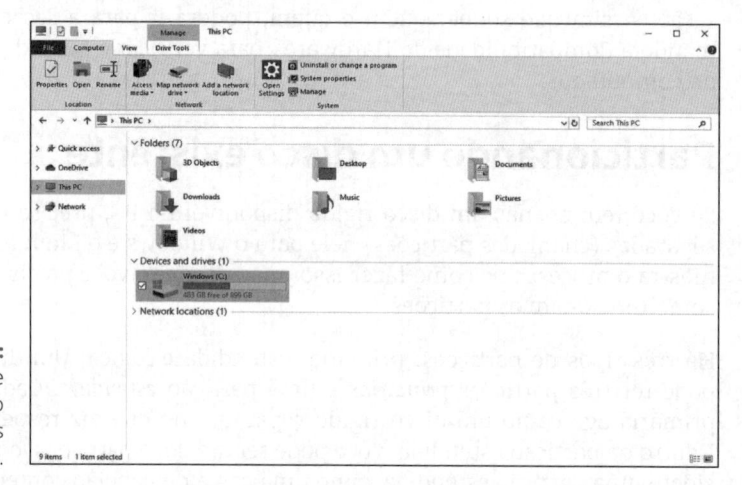

FIGURA 2-1: Janela File Explorer do Windows 10.

O exemplo na Figura 2-1 mostra um disco rígido conectado ao PC (atribuído com a letra C). O File Explorer mostra que a unidade tem 899GB e 483GB disponíveis para usar como uma segunda partição.

DICA

Em geral não é uma boa ideia alocar todo o espaço livre em seu disco rígido para o Linux; você desejará deixar um espaço extra na partição do Windows para continuar fazendo as coisas enquanto roda o Windows, como baixar e instalar correções ou salvar novos arquivos.

Após determinar quanto espaço deseja dedicar ao Linux, você está pronto para particionar o disco rígido.

O utilitário Windows que você deseja usar é o programa Disk Manager. Siga estas etapas:

1. **Clique com o botão direito no ícone Iniciar na barra de tarefas.**
2. **No menu que aparece, escolha Disk Management.**

   A caixa de diálogo Disk Management aparece, como na Figura 2-2. A caixa mostra todos os discos rígidos instalados no PC, junto com as partições de cada um.

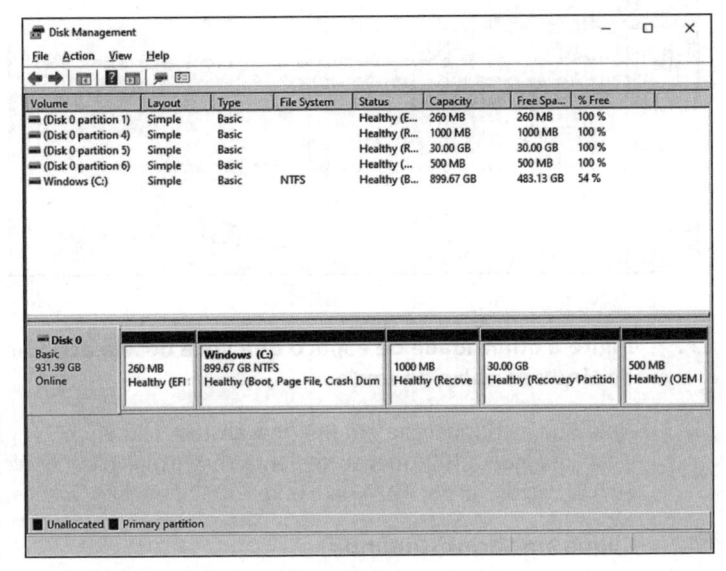

FIGURA 2-2: Ferramenta Disk Management do Windows 10.

3. **Clique com o botão direito na partição que indica estar atribuída à partição do Windows e atribuída à unidade do disco (em geral C).**

   Você pode clicar na entrada da partição na lista de texto ou na imagem gráfica da partição.

CUIDADO

Como mostrado na Figura 2-2, muitos PCs modernos criam uma ou mais partições ocultas não atribuídas às letras no Windows. Essas partições não aparecem no File Explorer, mas são usadas pelo PC para conter dados de recuperação para reinstalar o Windows em uma emergência. Não mexa nessas partições!

CAPÍTULO 2 **Preparando Seu PC para o Linux** 25

4. **Selecione Shrink Volume (Diminuir Volume) no menu pop-up.**

   A caixa de diálogo Shrink Volume aparecerá, como mostrado na Figura 2-3.

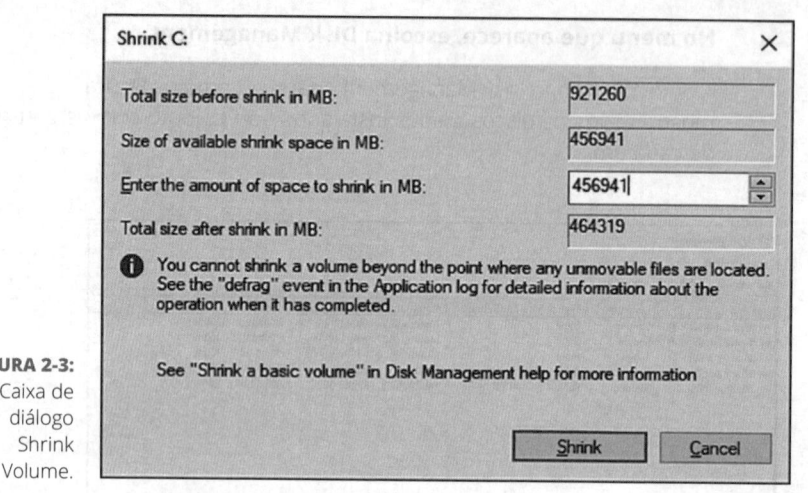

   FIGURA 2-3: Caixa de diálogo Shrink Volume.

5. **Digite a quantidade de espaço que você deseja atribuir à partição do Linux na caixa de texto.**

   Note que a entrada está em MB (megabytes), não em GB (gigabytes). Um gigabyte é igual a 1024 megabytes, então basta multiplicar o valor do espaço em GB disponível por 1024 para obter o valor em MB para inserir aqui.

6. **Clique em Shrink (Diminuir).**

   CUIDADO Durante o processo para diminuir, o Windows tenta mover qualquer dado armazenado perto do fim da partição para a frente, criando espaço para a nova partição. Contudo, alguns arquivos do sistema não podem ser movidos, podendo causar um problema e gerar uma mensagem de erro. Se isso acontecer, há meios de mover os arquivos, mas é muito mais complicado do que consigo explicar aqui. Por sorte, você não é o primeiro a precisar fazer isso, portanto, existe muita ajuda disponível. Um lugar para consultar é o fórum do Microsoft Windows em `answers.microsoft.com` [conteúdo em inglês], em que você verá muitas postagens sobre como lidar com a situação.

   Quando o processo terminar, aparecerá uma nova partição na listagem Disk Manager. Essa nova partição aparece como Unassigned (Não atribuída) e não tem uma letra de disco atribuída pelo Windows.

   LEMBRE-SE Se você tiver muito espaço disponível na partição Windows existente, provavelmente desejará *muito mais* que 10GB. O mínimo recomendado de 10GB é para a maioria das distribuições Linux aceitar o SO. Mas, se você baixar muita multimídia, usará rápido o que restou após ter instalado seu software! Dê ao Linux o máximo de espaço que puder reservar em seu ambiente Windows.

Particionando com ferramentas do Linux

Se você não tem atualmente o Windows instalado no disco rígido, mas gostaria de particioná-lo primeiro, pode usar as ferramentas do Linux para tanto. A solução fácil é iniciar o PC usando a distribuição Live e usar as ferramentas de gerenciamento de disco disponíveis. Muitas distribuições Live incluem tais ferramentas por padrão, mas a mais popular é a distribuição Linux KNOPPIX.

Essa distribuição foi a primeira a criar uma versão Linux dinâmica, bem antes da existência dos DVDs (era chamada de LiveCD!). O que mantém o KNOPPIX no topo da lista das distribuições Linux populares são os inúmeros utilitários incluídos por padrão. Ele se apresenta como um disco de resgate, ou seja, um novo modo de inicializar seu PC caso as coisas deem muito errado no SO existente, conseguindo resolver problemas e possivelmente corrigi-los.

Siga estas etapas para particionar seu disco rígido usando o KNOPPIX:

1. **Baixe a imagem ISO de CD ou DVD do KNOPPIX mais recente no site do KNOPPIX em www.knopper.net. [conteúdo em inglês]**

2. **Grave a imagem ISO em um CD, DVD ou dispositivo USB de inicialização usando a ferramenta de gravação de imagem ISO padrão.**

    Vá para a seção "Creating a boot disk" para obter instruções rápidas sobre como fazer isso, depois volte aqui.

3. **Inicialize o PC usando o LiveDVD KNOPPIX.**

    No prompt *boot:*, pressione a tecla Enter para iniciar o KNOPPIX.

4. **Selecione Graphical Programs ⇨ startlxde no menu principal.**

    O ambiente gráfico do KNOPPIX aparecerá. É bem simples, portanto, pode ser executado em praticamente qualquer PC, mas funciona.

5. **No ambiente gráfico do KNOPPIX, clique no ícone Terminal na barra de tarefas, na parte inferior do ambiente de trabalho.**

    Uma sessão Terminal inicia dando acesso ao prompt de comando (explico mais sobre isso no Capítulo 16).

6. **No prompt de comando no Terminal, digite o comando:** `sudo gparted`.

   A aplicação GParted é uma ferramenta de gerenciamento de disco popular para o Linux. Ela fornece uma interface parecida com a ferramenta de gerenciamento de disco do Windows, como na Figura 2-4.

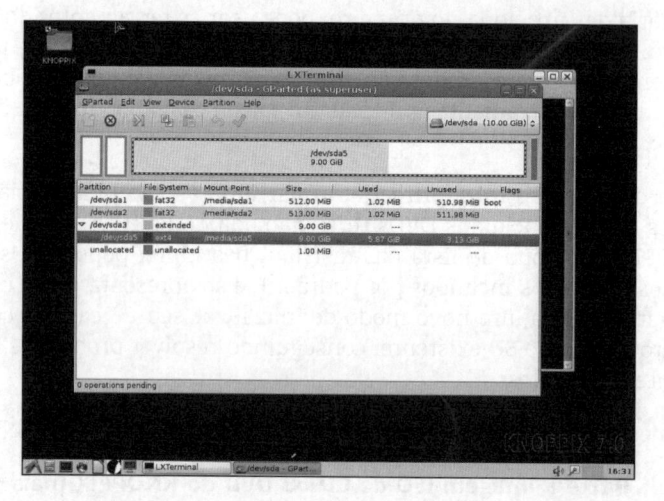

FIGURA 2-4: Janela principal da ferramenta de gerenciamento de disco GParted do Linux.

7. **Clique com o botão direito dentro da partição que você precisa diminuir.**

8. **Selecione Resize/Move no menu pop-up.**

   A caixa de diálogo Resize/Move será aberta, como na Figura 2-5.

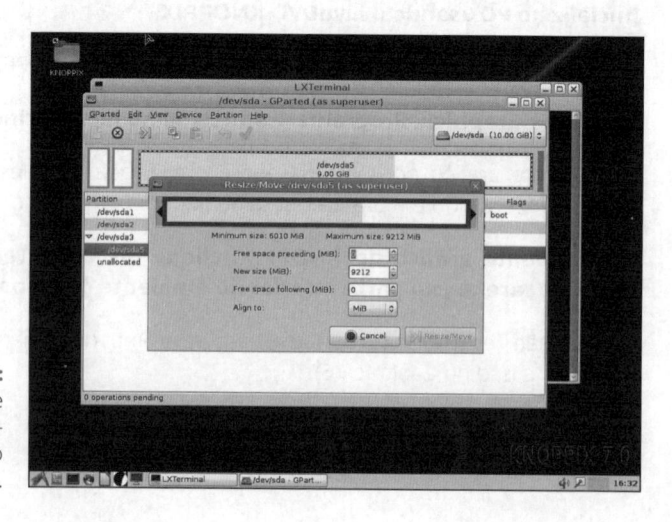

FIGURA 2-5: Caixa de diálogo Resize/Move do GParted.

28 PARTE 1 **O Começo de Tudo**

9. Na caixa de diálogo Resize/Move, arraste a extremidade direita da caixa gráfica da partição para redimensionar a partição ou insira um novo valor na caixa de texto New Size.

A parte colorida da caixa indica onde estão armazenados os dados existentes na partição. Você consegue mover a extremidade da partição para baixo, perto dessa área.

10. Clique no botão Resize/Move para iniciar o processo de redimensionamento.

Após o disco rígido ser particionado, você pode sair da ferramenta e fechar o KNOPPIX. É tudo! Depois de redimensionar as partições, você está pronto para continuar na próxima etapa para preparar o PC para o Linux, verificando seu hardware, como descrito na próxima seção.

Confirmando a Compatibilidade do Hardware

Se está instalando o Linux no hardware que você já tem, experimente e veja o que não funciona. Partes desta seção endereçam a correção dos problemas de hardware em geral. Em outros capítulos, itens mais específicos são explicados, como placas de som (Capítulo 13), placas wireless (Capítulo 9) etc. Portanto, se tiver problemas, inicie nas seções específicas dedicadas a tarefas em particular, então volte aqui para ter uma ajuda mais geral se ainda não resolveu a situação.

As maiores áreas de problemas de incompatibilidade de hardware são as placas de rede wireless e o famoso hardware multimídia *muito* recente, como placas de vídeo e som. Você consegue verificar as listas de compatibilidade do hardware antes de instalar e comprar um novo hardware, mas elas têm limites porque o mundo do hardware muda muito rápido.

Se você está interessado em pesquisar, primeiro tente o site de suporte para sua distribuição Linux em particular, como as listagens Linux do Red Hat Enterprise em `access.redhat.com/ecosystem/search/#/category/` para as distribuições CentOS ou Fedora, ou as listagens do Ubuntu em `certification.ubuntu.com/` (conteúdos em inglês) para quaisquer distribuições Ubuntu.

Lembre-se de que as listas de compatibilidades de hardware focam o equipamento comercial, não os itens domésticos, portanto, só porque você não vê algo listado não significa que não funcionará.

Não se preocupe com os itens sendo *Certified* (muito testados para assegurar que funcionam corretamente) ou não. *Supported* e *Compatible* são suficientes na maioria das vezes para um usuário doméstico. Por fim, o melhor

DICA

modo de dizer se uma parte do hardware tem suporte é fazer uma pesquisa na web. Muitos acessam o Google e fazem uma pesquisa sobre a marca e o modelo, além da palavra **Linux**. Se drivers específicos são requeridos para dar suporte ao hardware, em geral você pode encontrar informações adicionais de instalação adicionando o nome da sua distribuição Linux à pesquisa. É possível que tal pesquisa mostre os problemas e os sucessos que as pessoas têm quando se deparam com certa parte do hardware.

Se até pensar no hardware do computador lhe dá vertigem, não se preocupe, você pode encontrar muitas informações na internet. Um ótimo lugar para começar é `www.tomshardware.com`. Outros lugares para pesquisar informações sobre como vários dispositivos funcionam no Linux incluem (conteúdos em inglês):

» **Outros sites para Linux:** Poucos sites são voltados para ajudar os usuários Linux no suporte do hardware. O antigo padrão era a lista genérica de hardware do Linux em `www.tldp.org/HOWTO/Hardware-HOWTO/`. Sites mais atualizados estão disponíveis, como `linux-hardware.org`.

» **Sites do revendedor:** Muitos revendedores de hardware dão suporte para o Linux, mas não facilitam encontrar informações sobre ele. Em geral, pesquise os fóruns do revendedor (se houver) quanto a uma parte do hardware, FAQs para o hardware ou siga os links de Suporte para procurar downloads para o Linux. Não baixe o que você encontra se existem downloads. A intenção é pesquisar e ver se existem. O *driver* (o software que informa ao SO como usar o hardware) disponível para download pode estar incluído em sua instalação Linux. Apenas baixe o driver do revendedor se esta for a única maneira de obtê-lo.

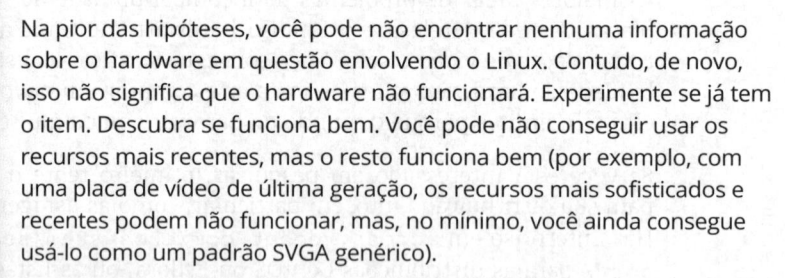

DICA

Na pior das hipóteses, você pode não encontrar nenhuma informação sobre o hardware em questão envolvendo o Linux. Contudo, de novo, isso não significa que o hardware não funcionará. Experimente se já tem o item. Descubra se funciona bem. Você pode não conseguir usar os recursos mais recentes, mas o resto funciona bem (por exemplo, com uma placa de vídeo de última geração, os recursos mais sofisticados e recentes podem não funcionar, mas, no mínimo, você ainda consegue usá-lo como um padrão SVGA genérico).

» **Os temidos manuais:** Quando possível, tenha em mãos os manuais do computador (sobretudo para sua placa de vídeo e monitor), para o caso de precisar responder a uma pergunta feita pela instalação; a maioria das pessoas não precisa lidar com isso, mas acontece.

Se você precisar descobrir exatamente qual hardware está em sua máquina, terá as seguintes opções:

» **Use um SO existente para documentar seu hardware.** Se seu computador já roda o Windows, é possível coletar muitas informações no ambiente Windows. No Windows 10, clique com o botão direito no ícone do menu Iniciar, então escolha Gerenciador de Dispositivos. Será exibida a caixa de diálogos mostrada na Figura 2-6.

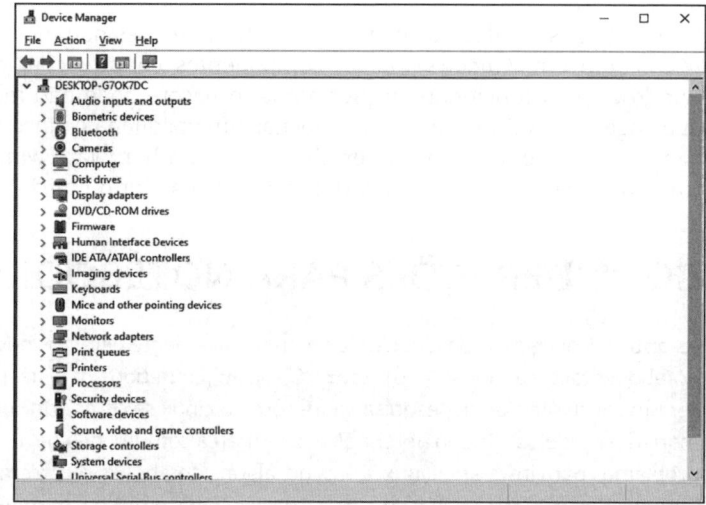

FIGURA 2-6: No Windows 10, Device Manager tem informações sobre qual hardware você instalou.

» **Baixe uma ferramenta de detecção de hardware do PC.** Algumas ferramentas de detecção de hardware também estão disponíveis na internet, como Dr. Hardware. As ferramentas Dr. Hardware têm muitas informações sobre o que existe na máquina. Ela é shareware e informações sobre o uso e custos estão disponíveis no site Gebhard Software (`www.dr-hardware.com/` — conteúdo em inglês).

» **Acesse o BIOS (Sistema Básico de Entrada e Saída) ou para os PCs mais novos, as informações UEFI (Interface Unificada de Firmware Extensível).** Armazenado em uma pequena área da memória e mantido por bateria, por vezes é referido como CMOS (Semicondutor de Óxido de Metal Complementar), indicando o tipo de chip de computador que pode armazenar e manter informações. A quantidade de informação armazenada no BIOS ou na UEFI pode variar muito. Alguns sistemas mais novos podem exibir várias telas de informação sobre o hardware do computador.

Se você escolher acessar o BIOS, faça isso antes de *qualquer* SO carregar. A maioria dos fabricantes indica a tecla no teclado (ou sequência de teclas) que permite acessar a tela BIOS (ou de Setup) quando o sistema está inicializando; por exemplo, `Press Del to enter Setup`. Se você não conseguir encontrar a sequência do teclado, verifique no site do fabricante. Depois de entrar no BIOS, em geral você navega com as teclas de seta, tecla Tab ou Enter. Alguns ambientes BIOS também usam teclas de função; procure uma lista de opções de teclas de função na parte superior ou inferior da tela.

DICA

Desconfie dos rótulos nas caixas do hardware e sites que incluem o termo *Win* (como em *Windows*). Esses componentes contam com o Microsoft Windows para funcionarem; pior ainda, o pacote pode não mostrar nada que sugere essa limitação. Existe apenas uma pequena chance de que você conseguirá encontrar um driver Linux para um hardware *Win*. Se encontrar, copie para um dispositivo USB *antes* de instalar o Linux.

CONSIDERAÇÕES PARA NOTEBOOKS

As distribuições atuais do Linux funcionam relativamente bem nos novos notebooks (acesse `www.linux-laptop.net` [conteúdo em inglês] para ver um excelente site de pesquisa sobre como o Linux se comporta com várias marcas e modelos). Se seu notebook é uma marca comum, não deve ter problemas para instalar o Linux. Contudo, alguns notebooks recorrem a um hardware exótico para enfiar recursos extravagantes em espaços minúsculos. Por vezes o Linux não funcionará com tais recursos extras nesses notebooks, como telas de toque, mouse pads clicáveis e luzes no teclado.

Se você pretende comprar um notebook para o Linux, verifique os requisitos de hardware (como placas de rede) para assegurar que não sejam específicos do Windows. Se o hardware predefinido ou padrão para o notebook for Win (ou você descobrir na pesquisa da máquina que ele contém um produto Win, mesmo que não esteja devidamente identificado), você conseguirá trocar o hardware com problemas por um dispositivo externo que se conecta ao notebook via USB. A maioria dos notebooks contém, pelo menos, um slot USB para você conectar uma placa de rede externa ou placa de som. Contanto que conecte uma marca comum de dispositivo USB externo, deverá funcionar bem com o Linux.

Finalmente, Finalmente, Antes de Começar

Antes de instalar o Linux, você precisa assegurar que você e seu PC estejam prontos para inicializar uma distribuição Linux. É necessário verificar duas coisas antes de seguir para o próximo capítulo e instalar o Linux:

» Veja se seu PC pode iniciar um SO alternativo.

» Crie uma mídia de inicialização para sua distribuição Linux.

As duas seções a seguir detalham esses requisitos.

Desativando o recurso de inicialização segura

Graças aos vários ataques a PCs atualmente, a maioria dos computadores modernos inclui uma segurança extra para impedir uma inicialização usando um "SO não autorizado". Infelizmente, por padrão, o único SO autorizado para a maioria dos PCs é o Microsoft Windows (vai entender). Você precisa desativar esse recurso para inicializar a maioria das distribuições Linux.

Os sistemas que usam o método de inicialização UEFI são bloqueados para que o registro de inicialização não possa ser alterado para inicializar a partir do Linux ou fazer uma inicialização dupla entre Linux e Windows. É necessário desativar esse recurso para conseguir instalar o Linux no PC.

Esse recurso faz parte da página de configurações UEFI que você só consegue acessar quando inicializa o PC. Você pode acessar essas configurações pressionando uma tecla especial quando o sistema inicializa pela primeira vez. Qual tecla precisa pressionar depende da marca do PC. Consulte o manual do proprietário para descobrir.

DICA

A maioria dos PCs UEFI também usa um recurso chamado *inicialização rápida*, que pula muitas verificações de pré-inicialização realizadas antes pelo BIOS e vai direto para a inicialização do Windows. Você precisa de uma velocidade extra para pressionar a tecla correta para acessar a página de configurações UEFI!

Após acessar as páginas de configurações UEFI, é preciso fazer uma pesquisa. Sistemas diferentes incorporam recursos de segurança diferentes. Procure as configurações relacionadas a Inicialização Segura e defina-as para o valor Disabled. Quando terminar, salve as alterações e saia da página UEFI.

DICA Algumas distribuições Linux negociaram com a Microsoft para incluir chaves de certificação necessárias em seu SO para conseguirem inicializar a partir da UEFI com o recurso de inicialização segura ativado. Verifique sua distribuição Linux em particular para ver se tem suporte para o recurso.

Criando um disco de inicialização

Um DVD ou um dispositivo USB de inicialização é a última coisa de que você precisa antes de instalar o Linux. Se você se lembra do Capítulo 1, as distribuições Linux vêm como arquivos de imagem ISO. Em grande parte, é preciso gravar o arquivo ISO em um DVD ou usar um utilitário para criar um USB de inicialização. Esta seção explica os dois processos.

Criando um DVD de inicialização

Se você tem atualmente um PC Windows disponível, use os recursos predefinidos do Windows 10 para gravar a imagem ISO do Linux em um DVD. Basta seguir as etapas:

1. **Abra o File Explorer e vá para o local do arquivo de imagem ISO baixado.**

2. **Clique com o botão direito no arquivo de imagem e escolha Burn Disc Image (Gravar Imagem de Disco).**

   O Disc Image Burner da Microsoft inicia, como na Figura 2-7.

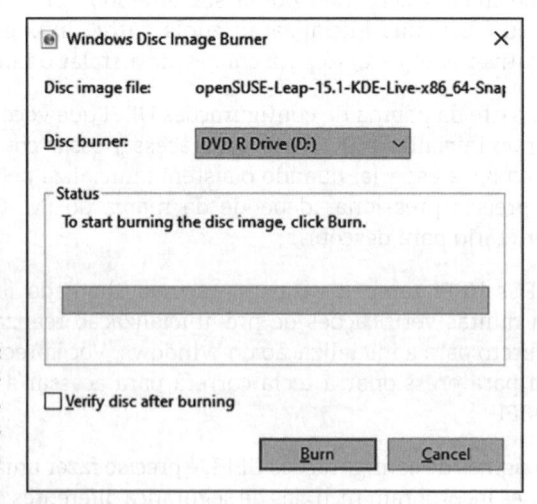

FIGURA 2-7: Caixa de diálogo Disc Image Burner da Microsoft.

34 PARTE 1 **O Começo de Tudo**

3. Insira um DVD vazio na bandeja de DVD, então clique em Burn para iniciar o processo.

4. Quando o processo terminar, remova o DVD e identifique-o com o SO e a versão.

Embora possa parecer engraçado incluir um rótulo ao DVD como a etapa final, depois de começar a experimentar o Linux você ficará surpreso com quantos DVDs diferentes vai acumular! Nem consigo dizer quantos DVDs sem identificação tenho em meu escritório com várias distribuições Linux!

Criando um dispositivo USB de inicialização

Uma tendência dos PCs desktop e notebooks modernos atualmente é abrir mão da unidade de DVD. Com a facilidade de baixar o software na internet, ter uma unidade de DVD só ocupa um espaço que pode ser usado para outras coisas (ou, no caso dos notebooks, para torná-los menores). Se seu PC não tem uma unidade de DVD, tudo bem, existe outro meio de inicializar o Linux.

Os PCs modernos incluem a opção de inicializar a partir de um USB. Contudo, há um truque para criar um USB a partir do qual inicializar o PC. Você não pode simplesmente usar o utilitário de gravação de DVD para gravar o arquivo de imagem ISO em um USB como faz com um DVD.

Por sorte, muitas distribuições Linux agora incluem utilitários para criar dispositivos USB de inicialização com suas distribuições. Verifique a documentação da sua distribuição Linux para ver se há suporte para tal utilitário.

Se sua distribuição Linux em particular não tem seu próprio utilitário para criar um USB de inicialização, você pode usar um de terceiros. Uma das ferramentas mais populares é o Rufus, encontrado em `rufus.ie`. Após baixar o arquivo ISO de distribuição Linux específico e o Rufus, siga estas etapas para criar um dispositivo USB de inicialização a partir do arquivo ISO:

1. Insira um USB vazio em uma porta USB no PC.

    Verifique se o USB selecionado é grande o bastante para conter o arquivo de imagem ISO, que para algumas distribuições Linux têm 4GB de tamanho!

2. Inicie o programa Rufus.

    A caixa de diálogo do programa Rufus é aberta, como mostrado na Figura 2-8.

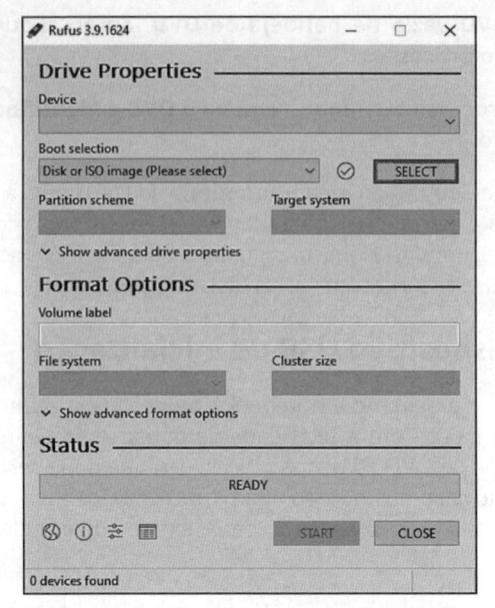

FIGURA 2-8:
Programa Rufus para criar um dispositivo USB de inicialização.

3. **Selecione o USB na caixa suspensa Device.**

   Tenha muito cuidado se você tiver vários USBs conectados ao PC. Pode ser útil ter apenas aquele que você deseja formatar conectado para não apagar sem querer os resultados importantes do boliche que você vem monitorando!

4. **Na caixa suspensa Boot Selection, selecione Disk ou imagem ISO, então clique no botão Select e navegue até o arquivo de imagem ISO que deseja usar.**

5. **Clique em Iniciar para começar a criar o USB de inicialização.**

   O Rufus mostra uma caixa de diálogo de aviso indicando que tudo no USB será apagado. Verifique se não há nenhum arquivo importante no USB antes de continuar!

6. **Quando terminar, remova o USB e identifique-o com o SO e a versão.**

Agora você deve conseguir inicializar seu PC a partir do dispositivo USB de inicialização. A maioria dos PCs requer selecionar a opção para iniciar a partir de um dispositivo USB na inicialização. Você pode precisar interromper o processo de inicialização normal para ver esse menu de seleção.

Se você chegou até este ponto, deve estar pronto para começar a instalar o Linux!

> **NESTE CAPÍTULO**
>
> » Últimos detalhes antes da instalação
>
> » Instalando o Ubuntu a partir do LiveDVD ou do dispositivo USB
>
> » Instalando o openSUSE como ambiente pessoal
>
> » Inicializando pela primeira vez

Capítulo **3**

Instalando o Linux

No início do Linux, era preciso saber Ciência da Computação para descobrir como ele funcionava no PC. Para nossa sorte, a instalação gráfica agora é muito fácil de fazer e será familiar para os usuários que vêm de outro SO gráfico, como o Microsoft Windows. Este capítulo detalha o que você precisa saber para começar a trabalhar com a distribuição Linux no PC.

Embora distribuições Linux diferentes usem scripts de instalação diferentes, elas são bem inteligentes. Você pode achar que não verá exatamente as mesmas telas que mostro neste capítulo, mas os conceitos gerais devem ser iguais. Se vir algo diferente ou não vir uma que mostro aqui, não se assuste. O instalador está ajustando o que é oferecido com base no hardware em seu sistema e no software que você escolheu instalar.

Antes de Começar a Instalação

Após baixar a imagem ISO de sua distribuição Linux em particular, há basicamente três modos de instalar o Linux a partir dela:

> » Gravar a imagem ISO em um DVD vazio, então inicializar sua estação de trabalho a partir do DVD (detalhes sobre como fazer isso são mostrados no Capítulo 2).
>
> » Criar um dispositivo USB de inicialização usando o arquivo de imagem ISO e inicializar sua estação de trabalho a partir do USB (detalhes sobre como fazer isso são mostrados no Capítulo 2).
>
> » Montar o arquivo de imagem ISO como uma unidade de DVD virtual em uma máquina virtual criada usando um software, como VMware ou VirtualBox.

O último método é detalhado no Capítulo 20, que foca a execução do Linux em um ambiente virtual. Este capítulo se concentra na instalação do Linux inicializando sua estação de trabalho com um DVD ou um USB para instalar o Linux.

Para ajudá-lo a ter uma ideia dos diferentes métodos de instalação, neste capítulo me limito a duas instalações de distribuição Linux diferentes: Ubuntu a partir de uma distribuição Live e openSUSE a partir do DVD de instalação completa. Escolhi esses métodos por dois motivos:

> » Os métodos de instalação do Ubuntu Live e instalação completa do openSUSE representam dois tipos principais de instalação que preciso fazer na maioria dos sistemas Linux.
>
> » Cobrir a instalação específica de cada distribuição Linux existente tornaria este livro uma coleção de enciclopédias.

Após entender a instalação do Linux usando os dois métodos, você pode sair por aí fazendo qualquer instalação Linux.

E mais, pressuponho que você deseja instalar uma versão desktop do Linux, e não uma versão do servidor. Muitos livros focam os servidores, portanto, meu objetivo é que *Linux Para Leigos* seja inteiramente para aqueles que desejam usar o Linux como sua máquina desktop real. Não é possível cobrir as funções desktop e servidor de modo satisfatório em um livro deste tamanho.

LEMBRE-SE Se você estiver instalando outra versão do Ubuntu ou do openSUSE, ou mesmo uma distribuição diferente do Linux, suas telas *serão* diferentes do que é mostrado neste livro. A rotina de instalação de cada distribuição Linux cobre as mesmas tarefas básicas, mas as ações específicas podem ser apresentadas em uma ordem diferente ou personalizadas para ficarem diferentes na tela. Por exemplo, uma distribuição pode mostrar a criação da conta antes das partições do disco e outra pode ter os dois tópicos invertidos. Mas a maioria tem as mesmas escolhas básicas, portanto, ler este capítulo ainda deverá ser útil para algo diferente do Ubuntu ou do openSUSE.

Instalando a Partir do Ubuntu Live

O processo de instalação do Ubuntu é um dos mais simples no mundo Linux. O Ubuntu o orienta em todas as etapas necessárias para configurar o sistema, então instala o sistema Ubuntu inteiro sem pedir a você muita informação.

É possível iniciar o processo de instalação a partir de dois locais após inicializar a partir do Live DVD ou do dispositivo USB:

» Diretamente a partir do menu de inicialização sem iniciar o Ubuntu

» Com o ícone do ambiente de trabalho Instalar após iniciar o sistema Ubuntu Live

Ambos os locais iniciam o mesmo processo de instalação, guiando nas várias etapas de opções.

CUIDADO Para iniciar a instalação a partir do DVD ou do USB, primeiro você precisa mudar seu sistema para iniciar, ou fazer *boot*, a partir de um DVD ou um dispositivo USB; hoje muitos sistemas estão configurados para fazer isso, portanto pode não ser necessária nenhuma alteração. Você precisa ver suas configurações BIOS para determinar se o sistema pode inicializar a partir da unidade de DVD ou do USB.

Com um Live DVD ou um USB em mãos, comece o processo de instalação. Siga as etapas.

1. **Coloque o Live DVD do Ubuntu na bandeja de DVD do PC (ou insira o USB na porta USB) e reinicie o PC.**

Seu PC inicializa a partir do Live DVD do Ubuntu ou do USB, e você vê o menu principal do Ubuntu Live, mostrado na Figura 3-1.

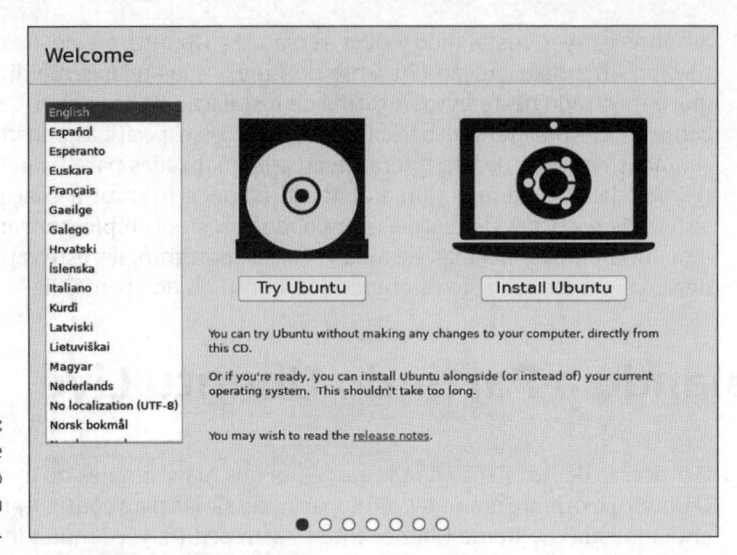

FIGURA 3-1:
Menu de inicialização do Ubuntu Live.

2. **No menu, selecione o idioma e escolha instalar o Ubuntu diretamente ou experimentar primeiro rodando-o a partir do DVD ou do USB.**

   Um ótimo recurso das versões Live é que você pode testar o Ubuntu sem mexer no seu disco rígido. Isso lhe dá uma ideia do que funcionará ou não. Após concluir o test drive, se decidir instalar o Ubuntu, basta clicar no ícone Install na área de trabalho, mostrado na Figura 3-2. Se decidir fazer a instalação a partir do menu principal, vá para a Etapa 4.

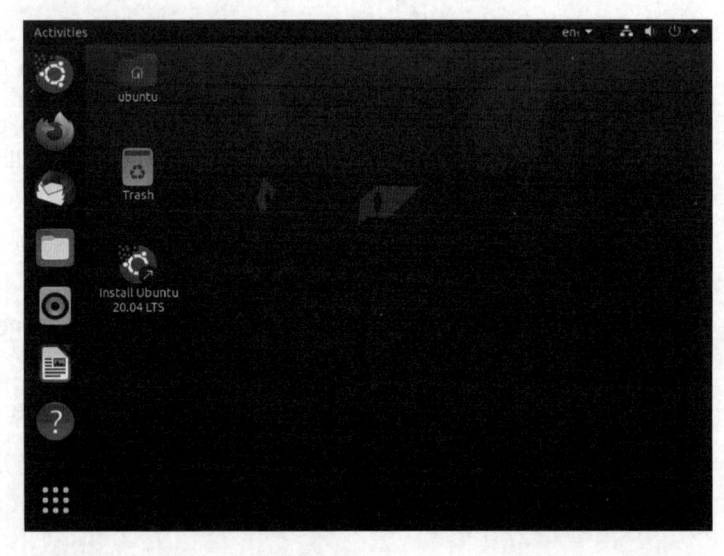

FIGURA 3-2:
Ambiente de trabalho do LiveDVD do Ubuntu com o ícone Install.

3. **Selecione o idioma para usar na instalação, então clique em Continue.**

   Se você instalar o Ubuntu a partir do ícone de instalação do ambiente de trabalho, ele pedirá de novo o idioma padrão, mostrado na Figura 3-3.

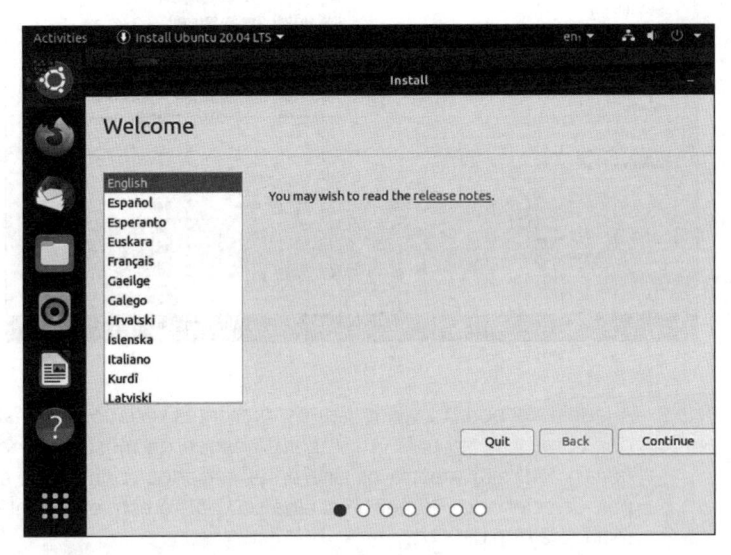

   FIGURA 3-3: Janela de seleção do idioma no Ubuntu.

   O Ubuntu usa o idioma para exibir mensagens de texto durante o processo de instalação, além de definir o idioma padrão usado quando o SO roda. Mas isso não significa que todas as aplicações executadas no sistema usarão tal idioma. Cada aplicação individual pode ou não detectar o idioma padrão configurado no Ubuntu.

4. **Selecione um teclado em Keyboard, então clique em Continue.**

   A seguir, no processo de instalação, acontece a identificação do teclado usado com o sistema Ubuntu. Embora possa parecer uma opção simples, pode complicar se você tem um teclado que inclui várias teclas especiais. O Ubuntu reconhece centenas de diferentes teclados e os lista na janela Keyboard Layout, mostrada na Figura 3-4.

CAPÍTULO 3 **Instalando o Linux** 41

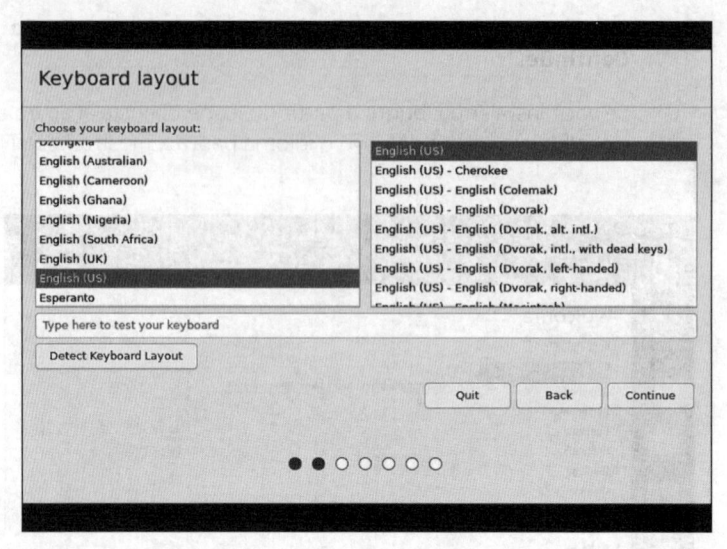

FIGURA 3-4: Janela Keyboard Layout.

A janela Keyboard Layout lista os diferentes teclados normalmente usados com base no país. A listagem à esquerda mostra os países e a listagem à direita mostra os diferentes teclados conhecidos e usados no país selecionado. Primeiro escolha seu país à esquerda, então o tipo de teclado à direita.

Para os teclados mais padrões, o script de instalação do Ubuntu detecta automaticamente o teclado correto e você não precisará fazer nada. Existe também um botão para forçar o instalador a detectar seu teclado de novo, caso algo dê errado na primeira vez. Se tem um teclado especial, sob as duas listagens está uma área na qual pode testar a seleção do teclado. Basta digita qualquer caractere especial ou único disponível em seu teclado para ver se a configuração escolhida produz os caracteres certos.

5. **Selecione o software que gostaria de instalar por padrão na área de trabalho do Ubuntu, então clique em Continue.**

    O instalador Ubuntu dará algumas opções sobre qual software instalar, como na Figura 3-5.

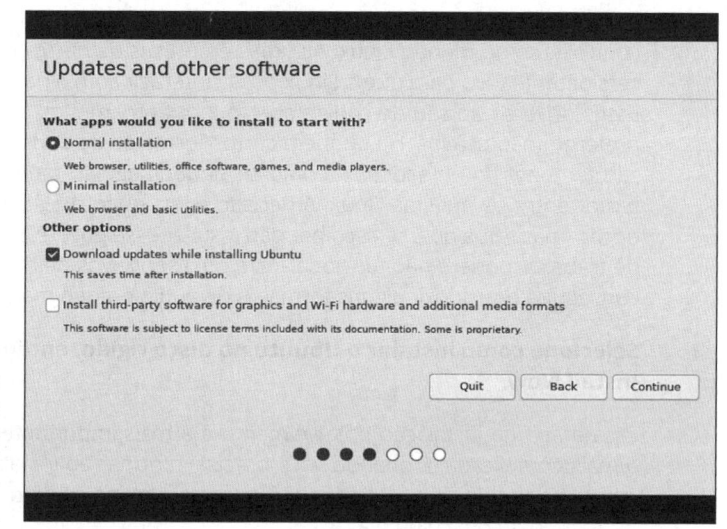

FIGURA 3-5: Janela Updates and other software.

O instalador Ubuntu mostra duas opções para os pacotes de software a instalar:

- *Instalação normal:* Inclui o software para navegação na web, automação do escritório (como processamento de texto e trabalhar com planilhas), jogos e reprodução de áudio e vídeo

- *Instalação mínima:* Fornece um pacote de software mínimo, incluindo apenas software para navegação na web e utilitários padrões do ambiente de trabalho para controlar seu ambiente

Para a maioria das instalações Ubuntu no ambiente de trabalho, selecione a Instalação normal. Se você estiver usando uma estação de trabalho mais antiga com um disco rígido pequeno, poderá ter que fazer a instalação mínima, então instalar manualmente qualquer outro pacote de software necessário.

DICA

Se seu PC estiver conectado a uma rede, o instalador lhe dará a opção de instalar qualquer atualização disponível a partir do repositório de softwares do Ubuntu. Selecionar essa opção aumenta o tempo de instalação, mas também assegura que seu software Ubuntu para o ambiente de trabalho estará atualizado quando fizer login pela primeira vez.

A última opção é instalar um software de terceiros. Esse tópico é um pouco controverso no mundo Linux. Algumas empresas de hardware usam drivers patenteados para que o Linux possa interagir com o hardware delas. Esses drivers não são de código aberto, portanto, muitos puristas Linux preferem não usá-los. Há também certos formatos de áudio e vídeo que são também patenteados, e, como se pode imaginar, também causam temor entre os puristas Linux. A decisão é sua quanto a selecionar essa opção, mas saiba que, se escolher não instalar esse pacote, seu ambiente de trabalho poderá não funcionar com os dispositivos de hardware nem conseguirá reproduzir alguns formatos de áudio e vídeo mais populares.

6. **Selecione como instalar o Ubuntu no disco rígido, então clique em Install Now.**

   Essa etapa na instalação possivelmente é a mais importante e também a mais complicada. É quando você precisa informar ao instalador exatamente onde colocar o SO Ubuntu no sistema. Um movimento errado aqui pode acabar com o seu dia.

   As opções mostradas nesta janela durante a instalação dependem da configuração do disco rígido e se você tem um software nesse disco rígido. Se realizou as etapas no Capítulo 2, não deverá ter problemas! A Figura 3-6 mostra um exemplo de como fica a janela Installation type.

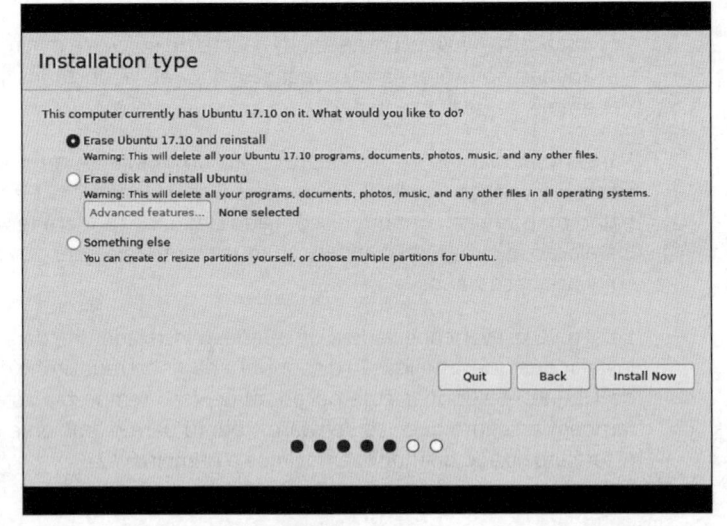

FIGURA 3-6: Janela Installation type do Ubuntu.

O instalador Ubuntu tenta detectar a configuração exata do sistema e dá algumas opções simples:

- Se o disco rígido inteiro é usado atualmente para o Windows, o instalador Ubuntu oferecerá para diminuir a partição, criar espaço para a partição do Ubuntu e criar um ambiente de inicialização dupla.
- Se você já reduziu manualmente a partição existente do Windows (como visto no Capítulo 2), o instalador oferecerá para instalar o Ubuntu na partição vazia disponível e criar um ambiente de inicialização dupla.
- Se você tem uma versão anterior do Ubuntu já instalada, o instalador oferecerá para atualizar apenas o SO, deixando seus dados intactos, se possível.
- Se tem um segundo disco rígido na estação de trabalho, o instalador oferecerá para usá-lo para o Ubuntu, deixando seu disco rígido existente separado e criando um ambiente de inicialização dupla.
- Se tem um disco rígido que já contém uma partição Windows ou Linux, o instalador oferecerá para apagar a partição inteira e instalar apenas o Ubuntu.
- Permite particionar manualmente seu disco rígido para criar suas próprias partições.

A opção escolhida depende do tipo de configuração que você quer tentar. Se deseja rodar uma estação de trabalho Ubuntu apenas, a opção para apagar o SO existente é o modo mais rápido e fácil de prosseguir.

CUIDADO Mesmo que você selecione uma das opções para manter o SO existente, é uma boa ideia fazer backup de qualquer arquivo importante contido nesse SO. Podem ocorrer erros (e normalmente ocorrem) ao trabalhar com discos rígidos.

Se você escolher uma opção para manter o SO existente no disco rígido, o instalador permitirá selecionar quanto espaço em disco alocar para a nova partição do Ubuntu. Você pode arrastar o separador de partição para redistribuir o espaço em disco entre o SO original e a nova partição do Ubuntu. Espero que você se lembre dos requisitos do espaço em disco determinados anteriormente no Capítulo 2 para usar aqui!

Se escolher o processo de partição manual, o Ubuntu dará a você o controle do processo de partição. Ele fornece um ótimo utilitário de partição, mostrado na Figura 3-7, para você usar para criar, editar ou excluir as partições do disco rígido.

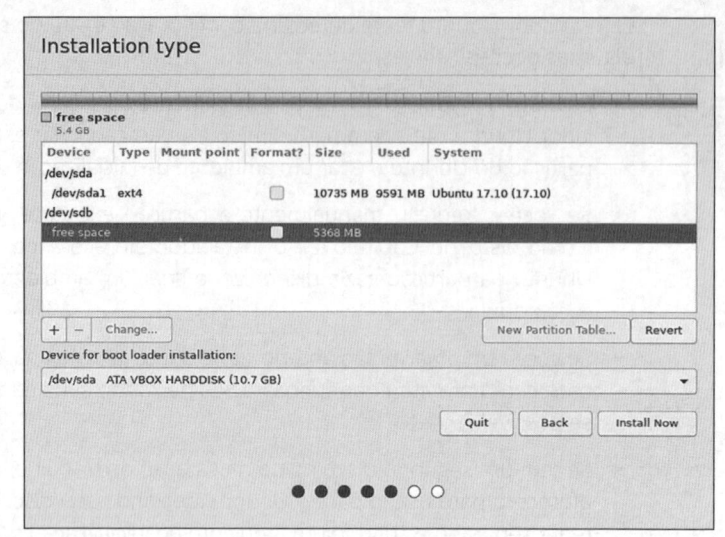

FIGURA 3-7:
Utilitário de partição manual do Ubuntu.

O utilitário de partição manual exibe os discos rígidos atuais, junto com qualquer partição existente configurada. Assim que você for um usuário Linux experiente, poderá remover, modificar ou criar manualmente partições individuais em qualquer disco rígido instalado no sistema para personalizar sua configuração Linux.

7. **Se estiver fazendo uma partição manual, selecione um sistema de arquivos para sua partição Ubuntu.**

   Parte do processo de partição manual é atribuir um sistema de arquivos a cada partição. Esse sistema é um método usado para armazenar e acessar arquivos na partição. Diferentemente de outros SOs, o Ubuntu suporta vários sistemas de arquivo diferentes. Você pode selecionar qualquer um disponível para qualquer partição que o Ubuntu usará. A Tabela 3-1 mostra os tipos de sistemas de arquivo disponíveis ao criar partições de disco no Ubuntu.

TABELA 3-1 Tipos de Sistemas de Arquivo da Partição Ubuntu

Tipo de Partição	Descrição
ext4	Um popular sistema de arquivos Linux com journaling (diário), que é a atual extensão do sistema de arquivos original do Linux, o ext2
ext3	Um sistema de arquivos Linux com journaling legado e que é uma extensão do sistema de arquivos original do Linux o ext2
ext2	O sistema de arquivos original do Linux sem journaling
btrfs	Um sistema de arquivos mais novo e de alto desempenho que suporta grandes tamanhos de arquivo

PARTE 1 **O Começo de Tudo**

Tipo de Partição	Descrição
JFS	O sistema de arquivos com journaling, criado pela IBM e usado nos sistemas AIX Unix
XFS	Um sistema de arquivos com journaling e de alto desempenho criado pela Silicon Graphics para o SO IRIX
FAT16	O sistema de arquivos DOS da Microsoft mais antigo
FAT32	O sistema de arquivos DOS da Microsoft mais recente compatível com o Microsoft Windows
área de troca	Área da memória virtual
volume criptografado	O Linux permite criptografar uma partição inteira; só não se esqueça da chave
Não usar	Ignora a partição

O tipo de partição mais comum (e o padrão usado pelos métodos guiados do Ubuntu) é o formato ext4. Esse formato fornece um *sistema de arquivos com journaling* para o Ubuntu. Tal sistema registra qualquer alteração no arquivo em um arquivo de log antes de tentar aceitá-la no disco. Caso o sistema pare antes de aceitar os dados no disco, o arquivo de log com journaling é usado para concluir as aceitações pendentes do arquivo e retornar o disco a um estado normal. Os sistemas de arquivo com journaling reduzem muito a corrupção de arquivos no Linux.

8. **Se você realizar uma partição manual, selecione pontos de montagem para as partições.**

Após selecionar um sistema de arquivos para a partição, o próximo item que o Ubuntu deseja para a partição é onde montar a partição no sistema de arquivos virtual (veja o Capítulo 7). O sistema de arquivos virtual do Ubuntu lida com os discos rígidos ligando-os a locais específicos no sistema de arquivos virtual. A Tabela 3-2 lista os possíveis locais onde você pode montar uma partição.

TABELA 3-2 Locais do Ponto de Montagem

Local	Descrição
/	A raiz do sistema de arquivos virtual do Linux
/boot	O local do kernel do Linux usado para inicializar o sistema
/home	Diretórios do usuário para armazenar arquivos pessoais e arquivos de configuração de aplicações individuais

(continua)

(continuação)

Local	Descrição
/tmp	Arquivos temporários usados por aplicações e pelo sistema Linux
/usr	Um local comum para arquivos de aplicações multiusuários
/var	Um diretório variável, comumente usado para arquivos de log e arquivos de spool
/srv	Um local comum para os arquivos usados por serviços em execução no sistema
/opt	Diretório de instalação de pacotes opcional para aplicações de terceiros
/usr/local	Um local alternativo comum para instalações de pacotes multiusuários opcionais

Se você criar apenas uma partição para o Ubuntu, deve montá-la no ponto de montagem root (/). Se tem partições adicionais disponíveis, pode montá-las em outros locais no sistema de arquivos virtual.

DICA

Se estiver usando o método de partição manual, não se esqueça de alocar uma partição para a área de troca, mesmo que já tenha muita memória física instalada no sistema. O kernel do Linux usa a área de troca como uma área de conservação temporária para tirar aplicações em espera da memória física, criando mais espaço para as aplicações em execução. A regra padrão é criar uma área de troca com o mesmo tamanho da memória física. Assim, se você tem 8GB de memória física, crie uma partição de 8GB e atribua-a à área de troca.

9. **Se você apaga uma partição existente ou cria uma, selecione qualquer recurso de disco avançado para usar, então clique em OK.**

O Ubuntu tem a opção de usar o recurso Logical Volume Manager (LVM) no Linux com suas partições de disco rígido. O LVM oferece um modo de adicionar facilmente mais espaço a um diretório existente sempre que precisar, mesmo que já existam dados no diretório. Você também pode escolher criptografar o volume lógico se precisar. A outra opção é usar o sistema de arquivos ZFS, que é um sistema comercial recém-lançado no mundo de código aberto.

10. **Clique em Install Now para aceitar as alterações na partição do disco rígido e continuar com a instalação.**

Até este ponto você pode mudar de ideia sobre as alterações no disco rígido. Porém, após clicar em Install Now, você aceitou as alterações e não pode voltar atrás!

11. **Selecione o local e clique em Continue.**

Como o Ubuntu é usado no mundo inteiro, você precisará selecionar manualmente sua localização para que ele possa atribuir o fuso horário correto e as configurações locais.

12. **Crie uma Login ID e clique em Continue.**

A seguir, no processo de instalação, está a janela Login ID, mostrada na Figura 3-8.

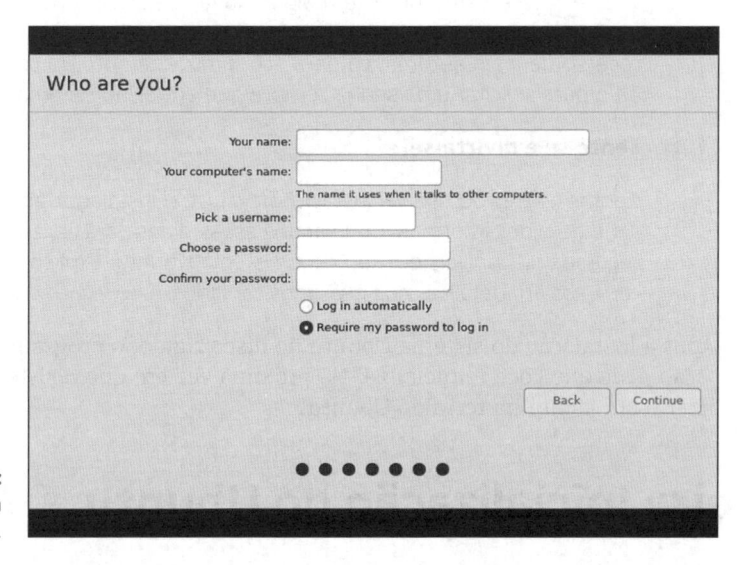

FIGURA 3-8: Janela Login ID.

A ID de login criada neste processo é importante. Diferentemente das outras distribuições Linux, a distribuição Ubuntu não usa uma conta de login do administrador (em geral chamada *root* no mundo Unix/Linux). Pelo contrário, o Ubuntu fornece a capacidade de as contas normais do usuário pertencerem a um grupo de administradores. Os membros nesse grupo têm a capacidade de se tornar administradores temporários no sistema (veja o Capítulo 17).

LEMBRE-SE

Ter uma conta com privilégios administrativos é importante, pois o administrador é a única conta com permissão para realizar a maioria das funções do sistema, como mudar os recursos do sistema, adicionar novos dispositivos e instalar um novo software. Sem uma conta administrativa, você não conseguirá fazer muita coisa nova no sistema.

CAPÍTULO 3 **Instalando o Linux** 49

Além de se identificar, também precisará atribuir um nome do computador. O Ubuntu usa esse nome ao avisar sobre a presença dele na rede, assim como ao referenciar o sistema nos arquivos de log. Você deve escolher um nome de computador único em sua rede, com menos de 63 caracteres e que não tenha nenhum caractere especial (embora hifens sejam permitidos).

Uma configuração final: você deve determinar se deseja que o sistema faça seu login automaticamente no ambiente de trabalho ou solicitar a você sua senha. Eu recomendaria usar esse recurso nos notebooks que você esquece sem querer em algum lugar. Se você for a única pessoa usando o PC desktop (e não houver curiosos por perto), poderá usar o recurso de login automático para economizar tempo. Do contrário, defina-o para solicitar uma senha sempre que entrar no sistema.

13. **Sente-se e divirta-se!**

Conforme o processo de instalação avança, o instalador apresenta uma série de slides informativos. Examine esses slides para aprender sobre os recursos disponíveis em seu novo sistema Ubuntu. Explico cada um dos recursos em detalhes nos próximos capítulos.

Após a instalação do sistema Ubuntu no disco rígido, o programa de instalação pede que você reinicialize. Na próxima vez em que o sistema inicializar, você estará na terra do Ubuntu!

Primeira Inicialização do Ubuntu

Após reinicializar o Ubuntu, seu login é automático e você vai direto para o ambiente de trabalho, ou será saudado por uma janela de login, dependendo da configuração escolhida durante a instalação. Se vir a janela, clique na conta de usuário e insira a senha na caixa de texto (você se lembra do que definiu, certo?).

A primeira vez que acessar o ambiente de trabalho do usuário, o Ubuntu fará algumas perguntas de organização. Siga as etapas para acessar o ambiente:

1. **Se você tem uma conta de rede do Ubuntu, do Google, do Nextcloud ou da Microsoft, selecione o ícone correto no menu. Se não tem uma ou escolheu não usar, clique em Skip.**

O Ubuntu pode sincronizar muitos recursos da conta de rede, como seu calendário do ambiente de trabalho, junto com qualquer arquivo armazenado nas contas comuns em nuvem a partir de qualquer provedor listado. Basta selecionar o tipo de conta no menu mostrado na Figura 3-9, então digitar suas informações de login e selecionar os itens que deseja sincronizar.

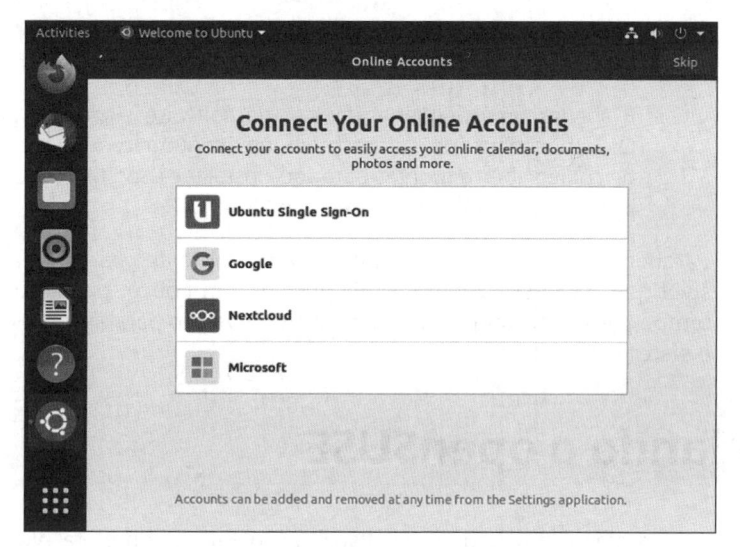

FIGURA 3-9:
Selecione sua conta online para sincronizar.

2. **Selecione se deseja usar o recurso Livepatch do Ubuntu. Para tanto, clique em Setup Livepatch. Se escolher não usá-lo, clique em Next.**

   O recurso Livepatch do Ubuntu permite vincular vários computadores à rede de nuvem Canonical, que é uma empresa que patrocina o Ubuntu e fornece recursos avançados, alguns gratuitos ou como um serviço de assinatura. Você pode vincular até três estações de trabalho de graça ou pagar para se tornar um membro Advantage para vincular mais. Se participar do recurso Livepatch, o Ubuntu instalará automaticamente todas as atualizações em seu sistema sem você fazer nada!

3. **Selecione se é para enviar ao Ubuntu um relatório sobre sua experiência de instalação. Após fazer a seleção, clique em Next.**

   Os desenvolvedores Ubuntu usam essas informações para determinar qual hardware foi ou não detectado devidamente em seu sistema durante a instalação, assim como qual software adicional você instalou após a instalação. Essas informações ajudam os desenvolvedores a determinarem o que incluir ou omitir nas futuras versões.

4. **Selecione se é para ativar os serviços de localização e clique em Next.**

   Os serviços de localização permitem que os aplicativos determinem seu local automaticamente sem perguntar nada.

5. **Faça uma rápida verificação do software adicional disponível para instalar na janela Ready to Go, então clique em Done.**

   É apenas uma pequena amostra do software disponível para instalar. Os repositórios de software Ubuntu contêm centenas de aplicações de código aberto prontas para você instalar e usar! Mostro o processo de instalação do software no Capítulo 15.

Parabéns! Você fez toda a instalação e prompts de pós-instalação! É possível que agora sua cabeça esteja girando um pouco, portanto reserve um tempo para se recompor, então continue no livro para aprender mais sobre o sistema Linux.

Instalando o openSUSE

Ao instalar a partir de uma distribuição Linux completa, você terá uma grande surpresa. Pode ter notado a ausência de uma escolha na instalação do Ubuntu Live. Exceto por configurar suas partições do disco rígido, o Ubuntu Live não dá muito controle sobre o que é instalado no sistema.

Muda um pouco ao trabalhar com uma distribuição Linux central, como o openSUSE. Você tem muito mais escolhas para controlar qual software o processo de instalação instala, além de como o script do instalador configura as coisas.

Esta seção explica a instalação completa a partir do DVD de instalação do openSUSE. A distribuição openSUSE também suporta uma versão de instalação Live, mas, se quiser opções, a instalação completa é a indicada! Basta seguir estas etapas para instalar as coisas:

1. **Baixe o arquivo de imagem ISO de instalação completa do openSUSE Leap em www.opensuse.org.**

   Quando escrevi este livro, a distribuição openSUSE suportava duas versões da distribuição:

   - *Tumbleweed* é uma versão contínua contendo as últimas versões do software. É basicamente para usuários avançados e desenvolvedores de software.
   - *Leap* é a versão regular e estável planejada para usuários Linux normais, como nós.

2. **Grave o arquivo de imagem ISO do openSUSE em um DVD vazio ou use um programa, como o Rufus, para criar um dispositivo USB de inicialização.**

   Esses processos são descritos em detalhes no Capítulo 2.

3. **Inicialize sua estação de trabalho usando o DVD ou o USB de inicialização. Clique em Installation para iniciar o processo.**

   Quando o openSUSE iniciar, você verá um menu, como na Figura 3-10.

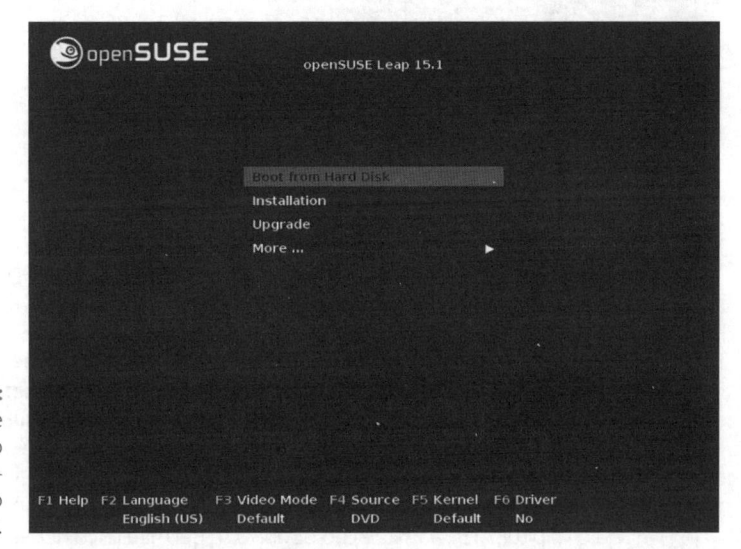

FIGURA 3-10: Menu de inicialização da instalação do openSUSE.

O menu de inicialização tem muitas opções, inclusive deixa você inicializar a partir de um disco rígido em sua estação de trabalho em caso de emergência ou apenas atualiza uma instalação openSUSE existente. Você deseja uma instalação nova, portanto, selecione a opção de menu Installation.

4. **Selecione o idioma e o teclado, então clique em Next para concordar com a licença.**

   Como parte desta primeira etapa, a instalação do openSUSE detecta automaticamente sua configuração de rede. Se houver problema, talvez ele pergunte sobre as configurações de rede específicas do seu ambiente. Se conseguir detectar a rede automaticamente, mostrará uma janela para você selecionar o idioma e o teclado padrão, como na Figura 3-11.

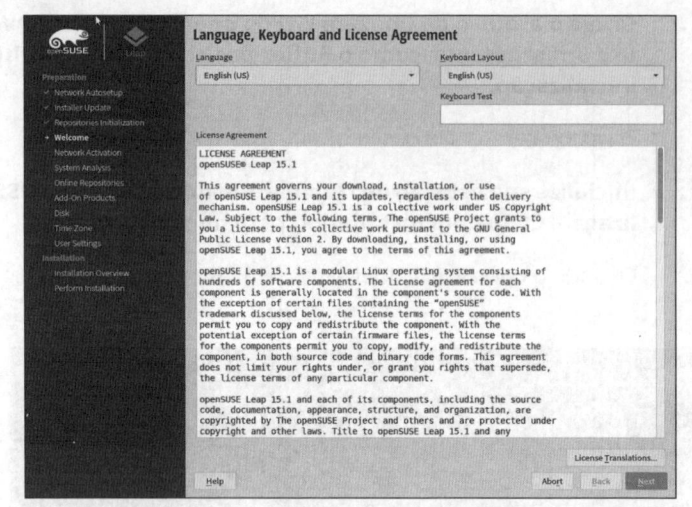

FIGURA 3-11:
Janela Language, Keyboard, and License Agreement.

Como no Ubuntu, o script de instalação do openSUSE tenta detectar seu teclado, mas, se estiver usando um especial (como o layout Dvorak), precisará selecionar manualmente na lista.

5. **Selecione se é para usar os repositórios de software online openSUSE. Clique em Yes se seu PC tem conectividade com a internet para ficar atualizado com as alterações de software e instalar o novo software.**

   A maioria das distribuições Linux mantém softwares nos repositórios online e facilita fazer upgrade dos pacotes de software, assim como instalar novos (veja o Capítulo 15). A instalação openSUSE permite escolher se é para usar repositórios de software online. Ao selecionar Yes, aparece outra janela mostrando as diferentes opções de repositório, como na Figura 3-12.

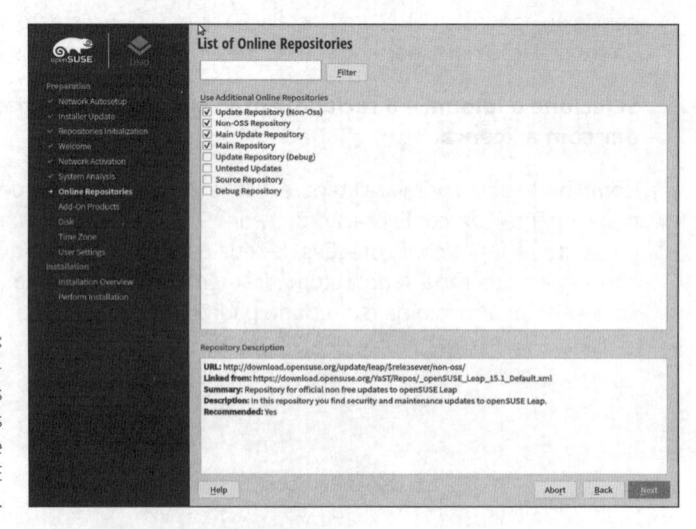

FIGURA 3-12:
Selecionando os repositórios de software openSUSE online.

6. **Selecione Next na janela List of Online Repositories.**

   Por definição, o instalador seleciona os repositórios de software padrão para encontrar atualizações, patches de segurança, além de pacotes de software de código aberto ou não. Se necessário, você pode selecionar também repositórios para depurar o software e baixar o código-fonte das aplicações. Não são necessários para os usuários Linux normais, mas estão disponíveis para os desenvolvedores de software.

7. **Selecione Desktop with KDE Plasma na janela System Role para instalar o ambiente de trabalho padrão do openSUSE, então clique em Next.**

   Isso é tudo para seu primeiro contato com uma instalação completa. Note na lista mostrada na Figura 3-13 que a instalação do openSUSE lhe dá a opção de não só instalar um ambiente de trabalho ou de servidor, como também personalizar o tipo. Explico as diferenças entre os ambientes GNOME e KDE Plasma nos Capítulos 4 e 5. No momento, selecione a opção KDE Plasma. Se após ler o Capítulo 4 você achar que prefere o ambiente GNOME, poderá adicioná-lo depois.

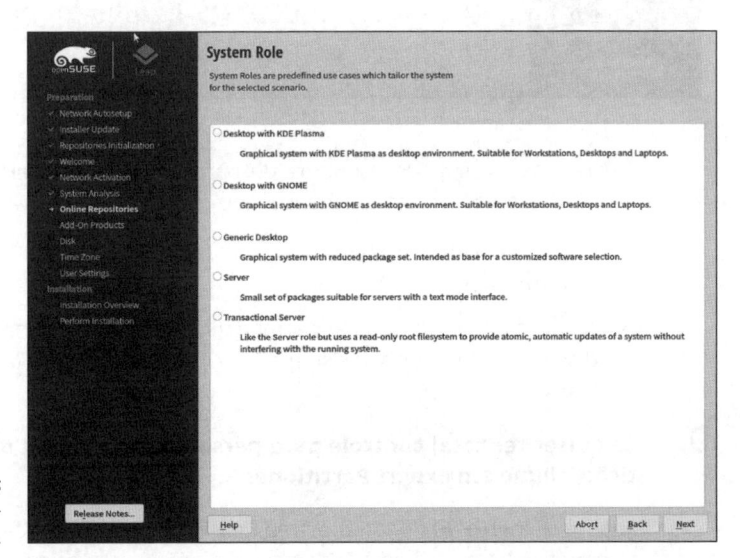

FIGURA 3-13: Janela System Role.

8. **Selecione a opção de particionamento que deseja na janela Suggested Partitioning.**

   Parecido com o instalador Ubuntu, a instalação openSUSE tenta detectar sua configuração de partição específica, como na Figura 3-14.

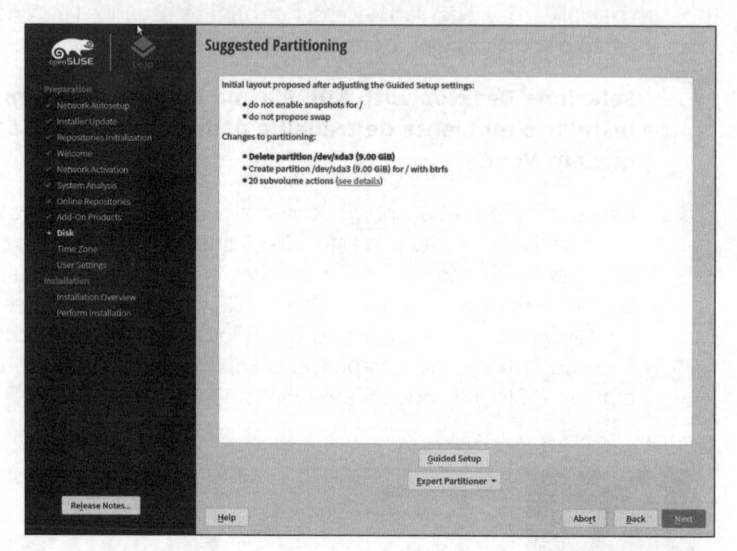

   FIGURA 3-14: Janela Suggested Partitioning.

   Se você não gostar do esquema de partição proposto pelo instalador openSUSE, há dois métodos manuais disponíveis:

   - A opção Guided Setup inicia com o layout de partição do instalador proposto e permite ajustes.
   - A opção Expert Partitioner permite ter total controle sobre como o(s) disco(s) rígido(s) em seu sistema é(são) particionado(s) e usado(s) pelo Linux.

9. **Se quiser ter total controle para personalizar o layout da sua partição, clique em Expert Partitioner.**

   A janela Expert Partitioner, mostrada na Figura 3-15, fornece uma interface gráfica para você adicionar, alterar e criar partições de disco. Semelhante à ferramenta Ubuntu, você deve selecionar um tipo de sistema de arquivos, junto com um local de montagem para cada partição criada.

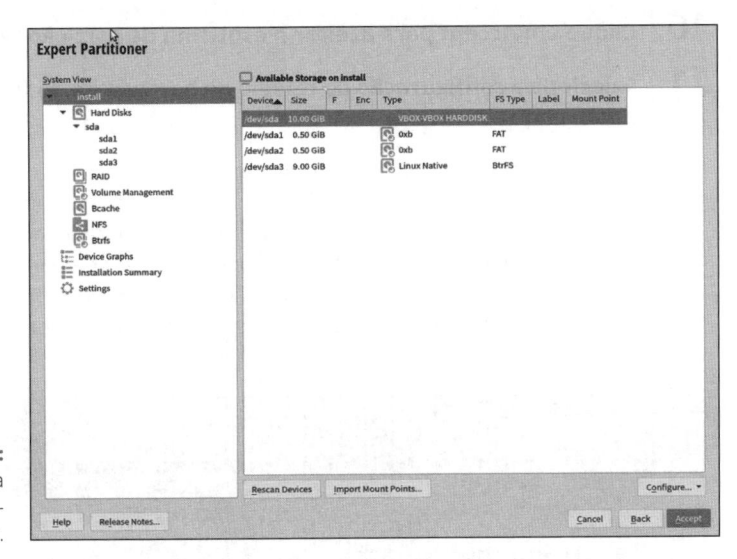

FIGURA 3-15:
Ferramenta Expert Partitioner.

Uma ferramenta adicional que o Expert Partitioner fornece é uma representação gráfica de como as partições são formatadas e montadas. Basta clicar em Device Graphs no painel System View para ver o layout, como na Figura 3-16.

Isso lhe dá uma visão geral de como as partições do disco são usadas no esquema de partição proposto. É uma ótima ferramenta para ajudá-lo a organizar o layout do disco!

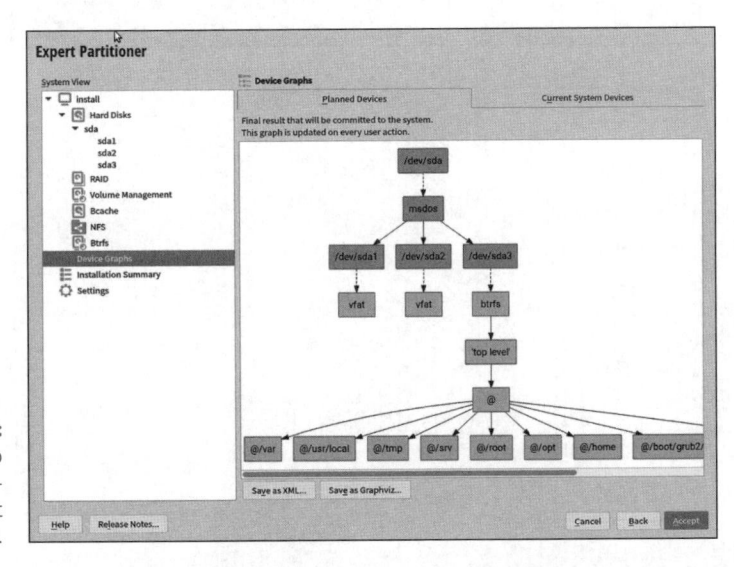

FIGURA 3-16:
Layout do design gráfico do Expert Partitioner.

CAPÍTULO 3 **Instalando o Linux** 57

10. Clique em **Accept** para aceitar o esquema de partição final.

11. Selecione a configuração do relógio do hardware e do fuso horário, então clique em **Next**.

A janela Clock and Time Zone, mostrada na Figura 3-17, permite não apenas selecionar o fuso horário, como também recursos avançados do relógio, por exemplo, se sua estação de trabalho define a hora BIOS usando UTC (Tempo Universal Coordenado), em vez da hora local. Se sua rede usa um servidor de hora da rede próprio, clique em Other Settings e poderá configurar o openSUSE para usá-lo, em vez do padrão.

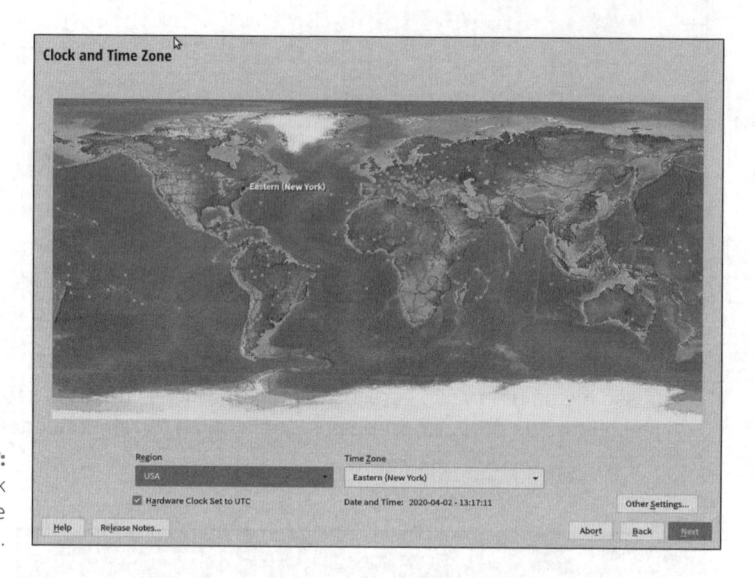

FIGURA 3-17: Janela Clock and Time Zone.

12. **Crie uma ID de login e clique em Next.**

A seguir no processo de instalação está a janela Login ID, como na Figura 3-18.

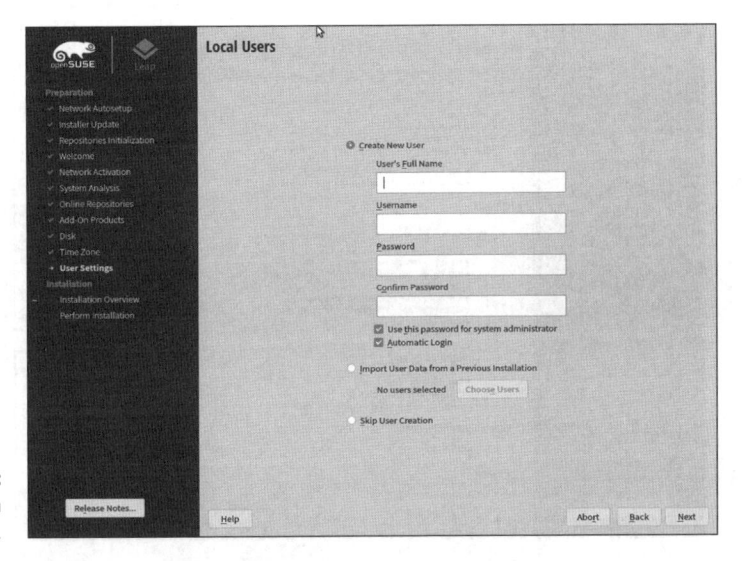

FIGURA 3-18: Janela Login ID.

A ID de login criada neste processo identifica você no sistema. A distribuição openSUSE usa uma conta de usuário separada chamada root (raiz) para a administração. Além de criar sua conta de usuário, também há uma caixa de seleção para definir a senha da conta do administrador para ser igual à sua senha da conta de usuário. Se você retirar a seleção, será pedido para definir uma senha de administrador separada. Isso pode ser útil se você compartilha o sistema com outras pessoas que podem precisar de acesso root para instalar pacotes de software.

Uma configuração final: você deve determinar se deseja que o sistema faça login automaticamente em seu ambiente de trabalho ou peça sua senha de login.

DICA

Se você estiver atualizando a partir de uma versão anterior do openSUSE, poderá escolher importar suas configurações de usuário da instalação anterior. Embora não seja infalível, pode ajudar a migrar sua conta.

13. Selecione **Install** para iniciar a instalação.

A janela Installation Settings, na Figura 3-19, resume suas seleções.

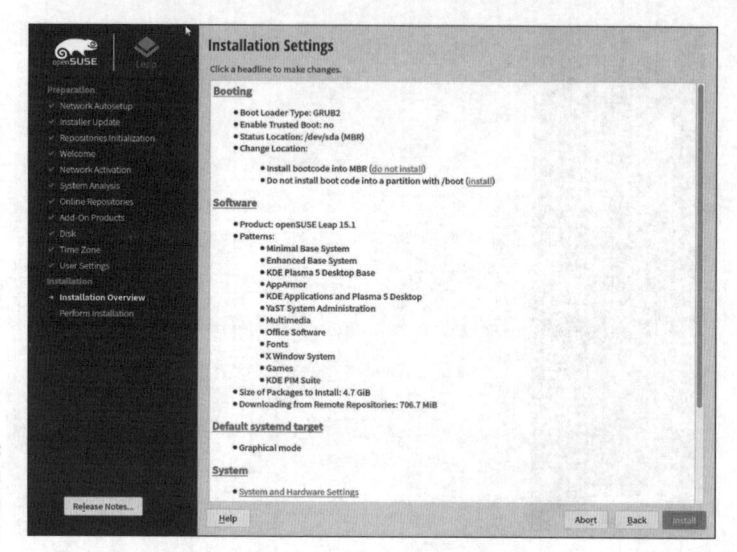

FIGURA 3-19: Janela Installation Settings.

É outro lugar onde é ótimo usar uma instalação completa. Você pode clicar em qualquer categoria e fazer as alterações necessárias antes de iniciar a instalação real. Por exemplo, se clicar no título Software, verá a janela Software Selection and System Tasks. Nessa janela é possível definir *exatamente* quais pacotes de software são instalados (ou não) na configuração de sua estação de trabalho. Você também pode fazer alterações no carregador de boot, nas configurações de rede e até se o sistema inicia no modo gráfico ou de texto. Isso que é poder!

Assim que o instalador terminar, você estará pronto — deverá ter uma estação de trabalho openSUSE totalmente funcional! Agora está preparado para seguir para os próximos capítulos, que aprofundam a discussão sobre os diferentes recursos de desktop no Linux para começar a encontrar seu caminho no ambiente de trabalho.

> **NESTE CAPÍTULO**
>
> » A história do ambiente GNOME
>
> » Examinando o ambiente de trabalho
>
> » Personalizando seu ambiente de trabalho
>
> » Configurando os recursos de acessibilidade

Capítulo **4**

Examinando o Ambiente GNOME

Algumas pessoas gostam de caracterizar o Linux como um SO criado por nerds, exclusivamente para nerds. Isso desperta visões implícitas de ter que digitar comandos enigmáticos para fazer algo no computador. Mas isso está longe da verdade! O Linux suporta vários ambientes de trabalho gráficos que fornecem algumas das interfaces mais amistosas disponíveis para computadores desktop.

Mas o que pode ser confuso é que não existe um ambiente de trabalho Linux gráfico padrão. O Linux tem muitas opções, e isso fica muito claro no mundo do ambiente gráfico. Nos Capítulos 4, 5 e 6, explico os ambientes de trabalho gráficos mais comuns do Linux usados pelas distribuições Linux populares. Este capítulo começa com a explicação examinando o ambiente GNOME.

A História do GNOME

O ambiente GNU Network Object Model Environment (GNOME) faz parte do projeto GNU (como você pode suspeitar a partir de seu nome), popular por criar e dar suporte a muitos pacotes de código aberto usados no

Linux (veja o Capítulo 1). A versão inicial do GNOME ficou popular como o ambiente de trabalho padrão usado pela distribuição Popular Red Hat, uma das primeiras distribuições Linux comerciais. Desde então, tem sido adotado por muitas outras distribuições Linux, inclusive o Ubuntu.

Porém, a história do GNOME não foi fácil. Embora sua versão original fosse popular, em 2011 a equipe de desenvolvimento fez uma grande alteração na versão 3.

Em vez do ambiente de trabalho gráfico padrão que a maioria das pessoas aprendeu a amar e se sentia bem usando, o GNOME 3 incorpora um paradigma totalmente novo para os ambientes gráficos, usando uma interface consistente entre os diferentes dispositivos, como notebooks, tablets e celulares. Não importa o dispositivo no qual você usa o ambiente GNOME 3, a experiência do usuário é a mesma.

O novo design conseguiu isso enfatizando menos as interfaces do usuário que são difíceis de usar nos celulares (como selecionar itens em longos menus suspensos) e enfatizou mais as IUs que podem ser roladas e clicadas (como selecionar em uma lista de ícones). Embora tenha facilitado as coisas para usuários de tablet e celulares, isso foi percebido como sendo inconveniente para os usuários desktop e de notebooks. A nova versão do GNOME colocou o mundo Linux em polvorosa e até produziu alguns novos ambientes de trabalho gráficos fora da versão GNOME original (como você pode ver no Capítulo 6).

Mas com o tempo as pessoas ficaram mais à vontade com o paradigma desktop por trás do GNOME 3 e agora ele é aceito (em grande parte) no mundo Linux. As próximas seções examinam os pontos maiores do ambiente de trabalho GNOME 3 e como você pode personalizar as coisas ao seu gosto.

DICA A interface do usuário do ambiente de trabalho gráfico GNOME 3 agora é referida como *GNOME Shell*. Isso é um pouco confuso e você pode ver GNOME 3 e GNOME Shell usados alternadamente na documentação e em livros. Prefiro só usar GNOME 3 para não confundir com os ambientes de trabalho GNOME originais no shell da linha de comando.

Esmiuçando o Ambiente GNOME

A simplicidade se tornou a marca do ambiente de trabalho GNOME 3. Não há menus longos nos quais você precisa selecionar coisas nem é necessário vasculhar pastas para encontrar arquivos, mas se acostumar com a nova interface pode levar um tempo. Esta seção examina os recursos básicos do ambiente GNOME 3 para você conseguir se movimentar.

O Menu, por favor!

No topo do ambiente GNOME 3 existe um painel (chamado *barra superior*) que, quando o ambiente é aberto pela primeira vez, contém apenas três seleções de menu, como mostrado na Figura 4-1.

FIGURA 4-1:
O ambiente GNOME 3 padrão, como usado no Ubuntu.

Os três itens de menus são:

- » Activities
- » Calendar e notificações
- » Menu do sistema

As próximas seções examinam o que cada um dos menus contém.

Menu Activities

É pelo menu Activities que você acessa suas aplicações e verifica o status de qualquer aplicação em execução. É possível abrir o menu Activities usando três métodos diferentes:

- » Clique no item de menu Activities na barra superior.
- » Mova o ponteiro do mouse para a esquerda superior do ambiente de trabalho (algumas distribuições Linux, como Ubuntu, têm esse recurso desativado).
- » Pressione a tecla Super no teclado (logotipo Windows nos PCs).

Quando abrir o menu Activities, você verá o layout *visão geral das atividades*, como na Figura 4-2.

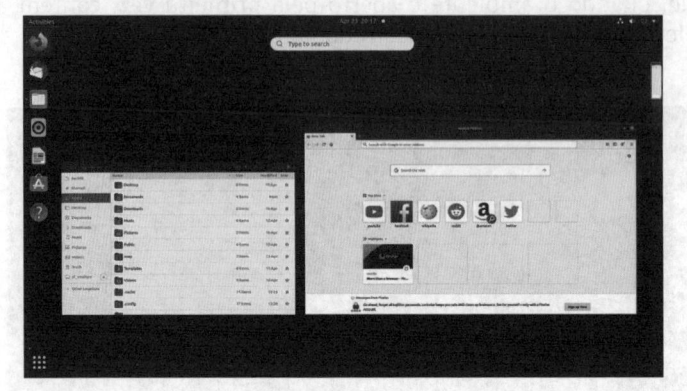

FIGURA 4-2: Visão geral das atividades no Ubuntu.

A visão geral das atividades fornece um local centralizado para acessar todas as suas aplicações e exibir o status de qualquer aplicação já em execução no ambiente. Consiste em três itens:

» Painel
» Visão geral das janelas
» Seletor do espaço de trabalho

Aprofundo a visão geral das atividades na seção "Explorando a Visão Geral das Atividades", mais adiante.

Menu Calendar

O item de menu Calendar produz o esperado, uma agenda, como mostrado na Figura 4-3. Mas espere, tem mais!

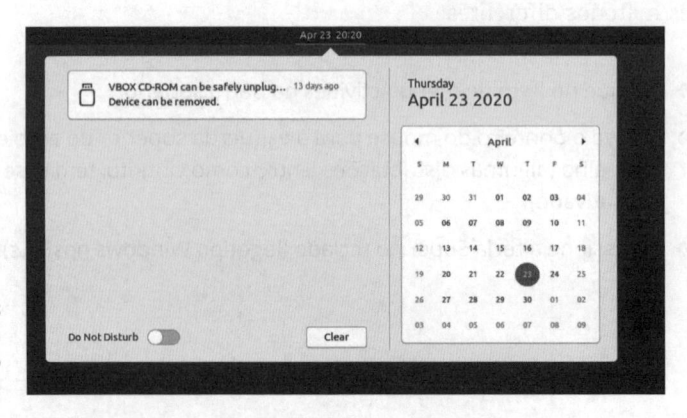

FIGURA 4-3: Menu Calendar do GNOME 3.

À esquerda da agenda está a *área de notificação*. Essa área mostra qualquer evento futuro que você tenha agendado. O GNOME 3 permite sincronizar sua agenda com uma agenda online a partir de muitas aplicações populares, como Google, Facebook e Microsoft, fornecendo uma ótima maneira de ver todos os eventos da agenda em um lugar!

Além de acompanhar seus compromissos, a área de notificação também mostra as mensagens produzidas pelo sistema, por exemplo, quando há atualizações e correções disponíveis para instalar, ou se o sistema está ficando sem espaço em disco. O cursor Do Not Disturb permite desativar as mensagens do sistema para que não apareçam no ambiente de trabalho.

Menu do sistema

Bem à direita da barra superior está o *menu do sistema*. Ele exibe ícones mostrando o status de vários recursos no sistema, dependendo do hardware disponível no seu caso. Esse menu é muito personalizável e costuma diferir um pouco entre as diferentes distribuições Linux. As opções do menu do sistema podem incluir:

- » Status da conexão de rede
- » Status da placa de som
- » Configuração de brilho da tela
- » Status da bateria
- » Status do usuário conectado
- » Opções de reinicialização

Para acessar essas opções de menu, clique no ícone de seta para baixo no menu do sistema. Um menu suspenso das opções do sistema aparecerá, como na Figura 4-4.

FIGURA 4-4: Menu do sistema do GNOME 3.

Se seu PC tiver uma placa de som, você poderá ajustar o volume ou silenciar os alto-falantes, e, se o PC tiver uma tela que pode ser escurecida, também existe uma configuração para ajustar o brilho dela.

Em seguida você verá um menu que permite gerenciar sua conexão de rede, se disponível. Se seu PC usa uma conexão de rede sem fio, um menu suspenso permite selecionar a rede sem fio para conectar, junto com outras configurações de rede. Se seu PC usa uma conexão de rede com fio, serão exibidas opções para desativar a conexão de rede e mudar as configurações. Há muitas coisas para lidar nas configurações de rede, portanto, aprofundo isso no Capítulo 9.

Como parte do menu do sistema, a maioria das distribuições Linux inclui uma opção para acessar as configurações do sistema; em geral uma opção de menu ou um ícone na parte inferior do menu do sistema. Ao selecionar qualquer opção, é exibida a caixa de diálogo System Settings, como na Figura 4-5. Ela permite personalizar sua experiência desktop como quiser. Explico mais isso na seção "Personalizando Seu Caminho", posteriormente neste capítulo.

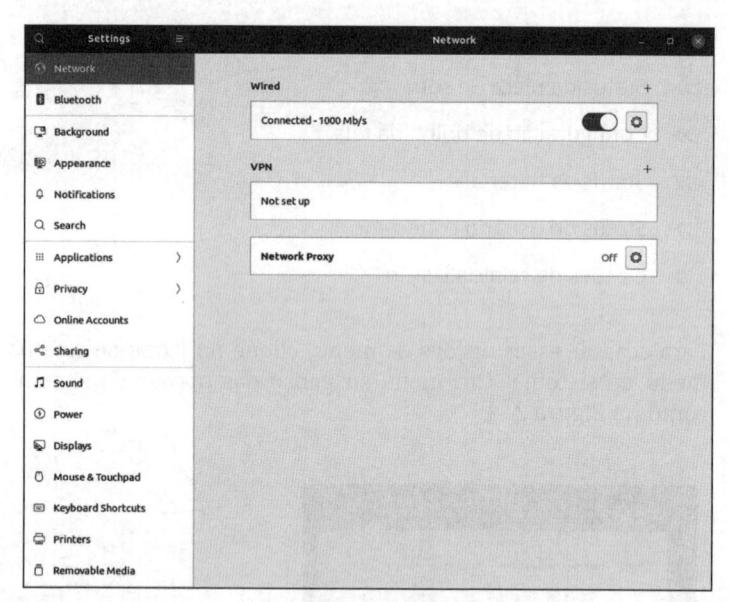

FIGURA 4-5: Caixa de diálogo Settings.

No menu do sistema também existe uma opção para gerenciar a conta do usuário conectado atualmente. Algumas distribuições Linux personalizam essa opção, portanto, seu resultado pode variar em relação ao que é mostrado na Figura 4-4. No Ubuntu, é possível apenas bloquear o ambiente de trabalho do usuário atual. O Fedora Linux também permite fazer logout nesse menu ou ir para a caixa de diálogo Settings da conta do usuário.

Na parte inferior do menu do sistema está a opção para desligar ou fazer logout do sistema. A opção de menu para desligar fornece outro menu, permitindo escolher reiniciar, finalizar ou suspender o sistema.

Menu do aplicativo

Embora eu tenha mencionado que apenas três menus estão visíveis na barra superior por padrão, às vezes aparece um quarto menu. Ao inicializar uma aplicação no ambiente GNOME 3, aparece um menu separado na barra superior. É o *menu do aplicativo*, contendo opções relacionadas à aplicação. Em vez de colocar o menu do aplicativo na barra de título da janela da aplicação, o GNOME 3 o colocou na barra superior, separado da janela da aplicação. Pode levar um tempo para se acostumar.

As opções disponíveis no menu do aplicativo diferem dependendo da aplicação aberta no ambiente de trabalho. A maioria das aplicações fornece opções que permitem abrir uma nova janela da aplicação ou sair da janela existente. Algumas aplicações também fornecem outros recursos específicos da aplicação.

Ambiente de trabalho

Em muitos ambientes de trabalho gráficos, o desktop é rei. Praticamente tudo o que você faz acontece a partir de um ícone no ambiente de trabalho. Tem uma aplicação favorita? Crie um ícone no ambiente de trabalho para inicializá-la. Tem um arquivo que precisa abrir diariamente? Crie um ícone no ambiente de trabalho para abri-lo. Conecta um novo dispositivo USB? O sistema cria automaticamente um ícone no ambiente de trabalho para acessá-lo.

O paradigma do GNOME 3 mudou um pouco isso. Os ícones do ambiente de trabalho não são mais o modo preferido de inicializar aplicações, armazenar arquivos ou acessar uma mídia removível. Na verdade, muitas distribuições Linux nem se importam em criar ícones no ambiente de trabalho por padrão! Contudo, se você tem dificuldades para acabar com velhos hábitos, o GNOME 3 ainda permite criar e usar ícones no ambiente de trabalho.

A distribuição Linux Ubuntu cria dois ícones do ambiente de trabalho por padrão:

» **Pasta Home:** Abre o programa do gerenciador de arquivos Files e tem como padrão a pasta Home da conta do usuário.

» **Pasta Trash:** Abre o programa do gerenciador de arquivos Files e tem como padrão a pasta Trash da conta do usuário.

Você pode fazer algumas coisas a partir do ambiente de trabalho. Clique com o botão direito em uma área vazia no ambiente de trabalho e será aberto um menu pop-up, como mostrado na Figura 4-6.

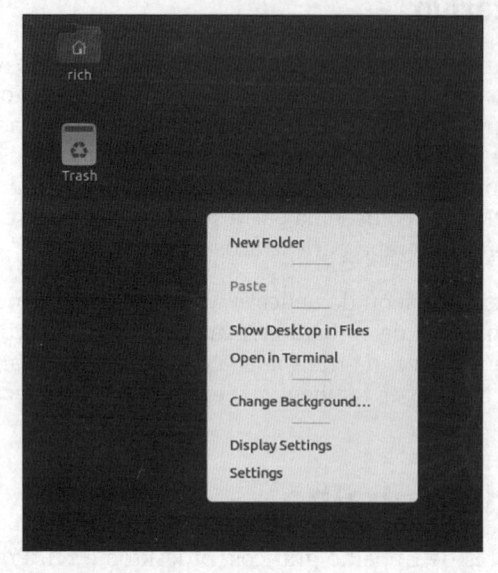

FIGURA 4-6: Menu pop-up do ambiente de trabalho GNOME 3.

Esse menu fornece algumas opções diferentes:

- » **New Folder:** Crie uma pasta sob a pasta Desktop da conta do usuário.
- » **Paste:** Cole qualquer arquivo ou pasta copiada para o ambiente de trabalho.
- » **Show Desktop in Files:** Abra a pasta Desktop usando o programa do gerenciador de arquivos Files (veja o Capítulo 8).
- » **Open in Terminal:** Abra a pasta Desktop usando a interface da linha de comando Terminal (veja o Capítulo 16).
- » **Change Background:** Modifique a imagem usada para o plano de fundo do ambiente de trabalho.
- » **Display Settings:** Mude as configurações de orientação e resolução da tela.
- » **Settings:** Acesse a ferramenta de configuração Systems.

Isso lhe dá um acesso rápido a algumas configurações do sistema relacionadas ao ambiente de trabalho, como descrito posteriormente na seção "Personalizando Seu Caminho".

DICA

Muitos ambientes gráficos permitem criar arquivos clicando com o botão direito no ambiente de trabalho, mas infelizmente o GNOME 3 não é um deles. Se você quiser criar um ícone para um arquivo em seu ambiente de trabalho, precisará armazenar o arquivo na pasta Desktop, localizada em sua pasta Home, usando o programa do gerenciador de arquivos Files (veja o Capítulo 8).

Explorando a Visão Geral das Atividades

A área de visão geral das atividades é o que substituiu o sistema de menus Application usado nas antigas versões do GNOME, e é o que tornou o GNOME 3 tão controverso. Embora fosse planejado para facilitar a navegação, a estrutura geral e o layout podem ser confusos, sobretudo se você já está acostumado a usar o antigo sistema de menus. Esta seção mostra os três recursos da visão geral das atividades: o painel, a visão geral das janelas e o seletor do espaço de trabalho.

Painel

O *painel* (dash) é um conjunto de ícones de aplicação que aparece à esquerda da visão geral das atividades por padrão. Algumas distribuições Linux optaram por exibir o painel por padrão, portanto ele aparece no ambiente de trabalho sem você fazer nada, como na Figura 4-7.

FIGURA 4-7: Painel mostrado em um ambiente de trabalho do Ubuntu.

CAPÍTULO 4 **Examinando o Ambiente GNOME** 69

Outras distribuições Linux optaram por manter o painel como parte da seção da visão geral das atividades, portanto é preciso clicar na opção de menu Activities na barra superior para vê-lo.

De qualquer modo, assim que o painel aparece, ele contém vários ícones, como explicado nas próximas seções.

Favoritos

Os pais não devem ter favoritos, já os usuários Linux costumam ter. O painel fornece uma área em que você pode ter ícones que inicializam suas aplicações favoritas, facilitando iniciar as mais usadas.

A maioria das distribuições Linux oferece muitas aplicações padrão como favoritas, ajudando-o a iniciar. No Ubuntu, os favoritos são:

- Navegador Firefox
- Cliente de e-mail Thunderbird
- Programa do gerenciador de arquivos Files
- Leitor de áudio RhythmBox
- LibreOffice Writer para processamento de texto
- Aplicação de software Ubuntu
- Ajuda para o ambiente de trabalho Ubuntu

Clicar no ícone favorito inicializa a aplicação correspondente. Clicar com o botão direito em um ícone favorito produz um menu com as seguintes opções padrão:

- Abrir uma nova janela para a aplicação
- Opções específicas da aplicação, como abrir uma janela de navegação privada para o Firefox ou criar um documento para o Writer
- Remover o ícone favorito do painel

Algumas aplicações têm opções extras no menu do painel para você controlar os recursos dentro da aplicação diretamente a partir do ícone do painel, já outras não têm. É preciso consultar a documentação de uma aplicação específica para ver quais opções estão disponíveis.

Rodando aplicações

Além dos ícones de suas aplicações favoritas, o painel também mostra ícones para qualquer aplicação do ambiente de trabalho em execução atualmente. Quando uma aplicação está ativa, aparece um ponto ao lado do ícone dela no painel.

Clique com o botão direito no ícone para uma aplicação em execução e um pequeno menu pop-up oferece algumas escolhas que você pode fazer:

» Abrir a janela da aplicação ou uma janela específica da aplicação, se ela tem mais de uma janela aberta.

» Abrir uma nova janela para a aplicação.

» Adicionar a aplicação ao painel como favorita se ela já não é uma favorita.

Quando sair da aplicação, o ícone dela desaparecerá automaticamente do painel (a menos que seja uma aplicação marcada como favorita).

Mídia removível

Ao inserir um dispositivo removível (como um DVD ou USB) no PC, um ícone aparece no painel para esse dispositivo, como mostrado na Figura 4-8.

FIGURA 4-8: O ícone no painel para um dispositivo removível depois de inserir um USB.

Clique no ícone do dispositivo para abrir uma janela Files e exibir o conteúdo do dispositivo removível. Quando estiver pronto para remover o dispositivo, clique com o botão direito nele e selecione a opção de menu Eject.

Ícone de visão geral da aplicação

Ao clicar no ícone de visão geral da aplicação no painel (ícone de grade na parte inferior do painel), você terá a visão geral da aplicação no centro do ambiente de trabalho, como na Figura 4-9.

FIGURA 4-9:
Área de visão geral da aplicação.

A área de visão geral da aplicação mostra ícones para todas as aplicações instaladas atualmente no ambiente de trabalho. Você pode rolar a área para ver páginas extras se houver mais ícones. Na parte inferior da área de visão geral estão opções para mostrar todos os ícones da aplicação ou apenas os mais usados. Selecionar as aplicações mais usadas reduz os ícones da aplicação a apenas aquelas usadas recentemente.

Na área de visão geral da aplicação, clique no ícone da aplicação para inicializá-la no ambiente de trabalho. Se quiser adicionar a aplicação à área de favoritos no painel, clique com o botão direito no ícone da visão geral da aplicação e selecione Add to Favorites.

DICA

É bem possível que o recurso mais versátil da visão geral da aplicação seja a caixa de texto Search no topo. Essa caixa permite pesquisar não apenas aplicações, mas documentos localizados em pastas. É uma ótima ferramenta para encontrar documentos perdidos!

Área de visão geral das janelas

No meio da visão geral das atividades está a *visão geral das janelas*. Ela dá um acesso rápido para gerenciar aplicações ativas no ambiente de trabalho. Exibe um conjunto de miniaturas de todas as janelas da aplicação atualmente em execução no ambiente. Ao clicar na miniatura de uma aplicação na visão geral das janelas, a aplicação em execução no ambiente vem para o primeiro plano. Você também pode encerrar uma aplicação do ambiente de trabalho em execução clicando no círculo vermelho que aparece à direita superior da miniatura quando passa o mouse sobre ela.

Uma caixa de texto de pesquisa também está no topo da área da visão geral das janelas (consulte a Figura 4-2). Como na área de visão geral das aplicações, aqui você pode inserir um nome da aplicação, nome de arquivo ou nome do recurso para pesquisar no sistema. Conforme digita, o GNOME pesquisa um grupo predefinido de locais buscando aplicações e arquivos correspondentes, e exibe uma lista dos resultados combinados na área de pesquisa. Quando vir o que está procurando, basta clicar no ícone para inicializar. É uma ótima forma de acessar os arquivos ocultos nas pastas!

Além da visão geral das janelas, há outro modo de trocar entre as aplicações em execução no ambiente de trabalho:

1. **Pressione a tecla Super (tecla Windows nos PCs Windows) e a tecla Tab.**

   O alternador de janelas aparece no meio do ambiente de trabalho, mostrando ícones para cada aplicação em execução atualmente.

2. **Segure a tecla Super e pressione a tecla Tab para trocar entre as aplicações em execução.**

   Solte a tecla Super quando destacar a aplicação para a qual deseja trocar.

> **DICA** Após abrir o alternador de janelas usando a combinação de teclas Super + Tab, você pode selecionar para qual aplicação trocar clicando diretamente no ícone dela com o mouse.

Trabalhando com espaços de trabalho

Bem à direita da visão geral das atividades está o *seletor do espaço de trabalho*. Um conceito que existe há um tempo é o recurso *desktop virtual*. Eles permitem definir áreas separadas do ambiente de trabalho e abrir janelas da aplicação em ambientes separados. Isso permite agrupar aplicações e trocar os ambientes de trabalho, em vez de ter muitas janelas abertas no mesmo ambiente.

O GNOME 3 implementa os desktops virtuais, mas com uma pequena mudança. Os espaços de trabalho fazem parte do mesmo ambiente de trabalho; eles colocam as janelas da aplicação em grupos separados para facilitar o gerenciamento. Você controla isso usando o seletor do espaço de trabalho.

Ao abrir pela primeira vez a visão geral das atividades, o seletor do espaço de trabalho tem um tamanho reduzido, mas, se você passar o mouse sobre a área, ela aparecerá por completo, como na Figura 4-10.

FIGURA 4-10:
Seletor do espaço de trabalho no Ubuntu.

Por padrão, o Ubuntu cria um único espaço de trabalho padrão e coloca qualquer aplicação com a qual você inicia nesse espaço. É possível mover uma aplicação para um novo espaço de trabalho seguindo estas etapas:

1. **Abra a visão geral das atividades.**
2. **Clique e segure a miniatura da aplicação na área de visão geral das janelas que você deseja mover.**

   O ponteiro do mouse muda para uma mão.
3. **Arraste a miniatura da aplicação para a área do seletor do espaço de trabalho.**

   Ao mover o ponteiro de mão para o seletor do espaço de trabalho, aparecerá uma nova janela do espaço de trabalho no seletor.
4. **Solte a miniatura na nova área do espaço de trabalho.**

Depois de ter aplicações em dois ou mais espaços de trabalho, você pode trocar facilmente para o espaço de trabalho ativo no ambiente de trabalho. Existem dois métodos para fazer isso:

» Abra a visão geral das atividades e selecione o espaço de trabalho no seletor.

» No ambiente de trabalho, pressione as teclas Super + Page Down para ir para o próximo espaço de trabalho abaixo ou Super + Page Up para ir para o próximo espaço de trabalho acima na rotação.

PARTE 1 **O Começo de Tudo**

Se você for realmente multitarefas e tem muitas aplicações abertas no ambiente de trabalho, será um modo fácil de manter as coisas organizadas!

Personalizando Seu Caminho

Mencionei no início deste capítulo que o Linux é mais conhecido por oferecer opções quanto ao ambiente de trabalho gráfico. O que não mencionei é que, mesmo depois de escolher um ambiente específico para usar, você ainda tem muitas escolhas disponíveis para personalizar sua experiência.

Isso é feito com as opções de configuração do ambiente de trabalho na ferramenta Settings geral do GNOME 3. Você pode acessar essa ferramenta clicando com o botão direito em uma área vazia no ambiente de trabalho e selecionando Settings, ou selecionando a opção Settings no menu do sistema descrito na seção "O Menu, por favor!", anteriormente neste capítulo.

É possível personalizar muitas coisas com a ferramenta Settings. No momento, apenas explico as diferentes configurações relacionadas ao ambiente de trabalho que você pode usar para personalizar sua experiência GNOME 3.

Plano de fundo

Os desenvolvedores de cada distribuição Linux selecionam uma imagem de fundo do ambiente de trabalho padrão para ajudar a identificar sua distribuição. O Fedora usa um esquema de cores estilizado e diferente para cada versão, já o Ubuntu usa um tipo de imagem estilizada do animal que dá nome à versão.

Porém, você não está limitado a esses planos de fundo. É possível mudar com facilidade o fundo do seu ambiente de trabalho; basta seguir estas etapas:

1. **Abra as opções Background na ferramenta Settings.**

   Você pode fazer isso clicando com o botão direito no ambiente de trabalho e escolhendo Change Background. Ou, se já está na ferramenta Settings, selecione Background no menu à esquerda.

   Cada distribuição Linux seleciona seu próprio conjunto de imagens para incluir por padrão.

2. **Role as imagens disponíveis e escolha uma.**

DICA: Se você tiver sua própria imagem, clique no botão Add Picture no topo da ferramenta Settings.

Cada usuário no sistema pode selecionar seu próprio plano de fundo para o ambiente de trabalho, portanto, se você precisar compartilhar seu PC com outra pessoa, não ficará obrigado a ver a imagem do pet favorito do outro o dia inteiro!

Aparência

Não só é possível mudar o plano de fundo do ambiente de trabalho, como também a cor usada nas próprias janelas da aplicação. Na ferramenta Settings, clique na opção Appearance no menu à esquerda. A janela Appearance aparecerá, como mostrado na Figura 4-11.

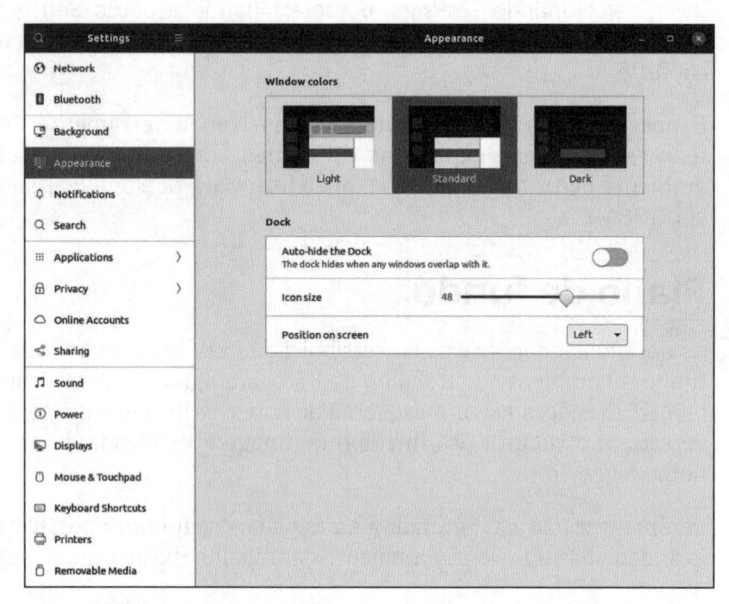

FIGURA 4-11: Janela Appearance.

Na seção Window Colors, a opção Appearance permite definir o sombreamento das janelas da aplicação: escolha claro, padrão ou escuro.

Abaixo estão as configurações que você pode mudar para controlar o painel (referido como *barra de tarefas* em Settings). Se sua distribuição Linux mostra o painel no ambiente de trabalho, você pode escolher ocultá-lo automaticamente quando uma aplicação quiser ficar no modo tela cheia. Esse recurso permite que as aplicações tirem o painel do caminho e ocupem a área total de visualização do ambiente de trabalho.

Nesse ponto, você pode também mudar o tamanho dos ícones da aplicação que aparecem no painel (favoritos e aplicações em execução), assim como definir o lado do ambiente onde o painel aparece quando você abre a visão geral das atividades (esquerda, direita, acima ou abaixo).

Telas

Tentar fazer os ambientes gráficos trabalharem com inúmeras placas de vídeo diferentes e monitores pode ser um pesadelo. A maioria das distribuições Linux tenta fazer o melhor para detectar automaticamente sua placa de vídeo e monitor na instalação, e definir a resolução do ambiente de trabalho, mas nem sempre há precisão ou elas não reconhecem sua configuração de hardware específica. Se esse for o caso, muitas vezes o script de instalação recorre a uma definição padrão, que pode não ser a ideal para sua configuração.

Se essa for a sua situação, ainda há uma esperança no sentido de conseguir personalizar as configurações da tela para o ambiente de trabalho GNOME 3. Na ferramenta Settings, clique na entrada Displays no menu à esquerda e veja as diferentes opções que podem ser alteradas para sua tela, como na Figura 4-12.

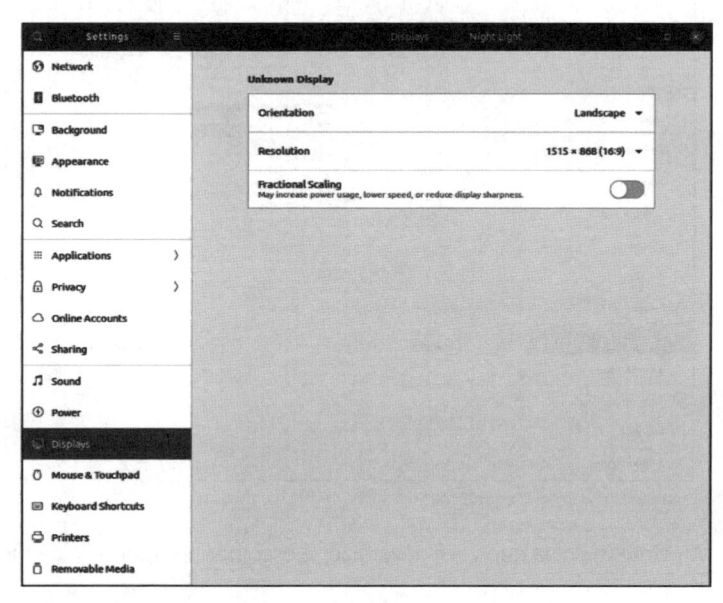

FIGURA 4-12: Configurações Displays no GNOME 3.

O que vê aqui depende muito da configuração do seu monitor. No mínimo, você deve ver três opções para mudar:

» **Orientation:** Como o monitor é orientado em relação ao teclado. Nos monitores de tela plana, você tem muitas opções de montagem, como colocar um monitor de lado. Se esse for o caso, mude a orientação da tela para Portrait aqui. Se seu monitor precisar ser montado ao contrário, basta selecionar a opção Landscape (virada).

» **Resolution:** É onde você pode mudar as configurações de resolução ou proporção do seu monitor. Experimente as diferentes configurações para encontrar uma que o atenda.

» **Fractional Scaling:** Essa configuração permite dimensionar o tamanho das janelas e do texto no ambiente de trabalho. Ativar esse recurso permite definir um valor fracionado, como tornar objetos 125% ou 200% maior que o normal.

Se tiver vários monitores conectados ao PC, é onde você pode controlar como eles se comportam. Quando o GNOME 3 detecta vários monitores, ele expande as configurações Displays para incluir as configurações para vários monitores, como na Figura 4-13.

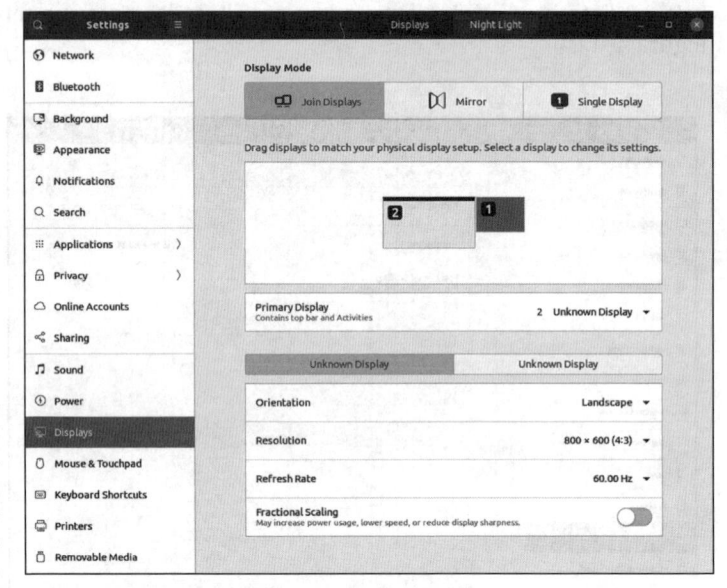

FIGURA 4-13: Configurações Displays com suporte para vários monitores.

A primeira coisa que você deve fazer é escolher um modo de exibição. Há três:

» **Join Displays:** Por padrão, o GNOME 3 usa o segundo monitor para estender o ambiente de trabalho e coloca o segundo monitor à direita do principal (se você mover o cursor do mouse para a direita do ambiente de trabalho, ele entrará na área do segundo monitor). Se o segundo monitor estiver fisicamente em outro lugar, você poderá mover o ícone dele para qualquer lado do ícone do monitor principal para refletir seu local físico. A Figura 4-13 mostra meu segundo monitor movido para a esquerda do primeiro. Se necessário, é possível até selecionar qual monitor é o principal.

» **Mirror:** Em vez de estender a área do ambiente de trabalho com o segundo monitor, você pode escolher apenas espelhar um ambiente em todos os monitores conectados ao PC. Qualquer coisa feita no ambiente de trabalho principal é espelhada no outro ambiente do monitor. Isso é útil em apresentações.

» **Single Display:** A terceira opção disponível é tratar cada monitor como uma tela separada, sem estender o ambiente de trabalho principal.

Após fazer a seleção com o botão apropriado no topo da configuração Displays, as opções adicionais dos monitores mudam de acordo.

Mouse e touchpad

As configurações do mouse e do touchpad são outra área em que os scripts de instalação tentam detectar automaticamente o que é preciso para seu hardware específico, mas nem sempre acertam. Clique na opção Mouse & Touchpad à esquerda da ferramenta Settings para personalizar seu mouse e/ou touchpad, como na Figura 4-14.

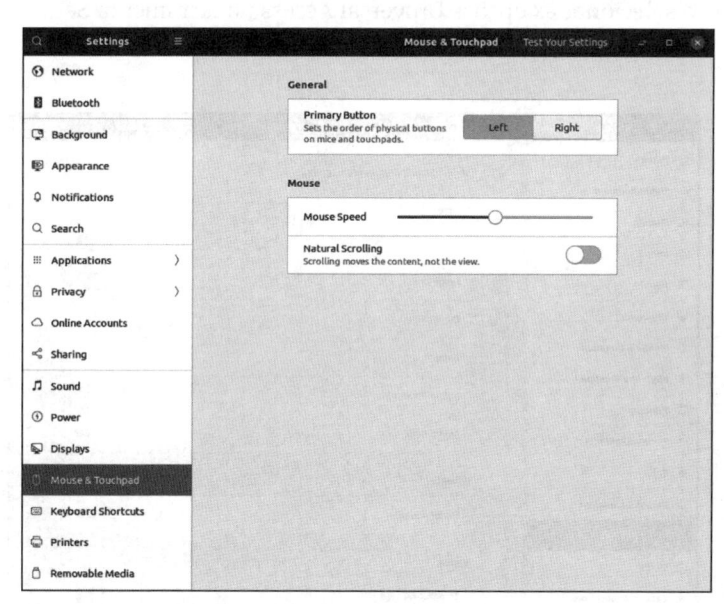

FIGURA 4-14: Opções das configurações Mouse e Touchpad.

Você também pode definir a velocidade do mouse conforme o move no ambiente de trabalho, assim como permitir uma rolagem natural, o que move o conteúdo de uma janela, em vez da exibição inteira dela.

Atenção aos Recursos de Acessibilidade

O ambiente de trabalho do GNOME 3 inclui vários recursos que permitem a pessoas com deficiências operarem as aplicações usando métodos alternativos. Esses recursos incluem ampliações de tela (que aumentam as áreas da tela), leitores de tela (que leem o texto na tela) e recursos de acessibilidade no teclado e no mouse (como teclas de aderência e cliques lentos do mouse). Você pode ativar cada recurso quando necessário.

Você encontra os recursos de acessibilidade na ferramenta Settings. Siga estas etapas:

1. **Abra a ferramenta Settings.**
2. **Selecione a opção Universal Access no menu à esquerda.**
3. **Ative os recursos necessários para seu ambiente.**

Ao selecionar as opções Universal Access na ferramenta Settings, você verá muitas opções para ativar, como na Figura 4-15.

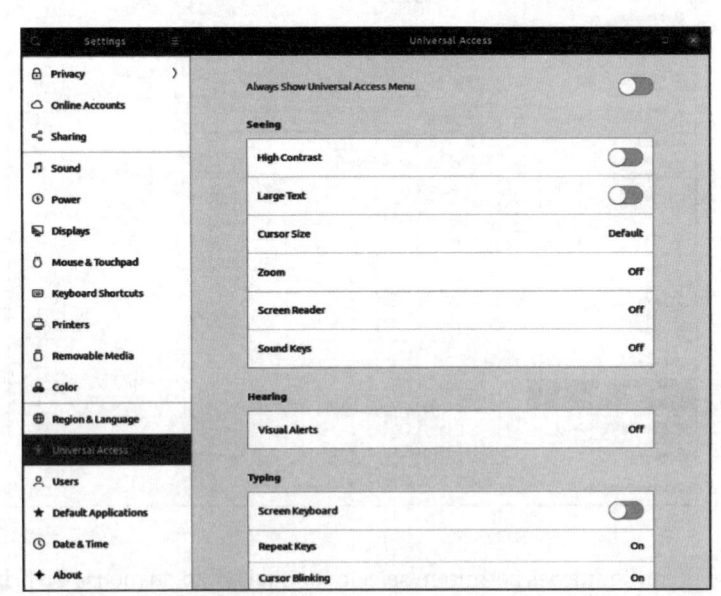

FIGURA 4-15: Opções Universal Access disponíveis no Ubuntu.

As opções são divididas em quatro categorias:

- » **Seeing:** Opções para ativar recursos para deficientes visuais
- » **Hearing:** Opções para ativar recursos para deficientes auditivos
- » **Typing:** Opções para ativar recursos de digitação assistida
- » **Pointing & Clicking:** Opções para ativar recursos de acessibilidade para usar o mouse

A categoria Seeing inclui:

- » **High Contrast:** Deixa janelas e ícones mais vivos para facilitar a visão.
- » **Large Text:** Usa fontes maiores para o texto no ambiente de trabalho.
- » **Cursor Size:** Muda o tamanho do cursor para facilitar encontrá-lo.
- » **Zoom:** Aumenta áreas específicas da tela para facilitar a leitura.
- » **Screen Reader:** Usa o programa de voz Orca para ler o texto na tela.
- » **Sound Keys:** Produz um som audível quando as teclas são pressionadas.

A categoria Hearing inclui apenas um recurso — a capacidade de ativar alertas visuais quando um bipe é produzido pelo sistema.

A categoria Typing inclui:

- » **Screen Keyboard:** Exibe um teclado na tela quando o texto pode ser inserido.
- » **Repeat Keys:** Simula várias teclas pressionadas ao manter pressionada uma tecla.
- » **Cursor Blinking:** Faz o ponteiro do cursor piscar, facilitando encontrá-lo.
- » **Typing Assist:** Permite ativar três recursos separados de digitação: teclas de aderência, lentas e de repercussão.

A categoria Pointing & Clicking inclui:

- » **Mouse keys:** Simula o movimento do mouse e clica usando as teclas do teclado.
- » **Locate Pointer:** Facilita encontrar o ponteiro no ambiente de trabalho.
- » **Click Assist:** Simula um clique duplo segurando o botão principal ou passando o ponteiro do mouse sobre um local.

» **Double-Click Delay:** Define a velocidade com a qual o botão do mouse é clicado duas vezes para enviar o evento de clique duplo.

Se você precisar ativar e desativar recursos de assistência com frequência, as configurações Universal Access também têm um menu suspenso que você pode ativar no menu do sistema. Basta ativar o recurso Always Show Universal Access Menu nas configurações e um ícone aparecerá no menu do sistema, como na Figura 4-16.

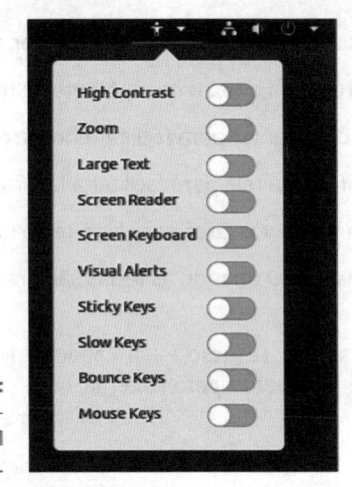

FIGURE 4-16: Menu rápido Universal Access.

Ao clicar, aparece um menu suspenso, permitindo ativar e desativar recursos específicos.

> **NESTE CAPÍTULO**
>
> » Examinando o KDE Plasma
>
> » Configurando seu espaço de trabalho

Capítulo **5**

Examinando o Ambiente KDE Plasma

No Capítulo 4, você começou a ver como funciona o ambiente GNOME 3. Este capítulo explica o "outro" ambiente popular no mundo Linux, o KDE Plasma. O ambiente de trabalho KDE Plasma fornece uma interface gráfica para sua distribuição Linux usando os recursos normalmente encontrados nos sistemas Microsoft Windows. Está disponível como um pacote de software no Fedora, no openSUSE e no Ubuntu, e é o principal ambiente de trabalho usado no Ubuntu, mas focado no ambiente KDE Plasma. Este capítulo explica os recursos do ambiente KDE Plasma, mostrando como trabalhar nele e tirar o máximo do seu espaço de trabalho.

Ambiente KDE Plasma

O ambiente KDE foi lançado pela primeira vez em 1996 como Kool Desktop Environment, mas atualmente ele tenta ser um pouco mais sofisticado e prefere ser chamado apenas de K Desktop Environment (mas ainda é muito "cool"). Ele ganhou rápida popularidade entre os novatos Linux porque fornece uma interface do tipo Windows para seu ambiente Linux.

Além do ambiente gráfico, a comunidade KDE lança muitas outras aplicações de software, então para não confundir, iniciando na versão 4.4, o ambiente KDE foi chamado de KDE Plasma ou apenas *Plasma*, para diferenciá-lo dos outros projetos de software que a organização KDE produz. A Figura 5-1 demonstra o ambiente Plasma usado na distribuição Linux openSUSE Leap 15.1.

FIGURA 5-1: Ambiente KDE Plasma do openSUSE 15.1.

Para saber mais sobre o projeto KDE, visite o site do KDE, encontrado em www.kde.org (conteúdo em inglês).

LEMBRE-SE

Como tudo mais no Linux, o layout do ambiente Plasma é muito personalizável, portanto, o que você tem em seu sistema pode variar em relação ao que vê nas imagens deste capítulo. Nada de pânico; todos os recursos estão lá e mostro como personalizar seu ambiente de trabalho para adequar a suas necessidades e desejos!

O ambiente Plasma contém três componentes principais que você deve conhecer:

» Lançador de aplicações
» Painel
» Ambiente de trabalho

Nas próximas seções, explico cada um dos componentes e veremos como eles são.

Mais menus!

Você acessa o lançador de aplicações a partir de um ícone bem à esquerda na parte inferior do painel. Clicar no ícone produz todo o layout do lançador, como mostrado na Figura 5-2.

FIGURA 5-2: Layout do lançador de aplicações Plasma no openSUSE.

A parte inferior do lançador inclui cinco guias, cada uma com uma seleção de itens de menu:

- **Favorites:** Ícones para um fácil acesso aos aplicativos mais usados
- **Applications:** Submenus de ícones do programa para inicializar programas no sistema
- **Computer:** Atalhos para locais especiais no computador
- **History:** Uma lista de aplicações executadas com frequência, documentos e pastas abertos recentemente
- **Leave:** Opções para sair da sessão atual do ambiente de trabalho

DICA

Os itens de menu têm uma seta à direita para acessar submenus. Abra os submenus clicando com o mouse nessa opção do menu. Por vezes, os submenus têm seus próprios submenus, dando acesso a mais programas.

Favorites

A guia do menu Favorites oferece uma área onde você pode colocar os ícones para as aplicações mais usadas. Basta navegar até uma entrada do programa no menu Applications, clicar com o botão direito nela e selecionar a opção Add to Favorites. O ambiente Plasma do openSUSE tem sete entradas em Favorites:

- » **Web Browser:** Navegador Firefox (veja o Capítulo 10)
- » **Personal Information Manager:** Pacote de agenda, contato e e-mail Kontact (veja o Capítulo 10)
- » **Word Processor:** Pacote de processamento de texto LibreOffice Writer (veja o Capítulo 12)
- » **File Manager:** Programa gerenciador de arquivos Dolphin (veja o Capítulo 8)
- » **Configure Desktop:** Abra a caixa de diálogo System Settings
- » **Help Center:** Abre o manual do usuário KDE, que tem ótimas informações sobre tudo relacionado ao ambiente Plasma, assim como a outros pacotes de software KDE
- » **Terminal:** Ferramenta de interface da linha de comando Konsole (veja o Capítulo 16)

> **DICA** Remova as entradas da guia Favorites clicando com o botão direito nela e selecionando Remove from Favorites.

Applications

A guia do menu Applications dá um rápido acesso a todos os programas instalados em seu sistema. É óbvio que as escolhas disponíveis dependem do que você instalou, mas o openSUSE usa alguns itens de menu padrão no primeiro nível que você pode encontrar em seu sistema. A Tabela 5-1 descreve isso.

TABELA 5-1 Conteúdo do Menu Applications

Opção de Menu	O que Você Encontra
Games	Programas para passar o tempo
Graphics	Programas de manipulação de imagens
Internet	Programas para interagir na internet
Multimedia	Aplicações para lidar com arquivos de áudio e vídeo
Office	Programas para tarefas relacionadas a documentos, como processamento de texto, planilhas e gráficos de apresentação
Settings	Utilitários para fazer configurações específicas do usuário
System	Utilitários para monitorar e configurar recursos de todo o sistema
Utilities	Vários programas e utilitários para lidar com pequenas funções em seu ambiente de trabalho e sistema

Você pode notar uma duplicação nos itens de menu no primeiro nível. Nem todos os sistemas Plasma usam essas opções de menu. Distribuições diferentes usam combinações variadas de itens de menu para fornecer uma aparência personalizada para seu menu.

Computer

A guia de menu Computer (descrita na Tabela 5-2) fornece um modo rápido de ir para um local específico em seu sistema para exibir arquivos, além de um acesso rápido a alguns recursos populares. Eles são divididos em três categorias:

» **Applications:** Oferece opções de menu para as aplicações do sistema mais usadas:

- *KRunner:* Produz uma linha de comando para iniciar um programa
- *Configure Desktop:* Abre a ferramenta System Settings para mudar as preferências do ambiente de trabalho
- *Info Center:* Abre a aplicação KInfoCenter, que fornece informações sobre o hardware do sistema e a configuração do ambiente de trabalho
- *Software Center:* Abre a aplicação de gerenciamento de software Discover

» **Places:** Fornece links para abrir locais específicos no diretório virtual no programa gerenciador de arquivos Dolphin.

» **Removable Storage:** Links para abrir qualquer dispositivo de armazenamento removível conectado usando o Dolphin. Se nenhum dispositivo removível estiver conectado, essa categoria não será mostrada.

TABELA 5-2 Conteúdo de Places no Menu Computer

Opção de Menu	O que Você Encontra
Home	Exibe o conteúdo da pasta Home do usuário.
Desktop	Exibe o conteúdo da pasta desktop do usuário.
Downloads	Exibe o conteúdo da pasta downloads do usuário.
Root	Exibe o conteúdo da estrutura de diretórios virtual.
Trash	Exibe os itens armazenados na pasta especial Trash e esvazia a lixeira.
Network	Exibe qualquer compartilhamento disponível na rede local.

(continua)

(continuação)

Opção de Menu	O que Você Encontra
Today	Usa o recurso da linha do tempo Dolphin para exibir os arquivos abertos hoje.
Yesterday	Usa o recurso da linha do tempo Dolphin para exibir os arquivos abertos ontem.
Documents	Usa o recurso de pesquisa Dolphin para exibir todos os documentos sob a pasta Home do usuário.
Images	Usa o recurso de pesquisa Dolphin para exibir todos os arquivos de imagem sob a pasta Home do usuário.
Audio Files	Usa o recurso de pesquisa Dolphin para exibir todos os arquivos de áudio sob a pasta Home do usuário.
Video	Usa o recurso de pesquisa Dolphin para exibir todos os arquivos de vídeo sob a pasta Home do usuário.

As opções Places usam o gerenciador de arquivos Dolphin para ir direto para locais específicos no diretório virtual (detalhado no Capítulo 8). Muitas opções de local são listadas sob a categoria Places; a Tabela 5-2 mostra algumas que podem interessar a você.

Os itens de menu Computer também incluem qualquer mídia removível inserida em sua estação de trabalho, como CD ou DVD, ou um dispositivo USB. Basta selecionar o item de menu para acessar os arquivos e as pastas na mídia removível.

History

A guia History dá um rápido acesso às coisas feitas recentemente, portanto, se você gosta de hábitos, veio ao lugar certo! Há duas seções nessa guia:

» **Applications:** Links para as aplicações executadas recentemente

» **Documents:** Links para as pastas nas quais trabalhou recentemente ou documentos abertos há pouco tempo

Leave

Pode haver cinquenta modos de deixar o seu amor, mas apenas seis para sair do ambiente de trabalho (pelo menos sem acabar com o sistema)! A guia Leave tem sete opções para sair da sessão do ambiente de trabalho, mostradas na Tabela 5-3.

TABELA 5-3 **Componentes do Menu Leave**

Opção de Menu	O que Faz
Lock	Bloqueia o ambiente de trabalho e exibe uma proteção de tela. Para voltar para o ambiente de trabalho, você deve inserir a senha do usuário conectado.
Logout	Termina a sessão atual do ambiente de trabalho e volta para a tela de login.
Switch User	Suspende a sessão do usuário atual e permite que outro usuário faça login.
Suspend	Grava o estado atual da sessão em um arquivo de disco e coloca o sistema em um modo de baixo consumo.
Hibernate	Grava o estado atual da sessão em um arquivo de disco e desliga o computador. Apenas disponível quando instalado em um notebook.
Reboot	Termina a sessão atual do ambiente de trabalho e reinicia o sistema.
Shut Down	Termina a sessão atual do ambiente de trabalho, para todos os processos no sistema e desliga-o.

Ao selecionar uma opção no menu Leave, aparece uma caixa de diálogo pedindo uma confirmação. Isso evita que aconteçam "surpresas"!

DICA Com todas essas diferentes opções de menu, pode ser complicado descobrir o que você está procurando. Para ajudar, o lançador de aplicações também fornece uma ferramenta de consulta para uma pesquisa rápida. Ela fica um pouco oculta no topo do menu sob seu nome de usuário. Basta clicar no texto sob seu nome e a ferramenta de consulta para pesquisa aparece (veja a Figura 5-2). Você pode inserir o texto aqui para encontrar rápido qualquer entrada de menu relacionada. O lançador de aplicações retorna qualquer opção de menu que corresponda ao termo da pesquisa. Apenas clique no item de menu nos resultados!

DICA Se você não for muito fã do formato do lançador, tem mais opções! Clique com o botão direito no ícone do lançador de aplicações e selecione Alternatives. Serão mostrados outros sistemas de menu para inicializar as aplicações, como o menu Application, que fornece um sistema de menus mais antigo, e Application Dashboard, que lembra muito o sistema de visão geral da aplicação do GNOME 3.

Painel

Na parte inferior do ambiente Plasma você verá uma linha com um monte de ícones, chamada *painel*. O painel contém *widgets* ou pequenos programas que rodam no painel para fornecer funções diretamente nele.

O layout do painel Plasma é outro recurso que pode ser alterado com facilidade, portanto, em geral é diferente em distribuições Linux variadas. Normalmente, é comum que as distribuições coloquem o ícone para o lançador de aplicações bem à esquerda do painel. (Acaba sendo o mesmo lugar onde o Microsoft Windows coloca seu ícone Iniciar. Eu avisei que o Plasma era bonzinho com os ex-usuários do Microsoft Windows!)

No ambiente Plasma do openSUSE (consulte a Figura 5-1), após o ícone do lançador de aplicações vem os seguintes widgets no painel:

» **Pager:** Permite trocar entre os diferentes espaços de trabalho do ambiente virtual

» **Gerenciador de tarefas:** Exibe miniaturas para as aplicações em execução

» **Bandeja do sistema:** Contém ícones para utilitários e aplicações do sistema que rodam em segundo plano, como sistema de som, Network Manager e área de transferência

» **Relógio digital:** Exibe a hora atual

» **Editor de painéis:** Permite modificar o layout e os widgets do painel

Você pode modificar facilmente o layout do painel como desejar. Basta clicar no ícone do editor de painel bem à direita para entrar no modo de edição, como na Figura 5-3.

FIGURA 5-3: Painel Plasma no modo de edição.

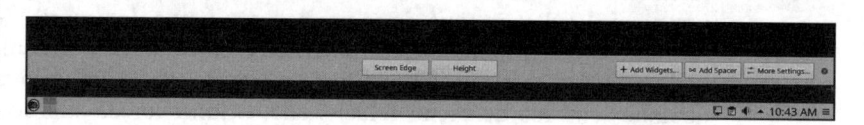

O painel do modo de edição contém ícones para trabalhar com seu painel. A Tabela 5-4 mostra o que faz cada ícone.

TABELA 5-4 Recursos do Editor de Painéis

Recurso	O que Faz
Botão Screen Edge	Seleciona em qual lado do ambiente de trabalho o painel aparece.
Botão Height	Seleciona a altura do painel.
Botão Add Widgets	Adiciona novos widgets ao painel.
Botão Add Spacer	Adiciona um espaço vazio entre os widgets no painel.
Botão More Settings	Acessa os botões para alinhar os widgets do painel, ocultar automaticamente o painel ou indica se as janelas da aplicação podem cobrir o painel.

Recurso	O que Faz
Botão Exit	Sai do editor de painel.
Ponteiro para esquerda	Define o local do lado esquerdo do painel.
Ponteiro para direita superior	Define o local máximo do lado direito do painel.
Ponteiro para direita inferior	Define o local mínimo do lado direito do painel.

No modo de edição do painel, você também pode mover os widgets existentes arrastando e soltando, ou remover os existentes clicando com o botão direito no ícone do widget e selecionando a opção Remove. Com todos esses recursos, é possível selecionar a aparência do seu painel no ambiente de trabalho!

Ambiente de trabalho

É possível que o ambiente de trabalho seja o recurso mais controverso no Plasma. Ele se comporta de modo muito diferente dos outros ambientes. O ambiente de trabalho no Plasma se parece mais com uma extensão do painel, não com um ambiente de trabalho. Você não pode colocar arquivos, pastas ou ícones de aplicações no ambiente Plasma. Pelo contrário, coloca apenas widgets adicionais.

Dito isso, há um truque que pode ser usado para fazer o ambiente Plasma se comportar como o Windows. Um dos que você pode usar é o widget *Folder View*, que fornece uma área de trabalho Windows em seu ambiente Plasma. O ambiente Plasma do openSUSE padrão usa o widget Folder View para mostrar o conteúdo da pasta Desktop do usuário (consulte a Figura 5-1). Nem todas as distribuições Linux fazem isso.

A área Folder View permite colocar arquivos, pastas e ícones de aplicações em seu ambiente de trabalho na área definida. Na verdade, é possível criar uma área de exibição da pasta para qualquer pasta em seu sistema, mas é comum criá-la para a pasta Desktop em sua pasta Home (veja o Capítulo 7). É a área Folder View padrão fornecida no ambiente Plasma do openSUSE. Assim, os itens colocados em Desktop Folder View aparecem na pasta Desktop de sua área pessoal, como acontece no ambiente Windows.

Além de Folder View, o ambiente openSUSE padrão inclui mais um ícone, a *caixa de ferramentas do ambiente de trabalho*, em geral à direita superior do ambiente. O ícone dessa caixa permite adicionar widgets extras ao ambiente, como no painel.

O ambiente Plasma e o painel usam os mesmos widgets, portanto, veremos melhor os widgets em seguida.

Usando Widgets

A chave do ambiente de trabalho Plasma são os *widgets*. Eles são pequenas aplicações que rodam no ambiente de trabalho. Cada widget fornece um utilitário diferente ou um pequeno programa para usar no ambiente. Esta seção examina como adicionar, remover e obter novos widgets em seu ambiente Plasma.

Adicionando widgets

O pacote Plasma fornece muitos widgets diferentes para seu painel e ambiente de trabalho. Clicar no botão Add Widgets no painel ou no editor de ambiente produz uma lista de widgets instalados atualmente em sua estação de trabalho. A Figura 5-4 mostra como fica.

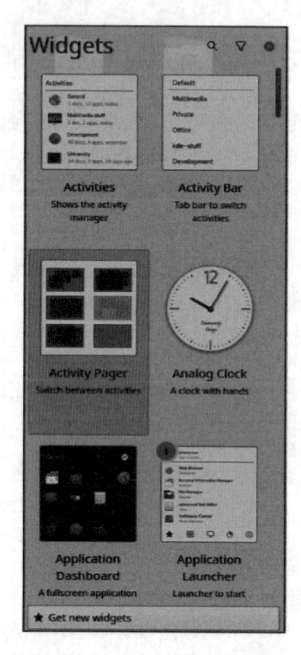

FIGURA 5-4: Menu Add Widgets.

Os widgets já ativos no ambiente ou no painel são marcados. Adicionar um novo widget é tão fácil quanto selecionar o desejado e clicar no botão Add Widget. A Tabela 5-5 lista os widgets disponíveis por padrão no openSUSE.

TABELA 5-5 Widgets KDE do openSUSE

Nome do Widget	O que Faz
Activities	Exibe o gerenciador de atividades
Activity Bar	Exibe atividades individuais para que você possa trocar entre elas.
Activity Pager	Troca facilmente entre as atividades.
Analog Clock	Exibe um belo relógio analógico com ponteiros!
Application Dashboard	Uma exibição em tela cheia de ícones das aplicações instaladas.
Application Launcher	Exibe um menu com guias para iniciar aplicações.
Application Menu	Fornece um menu antigo de aplicações.
Audio Volume	Controla as configurações atuais do volume para dispositivos de áudio.
Battery and Brightness	Exibe o status de carga da bateria do notebook, assim como as configurações de brilho da tela.
Binary Clock	A ferramenta da hora do nerd!
Calculator	Dá um acesso rápido à calculadora do KDE.
Calendar	Exibe compromissos e eventos.
Clipboard	Exibe o histórico de itens anteriores colocados na área de transferência.
Color Picker	Permite capturar os valores de cor de qualquer cor no ambiente de trabalho.
Comic Strip	Exibe uma história em quadrinhos diária.
Dictionary	Para quando você não consegue descobrir como escrever uma palavra.
Digital Clock	Exibe a hora no formato digital.
Disk Quota	Exibe detalhes sobre o uso do disco.
Fifteen Puzzle	Entretenimento rápido para os loucos por quebra-cabeças.
Folder View	Fornece uma exibição gráfica do conteúdo de uma pasta específica.
Global Menu	Exibe uma barra de menus global no topo da tela.
Grouping Plasmoid	Agrupa os widgets.
Hard Disk I/O Monitor	Monitora a taxa de transferência do disco rígido.
Hard Disk Space Usage	Monitora o espaço do disco rígido.

(continua)

(continuação)

Nome do Widget	O que Faz
Icons-only Task Manager	Troca entre as aplicações em execução usando ícones.
Input Method Panel	Exibe um método de entrada genérico.
Kate Sessions	Inicializa e controla as sessões do editor Kate.
KDE Connect	Exibe as notificações dos dispositivos usando o KDE Connect.
Konsole Profiles	Lista e inicializa as sessões do terminal Konsole.
Lock/Logout	Fácil acesso para fazer logout ou bloquear sua estação de trabalho.
Media Frame	Exibe imagens.
Media Player	Exibe controles para leitores de multimídia.
Memory Status	Exibe o status das memórias física e virtual.
Minimize All Windows	Volta para o ambiente de trabalho minimizando todas as janelas abertas da aplicação.
Network Monitor	Exibe o uso de rede.
Networks	Exibe as conexões de rede disponíveis.
Notes	Como na vida real, deixe notinhas para si mesmo no ambiente de trabalho!
Notifications	Exibe notificações e trabalhos do sistema.
Pager	Permite pular rapidamente entre os espaços de trabalho.
Printers	Lista e gerencia impressoras.
QuickShare	Cola texto/imagens em um servidor remoto.
QuickLaunch	Inicializa as aplicações favoritas.
Search	Pesquisa aplicações e documentos.
Show Desktop	Mostra o ambiente Plasma minimizando as janelas das aplicações em execução.
Software Updates	Obtém e instala atualizações de software.
System Load Viewer	Exibe o status da CPU e da memória
System Tray	Acessa as aplicações ocultas minimizadas na bandeja do sistema.
Task Manager	Troca entre as aplicações em execução.

Nome do Widget	O que Faz
Timer	Fornece um temporizador de contagem regressiva.
Touchpad	Exibe o status atual do touchpad.
Trashcan	Dá acesso rápido à pasta Lixeira.
User Switcher	Troca rápido entre os usuários.
Wacom Tablet Settings	Conexão dinâmica e suporte do perfil para tablets Wacom.
Weather Forecast	Exibe informações atuais sobre o clima.
Web browser	Inicializa uma página da web a partir do ambiente de trabalho.
Window list	Exibe uma lista de janelas das aplicações abertas.

É uma boa coleção de widgets disponível! Você pode experimentar os widgets adicionando-os ao seu painel ou ambiente de trabalho, então removê-los facilmente se não achar que são úteis.

A maioria dos widgets fornece um menu de controle simples para modificar o layout e o comportamento clicando com o botão direito nele no painel ou passando o mouse sobre ele no ambiente de trabalho. Nesse menu, é possível mover o widget, remover ou, em alguns, acessar uma caixa de diálogo Properties para configurar o widget.

Obtendo mais widgets

Além de todos os widgets padrão, você pode baixar mais! Clicar no botão Get New Widgets na caixa de diálogo Add Widgets abre uma caixa suspensa com duas opções:

» **Download from Internet:** Navegue os repositórios online para obter novos pacotes.

» **Install from File... :** Navegue até um local em sua estação de trabalho para instalar um novo pacote a partir de um arquivo já em sua estação.

Se sua estação de trabalho estiver conectada à internet (veja o Capítulo 9), siga estas etapas para instalar novos widgets a partir da internet:

1. **Selecione a opção Download from Internet no botão Get New Widgets.**

   O Plasma Add-On Installer será aberto, como mostrado na Figura 5-5.

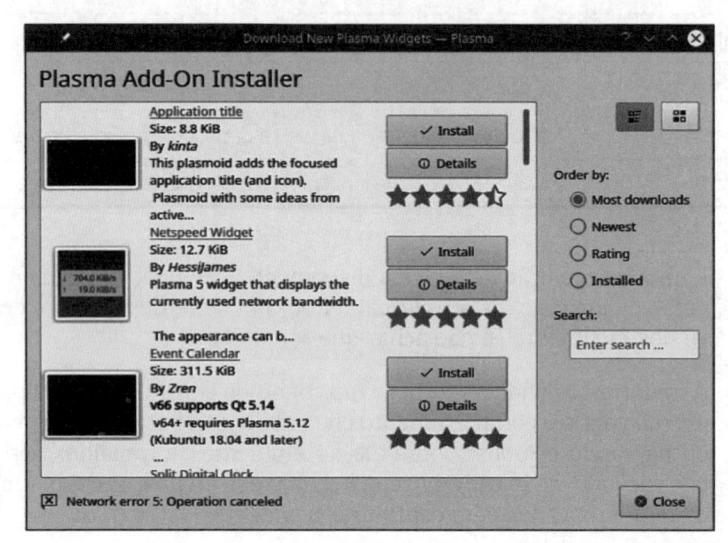

FIGURA 5-5: Add-On Installer.

A caixa de diálogo do instalador contata os repositórios configurados de widgets e fornece uma lista dos disponíveis. Você pode ordenar a lista de widgets por aqueles com mais downloads, mais recentes ou com classificações mais altas. Também pode escolher mostrar apenas os widgets instalados. Basta selecionar o botão de opção adequado à direita da lista.

2. **Clique no botão Install do widget que deseja usar.**

   O Add-On Installer baixará automaticamente o widget do repositório e vai instalá-lo em sua estação de trabalho.

3. **Clique no botão Close para fechar o Add-On Installer.**

   O widget recém-instalado aparecerá na caixa de diálogo Add Widgets.

4. **Selecione o novo widget na caixa de diálogo Add Widgets.**

5. **Clique no botão Add Widget para acrescentar o novo widget ao seu ambiente de trabalho ou painel.**

Após instalar o novo widget em seu ambiente de trabalho ou painel, é possível acessar o menu de controle para gerenciá-lo.

Configurações do Sistema Plasma

Com o Plasma você pode configurar praticamente qualquer recurso em seu ambiente de trabalho como quiser. O utilitário Plasma System Settings dá um acesso rápido a todas as suas necessidades de configuração.

Inicie o utilitário Plasma System Settings em Applications Launcher. No openSUSE, selecione o item de menu Configure Desktop na guia do menu Computer. É exibida a caixa de diálogo System Settings principal, mostrada na Figura 5-6.

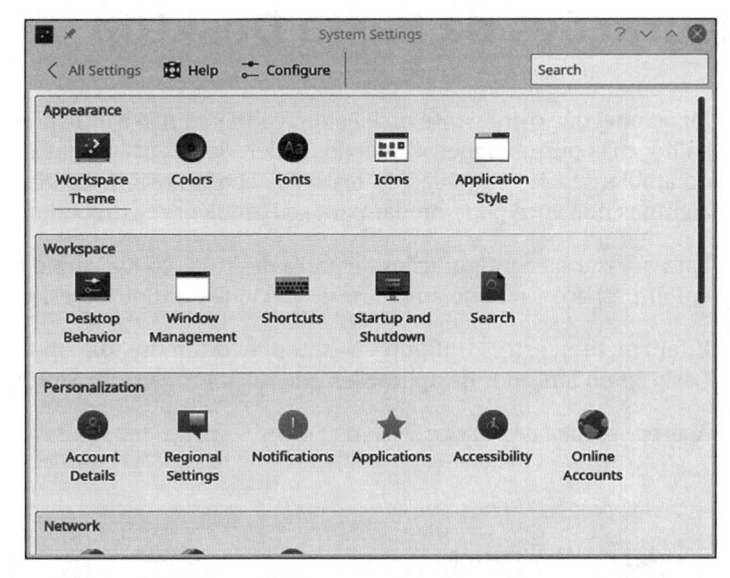

FIGURA 5-6: Caixa de diálogo System Settings do Plasma.

A caixa de diálogo tem seis áreas separadas:

» **Appearance:** Acesse os recursos de "aparência" mais comuns do ambiente de trabalho.

» **Workspace:** Gerencie como as janelas aparecem e como controlar as janelas no ambiente de trabalho.

» **Personalization:** Defina ações personalizadas para sua conta de usuários, como configurar os recursos de acessibilidade, notificações e conexão com contas online.

» **Network:** Controle como o sistema conecta a rede (veja o Capítulo 9).

» **Hardware:** Defina novos dispositivos de hardware, como monitores, teclados, mouses e impressoras.

» **System Administration:** Gerencie os recursos de alto nível, como criar contas de usuário, gerenciar serviços de rede e repositórios de software.

Como se pode ver, há muitas coisas que você pode personalizar em seu ambiente de trabalho Plasma. Contudo, curiosamente existe mais um lugar onde pode ajustar as coisas em seu ambiente.

Configurações da Pasta Desktop

Mencionei que o ambiente no Plasma realmente não é um ambiente de trabalho, mas outro widget, chamado Folder View. Por isso, as configurações do ambiente são separadas do resto das configurações do Plasma. Mas há algumas que você pode mudar para seu ambiente de trabalho.

Para acessar as configurações da pasta desktop, clique com o botão direito em um espaço vazio no ambiente e selecione Configure Desktop.

CUIDADO

Infelizmente, este Configure Desktop é diferente da opção Configure Desktop no lançador de aplicações que inicializa System Settings.

Aparece a caixa de diálogo Desktop Folder Settings, mostrada na Figura 5-7.

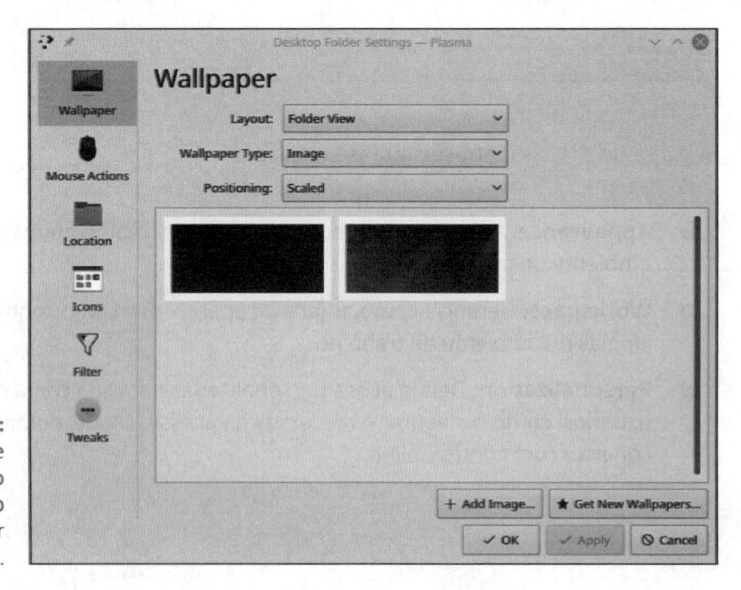

FIGURA 5-7: Caixa de diálogo Desktop Folder Settings.

A caixa Desktop Folder Settings permite personalizar algumas coisas diferentes relativas ao ambiente de trabalho:

» **Wallpaper:** Permite escolher o que aparece como plano de fundo da área de trabalho

» **Mouse Actions:** Permite definir quais ações cada botão do mouse toma

» **Location:** Determina qual diretório a opção Folder View do ambiente mostra

» **Icons:** Define as propriedades dos ícones exibidos no ambiente de trabalho

» **Filter:** Permite filtrar os ícones para tipos específicos de arquivos a partir da exibição do ambiente de trabalho

» **Tweaks:** Opções para exibir Desktop Toolbox e o comportamento do widget

LEMBRE-SE Essas configurações se aplicam apenas à exibição da pasta Desktop; para as configurações relacionadas ao comportamento do ambiente de trabalho, é preciso ir para System Settings.

Configurações de Acessibilidade

Embora não seja muito óbvio descobrir, o Plasma inclui configurações para controlar o comportamento do ambiente de trabalho para pessoas com deficiência. Para acessar essas configurações, abra a caixa de diálogo System Settings selecionando o item de menu Configure Desktop no lançador de aplicações, então selecione Accessibility na seção Personalization. A caixa de diálogo Accessibility Options é mostrada na Figura 5-8.

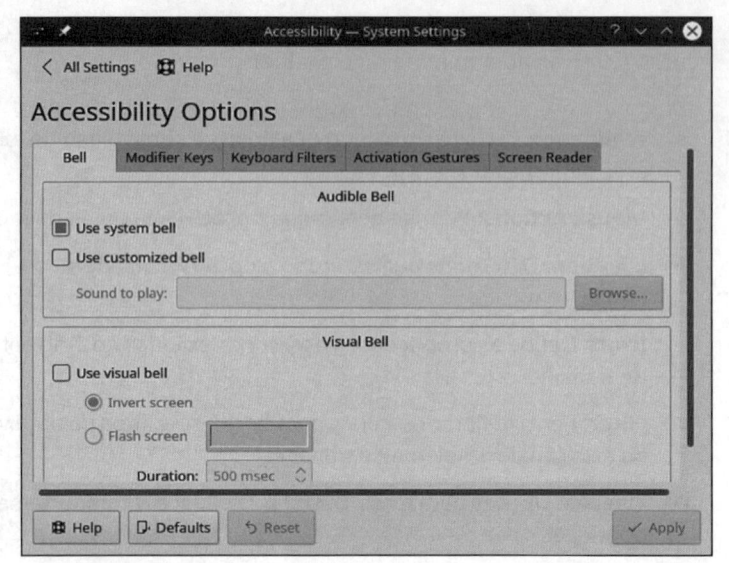

FIGURA 5-8: Configurações de acessibilidade do Plasma.

As configurações de acessibilidade se dividem em cinco guias:

» **Bell:** Permite personalizar o som da campainha, assim como fornece um alerta visual quando uma ação ativa o som da campainha.

» **Modifier Keys:** Define os recursos de tecla de aderência e tecla bloqueada.

» **Keyboard Filters:** Ativa os recursos de teclas lentas e teclas de repercussão.

» **Activation Gestures:** Define como ativar/desativar os recursos de teclas de aderência e lentas, além de como notificar quando ocorrem esses eventos.

» **Screen Reader:** Ativa um programa leitor de tela e define qual programa usar.

Os recursos de acessibilidade do Plasma ajudam a dar condições iguais às pessoas com deficiência para usarem os recursos do ambiente gráfico.

> **NESTE CAPÍTULO**
>
> » Ambiente Cinnamon
>
> » Examinando o ambiente MATE
>
> » A simplicidade do ambiente Xfce

Capítulo **6**

Explorando Ambientes Alternativos

Os Capítulos 4 e 5 examinaram os ambientes GNOME 3 e KDE Plasma, respectivamente. Embora sejam de longe os dois ambientes mais populares usados nos sistemas Linux, não são os únicos. Há muitos ambientes gráficos para escolher no Linux e, só porque a distribuição Linux escolhida usa um por padrão, não significa que você está limitado a ele. Toda distribuição Linux permite instalar um ambiente alternativo, fornecendo muitas opções para como interagir com seu sistema Linux.

Este capítulo mostra o básico dos três ambientes gráficos adicionais que você encontrará no mundo Linux: Cinnamon, MATE e Xfce. Por sorte, você terá uma ideia de como os outros ambientes funcionam no Linux.

Incrementando com Cinnamon

No Capítulo 4, menciono que houve muita ansiedade no mundo Linux com o lançamento do ambiente GNOME 3. Inúmeros usuários Linux linha-dura estavam muito à vontade com a aparência do GNOME 2, e a mudança de paradigma do ambiente de trabalho introduzida pelo GNOME 3 afetou o mundo deles.

Isso deu origem a novos ambientes que derivaram do ambiente GNOME original, e o Cinnamon é um deles. Esta seção mostra o básico do ambiente Cinnamon.

A História do Cinnamon

O projeto do ambiente Cinnamon iniciou em 2011 com os desenvolvedores da distribuição Linux Mint como uma alternativa para o GNOME 3. Ele usa grande parte do mesmo código básico do projeto do ambiente GNOME 3, mas mantém a aparência original do ambiente GNOME 2, como mostrado na Figura 6-1.

FIGURA 6-1: Ambiente Cinnamon como visto no Linux Mint.

O ambiente Cinnamon no Linux Mint tem muitos recursos parecidos com o ambiente Windows:

» Um painel na parte inferior do ambiente de trabalho

» Um lançador de aplicações na margem esquerda do painel

» Uma bandeja do sistema na margem direita do painel

» Uma área do ambiente onde é possível salvar pastas e arquivos

O lançador de aplicações Cinnamon foi planejado para se parecer com o antigo sistema de menus do GNOME 2. Detalho mais isso na próxima seção.

DICA

O ambiente Cinnamon da distribuição Linux específica pode variar um pouco em relação ao que é mostrado na Figura 6-1. No Cinnamon, você pode mover o painel para qualquer lado do ambiente e até ter vários painéis. Basta clicar com o botão direito em um lugar vazio no painel e selecionar a opção Mover para movimentar o painel ou a opção Adicionar painel para criar painéis extras.

Examinando o menu

O lançador de aplicações Cinnamon, chamado apenas de *Menu Cinnamon*, dá acesso rápido a aplicações e diretórios no sistema. A Figura 6-2 mostra o layout do menu padrão, como visto no Linux Mint.

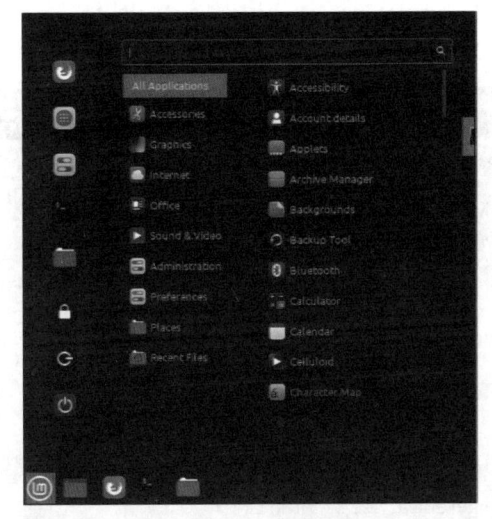

FIGURA 6-2: Menu Cinnamon usado no Linux Mint.

Existem quatro seções principais no Menu Cinnamon:

- Uma lista Favorites à esquerda
- Uma lista de categorias no meio
- Uma lista detalhada de aplicações que correspondem à categoria selecionada no meio
- Uma caixa de texto Search no topo para ajudar a pesquisar arquivos, diretórios ou aplicações

Os Favorites padrão fornecidos no Linux Mint são:

- Navegador Firefox
- Software Manager para instalar e remover aplicações
- Configurações do sistema para gerenciar as configurações do ambiente
- Terminal para fornecer uma interface da linha de comando
- Arquivos para navegar arquivos e pastas

- » Tela de bloqueio para bloquear a sessão do ambiente atual
- » Logout para sair da sessão atual
- » Sair para finalizar ou reinicializar o computador

Após Favorites estão as categorias de aplicação, listadas na Tabela 6-1.

TABELA 6-1 Categorias do Menu Application

Categoria	Descrição
All Applications	Lista todas as aplicações instaladas no sistema
Accessories	Utilitários GNOME simples, como calculadora, visualizador de documentos e visualização de disco
Graphics	Aplicações de manipulação de gráficos
Internet	Aplicações para conexão online, como Firefox e Thunderbird Mail (veja o Capítulo 10)
Office	Aplicações de produtividade LibreOffice (veja o Capítulo 12)
Sound & Video	Aplicações para leitura de arquivos de vídeo e áudio
Administration	Aplicações para gerenciar seu sistema Linux
Preferences	Permite mudar as configurações do ambiente de trabalho
Places	Usa o gerenciador de arquivos Nemo para exibir diretórios
Recent Files	Lista os documentos recém-abertos

Ao passar o mouse sobre cada categoria, a lista de aplicações mostradas na coluna à direita muda de acordo. Basta clicar no ícone necessário para inicializar a aplicação.

DICA Você pode modificar o layout do menu Cinnamon clicando com o botão direito no ícone do menu no painel e selecionando Configure. Na caixa de diálogo Configuration, clique no botão Menu no topo para alterar o comportamento e os itens do menu. Você pode adicionar e remover os itens de menus, assim como definir se eles são exibidos ou não no menu.

Mudando as configurações

O ambiente Cinnamon permite personalizar muitos recursos na caixa de diálogo System Settings, acessada a partir do lançador de aplicações. O layout dessa caixa de diálogo é mostrado na Figura 6-3.

FIGURA 6-3: Caixa de diálogo System Settings no Cinnamon.

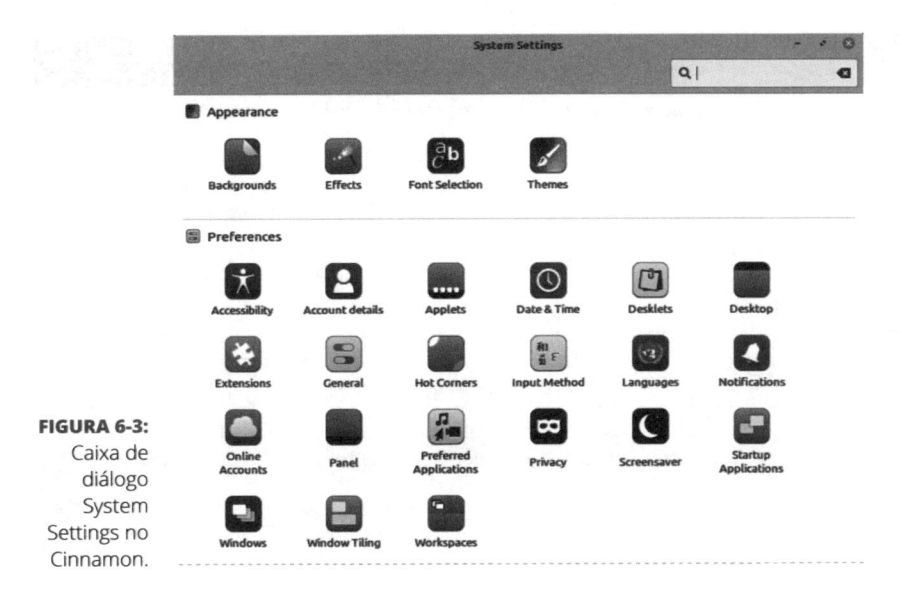

Existem quatro seções na caixa de diálogo:

> » **Appearance:** Controla a aparência do ambiente, como plano de fundo, fontes e temas da janela.
>
> » **Preferences:** Permite definir os recursos do ambiente, como acessibilidade, aparência do painel e uso de atalhos de canto.
>
> » **Hardware:** Define a tela, a impressora e os recursos de rede.
>
> » **Administration:** Gerencia contas de usuário, fontes do software e firewall.

A seção Preferences é onde você realmente pode personalizar seu ambiente de trabalho. A Tabela 6-2 detalha os diferentes itens vistos em Preferences.

TABELA 6-2   Preferences no Cinnamon

Item	Descrição
Accessibility	Ativa os recursos de acessibilidade, como fontes maiores, leitores de tela, assistentes de teclado e mouse.
Account Details	Gerencia a conta de usuário, como mudar a senha ou adicionar uma imagem.
Date & Time	Define o formato de data e hora, assim como as configurações do fuso.
Desktop	Controla quais ícones aparecem no ambiente de trabalho.

(continua)

(continuação)

Item	Descrição
General	Configurações relacionadas à composição de vídeo usada pelo gerenciador de gráficos.
Hot Corners	Define as aplicações para inicializar ao colocar o cursor em um canto do ambiente.
Input Method	Define como inserir caracteres especiais e externos indisponíveis no teclado.
Languages	Define o idioma e o formato para usar na hora, na moeda e em caracteres.
Online Accounts	Configura o acesso a suas contas online ou agendas e e-mail.
Preferred Applications	Define as aplicações para inicializar quando ações específicas são requeridas, como um navegador web, cliente de e-mail ou leitor de multimídia.
Privacy	Define a duração na qual a opção do menu Recent Files controla os arquivos abertos.
Screensaver	Define quando a proteção de tela deve iniciar e como se comportar.
Startup Applications	Define quais aplicações iniciam quando o ambiente abre.
Windows	Configura a aparência e o comportamento das janelas da aplicação.
Workspaces	Configura como o Cinnamon lida com vários espaços de trabalho virtuais.

Incrementando mais

O ambiente Cinnamon e o painel permitem adicionar widgets (chamados *spices*) para fornecer uma funcionalidade extra ao seu ambiente. Para adicionar **spices** ao ambiente, clique com o botão direito em qualquer lugar na área do ambiente e selecione Adicionar desklet. Você verá uma lista dos spices desklet atualmente disponíveis, além de uma guia que permite baixar mais coisas.

Do mesmo modo, ao clicar com o botão direito na área do painel e escolher Applets, você verá uma seleção dos applets que pode adicionar a seu(s) painel(éis), como mostrado na Figura 6-4.

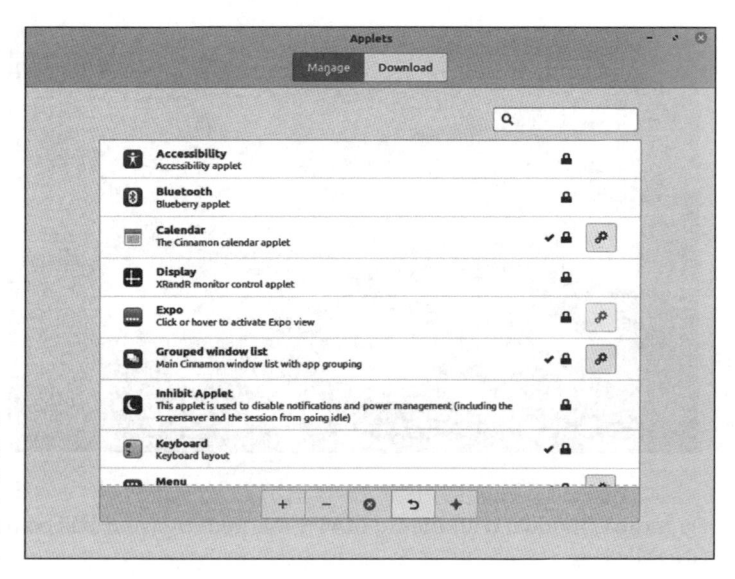

FIGURA 6-4: A lista dos applets do painel disponíveis no Linux Mint.

Os applets que aparecem com uma marca de verificação já estão instalados. Alguns applets permitem configurar seu comportamento, como indicado pelo ícone de engrenagem ao lado.

Trabalhando com o MATE

Outro desdobramento popular do GNOME é o ambiente de trabalho MATE. Ele tem muitos dos mesmos recursos do Cinnamon, mas com algumas diferenças. Esta seção examina os componentes do MATE e como personalizá-los.

A história do MATE

O ambiente MATE (uma planta da América do Sul), também foi criado em 2011 como resultado da troca do projeto GNOME para o GNOME 3. Foi criado por um desenvolvedor para a distribuição Linux Arch, mas também ficou popular como um ambiente alternativo em outras distribuições Linux. A Figura 6-5 mostra o ambiente MATE padrão no Derivado Fedora MATE.

FIGURA 6-5:
Ambiente MATE padrão no Fedora MATE.

De muitos modos, o ambiente MATE mantém o layout básico do ambiente GNOME 2:

» **Um painel superior** que inclui três menus separados, em vez de um:
- *Applications:* Dá acesso a todas as aplicações gráficas instaladas no sistema.
- *Places:* Dá acesso a vários diretórios, como Home, Documents, Downloads e quaisquer unidades de rede.
- *System:* Dá acesso às preferências do sistema e aos recursos de administração e finalização.

» **Um painel inferior** que inclui três seções principais:
- *Ícone Show Desktop:* Quando clicado, minimiza todas as janelas abertas.
- *Running applications:* Exibe ícones e títulos de todas as janelas abertas no ambiente de trabalho.
- *Workspace Switcher:* Permite mudar para a área ativa do espaço de trabalho exibida no ambiente.

» **Uma bandeja do sistema** à direita superior do ambiente de trabalho, inclusive ícones para data e hora, status de rede e status da placa de som.

» **Uma área do ambiente de trabalho** onde você pode salvar pastas e arquivos, e pode criar ícones para arquivos, diretórios e aplicações, como era no antigo GNOME 2. Também tem vários ícones para aplicações favoritas, dando um acesso rápido às aplicações mais usadas.

Examinando o menu

Como detalhado na seção anterior, a configuração de menu padrão usada no Fedora MATE cria três entradas de menu no painel superior. O menu Applications é mostrado na Figura 6-6.

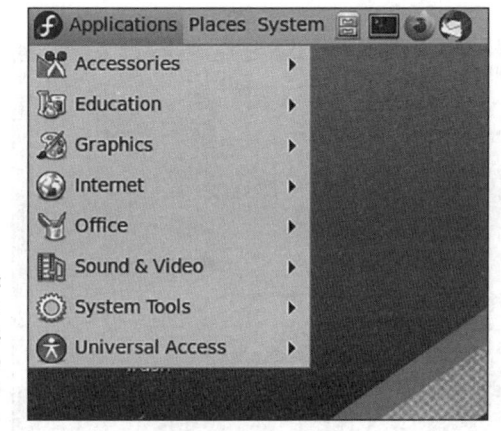

FIGURA 6-6: Menu Applications como visto no Fedora MATE.

O menu Applications dá acesso rápido para inicializar qualquer aplicação gráfica instalada. Ele divide as aplicações em oito categorias, como na Tabela 6-3.

TABELA 6-3 Entradas do Menu Applications do MATE

Categoria	Descrição
Accessories	Pequenos programas utilitários, como relógios, agendas e editores de texto
Education	Pacotes de software educativos voltados para a aprendizagem
Graphics	Pacotes de software gráficos para exibir e editar imagens
Internet	Pacotes para acessar os recursos de internet, como navegadores e clientes de e-mail
Office	Pacotes de produtividade para escritório LibreOffice
Sound & Video	Pacotes para reproduzir e editar arquivos de áudio e vídeo
System Tools	Pacotes para gerenciar o sistema Linux
Universal Access	Pacotes que fornecem recursos de acessibilidade

Ao adicionar novos pacotes de software usando o gerenciador de softwares (veja o Capítulo 15), eles aparecem automaticamente no menu Applications.

Mudando as configurações do ambiente

Como em qualquer outro ambiente gráfico no Linux, você consegue mudar praticamente tudo no layout do ambiente MATE. Para tanto, é preciso ir para Control Center. Você o acessa no menu System no painel superior. A caixa de diálogo Control Center principal é mostrada na Figura 6-7.

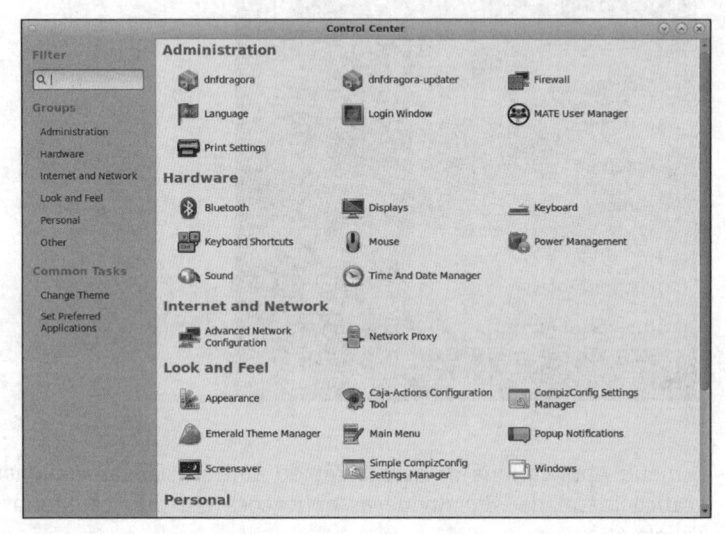

FIGURA 6-7: Control Center do MATE.

Ele divide as configurações em seis seções principais:

» **Administration:** Define recursos como gerenciamento de software, impressão, firewall e janela de conexão.

» **Hardware:** Gerencia os recursos de hardware, como placa de som e gerenciamento de energia.

» **Internet and Network:** Faz as configurações de rede avançadas.

» **Look and Feel:** Define a aparência das janelas, janelas pop-up e proteção de tela.

» **Personal:** Ativa recursos de acessibilidade, aplicações preferidas e aplicações para executar na inicialização.

» **Other:** Define a exibição de caracteres para caracteres especiais.

DICA

As configurações Appearance na categoria Look and Feel permitem mudar o plano de fundo e o tema do ambiente de trabalho. Você também pode acessar esse local diretamente clicando com o botão direito em um lugar vazio no ambiente e selecionando Change Desktop Background.

Applets

Semelhante ao Cinnamon, o MATE também fornece applets que você pode adicionar a qualquer painel no ambiente de trabalho a partir da caixa de diálogo Add to Panel, mostrada na Figura 6-8.

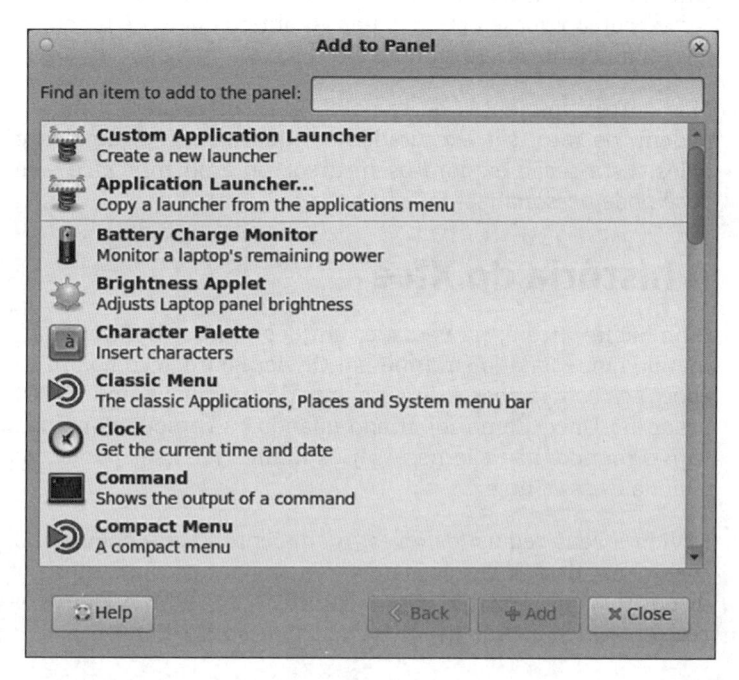

FIGURA 6-8: Caixa de diálogo Add to Panel no MATE.

Para adicionar um novo applet, siga estas etapas:

1. **Clique com o botão direito em um lugar vazio no painel, então escolha Add to Panel para abrir a caixa de diálogo.**

2. **Clique no applet que deseja adicionar.**

3. **Clique no botão Add.**

   O applet aparecerá no painel principal.

4. **Clique com o botão direito no applet e selecione Move.**

5. **Mova o ponteiro do mouse para reposicionar o applet no painel atual ou aponte para outro painel e mova o applet para ele. Clique no local onde deseja que o applet resida.**

Interface do Ambiente Xfce

Embora os ambientes GNOME 3, KDE Plasma, Cinnamon e MATE sejam muito elegantes, todos requerem um pouco de recursos computacionais para operar. Um dos pontos de venda originais do Linux é que ele pode ser executado quase em qualquer PC antigo que você tenha. Infelizmente, nesses ambientes nem sempre é o caso.

Mas outros ambientes de trabalho gráficos requerem menos recursos e podem, de fato, ser executados em quase tudo. O ambiente Xfce é um deles. Esta seção explora os recursos do ambiente Xfce e mostra como você pode personalizá-lo.

A história do Xfce

O ambiente Xfce é, na verdade, um dos pacotes desktop mais antigos no mundo Linux, criado em 1996 por Olivier Fourdan como um substituto (na época) de código aberto do Ambiente de Trabalho Comum (CDE) comercial usado no Unix. Como foi criado quando os computadores x486 dominavam o mundo, não são necessários muitos recursos para executar o Xfce, e ainda é assim hoje.

Devido a seus requisitos leves, o ambiente Xfce é popular nas distribuições Linux destinadas ao hardware mais antigo ou menos potente, como dispositivos que usam o chip de processador ARM. A Figura 6-9 mostra o ambiente Xfce padrão usado na distribuição MX Linux.

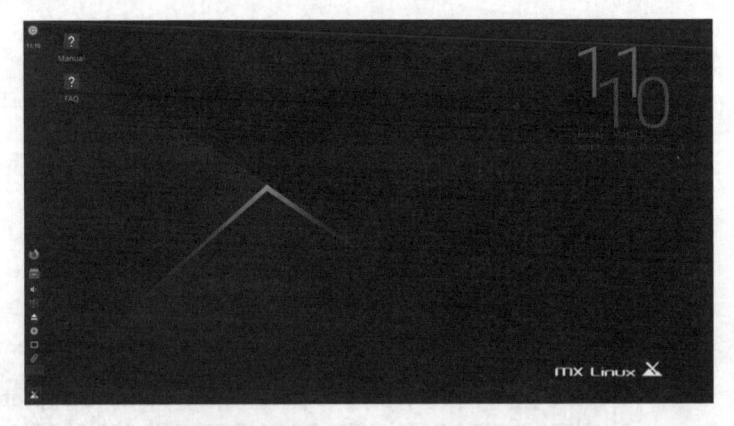

FIGURA 6-9: Ambiente Xfce no MX Linux.

O segredo do Xfce é a simplicidade. O ambiente tem dois elementos: um painel (no MX Linux por padrão fica à esquerda do ambiente) e a área do ambiente de trabalho. O painel Xfce usa applets para fornecer diferentes recursos. A configuração padrão do painel no MX Linux tem vários applets:

- » **Botão Action:** Fornece uma janela pop-up para fazer logout, reiniciar ou finalizar o sistema
- » **Relógio digital:** Quando clicado, ativa a aplicação de agenda Orage
- » **Área de janelas ativas:** Exibe ícones para abrir janelas da aplicação no ambiente de trabalho
- » **Favorites:** Ícones para inicializar rapidamente aplicações favoritas
- » **Área de notificação:** Ícones para mostrar o status de várias aplicações, como rede, som e aplicações de atualização de software
- » **Pager:** Permite trocar entre os espaços de trabalho
- » **Menu Whisker:** Dá acesso às aplicações

Você notará que muitos dos mesmos recursos encontrados nos ambientes gráficos "famosos" estão disponíveis no Xfce. É incrível o que eles conseguem fazer com uma quantidade mínima de requisitos de memória.

Menu Whisker

O menu Whisker (nomeado assim porque o mascote do Xfce é um rato) dá acesso rápido a todas as aplicações gráficas no sistema. A Figura 6-10 mostra o menu Whisker padrão fornecido no MX Linux.

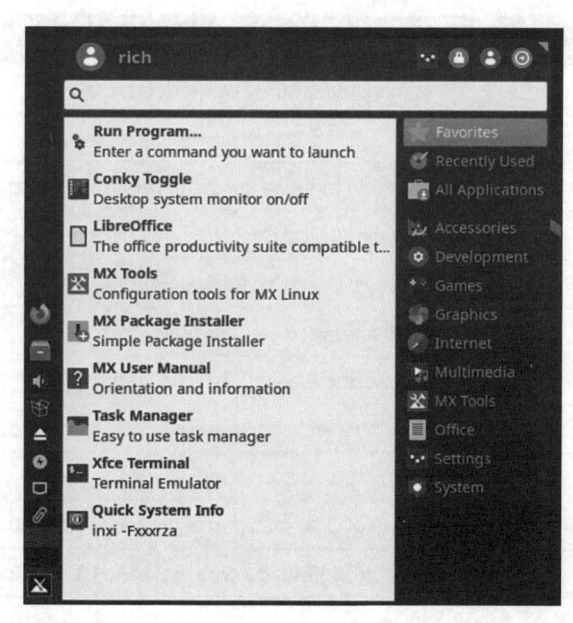

FIGURA 6-10: Menu Whisker do Xfce no MX Linux.

No topo do menu você encontra a conta de usuário com a qual fez login, junto com quatro ícones:

> **Settings Manager:** Ativa a caixa de diálogo Settings Manager (veja a seção "Mudando as configurações do Xfce").

> **Lock:** Bloqueia o ambiente de trabalho com uma proteção de tela.

> **Switch user:** Mantém a conta de usuário atual conectada e permite a conexão de outro usuário.

> **Log out:** Exibe uma caixa de diálogo para fazer logout, reiniciar ou finalizar o sistema.

Sob a conta de usuário está uma caixa de pesquisa, permitindo inserir o nome de uma aplicação para exibir rápido os ícones correspondentes. Basta clicar no ícone da aplicação para inicializar o programa.

Na parte inferior do menu Whisker está a área das aplicações. Semelhante a outros sistemas de menu, há duas seções. À direita está a lista de categorias e à esquerda está a lista de programas na categoria selecionada. A Tabela 6-4 resume as diferentes categorias usadas no menu Whisker do MX Linux.

TABELA 6-4 Categorias do Menu Whisker

Categoria	Descrição
Favorites	Aplicações marcadas como favoritas para um acesso rápido
Recently Used	Lista das aplicações inicializadas recentemente
All Applications	Lista completa de todas as aplicações gráficas instaladas
Accessories	Utilitários simples, como calculadora e editor de texto
Development	Aplicações para o desenvolvimento de software
Games	Jogos para quando você estiver entediado
Graphics	Software para exibir e editar imagens gráficas
Internet	Aplicações para navegação, e-mail e outras funções de rede
Multimedia	Reprodução de arquivos de áudio e vídeo
MX Tools	Ferramentas especializadas para o ambiente MX Linux
Office	Aplicações de produtividade para escritório LibreOffice
Settings	Acesso rápido a configurações específicas no programa Settings Manager
System	Disco, impressora e programas do gerenciador de software

DICA

Você pode personalizar o menu Whisker clicando com o botão direito no ícone de menu e selecionando Edit Applications. Então, é possível mudar as entradas existentes e adicionar novas!

Você pode ter um acesso rápido ao menu de aplicações Whisker clicando com o botão direito na área do ambiente de trabalho e selecionando Applications.

Mudando as configurações do Xfce

Como se espera, o ambiente Xfce permite personalizar as coisas. Para tanto, use a caixa de diálogo Settings Manager, mostrada na Figura 6-11.

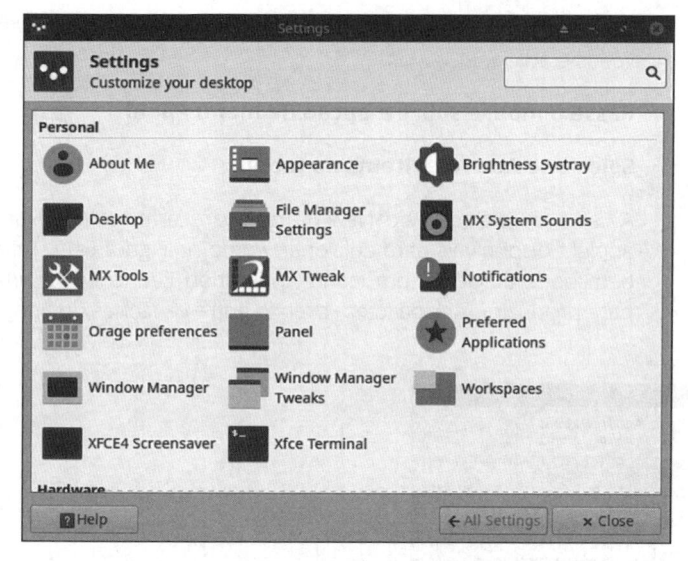

FIGURA 6-11: Caixa de diálogo Settings Manager do Xfce.

Para abrir o Settings Manager, clique no ícone de menu Whisker no painel, então clique no ícone Settings Manager no topo da área de menu.

O Settings Manager é um local central para configurar a maioria das coisas que você personaliza no Xfce. Há quatro seções separadas na caixa de diálogo:

- » **Personal:** Personalize o tema e a aparência do ambiente de trabalho.
- » **Hardware:** Gerencie os dispositivos de hardware, como impressoras, tela e conexões de rede.
- » **System:** Defina itens relacionados ao sistema, como firewall, servidor Samba para compartilhar diretórios com clientes Windows e defina recursos de acessibilidade.
- » **Other:** Coisinhas variadas, como bloqueador de anúncios e configurações Adobe Flash.

> **DICA**
>
> Note que, no Xfce, você define os recursos de acessibilidade na seção System do Settings Manager. É um pouco diferente da maioria dos ambientes gráficos.

Applets

Uma surpresa no painel Xfce é a capacidade de adicionar applets. Você não esperaria tal recurso de um ambiente gráfico básico, mas o Xfce oferece alguns applets elegantes que você pode adicionar ao painel. Siga estas etapas para adicionar um novo applet:

1. **Clique com o botão direito em um lugar vazio no painel.**

   Um menu pop-up aparece, permitindo mover os ícones do applet, removê-los e adicionar novos.

2. **Passe o mouse sobre a opção de menu Panel.**

3. **Selecione Add New Items no menu.**

   A caixa de diálogo Add New Items aparece, mostrando uma lista dos applets disponíveis para adicionar, como na Figura 6-12. Nela você também pode adicionar um ícone Application Launcher ou um separador para produzir um espaço em branco entre os ícones do applet no painel.

FIGURA 6-12: Caixa de diálogo Add New Items do Xfce.

4. **Encontre o applet que você deseja adicionar e clique no botão Add.**

5. **Clique com o botão direito no ícone do app no painel e selecione Move.**

6. **Mova o ícone do applet para o local no painel onde gostaria que ele ficasse.**

Em pouco tempo, você poderá ter o ambiente Xfce personalizado para que fique e se comporte como o ambiente de trabalho GNOME 3 ou KDE Plasma mais elegante!

Fique por Dentro do Linux

NESTA PARTE...

Descubra onde várias coisas são armazenadas no sistema de arquivos Linux.

Navegue o sistema de arquivos Linux como um especialista.

Conecte seu computador Linux à internet.

> **NESTE CAPÍTULO**
>
> » Descobrindo como se mover no sistema de arquivos
>
> » Encontrando sua mídia removível
>
> » Entendendo as permissões do sistema de arquivos

Capítulo **7**

Entendendo o Sistema de Arquivos Linux

Uma das coisas frustrantes ao dominar um novo SO pode ser descobrir onde ele mantém os arquivos. Em vez de colocar todos os arquivos do sistema importantes em um diretório, como `C:\Windows` no Microsoft Windows, o Linux segue o exemplo de seus primos UNIX e espalha as coisas um pouco mais. Embora as configurações Linux e Windows envolvam métodos diferentes, ambas são lógicas, apesar de não parecer até você entender onde examinar.

Após fazer um tour sobre onde encontrar as coisas, este capítulo mostra como trabalhar no sistema de arquivos na linha de comando. Você não é obrigado a ler esta seção se digitar comandos lhe dá palpitações, mas pode ser muito útil se precisa corrigir algo mais tarde, e algumas pessoas gostam de saber como fazer isso.

Peças do Quebra-cabeças

Ajuda a entender o jargão antes de iniciar. Grande parte será familiar para você devido a outros sistemas operacionais, como o Microsoft Windows, mas há algumas diferenças com as quais precisará se acostumar também. Para começar, a palavra "sistema de arquivos" é realmente usada em mais de uma maneira. O uso geral (e o que normalmente referencio no livro quando uso o termo) significa "os arquivos e os diretórios (ou pasta) aos quais você tem acesso agora".

A primeira grande diferença é que o Linux usa uma barra normal (/) entre os diretórios, não uma barra invertida (\), como o Windows. Portanto, o arquivo `hosts` no diretório `etc` é `/etc/hosts`. Arquivos e diretórios podem ter nomes com até 256 caracteres, e esses nomes podem ter sublinhados (_), traços (-) e pontos (.) em qualquer lugar, até mais de um. Assim, `my.big.file`, `my.big_file` ou `my-big-file` são todos nomes de arquivo válidos.

No Linux, letras maiúsculas e minúsculas nos nomes de arquivo também têm certa importância. Elas precisam corresponder exatamente. Os arquivos `hosts` e `Hosts` não são iguais no que diz respeito ao Linux. Enfim, o mesmo sistema de arquivos pode abranger várias partições, discos rígidos e mídia removível, como unidades de DVD e dispositivos USB. Basta descer nos subdiretórios, sem se importar se algo está no disco A, B ou outro. Detalho isso um pouco mais na seção "Onde reside a mídia removível", mais adiante.

Tour no Sistema de Arquivos Linux

Nesta seção, examino o conteúdo do sistema de arquivos Linux típico. Estar minimamente familiarizado com ele ajuda a seguir as coisas mais tarde, assim como ajudará a saber onde é seguro mexer e onde precisa ter muito cuidado.

A raiz da árvore

Tudo no sistema de arquivos Linux é em relação ao *diretório raiz*, referenciado como /. Não confunda isso com o Administrador do sistema, que é o usuário root ou o diretório `/root` atribuído ao usuário root. (Não sei por que os nerds Unix e Linux gostam tanto da palavra "root"!) O diretório raiz é a base do sistema de arquivos, ou seja, uma passagem para todos os seus arquivos. Ele contém o conjunto mais previsível de subdiretórios. Cada distribuição varia um pouco, mas certos padrões existem e devem ser seguidos. Os padrões mantêm a sanidade do mundo Linux.

DICA No início do Linux, diferentes distribuições usavam locais variados para armazenar os arquivos. Por sorte, um padrão foi desenvolvido, chamado *Padrão de Hierarquia do Sistema de Arquivos* (FHS), facilitando muito a vida. Se você estiver interessado nesses padrões, acesse `refspecs.linuxfoundation.org/fhs.shtml` (conteúdo em inglês) e veja a versão mais recente das regras.

A Tabela 7-1 lista o que você encontra nos diretórios básicos, ou seja, os itens encontrados em / (essa lista pode variar dependendo do que você instalou). Um asterisco (*) no final de uma descrição indica que você não deve mexer no diretório, a menos que tenha um *motivo muito bom*, porque ele contém arquivos *muito importantes* para o funcionamento do sistema. Na verdade, a maioria dos diretórios básicos deve ficar como está. As seções dentro deles são seguras para alterar.

TABELA 7-1   Conteúdo de / Padrão no Linux

Diretório	Contém
/bin	Comandos essenciais que todos precisam usar em algum momento*
/boot	Informações que inicializam a máquina, inclusive seu kernel*
/dev	Drivers do dispositivo para todo o hardware de que seu sistema precisa para se comunicar*
/etc	Arquivos de configuração do sistema*
/home	Os diretórios pessoais de cada usuário
/lib	*Bibliotecas* ou código que muitos programas (e o kernel) usam*
/media	Local onde você adiciona uma mídia temporária, como DVDs e dispositivos USB; nem todas as distribuições têm esse diretório
/mnt	Local onde você adiciona componentes extras do sistema de arquivos, como unidades em rede; itens que você não adiciona de modo permanente ao seu sistema de arquivos, mas não são tão temporários como DVDs e USBs
/opt	Local que algumas distribuições usam para instalar novos pacotes de software, como processadores de texto e pacotes de escritório
/proc	Configurações atuais para seu kernel (SO)*
/root	Diretório pessoal do superusuário (do usuário `root`)
/sbin	Comandos que o Administrador do sistema precisa acessar*
/srv	Dados para os *serviços* do seu sistema (programas executados em segundo plano)*
/sys	Informações do kernel sobre seu hardware*
/tmp	Local onde tudo e todos armazenam arquivos temporários
/usr	Hierarquia complexa de programas e arquivos adicionais
/var	Dados que mudam com frequência, como arquivos de log e seu e-mail

Alguns desses diretórios têm subdiretórios igualmente importantes, que explico nas próximas seções.

A importância de ser /etc

O diretório básico /etc contém os arquivos de configuração primários. É melhor não mexer neles, a menos que você saiba que precisa. Alguns diretórios importantes aqui (que variam dependendo do que você instalou):

> » Diretórios começando com /etc/cron contêm instruções para vários programas executados em momentos automatizados.
>
> » O diretório /etc/cups contém informações de configuração para sua impressora.
>
> » Diretórios começando com /etc/rc e /etc/systemd contêm dados sobre o que inicia ou não na inicialização e na finalização. Quando você vir a explicação sobre *serviços*, como no Capítulo 17, saberá que são os diretórios que armazenam quando executados.
>
> » O diretório /etc/NetworkManager tem informações sobre a configuração de rede (veja o Capítulo 9).
>
> » O diretório /etc/X11 contém os detalhes de configuração do X Window System (X), que executa sua GUI (interface gráfica do usuário). Veja os Capítulos 4, 5 e 6 para saber mais sobre GUI.
>
> » O diretório /etc/opt contém os arquivos de configuração para os programas no diretório /opt, caso você decida usá-lo.

Onde reside a mídia removível

Uma das coisas mais confusas para as pessoas que vão do Windows para o Linux é como o Linux lida com a mídia removível, como DVDs e dispositivos USB. Enquanto o Windows atribui letras de unidade aos dispositivos de mídia removível, na maioria das distribuições Linux, ao inserir uma mídia removível, o Linux a coloca automaticamente dentro da estrutura do sistema de arquivos root (chamado de *montagem*).

Em geral, o Linux cria um subdiretório no diretório /media usando a id do usuário, seguido de outro subdiretório sob o qual está um identificador exclusivo para a mídia, como o rótulo do DVD ou o número de identificação exclusivo do USB. Por exemplo, após inserir um dispositivo USB no meu PC, o Ubuntu criou o diretório chamado /media/rich/88CE-4A75, onde posso acessar todos os arquivos no USB.

> **DICA**
>
> Na seção "Gerenciando Seu Sistema de Arquivos sem Rede (ou Mouse)" posteriormente neste capítulo, mostro como encontrar esses itens usando a linha de comando. No Capítulo 8, você aprende como encontrá-los usando o método prático "apontar e clicar" no ambiente gráfico.

Onde está /usr no computador

O diretório `/usr` costuma ser referido como sua própria árvore em miniatura do sistema de arquivos. Ele tem muitos subdiretórios importantes ou interessantes, como mostrado na Tabela 7-2. Um asterisco (*) no final da descrição indica que você precisa deixar o diretório como está, a menos que tenha uma boa razão para modificá-lo, *após* ter muita experiência com o Linux e saber exatamente quais alterações precisa fazer, para que não acabe mudando, sem querer, algo que seu sistema precisa para funcionar corretamente. É interessante lembrar nesta seção do sistema de arquivos que muitos usuários Linux avançados costumam usar `/usr` para armazenar programas que podem ser compartilhados com outras máquinas Linux.

TABELA 7-2 Subdiretórios /usr Padrão

Subdiretório	Conteúdo
/usr/bin	Comandos não essenciais para os usuários, mas úteis*
/usr/games	Os jogos instalados no sistema, exceto aqueles que você pode escolher colocar em `/opt`
/usr/include	Os arquivos de que a linguagem de programação C precisa para o sistema e seus programas*
/usr/lib	O código compartilhado usado por muitos programas na sub-hierarquia `/usr`*
/usr/local	Programas e outros itens que você deseja manter localmente, mesmo que compartilhe outras coisas em `/usr`
/usr/sbin	Comandos que não são essenciais para os Administradores, mas úteis*
/usr/share	As informações que você pode usar em qualquer máquina Linux, mesmo rodando um hardware muitíssimo diferente em relação ao que está em execução*

Gerenciando Seu Sistema de Arquivos sem Rede (ou Mouse)

O Capítulo 8 explica o uso dos gerenciadores de arquivo do tipo "apontar e clicar" para trabalhar no sistema de arquivos Linux. Nesta seção, vemos como usar as ferramentas da linha de comando para se mover no sistema de arquivos. Não é essencial saber isso, mas com certeza pode ser útil um dia!

Exibindo informações sobre arquivos na linha de comando

Se você decidir fazer um trabalho sério no Linux, desejará se familiarizar com a *interface da linha de comando (CLI)*. Ela permite enviar comandos diretamente para o Linux, sem um intermediário gráfico, e ver os resultados de imediato.

Se você for das antigas, a CLI pode lembrar os primórdios do MS-DOS. Você acessa um prompt para digitar um comando de texto e vê a resposta de texto no monitor — chato mas eficiente!

No mundo GUI você acessa a CLI usando o programa Terminal, mostrado na Figura 7-1.

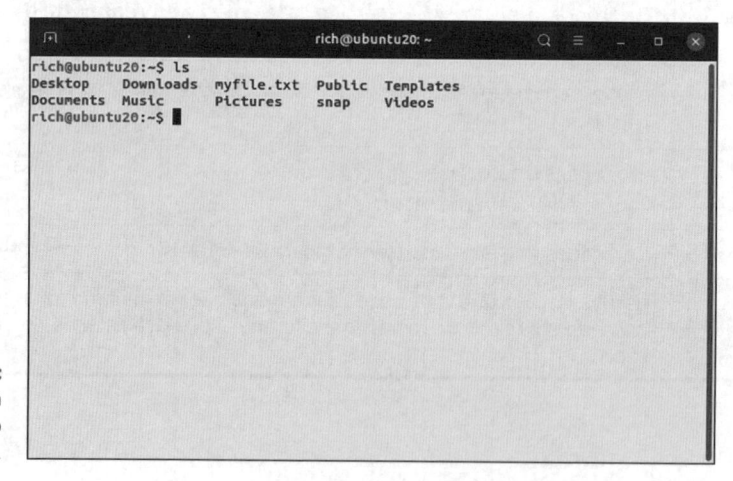

FIGURA 7-1: Programa Terminal no Ubuntu.

O programa Terminal fornece uma janela gráfica que mostra a CLI, permitindo inserir comandos e ver os resultados.

Para exibir arquivos e diretório, você deve usar o comando ls. Sozinho, ele mostra os nomes dos arquivos e dos diretórios não ocultos solicitados; a Figura 7-1 tem um exemplo.

Dependendo da configuração de sua distribuição Linux, a saída ls pode ser colorida, com cada cor indicando algo sobre o tipo do item examinado. Embora não seja uma lista completa, veja algumas cores mais populares vistas na listagem de diretórios:

Cor do Texto	Normalmente Significa
Branco	Um arquivo comum que não corresponde a nenhum tipo especial que precisa de cor.
Vermelho	Um *armazenamento* ou um *pacote* (veja o Capítulo 15).
Rosa	Um arquivo de imagem (se ele reconhece a extensão de arquivo, como .jpg, .tif e .gif). Por vezes a cor rosa também é usada para outro tipo de arquivo especial, mas é muito especializado e não é algo para você se preocupar. Se não vir uma extensão de imagem no nome de arquivo, mas um arquivo rosa, ignore.
Azul-escuro	Um diretório.
Azul-claro	Um *link temporário* para outro arquivo.
Verde	Um programa (chamado *executável*) no Linux.
Texto branco com fundo vermelho	Um *link corrompido*.
Texto amarelo com fundo preto	Um arquivo de *dispositivo* (basicamente o arquivo usado para se comunicar com uma parte do hardware, como seu monitor).
Texto preto com fundo verde	Um diretório onde pode excluir ou alterar apenas os arquivos que você possui ou tem *permissões de gravação* (veja a seção "As informações da listagem de arquivos", posteriormente neste capítulo, para saber mais).

O comando ls mostra tudo no local solicitado, exceto para os *arquivos ocultos*, que iniciam com um ponto. Para ver os arquivos ocultos também digite **ls -a**, e obterá os resultados mostrados na Figura 7-2.

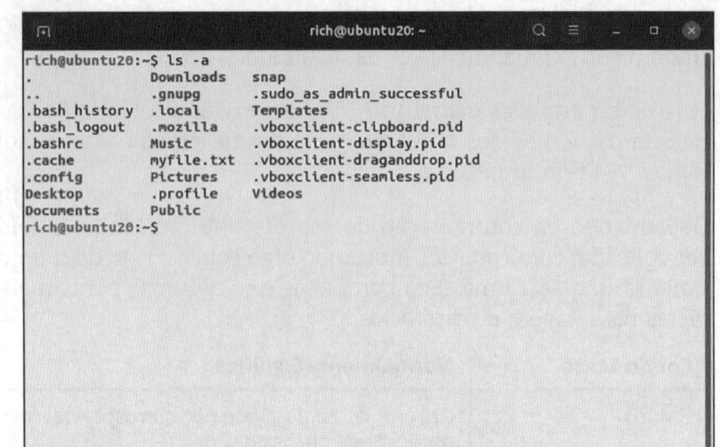

FIGURA 7-2:
O diretório pessoal mostrado com o comando ls -a para ver também os arquivos ocultos.

```
rich@ubuntu20:~$ ls -a
.               Downloads    snap
..              .gnupg       .sudo_as_admin_successful
.bash_history   .local       Templates
.bash_logout    .mozilla     .vboxclient-clipboard.pid
.bashrc         Music        .vboxclient-display.pid
.cache          myfile.txt   .vboxclient-draganddrop.pid
.config         Pictures     .vboxclient-seamless.pid
Desktop         .profile     Videos
Documents       Public
rich@ubuntu20:~$
```

Até o momento você só viu arquivos e descobriu um pouco sobre eles a partir das cores exibidas. A próxima seção mostra como saber mais.

As informações da listagem de arquivos

Para ver mais informações do que só nomes e tipos vagos, você desejará uma listagem de arquivos com formato longo. Obtenha isso com o comando ls -l (se quiser arquivos ocultos e com formato longo, digite **ls -la**). A Figura 7-3 mostra um exemplo do que pode ser visto.

FIGURA 7-3:
O início do diretório pessoal novinho com arquivos ocultos ou não, exibidos no formato longo.

```
rich@ubuntu20:~$ ls -la
total 96
drwxr-xr-x 16 rich rich 4096 Jul  1 09:14 .
drwxr-xr-x  3 root root 4096 Jun 17 10:51 ..
-rw-------  1 rich rich 1779 Jun 24 08:12 .bash_history
-rw-r--r--  1 rich rich  220 Jun 17 10:51 .bash_logout
-rw-r--r--  1 rich rich 3771 Jun 17 10:51 .bashrc
drwx------ 13 rich rich 4096 Jun 30 13:58 .cache
drwxr-xr-x 14 rich rich 4096 Jun 30 14:05 .config
drwxr-xr-x  2 rich rich 4096 Jun 17 11:03 Desktop
drwxr-xr-x  2 rich rich 4096 Jun 17 11:03 Documents
drwxr-xr-x  2 rich rich 4096 Jul  1 09:13 Downloads
drwx------  3 rich rich 4096 Jun 17 11:03 .gnupg
drwxr-xr-x  3 rich rich 4096 Jun 17 11:03 .local
drwx------  5 rich rich 4096 Jun 17 11:19 .mozilla
drwxr-xr-x  2 rich rich 4096 Jun 17 11:03 Music
-rw-rw-r--  1 rich rich    0 Jul  1 09:14 myfile.txt
drwxr-xr-x  2 rich rich 4096 Jun 17 11:03 Pictures
-rw-r--r--  1 rich rich  807 Jun 17 10:51 .profile
drwxr-xr-x  2 rich rich 4096 Jun 17 11:03 Public
drwxr-xr-x  3 rich rich 4096 Jul  1 08:39 snap
-rw-r--r--  1 rich rich    0 Jun 17 11:06 .sudo_as_admin_successful
drwxr-xr-x  2 rich rich 4096 Jun 17 11:03 Templates
-rw-r-----  1 rich rich    5 Jul  1 09:11 .vboxclient-clipboard.pid
```

Você pode achar algumas partes do formato mais fáceis de entender que outras, apenas vendo. O primeiro item em cada listagem (a parte com letras e traços; por exemplo para o arquivo .bash_history, temos -rw------) é a *permissão definida* e atribuída ao item. Resumindo, as permissões definem quem lê o arquivo, altera-o ou executa-o, se é um programa. É possível ler mais sobre as permissões em "Manual de Permissões", posteriormente neste capítulo. O segundo item na primeira linha (para o arquivo .bash_history, 1, 2) é o número de links definitivos para o item. Um *link definitivo* é um ponteiro para o mesmo arquivo, mas usa um nome de arquivo separado.

O terceiro item (rich para o arquivo .bash_history) é o *proprietário* do arquivo e o quarto (rich) é o *grupo*, dependendo de qual versão do Linux você usa; esses itens podem ou não ser idênticos. Você pode saber mais sobre eles em "Manual de Permissões". O quinto item é o tamanho do arquivo em bytes. Todos os diretórios aparecem como 4.096 bytes. O resto tem um tamanho próprio. Você pode identificar um arquivo vazio a partir do seu tamanho com 0 byte.

As sexta, sétima e oitava entradas se relacionam à última vez em que o arquivo foi alterado: para o arquivo .bash_history, o mês (Jun), a data (24) e a hora no formato de 24 horas (08:12). Enfim, o nono item é o nome de arquivo (por exemplo, .bash history).

Entendendo os tipos de arquivo

A primeira letra em qualquer listagem de arquivos com formato longo indica o tipo com o qual você lida. Na Tabela 7-3, listo os tipos que provavelmente você verá. Alguns podem parecer familiares após examinar o esquema de cores da listagem.

TABELA 7-3 **Tipos de Arquivo do Linux**

Rótulo	Tipo	Descrição
-	Arquivo normal	O item é um arquivo comum, como arquivo de texto ou programa.
b	Dispositivo de bloco	O item é um *driver* (programa de controle) para uma *mídia de armazenamento*, como disco rígido ou unidade de DVD.
c	Dispositivo de caractere	O item é um *driver* (programa de controle) para uma parte do hardware que transmite dados, como um modem.
d	Diretório	O item é um contêiner para arquivos, também denominado *pasta* no jargão dos SOs.
l	Link	O item é um *link* para outro arquivo. O item não existe como um arquivo separado, mas é um ponteiro para outro arquivo.

Além dos mencionados na Tabela 7-3, você encontra muitos outros tipos de arquivo diferentes por aí no mundo Linux. Com tipos, não me refiro a extensões, como .exe ou .doc. O Linux vê tudo em seu sistema de arquivos (até diretórios e hardware, como o monitor) como "arquivos". Como resultado, atribuir um tipo a um arquivo é só um modo de a máquina Linux controlar quem é quem.

O principal que os usuários Windows em particular querem saber quando passam a usar o Linux é como reconhecer os programas. Em vez de procurar arquivos com certas extensões (como .exe), os programas têm (ou precisam ter) uma *permissão executável* definida para que o sistema saiba que eles têm permissão para executar. Veja o Capítulo 8 para saber como fazer isso no Nautilus.

> **DICA**
>
> Na linha de comando, experimente o comando file, como file Desktop, para saber mais sobre o que certo arquivo contém.

Navegando o sistema de arquivos no Linux

Para o caso de você gostar de usar a linha de comando, veja um pequeno manual sobre outros comandos que achará úteis quando percorrer seu sistema de arquivos. Para se mover, use cd para mudar de um diretório para outro. Por exemplo, para ir de /home/rich para /home/rich/Documents, digite:

```
cd /home/rich/Documents
cd Documents
```

Qualquer um deles lhe dá acesso. E para voltar para /home/rich a partir de /home/rich/Documents, digite:

```
cd /home/rich
cd ..
```

De novo, qualquer um funciona para essa finalidade. Nos dois casos, os primeiros comandos são referidos como navegação *absoluta* ("Quero ir exatamente para este endereço") e navegação *relativa* ("Quero descer três casas a partir deste ponto"). Os .. sobem um diretório na árvore. Se você se perder e não conseguir descobrir em qual parte da árvore está, digite **pwd** (que pode parecer um comando estranho, mas é uma abreviação para "print working directory", ou imprimir diretório de trabalho) para saber em qual diretório está agora.

Agora, alguns comandos rápidos para trabalhar com arquivos. Para trabalhar no conteúdo, veja o Capítulo 11 sobre como usar editores de texto no Linux. Para copiar os arquivos na linha de comando, use o comando `cp` como a seguir para copiar `file1` para um novo arquivo chamado `file2`:

```
cp file1 file2
```

Se quiser renomear um arquivo, use o comando `mv` (mover) no mesmo formato ou use esse mesmo comando para mover um arquivo de um local para outro. Para criar um diretório, use o comando `mkdir` como a seguir para criar um diretório `Documents` no diretório atual:

```
mkdir Documents
```

Para excluir os arquivos, use o comando `rm` (remover) neste formato para excluir `file1` do diretório `/home/rich`:

```
rm /home/rich/file1
```

Finalmente, para remover um diretório, com o comando `rmdir` especial, primeiro você deve excluir todos os arquivos dentro dele, então exclua-o. Para remover todos os arquivos no diretório `/home/rich/notes` e excluir ao mesmo tempo (verifique se realmente deseja fazer isso!), digite

```
rm -rf /home/rich/notes
```

ou digite a seguinte série de comandos:

```
cd /home/rich/notes
rm *
cd ..
rmdir notes
```

Deve ser o bastante para começar. Divirta-se explorando!

Manual de Permissões

Se você coçar a cabeça ao ver partes dessa listagem de arquivos com formato longo na Figura 7-3, não se preocupe. É só um código descrevendo as permissões atribuídas ao arquivo. O Linux foi criado como um SO multiusuário, ou seja, ele pressupõe que mais de uma pessoa usa o sistema e também que você desejará certa segurança sobre quem pode (ou não) mexer nos arquivos.

A seção "Entendendo os tipos de arquivo" deu uma ideia da primeira letra em cada linha, mas outros nove caracteres estão anexados ao item antes de você chegar na próxima coluna. Esse grupo de nove é o conjunto de *permissões* (também chamado de *permissão definida*) para o arquivo ou o diretório. O Linux usa essas permissões como um modo de fornecer segurança ao arquivo e ao diretório, dando meios de especificar exatamente quem pode ver seus arquivos, quem pode alterá-los e até quem roda seus programas. É preciso ter essa capacidade quando se tem muitos usuários diferentes na mesma máquina, em rede no mundo.

Verificando o trio

Cada conjunto de permissões consiste em três trios. Cada um tem a mesma estrutura básica, mas controla um aspecto diferente de quem pode usar o quê. Considere a listagem com formato longo para /home/rich no código a seguir:

```
total 464
drwx------ 23 rich rich 4096 Dec 15 05:01 .
drwxr-xr-x  3 root root 4096 Dec  3 06:27 ..
-rw-------  1 rich rich    5 Dec  3 07:07 .bash_history
-rw-r--r--  1 rich rich   24 Jul 12 00:11 .bash_logout
-rw-r--r--  1 rich rich  176 Jul 12 00:11 .bash_profile
-rw-r--r--  1 rich rich  124 Jul 12 00:11 .bashrc
```

Como já viu, o primeiro caractere no conjunto de permissões se refere ao tipo de arquivo. Para um diretório, o caractere mostrado é d, como é visto aqui para os dois primeiros itens na lista anterior; os arquivos são designados com um traço (-). O conjunto de permissões de cada arquivo ou diretório é um grupo de nove caracteres, ou seja, os nove caracteres após o primeiro (com um total de dez). Na verdade esse grupo de nove são três grupos de três, como na Figura 7-4.

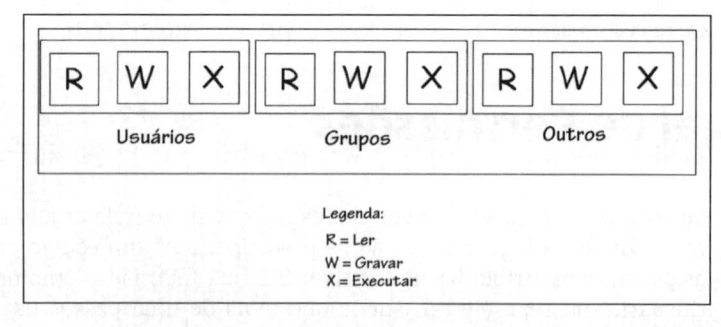

FIGURA 7-4: Divisão dos nove caracteres de permissão.

| R | W | X | R | W | X | R | W | X |
| Usuários | | | Grupos | | | Outros | | |

Legenda:
R = Ler
W = Gravar
X = Executar

Os três trios são lidos assim:

- O primeiro trio consiste nos segundo, terceiro e quarto caracteres na lista de arquivos com formato longo. Esse trio define as permissões para o *usuário* ou o *proprietário* do arquivo (os proprietários são examinados na seção "Cuidado com os proprietários", posteriormente neste capítulo).

- O segundo trio consiste nos quinto, sexto e sétimo caracteres na listagem. Esse trio define as permissões para o *grupo* atribuído ao arquivo (os grupos são examinados na seção "Andando em grupos", mais adiante neste capítulo).

- O terceiro trio consiste no oitavo, nono e décimo caracteres na listagem. Esse trio define as permissões para os *outros* ou todos que não são o proprietário do arquivo nem membro do grupo proprietário.

Embora cada trio seja diferente dos outros, a estrutura interna de cada um é composta do mesmo modo. Foque sobretudo como ler um trio antes de examinar o conjunto deles geral. Cada trio inclui três caracteres:

- O primeiro caractere é r ou um traço. O r significa permissão de leitura ou *read*. Se r estiver definido, o trio permitirá que a entidade (usuário, grupo ou outro) veja o diretório ou o conteúdo do arquivo.

- O segundo caractere é w ou um traço. O w significa permissão de gravação ou *write*. Se w estiver definido, o trio permitirá que a entidade adicione, exclua ou edite itens nesse diretório ou arquivo.

- O terceiro caractere é x ou um traço. O x significa permissão de *execução*. Se x estiver definido, o trio permite que a entidade acesse os arquivos contidos no diretório ou execute certo programa nesse arquivo.

DICA

Em todos os casos, se há um traço no lugar de r, w ou x, o trio não permite que a entidade leia, grave ou execute.

As próximas seções detalham mais os proprietários e os grupos.

Cuidado com os proprietários

Você pode ter notado agora que falo muito sobre proprietários (usuários) e grupos no Linux. Cada arquivo e diretório têm esses componentes: um usuário do arquivo /etc/passwd atribuído como seu proprietário e um grupo de /etc/group atribuído como o grupo.

Embora seja provável que um usuário comum não precise mudar com frequência as propriedades do arquivo, o usuário root faz isso regularmente. Se você adiciona o arquivo comments, por exemplo, a /home/rich enquanto está conectado como *superusuário* (outro termo para Administrador, que é a pessoa que possui a conta root), root possui esse arquivo. O usuário rich não pode fazer nada, a menos que você tenha definido as permissões do último trio para permitir que *outras* pessoas (aquelas que não são o proprietário do arquivo ou estão no grupo especificado) leiam e gravem no arquivo. Mas esse método é um modo muito negligente de fazer as coisas, porque a ideia das permissões é reduzir o acesso, não dar acesso a todos. Pelo contrário, lembre-se de mudar o proprietário do arquivo para o usuário rich. Isso é feito com o comando chown (*change owner*, ou mudar proprietário). Por exemplo, digitando chown rich comments, root muda a propriedade para rich. Então, rich pode trabalhar com esse arquivo e até alterar suas permissões para algo de sua preferência.

Andando em grupos

É mais interessante trabalhar com grupos do que com proprietários. Use-os para permitir que o usuário root atribua a vários usuários a capacidade de compartilhar certas áreas do sistema de arquivos. Por exemplo, em muitas versões do Linux, todos os usuários são adicionados a um grupo chamado *users* (o openSuSE faz isso, por exemplo). Em vez da listagem de arquivos com formato longo, como a mostrada antes no capítulo, você pode ver o seguinte:

```
total 20
drwx------ 2 rich users 4096 Jul 29 07:48 .
drwxr-xr-x 5 root root  4096 Jul 27 11:57 ..
-rw-r--r-- 1 rich users   24 Jul 27 06:50 .bash_logout
-rw-r--r-- 1 rich users  230 Jul 27 06:50 .bash_
   profile
-rw-r--r-- 1 rich users  124 Jul 27 06:50 .bashrc
-rw-rw-r-- 1 rich users    0 Jul 29 07:48 lsfile
```

Todos no grupo users têm acesso de leitura nos arquivos. Em outras distribuições (como o Ubuntu), um grupo exclusivo é criado para cada usuário, portanto um usuário não consegue acessar os arquivos criados por outro, por padrão. Por isso a listagem anterior mostrava os itens proprietário e grupo como idênticos (rich rich).

Agora que você viu o básico de como o Linux lida com os arquivos, vá para o próximo capítulo para saber como usar as ferramentas gráficas disponíveis nos ambientes Linux para se mover nesse sistema com mais facilidade!

> **NESTE CAPÍTULO**
>
> » Gerenciando seu sistema de arquivos com Files
>
> » Explorando o gerenciador de arquivos Dolphin
>
> » Examinando o Thunar

Capítulo **8**

Usando o Sistema de Arquivos

Os Capítulos 4, 5 e 6 detalham alguns ambientes gráficos mais populares disponíveis no Linux e como usá-los, mas pulei de propósito uma habilidade: lidar com os arquivos. O Capítulo 7 explica como trabalhar com arquivos e diretórios usando a linha de comando; pode ser um pouco estranho, sobretudo se você é novo no Linux. Se estiver familiarizado com o Microsoft Windows ou o MacOS, sabe usar ferramentas gráficas para manipular arquivos e diretórios (e, no mundo gráfico, os diretórios costumam ser chamados de pastas por causa do ícone de pasta usado para representá-los). Não se preocupe, o Linux não vai desapontá-lo. Este capítulo foca apontar e clicar nos diretórios, e a manipulação fácil dos arquivos.

Clicando no Sistema de Arquivos

O segredo para gerenciar arquivos e diretórios em seu ambiente gráfico é o programa *file manager* (gerenciador de arquivos). Esse programa fornece uma bela interface gráfica para lidar com os arquivos e os diretórios presentes em seu sistema. Em vez de se aprofundar nos comandos da linha de comando, basta apontar e clicar para acessar um sistema de arquivos gerenciado!

Mas, como tudo mais no mundo Linux, é possível escolher entre vários programas diferentes de gerenciamento de arquivos. Um padrão disponível em sua distribuição Linux depende muito do desktop usado. Os principais são:

» **Files:** O gerenciador de arquivos padrão usado no ambiente GNOME 3

» **Dolphin:** O gerenciador de arquivos padrão usado no ambiente KDE Plasma

» **Thunar:** O gerenciador de arquivos padrão usado no ambiente Xfce

Claro, só porque um gerenciador de arquivos é o padrão para um ambiente não significa que você está limitado a usá-lo! Qualquer programa do gerenciador de arquivos funciona bem em outros ambientes de trabalho. Na verdade, se instalar o ambiente KDE Plasma no Ubuntu, o gerenciador de arquivos Files ainda será o padrão!

As próximas seções examinam os recursos de cada um desses programas populares do gerenciador de arquivos, para que você fique à vontade ao lidar com eles.

Usando Files

Como mostrei, no ambiente GNOME 3 o gerenciador de arquivos padrão é o *Files*. Percorrer o sistema de arquivos Files envolve algumas habilidades diferentes de usar a linha de comando. Você pode saber exatamente aonde deseja ir no sistema de arquivos, mas não em que clicar para chegar lá. Em primeiro lugar, é preciso saber por onde deseja começar. Essa decisão não é tão difícil quanto parece.

LEMBRE-SE Nas versões anteriores do GNOME, o programa do gerenciador de arquivos era chamado de Nautilus. No GNOME 3, é o mesmo programa, mas o nome mudou para Files. Para confundir ainda mais, internamente no GNOME ele ainda é denominado projeto Nautilus. Em geral vemos os dois nomes usados alternadamente na documentação e nos arquivos de ajuda. Faço o possível para lembrar de chamá-lo de Files neste livro!

Normalmente há alguns modos diferentes de iniciar Files no ambiente GNOME 3:

» **Clique no ícone Files no painel.** A maioria das distribuições Linux inclui o ícone Files (a imagem da pasta) como favorito no painel.

» **Clique duas vezes no ícone Home do seu ambiente trabalho.** O Ubuntu (e muitas outras distribuições baseadas no GNOME) inclui o ícone Home no ambiente padrão. Isso abre Files no diretório pessoal do usuário.

» **Abra o lançador de aplicações, então selecione o ícone Files.** Files é instalado por padrão em todas as distribuições Linux que usam o ambiente GNOME 3. Basta abrir o lançador de aplicações e clicar no ícone Files que aparece.

Independentemente de como você inicia o programa, Files é aberto usando sua pasta Home como o local padrão, como na Figura 8-1.

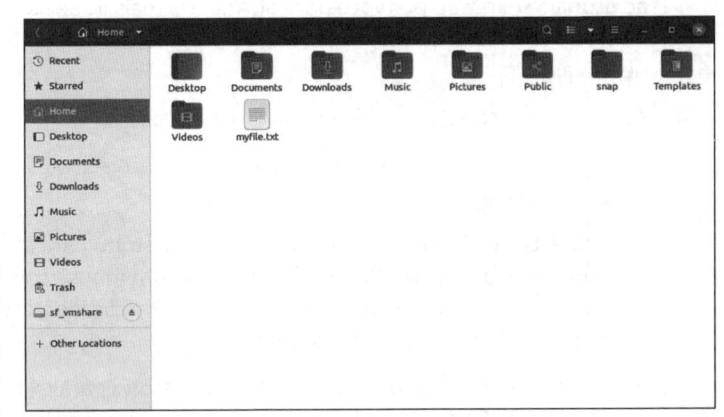

FIGURA 8-1: Janela do gerenciador de arquivos Files do GNOME.

A janela Files consiste em três seções principais:

» **Barra de ferramentas:** Está localizada no topo da janela e contém botões para avançar e voltar no diretório de navegação, uma barra de caminho para identificar onde você está atualmente na estrutura de diretórios, um botão de pesquisa para encontrar arquivos, um botão que permite mudar o layout e comportamento da área de conteúdo, e o botão de menu da aplicação.

» **Barra lateral:** Permite navegar para diretórios comuns em sua pasta Home, assim como navegar rápido para as unidades de mídia removíveis instaladas e unidades de rede. Se você preferir ocultar a barra lateral, pressione a tecla F9.

» **Área contextual:** É a área principal de Files, exibe os arquivos e os diretórios contidos no diretório selecionado. Você pode personalizar quanta informação Files exibe na área contextual.

» **Barra de status:** Ao selecionar um arquivo ou um diretório, aparece uma barra de status flutuante na parte inferior da janela, mostrando informações sobre o arquivo ou o diretório.

A área contextual é onde ocorre a ação. Você pode executar algumas ações nos itens vistos nessa área:

» Clique duas vezes em um ícone de arquivo para abrir o arquivo usando a aplicação padrão. Para os arquivos da aplicação, a aplicação é aberta. Para os arquivos de texto, o editor de texto padrão do GNOME abre para exibir o arquivo, caso uma aplicação padrão não seja atribuída ao arquivo solicitado por você para abrir. Para mais informações, vá para a seção "Abrindo arquivos e executando programas", posteriormente neste capítulo.

» Para abrir um diretório, você tem algumas opções:

- Clique duas vezes no ícone do diretório para abri-lo na área contextual existente.

- Clique com o botão do meio no ícone do diretório para abri-lo em uma nova guia na janela Files. Se não tiver um mouse com três botões, esse recurso normalmente é emulado clicando com os botões esquerdo e direito ao mesmo tempo.

- Clique com o botão direito no ícone do diretório para exibir um menu contextual. É possível selecionar para abrir o diretório em uma nova guia ou uma nova janela, junto com a execução de outras operações, como alterar as permissões do diretório.

» Para fechar a janela Files, escolha Files ⇨ Quit no menu de aplicações do painel ou clique no X à direita superior da janela.

Se você escolher abrir um subdiretório na mesma janela Files, note que a barra do caminho na barra de ferramentas adiciona um novo botão ao caminho, indicando o diretório exibido atualmente, como na Figura 8-2.

FIGURA 8-2:
Abrindo um subdiretório em Files.

Você pode clicar em qualquer botão do diretório na barra do caminho para ir direto para o tal diretório. Isso permite descer ou subir na estrutura de diretórios.

DICA

Em geral é mais fácil arrastar e soltar arquivos entre as guias na mesma janela, em vez de tentar trocar entre janelas separadas!

Definindo quanta informação você vê

Por padrão, Files só exibe ícones que representam arquivos e diretórios, junto com o nome deles. Você deseja ver um pouco mais de informação, como o tamanho do arquivo ou do diretório, e possivelmente o proprietário. É quando entram em cena os botões para exibir da barra de ferramentas:

» **Toggle View:** Troca entre *exibição de ícones* e *exibição de lista*. A exibição de lista mostra mais informações sobre o arquivo ou o diretório.

» **View Options:** As opções disponíveis neste menu dependem de qual modo de exibição o Files usa atualmente:

- Na exibição de ícones, selecione a ordem na qual Files classifica os ícones de arquivo e diretório (por nome, tamanho, data etc.).

- Na exibição de lista, selecione quais informações Files exibe para cada arquivo ou diretório usando a opção de menu Visible Columns.

Com uma pequena personalização, a exibição de lista fornece informações muito detalhadas sobre arquivos e diretórios, como na Figura 8-3.

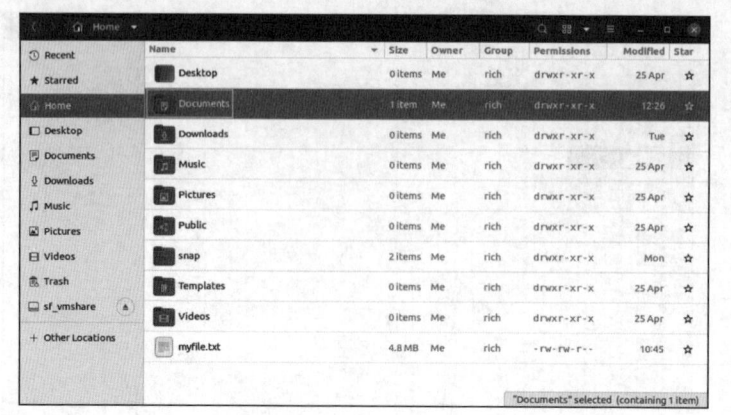

FIGURA 8-3:
Files usando o modo exibição de lista no diretório pessoal de rich.

Junto com essas opções, é possível escolher as opções Zoom In, Zoom Out e Normal Size, caso você precise mudar o tamanho visual do conteúdo da pasta. A opção Reload pode ser útil se você adicionou recentemente um arquivo a um diretório e ele não aparece ainda.

Criando diretórios

Use a interface gráfica em Files para criar um diretório. Siga as etapas:

1. **Navegue para o diretório no qual você deseja criar o diretório.**

   Você precisa ter o diretório aberto e estar dentro de sua janela antes de continuar.

2. **Clique com o botão direito em um local vazio dentro desse diretório.**

   Verifique se não destacou nada no diretório. Um menu contextual aparece.

3. **Escolha New Folder.**

   Aparece um novo ícone de diretório destacado e com o nome aberto para editar.

4. **Digite o nome que você deseja atribuir ao diretório e clique em Create.**

   O nome é atribuído ao diretório.

É muito mais fácil do que lidar com o comando `mkdir` enigmático na linha de comando!

Abrindo arquivos e executando programas

Para abrir um arquivo e executar um programa em Files, basta clicar duas vezes nele. Só isso! Bem, nem tanto. Também é possível clicar com o botão direito em um arquivo para abrir um menu contextual com mais opções:

> » **Open with *Program*:** Se o arquivo já está associado a determinado programa, escolher essa opção é o mesmo que clicar duas vezes nele. Pode haver mais de uma dessas opções listadas, caso seu sistema saiba que você tem mais de um programa instalado que pode fazer o serviço; o item no topo com o ícone de pasta ao lado é o padrão. Escolha a opção preferida.
>
> » **Open with Other Application:** Escolher essa opção abre a caixa de diálogo Select Application, que contém uma lista de programas instalados que o sistema reconhece. Você pode selecionar um dos programas ou, se não vir o que precisa, clique no botão View All Applications. Após selecionar o programa com o qual abrir o arquivo, clique em Select para continuar.

Os arquivos mais comuns já têm uma aplicação padrão definida em Files que é usada para abrir o arquivo, como arquivos de texto, arquivos multimídia, documentos LibreOffice, planilhas e arquivos de apresentação.

Copiando e movendo arquivos

É possível copiar e mover itens usando dois métodos diferentes em Files. O primeiro é o método usual com o qual provavelmente você está familiarizado devido ao Windows ou ao MacOS, ou seja, clicar e segurar um arquivo ou um diretório, então arrastá-lo para onde deseja ir. Você pode clicar e arrastar entre as janelas de diretório em qualquer lugar no ambiente de trabalho, mesmo para ícones específicos do diretório dentro de Files. Veja a seguir algumas dicas úteis:

> » Pressione a tecla Ctrl enquanto arrasta se deseja fazer uma cópia, não apenas mover o arquivo.
>
> » Se quiser mover o arquivo para um diretório, arraste-o para o ícone do diretório e, quando ficar destacado, solte o mouse.
>
> » Se quiser mover o arquivo para uma janela de diretório, mas não para um dos ícones do diretório, verifique se os ícones do diretório *não* estão destacados antes de soltar o mouse.

Outro método para copiar e mover arquivos e diretórios envolve as seguintes etapas:

1. **Clique com o botão direito no arquivo ou no diretório que você deseja copiar ou mover.**

2. **No menu contextual que aparece, escolha Cut se você deseja mover o arquivo ou Copy se deseja copiá-lo.**

   O arquivo não desaparece após fazer a seleção, caso você esteja tentando movê-lo.

3. **Vá para o diretório para o qual deseja mover o arquivo.**

   Você está pronto quando a janela do diretório abre.

4. **Faça o seguinte:**
   - Se deseja mover ou copiar o arquivo para uma janela do diretório, clique com o botão direito dentro dessa janela (mas veja se não há nada destacado), então escolha Paste.
   - Se quiser mover ou copiar o arquivo para um ícone do diretório, em vez de abrir a janela da pasta, clique com botão direito e escolha Paste into Folder.

> **DICA**
> Se você tem apenas uma janela Files aberta, pode ser difícil tentar navegar para outros diretórios para cortar ou copiar um arquivo. Se selecionar as opções Copy To ou Move To, uma nova janela aparecerá, permitindo ir para o diretório aonde deseja que o arquivo vá.

Excluindo arquivos e diretórios

Para usar Files para excluir um arquivo ou um diretório do sistema de arquivos siga estas etapas:

1. **Vá para o local do arquivo ou do diretório.**

2. **Selecione o arquivo ou o diretório.**

Você pode selecionar o arquivo ou o diretório fazendo o seguinte:

- Clique em um arquivo ou um diretório para destacá-lo.
- Para vários arquivos ou diretórios em sequência, clique no primeiro item, pressione Shift e clique no último item no grupo para escolher todos.
- Para vários itens que não estão em grupo, clique no primeiro item, pressione Ctrl e clique em cada item individual que deseja selecionar.
- Clique e arraste o botão do mouse para criar uma caixa contendo todos os itens que deseja selecionar.

3. **Pressione a tecla Delete ou clique com o botão direito e escolha Move to Trash.**

    O arquivo ou o diretório desaparece. Lembre-se de que, se estiver excluindo um diretório e ele contiver outros arquivos ou diretórios, eles irão para a lixeira juntos.

LEMBRE-SE

Na verdade, esses itens excluídos ficam na Lixeira (Trash), portanto, não foram realmente excluídos do disco rígido. Você pode tirar esses arquivos da lixeira e retorná-los para seu sistema de arquivos se quiser.

Tirando da lixeira

É possível excluir de modo permanente o conteúdo da pasta Trash seguindo estas etapas:

1. **Clique com o botão direito no ícone Trash e escolha Empty Trash no menu de atalho.**

    Uma caixa de diálogo de confirmação é aberta.

2. **Clique em Empty na caixa de diálogo de confirmação para excluir o conteúdo da pasta Trash.**

O Linux remove de modo permanente os itens no diretório Trash. Você pode dizer se o diretório Trash está vazio vendo a imagem da lixeira. Se estiver vazia, não tem arquivos. Se vir documentos, contém arquivos.

Exibindo e alterando permissões

No Capítulo 7, você vê que todo arquivo e diretório no Linux tem um conjunto de *permissões* que controla quem tem permissão para exibi-lo, executá-lo, excluí-lo etc. Essas permissões são usadas para assegurar que as pessoas não baguncem os arquivos do sistema e de outras pessoas, por isso são muito importantes. Nesta seção, foco como trabalhar com arquivos na GUI.

Para exibir e alterar as permissões de um arquivo ou um diretório em Files, você precisa seguir estas etapas:

1. **Vá para o local do arquivo ou do diretório.**

   Abrir a janela da pasta que contém o item é suficiente.

2. **Clique com o botão direito no arquivo ou no diretório e escolha Properties no menu de atalho.**

   A caixa de diálogo Properties aparece com a guia Basic aberta.

3. **Clique na guia Permissions.**

   A parte Permissions da caixa de diálogo Properties é aberta, como na Figura 8-4.

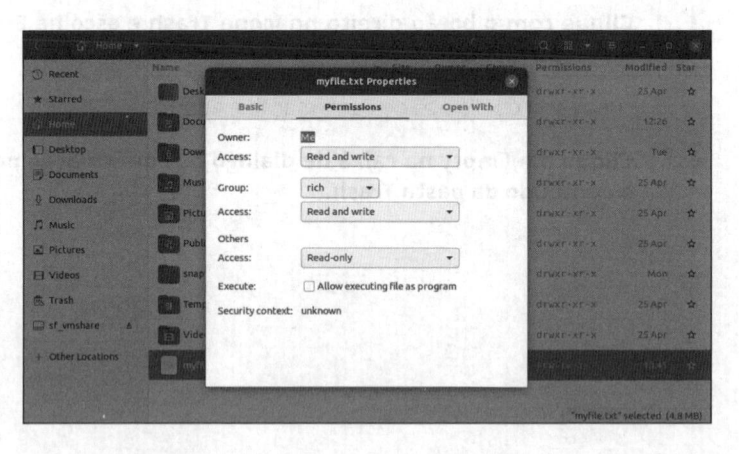

FIGURA 8-4: Caixa de diálogo Properties do gerenciador de arquivos Files com a guia Permissions exibida.

4. **Defina as novas permissões e propriedades.**

Veja o Capítulo 7 para ter um detalhamento do que tudo isso significa. Note que a GUI tem usuário, grupo e "outros" divididos em caixas de lista suspensas separadas. A menos que você esteja familiarizado com o SELinux, deixe a opção Context como está.

5. **Clique em Close para fechar a caixa de diálogo.**

   Agora as permissões do arquivo mudaram.

Isso inclui praticamente o básico de tudo o que você desejaria fazer com o sistema de arquivos em Files. Na próxima seção, veja o pacote KDE Dolphin.

Nadando com o Dolphin

Se você está usando uma nova distribuição Linux com o ambiente KDE Plasma, muito provavelmente está usando o programa do gerenciador de arquivos *Dolphin*. Ele trabalha de modo muito parecido com Files, permitindo percorrer com facilidade os diretórios no sistema de arquivos a partir de uma única janela.

Para abrir uma janela Dolphin, o sistema de menus Plasma (veja o Capítulo 5) fornece links na guia Computer para locais específicos em sua estação de trabalho. Você pode exibir sua pasta Home, as pastas compartilhadas remotas encontradas na rede, o sistema de arquivos inteiro iniciando na pasta root (veja o Capítulo 7) ou o diretório Trash especial. A Figura 8-5 mostra o layout da janela Dolphin principal.

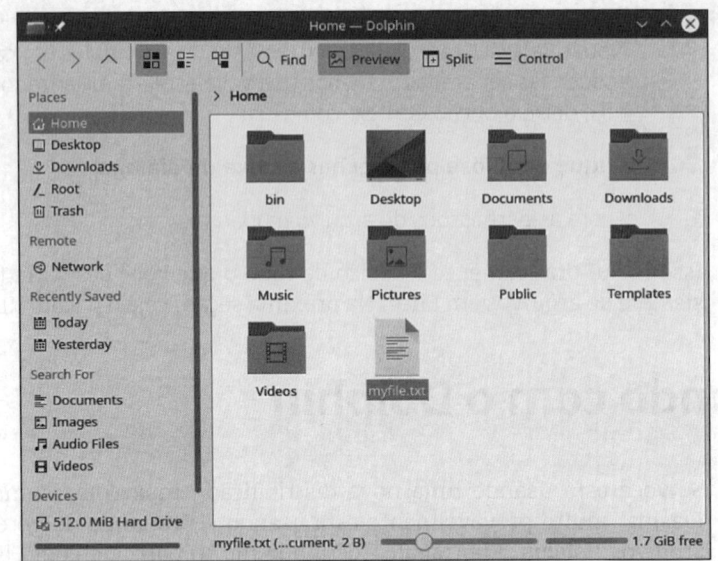

FIGURA 8-5:
Pasta Home do usuário rich, como vista no gerenciador de arquivos Dolphin.

Examinando a janela Dolphin padrão você vê que ela tem muitos dos mesmos recursos de Files:

» **Barra de tarefas:** Fornece botões para um acesso rápido aos recursos de menu mais usados:

- *Go Back:* Vai para a pasta exibida antes.
- *Go Forward:* Vai para a pasta exibida em seguida, caso você tenha voltado.
- *Go Up:* Sobe um nível na estrutura de diretório.
- *Modo Icons View:* Exibe arquivos e diretórios como ícones.
- *Modo Compact View:* Exibe ícones menores para arquivos e diretórios para ver mais na janela de exibição.
- *Modo Details View:* Exibe mais informações sobre arquivos e diretórios.
- *Find:* Pesquisa arquivos e diretórios.
- *Preview:* Exibe uma miniatura do conteúdo dos arquivos de texto e imagem.
- *Split:* Exibe duas janelas para arrastar e soltar arquivos e pastas com facilidade de um local para outro.
- *Control:* Exibe um menu contextual para selecionar recursos e opções para a janela de exibição.

- » **Barra de localização:** A área sob a barra de ferramentas que exibe o nome de diretório atual, assim como quaisquer diretórios acima na estrutura de diretório.
- » **Painel Places:** Dá fácil acesso às unidades e aos diretórios favoritos.
- » **Barra de status:** Exibe o número de arquivos e pastas na pasta exibida atualmente, junto com a quantidade atual de espaço livre disponibilizado no disco.

Ao clicar uma vez no ícone do diretório na janela de exibição, a pasta é aberta na mesma janela e o caminho para a pasta aparece acima da barra de localização. Isso se chama barra de navegação ou *breadcrumb*. Assim como é possível deixar marcas na floresta para encontrar o caminho de volta, clique em qualquer lugar no nome de caminho da barra de navegação para encontrar o caminho de volta para a pasta na qual você iniciou.

Criar, copiar e renomear arquivos e pastas em Dolphin funciona exatamente como em Files. Clicar com o botão direito em um ícone de arquivo ou diretório abre um menu de atalho, permitindo cortar ou copiar o arquivo, ou movê-lo para a pasta lixeira para a remoção.

CUIDADO

Cuidado ao trabalhar no Dolphin; por padrão ele usa o método de um clique do KDE Plasma para ativar o ícone. Isso significa que, se você clicar uma vez no ícone, o Dolphin tentará exibir o arquivo usando a aplicação padrão dele. É um pouco chato para quem vem de um ambiente Microsoft Windows. Você pode mudar isso usando o recurso System Settings (veja o Capítulo 5).

O Dolphin também permite ter janelas lado a lado do seu sistema de arquivos no modo de exibição Split, mostrado na Figura 8-6.

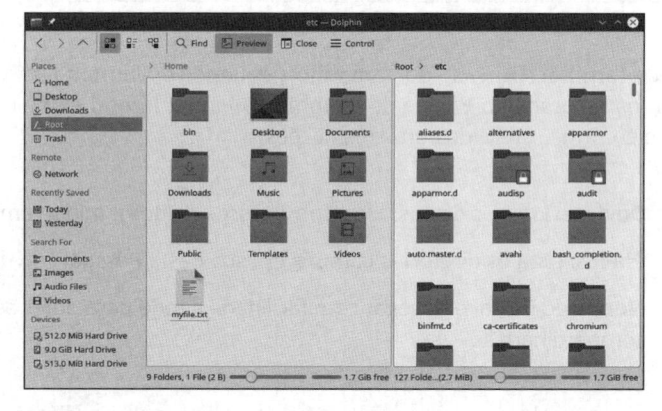

FIGURA 8-6: Modo de exibição Split no Dolphin.

Usando esse recurso, você pode arrastar e soltar arquivos com facilidade de uma pasta em outra, em qualquer lugar no sistema!

Não se Esqueça do Xfce!

Com os requisitos de baixo consumo do ambiente Xfce, não se espera nada muito elegante em um gerenciador de arquivos padrão. Contudo, você terá uma surpresa! O programa do gerenciador de arquivos Thunar é uma ferramenta preciosa que funciona bem em PCs de baixa potência.

Para iniciar o Thunar, clique no ícone File Manager (o ficheiro) no painel favoritos. A principal janela do Thunar é exibida, como na Figura 8-7.

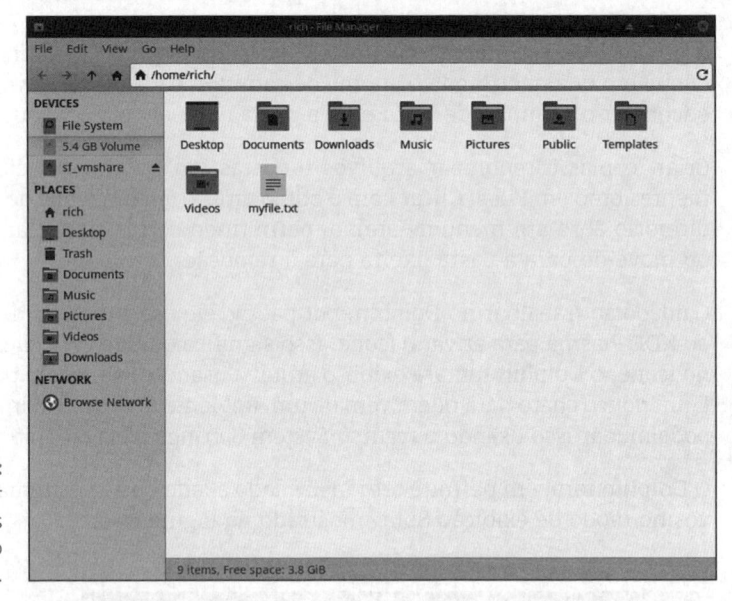

FIGURA 8-7: Gerenciador de arquivos Thunar no MX Linux.

Parece familiar? Apesar do tamanho pequeno, o Thunar tem muitos dos mesmos recursos do Files e do Dolphin. O Painel lateral exibe uma lista de locais comuns, divididos em três seções:

- » **Devices:** Lista os dispositivos, como discos rígidos e mídia removível
- » **Places:** Lista os diretórios comuns em sua pasta Pessoal
- » **Network:** Permite navegar com facilidade a rede para obter as unidades compartilhadas

A área principal na janela mostra os ícones de arquivo e diretório contidos no diretório selecionado. Para mudar o layout, clique na opção View na barra de menus, então selecione o ícone, a lista detalhada ou a exibição de lista compacta. Para personalizar os campos na exibição de lista detalhada, selecione a opção Configure Columns.

Escolher View ➪ Preferences ativa a caixa de diálogo File Manager Preferences, como na Figura 8-8.

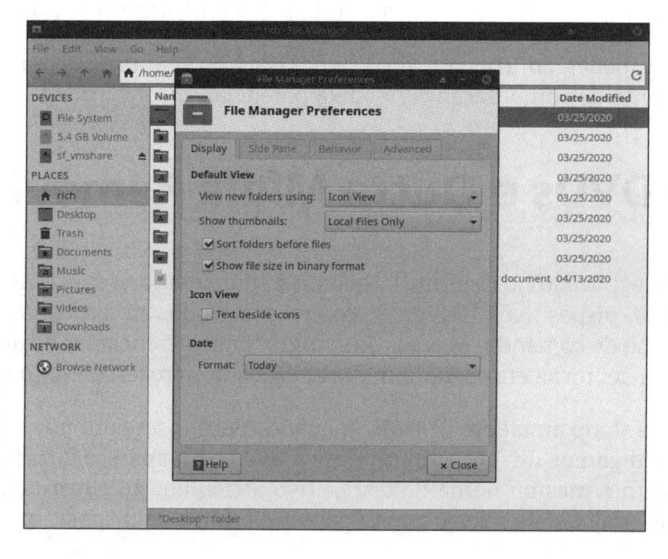

FIGURA 8-8: Caixa de diálogo File Manager Preferences de Thunar.

Nela, você pode mudar o layout básico e o comportamento do Thunar, por exemplo, se é para abrir os arquivos com um ou dois cliques para imitar o comportamento do Files ou do Dolphin.

Clique com o botão direito no ícone de um arquivo ou um diretório para ativar o menu de atalho, como mostrado na Figura 8-9.

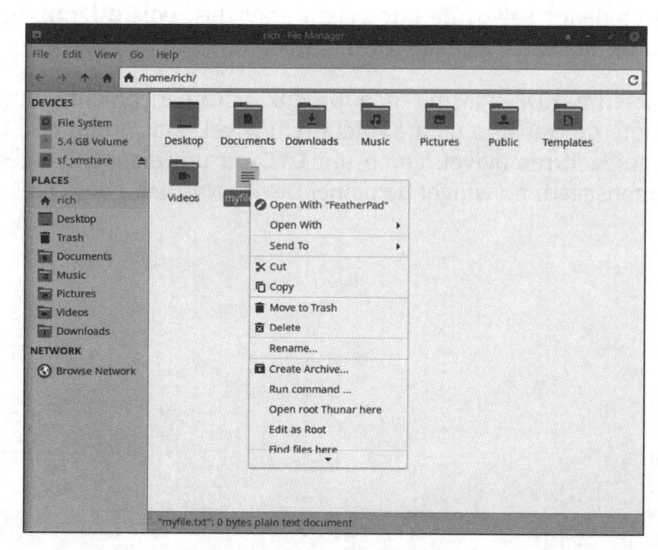

FIGURA 8-9: Menu de atalho do Thunar.

CAPÍTULO 8 **Usando o Sistema de Arquivos** 147

No menu de atalho você pode selecionar com qual aplicação abrir o arquivo ou se é para copiar, mover ou excluir o arquivo. Como as outras ferramentas, é possível selecionar a opção de menu Properties para mudar as propriedades do arquivo, inclusive definir permissões para acessar o arquivo.

Com o poder do Thunar, você nunca saberia que está operando em um ambiente de computação com baixa potência!

Usando DVDs e Outra Mídia Removível

Como explicado no Capítulo 7, quanto à mídia removível (CD-ROMs, DVD--ROMs, dispositivos USB etc.), você acaba tendo que procurar se trabalha na linha de comando. Mas ter um programa do gerenciador de arquivos GUI disponível torna encontrar a mídia anexada um processo muito mais fácil.

Em geral, no ambiente GNOME 3, quando você insere um novo item removível (digamos um DVD ou um dispositivo USB), aparece um ícone no painel com o mesmo nome do dispositivo atribuído. Ao clicar duas vezes no ícone, uma janela Files é aberta para o diretório do dispositivo.

Quando terminar de usar a mídia removível, é preciso ejetá-la antes de tentar retirar. Se uma opção Eject está disponível (a seta para cima ao lado do ícone da unidade), basta clicar na seta para cima e remover com segurança. Se a tal seta não existe, clique com o botão direito no ícone do dispositivo e escolha Eject no menu de atalho.

DICA Nos casos em que a opção Eject não está disponível, use Unmount antes de remover o item (como um USB) do computador. Essa ação assegura que todos os dados salvos de fato sejam gravados, pois o Linux nem sempre coloca os dados na unidade imediatamente.

O ambiente KDE Plasma não produz automaticamente um ícone do ambiente de trabalho para a mídia removível. Mas assim que você insere uma unidade removível, como um DVD ou um dispositivo USB, aparece uma mensagem no widget do painel Device Notifier, como na Figura 8-10.

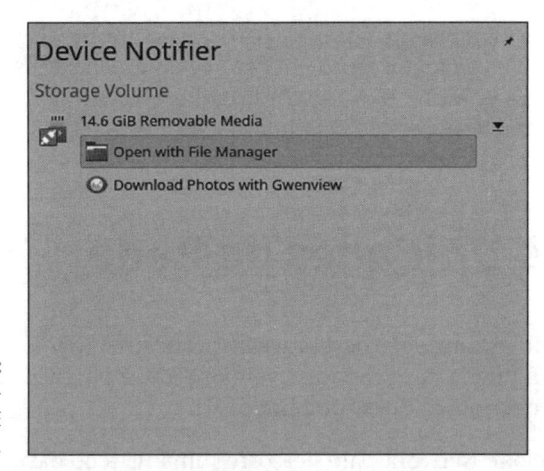

FIGURA 8-10: Device Notifier no KDE Plasma.

Acessar a mídia removível é tão fácil quanto clicar na entrada na janela pop-up aberta pelo ícone do Device Notifier! Assim que você abrir a mídia removível, ela aparecerá como um novo local no menu Places do Dolphin.

> **DICA**
>
> Para remover a mídia, abra o Dolphin, clique com o botão direito na entrada do dispositivo no menu Places e selecione Safely Remove.

No ambiente GNOME 3, ao inserir um CD ou DVD de música, um leitor de música (veja o Capítulo 13) abre para reproduzir a música (para o KDE Plasma você precisa selecionar no widget New Device Notifier). Veja o Capítulo 13 para saber como adicionar suporte para mais tipos de arquivos de música. Quanto aos DVDs de vídeo, em geral você deve instalar um software extra devido às questões examinadas no Capítulo 14.

Acessando as Unidades do Windows no Computador

Se você fizer uma inicialização dupla entre o Windows e o Linux, haverá vezes em que desejará acessar as informações em sua unidade do Windows a partir do Linux (infelizmente o Windows não consegue acessar as informações nas unidades do Linux). Se estiver usando o ambiente GNOME 3, para acessar os arquivos em sua unidade do Windows a partir do Linux quando ambos estiverem no mesmo PC, você verá as partições do Windows aparecerem na barra lateral do Files. Basta clicar no ícone da partição para abrir o diretório do Windows. É possível copiar e colar os arquivos entre o Linux e o Windows!

Do mesmo modo, se estiver usando o ambiente KDE Plasma, as unidades do Windows aparecerão na lista de locais na área da barra lateral do Dolphin, novamente usando o mesmo nome longo da unidade como no Windows.

CUIDADO: Alguns PCs com Windows usam uma partição oculta no disco rígido para manter os arquivos de restauração em caso de emergência. Essas partições não estarão ocultas no Linux, portanto, tenha cuidado para não destruir nada importante para o sistema Windows (a menos, claro, que pretenda remover o Windows)!

Acessando as Unidades de Rede

Por vezes a unidade que você deseja acessar está em outro computador. Se ela estiver configurada para ser acessível por rede, é possível acessá-la via gerenciadores de arquivo Files, Dolphin ou Thunar.

Em Files, selecione Network para percorrer uma lista de pastas compartilhadas encontradas em sua rede. Se quiser acessar um computador Windows, clique duas vezes em Windows Network. Os computadores Windows em sua rede com discos rígidos disponíveis para navegar serão exibidos. Nesse ponto, navegue para onde quiser!

No mundo KDE Dolphin, é preciso ir para a opção Network na seção Remote do menu Places. O gerenciador de arquivos Dolphin é aberto no modo rede, como na Figura 8-11.

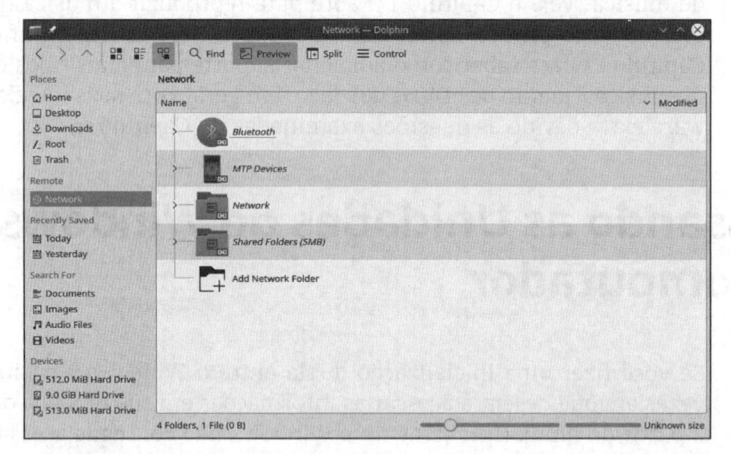

FIGURA 8-11: Dolphin no modo rede.

Os compartilhamentos da sua rede Windows devem aparecer na pasta Shares.

Encontrando Coisas

Os ambientes GNOME 3 e KDE Plasma têm modos fáceis de pesquisar arquivos e pastas no sistema de arquivos. Para o ambiente KDE Plasma, o utilitário KFind é o caminho certo.

Abra o menu KDE e, no topo, você verá a caixa de texto KFind Search. Insira o nome de arquivo que você precisa encontrar e, conforme digita, o KFind exibe os arquivos correspondentes, como na Figura 8-12.

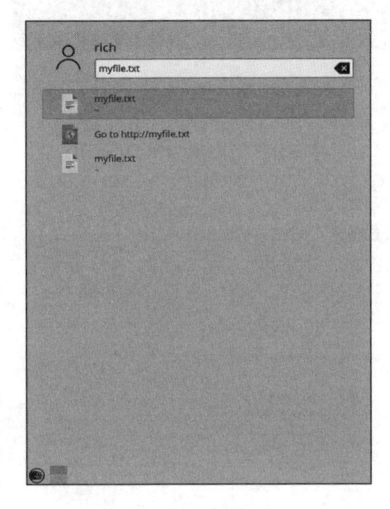

FIGURA 8-12: Janela de pesquisa do KFind.

Selecione o arquivo correspondente que você precisa abrir, usando a aplicação padrão.

Como se espera, o ambiente GNOME 3 também tem seu próprio utilitário de pesquisa de arquivos, chamado File Searcher. Na verdade, você não inicia o File Searcher; ele aparece automaticamente como a caixa de texto Search na visão geral da aplicação ou na janela de visão geral das atividades, como na Figura 8-13.

FIGURA 8-13:
Caixa de diálogo File Searcher do GNOME 3.

Conforme você insere o nome do arquivo para encontrar, o File Searcher ativa uma lista de todos os arquivos que correspondem à sua digitação.

Usar o recurso Find muitas vezes evita ter que buscar em pastas ocultas usando o gerenciador de arquivos padrão!

> **NESTE CAPÍTULO**
>
> » Entendendo os métodos comuns de conexão com a Internet
>
> » Conhecendo seu hardware
>
> » Conectando o ISP (Provedor de Serviços da Internet)
>
> » Conhecendo o TCP/IP o bastante para ser perigoso

Capítulo **9**

Conectando à Internet

Você já pode estar conectado à internet se está em um PC conectado a uma LAN e configurou a rede durante a instalação. Para testar se tem uma conexão, abra o navegador e tente ir para um site externo (como www.gnu.org). Se funcionar, você está conectado! Não precisa deste capítulo. Do contrário, leia.

Fundamentos da Conectividade com a Internet

Não deixe que os provedores de alta velocidade o impeçam de usar o Linux com os serviços deles. Só porque eles não têm suporte direto não significa que a tecnologia não funciona com o Linux. O TCP/IP (o conjunto de regras de tráfego da internet) foi desenvolvido para o SO UNIX, do qual o Linux descende.

No caso da inicialização dupla no Windows, o ISP pode ajudar a instalar sua conexão de banda larga, então é possível lidar com o Linux conectado se você tem tempo e inclinação. Na lista a seguir, aponto alguns sites que podem ajudá-lo a configurar sua conexão de banda larga ao examinar os tipos disponíveis (conteúdos em inglês):

» **Modens a cabo:** Ao contratar um serviço de internet a cabo, em geral o técnico de instalação fornece um dispositivo especial, chamado *modem a cabo*. Esses modens usam cabos coaxiais conectados ou de fibra ótica para levar o sinal para o modem. Você pode conectar sua estação de trabalho diretamente ao modem a cabo usando um cabo *Ethernet* conectado a uma porta Ethernet no modem ou remotamente se sua estação de trabalho inclui um chip de rede sem fio. Para encontrar as velocidades exatas disponíveis, é preciso contatar o provedor de cabo. A seguinte página da web fornece um documento contendo informações úteis sobre vários provedores de cabo e Linux:

```
www.tldp.org/HOWTO/Cable-Modem
```

» **Linha Digital de Assinante (DSL):** DSL leva os dados para a tomada do telefone em um formato digital. É popular porque utiliza a fiação de cobre do telefone existente fornecida pela empresa telefônica. Você pode até usar a mesma linha de telefone normal! Uma conexão DSL requer um hardware de comunicação extra, que o ISP (Provedor de Serviços de Internet) deve fornecer.

Observe as diversas variantes da DSL:

- Linha Digital de Assinante da ISDN (Rede Digital de Serviços Integrados) (IDSL) — veja posteriormente a lista para ter uma definição de ISDN
- Linha Digital Simétrica de Assinantes (SDSL)
- Linha Digital Assimétrica de Assinantes (ADSL)
- DSL Genérica (XDSL)

Você consegue descobrir com seu ISP a velocidade de sua conexão DSL, pois ela varia. Para ter uma visão geral da DSL e do Linux, visite `www.tldp.org/HOWTO/DSL-HOWTO/`.

» **Rede Digital de Serviços Integrados (ISDN):** ISDN é uma das opções de alta velocidade residenciais mais antigas. Apareceu quando 28Kbps (metade da velocidade dos modens de discagem normais de hoje) era tudo o que você conseguia tirar dos fios de cobre que conectavam seu telefone à empresa telefônica. O ISDN ainda está disponível em algumas áreas e promete 128Kbps estáveis, contanto que você esteja dentro de 5km da central da empresa. Você precisa ter dois dispositivos especiais para usar o ISDN: um modem ISDN (em geral fornecido pelo ISP ISDN) e um adaptador de rede (às vezes uma placa Ethernet). O manual geral do Linux (`www.tldp.org/HOWTO/Modem-HOWTO.html`) tem ponteiros para as informações ISDN mais recentes, além de ser bem simples e interessante de ler.

- » **Modens por satélite:** As pessoas que vivem em áreas bem remotas ou com pouca infraestrutura sem acesso a conexões a cabo, DSL ou ISDN podem optar pelos modens por satélite (www.tldp.org/HOWTO/Sat-HOWTO.html). Você pode considerar esse serviço equivalente aos muitos modos de cabear, no sentido de que em geral ele passa pelos mesmos provedores dos quais você obtém os sinais de televisão por satélite. Mas o satélite tem desvantagens. Se o serviço de televisão por satélite não é confiável, seu serviço de internet tem o mesmo problema. As velocidades de upload e download também podem variar muitíssimo.

- » **Modens de discagem:** Mesmo nos dias atuais de internet de alta velocidade, o modem de discagem ainda é usado em áreas onde a banda larga não está disponível ou não é acessível. Ele converte o sinal *digital* do computador em um sinal *analógico* requerido para a transmissão da tomada na parede para a empresa telefônica. Como o modem usa um serviço telefônico de voz, não é preciso nenhuma configuração especial além de contratar um ISP. Mas você não pode usar a mesma linha telefônica para a discagem e a conversa por telefone ao mesmo tempo. Como os modens são coisa do passado, em grande parte não tem havido muita atividade recente no mundo Linux com suporte para modem, mas você pode encontrar o básico em www.tldp.org/HOWTO/Modem-HOWTO.html.

Configurando o Hardware

Antes de se acomodar na cadeira, você deve verificar fisicamente alguns itens. Isso pode requerer algumas manobras baixas (como se arrastar sob sua mesa):

- » **Conexões de cabo Ethernet:** Se você tem um modem a cabo, DSL ou ISDN que requer uma conexão com fio a partir da sua estação de trabalho, precisa assegurar que:
  - Um cabo Ethernet (como um fio de telefone, mas o conector é maior) esteja plugado na porta Ethernet do seu computador e no modem especial instalado pelo ISP.
  - O modem especial esteja ligado (esses aparelhos costumam ter suas próprias fontes de energia).

- » **Conexões sem fio:** Se você tem uma placa sem fio ou chip embutido, também precisa ter um *roteador* sem fio para coletar e direcionar o tráfego sem fio entre os computadores e/ou uma *bridge* para permitir sua estação de trabalho se comunicar com a rede Ethernet. A distância e os obstáculos (paredes, andares etc.) que um roteador sem fio ou uma bridge pode ter em relação à placa dependem da tecnologia usada. Parte da configuração de seu acesso sem fio inclui:

- Determinar o padrão wireless que seu roteador ou bridge usa. Atualmente existem cinco tipos maiores de padrões wireless, e eles são referidos como um grupo, como Wi-Fi (802.11a, 802.11b, 802.11g, 802.11n e 802.11ac). Você precisa assegurar que o roteador sem fio ou a bridge adquirida possa suportar o padrão wireless usado pelos dispositivos.
- Criar um nome de rede exclusivo para sua rede sem fio.
- Ativar a segurança da sua rede sem fio.

Existem alguns padrões diferentes da segurança sem fio. WEP, WPA e WPA2 são os mais comuns, e o WPA2 é o mais seguro dos três. Se seu roteador sem fio suporta a segurança WPA2, use-a.

» **Modem:** Se você usa um modem para o serviço de discagem da internet, precisa verificar o seguinte:

- Se uma extremidade do cabo do telefone está plugada na tomada da parede e se a outra está no modem.
- Se o modem for externo, assegure que o cabo esteja conectado firmemente do modem até a porta correta no computador e se está ligado.
- Se for interno, verifique se *não* é um modem via software que requer drivers especiais do Windows (comumente referidos como WinModems).

Certo, agora você pode voltar para sua cadeira.

Selecionando um ISP (Provedor de Serviços de Internet)

Devido ao aumento meteórico na popularidade do Linux, muitos ISPs estão treinando suas equipes de suporte para o Linux. Se você já tem um ISP, ligue para ele e informe sobre seus objetivos no Linux. Há chances de que a pessoa já tenha informações relativas aos assinantes Linux e possa fornecê-las. Se estiver adquirindo um novo ISP, esta seção dá alguns conselhos práticos para a escolha.

CUIDADO Alguns ISPs têm seu próprio software patenteado que você deve instalar no PC para conectar a internet. O software fornecido provavelmente é executado apenas no Windows.

Se estiver adquirindo um ISP, leve isto em consideração:

> » **Ele fornece suporte técnico para o Linux?** Se estiver planejando rodar no Linux, essa consideração é importante. Não precisa ser um fator impeditivo, mas é útil.
>
> » **Você consegue ter uma recomendação?** Pergunte a um amigo. O melhor amigo de um ISP é a aprovação de um cliente satisfeito.
>
> » **Você terá a largura de banda contratada?** Muitos ISPs sobrecarregam suas redes, pressupondo que todos não estarão na internet ao mesmo tempo. Verifique se você obtém a largura de banda correta para todos os momentos do dia, sobretudo tarde da noite quando todos os vizinhos estão em casa fazendo streaming de filmes!

Obtendo as Informações Necessárias com Seu ISP

Os ISPs mais conceituados fornecem uma folha de informações do cliente após você contratar seus serviços. Essa folha deve incluir informações sobre o endereço IP atribuído à sua rede, necessário para se comunicar na rede. Em algumas situações, esse endereço de rede é passado para sua estação de trabalho local, já em outras, seu endereço IP é apenas atribuído ao roteador e as estações de trabalho individuais em sua rede local recebem endereços IP privados.

Existem dois métodos para um endereço IP ser atribuído à sua estação de trabalho Linux:

> » **Estático:** Você sempre tem o mesmo endereço IP. Os endereços estáticos são mais comuns para servidores que para desktops. Se você usa um estático, seu ISP precisa lhe dar os endereços IP do servidor de nome, do gateway, da rede e a máscara da rede. Todas essas informações devem estar na folha de informações do cliente.
>
> » **Dinâmico:** Seu endereço IP muda sempre que você conecta ou em intervalos regulares. Na maioria dos desktops, nem sempre é preciso ter o mesmo endereço e facilita a vida nos ISPs. Também facilita para computadores como notebooks, que circulam com frequência entre as redes. Se você estiver usando um endereço dinâmico, precisa conectar usando o DHCP (Protocolo de Configuração Dinâmica de Host). Com o DHCP, seu modem a cabo, DSL, ISDN ou por satélite trabalha como roteador e atribui endereços IP separados aos dispositivos em sua rede local.

Se estiver usando o ISP como seu provedor de e-mail, também precisará ter algumas informações extras para configurar seu cliente de e-mail (veja o Capítulo 10):

» O endereço do servidor de retransmissão SMTP de saída requerido para enviar mensagens de e-mail para a internet.

» O endereço do servidor de e-mail POP3 ou IMAP de entrada para recuperar as mensagens de e-mail de sua caixa de entrada no servidor.

Com essas informações, é possível estabelecer uma conexão de internet usando seu sistema Linux.

Configurando a Conexão

Tudo bem, você tem o hardware de rede e informações ISP, e agora? A resposta é configurar seu sistema Linux para entrar na internet!

O processo de configuração é um pouco diferente dependendo do hardware usado. Por sorte, a rede no mundo Linux evoluiu ao ponto de poder ser possível não ter problemas para conectar a internet. Esta seção explica três métodos maiores para acessar a internet:

» Usando a ferramenta gráfica Network Manager

» Usando ferramentas da linha de comando para ajustar as coisas

» Usando um software para modems

As próximas seções examinam cada área.

Network Manager

A aplicação *Network Manager* fornece um serviço centralizado para todas as suas necessidades de configuração de rede. Quase todas as distribuições Linux populares usam a aplicação Network Manager atualmente, inclusive o Ubuntu e o openSUSE.

Ambientes diferentes usam métodos variados para iniciar o Network Manager:

» No ambiente GNOME 3, clique na bandeja do sistema, então selecione o recurso de rede (com ou sem fio) para inserir a configuração.

» No ambiente KDE Plasma, clique no ícone de rede no painel, então selecione o ícone Control Center.

Quando iniciar o Network Manager, ele mostrará a conexão de rede ativa atualmente, como na Figura 9-1.

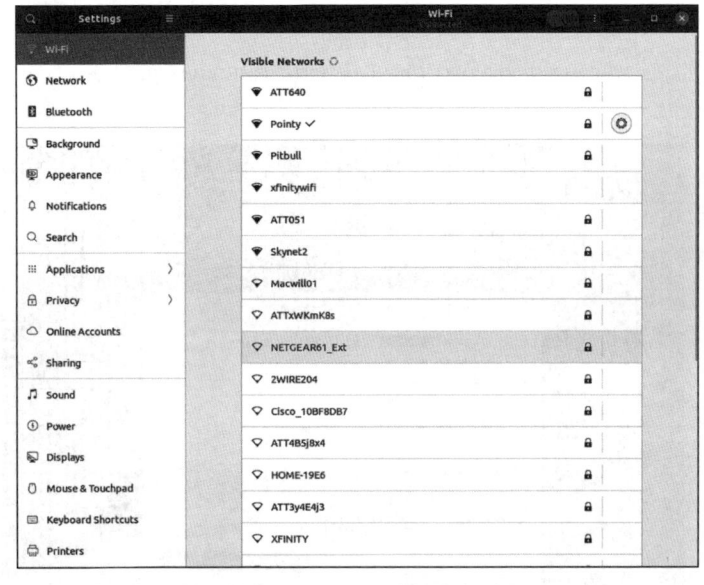

FIGURA 9-1: Caixa de diálogo Network Manager para uma conexão sem fio.

Essa janela tem informações diferentes, dependendo do tipo de conexão:

» Conexões da placa Ethernet com fio

» Conexões da placa Ethernet sem fio

» Conexões de banda larga móvel (modem sem fio)

» Conexões VPN (Rede Privada Virtual)

» Conexões DSL

Muito provavelmente você trabalha com uma rede com ou sem fio em casa. As seções a seguir examinam o básico de trabalhar com esses dois tipos de rede.

Lidando com fios

Se você usa uma placa de rede com fio para acessar uma conexão de banda larga, é bem provável que o software Network Manager tenha detectado automaticamente e o configurado para você durante o processo de instalação. É possível saber procurando a conexão ativa do Network Manager.

Se por alguma razão o Network Manager não detectou corretamente suas configurações de rede (ou se você definiu de forma manual um endereço IP estático), poderá fazer isso usando a interface dele:

1. **Clique no ícone de engrenagem da placa de rede com fio na listagem.**

   A caixa de diálogo Wired é aberta, como na Figura 9-2.

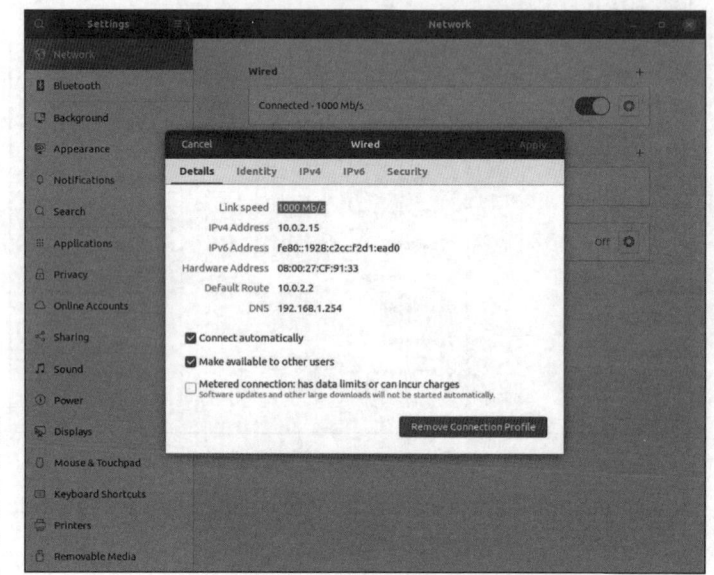

FIGURA 9-2: Caixa de diálogo Wired do Network Manager.

2. **Faça as configurações da placa de rede com fio.**

   A caixa de diálogo Wired contém cinco guias de informação para a placa de rede:

   - *Details:* Fornece um resumo das informações de conexão para a interface de rede.

   - *Identity:* Define o endereço MAC (Controle de Acesso da Mídia) da placa (que o Linux detecta automaticamente) e o tamanho MTU (Unidade de Transferência de Mídia), definidos para automático. Na maioria dos ambientes de rede você nunca precisa lidar com essas configurações.

   - *IPv4 Settings:* Determina como o endereço IP da placa de rede é definido. Pode ser dinamicamente a partir de um servidor DHCP ou estaticamente usando um endereço IP configurado, máscara de rede, roteador e servidor DNS fornecidos pelo ISP.

- *IPv6 Settings:* Determinam as informações da rede para o protocolo IP versão 6 usado em algumas redes. Essas informações podem ser definidas dinamicamente a partir de um servidor DHCP ou estaticamente usando as informações da rede configuradas a partir do ISP.

- *Security:* Define os detalhes de login para conectar uma rede com fio protegida. Esse recurso é usado por alguns comutadores de rede para limitar o acesso a uma rede com fio. Se sua rede usa a segurança 802.1x, consulte seu administrador de rede sobre as configurações corretas a usar.

3. Clique no botão Apply para salvar as novas configurações.

Assim que tiver configurado o Network Manager para sua placa Ethernet com fio, ela sempre tentará iniciar quando você inicializar sua estação de trabalho! Se algo der errado, verifique a seção "Tudo É Festa Até Algo Não Funcionar", no final deste capítulo.

Olha, mãe, sem cabos!

No mundo sem fio, seu primeiro obstáculo pode ser a placa de rede sem fio em si. Antigamente, o suporte da rede sem fio era um problema no mundo Linux, pois muitos fabricantes de chip sem fio não conseguiam fornecer drivers do Linux para seus chips. Mas com os anos isso mudou e agora todos os fabricantes de chip sem fio populares fornecem drivers do Linux que quase sempre são incluídos nas distribuições Linux.

DICA Se sua placa de rede sem fio não tem suporte, faça uma última tentativa no projeto NDISwrapper. Ele é um projeto de código aberto que usa os drivers de rede Windows fornecidos para placas de rede sem fio para criar um pseudodriver Linux. Infelizmente, o Ubuntu e o openSUSE não fornecem o software NDISwrapper na configuração padrão, mas você pode encontrá-lo em outras áreas. É possível saber mais sobre o NDISwrapper acessando `ndiswrapper.sourceforge.net` (conteúdo em inglês).

Se você tiver a sorte de ter uma placa de rede sem fio suportada por sua instalação Linux, poderá usar a ferramenta Network Manager para configurá-la para seu ponto de acesso sem fio:

1. Clique com o botão esquerdo no ícone Applet do Network Manager para exibir uma lista dos pontos de acesso sem fio detectados como na Figura 9-1.

A intensidade do sinal de cada rede é representada por um ícone à esquerda do nome da rede. As redes protegidas por uma senha de segurança são indicadas com um ícone de cadeado adicional à direita. Selecione a rede que deseja conectar.

2. **Se você não vir o nome da rede que deseja conectar, como se a rede usasse um SSID oculto, selecione o item de menu Connect to Hidden Wireless Network.**

   Insira o nome da rede sem fio e o esquema de segurança (se houver) usado. Se você selecionar um esquema de segurança que requer senha, uma nova caixa de texto aparecerá para inseri-la.

3. **Faça as configurações da rede sem fio.**

   A Figura 9-3 mostra as definições básicas da conexão sem fio.

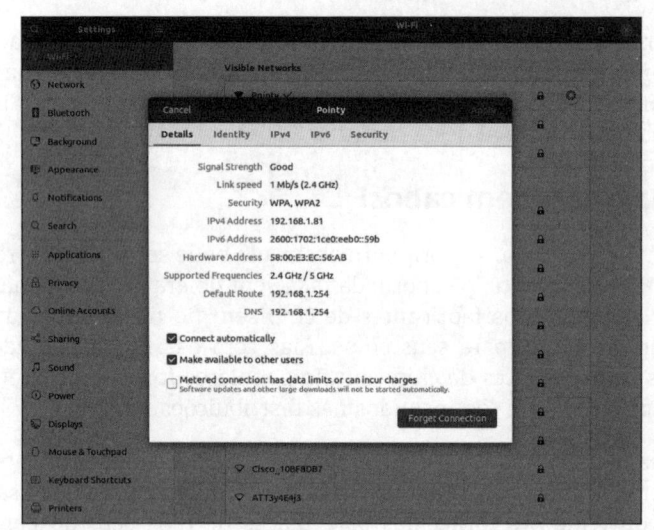

FIGURA 9-3: Caixa de diálogo da configuração sem fio.

Como na rede com fio, é preciso atribuir um endereço IP à conexão sem fio, usando DHCP ou manualmente. Você também pode mudar as configurações de segurança requeridas para o roteador sem fio.

4. **Salve as definições clicando em Apply.**

O Applet do Network Manager exibe um ícone animado no painel indicando que está tentando conectar a rede sem fio. Se a conexão for bem-sucedida, você verá o ícone de medição da intensidade do sinal.

Ferramentas da linha de comando

Se você não estiver trabalhando com um ambiente gráfico do cliente desktop ou se gostaria de usar uma abordagem mais prática para configurar sua rede, poderá usar uma das várias ferramentas da linha de comando do Linux. Há algumas diferentes à sua disposição. Esta seção aborda as que provavelmente estão disponíveis na sua distribuição Linux.

Ferramentas da linha de comandos do Gerenciador de rede

Sua ferramenta gráfica amiga, o Network Manager, também fornece dois tipos diferentes de ferramentas da linha de comando:

» **nmtui:** Fornece uma ferramenta de menu simples baseada em texto

» **nmcli:** Fornece uma ferramenta da linha de comando de texto apenas

As duas ferramentas ajudam no processo de definição das informações de rede requeridas para seu sistema Linux. Para iniciar a ferramenta, basta inserir o nome dela no prompt de comando. A ferramenta nmtui exibe uma versão simplificada da ferramenta gráfica na qual você pode selecionar uma interface de rede e atribuir propriedades de rede, como na Figura 9-4.

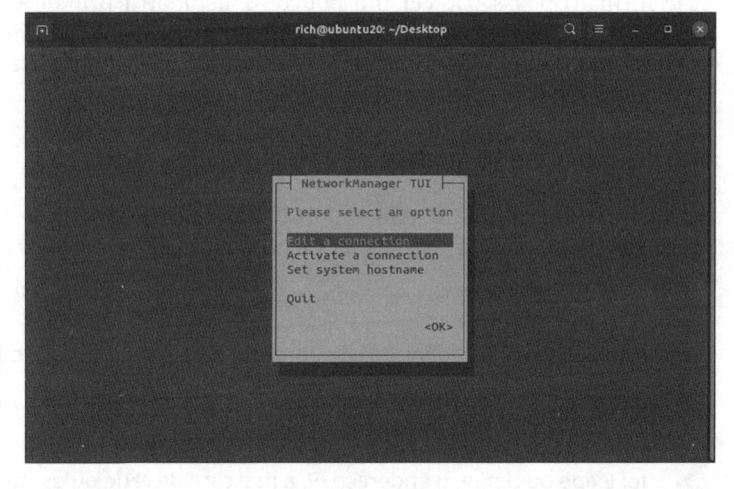

FIGURA 9-4: Ferramenta da linha de comando nmtui do Network Manager.

A ferramenta nmcli não tenta usar nenhuma capacidade gráfica; ela apenas fornece uma interface da linha de comando na qual você pode exibir e alterar as configurações de rede. Por padrão, o comando exibe os dispositivos de rede atuais e suas configurações:

```
$ nmcli
enp0s3: connected to enp0s3
    "Intel 82540EM Gigabit Ethernet Controller
  (PRO/1000 MT Desktop
Adapter)
    ethernet (e1000), 08:00:27:73:1C:6D, hw, mtu 1500
    ip4 default
    inet4 10.0.2.15/24
```

```
route4 0.0.0.0/0
route4 10.0.2.0/24
inet6 fe80::5432:eddb:51ea:fb44/64
route6 ff00::/8
route6 fe80::/64
route6 fe80::/64
```

O comando `nmcli` usa opções da linha de comando para permitir as configurações de rede:

```
# nmcli con add type ethernet con-name eth1 ifname
    enp0s3
  ip4 10.0.2.10/24 gw4 192.168.1.254
```

Esse exemplo define o endereço IPv4 e o roteador padrão da interface Ethernet denominado enp0s3, e o atribui ao nome simples eth1. Embora esse formato possa parecer um pouco assustador à primeira vista, conforme você se acostuma a trabalhar com as conexões de rede verá que usar ferramentas da linha de comando é mais rápido que tentar clicar em caixas de diálogo separadas para definir a informação!

Ferramentas legadas

Se sua distribuição Linux não suportar uma das ferramentas do Network Manager, você poderá usar estas cinco ferramentas legadas da linha de comando:

» **ethtool:** Exibe as definições de Ethernet para uma interface de rede

» **ifconfig:** Exibe ou define o endereço IP e os valores da máscara de rede para uma interface de rede

» **ip:** Exibe ou define o endereço IP, a máscara de rede ou os valores do roteador para uma interface de rede

» **iwconfig:** Define o SSID e a chave de criptografia para uma interface sem fio

» **route:** Define o endereço do roteador padrão

ETHTOOL

O comando `ethtool` permite ver o que há nas configurações Ethernet da placa da interface de rede e mudar qualquer propriedade necessária para se comunicar com um dispositivo de rede, como um switch.

Por padrão, o comando `ethtool` exibe as definições atuais da configuração para a interface de rede:

```
$ ethtool enp0s3
Settings for enp0s3:
    Supported ports: [ TP ]
    Supported link modes:   10baseT/Half 10baseT/Full
                            100baseT/Half 100baseT/Full
                            1000baseT/Full
    Supported pause frame use: No
    Supports auto-negotiation: Yes
    Supported FEC modes: Not reported
    Advertised link modes:  10baseT/Half 10baseT/Full
                            100baseT/Half 100baseT/Full
                            1000baseT/Full
    Advertised pause frame use: No
    Advertised auto-negotiation: Yes
    Advertised FEC modes: Not reported
    Speed: 1000Mb/s
    Duplex: Full
    Port: Twisted Pair
    PHYAD: 0
    Transceiver: internal
    Auto-negotiation: on
    MDI-X: off (auto)
Cannot get wake-on-lan settings: Operation not
    permitted
    Current message level: 0x00000007 (7)
    drv probe link
    Link detected: yes
$
```

É possível alterar os recursos, como velocidade, duplex e se a interface de rede tenta negociar automaticamente os recursos com o switch.

IFCONFIG

O comando `ifconfig` é um comando legado para fazer as configurações do dispositivo de rede. Ele permite definir o endereço de rede e a máscara da sub-rede para uma interface de rede:

```
$ sudo ifconfig enp0s3 down 10.0.2.10 netmask
255.255.255.0
```

IP

O comando ip é mais robusto quanto ao que consegue fazer e está se tornando o método mais popular usado para definir as configurações de rede a partir da linha de comando. O utilitário ip usa várias opções de comando para exibir as configurações de rede atuais ou definir novas. A Tabela 9-1 mostra esses comandos.

TABELA 9-1 Opções do Comando Utilitário ip

Parâmetro	Descrição
address	Exibe ou define o endereço IPv4 ou IPv6 no dispositivo.
addrlabel	Define os rótulos da configuração.
l2tp	Túnel Ethernet por IP.
link	Define um dispositivo de rede.
maddress	Define um endereço multicast no qual o sistema atende.
monitor	Cuida das mensagens netlink.
mroute	Define uma entrada no cache de roteamento multicast.
mrule	Define uma regra no banco de dados de políticas de roteamento multicast.
neighbor	Gerencia as entradas de cache ARP ou NDISC.
netns	Gerencia os espaços de nome da rede.
ntable	Gerencia a operação de cache vizinha.
route	Gerencia a tabela de roteamento.
rule	Gerencia as entradas no banco de dados de políticas de roteamento.
tcpmetrics	Gerencia a métrica TCP na interface.
token	Gerencia os identificadores de interface com token.
tunnel	Túnel por IP.
tuntap	Gerencia os dispositivos TUN/TAP.
xfrm	Gerencia as políticas IPSec para as conexões seguras.

Cada opção de comando utiliza parâmetros para definir o que fazer, como exibir as configurações de rede ou modificar as existentes:

```
$ ip address show
1: lo: <LOOPBACK,UP,LOWER_UP> mtu 65536 qdisc noqueue
   state UNKNOWN group
```

```
    default qlen 1000
      link/loopback 00:00:00:00:00:00 brd 00:00:00:00:00:00
      inet 127.0.0.1/8 scope host lo
        valid_lft forever preferred_lft forever
      inet6 ::1/128 scope host
        valid_lft forever preferred_lft forever
    2: enp0s3: <BROADCAST,MULTICAST,UP,LOWER_UP> mtu 1500
      qdisc pfifo_fast
    state UP group default qlen 1000
      link/ether 08:00:27:73:1c:6d brd ff:ff:ff:ff:ff:ff
        inet 10.0.2.15/24 brd 10.0.2.255 scope global
        noprefixroute dynamic
    enp0s3
         valid_lft 84411sec preferred_lft 84411sec
        inet6 fe80::5432:eddb:51ea:fb44/64 scope link
        noprefixroute
           valid_lft forever preferred_lft forever
    $
```

Este exemplo mostra duas interfaces de rede no sistema Linux:

- **lo:** A interface de loopback local
- **enp0s3:** Uma interface de rede com fio

A interface de loopback local é uma interface de rede virtual especial. Qualquer programa local pode usá-la para se comunicar com outros programas como se estivessem em rede. Isso pode simplificar a transferência de dados entre os programas.

A interface de rede `enp0s3` é a conexão de rede com fio para o sistema Linux. O comando `ip` mostra o endereço IP atribuído à interface (existe um IP e um endereço local de link IPv6 atribuído), o valor da máscara de rede e estatísticas básicas sobre os pacotes na interface.

Se a saída não mostrar um endereço de rede atribuído à interface, você poderá usar o comando `ip` para especificar o endereço de host e os valores da máscara de rede para a interface:

```
# ip address add 10.0.2.15/24 dev enp0s3
```

Então, use o comando `ip` para definir o roteador padrão da interface de rede:

```
# ip route add default via 192.168.1.254 dev enp0s3
```

Por fim, torne a interface de rede ativa usando a opção de link:

```
# ip link set enp0s3 up
```

IWCONFIG

Antes de conseguir usar o comando `ip` para atribuir um endereço a uma interface sem fio, você deve atribuir o SSID sem fio e valores da chave de criptografia usando o comando `iwconfig`:

```
# iwconfig wlan0 essid "MyNetwork" key s:mypassword
```

O parâmetro `essid` especifica o nome SSID do ponto de acesso e o parâmetro da chave especifica a chave de criptografia requerida para conectá-lo. Note que a chave de criptografia é precedida por `s:`. Isso permite especificá-la em caracteres de texto ASCII; do contrário, você precisará especificar a chave usando valores hexadecimais.

Se não souber o nome de uma conexão sem fio local, poderá usar o comando `iwlist` para exibir todos os sinais sem fio que sua placa sem fio detecta. Basta especificar o nome do dispositivo sem fio e usar a opção de varredura (scan):

```
$ iwlist wlan0 scan
```

ROUTE

Embora o comando `ip` seja um método centralizado para mudar as configurações de rede, um modo alternativo para especificar as configurações de roteamento para sua rede é o comando `route`:

```
# route add default gw 192.168.1.254
```

Também é possível usar o comando `route` sozinho para exibir o roteador padrão atual configurado para o sistema.

```
$ route
Kernel IP routing table
Destination     Gateway         Genmask         Flags Metric
   Ref Use Iface
default         192.168.1.254   0.0.0.0         UG    0      0
   enp0s3
192.168.1.0     *               255.255.255.0   U     1      0
   enp0s3
$
```

O roteador padrão definido para o sistema Linux é 192.168.1.254 e está disponível na interface de rede `enp0s3`. A saída também mostra que, para acessar a rede 192.168.1.0, você não precisa de um gateway, pois é a rede local à qual o sistema Linux está conectado.

Se sua rede estiver conectada a várias redes com diversos roteadores, será possível criar manualmente a tabela de roteamento no sistema usando as opções da linha de comando `add` ou `del` para o comando `route`. O formato é:

```
route [add] [del] target gw gateway
```

em que o destino é o host *target* ou a rede, e *gateway* é o endereço do roteador.

Discagem

Usar um modem para discar uma conexão para seu ISP é um processo com duas etapas. Primeiro, você deve configurar seu modem com as definições de seu ISP. Depois, deve iniciar e parar manualmente a conexão de internet (provavelmente você não deseja que seu modem prenda sua linha telefônica o dia inteiro).

Os ambientes GNOME 3 e KDE Plasma têm seu próprio pacote cada para configurar o modem e conectar um ISP:

» **GNOME-PPP:** Para o ambiente GNOME 3

» **KDEPPP:** Para o ambiente KDE Plasma

Se sua distribuição Linux não inclui esses programas, os dois pacotes podem ser instalados a partir do CD de instalação padrão da maioria das distribuições Linux (veja o Capítulo 15). Depois de instalar, você pode fazer a configuração para trabalhar com seu modem.

Tudo É Festa Até Algo Não Funcionar

Em um mundo perfeito, as etapas da configuração de rede na seção anterior funcionariam 100% das vezes. Os revendedores Linux ocultaram o mistério que cerca a rede por tradição. Infelizmente, em muitas situações (na maioria relacionadas a modens e ao hardware), uma configuração simplificada não funciona. Se você não conseguir conectar a internet após seguir estas etapas, um site excelente para encontrar ajuda é o LinuxQuestions.org (www.linuxquestions.org — conteúdo em inglês). E sim, eu sei que você terá que usar um computador, smartphone ou ponto de acesso separado que já tenha acesso à internet para obter essa ajuda (ficou em um impasse?). É simplesmente impossível antecipar a variedade de problemas que as pessoas têm e a comunidade Linux é sua melhor escolha; esse site é muito conhecido por seus membros prestativos da comunidade.

E mais, acesse seu mecanismo de busca favorito e pesquise a mensagem de erro mostrada pelo sistema; é bom adicionar a marca e o modelo do hardware de rede, e o nome da sua distribuição também, caso a mensagem de erro não funcione. Ao tentar descobrir o que está errado com sua conexão de rede, ou tentar coletar informações que possam ajudar outra pessoa a descobrir o que está errado, você pode usar uma ferramenta legal: o programa da linha de comando útil, `ping`.

CUIDADO

Alguns hosts e firewalls bloqueiam o tipo de tráfego enviado com `pings`, portanto, esses comandos nem sempre funcionam como o esperado, mesmo com uma boa conexão.

O comando `ping` é semelhante a um submarino usando sonar para detectar outros objetos no oceano. O sonar envia um sinal *ping*, que se reflete em uma superfície dura. Medindo o tempo entre enviar o ping e o retorno dele, o engenheiro do submarino consegue determinar se um objeto existe e a distância que ele está do submarino.

O comando `ping` no Linux fornece informações parecidas com um sonar, e são tão úteis que você as vê aqui como um comando Linux e uma palavra consagrada. Se você considera a internet como seu oceano, pode determinar, usando *ping*, quais outros computadores de rede existem e também quanto tempo leva para seu comando `ping` retornar. Use esse comando no formato `ping nome_host` ou `ping endereço_ip`, como `ping bob.exemplo.com` ou `ping 192.168.1.5`. Se não conseguir usar ping para outro computador em casa ou no escritório (pressupondo que você os conectou à mesma rede e não em conexões de discagem separadas), algo está errado com a máquina a partir da qual faz ping. Por outro lado, se conseguir fazer ping em outra máquina em casa ou no escritório, mas não conseguir fazer em uma máquina em outro lugar na internet, pode haver algo errado com sua conexão com o ISP.

PAPO DE ESPECIALISTA

Latência, ou a quantidade de tempo que leva para um sinal viajar na internet, tem pouca relação com distância física. Pelo contrário, fatores como tráfego da rede, largura de banda e hardware da rede contribuem para uma latência lenta. Eles determinam se um comando `ping` para o computador do seu vizinho leva mais tempo que o ping para um host no Polo Sul.

Por exemplo, tente fazer ping no Google abrindo um prompt de comando (veja o Capítulo 7) e digite o seguinte comando:

```
ping www.google.com
```

DICA Pressione Ctrl+C para parar o ping; do contrário seu computador continuará fazendo `ping` no destino.

A saída, mostrada na Figura 9-5, fornece informações sobre o que o `ping` está fazendo. Se o ping não conseguir atingir o host, você receberá um feedback informando quanto tempo leva, em milissegundos (ms), para o sinal do seu computador chegar no computador de destino e voltar (números menores são melhores). Para os computadores conectados à mesma rede local, um tempo `ping` de 1ms a 3ms é uma resposta aceitável. Para as conexões de discagem, espera-se algo em torno de 150ms. Quando você começar a ver tempos de `ping` chegando a 900ms ou mais, provavelmente a rede está com uso intenso (ou tem algo errado com os cabos).

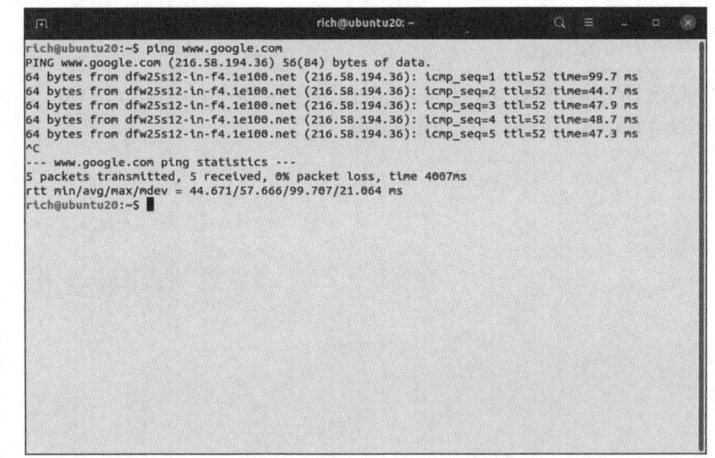

FIGURA 9-5:
Resultados de exemplo do comando `ping`.

Após Conectar

Após estar conectado, é possível que queira ir direto para o Capítulo 10 para saber como usar os vários programas de internet disponíveis. Entretanto, mostrarei alguns sites que você pode achar úteis quando precisar de ajuda, tiver perguntas ou quiser explorar mais o mundo Linux; alguns são bem nerds, mas você chegará lá! Também pode querer atualizar sua máquina (veja o Capítulo 15), adicionar um novo software (Capítulo 15 também) e pensar melhor na segurança do sistema (veja o Capítulo 18) para se proteger de pessoas e programas desagradáveis.

Os sites úteis incluem (conteúdos em inglês):

- » `www.linuxsecurity.com`: Um lugar um pouco nerd (mas útil) para você acompanhar o que acontece no mundo da segurança Linux.
- » `www.linuxquestions.org`: Menciono esse site em outro lugar no livro, mas vale a pena mostrar de novo. É um ponto de encontro popular para pessoas com perguntas e aquelas que gostam de ajudar a encontrar respostas.
- » `Inag.sourceforge.net/`: O Guia do Administrador Novato em Linux é uma coleção grande de informações que você pode achar útil.
- » `www.tldp.org`: Contém muita documentação de ajuda escrita para vários níveis de usuário.
- » `www.slashdot.org`: Um superponto de encontro para nerds (com uma cultura bem hostil, infelizmente) que apresenta muitos ponteiros para artigos interessantes online. Mais usado para exibir artigos; pule os argumentos na seção de comentários.

Além dessas recomendações, lembre-se de que seu site de pesquisa favorito também pode ser muito útil.

3 Realizando Tarefas

NESTA PARTE...

Conecte-se ao resto do mundo com navegadores, e-mail etc.

Faça o trabalho com processadores, editores de texto e pacotes de escritório.

Divirta-se com áudio e vídeo.

> **NESTE CAPÍTULO**
>
> » **Navegando na web**
> » **Verificando seu e-mail**
> » **Enviando mensagens instantâneas**
> » **Obtendo arquivos**
> » **Conversando na Internet**

Capítulo **10**

Usando a Internet

internet é uma vasta rede de computadores que se estende pelo planeta. Muitos tipos diferentes de computadores e SOs funcionam juntos, dando acesso às informações na internet. O Linux, junto com outros SOs UNIX afins, há tempos tem suporte e trabalha com a internet. Praticamente todos os diferentes serviços disponíveis na internet estão disponibilizados em seu ambiente Linux.

Ao instalar o Linux, um ou mais navegadores, programas de e-mail e outras ferramentas da internet são colocados em seu novo sistema. Neste capítulo, apresento algumas ferramentas que você pode usar para acessar diferentes serviços na internet, como acessar sites, usar e-mail, utilizar FTP e conversar na rede, pressupondo que sua conexão com a internet esteja configurada (veja o Capítulo 9).

Navegando na Web com o Firefox

Muitas pessoas atribuem o crescimento explosivo da internet ao navegador gráfico da web. A internet existe há mais tempo que a invenção do navegador. É que, como grande parte do trabalho feito na internet era em texto simples, isso atraía pouco as pessoas que gostam de imagens bonitas.

No mundo Linux, o navegador mais popular é, sem dúvidas, o Firefox (www.mozilla.org/products/firefox), baseado no Mozilla; em essência, o Firefox é apenas parte do navegador do Mozilla, considerando que este também pode lidar com e-mail e a navegação de notícias.

Configurando o Firefox

Você pode começar a surfar agora mesmo se quiser. Não é preciso personalizar seu navegador. Mas pode querer reservar um tempo para informar suas preferências ao Firefox, como o site padrão a exibir quando ele inicia, quais tamanhos de fonte usar por padrão, quais cores usar e muitas outras opções.

As próximas etapas apresentam a janela Preferências, em que todos os parâmetros de configuração do Firefox são armazenados:

1. **Inicie o Firefox.**

Em geral, há mais de um modo de iniciar o Firefox. As distribuições Linux que usam o ambiente GNOME 3 costumam fornecer um ícone do lançador de aplicações em favoritos (veja o Capítulo 4). As distribuições que usam o ambiente KDE Plasma em geral incluem o Firefox como um favorito no painel ou no menu Aplicações (veja o Capítulo 5).

2. **Clique no botão de menu do Firefox e selecione Preferences.**

A janela Preferences aparecerá, como na Figura 10-1. Essa caixa de diálogo contém todas as configurações necessárias para lidar com sua experiência de navegação na web.

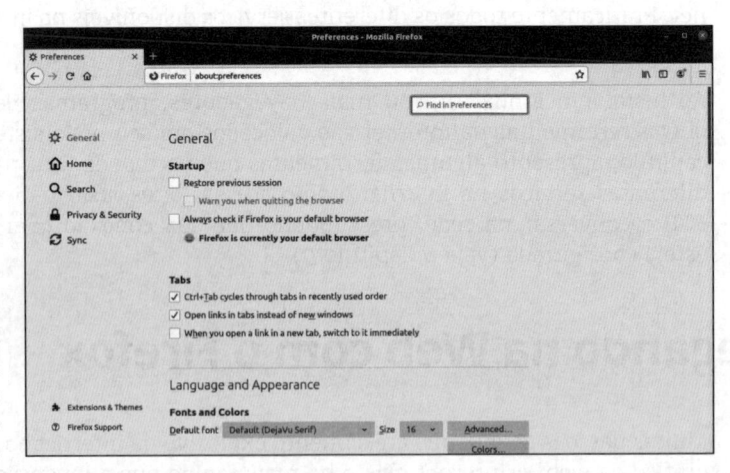

FIGURA 10-1: Janela Preferences do Firefox no Ubuntu.

3. **Clique nas entradas à esquerda da janela Preferences para acessar as várias categorias.**

   Algumas categorias têm subcategorias de preferências listadas como seções separadas.

4. **Se ficar cansado de ler menus, basta clicar em Close para fechar a caixa de diálogo Preferences e voltar a surfar.**

As seções a seguir examinam as categorias Preferences, explicando o que cada uma faz.

Preferências gerais

A categoria padrão, mostrada na Figura 10-1, permite determinar como deseja que o Firefox seja e aja quando executado. Sete seções separadas controlam essa caixa de diálogo:

» **General:** Selecione se é para restaurar sua sessão Firefox anterior ou iniciar uma nova quando você abrir o Firefox, além de selecionar como trabalhar com as guias da seção dentro da janela dele.

» **Language and Appearance:** Selecione fontes, cores, preferências de zoom e idioma.

» **Files and Applications:** Determine como lidar com os downloads de arquivo a partir dos sites. Nesse ponto, é possível definir uma pasta específica para os downloads de arquivo a usar ou especificar uma aplicação para abrir automaticamente com base em um tipo de arquivo baixado.

» **Firefox Updates:** O Firefox se atualiza automaticamente com as últimas versões; isso mostra qual versão está instalada no momento.

» **Performance:** Defina se é para usar as configurações de desempenho recomendadas. Se você desativá-las, poderá selecionar se é para usar a aceleração do hardware para exibir imagens ou limitar a quantidade de memória que cada guia pode usar.

» **Browsing:** Controle como o Firefox lida com a rolagem, teclas do cursor e extensões de arquivo recomendadas.

» **Network Settings:** Apenas necessárias se sua rede usa um servidor proxy da web.

Home

A seção Home tem duas áreas de configuração:

> » **New Windows and Tabs:** Definir isso determina qual conteúdo o navegador Firefox exibe como sua página web inicial
>
> » **Firefox Home Content:** Permite selecionar quais elementos aparecem na página principal do Firefox, como barra de ferramentas para pesquisa, lista dos principais sites visitados e destaques das suas atividades mais recentes

Search

A categoria Search tem opções para personalizar os recursos de pesquisa predefinidos do seu navegador:

> » **Barra Search:** Defina se é para exibir uma barra de pesquisa separada ou usar a barra de endereço padrão como uma barra de pesquisa também.
>
> » **Default Search Engine:** Selecione o mecanismo de pesquisa a usar para suas pesquisas.
>
> » **Search Suggestions:** Selecione como exibir os resultados do mecanismo de pesquisa, na janela ou na barra de pesquisa. Conforme você digita o texto na barra de endereço, o Firefox pesquisa automaticamente o texto digitado de forma dinâmica, usando um ou mais mecanismos de pesquisa. Essa configuração permite determinar como esses resultados da pesquisa aparecem enquanto você digita.
>
> » **One-Click Search Engines:** Ativa um ou mais mecanismos de pesquisa alternativos a usar quando você insere palavras-chave na barra de pesquisa. Você também pode alterar a ordem na qual os resultados do mecanismo de pesquisa aparecem.

Privacy & Security

Sempre que clica no link de um site, você está trocando informações na rede. Embora não precise perder o sono por isso, é bom estar ciente de toda solicitação feita na internet. Reserve um tempo para examinar as categorias Privacy & Security, e determine se há algo que queira mudar:

» **Browser Privacy:** Configurações para ajudar a impedir que os sites rastreiem sua atividade, inclusive:

- *Enhanced Tracking Protection:* Define o nível de restrições para rastrear o movimento entre os sites. A proteção Standard padrão fornece uma boa combinação de recursos de segurança e desempenho. Você pode usar a proteção Rigoroso para bloquear todos os cookies e rastreadores, mas isso pode derrubar (e geralmente derruba) muitos sites.

- *Cookies and Site Data:* Defina se é para permitir que os sites armazenem seus dados de navegação como arquivos (cookies) que eles podem recuperar mais tarde.

- *Logins and Passwords:* Defina se é para lembrar as IDs de login e as senhas dos sites.

- *Forms and Autofill:* Selecione se é para lembrar os dados de campo do formulário comuns para usar nas futuras transações na web.

- *History:* Defina o quanto ou por quanto tempo lembrar seu histórico de navegação. Se você compartilha sua estação de trabalho com outras pessoas, pode querer limpar seu histórico após cada sessão da web.

- *Barra Address:* Defina se os antigos sites de navegação, páginas marcadas como favoritas salvas ou seu histórico de navegação devem aparecer como sugestões na barra de endereço ao digitar um endereço.

» **Permissions:** Defina permissões para permitir ou bloquear sites para não acessarem os recursos da estação de trabalho, como seu local, câmera ou microfone.

» **Firefox Data Collection and Use:** Definições que permitem ao Firefox enviar dados técnicos e de uso de volta para o Mozilla.

» **Security:** Bloqueie transações do site potencialmente perigosas e controle qualquer certificado usado para as transações de segurança.

As configurações de privacidade padrão no Firefox são mais rígidas do que em muitos outros navegadores, fornecendo um nível básico de privacidade e segurança ao navegar na internet. Mas atualmente todo cuidado é pouco, portanto, fique atento ao acessar sites desconhecidos!

Sync

Se você estiver usando o navegador Firefox em mais de um dispositivo, use esse recurso para sincronizar seus favoritos, histórico de navegação, guias, senhas, complementos e preferências em todos os dispositivos.

Extensões e temas

Gerencie extensões, temas e plug-ins instalados em seu navegador Firefox. É um ótimo recurso que merece uma seção própria, examinada em seguida.

Expandindo seu universo com complementos

O Firefox tem um conjunto definido de recursos que ele suporta na configuração básica. Mas, ao navegar a www, sempre existe algo que você encontra e não tem suporte na configuração Firefox básica.

Mas não tenha medo, a ajuda está logo ali! O Firefox permite adicionar novos recursos à configuração básica com apenas alguns cliques do mouse. O Firefox suporta isso com *complementos* ou add-ons.

São pequenos programas de software que adicionam recursos extras ao navegador básico. O Firefox tem três tipos de complemento:

> » **Extensions:** Adicione novos recursos ao programa Firefox, como barras de ferramentas personalizadas, e utilitários, como dicionários.
>
> » **Themes:** Permite mudar a aparência da interface inteira do navegador Firefox.
>
> » **Plugins:** Fornece suporte para formatos multimídia adicionais, como tipos de vídeo e áudio, diretamente na janela do navegador.

Já ficou irritado com aqueles sites que insistem para você baixar um software especial só para ver o conteúdo dele? A diferença entre um plug-in e um programa externo é esta: um plug-in exibe os resultados no navegador e um programa externo roda fora do navegador. Por padrão, o Firefox vem com um plug-in instalado, como na Figura 10-2.

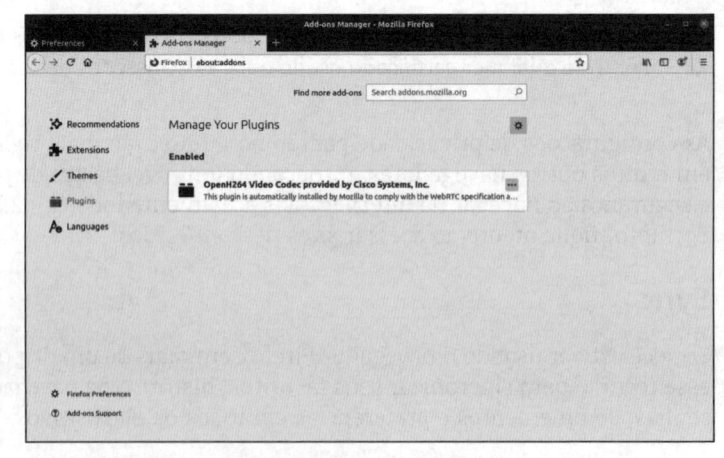

FIGURA 10-2: Lista de plug-ins do Firefox.

O plug-in OpenH264 permite que o Firefox reproduza vídeos usando o codec H.264 para rodar dentro do navegador, sem precisar de um programa de vídeo externo.

Surfando a web

O Firefox é sua janela de exibição no maravilhoso mundo www. A principal finalidade do Firefox é acessar páginas da web sob seu comando, baixar seus gráficos e arquivos afins para a memória do computador e, por fim, apresentar a máquina para seu prazer de visualização interativa.

Se você estiver acostumado a usar o Microsoft Edge ou o Safari no Mac, usar o Firefox deve ser moleza. Tem todas as ferramentas de navegação familiares, como barra de endereço; botões Back, Forward, Reload e Stop; e um recurso que armazena links em seus sites favoritos (marcados).

O Firefox também tem um recurso History na barra lateral; pressione Ctrl+H para exibir ou ocultar (veja a Figura 10-3), que você pode usar para acessar uma página web recém-visitada.

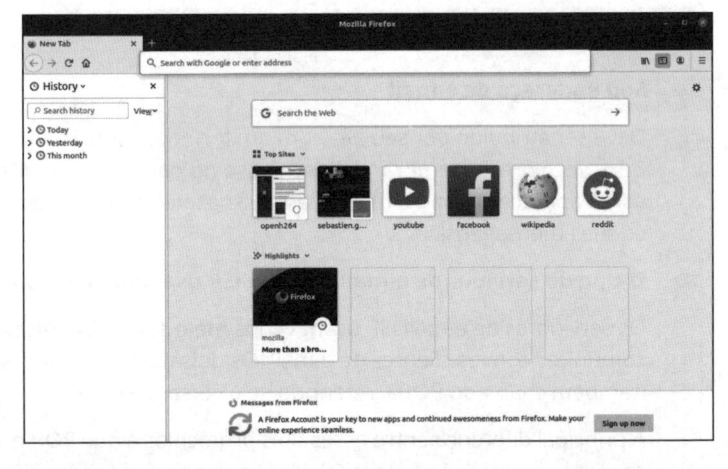

FIGURA 10-3: Firefox com a barra lateral History aberta.

O recurso de navegação com guias permite abrir vários sites na mesma janela. Isso evita tumultuar seu ambiente de trabalho sem precisar ter várias janelas do navegador abertas para exibir diferentes sites ao mesmo tempo. Se for necessário realmente exibir páginas diferentes ao mesmo tempo, basta abrir janelas separadas.

Após iniciar o navegador Firefox, o site definido como sua página inicial aparece em uma página com guias (ou abas). Então, você pode usar os seguintes atalhos para manter seu navegador organizado com guias extras:

- » **Abrir um site em uma nova guia.** Pressione Ctrl+T e uma nova página web aparece na mesma janela do Firefox, mas como uma página com guias.

- » **Trocar as guias.** Clique na devida guia no topo para ir para o site.

- » **Abrir uma nova guia com um link.** Clique com o botão direito no link e selecione Open Link in New Tab. Esse recurso é ótimo para navegar em sites complexos, nos quais é preciso se referir às páginas anteriores.

Comunicação por E-mail

Antes de começar a configurar seu pacote de e-mail, é preciso obter algumas informações sobre o ISP (Provedor de Serviços da Internet) que suporta seu endereço de e-mail. A maioria dessas informações você consegue obter com a informação recebida do seu ISP em sua conta de e-mail ou acessando o Help Desk de seu ISP e fazendo algumas perguntas simples.

Os itens necessários para ter em mãos antes de iniciar são:

- » **Seu endereço de e-mail**

    Deve ser atribuído por seu ISP, com um formato como `me@myhost.com`. Você precisa lembrar de inserir isso no pacote de e-mail exatamente como aparece em seu e-mail ou as pessoas não conseguirão responder às suas mensagens!

- » **O tipo do servidor de e-mail que seu ISP usa para o e-mail de entrada**

    Os servidores de e-mail ISP usam vários métodos diferentes para se comunicar com os clientes de e-mail. Os dois mais populares são *POP* (também chamado POP3, referindo-se à versão) e *IMAP*.

    A principal diferença entre esses dois protocolos é que POP normalmente requer baixar todas as mensagens de entrada do servidor ISP para sua estação de trabalho local. Assim que são baixadas em seu PC, o ISP as exclui do servidor.

    O IMAP permite criar pastas no servidor ISP e armazenar todas as suas mensagens no servidor. Em geral os servidores IMAP permitem uma quantidade específica de espaço de armazenamento no servidor, portanto, você deve ter cuidado com quanto e-mail acumula. Um ótimo recurso de uma caixa de correio IMAP é que você pode acessar seu e-mail a partir de vários dispositivos, pois todo o e-mail fica no servidor e não é baixado em dispositivos individuais.

> **O nome de host ou o endereço IP do seu servidor de e-mail de entrada ISP**

Seu ISP deve fornecer um nome de host ou um endereço IP para você conectar e receber seu e-mail, como pop.isp.com

> **O tipo do servidor de e-mail que seu ISP usa para o e-mail de saída**

Enviar um e-mail de saída requer um protocolo diferente em relação a recuperar o e-mail de entrada. A maioria dos servidores de e-mail ISP usa SMTP para enviar e-mail a partir dos clientes.

> **O nome de host ou o endereço IP do seu servidor de e-mail de saída ISP**

Alguns ISPs usam um servidor separado para o e-mail de saída. Verifique com seu ISP para obter o nome de host do servidor de saída, como smtp.isp.com.

> **Qualquer porta ou senha especial necessária para a autenticação em uma sessão criptografada**

Atualmente, muitos ISPs requerem que você faça login em sua conta de e-mail para estabelecer uma conexão criptografada para os e-mails de entrada e saída. Se isso não for um requisito em seu servidor ISP, você ainda deve considerar usá-lo se seu ISP tem suporte.

Após ter todas as informações em mãos, você está pronto para configurar seu pacote de e-mail. Os três pacotes de software cliente de e-mail principais encontrados no mundo Linux são:

> GNOME Evolution

> KDE KMail

> Mozilla Thunderbird

As próximas seções examinam o básico de como usar qualquer um dos pacotes.

Evolução no e-mail

Se você estiver usando o ambiente GNOME 3, o pacote de e-mail padrão se chama *Evolution*. O Evolution deve lembrar muito o Microsoft Outlook. Se você gosta de integrar sua agenda, catálogo de endereços, gerenciador de tarefas e e-mail, deve se sentir em casa com o Evolution.

Esta seção descreve as etapas para fazer o Evolution se comunicar com o ISP.

DICA

Nem todas as distribuições Linux que usam o ambiente GNOME 3 instalam o software de e-mail Evolution por padrão (como o Ubuntu), mas é fácil instalar a partir do repositório de distribuição, pois é uma aplicação GNOME padrão. Veja o Capítulo 15 para saber como fazer isso.

Configurando o Evolution

Ao iniciar o Evolution pela primeira vez, o Evolution Setup Assistant inicializa. Clique em Next para sair da tela Welcome, e a janela Restore from Backup aparece. Se você salvou antes uma cópia de backup da sua configuração Evolution, poderá restaurá-lo de modo rápido e fácil nessa janela. Clique em Next se esta for a primeira vez que você usou o Evolution.

A caixa de diálogo Identity (veja a Figura 10-4) abre em seguida. Para preenchê-la, complete as seguintes etapas:

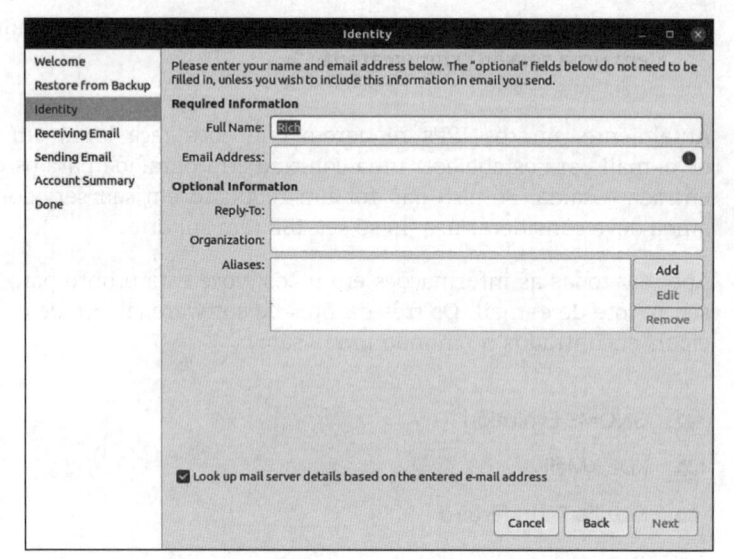

FIGURA 10-4: Caixa de diálogo Identity do Evolution.

1. **Mude o campo Full Name se quiser.**

    Algumas pessoas não querem usar seu nome verdadeiro e optam por um apelido. Pode haver ou não valores padrão atribuídos, dependendo dos outros programas configurados em sua máquina.

2. **Mude o campo Email Address se ele não corresponde ao endereço que o ISP lhe deu (provavelmente não).**

3. **Marque a caixa de seleção Look Up Mail Server Details Based on the Entered Email Address.**

Isso economiza muito tempo quando se tem que configurar manualmente as informações do servidor de e-mail. O Evolution já sabe as informações para muitos ISPs comuns!

> **DICA**
>
> Se quiser que as pessoas respondam a uma conta de e-mail diferente a partir da qual você está enviando a mensagem, insira esse endereço de e-mail no campo Responder a. Do contrário, pode manter o campo em branco. Você também pode escolher inserir sua organização no campo Empresa.

4. **Clique em Next para continuar.**

   Se não permitiu ao Evolution descobrir automaticamente as informações do seu servidor de e-mail ou se não conseguiu encontrar as informações para seu servidor de e-mail em particular, vá para a caixa de diálogo Receiving Email.

5. **Na caixa Receiving Email, selecione Server Type na caixa suspensa.**

   A caixa de diálogo Receiving Email, mostrada na Figura 10-5, é onde você precisa saber o tipo do seu servidor de e-mail (POP ou IMAP), nome de usuário requerido para fazer login no servidor e qualquer configuração de segurança requerida.

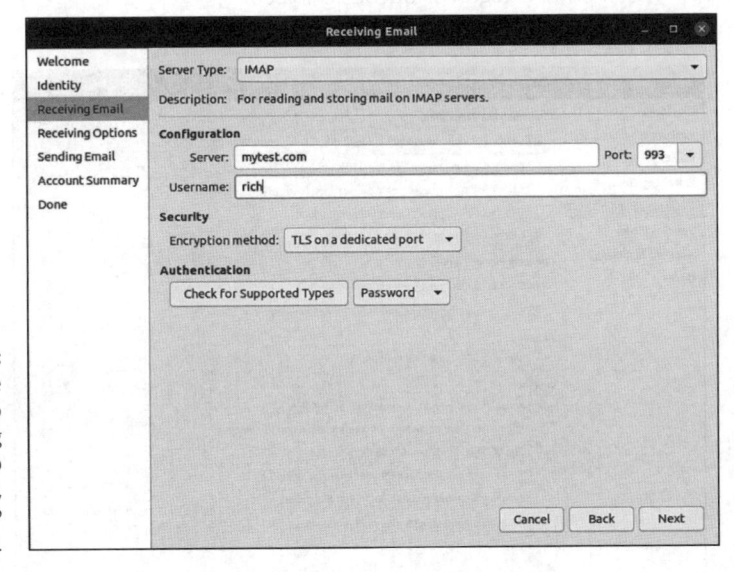

FIGURA 10-5: Caixa de diálogo Receiving Email do Evolution, com IMAP selecionado.

6. **Insira o nome completo do seu servidor de e-mail na caixa de texto Server.**

   O nome pode ser algo parecido com `pop.exemplo.com`.

7. **Insira o nome de login para verificar o e-mail na caixa de texto Username.**

   Se o endereço de e-mail é `rich@mytest.com`, seu nome de usuário é `rich`.

8. **Selecione o método de criptografia da segurança requerido para conectar seu servidor de e-mail.**

9. **Em Authentication, selecione a opção de autenticação correta.**

   Se você não souber o tipo de autenticação que seu servidor usa, clique no botão Check for Supported Types. Se seu servidor ISP suporta um método de autenticação criptografada, o Evolution detecta isso automaticamente e o usa. Em geral, o método de autenticação é apenas uma senha de texto simples, portanto, você pode selecionar a opção Password.

10. **Clique em Next para ir para a caixa de diálogo Receiving Options secundária (veja a Figura 10-6).**

    Se essa caixa de diálogo aparece, é determinado pela tipo do servidor de e-mail de entrada usado. Se você não usa o IMAP e obtém uma caixa de diálogo secundária, ela pode não corresponder à mostrada aqui, embora compartilhe algumas opções exibidas.

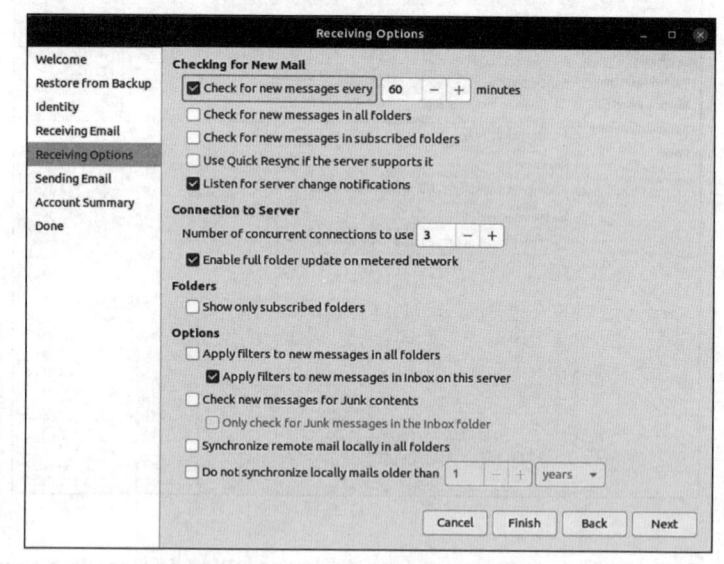

FIGURA 10-6: Caixa de diálogo Receiving Options do Evolution para os usuários de e-mail IMAP.

186 PARTE 3 **Realizando Tarefas**

11. **Se você quiser verificar o novo e-mail automaticamente, marque a caixa de seleção Check for New Mail.**

Se não tiver uma conexão permanente com a internet, pode preferir verificar o e-mail manualmente. Nesse caso, desmarque a caixa e vá para a Etapa 14.

12. **Na caixa de texto Minutes, defina com que frequência deseja verificar automaticamente o novo e-mail.**

13. **Selecione qualquer opção de filtro desejada.**

Os filtros permitem bloquear o download das mensagens de spam em potencial.

14. **Clique em Next para continuar.**

Agora você terminou de configurar o e-mail de entrada. Na caixa de diálogo Sending Email, mostrada na Figura 10-7, faça o seguinte:

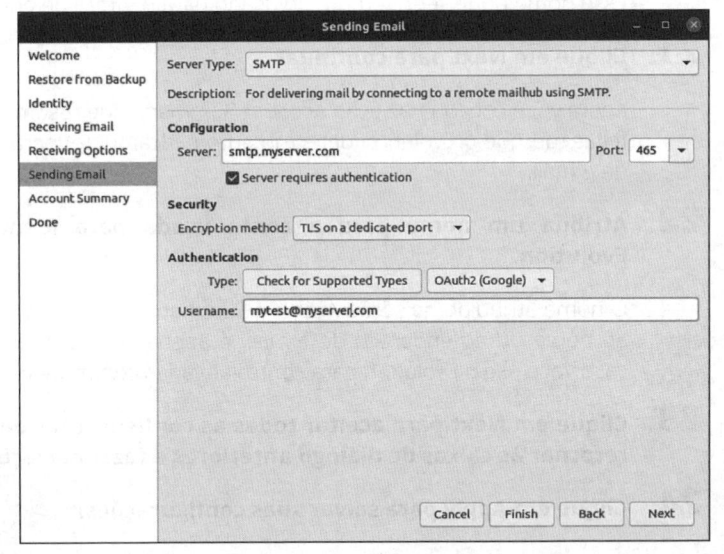

FIGURA 10-7: Caixa de diálogo Sending Email do Evolution.

15. **Mude a entrada Server Type se o seu não é SMTP.**

Pressuponho que você está enviando e-mail com o SMTP.

16. **Insira o nome completo do servidor de e-mail SMTP na caixa de texto Host.**

O nome pode ser algo parecido com smtp.exemplo.com.

17. Se foi informado para você usar uma autenticação extra para enviar e-mail, marque a caixa de seleção Server Requires Authentication.

Atualmente quase todos os ISPs requerem autenticação antes de permitirem a você encaminhar mensagens de e-mail. Se você não marcar essa caixa, pule para as próximas instruções. Do contrário, vá para a etapa a seguir.

18. Se foi informado para usar SSL para a segurança, selecione o valor especificado por seu ISP na caixa da lista suspensa Encryption Method.

19. Em Authentication, selecione a opção Type certa, como instruído pelo ISP.

Se não tiver certeza, selecione Check for Supported Types.

20. Em Username, insira o nome de login que você deve usar para se autenticar no servidor do e-mail de saída.

Esse nome pode ser diferente do usado para o e-mail de entrada.

21. Clique em Next para continuar.

Agora você chegou na seção Account Summary, que resume as entradas feitas (ou que o Evolution detectou automaticamente) para seu servidor de e-mail.

22. Atribua um nome para a conta usada para identificá-lo no Evolution.

O nome atribuído na seção Account Summary não precisa corresponder ao nome ou ao endereço de e-mail; é apenas um identificador usado, caso você use o Evolution para controlar várias contas de e-mail.

23. Clique em Next para aceitar todas as configurações ou Back para retornar às caixas de diálogo anteriores e fazer correções.

24. Clique em Apply para salvar suas configurações.

O programa Evolution abre, como na Figura 10-8.

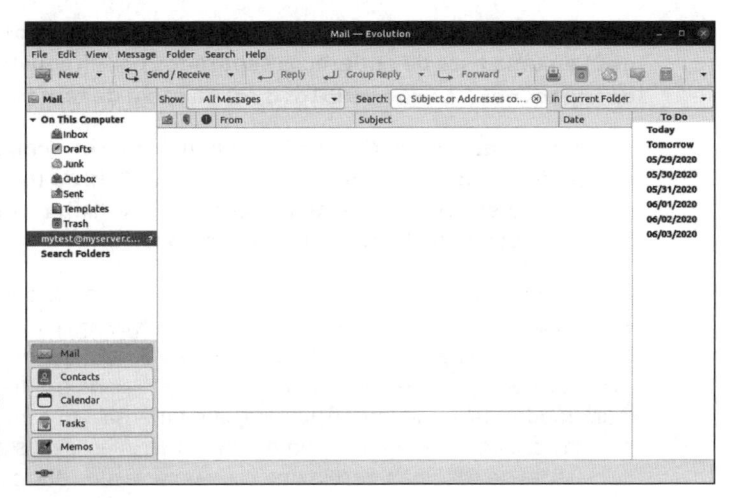

FIGURA 10-8:
Janela da aplicação Evolution.

> **DICA**
>
> Se você precisar adicionar uma conta de e-mail, basta clicar no botão de seta para baixo ao lado do botão New e selecionar Mail Account.

Enviando e verificando o e-mail

As próximas etapas descrevem como escrever um novo e-mail e enviá-lo:

1. **Clique em New.**

   Uma janela Compose Message abre, como na Figura 10-9. Se quiser abrir outro item novo, como uma nova entrada da lista de contatos ou um novo compromisso da agenda, clique na seta ao lado de New para abrir a lista de opções e escolher.

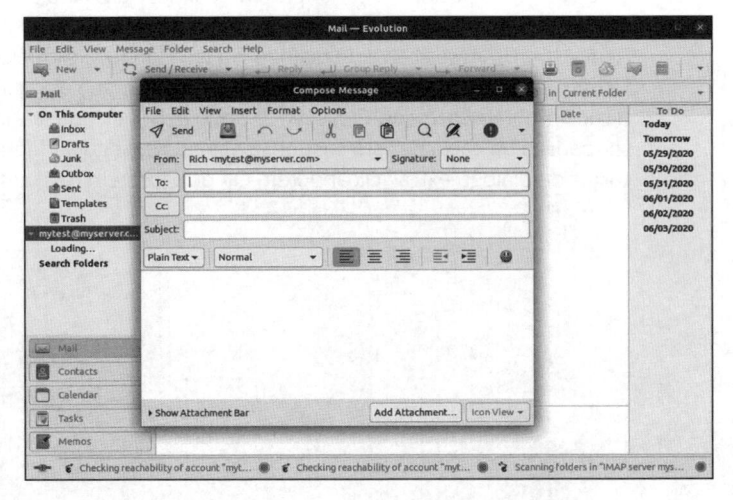

FIGURA 10-9:
Janela Compose Message do Evolution.

CAPÍTULO 10 **Usando a Internet** 189

2. **Digite o endereço de e-mail do recipiente (como** `bob@exemplo.net`**) ou uma lista de endereços separados por vírgula (como** `bob@exemplo.net, tom@exemplo.org`**) na caixa de texto To.**

3. **Se precisar adicionar CC (cópia carbono) ou BCC (cópia carbono oculta) à lista de recipientes, abra o menu View da mensagem de e-mail e selecione o(s) campo(s) correto(s) a exibir, então insira o(s) endereço(s) certo(s) para esses campos.**

   Não confunda as opções CC e BCC. Os endereços de e-mail adicionados ao campo CC aparecem no cabeçalho da mensagem de e-mail para todos verem. Os endereços adicionados ao campo BCC não aparecem no cabeçalho da mensagem de e-mail (mas a mensagem ainda é entregue a eles). É um modo furtivo de enviar uma cópia da mensagem sem que outras pessoas saibam e também é ótimo para enviar mensagens a um grupo de pessoas se você não deseja que cada uma veja os outros endereços de e-mail.

4. **Digite o assunto do e-mail na caixa de texto Subject.**

5. **Na janela inferior, digite o corpo do e-mail.**

   Use os botões de formatação úteis e o menu Format se quiser "embelezar" seu e-mail. Se quiser usar botões de formatação, defina seu tipo Format para HTML primeiro.

6. **Se quiser adicionar uma assinatura à parte inferior do seu e-mail, clique na caixa da lista suspensa ao lado de Signature e selecione Autogenerated.**

   Para criar assinaturas personalizadas, vá para a janela principal do Evolution e escolha Edit ➪ Preferences para abrir a caixa de diálogo Preferences do Evolution. Selecione a conta para a qual deseja criar a(s) assinatura(s), então clique no botão Edit para abrir Account Editor do Evolution (veja a Figura 10-10). Nessa caixa de diálogo, na guia Identity, clique em Add New Signature. Nesse ponto, é possível criar e formatar sua assinatura, e, após clicar no botão Save and Close, você pode escolher qual assinatura deve ser padrão na caixa da lista suspensa Signature da guia Identity. Feche as caixas de diálogo extras clicando em OK ou Close em cada uma.

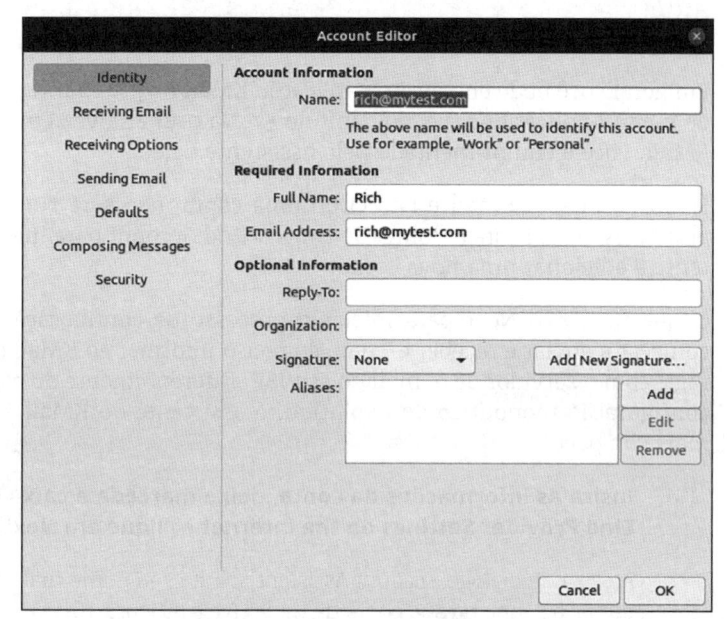

FIGURA 10-10:
Caixa de diálogo Account Editor no Evolution.

7. Ao terminar de digitar sua mensagem, clique no botão Send.

Agora o e-mail é adicionado a Outbox e enviado se a conta está configurada para enviar e receber e-mail automaticamente. Se não, poderá editar as mensagens em Outbox se quiser.

8. Clique no botão Send/Receive.

Seu e-mail vai embora e o Evolution busca novos e-mails de entrada.

Reserve um tempo para explorar bem o Evolution. Como se pode ver nas figuras deste capítulo, o programa tem muitos recursos, inclusive a capacidade de filtrar e-mails indesejados.

Trabalhando com o KMail

As distribuições Linux que usam o ambiente KDE Plasma costumam fornecer a aplicação *KMail* para acessar o e-mail. KMail é outro pacote completo parecido com o Evolution, fornecendo cliente de e-mail, calendário e agenda de tarefas, tudo em uma janela.

Esta seção examina as etapas necessárias para fazer o software KMail trabalhar com seu ISP, então explica como usá-lo para enviar e receber e-mail.

Configurando o KMail

Em geral você pode encontrar a aplicação KMail no grupo Internet da seção de menu Applications (veja o Capítulo 5). Na primeira vez em que inicia o KMail, você é cumprimentado pelo assistente dele.

DICA

Se abriu antes o KMail e não criou uma conta, não será cumprimentado pelo assistente. Basta escolher Settings ⇨ Add Account para iniciar o assistente e adicionar uma nova conta.

Clique no botão Next para iniciar o processo de configuração. Antes de começar a enviar e receber e-mail, é preciso informar ao KMail como interagir com o servidor de e-mail do seu ISP. Diferentemente do assistente de configuração monolítico do Evolution, o assistente do KMail é um pouco mais compacto:

1. **Insira as informações da conta, deixe marcada a caixa de seleção Find Provider Settings on the Internet e clique em Next.**

A caixa de diálogo Account Assistant solicita seu nome real, endereço de e-mail e senha da sua conta de e-mail (veja a Figura 10-11).

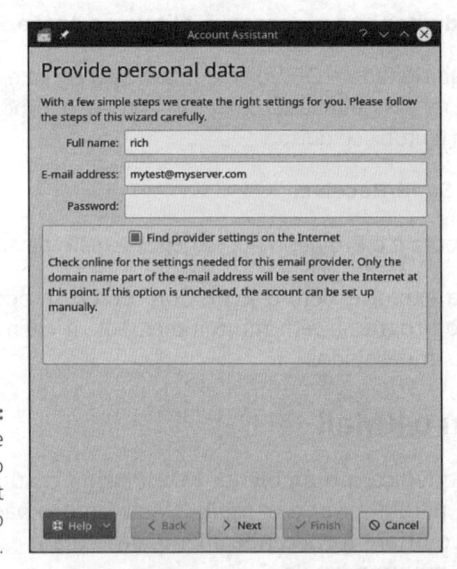

FIGURA 10-11: Caixa de diálogo Account Assistant do KMail.

2. **(Opcional) Se o KMail reconhecer o provedor do servidor de e-mail, ele preencherá todas as informações requeridas. Do contrário, insira manualmente as informações corretas. Clique em Next para continuar.**

3. **Crie uma chave de criptografia para conseguir enviar e-mails criptografados e clique em Next.**

   Alguns ISPs mantêm sua chave de criptografia no servidor, já outros, não. O KMail tenta fazer upload da sua chave de criptografia para o servidor, se permitido.

4. **Selecione o tipo do servidor de e-mail para recebimento e clique em Next.**

   A opção Select Account Type permite escolher o protocolo requerido para recuperar o e-mail do seu servidor ISP, como POP3 ou IMAP.

5. **Selecione a configuração Basic no assistente KWallet e clique em Next.**

   Assim como você tem pedacinhos de papel na carteira, a aplicação KWallet armazena todas as suas senhas em um único local que as aplicações podem acessar apenas com sua aprovação. Isso facilita muito guardar as senhas, pois você precisa lembrar somente de uma senha para permitir que as aplicações acessem suas senhas armazenadas.

6. **Insira seu nome de usuário, endereços do servidor de entrada e saída. Clique em Next quando terminar.**

   O assistente do KMail tenta contatar seu servidor de e-mail e criar sua conta. Quando termina, a aplicação KWallet aparece, pedindo a você para armazenar a senha da conta em um local criptografado em sua estação de trabalho. Preencha as informações requeridas e a janela KMail principal será aberta, como na Figura 10-12.

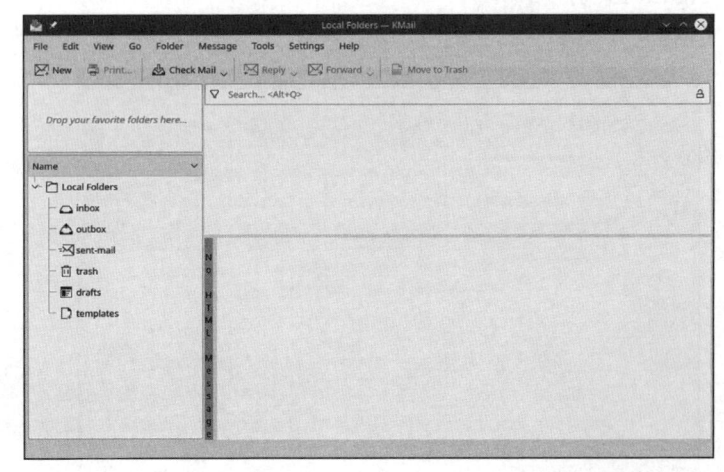

FIGURA 10-12: Janela KMail principal.

7. **Quando a aplicação KWallet aparecer, insira uma senha para ela armazená-la, de modo a possibilitar o acesso ao seu e-mail.**

A aplicação KWallet cria um local (chamado wallet) para armazenar qualquer senha usada a partir das aplicações no ambiente de trabalho. Assim você só precisa saber a senha de sua wallet, e ela faz o resto!

Depois de criar uma conta, você irá para a janela KMail principal. Ela é dividida em quatro seções:

» **Pastas favoritas:** Permite acessar rápido as pastas populares se você tem mais de uma conta de e-mail configurada

» **Pasta:** Exibe todas as pastas usadas no KMail para a conta. Cada conta de e-mail tem um grupo de pastas separado

» **Lista de mensagens:** Exibe suas mensagens, classificadas por qualquer coluna (clique em uma coluna para classificar por ela)

» **Painel de visualização:** Exibe a mensagem de e-mail selecionada atualmente

Na janela KMail principal, você pode exibir sua caixa de entrada simplesmente selecionando a entrada dela na seção Folders (Pastas). Clique no ícone Check Mail na barra de ferramentas para conectar manualmente seu servidor ISP e verificar sua caixa de correio.

Enviar mensagens de e-mail é tão fácil quanto clicar no botão New na barra de ferramentas. A janela Composer, mostrada na Figura 10-13, aparece com o layout padrão do e-mail, parecido com o Evolution (consulte a Figura 10-9).

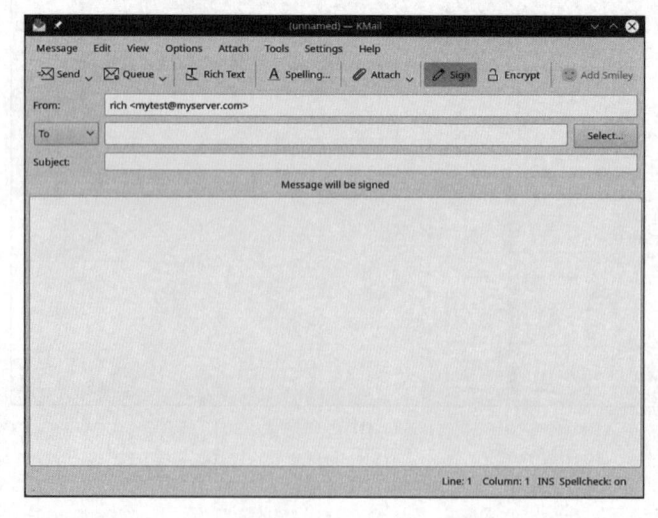

FIGURA 10-13: Janela Composer do KMail.

O incrível Thunderbird

Embora o Evolution e o KMail estejam equipados com seus prováveis ambientes de trabalho, você pode usar o pacote do cliente de e-mail em qualquer ambiente. O *Thunderbird* faz parte da família de pacotes de software Firefox do Mozilla. Ele tem uma aparência muito próxima do Evolution.

Devido à sua popularidade, em geral é possível encontrar o Thunderbird no repositório de instalação de software na maioria das distribuições Linux (veja o Capítulo 15) e agora é o pacote do cliente de e-mail padrão instalado no Ubuntu.

Assim que tiver o Thunderbird, você precisará usar o assistente para configurar as coisas. Basta iniciar o Thunderbird (deve estar localizado no grupo Internet do seu sistema de menus) e o assistente aparece, como mostrado na Figura 10-14.

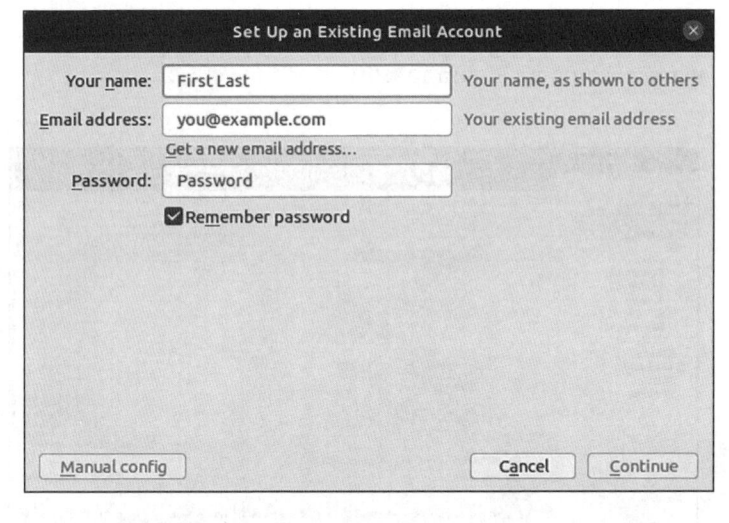

FIGURA 10-14: Assistente New Account Setup do Thunderbird.

Nesse ponto, siga estas etapas para configurar:

1. **Insira seu nome e endereço de e-mail na página Identity, depois clique em Continue.**

   São os valores que aparecem em suas mensagens de e-mail de saída, portanto insira o que deseja que os outros vejam. Marque a caixa de seleção Remember password se não quiser inserir sua senha sempre que abrir o Thunderbird.

2. **O Thunderbird tenta configurar automaticamente as informações do seu servidor de e-mail. Se tiver êxito, clique em Done. Se falhar, continue na Etapa 3.**

CAPÍTULO 10 **Usando a Internet** 195

3. **Insira as informações da ID do usuário para conectar seus servidores de e-mail ISP de entrada e saída, então clique em Done.**

   Preencha as informações solicitadas no formulário dos seus servidores de entrada e saída específicos (veja a Figura 10-15).

FIGURA 10-15: Caixa de diálogo do servidor de e-mail manual do Thunderbird.

Após fazer a configuração do e-mail, a página principal do Thunderbird aparece, como na Figura 10-16.

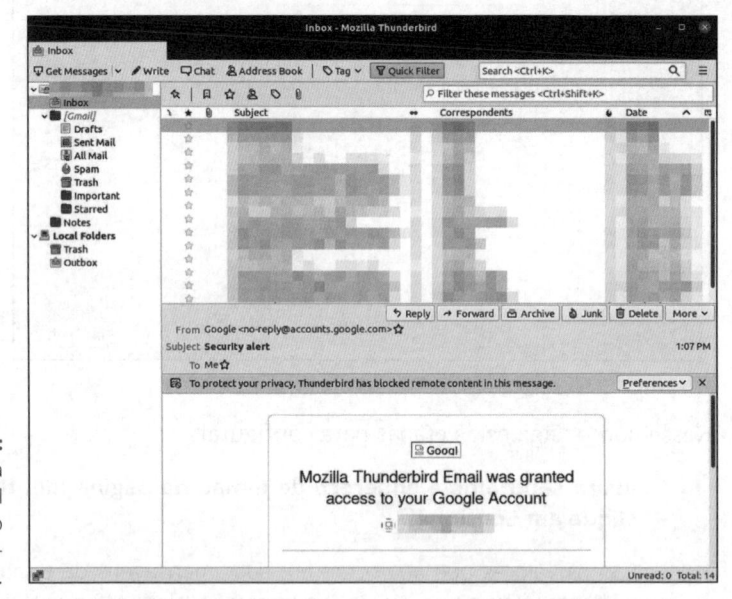

FIGURA 10-16: Página de e-mail principal do Thunderbird.

Aqui você deve reconhecer os recursos básicos da interface de e-mail, como o botão Write na barra de tarefas para criar uma mensagem ou o botão Get Messages para verificar o novo e-mail no servidor de e-mail.

Como no KMail, se você precisar personalizar suas conexões ISP, terá que fazer isso na página Account Settings. Basta clicar no botão de menu e escolher Preferences ⇨ Account Settings para abrir a janela Account Settings, como na Figura 10-17.

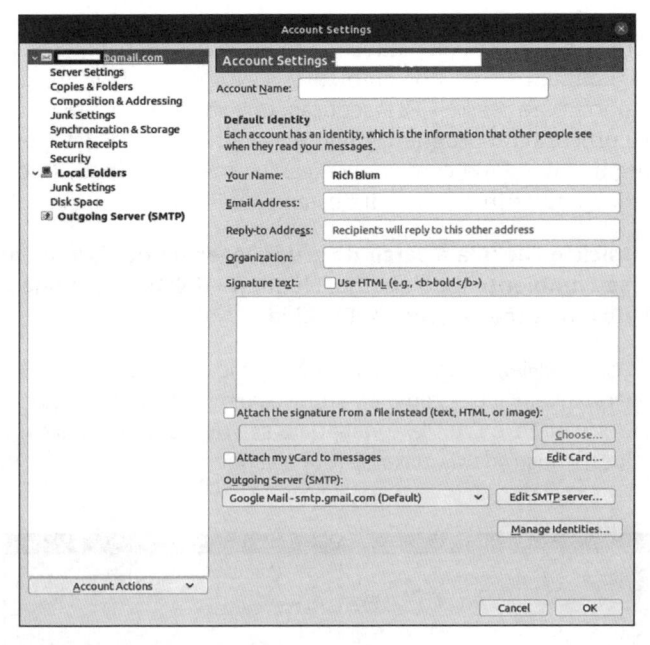

FIGURA 10-17: Janela Account Settings do Thunderbird.

Aqui você pode selecionar a opção Server Settings à esquerda e preencher as informações extras necessárias para conectar seu servidor ISP de entrada, como o tipo de criptografia.

Transferências de Arquivo à Moda Antiga

Embora os sites estejam na moda, há vezes em que você só precisa fazer uma transferência de arquivo simples para mover dados e arquivos da aplicação. Ainda existem muitos sites na internet que requerem baixar arquivos usando o velho método FTP (Protocolo de Transferência de Arquivos). Em geral, você encontrará repositórios de arquivo para aplicações, utilitários e outras coisas legais nos sites FTP.

A maioria das distribuições Linux inclui um cliente ftp da linha de comando (chamado ftp apenas), mas não inclui um cliente FTP gráfico por padrão. Os três programas FTP gráficos mais populares no mundo Linux são:

- **gFTP:** Cliente FTP gráfico do projeto GNOME
- **Kget:** Cliente FTP gráfico do projeto KDE
- **FileZilla:** Pacote do cliente FTP gráfico criado para rodar em qualquer ambiente, inclusive Windows e Mac

O pacote FileZilla está disponível na maioria das distribuições Linux e funciona igualmente bem nos ambientes GNOME 3 e KDE Plasma. Também tem suporte para sessões FTP seguras, que são mais populares atualmente. Se você procura um programa cliente FTP gráfico e robusto, experimente o FileZilla instalando-o com as técnicas padrão examinadas no Capítulo 15. Assim que o tiver instalado, sita estas etapas para dar uma volta:

1. **Inicie o FileZilla a partir do grupo Internet no sistema de menus do seu ambiente de trabalho. No menu GNOME 3, clique no lançador de aplicações e procure FileZilla.**

    A janela FileZilla principal aparece, como na Figura 10-18. O FileZilla exibe lado a lado seu sistema de arquivos e o sistema do servidor FTP remoto. Por padrão, o FileZilla aponta para seu diretório pessoal como o diretório local (mostrado na caixa de lista à esquerda).

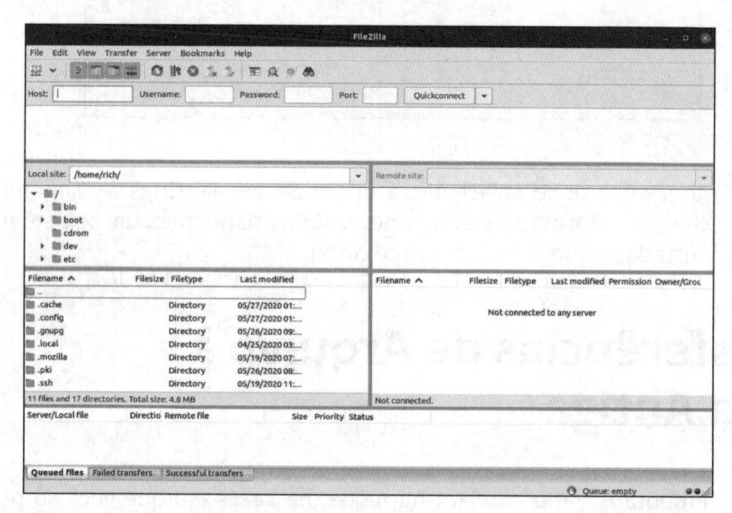

FIGURA 10-18: Janela principal do FileZilla.

2. **Insira o nome de host do servidor FTP remoto na caixa de texto Host, o nome de usuário na caixa de texto Username e a senha na caixa Password.**

    Se você conectou um host antes, seu nome de host e nome de login do usuário aparecem nas caixas de texto.

3. Quando a sessão FTP remota iniciar, uma lista de arquivos e pastas disponíveis aparecerá na caixa de lista à direita.

4. Encontre e selecione o(s) arquivo(s) que você deseja baixar, selecione a pasta na qual baixá-lo(s) na caixa de lista à esquerda, então arraste e solte para transferir o(s) arquivo(s).

5. Quando terminar, clique no ícone para desconectar na barra de ferramentas, desconecte e encerre a sessão FTP.

Simples assim. Usar um cliente FTP gráfico facilita muito a transferência de arquivos.

Conversando com o Skype

A comunicação em tempo real com outras pessoas pela internet se tornou um tema atual, com muitos sites diferentes e aplicações disponíveis para bater papo com os amigos da rua ou do planeta! Aplicações como Zoom e Microsoft Teams ficaram populares, mas um dos primeiros pacotes de comunicação em tempo real é o Skype.

Muitas distribuições Linux instalam o Skype como o software de telefone IP padrão. Infelizmente, o Ubuntu e o openSUSE não, mas você pode encontrá-lo em seus repositórios de software. Se preferir, pode baixar a última versão do Skype diretamente do site Skype. Para tanto, faça o seguinte:

1. Aponte seu navegador para www.skype.com.

2. Na home page, clique no link Download.

    Você vai para a página de Download do Skype.

3. Clique na versão do Skype para Linux correta de sua distribuição.

    A página Download tenta detectar automaticamente seu tipo de sistema e sugere um pacote adequado para download. Se ela errar, clique na seta para baixo e selecione o pacote adequado para seu sistema, RPM para as distribuições baseadas no Red Hat (como openSUSE), DEB para as distribuições baseadas no Debian (como Linux Mint) ou SNAP para as distribuições que utilizam o banco de dados SNAP (como Ubuntu).

4. Selecione a opção Open with Software Installer e clique em OK ou clique para baixar e instalar o arquivo em sua estação de trabalho.

    Se você tem a opção de abrir imediatamente o Instalador do software, quando o download terminar o programa Instalador de sua distribuição (veja o Capítulo 15) iniciará. Se você baixar o arquivo de instalação para sua estação de trabalho, precisará encontrá-lo e clicar nele para iniciar o programa Instalador.

5. **Inicie a instalação no Instalador do software.**

   Dependendo da sua distribuição, o instalador pode ter que baixar arquivos adicionais para suportar a instalação do Skype. Isso acontece automaticamente com o Instalador do software, então basta sentar e observar a instalação acontecer.

6. **Quando a instalação terminar, o Skype deverá aparecer no grupo de menus Internet em seu ambiente de trabalho. Clique na entrada para iniciá-lo.**

   Quando inicia, aparece um assistente permitindo inserir as informações da conta do Skype ou conectar um servidor Skype e criar uma conta, como mostrado na Figura 10-19. Após ter uma conta, você pode usar a interface do Skype para conectar o servidor Skype e começar a fazer chamadas!

FIGURA 10-19: Janela do Skype para a nova conta do cliente para fazer chamadas via internet.

200 PARTE 3 **Realizando Tarefas**

Trabalhando com Outras Ferramentas da Internet

Você pode querer explorar várias outras ferramentas, dependendo das suas necessidades. Esta seção mostra alguns ponteiros para iniciar, portanto, se você for para o Capítulo 15 e quiser adicionar o software apropriado (ou começar a entrar em menus e imaginar como se chama o programa), não ficará totalmente perdido.

- **Mensagem instantânea:** Embora as mensagens sejam um recurso comum dos celulares, você também pode usar seu ambiente Linux para enviar mensagem para outras pessoas usando um serviço SMS comum. Procure pacotes como GNOME Pidgin e KDE Kopete.

- **Programas IRC:** Embora os clientes SMS suportem o IRC (Bate-papo via Internet) atualmente, você pode preferir um programa usado apenas para IRC. Os programas comuns para essa finalidade são X-Chat e KIRC.

- **Compartilhamento de arquivos:** LimeWire e sua nova ramificação WireShare são aplicações populares de compartilhamento de arquivos se você quer usar a rede Gnutella.

- **Leitores de RSS:** O protocolo RSS (Really Simple Syndication) permite que os sites enviem atualizações de conteúdo concisas aos assinantes para que eles não precisem recarregar uma página web inteira. Embora popular nos velhos tempos do modelo de discagem, os feeds de RSS ainda são um modo prático de recuperar automaticamente o novo conteúdo, sobretudo de sites que fornecem constantemente notícias atualizadas. O Firefox tem várias extensões RSS designadas para isso. E mais, o Straw é um programa RSS popular.

Em geral, se você não tem certeza sobre quais programas usar, faça uma busca na web sobre o que deseja fazer (como RSS) e use a palavra *Linux*.

> **NESTE CAPÍTULO**
>
> » **Exibindo o conteúdo dos arquivos de texto**
>
> » **Manipulando arquivos de texto no** `nano`
>
> » **Trabalhando com arquivos de texto no** `gedit`

Capítulo **11**

Colocando os Pingos nos Is

De editores de texto a processadores de texto, o Linux oferece uma grande variedade de opções para trabalhar com texto. Atualmente, com os pacotes de software tentando incorporar vários recursos, pode ser difícil dizer a diferença entre um editor e um processador de texto. Editor de texto se refere a uma ferramenta basicamente usada por programadores para criar arquivos de texto simples sem formatação. Embora os processadores de texto possam fazer isso também, seu foco primário é criar documentos elegantes que formatam o texto usando fontes e estilos diferentes. Neste capítulo veremos modos diferentes de trabalhar com arquivos de texto simples, usando alguns editores de texto comuns em ambientes com ou sem GUI. No Capítulo 12, veremos pacotes de escritório para as pessoas que preferem o processamento de texto.

O Conteúdo de um Arquivo de Texto

Quase todos os arquivos de configuração no Linux são arquivos de texto. E mais, muitos pseudoprogramas (chamados *shell scripts*), toda a documentação HTML e muitos outros itens em seu sistema são arquivos de texto. Por sorte, se você deseja ver o que existe em um arquivo de texto e não quer fazer nada em seu conteúdo, não precisa usar um editor ou processador de texto. É possível usar três comandos da linha de comando para exibi-los: `cat`, `less` e `more`. Aposto que vai amá-los.

Sim, o primeiro comando é `cat` e vem da palavra *concatenar*, que significa unir de ponta a ponta; você pode usar o comando `cat` em vários arquivos de texto e unir o texto, com o conteúdo de um arquivo diretamente após o outro. Em geral, você usa esse comando no mundo Linux no formato `cat nome_arquivo`, onde o conteúdo do arquivo `nome_arquivo` é exibido na tela. Por exemplo, se você cria o arquivo de texto pequeno `greetings` e digita `cat greetings`, vê o seguinte:

```
$ cat greetings
These are the contents of the greetings file.
Meow!
$ _
```

Claro, se o arquivo contém mais de uma tela de informação, `cat` gera tudo de uma vez como um grande bloco e tudo, menos a última tela de texto, sai da tela. É bom ter outras opções. A que provavelmente você escolhe é `less`, que exibe o conteúdo de um arquivo em tela cheia de uma só vez. Então, pressione a barra de espaço para continuar na tela seguinte ou a tecla B para voltar uma tela. Você também pode usar as teclas com seta para subir e descer uma linha por vez, se desejar.

Uma alternativa a `less` é `more`. A principal diferença é que, com `more`, você pode avançar apenas no arquivo e ver somente uma tela de informação por vez. Não é possível voltar.

Para usar `less` ou `more`, o formato é parecido com o usado no comando `cat`: `less nome_arquivo` ou `more nome_arquivo`. Quando terminar de ler o documento, pressione Q para sair (lembre-se de que não é possível mudar o texto no documento com `less` ou `more`).

Editando Arquivos de Texto com nano

Se você não está usando (ou não pode usar) a GUI, há vários editores de texto disponíveis. Os mais poderosos são vi e emacs, que muitas pessoas usam. Mas esses programas requerem certo aprendizado. Para os iniciantes que querem apenas editar o arquivo e prosseguir, recomendo o nano, com uma interface amistosa e baseada em menus.

Para abrir um arquivo no nano, digite **nano *nome_arquivo***, como **nano file1**. O arquivo abre no editor nano, como na Figura 11-1.

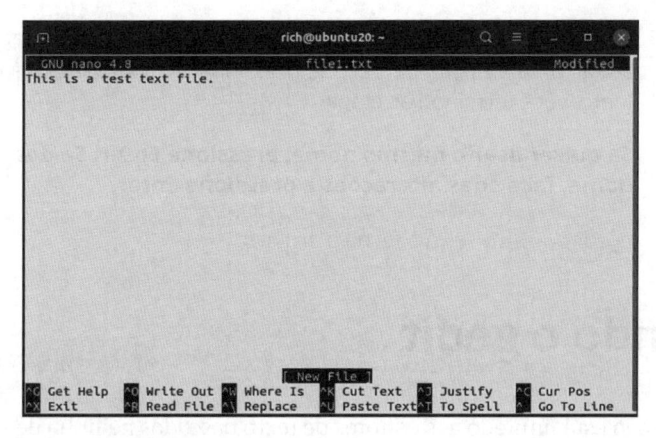

FIGURA 11-1: Arquivo file1 aberto no editor nano no Ubuntu.

Então, é possível editar ou digitar nesse arquivo o quanto precisar.

Salvando seu trabalho durante o processo

Para salvar o conteúdo do arquivo sem fechá-lo (para continuar trabalhando nele):

1. **Pressione Ctrl+O para gravar com Write Out.**

    É exibido um prompt na parte inferior da tela, solicitando o nome do arquivo e oferecendo o nome atual como a opção padrão.

2. **Se quiser usar o mesmo nome, pressione Enter. Se quiser mudar o nome, faça suas alterações e pressione Enter.**

    A parte inferior da tela agora mostra ele gravado (salvo) em certo número de linhas.

3. **Volte a trabalhar!**

Salvando e seguindo sua vida

Para salvar o conteúdo do arquivo e fechá-lo (porque você terminou de trabalhar nele no momento) ou fechar o arquivo sem salvar as alterações, faça o seguinte:

1. **Pressione Ctrl+X para sair com Exit.**

   É exibido um prompt na parte inferior da tela, perguntando se deve salvar o *buffer modificado*. É um modo elegante de perguntar se você deseja salvar suas alterações.

2. **Pressione Y para salvar suas alterações ou N para não salvá-las.**

   Se pressionar Y, será solicitado o nome do arquivo e oferecido o nome atual como a opção padrão. Se pressionar N, nano fechará e sairá, portanto, você terminou as etapas.

3. **Se quiser usar o mesmo nome, pressione Enter. Se deseja mudar o nome, faça suas alterações e pressione Enter.**

   O editor nano salva e fecha o arquivo.

Escolhendo o gedit

Você não está limitado aos editores de texto baseados na linha de comando no Linux. Há muitas opções gráficas disponíveis. Nesta seção, mostro o gedit (Figura 11-2) porque é o editor de texto GUI padrão para o ambiente GNOME 3.

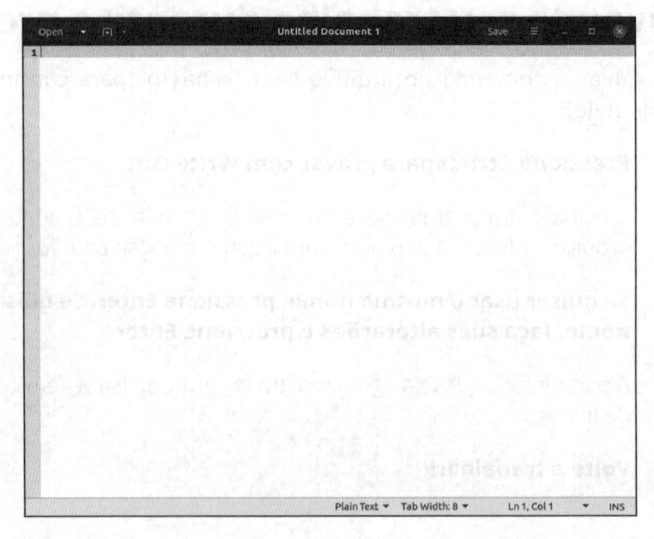

FIGURA 11-2: Janela gedit com um arquivo em branco, no Ubuntu.

DICA: Se você está procurando a aplicação `gedit` no lançador de aplicações, o GNOME o chama de Editor de texto.

Inserindo e editando texto no gedit

`gedit` é um *editor de texto* exclusivamente, no sentido de que é usado para gerar texto bruto, já um *processador de texto* cria um texto marcado que pode ser aberto apenas por programas que conseguem ler a formatação do arquivo desse processador. Se você quiser adicionar recursos para negrito, itálico, sublinhado ou outros especiais ao documento, vá para o Capítulo 12.

Para inserir texto no `gedit`, basta clicar no grande espaço em branco e começar a escrever. Você tem acesso à coleção padrão de ferramentas de edição, como cortar, colar e copiar. Para usá-las, selecione o texto com o qual deseja trabalhar, clique com o botão direito e escolha o comando correto no menu contextual.

O editor `gedit` utiliza plug-ins para realizar funções especializadas e ajudar durante a digitação. Dois favoritos são o plug-in Date/Time, que insere automaticamente a data e a hora atuais, e o plug-in Snippet, que pode terminar automaticamente palavras comuns. Comece a digitar uma palavra e pressione a tecla Tab para ver os possíveis modos de concluí-la. Verifique a seção "Plug-ins" para obter detalhes sobre como instalar novos plug-ins.

Salvando seu trabalho

Como na maioria dos programas, há duas opções para salvar seu trabalho. Você pode salvar e continuar ou salvar e fechar o programa. Para salvar o arquivo e continuar, siga estas etapas:

1. **Clique no botão Save.**

   Esse botão aparece na área de título da janela. Se você nunca salvou o arquivo, clicá-lo abrirá a caixa de diálogo Save As.

2. **Se necessário, percorra os diretórios no painel à esquerda ou à direita até estar no diretório onde deseja salvar o arquivo.**

   Clique duas vezes no nome de um diretório para inseri-lo ou clique duas vezes na entrada no painel à esquerda para ir para seu local primeiro.

3. **Digite o nome do arquivo na caixa de texto Name.**

4. **Clique em Save para salvar o arquivo.**

   A caixa de diálogo fecha.

Para fechar `gedit`, siga estas etapas:

1. **Escolha Text Editor ⇨ Quit no painel ou clique no botão Close na janela do Text Editor.**

   Se não salvou o arquivo desde a última vez em que o alterou, será exibida a caixa de diálogo Question.

2. **Se a caixa de diálogo aparecer, clique em Salvar para salvar seu trabalho ou clique em Close sem salvar para sair dela.**

   O programa fecha, a menos que você tenha mais de um arquivo aberto e, nesse caso, verá a caixa de diálogo Question para cada arquivo alterado, mas não salvo.

Definindo as preferências

Como você viu ao observar a área Plug-ins, o menu da aplicação contém um item Preferences. Isso permite definir a aparência do `gedit`. A caixa de diálogo Preferences do `gedit`, mostrada na Figura 11-3, tem alguns recursos diferentes.

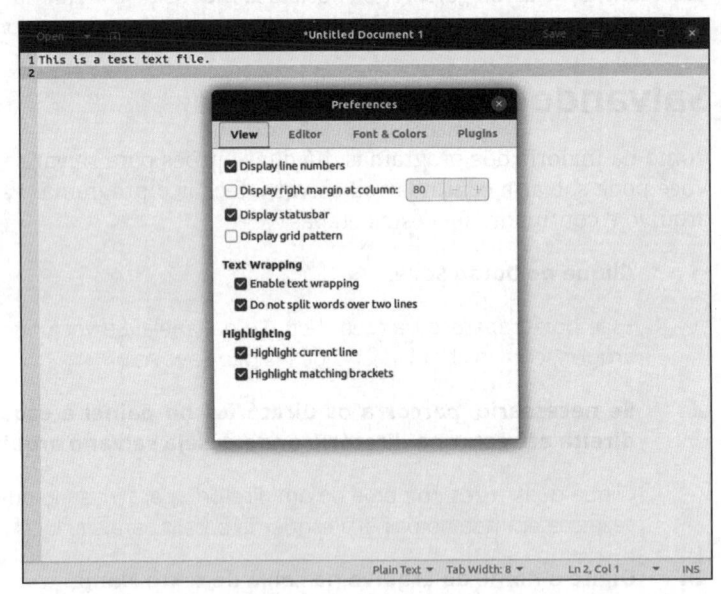

FIGURA 11-3: Caixa de diálogo Preferences do gedit.

É onde você pode personalizar a operação do editor `gedit`. A caixa de diálogo Preferências tem quatro áreas com guias para definir os recursos e o comportamento do editor.

View

A guia View tem opções para como o `gedit` exibe o texto na janela do editor:

> » **Display features:** Ativa opções, como mostrar números de linha, margens, barra de status e linhas de grade.
>
> » **Text Wrapping:** Determina como lidar com linhas de texto longas no editor. A opção Enable Text Wrapping divide as linhas longas na linha seguinte do editor. A opção Do Not Split Words over Two Lines impede a inserção automática de hifens em palavras longas que podem ser divididas em duas linhas.
>
> » **Highlighting:** Ativa recursos para destacar a linha atual onde está localizado o cursor, destacando parêntesis, colchetes e chaves no código de programação; isso permite corresponder com facilidade as instruções `if-then`, os loops `for` e `while`, além de outros elementos de codificação que usam tais elementos.

Os recursos para a numeração da linha e a correspondência de colchetes fornecem um ambiente para os programadores resolverem problemas no código não encontrados com frequência em alguns editores de texto.

DICA: Se você está usando o `gedit` para editar o código do programa, escolha View ⇨ Highlight Mode. Você pode selecionar a linguagem de programação usada na lista para personalizar o `gedit`. Seu código aparece com elementos diferentes (como nomes da variável, constantes e texto) e cores variadas!

Editor

A guia Editor tem opções para como o editor `gedit` lida com as tabulações e o recuo, além de como os arquivos são salvos:

> » **Tab Stops:** Define o número de espaços pulados quando você pressiona a tecla Tab. O valor padrão é oito. Esse recurso também inclui uma caixa de seleção que, quando marcada, insere espaços, em vez de um salto da tabulação.
>
> » **Automatic Indentation:** Quando ativado, o `gedit` recua automaticamente as linhas no texto para parágrafos e elementos do código (como instruções `if-then` e loops).
>
> » **File Saving:** Fornece dois recursos para salvar arquivos: criar uma cópia de backup do arquivo quando aberto na janela de edição e salvar automaticamente o arquivo em um intervalo pré-selecionado.

O recurso de gravação automática é ótimo para assegurar que suas alterações sejam salvas com regularidade, evitando catástrofes devido a falhas ou falta de energia.

Font & Colors

A guia Font & Colors permite configurar (sem nenhuma surpresa) dois itens:

» **Font:** Permite selecionar a fonte padrão do sistema ou selecionar uma fonte e um tamanho de fonte personalizados em uma caixa de diálogo

» **Color Scheme:** Permite selecionar o esquema de cores padrão usado para texto, plano de fundo, texto selecionado e cores de seleção, ou escolher uma cor personalizada para cada categoria

As cores padrão do `gedit` correspondem ao tema padrão do ambiente GNOME selecionado. Essas cores mudam para combinar com o esquema escolhido para o ambiente.

Plugins

A guia Plugins dá controle sobre os plug-ins usados no `gedit`. Plug-ins são programas separados que podem interagir com o `gedit` e fornecer uma funcionalidade extra. A guia Plugins é mostrada na Figura 11-4.

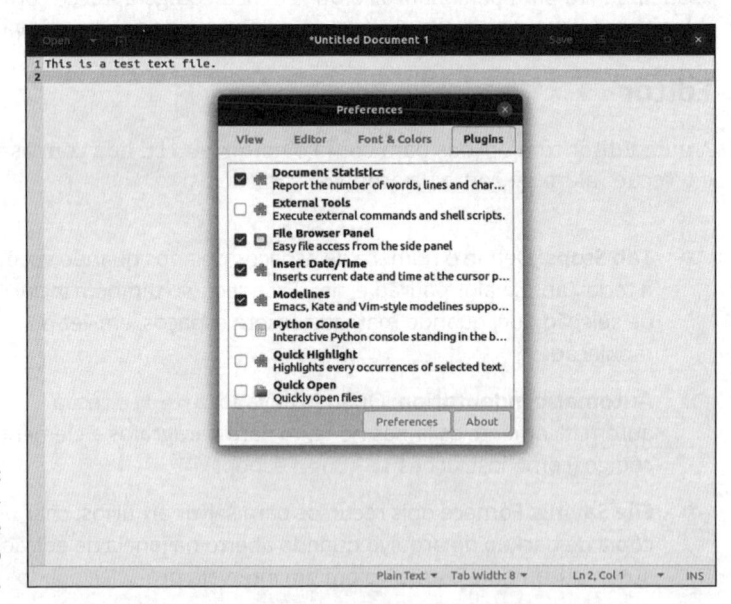

FIGURA 11-4: Guia Preferences de Plugins do gedit.

Há vários plug-ins disponíveis para o `gedit`, mas nem todos estão instalados por padrão. Para usar os recursos, é preciso seguir estas etapas:

1. **Escolha Preferences no menu da aplicação gedit.**

   A caixa de diálogo Preferences abre.

2. **Clique na guia Plugins.**

   O conteúdo da guia aparece.

3. **Clique no item no qual está interessado na guia Plugins.**

4. **Clique no botão About para obter mais informações.**

   As informações estão contidas na pequena janela About que aparece.

5. **Clique em Close para tirar a janela About do caminho.**

6. **Se quiser usar esse plug-in, marque sua caixa de seleção.**

   O plug-in é ativado se aparece uma marca na caixa de seleção.

7. **Se o botão Preferences ficar ativo para o plug-in recém-selecionado, clique nele para abrir a caixa de diálogo de configuração do plug-in da ferramenta.**

   Essa caixa é diferente dependendo do plug-in usado.

8. **Quando terminar com a configuração do plug-in individual, clique em OK para voltar para a caixa de diálogo Preferences.**

9. **Se quiser examinar mais plug-ins, volte para a Etapa 3.**

10. **Quando terminar de selecionar os plug-ins, clique em Close para fechar a caixa de diálogos Preferences.**

Agora você pode acessar os plug-ins nos menus `gedit`. Cada um é colocado em seu local apropriado: por exemplo, Inserir data/hora aparece no menu Ferramentas.

Editando Texto no KDE Plasma

Para não ficar de fora, o ambiente KDE Plasma também tem um modo de editar graficamente os arquivos de texto. Na verdade, ele oferece dois pacotes diferentes: KWrite e Kate. Se você trabalha no mundo KDE Plasma, desejará se familiarizar com, pelo menos, um deles. Nesta seção, reservo um tempo para explicar como ambos funcionam.

DICA

Algumas distribuições Linux instalam apenas um deles, já outras têm ambos. Se sua distribuição Linux instala apenas um, é fácil usar a ferramenta de instalação de software (veja o Capítulo 15) para instalar o outro, pois ambos fazem parte do pacote de aplicações do projeto KDE padrão.

Escrevendo com o KWrite

O editor básico do ambiente KDE Plasma é o KWrite. Ele fornece uma edição de texto no estilo processamento de texto simples, junto com suporte para o destaque da sintaxe do código e a edição.

A janela de edição padrão do KWrite é mostrada na Figura 11-5.

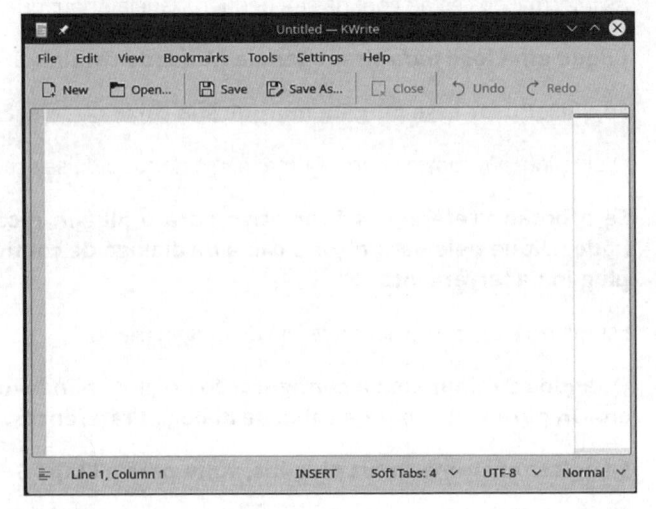

FIGURA 11-5: Janela KWrite padrão no openSUSE.

Não é possível dizer a partir da Figura 11-5, mas o editor KWrite reconhece vários tipos de linguagem de programação e usa a codificação com cor para diferenciar constantes, funções e comentários. Se você for programador (ou um aspirante), vai amar esse recurso!

A janela de edição KWrite fornece capacidades completas para cortar e colar usando o mouse e teclas com seta. Como no `gedit`, você pode destacar e cortar (ou copiar) o texto em qualquer lugar na área do editor e colá-lo em outro local.

Para editar um arquivo usando o KWrite, você pode selecionar KWrite no sistema de menus KDE no ambiente de trabalho (algumas distribuições Linux até criam um ícone do painel para ele) ou inicializar a partir do prompt da linha de comando e especificar o arquivo que deseja abrir:

```
$ kwrite factorial.sh
```

O comando `kwrite` tem vários parâmetros da linha de comando que você pode usar para personalizar como ele inicia:

- **`--stdin`**: Faz o KWrite ler os dados no dispositivo de entrada padrão, em vez de um arquivo. É muito usado em scripts para enviar a saída diretamente para o editor KWrite.
- **`--encoding`**: Especifica uma codificação de caracteres para usar no arquivo.
- **`--line`**: Especifica um número da linha no arquivo para iniciar na janela do editor.
- **`--column`**: Especifica um número da coluna no arquivo para iniciar na janela do editor.

A barra de menus KWrite tem os seguintes itens:

- **File:** Carrega, salva, imprime e exporta texto a partir dos arquivos.
- **Edit:** Manipula o texto na área do buffer.
- **View:** Gerencia como o texto aparece na janela do editor.
- **Bookmarks:** Coloca um marcador em linhas específicas no documento para que você possa voltar rápido a qualquer momento.
- **Tools:** Contém recursos especializados para manipular o texto.
- **Settings:** Configura como o editor lida com o texto.
- **Help:** Obtém informações sobre o editor e os comandos.

A barra do menu Edit tem tudo para suas necessidades de edição de texto. Em vez de lembrar de comandos de teclas misteriosos (que o KWrite também suporta), pode selecionar os itens no menu Edit, como na Tabela 11-1.

TABELA 11-1   Itens do Menu Edit no KWrite

Item	O que Faz
Undo	Reverte a última ação ou operação.
Redo	Reverte a última ação para desfazer.
Cut	Exclui o texto selecionado e coloca-o na área de transferência.
Copy	Copia o texto selecionado na área de transferência.

(continua)

(continuação)

Item	O que Faz
Paste	Insere o conteúdo atual da área de transferência na posição atual do cursor.
Clipboard History	Exibe as entradas anteriores da área de transferência para poder selecioná-las.
Copy as HTML	Copia o texto selecionado como código HTML.
Select All	Seleciona todo o texto no editor.
Deselect	Cancela a seleção de qualquer texto selecionado atualmente.
Block Selection Mode	Quando ativado, permite selecionar o texto entre as colunas, em vez de linhas inteiras.
Input Modes	Define o modo de entrada como normal ou modo vi.
Overwrite Mode	Troca o modo inserir para sobrescrever, substituindo o texto pelo novo digitado em vez de apenas inserir o novo texto.
Find	Abre a caixa de pesquisa Find Text, permitindo pesquisar e substituir um texto.
Find Variants	Localiza os modos próximo, anterior, selecionado ou selecionado para trás.
Replace	Abre a caixa de pesquisa Replace With, que permite pesquisar e substituir um texto.
Go to Line	Abre a caixa de diálogo Goto, que permite ir para um colchete correspondente se um é selecionado, ir para a próxima linha modificada ou a anterior, ou inserir um número da linha. O cursor vai para o local especificado.

O recurso Find exibe uma caixa de pesquisa na parte inferior da janela KWrite para inserir o texto a encontrar. Então, o KWrite destaca todas as entradas correspondentes no documento.

O recurso Find Text usa a palavra no local atual do cursor como o valor de texto padrão a pesquisar. Você também pode usar alguns botões para personalizar a pesquisa, por exemplo, se é para fazer uma pesquisa levando em conta letras maiúsculas e minúsculas ou buscar apenas palavras inteiras, em vez de localizar o texto dentro de uma palavra.

O item da barra de menu Tools fornece vários recursos úteis para trabalhar com o texto na área do editor. A Tabela 11-2 descreve as ferramentas disponíveis no KWrite.

TABELA 11-2   **Menu Tools do KWrite**

Ferramenta	O que Faz
Read Only Mode	Trava o texto de modo que nenhuma alteração possa ser feita enquanto está no editor.
Mode	Seleciona o esquema do tipo de arquivo usado no texto, como as linguagens de programação da edição.
Highlighting	Destaca o texto com base no conteúdo, como código do programa ou arquivo de configuração.
Indentation	Indenta automaticamente as linhas com base em uma seleção da linguagem de programação.
Encoding	Define a codificação do conjunto de caracteres usada pelo texto.
End of Line	Determina se é para usar o método de término de linha do Unix (padrão), do Windows ou do MacOS.
Add Byte Order Mark	Para conjuntos de caracteres com vários bytes (como UTF16), define se é para incluir o caractere BOM (Marca de Ordem de Byte).
Scripts	Muitos scripts predefinidos para trabalhar com o código de programação, como localizar marcas HTML correspondentes, aumentar ou diminuir números, mover seções de código.
Invoke Code Completion	Ativa o preenchimento das instruções de código, quando apropriado.
Word Completion	Ativa o preenchimento de palavras comuns já usadas no documento.
Spelling	Ativa e define os recursos de correção ortográfica
Clean Indentation	Retorna todo o recuo do parágrafo às suas configurações originais.
Align	Força a linha atual ou as linhas selecionadas a voltar para as configurações padrão do recuo.
Toggle Comments	Para o código de programação que contém linhas de comentário, essa opção permite ocultar os comentários e apenas exibir o código de programação.
Uppercase	Coloca o texto selecionado, ou o caractere na posição do cursor atual, com letra maiúscula.
Lowercase	Coloca o texto selecionado, ou o caractere na posição do cursor atual, com letra minúscula.
Capitalize	Coloca em maiúscula a primeira letra do texto selecionado ou da palavra na posição atual do cursor.
Join Lines	Combina as linhas selecionadas, ou a linha na posição atual do cursor e a próxima linha, em uma linha.
Apply Word Wrap	Ativa a quebra de linha no texto. Se uma linha passa da borda da janela do editor, ela continua na próxima linha.

São muitas ferramentas para um editor de texto simples! O menu Settings inclui a caixa de diálogo Configure Editor, mostrada na Figura 11-6.

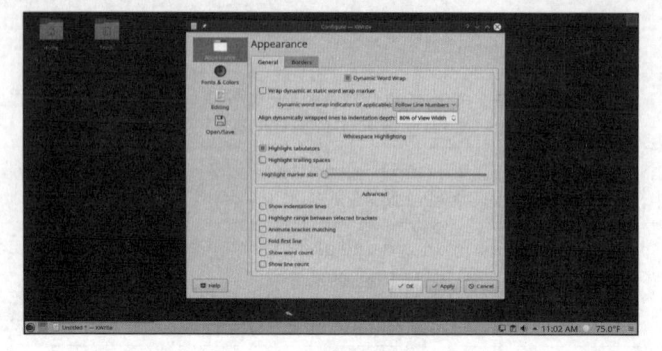

FIGURA 11-6: Caixa de diálogo Configure Editor do KWrite.

A caixa de diálogo Configure Editor usa os ícones à esquerda para selecionar o recurso no KWrite a configurar. Quando você seleciona um ícone, o lado direito da caixa mostra as definições de configuração para o recurso.

O recurso Appearance permite definir vários recursos sobre como o texto aparece na janela do editor. Você pode ativar a quebra de linha, o destaque do espaço e o contador de palavras ou linhas aqui. Com o recurso Fonts & Colors é possível personalizar o esquema de cores completo do editor, determinando as cores para colocar cada categoria de texto no código do programa.

Conheça o Kate

O editor Kate é o carro-chefe do projeto KDE. Ele usa o mesmo editor de texto da aplicação KWrite (por isso a maioria dos recursos é igual), mas incorpora muitos outros recursos em um único pacote.

O editor Kate lida com os arquivos em sessões. Você pode ter vários arquivos abertos em uma sessão e ter várias sessões salvas. Se tiver uma ou mais sessões abertas, o Kate lhe dará a escolha de para qual sessão retornar, como na Figura 11-7.

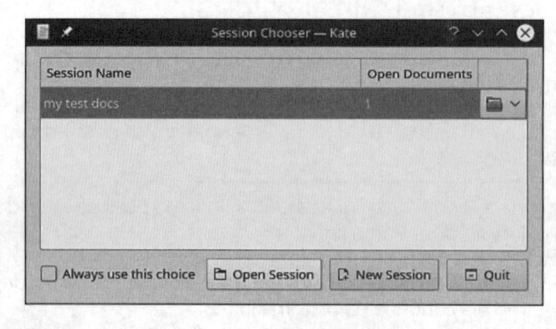

FIGURA 11-7: Caixa de diálogo da sessão Kate.

Ao fechar a sessão Kate, ele se lembrará dos documentos abertos e os exibirá na próxima vez em que for iniciado!

Após selecionar uma sessão, veja a janela principal do editor Kate, na Figura 11-8.

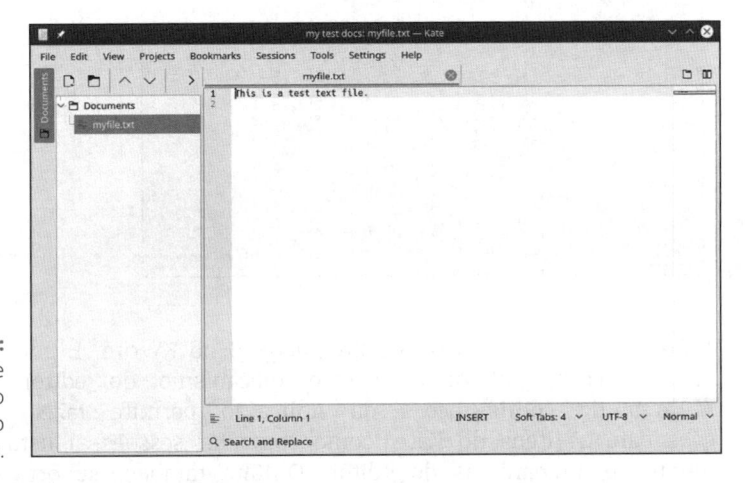

FIGURA 11-8:
Janela de edição principal do Kate.

A estrutura esquerda mostra os documentos abertos atualmente na sessão. Você pode trocar entre os documentos clicando no nome dele. Se a estrutura atrapalhar, remova-a escolhendo View ⇨ Tools.

Para iniciar um novo arquivo, basta clicar no ícone Create New Document à esquerda. Para abrir um arquivo existente, clique no ícone Open an Existing Document. Isso permite navegar graficamente para localizar o arquivo.

O Kate também suporta várias guias, mas com uma diferença! Escolha View ⇨ Split View para selecionar como as janelas com guias aparecem:

- Dividir as janelas atuais na vertical
- Dividir as janelas atuais na horizontal
- Subir, descer, mover o divisor para a esquerda ou para a direita
- Fechar a janela atual

Para fazer configurações no Kate, escolha Settings ⇨ Configure Kate. A caixa de diálogo Configure aparece, como na Figura 11-9.

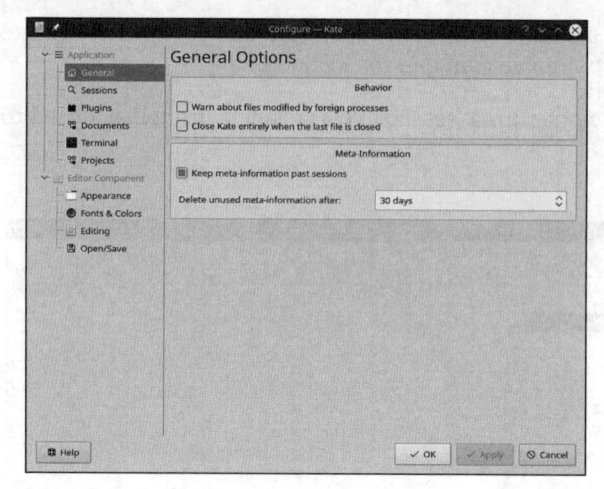

FIGURA 11-9:
Caixa de diálogo Configure do Kate.

A área de configurações do Editor é igual no KWrite. É porque os dois editores compartilham o mesmo mecanismo do editor de texto. A área de configurações da Aplicação permite fazer configurações para os itens do Kate, como controlar sessões, a lista de documentos e a aparência do editor. O Kate também suporta aplicações de plug-in externas, que podem ser ativadas aqui. Um dos meus plug-ins favoritos do editor Kate é a janela do terminal predefinida, mostrada na Figura 11-10.

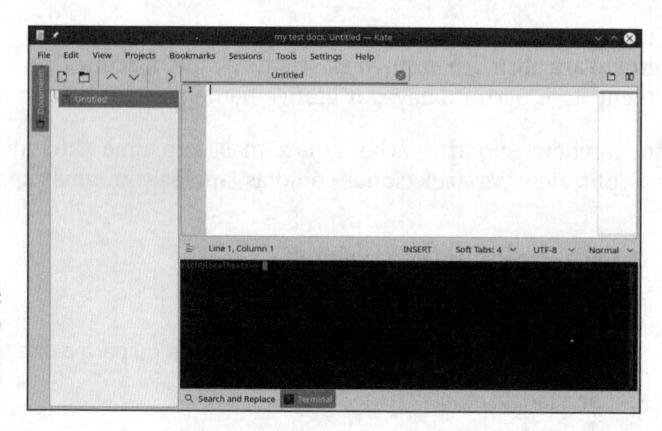

FIGURA 11-10:
Janela do terminal predefinida do Kate.

O botão Terminal na parte inferior da janela do editor de texto inicia o emulador do terminal predefinido no Kate (usando o emulador do terminal Konsole do KDE). Esse recurso divide na horizontal a janela de edição atual, criando uma janela com o Konsole executado nela. Agora é possível digitar comandos da linha de comandos, iniciar programas ou verificar as configurações do sistema sem sair do editor! Para fechar a janela do terminal, digite **exit** no prompt de comando.

> **NESTE CAPÍTULO**
>
> » Instalando o pacote LibreOffice
>
> » Concluindo tarefas de escritório: LibreOffice Writer (processamento de texto), Calc (planilhas) e Impress (apresentações)
>
> » Usando outros programas: LibreOffice Draw (desenho), Base (banco de dados) e Math (fórmulas)

Capítulo **12**

Processamento de Texto e Muito Mais com o LibreOffice

Atualmente, quase todo mundo com um PC tem, pelo menos, um pacote de escritório à mão. Se os usuários são Microsoft Windows, esse pacote provavelmente é o Microsoft Office, embora possa ser outro concorrente digno, como Corel WordPerfect Office, ou, se seu PC está conectado à internet, o pacote de programas Google. No Linux, em geral o pacote é o LibreOffice, que tem programas separados para processamento de texto, planilhas, apresentações até para trabalhar com bancos de dados.

Após descobrir como usar um dos programas no pacote, você pode ficar feliz ao descobrir que os outros são planejados para parecerem e trabalharem de modo muito parecido. Até é possível abrir e salvar arquivos no formato do Microsoft Office, caso seja necessário compartilhá-los com pessoas que o utilizam, podendo editar os arquivos do Office que as pessoas enviam a você também.

É o suficiente *sobre* o LibreOffice. Neste capítulo, você poderá realmente *usá-lo*!

DICA

Apache OpenOffice é outro pacote de escritório de código aberto para o Linux. Na verdade, o Apache OpenOffice e o LibreOffice têm a mesma origem: OpenOffice.org. Em 2010, o OpenOffice.org foi comprado pela Oracle, o que preocupou muitos na comunidade de código aberto. Em 2011, os desenvolvedores originais do OpenOffice.org se dividiram e criaram o LibreOffice a partir da mesma base de código-fonte. Então, a Oracle entregou o OpenOffice.org para a Apache Foundation, que o renomeou como Apache OpenOffice. O Apache OpenOffice e o LibreOffice têm recursos semelhantes, mas parece, pelo menos agora, que o LibreOffice é o mais popular e comumente instalado por padrão na maioria das distribuições Linux.

Instalando o Pacote LibreOffice

Antes de começar a criar suas obras de arte, você deve assegurar que o LibreOffice esteja disponível. Ao instalar o Ubuntu ou o openSUSE, o pacote LibreOffice da série de softwares é instalado automaticamente. Para outras distribuições Linux, você precisa instalá-lo separadamente.

O pacote completo do LibreOffice inclui seis programas separados:

- **Writer** para o processamento de texto
- **Calc** para planilhas
- **Impress** para a apresentação de gráficos
- **Draw** para desenhar gráficos
- **Base** para criar e usar bancos de dados
- **Math** para criar fórmulas matemáticas complexas

Mas nem todas as distribuições Linux instalam essas partes. Por exemplo, o Ubuntu não instala o pacote Base por padrão.

Se você escolheu não instalar o software de produtividade Office na instalação ou precisa instalar um dos pacotes não instalados por padrão em sua distribuição Linux, não esquenta; é possível fazer isso agora sem ter que reinstalar completamente a distribuição Linux. Bastar ler o Capítulo 15 para descobrir como adicionar os pacotes LibreOffice com o gerenciador de pacotes de software usado em sua distribuição.

Após ter instalado os pacotes LibreOffice, a maioria é listada nos menus da aplicação do GNOME 3 ou do KDE Plasma. Os pacotes Draw e Math são raros, e infelizmente não costumam não ter uma avaliação própria.

Para acessar um dos pacotes, você precisa iniciar um dos outros pacotes LibreOffice (como o Writer) e escolher File ⇨ New. A área do menu New tem opções para criar um Desenho (que inicia o Draw) ou uma Fórmula (que inicia o Math).

DICA

Em algumas distribuições Linux, o pacote Writer até tem um ícone próprio para uma inicialização rápida no painel. Clique uma vez no ícone para inicializar o Writer com um documento em branco.

Processamento de Texto com o LibreOffice Writer

Os processadores de texto são quase obrigatórios atualmente. As crianças os utilizam para escrever cartas para seus avós. Os avós os utilizam para escrever cartas para os netos. Se você trabalha em um grande romance ou uma redação na escola, o LibreOffice Writer tem os melhores recursos esperados hoje em um processador de texto.

Um tour no LibreOffice Writer

Antes de continuar, veja o layout da GUI mostrado na Figura 12-1.

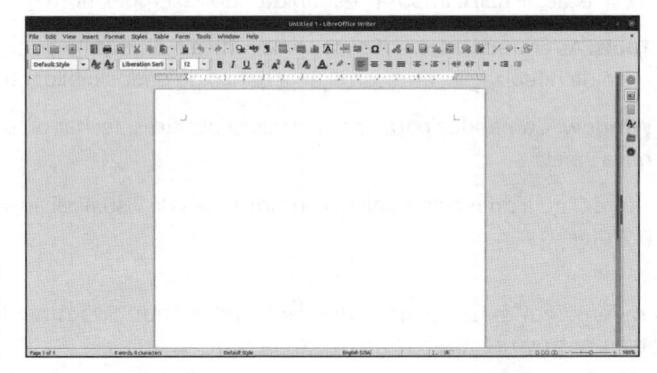

FIGURA 12-1: Layout do LibreOffice Writer.

Barra de menus

No topo da janela está a barra de menus, algo com que você deve estar acostumado se trabalha normalmente com programas Windows. O LibreOffice Writer tem todos os recursos esperados em um processador de

CAPÍTULO 12 **Processamento de Texto e Muito Mais com o LibreOffice** 221 texto moderno. Ele tem muitas opções de menu para serem cobertas, portanto, dou um resumo (incompleto) do que você encontra em cada menu maior:

- **File:** Comandos comuns para Open, Save, Save As, Print e Print Preview (ou Page Preview), junto com um conjunto de assistentes (scripts que ajudam a criar fax, carta ou converter um documento salvo em um formato Microsoft), além da capacidade de enviar documentos por e-mail, criar modelos, criar páginas web e acessar as informações do banco de dados
- **Edit:** Comandos comuns para Select All e Find, junto com o controle de alterações, mescla e comparação de documentos
- **View:** Funções de zoom e barras de ferramentas, além das capacidades de mostrar ou ocultar caracteres de formatação, e ver o documento como página web
- **Insert:** Quebras de página e caracteres especiais usuais, junto com índices, tabelas, marcadores, cabeçalhos, rodapés e referências cruzadas
- **Format:** Configurações de caractere, parágrafo e página, junto com estilos autoformatação e colunas
- **Styles:** Um conjunto de estilos de texto predefinidos, como cabeçalhos, ênfase ou vários tipos de lista
- **Table:** Opções de controle da tabela, inclusive a capacidade para inserir, excluir e selecionar células, converter entre tabelas e texto etc.
- **Form:** Os elementos padrão do formulário, como caixas de texto, caixas de seleção, listas, campos predefinidos, por exemplo, hora e data
- **Tools:** As entradas de verificação ortográfica e dicionário de sinônimos, além de hifenização, autocorreção e banco de dados bibliográficos
- **Window:** Comandos para abrir janelas específicas, fechar ou abrir uma nova janela
- **Help:** O guia do usuário online e informações de visualização sobre o Writer

Esses menus têm mais recursos que os listados aqui. Examine; talvez você encontre um novo recurso favorito em algum lugar.

Barra de ferramentas padrão

Abaixo da barra de menus está a barra de ferramentas padrão. Cada ícone nessa série representa uma funcionalidade diferente, detalhada na Tabela 12-1.

TABELA 12-1 Barra de Ferramentas Padrão do LibreOffice Writer, da Esquerda para a Direita

Botão ou Item	O que Você Pode Fazer
New	Crie vários tipos de documentos. Clique na seta para baixo e selecione um documento em particular para criar, entre os tipos do LibreOffice (OOo).
Open	Abra um arquivo existente para ler ou editar.
Save	Salve o documento atual. Se você não salvou o documento antes, a caixa de diálogo Save As é aberta.
Export Directly as PDF	Abra uma caixa de diálogo Save As com o PDF selecionado como o tipo de arquivo.
Print	Envie um arquivo para a impressora padrão.
Print Preview	Mostre a página como ela ficaria se impressa. Para sair do modo visualização, clique em Close Preview.
Cut	Remova o objeto selecionado do documento e salve-o na memória.
Copy	Faça uma cópia do texto do documento selecionado e salve-o na memória.
Paste	Coloque o texto da memória no documento, no local atual do cursor. Clique na seta para baixo para ver opções de como o texto pode ser colado.
Clone Formatting	Escolha a formatação do primeiro texto clicado e aplique-a no segundo texto clicado.
Undo	Desfaça a última alteração feita no documento. Clique na seta para baixo e escolha o quanto você deseja voltar.
Redo	Restaure a última alteração no documento após usar Undo para cancelá-la. Clique na seta para baixo e escolha o quanto deseja refazer.
Find and Replace	Pesquise o texto e substitua-o.
Spellcheck	Execute a verificação ortográfica no documento inteiro ou no texto selecionado.
Toggle Formatting	Ative ou desative as marcas de formatação (como parágrafos).

(continua)

(continuação)

Botão ou Item	O que Você Pode Fazer
Insert Table	Insira uma nova tabela. Clique na seta para baixo para arrastar e escolha quantas linhas e colunas a tabela deve ter.
Insert Image	Adicione uma imagem ao documento.
Insert Chart	Adicione um gráfico criado a partir de Calc.
Insert Text Box	Adicione uma caixa de texto no documento.
Insert Page Break	Crie uma quebra de página para forçar uma nova página.
Insert Field	Adicione um campo de dados especial, como a data e a hora atuais.
Insert Special Characters	Fornece um método para adicionar caracteres especiais não encontrados no teclado.
Insert Hyperlink	Adicione um hiperlink URL clicável ao documento.
Insert Footnote	Adicione e formate uma nota de rodapé na página.
Insert Endnote	Adicione e formate uma nota de fim no documento.
Insert Bookmark	Defina uma marcação para voltar rápido para esse local no documento.
Insert Cross-reference	Marque uma seção do texto como uma referência cruzada para outro local no documento.
Insert Comment	Adicione um comentário fora do texto do documento.
Show Track Changes Functions	Ative e desative a capacidade de controlar alterações no documento.
Insert Line	Desenhe uma linha simples no documento.
Insert Basic Shapes	Adicione uma forma simples ao documento.
Show Draw Functions	Ative a barra de ferramentas Draw na parte inferior da janela para realizar funções de desenho mais complexas.

DICA Se a barra de ferramentas padrão inteira não couber no tamanho da janela, o Writer colocará um botão suspenso no final. Clique no ícone suspenso para ver e acessar os ícones restantes da barra.

Barra de ferramentas Formatting

A barra de ferramentas Formatting fica logo abaixo da barra de ferramentas padrão em uma configuração padrão do LibreOffice, embora não em todas as distribuições. Como sempre, é possível remover a barra de ferramentas Formatting a qualquer momento usando o menu View. Essa série de ícones permite clicar em botões e expandir caixas de lista suspensas que representam as funções padrão do processamento de texto, como estilos, fontes, tamanhos da fonte e instruções de formatação. A maioria dos recursos nessa barra de ferramentas é idêntica ao que se vê na maioria dos processadores de texto modernos. O botão para formatar o plano de fundo do parágrafo é o único incomum.

DICA

Na verdade, essa barra de ferramentas muda dependendo do que você faz. Se o cursor estiver em uma tabela, por exemplo, a barra de ferramentas Formatting terá botões úteis para trabalhar com tabelas.

Régua

Logo abaixo da barra de ferramentas Formatting em uma configuração padrão do LibreOffice está a régua. Todos os processadores de texto modernos oferecem esse item, que marca as margens e as tabulações, por exemplo, do seu documento no sistema de medição escolhido. Para mudar qual sistema usar, clique com o botão direito na régua para abrir a caixa de diálogo Measurements.

Seu documento

Ah sim, o grande espaço em branco que ocupa a maior parte da janela. É onde você trabalha nos documentos! Basta clicar e começar a digitar. Você também pode acessar um menu de atalho Formatting clicando com o botão direito na seção do documento.

Trabalhar com arquivos Writer

O LibreOffice Writer pode trabalhar com muitos arquivos diferentes. Isso permite criar documentos que podem ser usados com muitos tipos variados de sistemas de processamento de texto.

Não só é possível salvar documentos novos em vários formatos, como também ler os documentos criados em outros programas de processamento de texto. Veja uma lista dos diferentes documentos que você pode usar com o LibreOffice Writer:

» **Formato OpenDocument (.ODT):** O formato de documento padrão do LibreOffice, um padrão aberto proposto que um dia será suportado por todos os programas de processamento de texto.

» **Formato Microsoft Word 2007-365 (.DOCX):** Sim, você pode ler e gravar documentos do Word com o Writer.

» **Formato Microsoft Word 97-2003 (.DOC):** E até os formatos mais antigos do Word.

» **Formato Rich Text (.RTF):** Um formato padrão para salvar informações básicas de fonte e documento.

» **Formato Plain Text (.TXT):** Você também pode escolher o esquema de codificação de caracteres usado para armazenar texto bruto sem informações de formatação.

» **Formato Extensible Markup Language (.XML):** Um padrão usado para identificar com facilidade objetos de dados em várias plataformas.

» **Formato Hypertext Markup Language (.HTML):** Salve seus documentos no formato HTML para exibir como páginas web.

Embora não disponível na caixa de diálogo Save As, a barra de ferramentas do LibreOffice Writer permite exportar qualquer formato de documento para PDF. Esse recurso sozinho pode evitar a compra de um produto comercial caro (de uma empresa de software comercial desconhecida).

Planilhas com LibreOffice Calc

Desde acompanhar os resultados do boliche até fazer previsões econômicas complexas, as planilhas fornecem uma plataforma para fazer praticamente qualquer cálculo. Estou certo de que você tem usos favoritos próprios para as planilhas e estava se perguntando se o LibreOffice Calc tem suporte para suas necessidades. As próximas seções examinam o LibreOffice Calc para você começar a trabalhar.

Um tour no LibreOffice Calc

Grande parte do que se vê no LibreOffice Calc deve ser familiar, examinando o LibreOffice Writer e outros programas de planilha que você usou. Veja o layout da GUI mostrado na Figura 12-2.

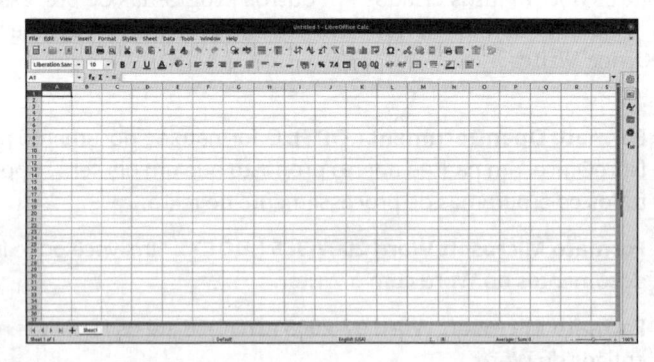

FIGURA 12-2: Layout do LibreOffice Calc.

Barra de menus

No topo da janela está a barra de menus, um padrão no mundo GUI, não importa o SO usado. O LibreOffice Calc tem todos os recursos que se espera de um sistema de planilhas moderno. Ele tem muitas opções para cobrir, portanto, veja um resumo (incompleto) do que você encontra em cada menu:

» **File:** Os comandos normais para Open, Save, Save As, Print e Print Preview, junto com assistentes; e mais, a capacidade de enviar documentos por e-mail, criar modelos e páginas web

» **Edit:** Os comandos para Select All e Find de sempre, junto com o controle de alterações e recursos de proteção da célula

» **View:** As funções de zoom e barras de ferramentas normais, junto com opções para mostrar ou ocultar os cabeçalhos de coluna e linha

» **Insert:** Quebras de página e caracteres especiais normais, além de células, linhas, funções e dados externos

» **Format:** A célula e a formação de linhas, mesclas de células e configurações da página, além da formatação condicional

» **Styles:** A capacidade de aplicar estilos nas células, como cor e destaques

» **Sheet:** Funções da planilha, como adicionar ou remover células, linhas ou colunas

» **Data:** Funções relacionadas a dados, como classificar, filtrar ou forçar um novo cálculo após alterações nos dados

» **Tools:** Entradas de verificação ortográfica e dicionário de sinônimos, além de hifenização, recursos de autocorreção e um criador e editor de macros

» **Window:** Comandos para fechar a janela atual, selecionar outra janela aberta ou abrir uma nova

» **Help:** As opções normais de exibir guias do usuário, dicas de ajuda e informações sobre a versão Calc

Esses menus têm mais recursos que os listados aqui. Examine e veja; talvez você encontre um novo favorito em algum lugar.

Barra de ferramentas padrão

Abaixo da barra de menus está a barra de ferramentas padrão. Cada ícone nessa série representa uma funcionalidade diferente, como na Tabela 12-2.

TABELA 12-2 **Barra de Ferramentas Padrão do LibreOffice Calc, da Esquerda para a Direita**

Botão ou Item	O que Você Pode Fazer
New	Abra vários documentos novos. Clique na seta para baixo para selecionar um tipo particular de documento para criar entre os tipos OOo.
Open	Abra um arquivo existente para leitura ou edição.
Save	Salve o documento atual. Se você não salvou o documento antes, a caixa de diálogo Save As é aberta.
Export Directly as PDF	Abra uma caixa de diálogo Save As com o PDF selecionado como o tipo de arquivo.
Print	Envie um arquivo para a impressora padrão.
Print Preview	Mostre a página como ela ficaria se impressa. Para sair do modo de visualização, clique em Close Preview.
Cut	Remova o texto selecionado do documento e salve-o na memória.
Copy	Faça uma cópia do texto do documento selecionado e salve-o na memória.
Paste	Coloque o texto da memória no documento, no local atual do cursor. Clique na seta para baixo para ver opções de como o texto pode ser colado.
Clone Formatting	Escolha a formatação do primeiro texto clicado e aplique-a no segundo texto clicado.
Clear Formatting	Remova qualquer formatação aplicada na célula.
Undo	Desfaça a última alteração feita no documento. Clique na seta para baixo para escolher o quanto deseja voltar.
Redo	Restaure a última alteração no documento após usar Undo para cancelar. Clique na seta para baixo para escolher o quanto deseja refazer.
Find and Replace	Abra ou feche a caixa de diálogo Find and Replace.
Spellcheck	Execute a verificação ortográfica no documento inteiro ou no texto selecionado.
Row	Insira ou exclua linhas.
Column	Insira, exclua ou oculte colunas.
Sort	Classifique a planilha em um ou mais itens de dados.
Sort Ascending	Ordene de novo os dados selecionados na ordem ascendente.

Botão ou Item	O que Você Pode Fazer
Sort Descending	Ordene de novo os dados selecionados na ordem descendente.
Auto Filter	Exiba apenas os valores de dados que correspondem ao filtro definido.
Insert Image	Insira uma imagem na célula.
Insert Chart	Crie um gráfico com base nos dados selecionados.
Insert or Edit Pivot Table	Crie ou edite uma tabela dinâmica com base em duas ou mais colunas de dados.
Insert Special Characters	Insira um caractere não disponível no teclado.
Insert Hyperlink	Insira um link ativo em uma URL.
Insert Comment	Adicione um comentário fora dos dados da planilha.
Headers and Footers	Crie ou edite cabeçalhos ou rodapés na planilha.
Define Print Area	Especifique qual parte da planilha aparece na saída de impressão.
Freeze Rows and Columns	Bloqueie linhas ou colunas ao paginar.
Split Window	Divida a exibição para mostrar duas ou mais planilhas lado a lado.
Show Draw Functions	Ative a barra de ferramentas Draw na parte inferior da janela para utilizar as funções Draw na planilha.

Barra Formatting

A barra de ferramentas Formatting fica logo abaixo da barra de ferramentas padrão em uma configuração LibreOffice padrão. Como sempre, você pode remover a barra de ferramentas Formatting a qualquer momento usando o menu View. Essa série de ícones permite clicar botões e expandir caixas de lista suspensas que representam as funções padrão da planilha, como estilos, fontes, tamanhos da fonte e informações para formatação de números. A maioria dos recursos nessa barra é idêntica ao que se vê nas planilhas mais modernas.

Barra Formula

Bem abaixo da barra de ferramentas Formatting em uma configuração LibreOffice Calc padrão está a barra Formula. A Tabela 12-3 esquematiza o que você encontra nessa pequena coleção de entradas. Na verdade, a barra muda dependendo do que você faz, oferecendo botões para tarefas em particular, portanto, não entre em pânico se olhar aqui e a tabela não corresponder ao que vê em sua barra Formula.

TABELA 12-3   **Barra Formula do LibreOffice Calc, da Esquerda para a Direita**

Botão ou Item	O que Você Pode Fazer
Name Box	Exibe o nome da célula atual. Você também pode atribuir um nome a um grupo de células para uma futura referência na planilha.
Function Wizard	Clique para abrir a caixa de diálogo Function Wizard e navegue para encontrar a função da planilha em particular que está procurando.
Select Function	Clique para selecionar uma função simples, como soma, média, contar, mín ou máx.
Formula	Clique para colocar = na linha de entrada (Input Line) para sinalizar que você vai inserir uma função.
Input Line	Atribua valores ou insira funções para preencher uma célula da planilha.

Seu documento

A área do documento é onde você trabalha na planilha. Escolha uma célula e comece a digitar. Você também pode acessar um menu de atalho Formatting clicando com o botão direito na seção do documento.

Trabalhando com arquivos Calc

Como o pacote Writer, Calc permite ler e gravar muitos formatos de planilha diferentes:

» **Formato OpenDocument Spreadsheet (.ODS):** O formato de planilha padrão do LibreOffice, um formato de documento de planilha padrão proposto

» **Formato Data Interchange Format (.DIF):** Um formato de arquivo de texto usado para importar e exportar planilhas entre programas de planilha diferentes

» **Formato dBase (.DBF):** Exporta os dados de planilha para um arquivo do banco de dados dBase

» **Formato Microsoft Excel 2007-365 (.XLSX):** Os formatos de planilha padrão do Microsoft Excel usados pelas versões atual e recente do Excel

» **Formato Microsoft Excel 97-2003 (.XLS):** E até o formato de planilha mais antigo do Excel

» **Formato SYLK (.SLK):** O formato Symbolic Link, usado para trocar dados entre planilhas e outras aplicações, como bancos de dados

> **Formato Text CSV (.CSV):** Valores de texto separados por vírgula, em geral usado para exportar dados para bancos de dados
>
> **Formato HTML (.HTML):** Formata os dados da planilha como uma página web HTML

E mais, semelhante ao Writer, a barra de ferramentas Calc padrão fornece um botão para você exportar a planilha diretamente como um documento PDF.

Apresentações com LibreOffice Impress

A maioria das pessoas prefere comer vidro a falar na frente de um grupo. E mais, se você é assim, pode também ter um software de apresentação legal para lhe dar apoio. O pacote LibreOffice Impress fornece quase todos os recursos adicionais e supérfluos que você pode usar em suas apresentações Microsoft PowerPoint, e seu público nem saberá que você não pagou por isso! Deixe o LibreOffice Impress impressioná-lo.

Criando uma apresentação

Quando abrir o LibreOffice Impress, a primeira coisa inicializada é a caixa de diálogo Select a Template, que permite selecionar o tema do modelo em geral para sua apresentação de slides, como na Figura 12-3.

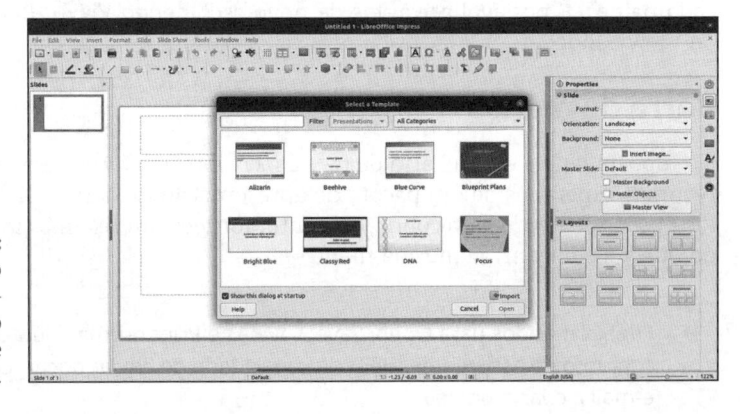

FIGURA 12-3: Criando uma apresentação no LibreOffice Impress.

O LibreOffice vem com alguns temas diferentes para escolher e você pode importar mais clicando no botão Import.

DICA

Se preferir criar um próprio, basta desmarcar a caixa de seleção Show This Dialog at Startup. Na próxima vez em que iniciar uma nova apresentação, será cumprimentado com uma em branco!

Após selecionar o modelo a usar, vá para a janela do editor de apresentação, mostrada na Figura 12-4.

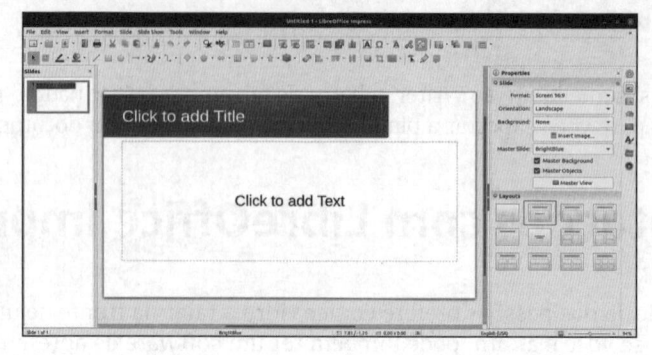

FIGURA 12-4:
Aparência padrão do LibreOffice Impress no Ubuntu.

A ferramenta Properties à direita da janela permite ajustar o layout dos seus slides. No topo está o conjunto padrão de barras de ferramentas com o qual você deve estar familiarizado de outros pacotes do LibreOffice. As próximas seções o examinam melhor.

Um tour no LibreOffice Impress

Antes de continuar, veja o layout da GUI na Figura 12-4. O painel Slides à esquerda e a barra lateral Properties à direita parecem tumultuar um pouco; se você não precisar deles, clique no X à direita superior de cada painel. É possível ativá-los de novo escolhendo View➪ Slide Pane e/ ou View➪ Sidebar.

Barra de menus

No topo da janela está a barra de menus. O LibreOffice Impress tem muitos recursos esperados de um pacote de apresentação moderno. Ele tem muitas opções de menu para cobrir, portanto, forneço um resumo (incompleto) do que você encontra em cada menu:

» **File:** Comandos para Open, Save, Save As e Print normais, junto com um conjunto de assistentes, além da capacidade de enviar documentos por e-mail e criar modelos

» **Edit:** Os comandos para Select All e Find de sempre, junto com a capacidade de duplicar rápido um slide

» **View:** Funções de zoom normais e barras de ferramentas, além da capacidade de selecionar se você está vendo apenas slides, notas ou outra seção

- **Insert:** O novo slide usual, junto com gráficos, estruturas e planilhas
- **Format:** Os recursos de formatação de texto comuns, junto com layout, gráficos e formatação de estilo
- **Slide:** Comandos para criar slides, excluir os existentes ou ocultar slides
- **Slide Show:** O menu controlador para mostrar o slide de sempre
- **Tools:** O recurso de verificação ortográfica, além de hifenização, autocorreção e galeria de imagens
- **Window:** Comandos para iniciar uma nova janela Impress, fechar a existente ou trocar para outra janela aberta
- **Help:** O guia do usuário ou outras informações sobre o Impress

> **DICA** Esses menus têm mais recursos do que os listados aqui. Não se esqueça de explorar por conta própria.

Barra de ferramentas padrão

No topo da janela está a barra de ferramentas padrão, que você pode remover a qualquer momento escolhendo View➪ Toolbars➪ Standard. Cada ícone na série representa uma funcionalidade diferente e está descrito na Tabela 12-4.

TABELA 12-4 Barra de Ferramentas Padrão do LibreOffice Impress, da Esquerda para a Direita

Botão ou Item	O que Você Pode Fazer
New	Crie uma apresentação.
Open	Abra uma apresentação existente.
Save	Salve a apresentação atual.
Export as PDF	Salve os slides da apresentação como um documento PDF.
Print	Imprima os slides da apresentação.
Cut	Corte o objeto selecionado para a área de transferência.
Copy	Copie o objeto selecionado para a área de transferência.
Paste	Cole o conteúdo da área de transferência na posição selecionada.
Clone Formatting	Selecione o texto para copiar o estilo de formatação para outro texto.
Clear Format	Limpe qualquer formatação no texto.
Undo	Desfaça a última operação.

(continua)

(continuação)

Botão ou Item	O que Você Pode Fazer
Redo	Restaura a operação anterior.
Find and Replace	Abra ou feche a caixa de diálogo Find and Replace.
Spellcheck	Use o recurso de verificação ortográfica no texto selecionado.
Display Grid	Exibe linhas de grade no slide para ajudar a posicionar objetos nele.
Display Views	Mude o modo de edição usado.
Master Slide	Aplique a formatação do slide mestre no slide atual. Criar um modelo de slide mestre permite formatar com facilidade todos os slides em uma apresentação, para que fiquem iguais.
Start from First Slide	Inicie a exibição de slides no primeiro slide.
Start from Current Slide	Inicie a exibição de slides no slide atual.
Table	Insira uma tabela no slide.
Insert Image	Insira uma imagem no slide.
Insert Audio or Video	Adicione um clipe com áudio ou vídeo ao slide.
Insert Chart	Insira um gráfico no slide.
Insert Text Box	Adicione uma caixa de texto ao slide.
Insert Special Characters	Adicione um caractere especial não encontrado no teclado.
Fontwork	Selecione um estilo de fonte elegante.
Insert Hyperlink	Adicione uma URL de hiperlink ao slide.
Show Draw Functions	Exiba a barra de ferramentas com funções Draw na parte inferior da janela.
New Slide	Crie um slide na posição atual.
Duplicate Slide	Duplique o slide atual.
Delete Slide	Exclua o slide atual.
Slide Layout	Selecione um modelo de layout para o slide.

Barra de ferramentas Drawing

Abaixo da barra de ferramentas padrão fica a barra de ferramentas Drawing, que permite selecionar linhas, setas, formas e outros para suas necessidades de criação da apresentação. A maioria dos botões tem setas para baixo, permitindo ver uma grande variedade de recursos oferecidos.

Barra de ferramentas Line and Filling

Por vezes a barra de ferramentas Line and Filling é ativada ao lado da barra de ferramentas Drawing. Como sempre, é possível remover a barra Line and Filling a qualquer momento usando o menu View. Essa série de ícones permite clicar em botões e expandir caixas de lista suspensas que representam funções do software de apresentação, como estilos de seta, cores, estilos de linha e outras instruções de formatação. A maioria dos recursos nessa barra é idêntica ao visto nos programas de apresentação mais modernos.

Trocas de visualização

Se a barra Views tab estiver ativada, você verá uma série de abas acima do seu documento, cada uma com um modo particular de exibir os slides (no Ubuntu isso não é ativado por padrão, mas, para ativá-la, basta escolher View➪ Views Tab Bar). A Tabela 12-5 resume as visualizações disponíveis e o que você encontra nelas.

TABELA 12-5   Visualizações Disponíveis do LibreOffice Impress

Visualização	O que Você Encontra
Normal	Visualização de slide individual, na qual você pode adicionar conteúdo ao slide.
Outline	Visualização de todos os slides, com eles listados em ordem para facilitar a navegação. Na lateral, os slides são mostrados em miniatura em uma janela separada conforme você navega.
Notes	Visualização de slide individual, na qual você pode ver uma pequena versão e suas notas sobre o slide.
Slide Sorter	Visualização de todos os slides, com o máximo possível de slides colocados em colunas e linhas. Reordenar os slides é tão simples quanto arrastá-los para onde deseja ir e soltá-los.

Seu documento

A janela com abas contendo seu documento. Na visualização Normal, esse documento é seu slide. Se o slide já tiver um objeto, clique nele para iniciar a edição. Do contrário, é preciso clicar em uma das ferramentas na barra Drawing (examinada na próxima seção) para inserir qualquer conteúdo. Para adicionar mais slides antes ou após, clique com o botão direito na área do documento e escolha Slide➪ New Slide. Para cada slide, você pode usar os layouts no painel Tasks à direita para mudar sua configuração.

Trabalhando com arquivos Impress

A aplicação LibreOffice Impress não suporta tantos tipos de arquivo quanto seus parentes Writer e Calc. Em grande parte isso se deve a uma falta de padrão no ambiente gráfico da apresentação.

Os formatos que o Impress suporta são

» **Formato OpenDocument Presentation (.ODP):** Um formato padrão do gráfico de apresentação proposto pelo LibreOffice.

» **Formato Microsoft PowerPoint 2007-365 (.PPTX):** O formato atual usado pelos pacotes Microsoft PowerPoint. É possível usar o Impress para ler e gravar a maioria das apresentações de slide do PowerPoint.

» **Formato Microsoft PowerPoint 97-2003 (.PPT):** O formato Microsoft PowerPoint mais antigo.

» **Formato Office Open XML Presentation (.PPTX):** Um padrão de apresentação proposto, muito parecido com o formato .PPTX da Microsoft.

Como os outros pacotes na série LibreOffice, o Impress também fornece um ícone da barra de ferramentas para você salvar seus slides como PDFs.

Arte com o LibreOffice Draw

Se você é um artista gráfico aspirante ou só precisa de uma ferramenta para gerar gráficos simples e usar em uma apresentação ou em outro lugar, o LibreOffice Draw fornece muitas funções de desenho. No mínimo, é muito divertido lidar com elas! Nem tudo na vida precisa ser prático.

Um tour no LibreOffice Draw

Antes de continuar, veja o layout da GUI mostrado na Figura 12-5. Se você achar o painel Pages à esquerda muito cheio, clique no X à direita superior para fechar. Você pode ativar de novo a qualquer momento escolhendo View ⇨ Page Pane.

FIGURA 12-5:
Layout do LibreOffice Draw.

Barra de menus

No topo da janela está a barra de menus de sempre. O LibreOffice Draw é um programa gráfico "vetorial" típico, ou seja, ele conta com linhas, não com pontos ou outras técnicas. Veja o Capítulo 14 para ter uma explicação sobre o software usado para editar fotografias e outro trabalho cheio de detalhes.

O LibreOffice Draw tem muitas opções de menu para cobrir, portanto forneço um resumo (incompleto) do que você encontra em cada menu:

» **File:** Os comandos para Open, Save, Save As, Print e Export de sempre, junto com um conjunto de assistentes (scripts para ajudar a começar com tipos específicos de documentos), além da capacidade de enviar documentos por e-mail e criar modelos

» **Edit:** Os comandos para Find, Replace e outros normais, e a opção Image Map incomum

» **View:** Funções de zoom e barras de ferramentas normais, junto com a capacidade de selecionar se é para usar cor, tons de cinza, preto e branco

» **Insert:** Gráficos, estruturas e itens de mídia com áudio e vídeo de sempre, além das funções de digitalização

» **Format:** A formatação normal de linhas e gráficos, além da formatação de camadas e estilo

» **Page:** Comandos para criar uma página no desenho, duplicar uma página existente ou inserir uma a partir de outro arquivo de desenho

» **Shape:** Formas para criar na página de desenho

» **Tools:** A verificação ortográfica comum, assim como hifenização, correção automática, galeria de imagens e um conta-gotas para pegar cores

> » **Windows:** Comandos para abrir uma nova janela ou uma janela de desenho existente
>
> » **Help:** Um guia do usuário online e outras informações do Draw

DICA — Esses menus têm mais recursos que os listados aqui. Navegue e examine; você pode encontrar um novo favorito em algum lugar.

Barra de ferramentas padrão

Abaixo da barra de menus está a barra de ferramentas padrão, que você pode remover a qualquer momento escolhendo View➪Toolbars➪Standard. Cada ícone nessa série representa uma funcionalidade diferente, como descrito na Tabela 12-6. Como se pode ver, essa barra de ferramentas principal é mais parecida com a do LibreOffice Impress do que com a barra do LibreOffice Writer.

TABELA 12-6 Barra de Ferramentas Principal do LibreOffice Draw, da Esquerda para a Direita

Botão ou Item	O que Você Pode Fazer
New	Crie um documento Draw.
Open	Abra um documento Draw existente.
Save As	Salve o documento atual.
Export	Exporte o documento como um tipo diferente de arquivo de imagem.
Export Directly as PDF	Exporte o documento como um PDF.
Print	Imprima o documento.
Cut	Corte o objeto selecionado para a área de transferência.
Copy	Copie o objeto selecionado para a área de transferência.
Paste	Cole o conteúdo da área de transferência no local atual.
Clone Formatting	Copie o formato do objeto selecionado para outro objeto.
Undo	Remova a última operação.
Redo	Restaure a opção para desfazer anterior.
Display Grid	Exiba linhas de grade no documento.
Helplines when Moving	Exiba linhas de grade apenas ao mover um objeto.
Zoom and Pan	Amplie ou reduza o documento, ou mova a área de exibição.
Insert Image	Adicione uma imagem ao documento.

Botão ou Item	O que Você Pode Fazer
Insert Text Box	Adicione uma caixa de texto ao documento.
Insert Special Characters	Adicione um caractere especial não encontrado no teclado.
Fontwork	Selecione um estilo de fonte elegante.
Transformations	Aplique rotação, inversão ou distorção no objeto.
Align	Alinhe o objeto com outros objetos no documento.
Arrange	Mova um objeto para a frente ou para trás de outro objeto no documento.
Distribution	Gerencie o espaçamento entre três ou mais objetos.
Shadow	Crie um efeito de sombra no objeto selecionado.
Crop Image	Selecione uma área de corte no objeto.
Points	Adicione um ou mais pontos a uma linha.
Show Glue Points Functions	Exiba funções para conectar objetos a pontos.
Toggle Extrusion	Alterne o objeto selecionado entre 2D e 3D.
Show Draw Functions	Alterne a exibição da barra de ferramentas com funções Draw, em geral à esquerda da janela.

Régua

Logo abaixo da barra de ferramentas padrão em uma configuração padrão do LibreOffice está a régua. Esses itens marcam as margens e as tabulações, por exemplo, do seu documento no sistema de medição escolhido. Para mudar qual sistema você deseja usar, clique com o botão direito na régua e mude Measurements segundo sua preferência.

Seu documento

Clique no grande espaço em branco e comece a rabiscar. Você também pode acessar um menu pop-up de formatação clicando com o botão direito na seção do documento.

Se preferir alterar outras imagens, escolha File⇨Open para selecionar qualquer arquivo de formato gráfico padrão (como .BMP ou .JPG) para trabalhar. Com o arquivo aberto no Draw, você pode usar todas as ferramentas Draw padrão disponíveis na imagem.

Barra Drawing

À esquerda da janela está a barra de ferramentas Drawing, que permite selecionar linhas, setas, formas e outros para criar desenhos. A maioria dos botões tem setas para baixo, permitindo ver os muitos recursos oferecidos.

Trabalhando com arquivos Draw

De cara, o LibreOffice Draw parece ter o suporte do tipo de arquivo mais limitado para salvar quando a caixa de diálogo Save As é usada. Nela, os únicos formatos de arquivo para salvar um documento são:

- **Formato OpenDocument Drawing (.ODG):** O padrão proposto do LibreOffice para arquivos gráficos
- **Formato OpenDocument Drawing template (.ODT):** Cria um arquivo de modelo que pode ser usado para criar outros arquivos com objetos parecidos
- **Formato Flat XML OpenDocument Drawing (.FODG):** O padrão XML para definir o arquivo de desenho

Não é muito para se trabalhar, sobretudo ao lidar com arquivos de imagem. Por sorte, o Draw tem alguns truques na manga. Você pode salvar imagens em um formato diferente dos formatos padrão clicando no ícone Export na barra de ferramentas padrão ou escolhendo File➪ Export.

Isso produz muitos formatos gráficos com suporte: HTML, XHTML, SWF (Flash), BMP, EMF, EPS, GIF, JPEG, PNG, SVG, TIFF e WMF; e atende qualquer artista digital.

Gerenciando Dados com LibreOffice Base

As pessoas acostumadas a usar o Microsoft Access, ou que interagem com vários produtos de banco de dados, já coçaram a cabeça imaginando como lidar melhor com essas necessidades no Linux. Bem, chega de quebrar a cabeça! O LibreOffice Base tem uma interface para os arquivos Microsoft Access e outros bancos de dados.

Obtendo ajuda com o assistente

Você pode usar esse programa de muitos modos diferentes. O básico envolve criar um banco de dados do zero no arquivo em seu sistema, trabalhar com arquivos do Microsoft Access e trabalhar com bancos de dados criados para usar com muitos servidores maiores do banco de dados, até na rede. Como as abordagens são muitas e o espaço é limitado, foco duas opções mais comuns: criar arquivos do banco de dados e abrir arquivos existentes, inclusive arquivos do Microsoft Access.

A primeira interface que aparece ao abrir qualquer coisa, exceto um documento com o qual já trabalhou na opção de menu File➪ Recent Documents, é o Database Wizard (Figura 12-6).

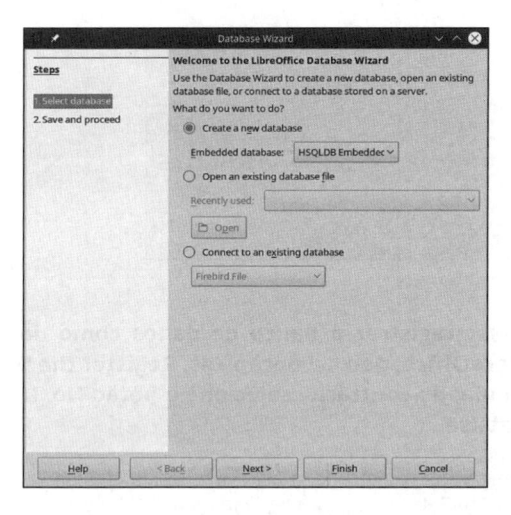

FIGURA 12-6 Database Wizard do LibreOffice Base, usado para abrir bancos de dados existentes e criar outros.

Criando um arquivo do banco de dados no Database Wizard

Na caixa de diálogo Database Wizard, faço o seguinte para elaborar um arquivo do banco de dados novinho:

1. **Selecione o botão de opção Create a New Database.**
2. **Clique em Next.**

    A caixa de diálogo Decide How to Proceed After Saving the Database aparece, como na Figura 12-7.

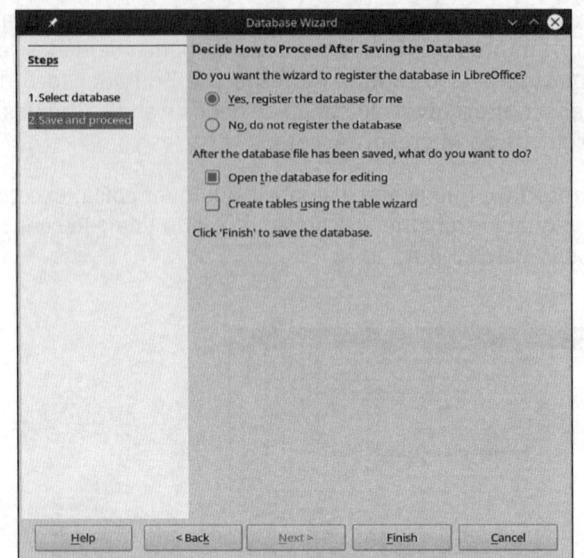

FIGURA 12-7:
Caixa de diálogo Decide How to Proceed After Saving the Database do Database Wizard no LibreOffice Base.

3. Se você quiser registrar o banco de dados como uma fonte de dados no LibreOffice, deixe a opção Yes, Register the Database for Me selecionada; do contrário, selecione o botão No, Do Not Register the Database.

   Um banco de dados registrado é acessível por todas as suas aplicações LibreOffice, em vez de apenas o LibreOffice Base.

4. Se quiser abrir logo o arquivo para editar, marque a caixa de seleção Open the Database for Editing; se não, clique na opção para desmarcar.

5. Se quiser criar de imediato uma tabela no banco de dados usando Table Wizard (recomenda-se usar o assistente), marque a caixa de seleção Create Tables Using the Table Wizard.

   No momento, é melhor deixar desmarcada para explorar uma etapa por vez.

6. Clique em Finish.

   A caixa de diálogo Save aparece.

7. Insira o nome do seu documento na caixa de texto Name.

8. Selecione o diretório no qual deseja salvar o documento na caixa de lista suspensa Save in Folder ou clique na seta para a direita ao lado de Browse for Other Folders para navegar para onde deseja salvá-lo.

9. Clique no botão Save.

Acontecerá o que você especificar. Se escolheu abrir de imediato o banco de dados, verá algo equivalente à Figura 12-8.

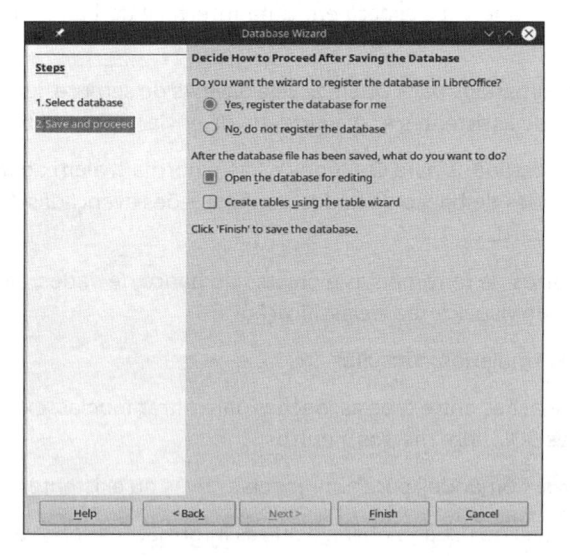

FIGURA 12-8: Banco de dados aberto no LibreOffice Base.

Abrindo um arquivo existente no Database Wizard

Se você já tem um arquivo Microsoft Access existente que deseja abrir no LibreOffice Base, faça o seguinte na caixa de diálogo Database Wizard inicial:

1. **Selecione Open an Existing File.**

2. **Se o arquivo estiver na caixa de lista suspensa Recently Used, selecione-o. Do contrário, clique no botão Open.**

   Se você clicou no botão Open, a caixa de diálogo Open aparecerá. Se selecionou um item em Recently Used, clique em Finish e terminou de abrir o arquivo.

3. **Vá para o arquivo que deseja abrir e selecione-o.**

4. **Clique em Open.**

   O arquivo é aberto em uma janela parecida com a Figura 12-8.

Um tour no LibreOffice Base

Antes de continuar, consulte a Figura 12-8. É a janela do LibreOffice Base principal após abrir um banco de dados para trabalhar. Veja o que você encontrará nela.

Barra de menus

No topo da janela está a barra de menus. O LibreOffice Base dá acesso a muitos recursos que você espera em uma interface do banco de dados:

- » **File:** Os comandos para Open, Save e Save As de sempre, junto com um conjunto de assistentes e a capacidade de enviar documentos por e-mail
- » **Edit:** Os comandos para Cut, Copy e Paste normais, além do acesso às propriedades do banco de dados, configurações avançadas, Form e Report Wizards
- » **View:** Barras de ferramentas e objetos do banco de dados, além dos recursos de visualização e classificação
- » **Insert:** Formulários, consultas etc.
- » **Tools:** Relações entre tabelas, opções para filtrar tabelas, executar consultas SQL, criar macros e outros
- » **Windows:** Comandos para abrir janelas novas ou existentes
- » **Help:** O guia do usuário online e outras informações sobre o Base

Barra de ferramentas padrão

Sob a barra de menus está a barra de ferramentas padrão, que você pode remover a qualquer momento escolhendo View➪Toolbars➪Standard. Os ícones vistos nesse painel dependem de qual função do banco de dados você selecionou no painel Database. Os ícones disponíveis na função Table são descritos na Tabela 12-7.

TABELA 12-7 Barra de Ferramentas Padrão do LibreOffice Base, da Esquerda para a Direita

Botão ou Item	O que Você Pode Fazer
New	Abra novos documentos de tipos variados. Clique na seta para baixo e selecione um documento em particular para criar entre os tipos OOo.
Open	Abra um arquivo existente para ler ou editar.
Save	Salve o documento atual. Se você não salvou o documento antes, a caixa de diálogo Save As é aberta.
Copy	Faça uma cópia do texto do documento selecionado e salve-o na memória.
Paste	Coloque o texto da memória no documento, no local atual do cursor. Clique na seta para baixo e veja opções de como o texto pode ser colado.

Botão ou Item	O que Você Pode Fazer
Sort Ascending	Coloque as entradas no painel inferior direito em ordem alfabética.
Sort Descending	Coloque as entradas no painel inferior direito em ordem alfabética inversa.
Form	Crie um formulário.
Help	Abra a caixa de diálogo Help do LibreOffice.
New Table Design	Crie uma tabela no banco de dados.
Open Database Object	Abra o item selecionado no painel inferior direito.
Edit	Abra a exibição de desenho do item selecionado no painel inferior direito.
Delete	Exclua a tabela selecionada.
Rename	Renomeie a tabela selecionada.

Painel Database

À esquerda da janela principal está o painel Database. Nele, você vê quatro ícones: Tables, Queries, Forms e Reports. Selecione os ícones para determinar o que aparece nos dois painéis mais à direita; por exemplo, para trabalhar com tabelas, selecione o ícone Tables.

DICA Uma *consulta* permite fazer perguntas complexas em relação ao seu banco de dados.

Painel Tasks

O painel direito superior é Tasks. Nele, você vê o que pode fazer com certa seleção no painel Database. Use Description à direita para decifrar qualquer termo encontrado.

Painel Tables/Queries/Forms/Reports

O painel à direita inferior mostra tabelas, consultas, formulários ou relatórios que já existem. Você pode abrir qualquer um para trabalhar clicando duas vezes nele nesse painel.

Colocando na tabela

As tabelas são a essência do sistema do banco de dados. São elas que mantêm seus dados e permitem acessar rápido as informações. É uma boa ideia entender como as tabelas são organizadas no Base e como você pode usá-las para manter e exibir seus dados.

Para criar uma tabela, use o Base Table Wizard se você acha que tem uma tabela padrão ou pode criar uma tabela própria no Design View. A Figura 12-9 mostra uma tabela sendo criada na caixa de diálogo Table Design View.

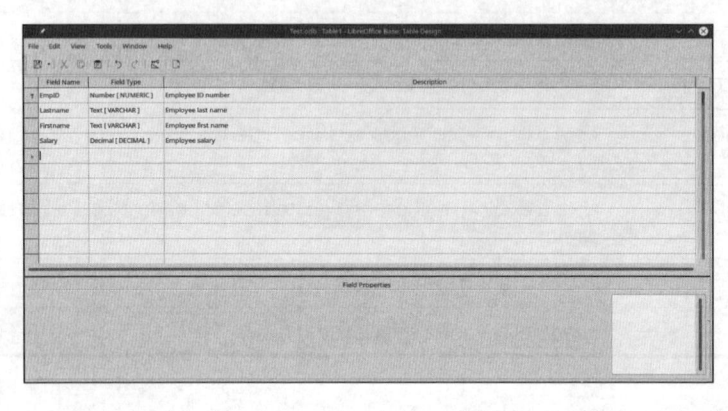

FIGURA 12-9: Caixa de diálogo Table Design View no Base.

Cada linha em Table Design representa um campo de dado na tabela. Cada campo deve ter um Field Name exclusivo e ser atribuído a um Field Type. A opção Field Type define o tipo de dados presente no campo (caracteres, números, datas etc.). A área Description permite escrever uma pequena descrição para o significado do campo de dado.

É fácil criar uma tabela:

1. Clique no ícone Table no painel Database.
2. Clique no ícone New Table na barra de ferramentas padrão.
3. Insira um nome textual para Field Name descrevendo os dados.
4. Selecione Field Type no menu suspenso.
5. Insira uma pequena descrição na área de texto Description.
6. Se o campo for uma chave primária, clique com o botão direito à esquerda da linha e selecione Primary Key.

   A chave primária de uma tabela é o campo de dados que pode identificar com exclusividade cada registro na tabela. No exemplo da Figura 12-9, cada funcionário é identificado com uma ID exclusiva (employee ID) porque mais de um funcionário pode ter o mesmo sobrenome. O ícone de chave aparece no campo selecionado como chave primária.

7. Insira as linhas restantes para concluir os elementos de dados na tabela.

8. Escolha File ⇨ Save As para salvar a tabela, usando um nome exclusivo.

Agora a nova tabela aparece na janela Base principal sob a área Tables. Clicar duas vezes na nova tabela abre a janela Data Viewing and Entry, como na Figura 12-10.

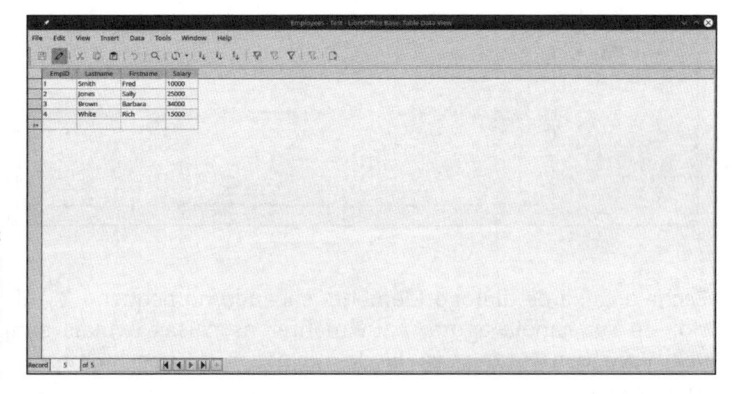

FIGURA 12-10: Janela Data Viewing and Entry na aplicação Base.

Se você estiver familiarizado com o Microsoft Access, deverá se sentir à vontade. Essa janela permite exibir os registros de dados existentes na tabela e adicionar com facilidade novos registros de dados.

Layout com o LibreOffice Math

Nada como tentar digitar números ou um relatório científico e ter que usar várias linhas para mostrar suas equações (que nunca parecem certas!) ou escrevê-las à mão. O LibreOffice Math é uma ótima solução para esse problema. Você pode esquematizar suas equações e outras coisas no programa, então inseri-las em qualquer documento do LibreOffice. Se você é aluno do ensino médio ou engenheiro profissional, o LibreOffice Math pode impressioná-lo.

Muitas funções do LibreOffice Math são diferentes do que é visto em outros programas do LibreOffice. De muitos modos, esse programa é menos complexo, graças à sua finalidade especial. Lembre-se de que não é um programa de cálculo. É para esquematizar fórmulas complexas no papel ou na tela.

Iniciar o LibreOffice Math é um pouco complicado, pois você não consegue encontrá-lo nos menus do painel (como no Ubuntu). Se sua distribuição Linux não o mostrar nos menus, você ainda consegue iniciar um novo documento Math abrindo o Writer, então escolhendo File ⇨ New ⇨ Formula.

Antes de continuar, veja o layout da GUI mostrado na Figura 12-11.

FIGURA 12-11: Layout do LibreOffice Math.

Feche a caixa de diálogo Elements clicando no pequeno X à direita superior de sua janela agora, para manter as coisas o mais simples possível. Você consegue ativá-la de novo a qualquer momento escolhendo View ⇨ Elements.

Barra de menus

No topo da janela está a barra de menus, um padrão no mundo GUI, não importa o SO usado. O LibreOffice Math pode ser diferente de qualquer programa já usado, portanto, não menciono nada sobre o que se espera encontrar nele. Forneço apenas um resumo (incompleto) do que você encontra em cada menu:

» **File:** Os comandos para Open, Save, Save As e Print de sempre que você encontra na maioria dos programas GUI, além de um conjunto de assistentes e a capacidade de enviar documentos por e-mail

» **Edit:** Os comandos para Select All, Copy e Paste normais, junto com comandos especializados para se mover na fórmula

» **View:** Funções de zoom e barras de ferramentas normais, junto com recursos de atualização da tela etc.

» **Format:** Os recursos normais do tipo de fonte, tamanho da fonte, espaçamento, alinhamento e outros

> **Tools:** As entradas Customize e Options de sempre para personalizar a configuração e os comportamentos do programa, além da importação de fórmulas e do acesso ao catálogo de símbolos

> **Window:** Comandos para abrir uma janela existente ou elaborar uma nova

> **Help:** O guia do usuário online ou outras informações Math

Barra de ferramentas padrão

No topo da janela está a área da barra de ferramentas. As duas barras aparecem em uma linha, Standard e Tools. Você pode exibir ou ocultar uma a qualquer momento escolhendo View ➪ Toolbars e selecionando Standard ou Tools.

Cada ícone nessa série representa uma funcionalidade diferente. É provável que você ache essa barra de ferramentas principal bem diferente daquelas nos outros programas LibreOffice. Em grande parte, tem menos ícones. Cada ícone é descrito na Tabela 12-8.

TABELA 12-8 **Barras de Ferramentas Standard e Tools do LibreOffice Math, da Esquerda para a Direita**

Botão ou Item	O que Você Pode Fazer
New	Abra vários tipos de documentos novos. Clique na seta para baixo e selecione certo documento para criar, entre os tipos OOo.
Open	Abra um arquivo existente para ler ou editar.
Save	Salve o documento atual. Se você não salvou o documento antes, a caixa de diálogo Save As será aberta.
Attach to Email	Abra uma janela Compose email em seu programa de e-mail preferido e anexe automaticamente o documento.
Export Directly as PDF	Abra a caixa de diálogo Save As com o PDF selecionado como o tipo de arquivo.
Print	Envie um arquivo para a impressora padrão.
Cut	Remova o texto selecionado do documento e salve-o na memória.
Copy	Faça uma cópia do texto do documento selecionado e salve-o na memória.
Paste	Coloque o texto da memória no documento, no local atual do cursor.

(continua)

(continuação)

Botão ou Item	O que Você Pode Fazer
Undo	Desfaça a última alteração feita no documento. Clique na seta para baixo e escolha o quanto deseja voltar.
Restore	Restaure a última alteração no documento após usar Undo para cancelar. Clique na seta para baixo e escolha o quanto deseja refazer.
Help	Abra a caixa de diálogo Help do LibreOffice.
Zoom In	Exiba a imagem maior.
Zoom Out	Reduza a imagem.
100%	Exiba a imagem em seu tamanho real.
Show All	Exiba a fórmula inteira no maior tamanho que caberá na tela.
Update	Atualize a fórmula mostrada na janela do documento.
Formula Cursor	Ative ou desative o cursor da fórmula.
Symbols	Insira letras gregas usadas nas equações ou outros símbolos matemáticos especiais.

Seção do documento

As coisas ficam complicadas aqui se você nunca usou um software de edição de fórmula. Não é possível digitar nada na janela do documento principal (superior) no LibreOffice Math. Você digita na janela Commands (inferior). Clicar com o botão direito na janela Commands abre um menu de atalho. Para ajudar a trabalhar com fórmulas sugiro lidar com essa ferramenta. Por exemplo, se você nunca usou um software como esse, pode seguir estas etapas:

1. **Clique com o botão direito na janela Commands.**

    O menu de atalho principal abre.

2. **Selecione um submenu para abrir.**

    Por exemplo, Formats.

3. **Selecione um componente da fórmula no submenu.**

    Sou nerd e lembro com carinho de uma aula sobre matrizes, portanto, escolhi a matriz {. . .} como exemplo. De imediato, o código necessário para adicionar uma matriz à minha fórmula aparece na caixa de diálogo Commands. Um pouco depois, porque deixo o programa atualizar o resto da tela conforme trabalho, vejo como fica a matriz na janela de documento. A combinação é mostrada na Figura 12-12.

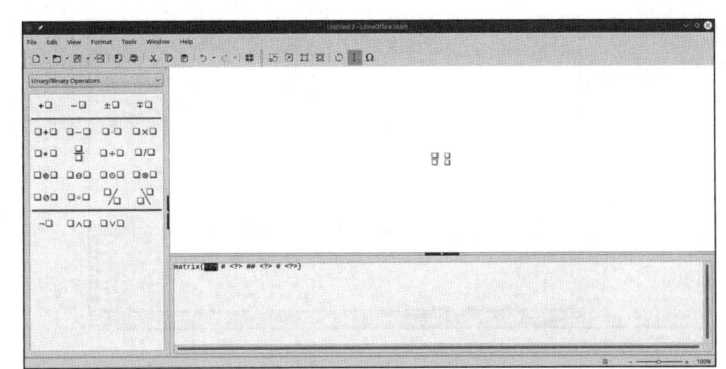

FIGURA 12-12:
Começando a adicionar uma matriz no LibreOffice Math.

4. **Substitua cada entrada <?> pelas letras e números certos da sua fórmula.**

   Quando mudo `matrix{<?> # <?> ## <?> # <?>}` para **matrix{A # B ## C # D}**, vejo o resultado na Figura 12-13.

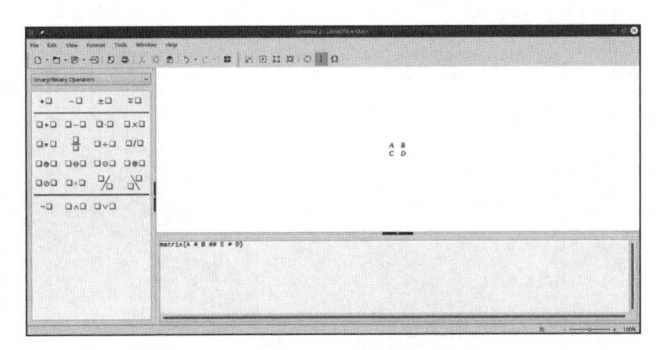

FIGURA 12-13:
Uma matriz 4-x-4 no LibreOffice Math.

5. **Continue adicionando componentes à fórmula até terminar.**

   Suponha que você queira multiplicar a matriz por 3. Para saber como, pressione Enter para ir para a linha seguinte na janela Commands (para usar como "rascunho"), clique com o botão direito para exibir o menu pop-up e escolha Unary/Binary Operators ➪ a Times b. Essa escolha adiciona a frase `<?> times <?>` abaixo do código da matriz. Agora você sabe como formatar uma multiplicação, portanto, apague a frase e use-a como guia para mudar sua fórmula para:

   ```
   3 times matrix{A # B ## C # D}
   ```

   Essa linha fornece o resultado mostrado na Figura 12-14. Posso continuar, mas espero que agora você esteja ansioso para começar a explorar sozinho!

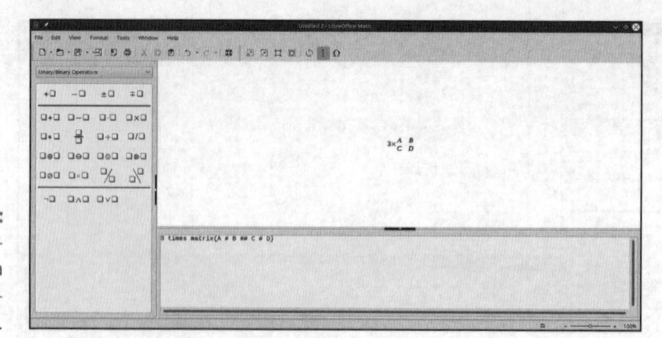

FIGURA 12-14:
Uma fórmula completa no LibreOffice Math.

O LibreOffice Math suporta seu próprio formato OpenDocument (.ODF) e MathML 1.01 (.MML), que não é um programa. *Mathematical Markup Language (MathML)* é um padrão parecido com HTML para trabalhar na web e 1.01 é uma versão específica desse padrão. Para essa versão em particular de MathML, veja `www.w3.org/TR/REC-MathML`. A página padrão principal está disponível em `www.w3.org/Math/` (ambos os conteúdos em inglês). Se você precisa adicionar fórmulas às páginas web, pode ser bem interessante ler esse site!

> **NESTE CAPÍTULO**
>
> » Ouvindo música
>
> » Usando, gravando e extraindo de CDs
>
> » Corrigindo problemas de som

Capítulo **13**

Lidando com Áudio

Se você é como eu, tudo fica melhor com música. Muitas pessoas usam seus computadores para reproduzir CDs ou ouvir arquivos de música digitais. Portanto, posso assegurar que há muitos modos de ouvir música no Linux. Leia para conhecer os vários métodos disponíveis!

Que Som? Não Ouço Nada!

Hoje, quase toda estação de trabalho e notebooks vêm com uma placa de som embutida ou chip, e a maioria das distribuições Linux é ótima ao detectar automaticamente isso durante o processo de instalação. Se por algum motivo a configuração do som não passar no teste ou você tentar reproduzir o som com uma das opções neste capítulo e não funcionar, use esta seção para diagnosticar e corrigir o problema.

Primeiro comece com a configuração do som que passou no teste, mas por algum motivo você não ouve nada. Verifique se os alto-falantes ou os fones de ouvido estão conectados corretamente. Muitos notebooks modernos usam uma porta de áudio para conectar o microfone e o fone de ouvido, e pode ser complicado ter certeza sobre o conector certo. Consulte o manual do hardware para conhecer os requisitos.

É possível que as configurações do áudio estejam em zero ou no mudo. Os ambientes GNOME 3 e KDE Plasma fornecem um ícone na bandeja do sistema para acessar imediatamente o controle de volume do sistema de som. Procure o ícone de alto-falante no painel. Clicar com o botão esquerdo nele abre uma barra deslizante simples para arrastar com o mouse para aumentar ou diminuir o nível do volume, ou clique no ícone do alto-falante para desativar ou ativar a saída.

Para ter ajustes de volume mais detalhados, vá para as configurações do sistema do seu ambiente de trabalho. Nos ambientes GNOME 3, basta clicar na área da bandeja do sistema e selecionar Settings, procurando a opção Sound no menu à esquerda; veja a Figura 13-1 para conhecer as opções Sound.

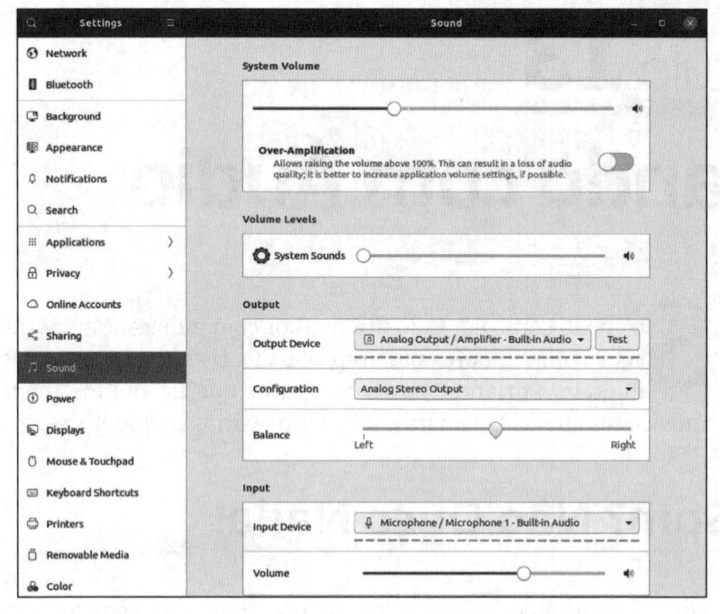

FIGURA 13-1: Opções Sound em Settings do GNOME 3.

Quando o painel abrir, é bom entender os termos mostrados:

» **System Volume:** O controle de volume principal da placa de som. Você pode desativar e ativar o som clicando no ícone do alto-falante.

» **Volume Levels:** Controla o volume das aplicações de áudio individuais. Por padrão, mostra um controle para os sons gerados pelo SO.

» **Output:** Controla a placa de saída usada se há várias opções, além do método de áudio usado.

» **Input:** Controla a entrada do microfone usada, junto com sua sensibilidade.

» **Alert Sound:** Seleciona o som reproduzido quando o SO tenta chamar sua atenção.

Se você trabalha no ambiente KDE Plasma, depois de abrir o app Configure Desktop, selecione o ícone Multimedia na seção Hardware para acessar as configurações de áudio. As configurações de multimídia são mostradas na Figura 13-2.

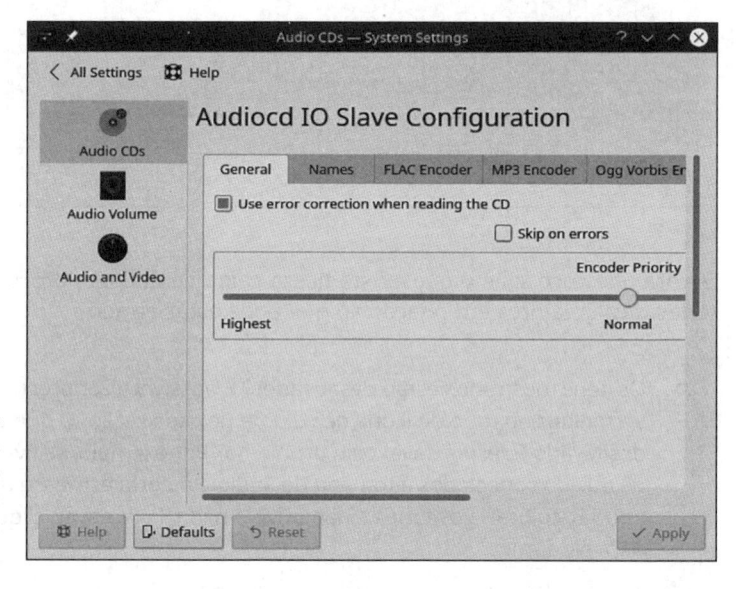

FIGURA 13-2: Configurações de multimídia do KDE Plasma.

No lado esquerdo da janela de configurações de multimídia, você vê ícones separados para diferentes elementos:

» **Audio CDs:** Controla opções para como o KDE Plasma lida com a reprodução dos CDs de áudio, por exemplo, quanta CPU usar ao codificar os dados ao reproduzir e quais dados de informação extrair do CD codificado.

» **Audio Volume:** Seleciona os métodos de entrada e saída de áudio, volumes padrão e volume de notificação do SO. A Figura 13-3 mostra como é essa interface.

» **Audio and Video:** Gerencia os dispositivos de hardware físicos usados para a reprodução e a gravação de áudio e vídeo.

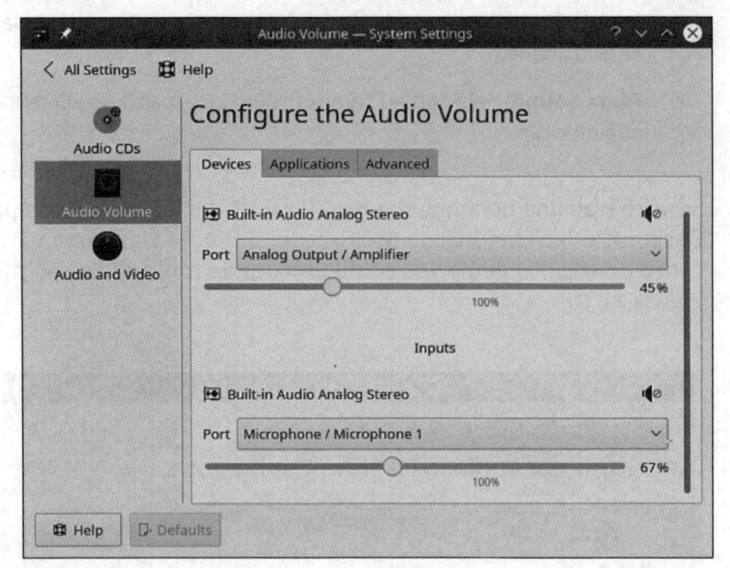

FIGURA 13-3:
Caixa de diálogo para configurações de áudio no KDE Plasma.

Agora que você sabe o que existe nessa caixa de diálogo, procure uma das duas dicas maiores em relação ao que pode estar errado:

» Os itens mostrados estão desativados? É possível dizer procurando Xs vermelhos no topo do ícone de volume de cada seção. O que você vê desativado é responsável pelo problema? Por exemplo, se tivesse fones de ouvido conectados à tomada de áudio e a porta estivesse desativada (muda), colocaria os fones e não ouviria nada. Para ativar, clique no X para ele sumir.

» Algum cursor do volume está no mínimo? Mesmo que a porta de áudio não estivesse desativada, você não ouviria nada porque o cursor está no mínimo. Aumente o som e veja se consegue ouvir algo.

Assim que resolver os problemas básicos de som e volume, estará pronto para começar a ouvir música!

Ouvindo CDs

Se você tem um CD/DVD player no PC, pode reproduzir CDs de áudio enquanto trabalha (ou joga)! A aplicação usada depende de novo do seu ambiente de trabalho. As próximas seções examinam as aplicações comuns usadas nos ambientes GNOME 3 e KDE Plasma.

GNOME 3 e Rhythmbox

No ambiente GNOME 3, por padrão, na primeira vez em que você insere um CD de áudio o GNOME o monta, mas não toca nada. Se você clicar no ícone CD no painel, provavelmente ficará igualmente desapontado; a aplicação Files abre e só mostra os arquivos de áudio no CD, como na Figura 13-4.

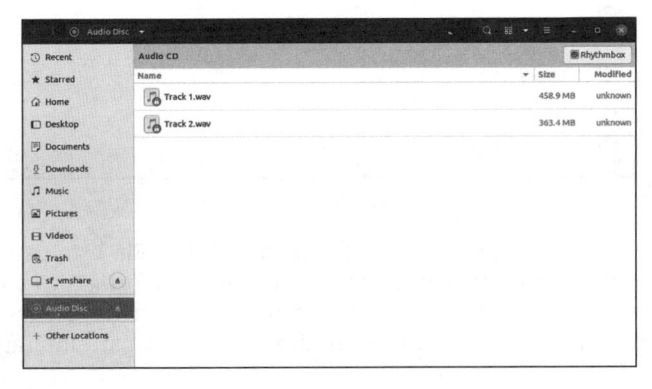

FIGURA 13-4: Aplicação Files do GNOME exibindo um CD de áudio.

Mas observe que, na parte direita superior da janela Files, existe um botão para inicializar o Rhythmbox. O Ubuntu inclui a aplicação Rhythmbox para reproduzir CDs de áudio. Basta clicar no botão para inicializá-lo.

Se preferir inicializar automaticamente o Rhythmbox quando inserir um CD de áudio, siga estas etapas:

1. **Clique na bandeja do sistema à direita superior do ambiente de trabalho e escolha a opção Settings.**

2. **Clique na categoria Removable Media na listagem à esquerda.**

3. **Na caixa de lista suspensa CD Audio, selecione a aplicação Rhythmbox.**

    Se você tiver outras aplicações para lidar com CD, elas serão listadas também.

4. **Feche a caixa de diálogo Settings.**

O Rhythmbox examina o CD, e exibe as trilhas e a duração das trilhas na janela principal. Se sua estação de trabalho está conectada à internet, o Rhythmbox também contata um banco de dados remoto de CDs para extrair informações para incluir o título do CD, os títulos individuais das músicas e a capa do álbum, se disponível. A Figura 13-5 mostra a janela Rhythmbox após abrir um CD de áudio.

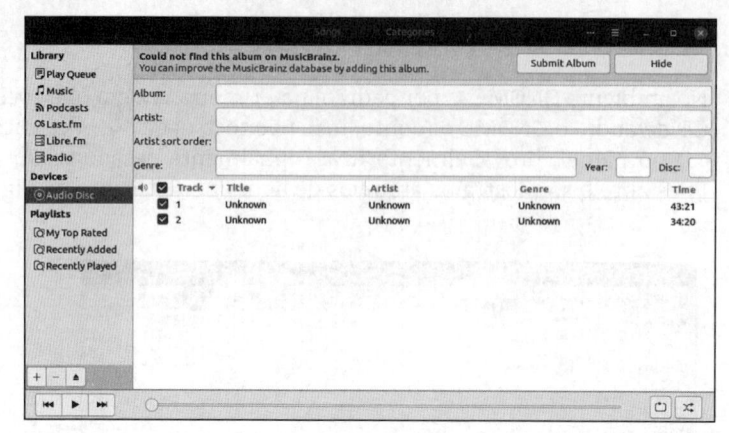

FIGURA 13-5:
Iniciando um CD de áudio com o Rhythmbox.

A interface Rhythmbox principal é bem simples. Ela lista as trilhas individuais do CD na janela principal junto com as informações básicas recuperadas. A barra de ferramentas na parte inferior da janela Rhythmbox fornece botões para as funções básicas esperadas para interagir com um CD player:

» **Play:** Inicia a trilha atual.

» **Previous:** Vai para a trilha anterior na lista de músicas.

» **Next:** Vai para a próxima trilha na lista de músicas.

» **Repeat:** Repete a trilha atual.

» **Shuffle:** Reproduz aleatoriamente as trilhas na lista de músicas.

» **Timeline:** Mostra o local atual da reprodução de áudio em relação à duração total da trilha.

» **Eject:** Remove o CD da bandeja.

DICA

Você pode minimizar a janela Rhythmbox e controlar a reprodução clicando com o botão direito no ícone Rhythmbox, no painel. O menu contextual aparece, permitindo reproduzir, parar ou ir para as trilhas anteriores ou seguintes.

KDE Plasma e CDs

Ao inserir um CD de áudio no ambiente KDE Plasma, o widget do painel Device Notifier aparece, pedindo para selecionar uma aplicação instalada para reproduzir o CD, como na Figura 13-6.

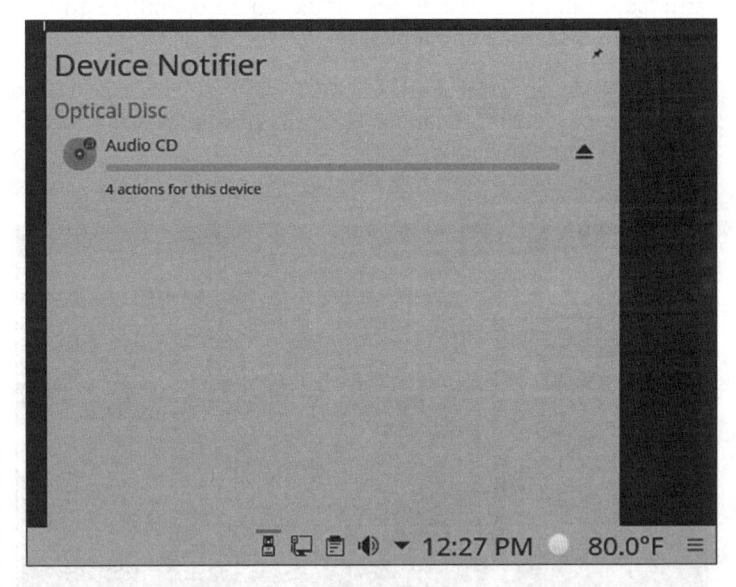

FIGURA 13-6: Widget do painel Notification no KDE Plasma.

O projeto KDE suporta várias aplicações diferentes de multimídia, portanto não há garantias de que certa aplicação esteja instalada em seu ambiente KDE Plasma; distribuições diferentes selecionam aplicações de reprodução diferentes. As mais comuns são:

- **Elisa:** Um leitor de música sem frescuras e simples.
- **Kaffeine:** Um leitor de música mais completo que já foi popular, mas perdeu interesse nos últimos anos.
- **KMPlayer:** Voltado para o mundo Windows, o KMPlayer tem uma versão Linux e é suportado pelo projeto KDE para usar no KDE Plasma.

Além das aplicações de áudio GNOME e KDE padrão, outras aplicações multimídia de código aberto são muito populares. Entre elas, a mais conhecida é VLC.

VLC ao resgate

A aplicação VLC é o canivete suíço das ferramentas multimídia. Pode lidar praticamente com qualquer tipo de mídia removível, arquivo de mídia com áudio ou vídeo, ou até recuperar um arquivo de mídia com áudio e vídeo diretamente na internet usando uma URL, e o reproduz. Devido à sua versatilidade, muitas distribuições Linux (como openSUSE) o instalam como sua ferramenta multimídia padrão.

No openSUSE, ao inserir um CD de áudio e selecionar VLC no widget do painel Device Notifier, a janela VLC principal aparecerá pronta para reproduzir o CD como na Figura 13-7.

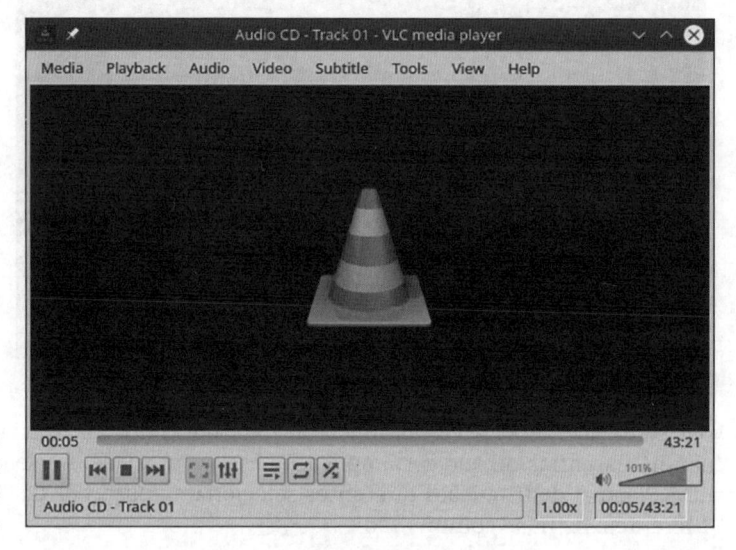

FIGURA 13-7: Janela principal do VLC.

Como seria de esperar, ela tem todas as interfaces padrão para reproduzir um CD, junto com um cursor de controle do volume.

É provável que você também tenha notado que, como o Rhythmbox, o VLC acessa a internet para recuperar os nomes do álbum e das trilhas (se você tem conexão com a internet). É muito mais interessante ver a interface VLC que uma caixa de som!

Ouvindo as Músicas Baixadas

Baixar música da internet é divertido. Mas atualmente há inúmeras complexidades de copyright e licenças na web. Muitas pessoas fingem ser legal e ético baixar qualquer arquivo de música encontrado na internet, quando na verdade costuma ser roubo, dependendo de onde a música foi obtida. A ética é por sua conta.

Uma fonte de músicas legalizadas é o site de cada artista. Muitos artistas populares oferecem amostras gratuitas e os novos artistas oferecem suas músicas de graça para baixar, e assim conquistam seguidores. Nesses casos, você é mais do que bem-vindo para baixar e ouvir!

Como já deve saber, o programa usado para ouvir e baixar música depende do seu ambiente de trabalho. Esta seção examina o Amarok para o ambiente KDE Plasma e vê como o Rhythmbox pode ajudar em um ambiente GNOME 3.

OUTRA CONTROVÉRSIA DO MP3

Dependendo de onde você vive, talvez tenha que se preocupar com a legalidade de conseguir processar o arquivo MP3 em si sem licença. O formato do arquivo de áudio MP3 é um padrão criado por vários desenvolvedores durante anos. Devido a esse processo estranho, várias empresas pediram e tiveram a concessão de patentes da tecnologia MP3 em diversos países inúmeras vezes. Com o tempo, cada empresa diferente recorreu com sucesso aos tribunais, processando qualquer pacote de software que usasse a tecnologia MP3 sem licença.

Por isso, o ponto de vista da maioria das distribuições Linux foi o de não permitir bibliotecas nem players MP3 nos repositórios de software padrão. Mas essas patentes expiraram (em grande parte) e na maioria dos países (inclusive nos EUA) é legal ler e processar um arquivo MP3 sem licença. Por causa disso, algumas distribuições Linux agora instalam bibliotecas MP3 por padrão, já outras têm uma opção para adicioná-las durante o processo de instalação (veja o Capítulo 3). Grande parte dos pacotes de software que reproduz arquivos de áudio agora verifica se as bibliotecas MP3 estão instaladas e, se não, eles não fornecem a opção para ler os arquivos MP3.

STREAMING VERSUS DOWNLOAD

Devido à popularidade da internet com banda larga doméstica, às estações de rádio da internet e ao streaming de música, os serviços tiveram uma popularidade explosiva. Com os serviços Google, Amazon, Spotify, Pandora e muitos outros, você pode (legalmente) ter uma biblioteca inteira de músicas disponível. Mas só tem direito a ouvir a música via streaming ou possivelmente baixar de modo temporário o arquivo de música para um leitor específico, não exportar o arquivo para usar em outros programas. Os serviços que permitem comprar e baixar arquivos de música salvam esses arquivos como arquivos de áudio reais, que você pode usar em qualquer leitor. Cuidado com o tipo de serviço de streaming assinado!

Amarok

No mundo KDE Plasma, o rei da reprodução de áudio é o pacote Amarok. Muitas distribuições Linux o instalam por padrão e, se não, em geral está disponível no repositório de softwares de distribuição (veja o Capítulo 15) com uma instalação fácil.

Ao inicializar pela primeira vez o Amarok, ele pedirá para escanear a pasta Music em sua hierarquia de pastas Home por padrão, procurando arquivos de áudio para adicionar à sua biblioteca playlist. Se você tiver outros locais onde armazenou seus arquivos de música, siga estas etapas:

1. Na barra de menus no Amarok, escolha Settings ⇨ Configure Amarok.
2. Na caixa de diálogo Configure, clique no ícone Local Collection à esquerda.

    A tela Configure Local Collection aparece, como na Figura 13-8.

FIGURA 13-8: Tela Local Collection do Amarok.

3. Na janela Collection Folders, selecione a(s) pasta(s) onde você tem arquivos de música armazenados clicando na caixa de seleção ao lado do nome da pasta. Clique nos ícones de seta para expandir ou diminuir as pastas.

4. Marque as caixas de seleção para Scan Folders Recursively e Watch Folders for Changes.

   Isso assegura que qualquer arquivo de música nova salvo será adicionado à biblioteca playlist do Amarok.

5. Clique em OK para terminar de importar sua coleção e sair da tela Configure.

   A tela Amarok padrão é aberta, como na Figura 13-9.

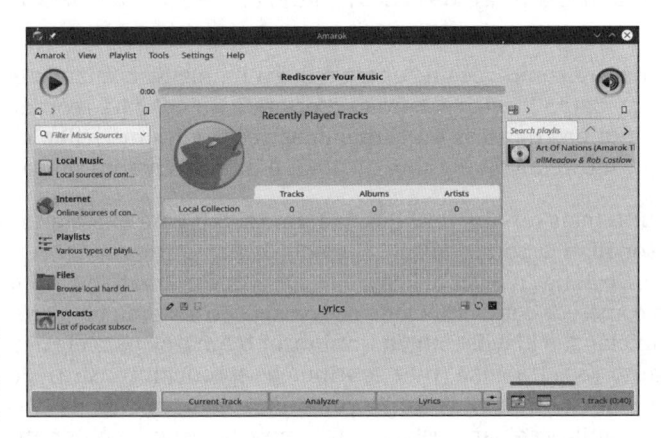

FIGURA 13-9: Tela principal do Amarok.

À esquerda da janela Amarok há uma coleção de guias. O que você vê pode ser diferente, dependendo dos arquivos de áudio que o Amarok encontrou no sistema. Cada guia fornece certo segmento de funcionalidade e pode mudar a interface à esquerda da playlist. As guias mostradas em minha configuração, de cima para baixo, são:

» **Local Music:** Mostra a coleção de músicas encontrada escaneando seus diretórios (a partir dos fornecidos no processo de configuração), assim como um CD de áudio se você inseriu um. Acima da listagem, clique no botão Edit Filter para escolher os recursos, tais como: se a coleção é organizada por grupo, álbum etc. É possível pesquisar rápido uma música específica inserindo-a na caixa de texto da pesquisa.

» **Internet:** Se você tem conexão de internet, o Amarok permite conectar estações de rápido populares que fornecem streaming de áudio, pesquisar gravações de livro e áudio para comprar online ou ouvir podcasts.

- **Playlists:** É onde você classifica sua biblioteca de músicas. Como as playlists nos leitores de áudio populares do Mac ou do Windows, você pode criar playlists para organizar suas opções para ouvir, então acessá-las para reproduzir. A categoria Dynamic Playlists está sempre mudando. A playlist dinâmica Random Mix, por exemplo, escolhe uma música aleatória em sua coleção e continua escolhendo conforme você ouve. Saved Playlists são as playlists criadas e salvas. As Automated Playlists permitem criar um filtro para corresponder às músicas com base em gênero, artista ou grupo. Qualquer música adicionada à biblioteca que corresponde ao filtro é adicionada à playlist!
- **Files:** Navegue seu sistema de arquivos para encontrar músicas individuais que deseja clicar e arrastar para a playlist.
- **Podcasts:** Uma lista de podcasts nos quais você se inscreveu. Clique no botão Add Podcast para especificar o local do podcast e o Amarok fará o resto.

Não importa como você recupera música na playlist, quando estiver nela, clique no botão Play à esquerda superior do painel para reproduzir a playlist inteira das músicas ou clique duas vezes em uma trilha específica na playlist. Ajuste o volume com o cursor à direita superior do painel.

Há muito mais no Amarok. Reserve um tempo para explorar a ferramenta e personalize-a como quiser. Quando fechar o programa, será exibido o widget Docking In System Tray. Ele avisa que o Amarok continua em execução e aparece como um ícone na bandeja do sistema no painel. Isso permite iniciar sua playlist, então minimizar o Amarok para ele não atrapalhar enquanto você trabalha (mas continua a reproduzir música). Se realmente quiser sair do Amarok, escolha Amarok ➪ Quit em vez de clicar no X no canto da aplicação para fechar o programa. Se deixar o programa no painel, poderá abri-lo a qualquer momento clicando no pequeno ícone de lobo.

DICA

Se você ouve seus arquivos de áudio digital usando um leitor de áudio digital móvel ou um smartphone, conseguirá usar o Amarok para interagir com seu leitor. O Amarok pode detectar os leitores digitais conectados na porta USB e cria uma guia Device nessa seção com guias. Selecione a guia para ver se o Amarok pode interagir com seu dispositivo!

Rhythmbox revisitado

A ferramenta mais popular para reproduzir arquivos de áudio no ambiente GNOME 3 é o Rhythmbox. Certo, a mesma ferramenta que reproduz CDs de áudio também pode reproduzir arquivos de áudio.

Por padrão, a área principal da biblioteca Rhythmbox é a pasta Music sob a pasta Home. Ao selecionar o link Music na seção Library da página principal, o Rhythmbox exibe os arquivos encontrados na biblioteca. Assim como o Amarok, você consegue criar playlists para agrupar arquivos específicos.

CUIDADO: Se tentar reproduzir um arquivo de áudio para o qual sua distribuição Linux não tem um codec (como arquivos MP3), será exibida uma mensagem de aviso, talvez fornecendo um link para baixar e instalar um codec para esse tipo de arquivo de música.

Ouvindo Rádio na Internet

Em grande parte, ouvir rádio na internet é moleza no Linux, a menos que você queira ouvir streamings nos formatos do Windows. As opções de software que a maioria das pessoas escolhe para o rádio na internet usando o Linux são Rhythmbox para GNOME 3 e Amarok para KDE Plasma (parece familiar?).

Para encontrar as estações pré-programadas no Rhythmbox, selecione a entrada Radio na seção Library. Você terá uma boa lista de estações de rádio gratuitas na internet de vários gêneros para ouvir.

Se estiver usando o Amarok, terá um pouco de trabalho para conseguir ouvir rádio na internet. O Amarok executa esse recurso usando plug-ins. Para ativar o plug-in de rádio Internet no Amarok, siga estas etapas:

1. **Inicie o Amarok a partir do lançador de aplicações escolhendo Multimedia ⇨ Amarok.**

2. **Escolha Settings ⇨ Configure Amarok.**

   A caixa de diálogo Configure aparece.

3. **Clique no ícone Plugins à esquerda.**

4. **Selecione o plug-in desejado na seção Internet Services.**

   Alguns serviços são gratuitos, mas requerem criar uma conta no site deles. Se for preciso, o Amarok fornece um lugar para especificar as informações da conta de usuário.

5. **Clique em OK para adicionar o plug-in ao Amarok.**

   Seu novo plug-in aparece na parte inferior da pasta Radio Streams.

Para ouvir a estação, clique duas vezes na lista. Você deverá ver as opções da estação exibidas na janela à direita. Selecione uma opção para ouvir a estação.

Extraindo Trilhas dos CDs

Este é outro tópico impossível de cobrir sem, pelo menos, reconhecer as questões éticas e legais envolvidas. Não entrarei nas legalidades aqui, mas minha ética pessoal é que não tem problema extrair (copiar) música dos meus CDs para meu uso pessoal. Se quero pegar minhas músicas favoritas nos CDs que comprei e configurei para ouvi-las juntas em uma playlist aleatória no disco rígido do meu PC, não vejo problemas (mas você deve verificar as leis de seu país). Porém, fazer isso e pedir reembolso do CD ou dar o CD a um amigo, em minha opinião, é roubo.

Dito isso, para extrair trilhas dos seus CDs no Linux é preciso usar um dos pacotes de software populares. Você já viu como o Rhythmbox pode extrair CDs de áudio, portanto nesta seção mostro outro pacote popular: Sound Juicer.

O pacote Sound Juicer está disponível na maioria das distribuições Linux, inclusive o Ubuntu e o openSUSE. Se você não o vir na área multimídia do sistema de menus, basta usar os métodos explicados no Capítulo 15 para instalar.

Após ter o Sound Juicer, é fácil extrair músicas de um CD de áudio:

1. **No ambiente KDE Plasma, escolha Applications ⇨ Multimedia ⇨ Sound Juicer CD Extractor. No lançador de aplicações GNOME 3, encontre o ícone Sound Juicer.**

    O Sound Juicer inicia, exibindo as trilhas no CD (veja a Figura 13-10). Se sua estação de trabalho estiver conectada à internet, também exibirá o álbum e os títulos das trilhas, se disponíveis.

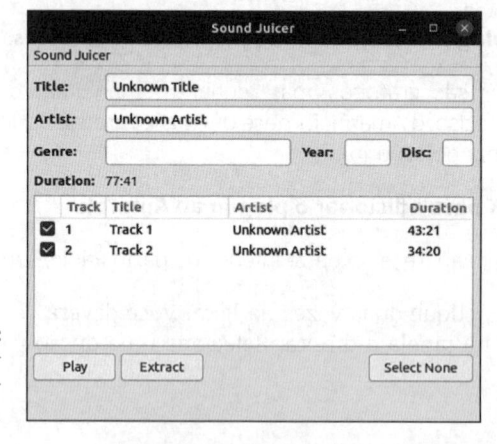

FIGURA 13-10: Sound Juicer CD Extractor no Ubuntu.

2. **Para cada música que você não deseja extrair, desmarque a caixa de seleção ao lado dela.**

A marca desaparece de cada música que você não deseja digitalizar.

3. **Escolha Sound Juicer ⇨ Preferences.**

   Aparece a caixa de diálogo Preferences, como na Figura 13-11.

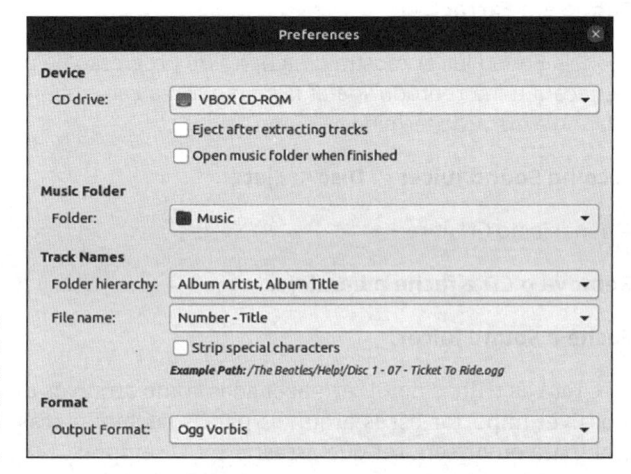

FIGURA 13-11: Caixa de diálogo Preferences do Sound Juicer.

4. **Selecione o formato de som preferido na caixa de lista suspensa Output Format.**

   Se você tem espaço limitado, Ogg Vorbis (`.oga`) é uma boa escolha, no sentido de que fornece uma compressão superior com perda mínima da qualidade do áudio. Mas, se pretende copiar seus arquivos de música para um leitor de música portátil, selecione o formato MP3, pois é o mais reconhecido. Se quer uma qualidade melhor para seu sistema de som doméstico, escolha FLAC (`.flac`), que é outro formato aberto, mas sem perda na qualidade do som. Por isso, os arquivos de áudio FLAC são geralmente muito maiores em tamanho.

5. **Clique na caixa de lista suspensa Folder para escolher onde deseja salvar seus arquivos de música.**

   Se o local que deseja usar não estiver listado, selecione Other e vá para a pasta que quer usar.

6. **Na seção Track Names, selecione como deseja que o Sound Juicer nomeie e organize os arquivos nos subdiretórios.**

7. Note as caixas de seleção para ejetar automaticamente o CD após extrair e abrir a pasta Music após a extração. Faça qualquer seleção escolhida para essas situações.

8. Quando terminar de fazer as alterações, feche a janela.

9. Clique em Extract.

    A janela Sound Juicer mostra uma barra de progresso na parte inferior e destaca a trilha reproduzida atualmente. Uma caixa de diálogo aparece quando a extração termina.

10. Escolha Sound Juicer ⇨ Disc ⇨ Eject.

    A bandeja do CD abre.

11. Remova o CD e feche a bandeja.

12. Feche o Sound Juicer.

Agora você tem as trilhas do CD armazenadas como arquivos de áudio digitais. É possível importar esses arquivos para suas bibliotecas Rhythmbox ou Amarok para ouvir sem ter que arrastar o CD sempre!

Gravando CDs e DVDs de Áudio

Veja a seguir como usar as aplicações Brasero e K3b para criar CDs e DVDs de dados para armazenar dados importantes em um local seguro. Mas os dois pacotes têm uma opção que permite criar CDs de áudio a partir de arquivos de música digitais.

Usando o Brasero

Para criar um CD de áudio usando o Brasero, siga estas etapas:

1. No ambiente GNOME 3, clique no lançador de aplicações, encontre o ícone Brasero ou comece a digitar o nome da aplicação na caixa de texto Search.

    É exibida a janela principal Brasero, como na Figura 13-12.

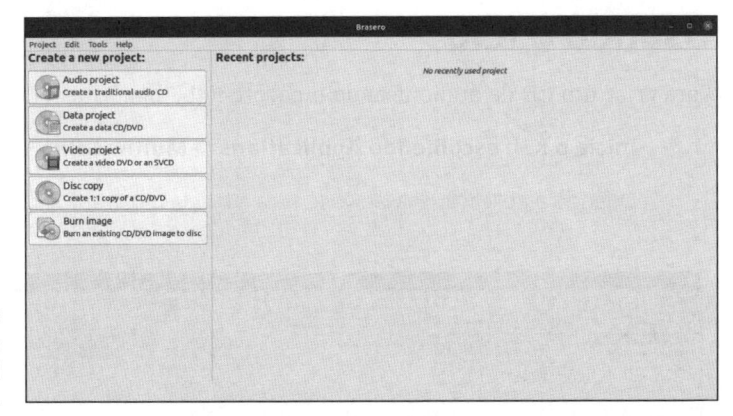

FIGURA 13-12:
Janela principal Brasero.

2. **Clique no ícone Audio Project.**

   A janela New Audio Disc Project aparece.

3. **Arraste e solte os arquivos de música de uma janela Files na janela Audio Project ou clique no ícone + para ir para um arquivo e selecione-o.**

   Os arquivos de áudio aparecem na janela, como na Figura 13-13. Arraste e solte os arquivos para recolocá-los em ordem no CD.

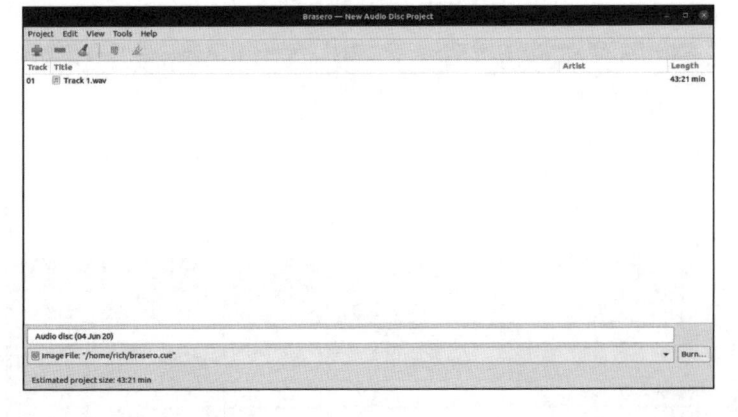

FIGURA 13-13:
Adicionando arquivos de áudio para gravar no CD no Brasero.

4. **Quando tiver os arquivos reunidos, clique em Burn para criar o CD de áudio.**

   Agora você pode reproduzir o CD de áudio em sua aparelhagem favorita (sim, é uma referência antiga dos anos 1980)!

CAPÍTULO 13 **Lidando com Áudio** 269

Usando o K3b

Para criar um CD de áudio usando o pacote K3b, siga estas etapas:

1. **Inicie o K3b escolhendo Applications ⇨ Multimedia ⇨ K3b.**

Quando a aplicação iniciar, você verá a janela mostrada na Figura 13-14.

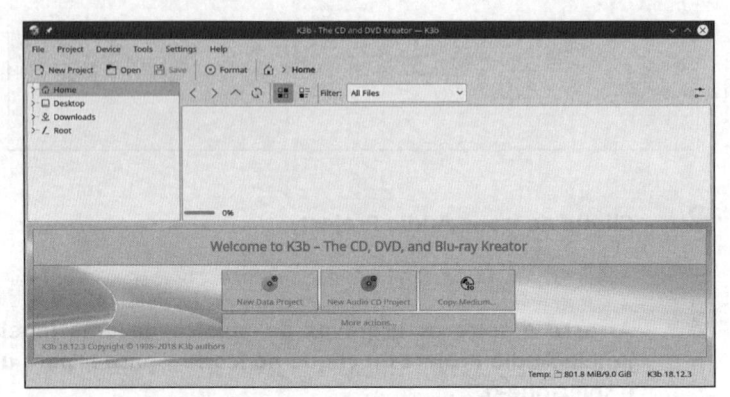

FIGURA 13-14:
Gravador de CD e DVD do K3b.

2. **Clique na opção New Audio CD Project na página K3b principal.**

A janela Audio CD (veja a Figura 13-15) aparece.

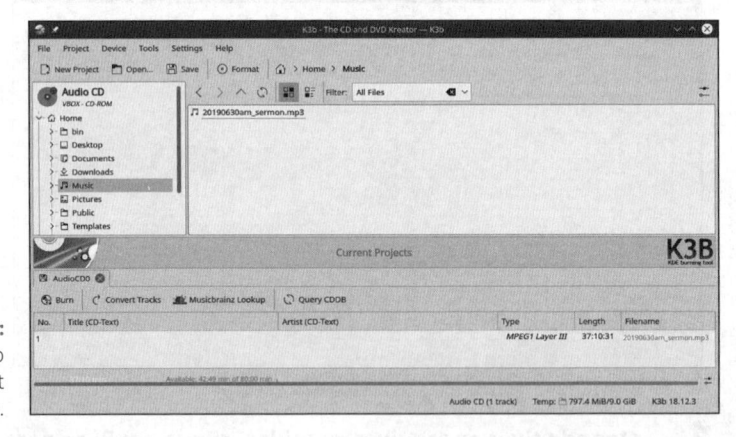

FIGURA 13-15:
Janela Audio CD Project do K3b.

3. **Na seção superior, clique no botão da pasta e vá para os arquivos que deseja gravar no CD.**

4. **Arraste e solte os arquivos para gravar na seção inferior da página.**

   Conforme arrasta os arquivos para a seção inferior, a barra de status abaixo aumenta, mostrando quanto espaço resta no CD.

5. **Quando terminar, clique no botão Burn na seção inferior.**

   A caixa de diálogo Audio Project abre, como na Figura 13-16.

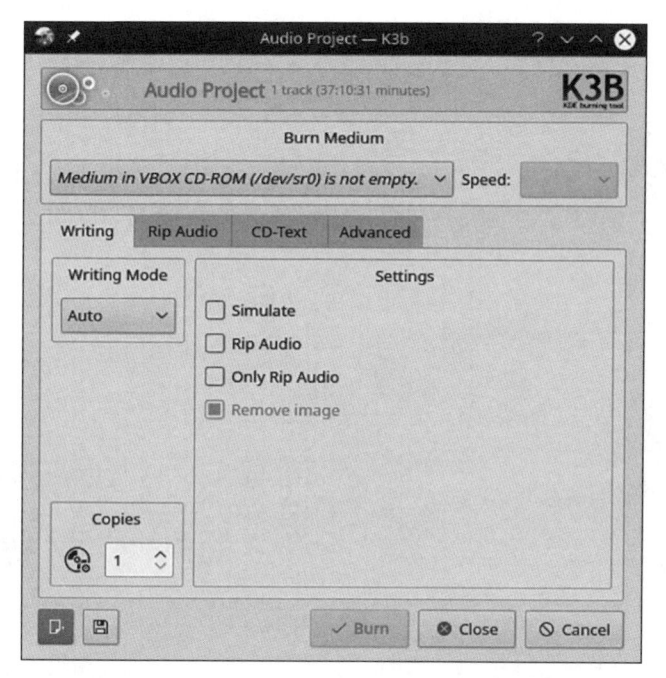

FIGURA 13-16: Caixa de diálogo Audio Project do K3b.

6. **Insira um CD em branco, selecione o número de cópias que deseja (se necessário) e clique no botão Burn.**

   O processo de gravação começa a copiar os arquivos de áudio digitais para o CD como arquivos de áudio analógicos.

7. **Retire o novo CD da unidade e clique em Close para fechar a caixa de diálogo com as informações da gravação. Clique em Close novamente para fechar a caixa de diálogo principal de gravação.**

Após concluir o processo de gravação, em geral é uma boa ideia rotular o CD; nem sei dizer quantos CDs sem identificação tenho por aí! Agora, você pode colocar seu CD de áudio em qualquer leitor de CD e ouvir os arquivos baixados!

> **NESTE CAPÍTULO**
>
> » Assistindo a vídeos online e baixados
>
> » Assistindo a DVDs
>
> » Criando e modificando gráficos poderosos com GIMP
>
> » Jogos em 3D

Capítulo **14**

Lidando com Vídeo e Gráficos

Não há dúvidas de que o vídeo é uma área que o Linux vem tentando acompanhar. Os sistemas Linux originais nem tinham suporte para um ambiente estilo Windows! No início do Linux, era quase impossível exibir tipos de vídeo, que dirá usá-los para reproduzir filmes ou jogos gráficos de ponta para computadores.

Por sorte, hoje as coisas são muito diferentes. Não existem muitas coisas que seu computador Linux não pode fazer no mundo dos vídeos (a menos, claro, que seja ilegal; mais sobre isso posteriormente). Neste capítulo, examino as capacidades gráficas e de vídeo do seu PC Linux.

Assistindo a Vídeos na Web

A internet se tornou um ponto central para qualquer tipo de conteúdo de vídeo que se pode imaginar (e até o que não se imagina). Desde clipes bobos no YouTube até vários serviços de streaming, como Netflix, há muitos sites para mantê-lo entretido.

Seu sistema Linux tem a capacidade, via navegador Firefox (veja o Capítulo 10), de exibir muitos tipos diferentes de streaming em vídeo, mas infelizmente nem todos por padrão.

Suporte de vídeo do Firefox

Tentar navegar no labirinto de formatos de vídeo usados na internet pode deixá-lo tonto. O problema é resultado da quantidade incrível de dados que devem ser usados para apresentar um vídeo. Um único quadro de vídeo com alta definição com resolução 1920 x 1080 requer 8.294.000 bytes de armazenamento. Um vídeo típico usa 30 quadros por segundo, portanto um videoclipe de 1 minuto exigiria 1.39GB de armazenamento!

Devido aos requisitos de tamanhos enormes para os arquivos de vídeo brutos, grupos diferentes desenvolveram técnicas diferentes de compressão de vídeo para tornar os arquivos de vídeo mais gerenciáveis. Infelizmente é onde começam os problemas. Cada organização lança suas técnicas de compressão e formatos usando esquemas de licença variados. Para exibir todos os diferentes formatos de vídeo, um pacote de software precisa estar em conformidade com toda a licença requerida.

Para os vídeos incorporados nas páginas web, o padrão HTML5 suporta três formatos de vídeo compactado principais:

> » **MPEG4:** Um formato de compressão de vídeo patenteado usando o algoritmo de compressão de vídeo H.264 (também pode ser chamado de formato H.264). MPEG4 é um formato patenteado que requer licença. Mesmo que seja o formato de arquivo mais popular usado na internet, o Firefox não inclui um decodificador para ele por padrão, mas há um plug-in.
>
> A maioria das distribuições Linux inclui o plug-in Cisco H.264 que suporta a reprodução de vídeos MPEG4 nas páginas web. Se sua distribuição não o inclui, instale-o você mesmo; vá para o Capítulo 10 para ter instruções.

» **WebM:** Um padrão de compressão de vídeo adquirido pelo Google e lançado para usar como um padrão na internet. O formato de vídeo WebM não requer licença para usar (é um padrão de vídeo aberto), portanto, o Firefox inclui um decodificador para ele.

» **Ogg:** Um padrão de vídeo de código aberto mantido pela Xiph.Org Foundation. Como no WebM, Ogg é um padrão de vídeo aberto e não requer licença, portanto também há um decodificador no Firefox para ele.

Verifique com facilidade para ver quais plug-ins já estão instalados em sua configuração Firefox em Add-ons Manager. Escolha o item Plugins, na Figura 14-1.

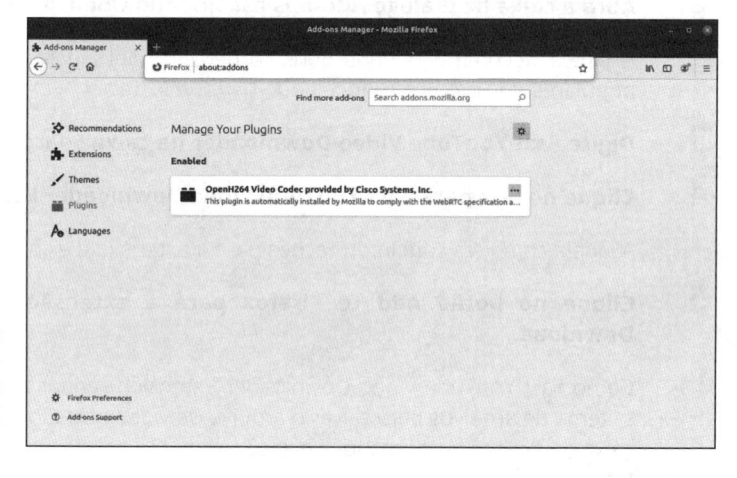

FIGURA 14-1:
Área Add-ons Plugins do Firefox no Ubuntu.

DICA

Tecnicamente, embora gratuito, o plug-in Cisco H.264 é um software com licença, portanto algumas distribuições Linux não o instalam por padrão. Outras (como Ubuntu e openSUSE) têm uma opção na instalação sobre se é para instalar o software com licença. Se você não selecionou essa opção, há uma boa chance de que o plug-in Cisco H.264 não foi instalado no Firefox. Verifique sua distribuição Linux específica sobre como instalar esses componentes licenciados após a instalação inicial.

Mais suporte de vídeo

Se você lembra do Capítulo 10, o Firefox também suporta um recurso chamado *Extensions* (Extensões), que são pequenas aplicações que fornecem recursos extras ao seu navegador Firefox. Se você busca mais suporte de vídeo ou apenas recursos de vídeo elegantes, há muitas extensões para ajudar. O site oficial do Mozilla para Extensions é `addons.update.mozilla.org`. Você também pode navegar as extensões diretamente na caixa de diálogo Add-ons do Firefox.

Uma de minhas extensões favoritas é Fast YouTube Video Downloader, que permite salvar o conteúdo de streaming incorporado a partir do YouTube como um arquivo de vídeo no PC. Veja o que é preciso fazer para carregar e instalar:

1. **Abra Firefox no ambiente de trabalho.**

    Você pode iniciar o Firefox clicando no ícone Firefox no menu da aplicação KDE Plasma ou no painel GNOME 3.

2. **Abra a caixa de diálogo Add-ons escolhendo Open ➪ Add-ons.**

    A janela Recommendations abre, fornecendo links para as extensões populares do Firefox que você pode baixar e instalar.

3. **Digite Fast YouTube Video Downloader na caixa Search.**

4. **Clique no link para Fast YouTube Video Downloader Extension.**

    A janela completa com informações para a extensão é exibida.

5. **Clique no botão Add to Firefox para a extensão Fast Video Download.**

    Como Fast YouTube Video Downloader Extension requer acesso ao seu sistema de arquivos para salvar o arquivo de vídeo baixado, aparece uma caixa de diálogo perguntando se você realmente deseja instalar, como na Figura 14-2.

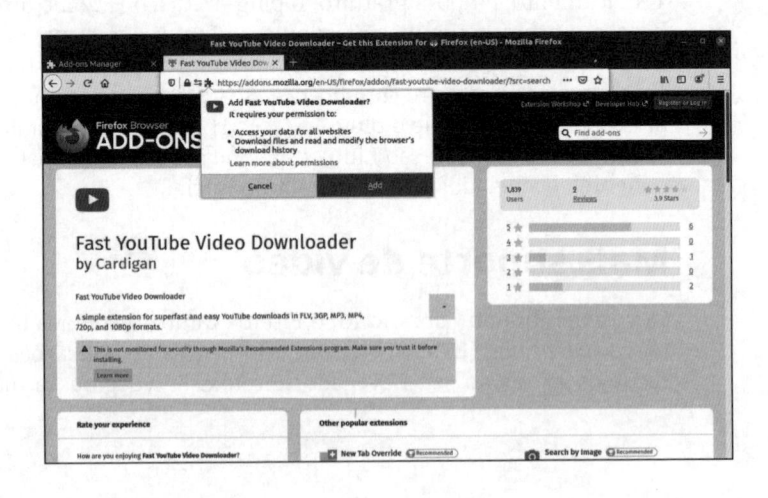

FIGURA 14-2: Instalando Fast YouTube Video Downloader Extension no Firefox.

6. **Clique no botão Add para instalar a extensão.**

   Quando concluir, a caixa de diálogo Add-ons aparece, mostrando que a instalação foi bem-sucedida.

7. **Reinicie o Firefox para a nova extensão funcionar.**

Agora quando você for para uma página de vídeo do YouTube, haverá um novo botão Download As sob a janela de vídeo, como na Figura 14-3.

FIGURA 14-3: Fast YouTube Video Downloader Extension instalada.

Clique no botão para ver uma lista de formatos de vídeo para como baixar o vídeo (baixe até apenas a trilha de áudio, se disponível). Clique no formato desejado e o download inicia. Você pode ver o status do download no ícone de status do download Firefox na barra de ferramentas.

Vendo Arquivos de Filme

Com a popularidade dos gravadores de vídeo digitais, é comum receber um videoclipe do balé de sua sobrinha em um e-mail ou em um site de compartilhamento de arquivos (só tenha cuidado para saber se esse site é legal). Esses arquivos costumam ser armazenados em vários formatos de vídeo:

» **AVI:** Audio Visual Interleave, um formato de vídeo padrão suportado pela maioria dos pacotes de software de vídeo.

» **DivX:** Um formato de compressão de vídeo AVI patenteado que deve ser licenciado para funcionar no Linux.

» **MPG:** Formato padrão Moving Pictures Experts Group (mpeg). Inclui os formatos MPEG e MPG.

CAPÍTULO 14 **Lidando com Vídeo e Gráficos** 277

- **WMV:** Formato Windows Media Video, patenteado da Microsoft.
- **RM:** Formato de vídeo patenteado RealNetworks. Requer o leitor de vídeo RealOne.
- **MOV (e QT):** Formatos de vídeo Apple QuickTime patenteados.

Para assistir aos filmes, você precisa de uma aplicação para ler. Alguns leitores de vídeo estão disponíveis no Linux. Qual leitor sua distribuição Linux usa por padrão depende em grande parte do seu ambiente de trabalho, embora existam alguns ótimos leitores com versões para todos os ambientes. Esta seção examina os leitores de vídeo mais populares do Linux.

Videos do GNOME

O leitor de arquivo de vídeo padrão no ambiente GNOME 3 é Videos. No Ubuntu é possível iniciar Videos clicando duas vezes em um arquivo de vídeo salvo ou iniciar a partir do lançador de aplicações selecionando seu ícone ou digitando seu nome na caixa de texto Search.

Assim como nos plug-ins de vídeo do Firefox, devido a restrições de licença, a instalação Videos padrão pode ter limites nos tipos de arquivo que pode reproduzir. Se você escolheu a opção para instalar um software de terceiros durante a instalação, Videos poderá reproduzir o tipo de arquivo de vídeo MPEG4 popular.

Ao iniciar um vídeo ou apenas abrir a janela Videos, aparece a janela de exibição principal, como mostrada na Figura 14-4.

FIGURA 14-4: Janela de exibição principal Videos do GNOME.

Se abrir Videos sem especificar um arquivo de vídeo, a janela Videos exibirá uma playlist mostrando ícones para os vídeos recém-reproduzidos. Você adiciona novos vídeos à playlist clicando no ícone + na barra de ferramentas, o que fornece duas opções para carregar os filmes no visor Videos:

» **Add Local Video:** Abre um navegador de arquivos para localizar arquivos de vídeo em seu sistema e adicionar à playlist.

» **Add Web Video:** Exibe uma caixa de texto para inserir a URL de um vídeo encontrado na internet.

Você pode mudar algumas configurações usadas por Videos clicando no ícone Menu na barra de ferramentas e selecionando Preferences. Há três guias:

» **General:** Permite usar legendas a partir dos arquivos externos, selecionar a fonte para usar nas legendas e um botão para ativar/desativar plug-ins.

» **Display:** Define os recursos gerais da cor, como brilho, contraste, saturação e matiz.

» **Audio:** Define os recursos de áudio, como mono ou estéreo.

Depois de iniciar um vídeo, clique no botão Menu na barra de ferramentas para exibir uma lista de opções que você pode definir como reproduções de vídeo, por exemplo, definir a proporção para exibir o vídeo, ativar ou ativar as legendas do vídeo.

Dragon do KDE

A principal aplicação de leitor de vídeo do ambiente KDE Plasma é Dragon. Se sua distribuição não o instalar por padrão, encontre-o nos repositórios de software (veja o Capítulo 15).

Inicie o Dragon no menu Applications escolhendo Applications ⇨ Multimedia ⇨ Dragon. A Figura 14-5 mostra a janela Dragon principal.

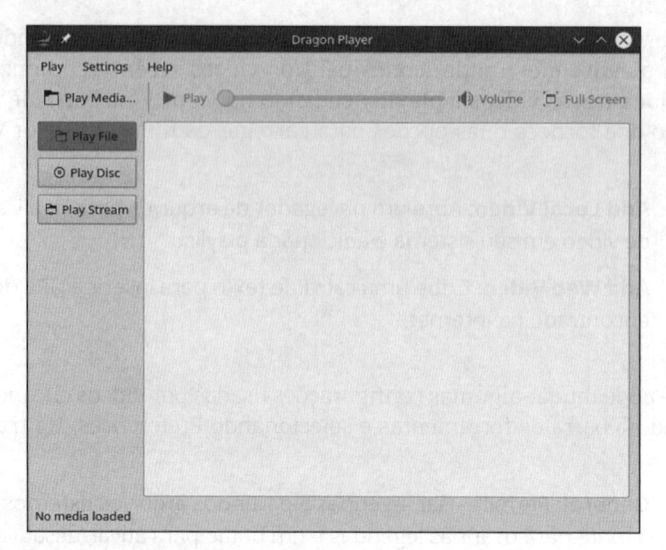

FIGURA 14-5:
Leitor de vídeo Dragon do KDE.

A barra de navegação à esquerda permite iniciar vídeos a partir de três tipos de fonte:

» **Files:** Abre um gerenciador de arquivos para ir para o arquivo de vídeo e reproduzir

» **DVDs:** Tenta detectar o local do DVD removível para reproduzi-lo

» **Streams:** Solicita uma URL para encontrar o vídeo e reproduzir a partir da internet

A barra de ferramentas de reprodução no Dragon fica no topo, acima da área de exibição. Nenhuma surpresa aqui; apenas os controles padrão para reproduzir ou pausar o vídeo. Mas você pode mudar quais controles exibir nessa barra escolhendo Settings ⇨ Configure Toolbars. Basta selecionar quais controles aparecem!

VLC

O Capítulo 13 explica como usar o leitor de multimídia VLC para reproduzir arquivos de áudio, mas o VLC também é ótimo como leitor de vídeo! O projeto VLC criou versões que funcionam praticamente em todo ambiente gráfico do Linux, portanto é comum vê-lo usado em muitas distribuições Linux (e é até o leitor de vídeo padrão no openSUSE).

A janela VLC principal, mostrada na Figura 14-6, não é muito empolgante.

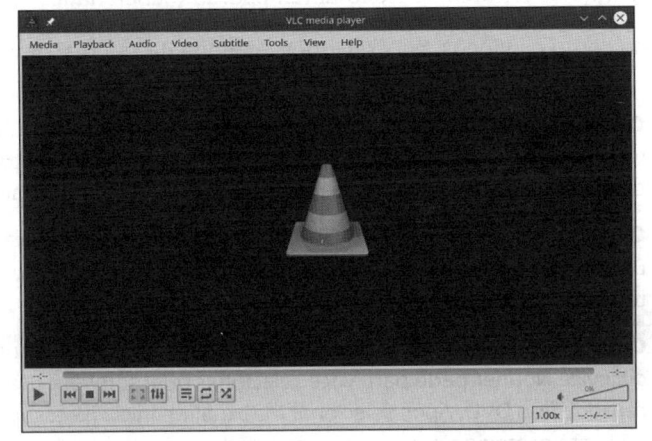

FIGURA 14-6:
Janela de exibição VLC principal.

A opção de menu Media permite selecionar um arquivo de vídeo em vários locais:

- » Abra um arquivo.
- » Abra vários arquivos simultaneamente.
- » Abra todos os arquivos contidos em um diretório especificado.
- » Reproduza um disco de DVD.
- » Abra um streaming de rede com uma URL.
- » Capture diretamente o vídeo a partir do dispositivo conectado (como uma filmadora).

Após ter aberto um arquivo de vídeo, os controles na parte inferior da janela VLC fornecem os controles padrão para reproduzir o vídeo.

Assistindo a DVDs

Assistir a um DVD no Linux é um imbróglio jurídico se você mora nos EUA. A lei DMCA (Digital Millennium Copyright Act) e outras questões dificultam que qualquer programa de código aberto navegue o labirinto de licenças relacionado aos filmes codificados ou protegidos de vários modos. Mas nem todos os DVDs têm contramedidas ativadas: há DVDs que os norte-americanos podem assistir no Linux sem problemas. (Note que usei *assistir*, não *copiar* ou *piratear*.)

LEMBRE-SE

Os DVDs criados pelo software de gravação de vídeo, como K3b ou Brasero, não incluem proteção de copyright, assim podem ser reproduzidos muito bem usando os leitores de vídeo Linux padrão mencionados aqui.

O modo como os vídeos são assistidos depende de sua distribuição:

» **O Ubuntu usa Videos.** Porém, como acontece ao exibir arquivos de vídeo, é preciso assegurar que as extensões do software de terceiros estejam instaladas para conseguir reproduzir DVDs comerciais.

» **O KDE usa o leitor de vídeo Dragon.** Fornece um botão para inicializar um vídeo a partir do DVD, mas também requer extensões do software de terceiros instaladas para reproduzir DVDs comerciais.

» **O openSUSE usa o leitor de multimídia VLC.** Após instalar um DVD, o Device Notifier pede para você selecionar qual software usar para reproduzir o DVD. Após selecionar VLC, o filme inicia (pressupondo que não está protegido e que você tem o codec correto instalado).

CUIDADO

Você pode ficar tentado a usar um pacote de software de gravação de DVD do Linux, como Brasero ou K3b, para copiar um DVD comercial; não faça isso. É ilegal copiar um DVD comercial que inclui proteção de copyright, mesmo para uso próprio.

Criando e Modificando Gráficos

O pacote de software *GIMP* é um programa gráfico considerado, de muitos modos, equivalente ao Adobe Photoshop. Muitos não o consideram o programa mais amistoso do planeta, mas, no mínimo, ele tem recursos suficientes para mantê-lo ocupado experimentando por semanas! Devido ao seu tamanho e ao uso especializado, a maioria das distribuições Linux não instala o GIMP por padrão. Você precisa usar um dos métodos descritos no Capítulo 15 para instalá-lo em sua distribuição Linux.

Após iniciar o GIMP, uma coleção de uma ou mais janelas aparece contendo a janela principal (veja a Figura 14-7), além de duas janelas de ferramentas extras. É possível fechar a janela direita que contém o seletor Paintbrush e as seções Layers. A janela Toolbox à esquerda e a janela principal são incorporadas juntas.

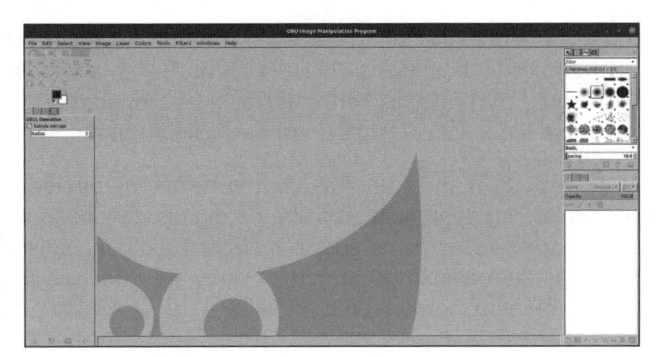

FIGURA 14-7:
Janela principal do GIMP no Ubuntu.

GIMP é um programa muitíssimo complexo, com livros inteiros escritos para pessoas que, de fato, querem usá-lo intensamente. Veja algumas coisas para começar.

Ferramentas básicas do GIMP

O bom do GIMP é que todas as ferramentas aparecem em janelas separadas, permitindo expor várias ferramentas conforme você desenha. A janela principal permite coordenar as diferentes janelas de ferramenta durante a edição da imagem.

O menu File permite abrir ou adquirir uma imagem com a qual trabalhar. O GIMP permite editar imagens de cinco fontes diferentes:

» Inicie uma nova imagem do zero em uma tela em branco.

» Carregue uma imagem existente de seu computador. O GIMP suporta todos os tipos padrão, como GIF, JPEG, TIFF etc.

» Recupere uma imagem de um local remoto na web.

» Recupere uma imagem de um scanner conectado ao computador.

» Produza uma imagem de captura do seu ambiente de trabalho ou uma janela da aplicação no ambiente.

Quando abrir a imagem, ela aparecerá na janela principal em uma área da janela de edição. Se você abrir mais de uma imagem por vez, cada uma será aberta em sua própria janela de edição. Esse recurso permite trabalhar em várias imagens ao mesmo tempo, sem ter que se mover entre elas em uma única janela.

A janela Toolbox contém todas as ferramentas de edição de imagens esperadas de um editor de imagens. A caixa de ferramentas consiste em ferramentas para selecionar as áreas da imagem; reorientar a imagem (por exemplo, virar); desenhar com lápis, pincel, tinta ou aerógrafo; preencher com cores e adicionar efeitos especiais básicos.

Para cada ferramenta selecionada, a seção inferior da janela Toolbox mostra as configurações detalhadas dela. Na Figura 14-8, a ferramenta pincel está selecionada, portanto, as configurações relacionadas ao pincel (como tamanho e opacidade da cor) aparecem na seção do meio.

Você também pode manter abertas configurações detalhadas para várias opções como janelas separadas. A barra de menus na janela principal permite selecionar os recursos de edição a abrir. Escolher Tools produz uma lista de janelas de ferramenta diferentes que você pode ter aberta em seu ambiente de trabalho, como na Figura 14-8.

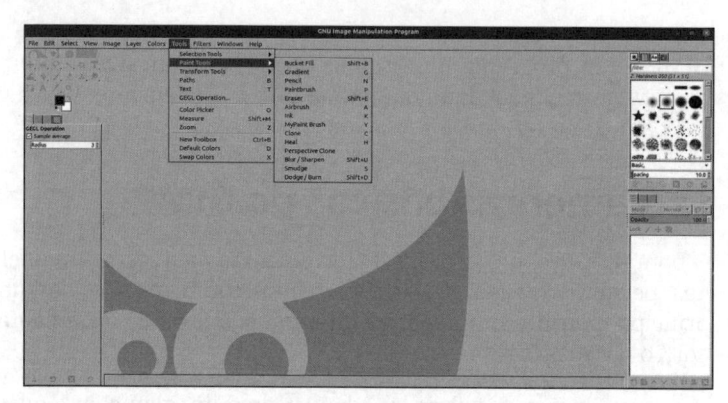

FIGURA 14-8: Lista de janelas Tools do GIMP.

Abaixo das ferramentas na janela Toolbox está uma área para selecionar as cores do primeiro e segundo planos (quadrados preto e branco). Clique duas vezes na área preta para definir a cor do primeiro plano e duas vezes na área branca para definir a cor do segundo plano da imagem. Ao lado está um ícone que permite mudar com facilidade a forma e o tamanho do instrumento de desenho.

Para demonstrar as habilidades do GIMP, na próxima seção mostro um trabalho em uma imagem de exemplo.

Capturando telas

Para obter uma imagem com a qual trabalhar, teste o recurso de captura de tela. Siga estas etapas para criar uma imagem de captura:

1. **Abra o GIMP a partir do lançador de aplicações clicando no ícone GIMP (ou como sua distribuição Linux o inicializa).**

2. **Na barra de menus GIMP, escolha File ⇨ Create ⇨ Screenshot.**

    A caixa de diálogo Screenshot aparece, como na Figura 14-9.

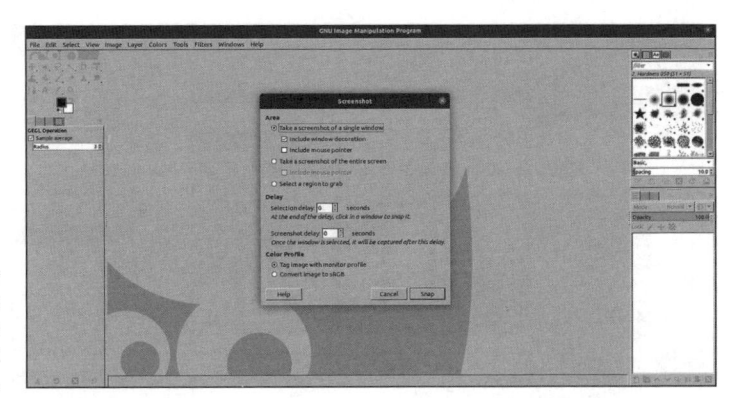

FIGURA 14-9:
Caixa de diálogo Screenshot do GIMP.

Você pode selecionar para capturar uma janela da aplicação ou o ambiente de trabalho inteiro. Também pode definir um atraso para quando o GIMP faz a captura, tendo tempo para configurar a janela como deseja antes de tirar sua foto.

3. **Clique no botão Snap para iniciar o processo de captura de tela.**

   Quando a captura for feita, o GIMP abrirá a imagem em uma janela de edição.

4. **Escolha File ⇨ Export As para salvar o arquivo de imagem.**

   Se você usar a opção Save As no menu File, o GIMP salvará a imagem no formato .xcf, que o GIMP usa para armazenar informações adicionais sobre a edição do arquivo. Para salvar a imagem usando um formato de imagem comum, use a opção de menu Export As. O GIMP permite salvar a imagem nos formatos mais comuns. Tudo o que você precisa fazer é colocar a extensão do formato de imagem correta no nome de arquivo (como .jpg, .tiff, .gif ou .bmp). Após clicar em OK, o GIMP poderá abrir outra caixa de diálogo solicitando opções específicas do tipo do arquivo de imagem com o qual salvou essa imagem.

Agora você salvou o arquivo de imagem e pode lidar com ele no GIMP.

Editando um arquivo de imagem

Agora abra o arquivo de imagem salvo e lide com os recursos de edição de imagem do GIMP.

1. **Escolha File ⇨ Open e selecione o arquivo de imagem salvo de uma captura de tela.**

   O GIMP abre a imagem em uma janela de edição, como mostrado na Figura 14-10.

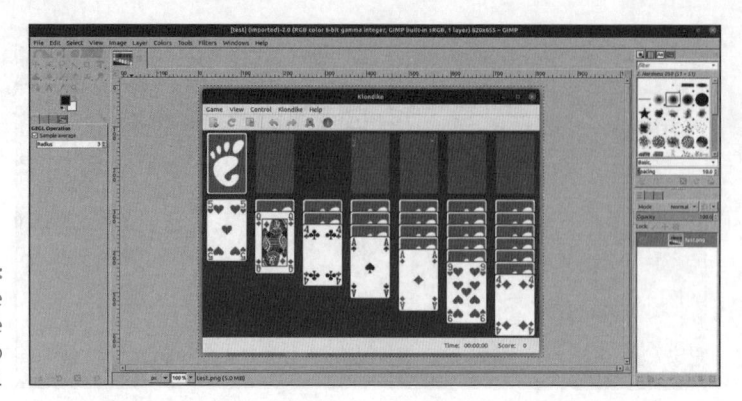

FIGURA 14-10:
Janela de edição de imagens do GIMP.

2. **Em Toolbox do GIMP, escolha uma das ferramentas de seleção (como a caixa retangular) e selecione uma área na imagem.**

3. **Ainda em Toolbox, escolha Rotate Tool.**

   A caixa de diálogo Rotate aparece, permitindo definir os detalhes da rotação ou você pode pegar a imagem e mover o ponteiro do mouse para girá-la. Conforme aumenta ou diminui o ângulo de rotação, você pode ver a área da imagem selecionada girar no editor. Quando chegar no local certo, clique no botão Rotate para definir a rotação.

4. **Continuando em Toolbox, selecione o instrumento de desenho escolhido (pincel, lápis etc.) e faça alguns rabiscos na imagem.**

   Por padrão, a cor do desenho é definida para preto. Para mudar, clique duas vezes na área do ícone do primeiro plano na caixa de ferramentas GIMP. A caixa de diálogo Change Foreground Color aparece, como na Figura 14-11.

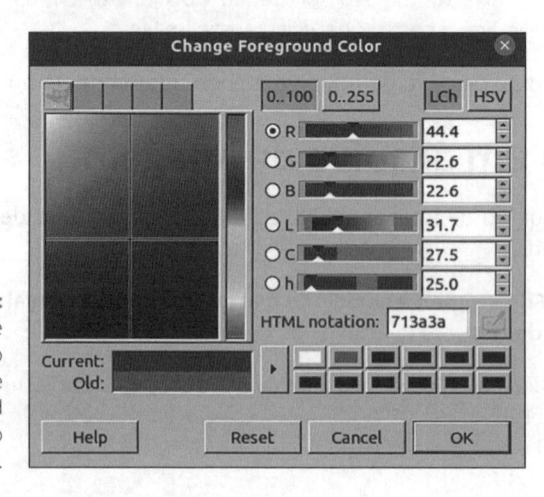

FIGURA 14-11:
Caixa de diálogo Change Foreground Color do GIMP.

Essa ferramenta fornece um modo fácil de selecionar a cor certa para seus desenhos. Você pode apontar e clicar em qualquer tonalidade de cor que procura.

5. **Salve sua criação com o mesmo nome de arquivo ou use outro nome para criar um arquivo de imagem separado.**

Isso é o básico. É provável que você pense que pode fazer o mesmo com algumas ferramentas não tão sofisticadas, como o Microsoft Paintbrush. Bem, você tem razão, de certa forma. Isso mostra como o GIMP pode ser simples para manipular imagens. Mas espere, tem mais. Acompanhe:

1. **Se você fechou seu arquivo de imagem, abra-o escolhendo File ⇨ Open para que fique em uma nova janela de edição de imagem.**

    A janela tem alguns truques próprios que você pode usar.

2. **Clique no item de menu Filters e selecione um efeito especial na lista de menus.**

    A seção Filters tem muitos efeitos especiais para aprimorar a aparência da imagem. A Figura 14-12 mostra o resultado do efeito Distorts ⇨ Whirl and Pinch.

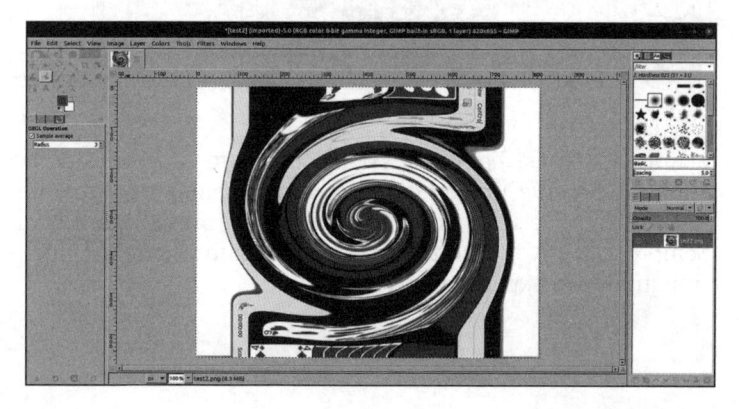

FIGURA 14-12: A imagem depois de aplicar o efeito Whirl and Pinch.

Agora você começa a ver o poder do GIMP. Mas espere, tem ainda mais.

Usando scripts do GIMP

Para as pessoas sem habilidades artísticas, o GIMP tenta ajudar o melhor que pode. Muitos artistas contribuíram com scripts para o GIMP, fornecendo mais efeitos especiais do que você verá em um filme de ação hollywoodiano.

O segredo dos efeitos especiais é conseguir encadear uma série deles para criar um efeito geral. O GIMP permite encadear os efeitos especiais usando uma linguagem de script. Fedora inclui as linguagens Python-Fu e Script-Fu do GIMP.

Os scripts Python-Fu e Script-Fu são acessíveis no menu Image. Cada script tem seu próprio conjunto de parâmetros que você pode definir para alterar o efeito dele. Como os scripts aplicam várias camadas de efeitos especiais em uma imagem, eles costumam levar um tempo para terminar.

Os scripts criados previamente e incluídos no GIMP produzem alguns efeitos bem surpreendentes. A Figura 14-13 demonstra o efeito Weave Script-Fu na imagem salva do ambiente de trabalho.

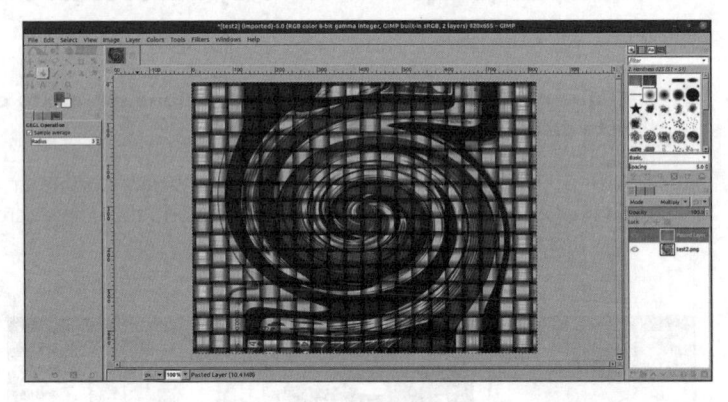

FIGURA 14-13: Imagem de exemplo depois de aplicar o efeito Weave Script-Fu.

É uma aparência bem profissional para um programa de código aberto simples! Reserve um tempo para experimentar os diferentes efeitos de script disponíveis no GIMP. Você ficará surpreso com a qualidade deles. Sempre é possível desfazer os erros escolhendo Edit ➪ Undo, então, fique tranquilo para experimentar.

Jogos em 3D

Um dos pontos fortes dos PCs Windows tem sido o suporte para videogames avançados. Esses jogos utilizam gráficos de ponta que normalmente requerem placas de vídeo em 3D especializadas para operar.

De novo, é outra área que o Linux nunca acompanhou o Windows, até agora. Dois revendedores de placas de vídeo em 3D maiores, ATI e NVIDIA, lançaram drivers Linux para seus produtos, permitindo que desenvolvedores de jogos entrem no mercado Linux.

Mas há uma condição. NVIDIA e ATI lançaram drivers binários Linux para suas placas de vídeo em 3D, mas não o código-fonte. Um verdadeiro sistema de código aberto deve incluir o código-fonte para todos os componentes incluídos. Isso causou um dilema nas distribuições Linux.

Para uma distribuição Linux, incluir drivers binários ATI ou NVIDIA viola o real espírito do software de código aberto. Mas, se uma distribuição Linux não fornece tais drivers, corre o risco de ficar atrás nas guerras da distribuição Linux e perder uma fatia do mercado.

Durante a instalação, o Ubuntu pergunta se você deseja instalar drivers de terceiros ou usar os drivers genéricos que ele fornece. Você pode verificar quais drivers seu sistema usa abrindo o lançador de aplicações e pesquisando Software & Updates (note que é diferente do programa Software Updater).

Após a caixa de diálogo Software & Updates abrir, clique na guia Additional Drivers para exibir qual driver o Ubuntu usa atualmente e se há outros drivers que você pode baixar.

Para o openSUSE, é preciso usar o programa de administração YaST para instalar qualquer driver de vídeo não padrão. No menu openSUSE, escolha Applications ➪ System ➪ YaST. Quando a janela YaST abrir, selecione a categoria Software nos ícones à esquerda, então, selecione Add-On Products.

Na janela Add-On Products, clique no botão Add, selecione Community Repositories e clique em Next. O YaST verifica os repositórios da comunidade, que contêm os drivers de hardware de terceiros necessários para sua exibição em 3D.

4
Iniciação para Administrador Júnior

NESTA PARTE...

Instale um novo software e mantenha o sistema Linux atualizado.

Faça tarefas básicas de administração do sistema, como criar e gerenciar contas do usuário, cuidar do sistema de arquivos, configurar a impressão etc.

Dispense a GUI e se torne um aficionado da linha de comando.

Agilize as tarefas comuns com automação.

Expanda o sistema Linux com um software virtual.

Saiba como manter o sistema Linux seguro.

> **NESTE CAPÍTULO**
>
> » Reconhecendo tarballs, RPMs e arquivos compactados
>
> » Criando tarballs e armazenamentos
>
> » Compactando arquivos
>
> » Abrindo tarballs, armazenamentos e arquivos compactados
>
> » Instalando e removendo RPMs

Capítulo **15**

Adicionando Software ao Linux

Sempre que você instala um novo SO, é preciso instalar aplicações para acompanhar. O Linux é um pouco diferente dos outros sistemas operacionais, no sentido de que a maioria das distribuições Linux instala um pouco de software por padrão, e, mesmo assim, em geral há outras coisas necessárias.

Nos velhos tempos, isso significava ter um DVD (ou muito tempo atrás, um conjunto de disquetes) para instalar novas aplicações. Se seu computador está conectado à internet, você não precisa mais lidar com DVDs! Este capítulo mostra os diferentes modos de instalar facilmente aplicações em seu novo sistema Linux.

Abrindo os Arquivos Baixados

Os mundos Linux e UNIX estão repletos de termos e acrônimos estranhos. Por exemplo, se alguém vem do nada e começa a falar sobre tarballs, é provável que você tenha uma imagem mental de bolas diferenciadas e estranhas. Sim, tarball é algo encontrado normalmente no mundo Linux, sobretudo ao buscar um software ou se você precisa economizar algum espaço. *Tarball* é um monte de arquivos (e possivelmente diretórios) colocados juntos em um arquivo de armazenamento usando um utilitário `tar`, então compactados com o utilitário `gzip`.

Por sorte, tudo o que você precisa saber é como clicar duas vezes em um arquivo para acessar os muitos formatos listados na Tabela 15-1. Ao fazer isso, o File Manager do ambiente de trabalho mostra o que existe dentro dele.

TABELA 15-1   Possíveis Formatos dos Arquivos Baixados

Extensão	Significado	Programa(s) Envolvido(s)
`.bz`	Forma mais antiga do .bz2.	`bzip`, `bunzip`
`.bz2`	Uma compressão mais lenta, porém mais eficiente, para alguns arquivos, como arquivos de texto.	`bzip2`, `bunzip2`
`.deb`	Todos os arquivos relacionados a uma aplicação reunida com um formato específico do Debian, utilizado no Ubuntu.	`dpkg`
`.gz`	Um arquivo compactado típico do Linux e do UNIX.	`gzip`, `gunzip`
`.xz`	Um método de compressão mais novo para Linux.	`xz`
`.iso`	Uma "imagem" de CD-ROM ou DVD-ROM, que é um arquivo com o conteúdo inteiro do CD ou do DVD. Você pode ter que informar ao software de gravação de CD ou DVD que esse arquivo é uma imagem para que ele saiba criar um CD ou DVD, em vez de apenas colocar uma cópia do arquivo na mídia.	Veja o Capítulo 3.
`.rpm`	Todos os arquivos relacionados a uma aplicação reunida com um formato designado pelo Red Hat e usada no openSUSE.	`rpm`
`.tar`	Muitos arquivos reunidos.	`tar`
`.tar.bz2`	Um *tarball*, que nesse caso é um arquivo .tar dentro de um arquivo .bz2.	`tar`, `bzip2`, `bunzip2`
`.tar.gz`	Um *tarball* tradicional, que é um arquivo .tar dentro de um arquivo .gz.	`tar`, `gunzip`, `gzip`

Extensão	Significado	Programa(s) Envolvido(s)
.tgz	Um *tarball* tradicional, que é um arquivo .tar dentro de um arquivo .gz.	tar, gunzip, gzip
.Z	Um arquivo compacto no antigo estilo UNIX.	compress, uncompress
.zip	O arquivo .zip do Windows.	zip, unzip

Embora a Tabela 15-1 mencione SOs, ela não tem regras rígidas. As pessoas costumam usar qualquer programa com o qual se sentem confortável, não importando o SO que têm.

LEMBRE-SE

WinZip (www.winzip.com) pode lidar com os arquivos .gz, .tgz e .tar.gz (além das versões .bz2) para os usuários Windows.

Compactando e Reunindo Arquivos para Compartilhar

A vida não é só "pegar, pegar, pegar" (pelo menos, espero que não!). Por vezes você tem que dar. Montar pacotes essenciais para compartilhar com outras pessoas envolve descobrir como informar ao gerenciador de arquivos que você deseja fazer isso.

Para reunir e compactar arquivos para enviar a outras pessoas, vá para o local onde você armazenou o(s) arquivo(s); veja o Capítulo 8 para saber como se mover no Files ou no Dolphin, então:

1. **Determine se deseja compactar ou reunir um arquivo, um grupo de arquivos ou uma pasta inteira.**

Se os arquivos e as pastas que deseja reunir estão por todo lugar em seu sistema arquivos, você pode querer criar uma pasta e copiar os itens que deseja reunir nela, por conveniência. O Capítulo 8 mostra como fazer.

2. **Selecione o(s) item(ns) que deseja reunir.**

O Capítulo 8 explica como. Se quiser selecionar uma pasta inteira, vá para sua pasta-mãe e selecione o ícone da pasta, em vez de entrar nela.

3. **Clique com o botão direito no(s) item(ns) e escolha Compress.**

No Files do Ubuntu aparece a caixa Create Archive, como na Figura 15-1.

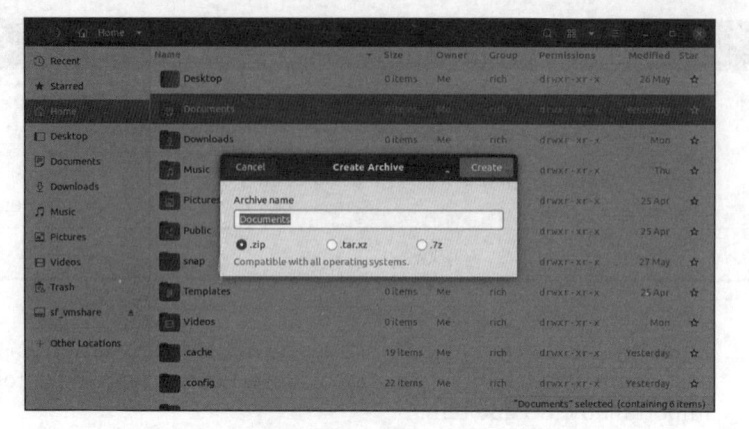

FIGURA 15-1:
Criando um arquivo de armazenamento compactado com o Files do Ubuntu.

4. **Nomeie o arquivo compactado e, se estiver usando o Dolphin do openSUSE, escolha uma opção de compressão.**

   Selecione a opção de compressão `.zip` ou `.tar.gz`. Escolha `.zip` para criar apenas um arquivo compactado ou a opção `tar` para criar um tarball dos arquivos na mesma pasta.

5. **Clique em Create.**

   O armazenamento é criado.

Mantendo Atualizado

Um recurso essencial de qualquer SO é a capacidade de atualizar rápida e facilmente. Sempre há novos recursos, correções de segurança e de bugs do software que você deve instalar para tudo funcionar sem problemas.

A maioria das distribuições Linux inclui um programa para verificar automaticamente as atualizações para o software instalado em seu sistema via conexão da internet. Se seu PC está conectado à internet, é possível receber notificações diárias sobre novas atualizações e instalá-las quando se sentir à vontade para fazer isso (e ter tempo para aguardar a atualização ser instalada). Isso ajuda seu sistema a estar atualizado com todas as correções recentes! As próximas seções examinam como cada programa funciona no sistema do desktop.

Atualizando o Ubuntu

A distribuição Ubuntu executa o programa Software Updater em segundo plano o tempo todo verificando atualizações. Se uma nova atualização está disponível, aparece uma notificação no ambiente de trabalho. Você pode clicar na opção para instalar as atualizações agora ou clicar no botão

Remind Me Later para obter outra notificação mais tarde (um tipo de botão do despertador para atualizar!). Também é possível executar o programa Software Updater manualmente a qualquer momento:

1. **Selecione Software Updater no menu do painel no topo.**

A janela Update Manager principal, mostrada na Figura 15-2, aparece.

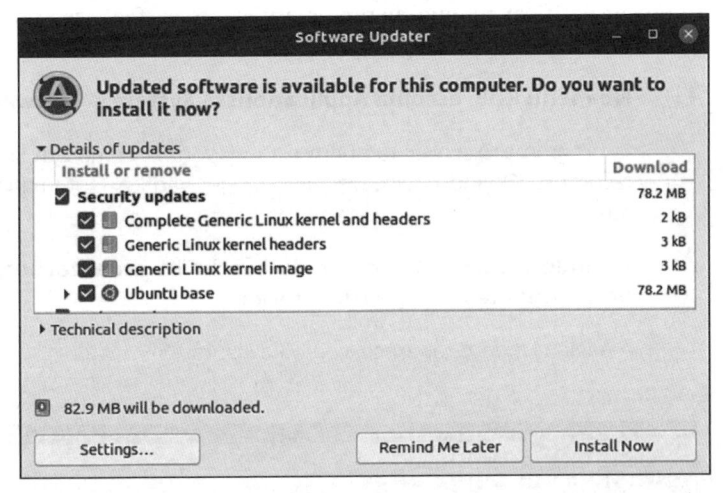

FIGURA 15-2:
Janela Software Updater no Ubuntu.

2. **Se quiser desativar as verificações automáticas da atualização ou apenas mudar como elas ocorrem, clique no botão Settings.**

As configurações Updates permitem personalizar como o Ubuntu lida com as atualizações, por exemplo, permitir a instalação automática das atualizações de segurança, mas notificar sobre as atualizações da aplicação.

3. **Se quiser informações sobre atualizações individuais, selecione a atualização na lista e clique na seta Technical Description sob a listagem.**

As informações sobre a atualização aparecem abaixo da lista de atualizações.

4. **Clique no botão Install Now para começar a instalar as atualizações.**

É pedida sua senha a fim de assegurar que tenha os devidos privilégios para fazer atualizações.

5. **Clique no botão Close para sair da caixa de diálogo Software Updater.**

Agora seu sistema Ubuntu deve ficar atualizado com todas as correções disponíveis.

Atualizando o openSUSE

Parecido com o Ubuntu, o openSUSE executa um programa de atualização em segundo plano e, quando há atualizações disponíveis, o widget Notifications na bandeja do sistema gera uma notificação pop-up. Quando você vir a notificação, clique no ícone Software Updates na bandeja e clique no botão Install para instalá-las. Fácil assim!

Se quiser verificar manualmente as atualizações, faça isso usando o programa Discover. Siga estas etapas:

1. **No menu KDE, escolha Applications ⇨ System ⇨ Software Center.**

    O programa Discover também está disponível como um link na página favoritos. Quando Discover inicia, ele verifica automaticamente as atualizações.

2. **Quando Discover terminar de buscar as atualizações, clique no botão Updates à esquerda inferior.**

    A página Updates aparece, como na Figura 15-3.

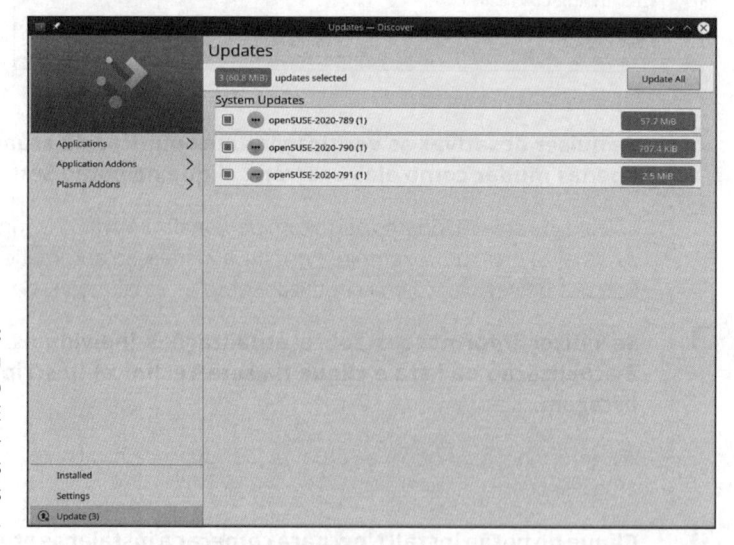

FIGURA 15-3: Janela Discover do openSUSE mostrando as atualizações disponíveis.

3. **Clique no botão Update All para instalar todas as atualizações ou selecione uma atualização individual para instalar apenas ela.**

E, assim, seu sistema openSUSE deve estar atualizado com todas as correções disponíveis!

Instalando um Novo Software

Além de atualizar os pacotes de software existentes, tenho certeza de que você deseja instalar novos. Você adiciona um novo software no Ubuntu e no openSUSE de dois modos:

» **Programa Add/Remove Applications:** Permite adicionar um novo software com base no nome completo da aplicação. Muitas vezes uma aplicação consiste em vários componentes diferentes, chamados pacotes. Em vez de instalar pacotes individuais, um a um, você pode selecionar e instalar a aplicação completa. Esse método é comumente usado para aplicações maiores, como LibreOffice ou Firefox.

» **Programa Package Manager:** Mas há vezes em que você só quer instalar um pacote individual, porque só precisa de parte da aplicação completa ou um programa não é grande o bastante para ter uma entrada própria em Add/Remove Applications. É onde entra o Package Manager.

Esta seção mostra como usar essas ferramentas para ter um novo software em seu sistema.

Adicionando aplicações

Por causa do programa Add/Remove Applications, adicionar aplicações completas não é muito mais difícil que atualizar um software. Você navega até a aplicação que deseja instalar e seleciona! A ferramenta Add/Remove Applications apenas recupera o software em repositórios confiáveis e baixa automaticamente o pacote e qualquer dependência.

Adicionando aplicações no Ubuntu

Basta seguir estas etapas para as novas aplicações serem instaladas no Ubuntu:

1. Clique no ícone Ubuntu Software no painel de favoritos.

O programa Add/Remove Applications é aberto, como na Figura 15-4.

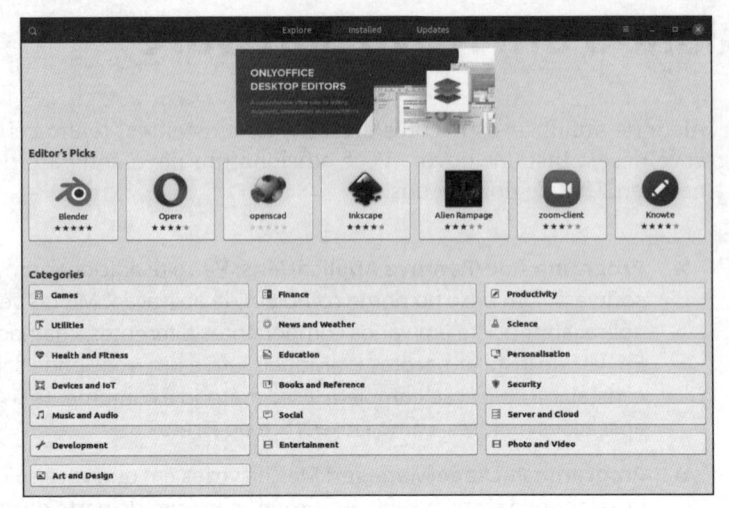

FIGURA 15-4: Programa Add/Remove Applications no Ubuntu.

2. **Selecione a categoria da aplicação na lista.**

   Você também pode usar o ícone de pesquisa no topo da janela para pesquisar uma aplicação específica ou uma palavra-chave na aplicação.

3. **Selecione a aplicação a instalar a partir dos ícones na janela.**

   Uma descrição da aplicação é exibida.

4. **Clique no botão Install para instalar.**

5. **Repita o processo para qualquer outra aplicação que deseja instalar.**

Em pouco tempo a nova aplicação estará disponível no sistema. Na maioria das vezes as aplicações são adicionadas automaticamente ao menu Applications.

Adicionando aplicações no openSUSE

O programa Discover (chamado Software Center no menu) não lida apenas com o processo de atualização, mas também com a instalação de novas aplicações. Para instalar uma nova, siga as etapas:

1. **Escolha o menu K ⇨ Applications ⇨ System ⇨ Software Center.**

   A janela principal Discover, mostrada na Figura 15-5, aparece.

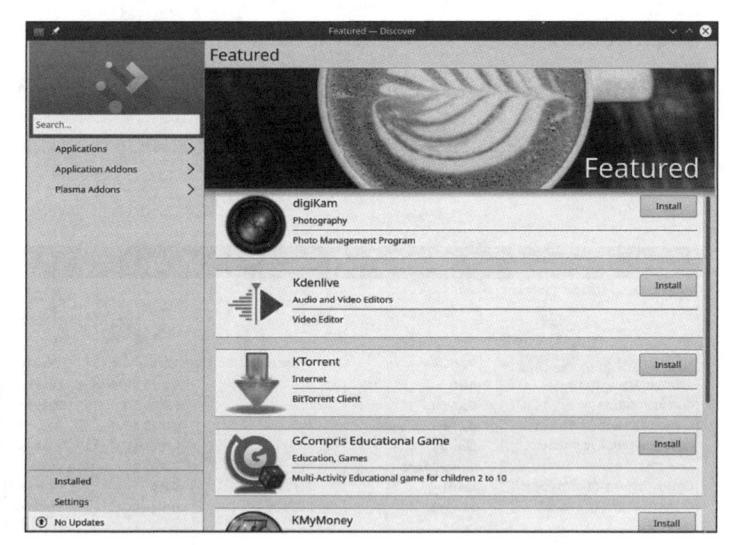

FIGURA 15-5:
Janela principal do programa Discover do openSUSE

2. **Selecione a categoria na lista Applications à esquerda.**

   Você também pode usar a caixa de texto Search acima da lista de categorias para pesquisar uma aplicação específica ou uma palavra-chave na aplicação.

3. **Selecione a aplicação a instalar na lista à direita.**

4. **(Opcional) Clique no nome da aplicação para expandir o painel e mostrar uma descrição completa dela.**

5. **Clique no botão Install acima da descrição para instalar o pacote.**

Adicionando pacotes

Ubuntu e openSUSE usam programas diferentes para instalar pacotes individuais no sistema. Esta seção mostra como instalar pacotes individuais no sistema Linux.

Synaptic Package Manager

O Ubuntu usa o *Synaptic Package Manager* para gerenciar pacotes. Essa ferramenta permite adicionar, remover e atualizar pacotes manualmente na mesma interface. Infelizmente as versões mais recentes do Ubuntu não o instalam por padrão, mas você pode usar o programa Ubuntu Software para fazer isso!

Após instalar o Synaptic, para adicionar um novo pacote:

1. **Inicie o Synaptic a partir do painel Application Launcher.**

   O Synaptic Package Manager inicia e exibe a janela principal, mostrada na Figura 15-6.

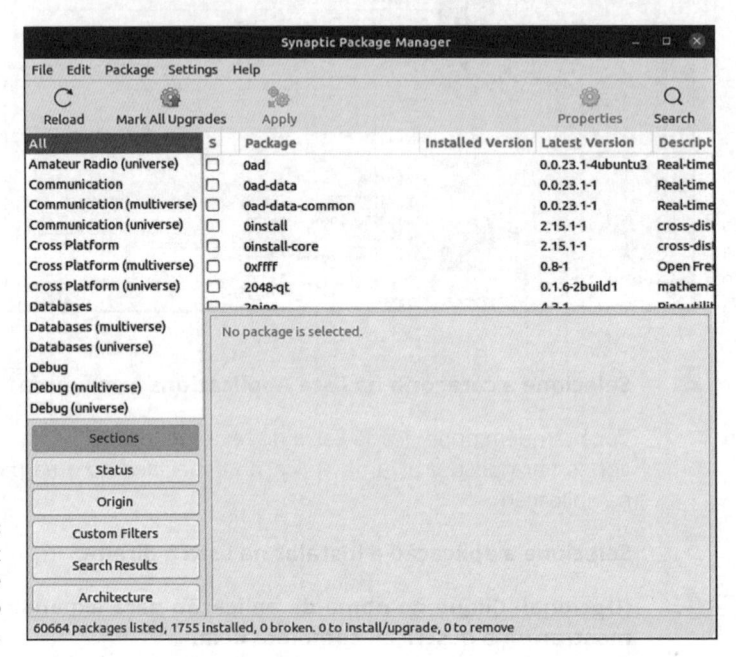

FIGURA 15-6: Synaptic Package Manager no Ubuntu.

2. **Selecione a categoria do pacote na lista de filtros à esquerda ou digite o pacote na caixa de texto Search no topo.**

   Os pacotes que correspondem à categoria do filtro ou à palavra-chave da pesquisa aparecem na lista à direita.

3. **Selecione um pacote na lista para exibir os detalhes.**

   Os detalhes do pacote aparecem no painel da janela inferior.

4. **Clique na caixa de seleção e marque Mark for Installation no menu pop-up.**

5. **Clique no botão Apply para instalar os pacotes selecionados.**

Instalando com YaST2

A distribuição openSUSE usa o programa YaST2 para instalar pacotes individuais. Vamos procurar pacotes com YaST2:

1. **Escolha o menu KDE ➪ Applications ➪ System ➪ Install/Remove Software.**

   Como instalar e remover software requer privilégios root, sua senha é solicitada. Após inserir a senha, a janela YaST2 principal aparece, como na Figura 15-7.

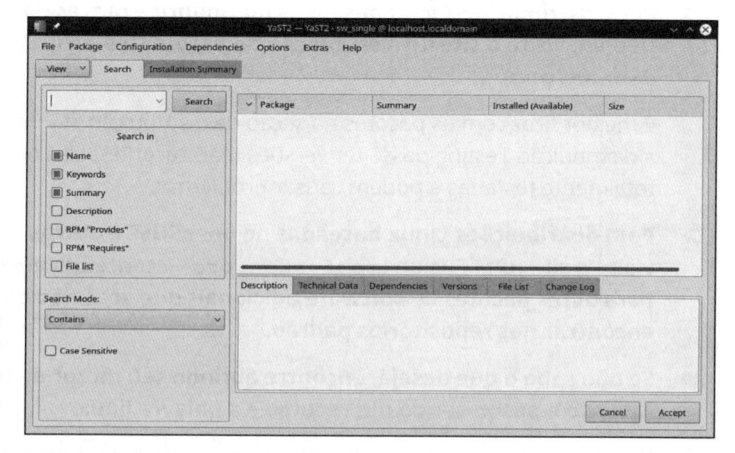

FIGURA 15-7: Gerenciador de pacotes YaST2 no openSUSE.

2. **Digite o pacote que você deseja na caixa de texto Search e clique em Search.**

   O YaST2 permite especificar quais campos pesquisar, como nome do pacote, descrição ou palavra-chave. Isso pode ajudar a limitar os resultados retornados.

3. **Clique em um pacote para exibir informações sobre ele.**

4. **Clique na caixa de seleção no(s) pacote(s) que deseja instalar.**

   Ao clicar na caixa, um sinal de mais aparece indicando que o pacote foi selecionado para a instalação. Clique de novo na caixa para removê-la da lista de instalações.

5. **Clique no botão Accept para iniciar a instalação.**

O YaST2 baixa e instala todos os pacotes selecionados.

Encontrando Mais Software

E se você não conseguir encontrar o que está procurando nas fontes oficiais (e não tão oficiais) examinadas na seção anterior? Elas não são sua única opção. Embora eu não possa prever cada situação em que você se encontra, pelo menos consigo dar algumas dicas sobre como encontrar um software extra e instalar grande parte dele.

Experimente estes locais para encontrar o novo software:

» **Para distribuições Linux baseadas no Ubuntu e outras do Debian, visite o site de distribuição do pacote Debian (`packages.debian.org`).**

É melhor ficar com os pacotes na seção de distribuição Stable. Embora a distribuição Testing possa ter versões mais recentes, elas não foram totalmente testadas e podem causar problemas.

» **Para distribuições Linux baseadas no openSUSE e outras do Red Hat, visite o site RPM Fusion (`rpmfusion.org` — conteúdo em inglês) para obter pacotes de software adicionais que você não consegue encontrar nos repositórios padrão.**

» **Se não sabe o que deseja, encontre abrindo seu motor de busca favorito e pesquisando um recurso e a palavra linux.**

Por exemplo, talvez queira algo comparável com o programa irfanview do Windows, então pesquise `irfanview linux`.

Escolha nos resultados da pesquisa e veja se certo programa é sugerido. Se não, adicione a palavra `equivalent` à pesquisa e busque de novo.

Continuando com o exemplo, você pesquisaria de novo, mas desta vez use `irfanview linux equivalent`. Agora começará a ver um programa chamado `xnview`. Nada mal dar uma volta e ver se o Package Manager da sua distribuição Linux oferece esse programa antes de instalá-lo à mão.

Quando você encontrar o programa que deseja baixar, siga estas etapas:

1. **Na página web do programa, clique no link Download.**

2. **Localize e baixe a versão mais específica que corresponde à sua distribuição.**

   As opções Windows, UNIX e Linux podem ser oferecidas. Você escolheria Linux nesse caso. Se Linux amd64 versus Linux x86 for oferecida, escolha amd64, a menos que esteja usando o Linux em uma estação de trabalho de 32 bits mais antiga. Se for oferecida RPM ou tarball (veja o início deste capítulo para ter mais informações), escolha RPM.

3. **Após baixar o programa, instale-o como a seguir:**

   - Se for um pacote RPM ou DEB, abra o gerenciador de arquivos e clique duas vezes no download para instalar. Você também pode instalá-lo a partir da linha de comando (veja o Capítulo 7 para saber como abrir um terminal da linha de comando). Quando a janela do terminal abrir, digite su e pressione Enter. Será solicitada sua senha root. Digite, pressione Enter e use os comandos de navegação do sistema de arquivos no Capítulo 7 e vá para onde salvou o arquivo RPM, então digite rpm -Uvh nome_arquivo. Esse comando instala ou atualiza o programa quando necessário.

   - Se for tarball, abra o gerenciador de arquivos. Clique duas vezes no arquivo para abri-lo e veja o conteúdo. Deve haver um arquivo chamado README ou INSTALL. Esse arquivo tem instruções sobre o que você precisa fazer e pode haver mais instruções disponíveis no próprio site. Trabalhar com tarballs requer prática; fica mais fácil com o tempo, portanto extraia o arquivo e comece!

Atualizando Seu SO

Em geral, os usuários Ubuntu e openSUSE atualizam baixando a nova versão da distribuição, iniciando a instalação e selecionando Upgrade, em vez de uma nova instalação. Selecionando a opção Upgrade, você deve conseguir manter seus arquivos de dados pessoais e atualizar apenas os arquivos do SO. Se fizer uma nova instalação, todos os dados existentes serão perdidos. Mas, mesmo com a opção Upgrade, como em qualquer alteração maior no sistema, sempre é melhor ter uma cópia de backup dos arquivos importantes "só para garantir".

DICA

Muitas distribuições Linux permitem criar uma partição separada para o diretório /home. Assim, você pode deixá-la como está ao atualizar com uma nova versão do SO.

> **NESTE CAPÍTULO**
>
> » **Entendendo o ambiente shell do usuário**
>
> » **Personalizando o ambiente** bash
>
> » **Trabalhando com comandos, caracteres especiais, comandos longos, variáveis, redirecionamentos e pipes**

Capítulo **16**

Trabalhando sem GUI

Muitos veteranos da computação falam com carinho da linha de comando. Outros que desenvolveram suas habilidades apontando e clicando se referem à linha de comando como uma ferramenta antiquada usada por rabugentos. A verdade é que os profissionais mais habilidosos reconhecem os méritos da interface gráfica do usuário (GUI) do tipo "apontar e clicar" e da interface da linha de comando (CLI) com "muita digitação". Você deve entender que a linha de comando é uma força poderosa para operar seu computador. Se você alguma vez olhou por cima do ombro de um nerd Linux habilidoso, notou que, após fazer login, ele não leva muito tempo para começar a digitar instruções aparentemente enigmáticas.

Neste capítulo exploro o programa Linux que fornece a CLI, chamada de shell bash. Embora muitos shells estejam disponíveis para o Linux, bash é o mais comum e por um bom motivo. Basicamente, os criadores do bash colocaram muitos recursos bons dos outros shells em um pacote incrível.

Cada shell tem uma forma própria de lidar com comandos e seu conjunto extra de ferramentas. Começo explicando o que é, de fato, um shell e quando você entender, estará pronto para começar com o bash. Incluo especificamente o que você pode fazer com alguns dos melhores recursos do shell bash. Então, continuo trabalhando no prompt de comando e entro nas particularidades.

DICA

Os shells vêm equipados para realizar certas funções. A maioria dos recursos evoluiu com o tempo para ajudar o usuário da linha de comando em inúmeras tarefas. Apenas toco na superfície aqui e recomendo que você leia a página man do bash porque provavelmente é uma das páginas mais completas e legíveis que existem. Você pode ler tudo sobre como usar as páginas man (o sistema Help online no Linux) na seção "Socorro!", posteriormente neste capítulo.

Lidando com o Shell

Você precisa de um modo de informar ao computador o que deseja fazer. No Linux, uma das maneiras de se comunicar com o computador é com algo chamado shell. Um *shell* não é gráfico; é a soma total dos comandos e da sintaxe disponíveis para fazer seu trabalho.

O ambiente shell é bem maçante e chato segundo os padrões do ambiente gráfico. Ao iniciar o shell, tudo o que se vê é um pequeno prompt, como $, seguido de um cursor piscando, à espera da entrada do teclado.

O shell padrão usado no Linux é o bash. Esse ambiente de trabalho se baseia no shell UNIX, chamado shell Bourne e também denominado sh. O termo bash significa *Bourne again shell*. O shell bash vem com a maioria das distribuições Linux.

Acessando um shell

Você inicia uma sessão bash usando uma aplicação do terminal no ambiente de trabalho GUI. O terminal usado depende, claro, do seu ambiente:

» **Terminal** é o padrão usado no ambiente GNOME 3. Para iniciar, selecione o ícone Terminal no lançador de aplicações ou, se não vir um, digite Terminal na caixa de texto Search. Após iniciar o Terminal, você verá a interface, como na Figura 16-1.

» **Konsole** é o terminal padrão usado no ambiente KDE Plasma. Para iniciar, escolha o menu K ➪ Applications ➪ System ➪ Konsole. A interface Konsole é exibida na Figura 16-2.

FIGURA 16-1:
Janela
Terminal do
GNOME.

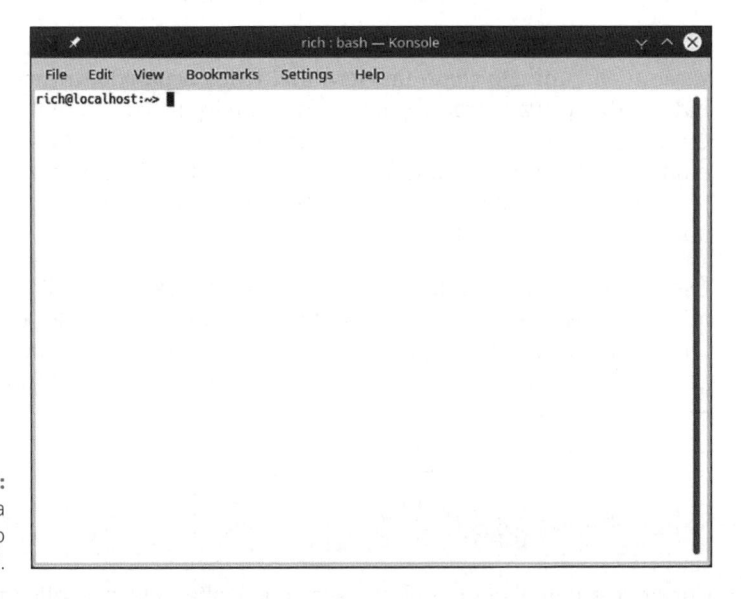

FIGURA 16-2:
Janela
Konsole do
KDE.

Observe o prompt no meio da janela — é o prompt da linha de comando do shell. Você insere os comandos nele.

Terminal e Konsole têm alguns outros recursos legais que podem ser úteis, como cortar e colar texto, mudar a cor do texto e do plano de fundo. Você pode até ser das antigas e ter um texto verde sobre um fundo preto, como os terminais de computador vistos nos filmes dos anos 1970!

DICA

Se você usa bastante seu prompt do shell como eu, adicione a janela do terminal aos seus ícones favoritos. Veja os Capítulo 4 e 5 para saber como.

Prompt do shell

Muitas vezes o prompt do shell inclui informações úteis. Por exemplo, se você fez login como `rich` na máquina `testbox` no Ubuntu, seu prompt fica assim:

```
rich@testbox:~$
```

O caractere til (~) indica que estou na minha pasta Home (veja o Capítulo 7). O cifrão indica que o shell `bash` está pronto para eu inserir um comando.

Antes de examinar alguns recursos do shell, preciso mencionar outro método para iniciar uma sessão do shell. Talvez você não o use muito, mas pode achar útil em algum momento. Antes de tudo, note que o prompt do shell está dentro de uma janela que faz parte do seu ambiente GUI. Pressuponha que você queira que a tela inteira seja texto apenas.

Cada distribuição Linux inicia um ou mais *terminais virtuais* na inicialização. Cada um age como um terminal físico separado, fornece um shell independente. Para trocar para um terminal virtual diferente, pressione Ctrl+Alt+F#, em que # é o número do terminal de 1 a 8. Mas o problema é que distribuições Linux diferentes colocam seu shell gráfico padrão em terminais virtuais diferentes (por exemplo, o Ubuntu usa o terminal 2, já o openSUSE usa o terminal 7).

Use o método Ctrl+Alt para trocar entre os diferentes terminais virtuais. Não fique assustado quando seu ambiente gráfico familiar desaparecer. Ele ainda está em execução em segundo plano e você pode voltar para onde parou rápido. Assim que encontrar um terminal virtual baseado em texto, examine o layout da tela.

É provável que verá algo como:

```
testbox login:
```

Continue e digite seu nome de usuário e senha, que são solicitados. Você verá uma mensagem indicando a última data de login seguida por um prompt `bash`:

```
rich@testbox:~$
```

Note a semelhança entre esse prompt e a janela aberta deixada no ambiente GUI. Os dois prompts indicam que você tem uma sessão `bash` aberta. Observe que, embora seja certo dizer que ambos são os resultados de usar o shell `bash`, eles são *instâncias* distintas e separadas do mesmo programa, ou seja, o ambiente com o qual trabalha aqui é exclusivo do ambiente `bash` ainda aberto na janela do terminal GUI.

Quer saber para onde foi o ambiente GUI? Só para acalmar um pouquinho, mova-se entre os terminais virtuais. A maioria deles fornece um login baseado em texto, embora apenas um ou dois forneçam o ambiente gráfico. Encontre aquele onde sua sessão desktop original foi localizada e troque para ele. Dentro de um ou dois segundos sua tela deverá piscar e voltar para seu ambiente gráfico. Legal, não é? E sabe o que mais? A sessão bash que ficou aberta no terminal virtual ainda está lá; você nunca saiu. Volte de novo pressionando Ctrl+Alt mais a tecla de função para a sessão do terminal virtual. Voilà! — exatamente onde você deixou. Fique à vontade para ir e voltar algumas vezes, e experimente outros terminais (F1 a F8). Uau! Esse terminal virtual arrasou.

CUIDADO

Se você usar a ferramenta Lock Screen para seu ambiente de trabalho (examinado nos Capítulos 4, 5 e 6), apenas sua sessão GUI será bloqueada. Qualquer pessoa pode usar Ctrl+Alt para ir para um terminal virtual. Verifique se você fez logout nos terminais virtuais antes de se afastar do computador.

Certo, quando ficar cansado desse truquezinho, saia (digitando exit) para fazer logout em cada terminal virtual que possa ter aberto e pressione o devido atalho Ctrl+Alt para voltar para o ambiente gráfico e seu prompt bash. Então, poderá explorar tudo isso com a coisa chamada *shell*.

Entendendo a Sintaxe e a Estrutura do Comando bash

Muitas pessoas pulam com prazer o uso do Linux sem entender os fundamentos dos comandos no shell bash. Note que esse comportamento o faz perder algumas capacidades legais disponíveis no bash. Quanto mais você sabe sobre como a "linguagem" desse shell funciona, mais interessantes são as coisas que pode fazer com ele.

O básico do uso do bash no prompt de comando costuma envolver digitar um comando, seus flags e valores. Por exemplo, você digita o comando ls -la ~ para ver uma lista longa de todos os arquivos em seu diretório pessoal, inclusive os que iniciam com um ponto (.), que são os *arquivos ocultos*. Esse outro caractere ondulado e misterioso é tecnicamente chamado de til. O *til* é um caractere de atalho do bash que aponta para o diretório pessoal de um usuário. Para esse exemplo, listo apenas o conteúdo do meu diretório pessoal.

É possível dividir um comando em três componentes distintos:

- » Nome do comando
- » Opções ou flags
- » Argumentos

Considere este exemplo.

Inicie com um comando simples. O comando du (abreviação de disk usage ou uso do disco) lista o conteúdo do diretório onde você está, seus subdiretórios e quanto espaço no disco rígido cada item ocupa, com um total no fim. Tente digitar apenas o comando du sozinho:

```
du
```

É interessante, mas provavelmente gera mais perguntas que respostas. A saída fornece uma longa lista de dados, mas e daí? Os números estão em bytes, kilobytes ou as mensagens são de outro mundo? Para esclarecer, tente adicionar uma opção simples ao comando:

```
du -h
```

Você ainda está enviando o mesmo comando, mas agora fornece uma indicação extra sobre o que deseja exibido. A opção -h informa a du para mostrar as informações em termos que uma pessoa consiga ler com mais facilidade. Agora *M*s, *K*s e *G*s aparecem ao lado de números de modo que você possa ver o tamanho real deles. Mas espere, tem mais. E se quiser apenas saber a quantidade total de espaço em disco que esse diretório e seus subdiretórios ocupam? Isso requer a opção -s:

```
du -s
```

E se quiser o total para um diretório diferente? Ou apenas um dos subdiretórios? No meu caso, mantenho um subdiretório Music para os itens copiados dos meus CDs para Ogg Vorbis (veja o Capítulo 13). Posso digitar o seguinte comando para ver quanto espaço no disco rígido esse diretório ocupa de um modo legível para humanos, em vez de ter que contar zeros:

```
du -sh ~/Music
```

No exemplo, du é o nome do comando, -sh indica as opções (que podem estar em qualquer ordem) e ~/Music é um argumento. As opções -sh podem ser acompanhadas de muitas outras opções que fornecem diversos recursos aplicáveis ao comando.

Está se perguntando onde encontrar todas as opções e argumentos disponíveis de certo comando? A maioria deles oferece páginas man, que são examinadas na seção "Socorro!", posteriormente neste capítulo. Outro bom lugar é a opção --help, disponível com muitos comandos. Observe que --help mostra uma lista de opções concisa, porém, é bonita e rápida se você já conhece uma opção, mas não consegue lembrar exatamente qual é. Experimente digitando o seguinte comando:

```
du --help
```

Legal, não é?

Iniciando Programas no Shell

O uso mais óbvio do shell, mas talvez não tão aparente, é iniciar outros programas. A maioria dos utilitários usados no Linux são programas separados e executáveis distintos. Os usuários precisam de um método para iniciar os programas. Na GUI, você pode associar um ícone a certo programa. Note que eles costumam requerer informações extraídas das variáveis de ambiente, que são uma parte do ambiente shell (detalho mais as variáveis de ambientes na seção "Trabalhando com Variáveis", mais adiante neste capítulo). Por isso, a GUI normalmente chama o programa pretendido via shell bash. Como se pode ver, até a GUI encontra uma necessidade para o shell, embora ela faça o que pode para ocultar esse detalhe dos usuários.

Por exemplo, na GUI do Ubuntu, depois de uma janela do terminal abrir, digite o seguinte comando no prompt:

```
gedit
```

Após alguns segundos, o editor de texto Gedit abre. Se você estiver usando a GUI do openSUSE, depois de a janela do terminal abrir, digite o seguinte comando no prompt:

```
kate
```

Após alguns segundos o editor de texto Kate abre. Você pode iniciar qualquer programa em um prompt de comando clicado no menu GNOME ou KDE se sabe o nome do programa subjacente. Note que, se estiver em um terminal virtual (pressione Ctrl+Alt+F1), em vez da GUI, poderá ver uma mensagem de erro. Alguns programas requerem um ambiente gráfico no qual executar, que obviamente um terminal baseado em caracteres não tem.

Bom Uso da Expansão dos Caracteres Especiais

A computação seria um tédio se você tivesse que repetir o mesmo comando em vários arquivos. Afinal, não são as tarefas repetitivas que o computador deve fazer? *Expansão dos caracteres especiais* se refere à capacidade de um comando ser executado em muitos arquivos. O asterisco (*) e a interrogação (?) são dois caracteres especiais usados para corresponder a qualquer nome de arquivo ou a uma parte dele. Por exemplo, você pode usar o seguinte comando para ver uma longa lista de diretórios que inclui apenas arquivos que terminam com uma extensão do nome de arquivo .doc:

```
ls -l *.doc
```

Os arquivos listados podem incluir `resume.doc`, `cover_letter.doc` e `to_editor.doc`, por exemplo.

Trabalhando com Comandos Longos

Quando se acostumar com a linha de comando, você deverá encontrar alguns atalhos para facilitar sua digitação. Nesta seção, mostro alguns recursos do shell `bash` designados para tornar sua vida na linha de comando a mais agradável possível. Esses recursos incluem completar a linha de comando, editar e usar o histórico dos comandos digitados anteriormente.

Pedindo ao Linux para completar um comando ou um nome de arquivo

Considerando que você digita muito mais na linha de comando no Linux do que normalmente digita em um ambiente GUI, é ótimo ter um recurso que fornece atalhos de digitação sempre que possível. Completar o comando é uma função do shell que termina o nome de arquivo e os comandos do sistema.

A capacidade de o sistema de arquivos Linux lidar com tamanhos praticamente ilimitados de nomes de arquivo significa que muitos deles podem ficar enormes. Digitar tais nomes longos pode complicar. Por sorte, com o preenchimento do comando, digitar um comando ou um nome de arquivo longo é rápido.

Talvez você queira usar o preenchimento em duas situações: inserir um comando ou completar um nome de arquivo.

Completando um comando

Pressuponha que você queira digitar um comando, mas consegue lembrar apenas que ele começa com as letras up e deve retornar o tempo transcorrido desde que o sistema foi reinicializado. Digite up no prompt de comando e pressione Tab:

```
rich@testbox:~$ up[TAB]
```

Acontece uma das duas coisas:

» Se apenas um comando correspondente está no *caminho de pesquisa* (locais do diretório para pesquisar programas; digite echo $PATH para descobrir o seu), sua linha de comando é preenchida com o comando e o sistema espera que você pressione Enter para executá-lo.

» Se você ouve um bipe, significa que mais de um comando começa com up. Basta pressionar Tab uma segunda vez e todas as possibilidades são exibidas. Localize o comando na lista e continue digitando até que as primeiras letras sejam exclusivas; nesse ponto, você pode pressionar a tecla Tab para completar o comando. Se nada for exibido após pressionar Tab duas vezes, não há correspondências.

Completando um nome de arquivo

O preenchimento da linha de comando não é apenas para comandos; se você digita um nome de arquivo nela, só precisa digitar os primeiros caracteres e pressionar Tab. Em geral o shell pesquisa o diretório de trabalho atual para obter os nomes de arquivo que correspondem ao que foi digitado e depois completa o nome de arquivo na linha de comando. Esse recurso se comporta como o recurso para completar o comando, no sentido de que, se mais de um arquivo contiver as letras digitadas, você ouvirá um bipe e precisará pressionar Tab de novo para ver uma lista de opções.

É preciso um pouco de tempo para se acostumar, mas, depois de controlar a tecla Tab e o recurso de preenchimento da linha de comandos no shell, você vai se perguntar como conseguiu viver sem ele.

Acessando o histórico de comandos

É ótimo que o shell lembre o que você fez, de melhor ou pior. Ter o shell controlando os comandos digitados facilita retornar aos comandos terrivelmente longos vistos há algum tempo ou mesmo há alguns dias! Por exemplo, suponha que ontem você enviou um comando para encontrar todos os arquivos de *despejo* no sistema (arquivos de despejo são enormes e contêm dados de depuração que apenas um programador especialista ou seu computador consegue entender) e os excluiu. O comando seria assim:

```
find / -name core -exec rm {} \;
```

Para executar de novo o comando, tudo o que você precisa fazer é pegá-lo no histórico do shell e executá-lo mais uma vez. O modo mais simples (se você repete a mesma versão exata do comando usado na última vez, que nesse caso seria o comando `find`) é digitar `!find` e pressionar Enter. Fazer isso informa ao seu sistema para pesquisar o histórico e executar de novo a última instância de `find` na lista.

Por outro lado, se tiver que executar o comando `find` mais de uma vez e quiser assegurar que está executando a versão certa, precisará ler o histórico de comandos. Faça isso linha por linha, pressionando a tecla com seta para cima repetidamente até localizar o comando que deseja executar de novo. Então, pressione a tecla Enter para executar o comando mais uma vez.

> **DICA**
>
> O comando `history` lista os últimos vinte comandos (por padrão) quando você o insere no prompt, para o caso de estar curioso sobre quais são eles. Se quiser ver uma lista maior, use as técnicas tratadas no Capítulo 11 para exibir o conteúdo do arquivo `~/.bash_history`.

Trabalhando com Variáveis

Variáveis no shell `bash` são palavras ou strings de texto que os computadores usam para representar uma parte dos dados. Um exemplo de usar uma variável é definir a variável `fruit` para conter o texto `apple`. Inúmeras variáveis padrão contêm informações sobre sua conta e configurações do ambiente.

Variáveis versus variáveis de ambiente

A primeira coisa que preciso esclarecer é que o shell `bash` tem dois tipos de variável:

» **Variáveis:** Uma variável pode ser referenciada em um programa ou uma sessão do shell, mas é visível e disponível apenas nessa sessão ou programa.

» **Variáveis de ambiente:** Uma variável de ambiente também pode ser referenciada pelo shell ou pelo programa. Mas tem o comportamento adicional de ter seu valor copiado para qualquer outro programa ou shell criado a partir desse ambiente.

> **DICA**
> Em geral, é possível dizer a diferença entre uma variável e uma variável de ambiente no bash. A convenção normal é nomear as variáveis locais com caracteres minúsculos ou uma combinação de maiúsculos e minúsculos. Já uma variável de ambiente normalmente está com letras maiúsculas.

As variáveis de ambiente mais usadas

O shell bash tem muitas variáveis de ambiente. Você pode ficar surpreso com a quantidade de itens que essas variáveis armazenam. O bom é que, se algo é armazenado em uma variável, você pode mudar para adequar às suas necessidades! Na Tabela 16-1, listo as variáveis de ambiente mais prováveis com as quais você deseja trabalhar.

TABELA 16-1   Variáveis de Ambiente bash Mais Usadas

Variável de Ambiente	Finalidade	Valor
HISTSIZE	Determina quantos comandos foram digitados anteriormente e que estão armazenados.	Número de comandos
HOME	Define o local do seu diretório pessoal.	O caminho para seu diretório pessoal
MAILCHECK	Define com que frequência o shell bash verifica um novo e-mail na caixa de correio. Se chegou um e-mail, você verá uma mensagem parecida com You have new mail na próxima vez em que fizer algo no prompt de comando.	Quantos segundos aguardar entre as verificações
PATH	Define os diretórios que o bash pesquisa e a ordem da pesquisa para encontrar um nome do programa digitado no prompt.	Diretórios separados com dois pontos
PS1	Define seu prompt de comando.	Caracteres de comando e formatação usados para formar o prompt

A maioria das variáveis de ambiente é estabelecida pelo Administrador do sistema ou talvez pelo próprio shell. Elas são lidas pelos programas para coletar informações e você não precisa mudar seus valores, mas pode querer alterar o valor de algumas. Por exemplo, na Tabela 16-1, a primeira entrada, HISTSIZE, determina quantas linhas do histórico das linhas de comando são mantidas no arquivo. Você pode precisar ler a explicação, anteriormente neste capítulo, de como executar de novo um comando de ontem (se não, consulte a seção "Acessando o histórico de comandos"). Definindo um número maior para HISTSIZE, você pode salvar uma lista ainda maior dos comandos executados anteriormente.

Armazenando e recuperando os valores das variáveis

Para atribuir um valor a uma variável, basta usar o nome da variável seguido de um sinal de igual (=), seguido do valor a armazenar:

```
MinhaVariável=MeuValor
```

Para recuperar o valor representado por essa variável, você precisa preceder o nome da variável com um cifrão ($). Veja uma variável, criada pelo shell, que determina como fica seu prompt. Essa variável se chama PS1. Primeiro, você exibe o valor sendo mantido por PS1:

```
echo $PS1
```

É possível ver algo como a linha a seguir:

```
[\u@\h \W]\$
```

Cada caractere precedido por uma barra invertida representa uma instrução especial para o shell retornar uma informação específica quando o prompt do shell é referenciado. Veja a Tabela 16-2 para ter exemplos dos caracteres de barra especiais que você pode usar ao personalizar o prompt.

TABELA 16-2   Parte do Quebra-cabeças de PS1

Componente	Resultado
\!	Imprime a posição do comando na lista do histórico.
\#	Imprime quantos comandos você usou durante a sessão atual do shell.
\$	Imprime $ para as contas do usuário ou # para um superusuário.
\d	Imprime a data no seguinte formato: *dia mês data*.
\h	Imprime o nome da máquina na qual você fez login.
\n	Desce o cursor para a linha seguinte.
\s	Imprime bash para o shell bash.
\t	Imprime a hora no formato de 24 horas.
\u	Imprime seu nome de usuário.
\w	Imprime o nível do diretório atual mais baixo.
\W	Imprime o diretório atual inteiro.

Certo, continuando com o exemplo, para mudar seu prompt do shell para algo mais divertido, digite a seguinte linha:

```
PS1='Hello \u, what can I do for you? => '
```

Note as aspas simples. Logo depois de pressionar Enter, você vê que seu prompt mudou para algo mais convidativo. Não se preocupe se prefere o prompt original: é possível reatribuir ao prompt original o valor armazenado em `PS1` ou fechar a janela do terminal e abrir uma nova, e você voltará para sua zona de conforto.

Pensando em quais outras variáveis seu sistema armazenou? Pode exibir todas as variáveis de ambiente de uma só vez digitando `env`. Observe que você pode não ter nenhum motivo para acessar as variáveis na linha de comando como um usuário normal do Linux. Mas, depois de ficar mais eficiente, poderá querer percorrer as capacidades de programação shell do `bash`, e nesse caso o armazenamento de variáveis é bem prático, como em qualquer linguagem de programação.

E as aspas simples? Você deve estar atento aos detalhes quando mudar as variáveis de ambiente. Se estiver apenas atribuindo algo a um número, pode usar, por exemplo, `HISTSIZE=250`. Mas, se quiser usar algo com espaços, precisa ter aspas. O tipo de aspas usado depende do que mais você deseja fazer.

Se quiser exibir *exatamente* o que especificou, use aspas simples para criar uma *string de texto literal*. Por exemplo, digite a seguinte linha em um prompt de comando:

```
echo 'Hello, my name is $USER'
```

Um pouco bobo, não é? Veja um tipo diferente de string que o shell interpreta de outra forma: uma *string interpolada*. Um valor *interpolado* ocorre quando o shell interpreta os caracteres especiais antes de processar o valor. Em vez de usar aspas simples, desta vez use o mesmo exemplo com aspas duplas:

```
echo "Hello, my name is $USER"
```

Observe a saída desta vez. Em vez de exibir o texto exato fornecido, o shell substitui o nome da variável, designado com um cifrão, pelo valor real armazenado nessa variável.

PAPO DE ESPECIALISTA

Por que usei aspas simples no exemplo `PS1`, mas aspas duplas com `echo`? Os itens com barras invertidas (\) são *interpretados* de um modo ou de outro. Porém, se você usa aspas duplas com `PS1`, são interpretados apenas uma vez, portanto, o item que lista em qual diretório você está muda apenas na primeira vez. Com uma aspa simples, as variáveis são interpretadas sempre que você faz algo. O exemplo com aspas duplas mostra algo como `Hello, my name is bob`. Mas as aspas simples aparecem com `Hello, my name is $USER`.

Se você estiver lidando com variáveis de ambiente, recomendo começar usando os métodos explicados nesta seção. Depois de decidir que está à vontade com as alterações feitas, pode fazer alterações permanentes abrindo o arquivo `~/.bashrc` e adicionado o mesmo texto lá. Na próxima vez em que fizer login, as alterações entrarão em vigor. É possível fazer alterações em todos os perfis dos usuários em `/etc/profile` também.

CUIDADO

Se você experimentar muito esses arquivos, crie uma conta do usuário separada para que possa fazer qualquer coisa sem bagunçar seu próprio login. Esse conselho serve sobretudo para `/etc/profile`. Você pode prejudicar o login de todos assim! Para criar um `/etc/profile` separado, faça um backup digitando `cp /etc/profile /etc/profile.original`. Então, edite `/etc/profile` sabendo que sempre pode excluí-lo com o comando `rm` e usar o comando `mv` para renomear `/etc/profile.original` como `/etc/profile`.

Para criar uma variável de ambiente do zero, em geral nomeie-a com letras maiúsculas e "exporte-a". Por exemplo:

```
CUSTOMVAR="new variable"
export CUSTOMVAR
```

Não desanime se não entender as variáveis agora. Conforme ganhar mais eficiência no Linux, deverá explorar o *shell script*. Shell script é a arte de criar programas de computador apenas com o shell. A maioria dos Administradores Linux e UNIX fala a linguagem shell script como você e eu falamos nossas línguas nativas.

Usando Redirecionamento e Pipes

Redirecionamento e pipes facilitam o fluxo de informações. *Pipe* é exatamente isto: direciona a saída de um programa para a entrada de outro. Um pipeline pode consistir em vários utilitários canalizados por pipes. Na extremidade do pipeline está, opcionalmente, um redirecionamento.

Quase todos os utilitários Linux que requerem entrada e saída foram canalizados com a seguinte interface comum: `stdin` (entrada padrão; em geral o teclado), `stdout` (saída padrão; normalmente o monitor) e `stderr` (erro padrão; também costuma ser o monitor). Tendo um método comum para alimentar a entrada para um programa ou ler os dados na saída de um programa, você pode reunir os utilitários em soluções sofisticadas.

Redirecionando a saída do comando

Explico como redirecionar a saída do comando aqui porque é de longe a forma mais comum de desvio da informação. Um exemplo de *redirecionamento da saída* envolve pedir a um comando para enviar seus resultados para um arquivo, em vez de para a tela, como provavelmente você está acostumado a ver. Inicie em um território familiar digitando `ls -la ~` e pressionando Enter, para produzir algo como:

```
total 20
drwx------  2 rich users 4096 Oct 30 07:48 .
drwxr-xr-x  5 root root  4096 Oct 30 11:57 ..
-rw-r-----  1 rich users   24 Oct 30 06:50 .bash_logout
-rw-r-----  1 rich users  230 Oct 30 06:50 .bash_
   profile
-rw-r-----  1 rich users  124 Oct 30 06:50 .bashrc
-rw-rw-r--  1 rich users    0 Jan  2 07:48 wishlist
```

Deseja enviar essas informações para um arquivo? Use o operador de redirecionamento `>` para pedir ao `bash` para enviar os dados para um arquivo, em vez da tela. Digite o seguinte comando para enviar as informações para um arquivo chamado `listing` no diretório atual:

```
ls -la ~ > listing
```

Observe que nada é exibido na tela, como é de se esperar. É porque o shell roteou a saída para um arquivo chamado `listing`. Para verificar se a listagem de diretórios está lá, digite o seguinte:

```
cat listing
```

O Apêndice A explica o comando `cat` (e outros).

Note que, se você digitar `ls -la ~ > listing` de novo, os dados serão sobregravados, ou seja, o conteúdo do arquivo será limpo e substituído pela nova saída. Você pode evitar essa situação usando `>>` como seu operador de redirecionamento, que informa ao `bash` para adicionar a saída do comando ao final do arquivo especificado. Se digitar `ls -la ~ >> listing` no mesmo diretório sem fazer alterações, o conteúdo de `listing` ficará como a seguir:

```
total 20
drwx------  2 rich users 4096 Oct 30 07:48 .
drwxr-xr-x  5 root root  4096 Oct 30 11:57 ..
-rw-r-----  1 rich users   24 Oct 30 06:50 .bash_logout
-rw-r-----  1 rich users  230 Oct 30 06:50 .bash_
```

```
      profile
-rw-r-----  1 rich users  124 Oct 30 06:50 .bashrc
-rw-rw-r--  1 rich users    0 Jan  2 07:48 wishlist
total 20
drwx------  2 rich users 4096 Oct 30 07:48 .
drwxr-xr-x  5 root root  4096 Oct 30 11:57 ..
-rw-r-----  1 rich users   24 Oct 30 06:50 .bash_logout
-rw-r-----  1 rich users  230 Oct 30 06:50 .bash_
   profile
-rw-r-----  1 rich users  124 Oct 30 06:50 .bashrc
-rw-rw-r--  1 rich users    0 Jan  2 07:48 wishlist
```

Colocando pipes

Outro recurso do shell `bash` permite conectar comandos para que a saída de um se torne a entrada do seguinte. Esse recurso é referido como *pipe*. Imagine que você queira examinar os detalhes de todos os arquivos no diretório /etc no formato de listagem longa. Se digitar `ls -la /etc`, aparecerá uma listagem enorme e muitas informações passam direto por você. Embora seja possível voltar um pouco pressionando Shift+PageUp, talvez você não consiga ver tudo.

Para ver todas as informações, faça uma das seguintes opções:

» Envie os dados para um arquivo com redirecionamento digitando algo como `ls -la /etc > ~/etclisting` e examine conteúdo de ~/etclisting com seu editor favorito.

» Direcione a saída para o comando `more` (veja o Apêndice A).

Para direcionar a saída para `more`, digite `ls -la caminho_diretório | more`, em que *caminho_diretório* é o diretório para o qual deseja listar o conteúdo. O símbolo | (que no teclado mais parece duas barras verticais uma sobre a outra, em vez de uma linha sólida) informa ao `bash` que você deseja usar pipe. A saída do comando `ls` é enviada "internamente" para o comando `more`, que é responsável por exibi-la no monitor em páginas.

"Socorro!"

O sistema de páginas man é um manual eletrônico do Linux (man é abreviação de manual), destinado a fornecer aos usuários uma referência conveniente para todas as informações detalhadas do comando. Essas informações incluem opções do prompt de comando, formatos de arquivo e uso das funções do programa.

A sintaxe para abrir uma página man é man <nome comando>.

Não sabe o comando que está procurando ou precisa de informações básicas sobre como usar o sistema de páginas man? Digite man man para começar. Quando terminar de ler a página man, pressione Q para sair.

Limpando a tela

É bom conhecer os comandos clear e reset ao trabalhar em um shell. O comando clear simplesmente limpa a tela bash. Não se preocupe; ele não exclui nenhum arquivo, não limpa o histórico de comandos nem altera nenhuma configuração, apenas organiza para que você possa colocar coisas novas na tela de novo.

O comando reset é um pouco mais interessante. Suponha que você tente listar um arquivo binário na tela com o comando cat. Após o computador terminar de enviar o resultado da execução do comando cat em um arquivo binário, você pode ter sorte e ainda conseguir ler o prompt. Muito provavelmente seu prompt foi apresentado com caracteres em caixas sem nenhum significado especial, e digitar no teclado não muda nada. Para voltar ao normal, basta digitar reset e pressionar Enter. Note que não parece que você está digitando a palavra reset, mas verifique se o computador entende a série de caracteres e, após alguns segundos, deverá restaurar o ambiente shell à sua linguagem nativa.

NESTE CAPÍTULO

» Gerenciando usuários

» Lidando com impressoras

» Monitorando programas

Capítulo 17
Fundamentos da Administração do Sistema

Certo, seu sistema Linux está rodando exatamente como você deseja, com a combinação correta de pacotes de software instalados. Você escreve documentos, cria gráficos elegantes, ouve música e até joga. Mas não fique sentado e relaxe: ainda falta muito mais para fazer.

Sempre é preciso ajustar as coisas no sistema, permitindo a outras pessoas que o utilizem, instalando uma nova impressora ou tentando descobrir por que um programa de software roda com lentidão (sim, até os programas Linux ficam ruins às vezes). Manter tudo em ordem e rodando corretamente pode ocupar seu tempo o dia inteiro. Mesmo para um sistema Linux doméstico, você pode precisar gerenciar várias contas do usuário e impressoras, assim como controlar mais de uma dúzia de programas em execução.

O Linux fornece algumas ferramentas que ajudam no processo de gerenciamento. Não há dúvidas de que você viu a seção Administration sob a área de menus em seu ambiente de trabalho (veja os Capítulos 4, 5 e 6). Alguns itens são bem óbvios, como as configurações Date e Time, Display, Keyboard e Language. Porém, outros itens não são tão fáceis de descobrir como usar. Este capítulo explica algumas ferramentas de administração que o Ubuntu e o openSUSE fornecem para facilitar um pouco executar seu sistema.

Gerenciando Usuários e Grupos

Se você suporta um sistema Linux com centenas de usuários ou tem apenas uma conta do usuário para você e outra para seu gato, é preciso saber como gerenciar as contas. Esta seção explica o básico necessário para saber gerenciar as contas do usuário no sistema Linux.

Encontrando a ferramenta certa

Nem todas as distribuições Linux para desktop incluem uma ferramenta de gerenciamento do usuário GUI útil. Mas existem as disponíveis para cada ambiente de trabalho comum, portanto, encontrar a que funciona em sua distribuição Linux não deve ser difícil (veja o Capítulo 15 para saber como instalar o software).

Por exemplo, a ferramenta de gerenciamento de usuário padrão do Ubuntu é um pouco fraca. Embora tente ocultar as complexidades de criar as contas do usuário, ela o limita ao que pode ser feito ao criar uma conta do usuário. Contudo, o projeto GNOME 3 fornece ótimas ferramentas de administração, inclusive o utilitário User and Group do GNOME. Esse utilitário permite realizar praticamente qualquer função do usuário ou do grupo requerida no sistema. Use a aplicação Ubuntu Software (veja o Capítulo 15) e instale o programa User and Groups do GNOME. A Figura 17-1 mostra o utilitário Users and Groups do GNOME após iniciar.

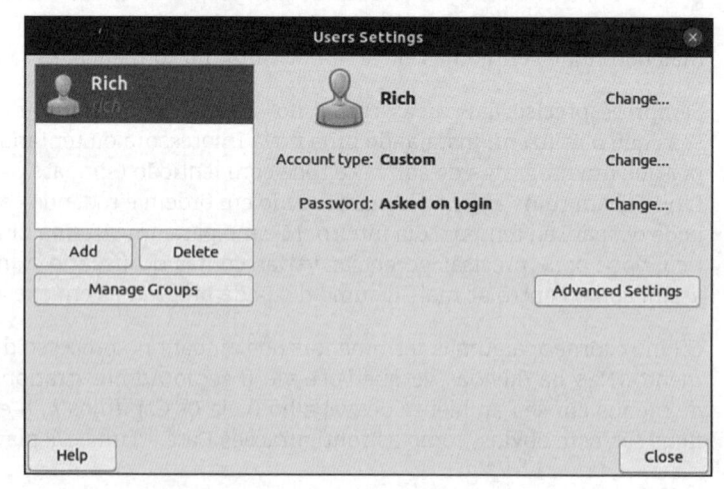

FIGURA 17-1: Utilitário do gerenciador de usuários do GNOME.

CUIDADO — Cuidado ao selecionar o utilitário Users and Groups na lista Ubuntu Software. Se você pesquisar "Users and Groups", verá três versões diferentes para ambientes de trabalho variados. Leia a descrição e selecione a versão GNOME.

No openSUSE, a ferramenta de administração principal é YaST. Por sorte, o YaST inclui uma ferramenta de gerenciamento de usuário muito boa. Para acessá-la, siga estas etapas:

1. **No menu KDE, escolha Applications ⇨ System ⇨ Administrator Settings.**

2. **Na janela YaST Control Center, selecione o ícone Security and Users à esquerda da janela.**

3. **Clique no ícone User and Group Management que aparece à direita da janela.**

A janela principal contém quatro painéis com guias ou abas: para gerenciar usuários, gerenciar grupos de usuários, definir as propriedades do usuário padrão e definir o método de autenticação (por exemplo, se você deseja usar um servidor de autenticação de rede centralizado para várias estações de trabalho). A janela User and Group Management principal é mostrada na Figura 17-2.

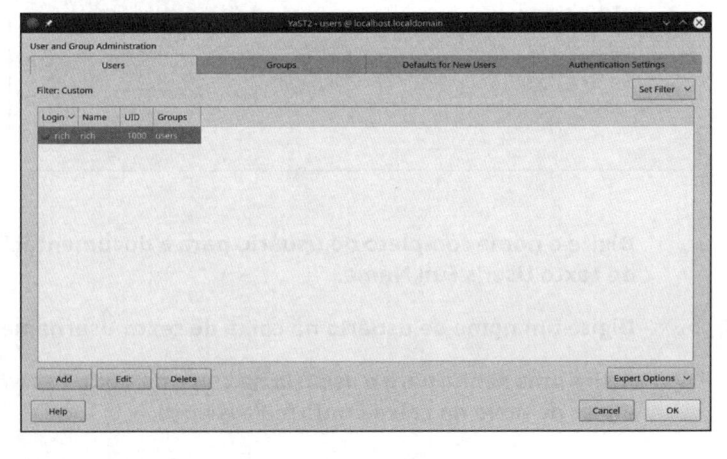

FIGURA 17-2: Ferramenta do gerenciador de usuários do openSUSE.

Todas as ferramentas de gerenciamento de usuários e grupos têm as mesmas capacidades e recursos. Em vez de examinar cada possível situação, as próximas seções explicam o básico para adicionar, modificar e excluir usuários e grupos usando a ferramenta de gerenciamento User and Group do YaST. Você pode aplicar os mesmos princípios a qualquer ferramenta usada para seu ambiente de trabalho.

Adicionando novos usuários

Quando você instalou pela primeira vez seu sistema Linux, ele criou uma conta do usuário. Essa conta tem sua própria pasta pessoal para armazenar arquivos. Se você está em um ambiente onde outras pessoas usam o mesmo sistema, é uma boa ideia criar contas do usuário separadas para cada usuário. Assim, não precisa se preocupar com o gato excluindo sem querer documentos importantes.

Se precisar adicionar contas do usuário extras, veja o que precisa fazer:

1. **Na guia Users, clique no botão Add.**

   A tela pede informações sobre a nova conta do usuário. No YaST, é a guia User Data, como na Figura 17-3.

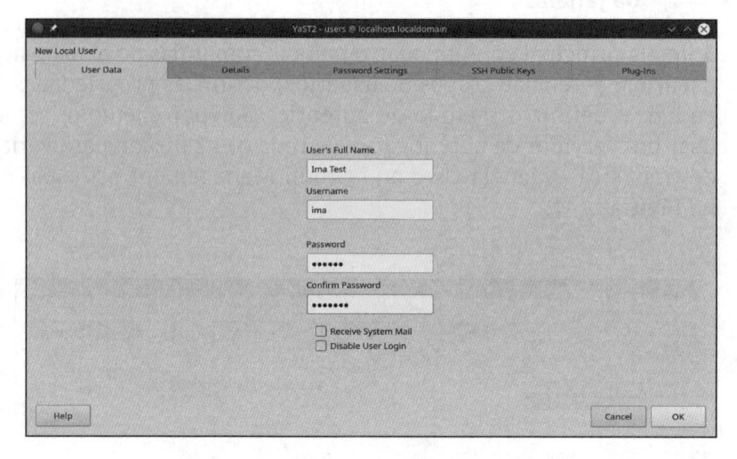

FIGURA 17-3: Guia User Data na ferramenta do gerenciador de usuários do YaST.

2. **Digite o nome completo do usuário para a documentação na caixa de texto User's Full Name.**

3. **Digite um nome de usuário na caixa de texto Username.**

4. **Insira uma senha para o usuário na caixa de texto Password, então digite de novo na caixa Confirm Password.**

   Para ter segurança, você sempre deve usar senhas que não sejam palavras comuns, com uma combinação de números e letras maiúsculas/minúsculas, e um mínimo de oito caracteres de comprimento.

5. **Clique na guia Details para exibir os detalhes da conta.**

   Você pode personalizar vários recursos da conta ou usar as configurações padrão como definidas no sistema Linux, mostradas na Figura 17-4.

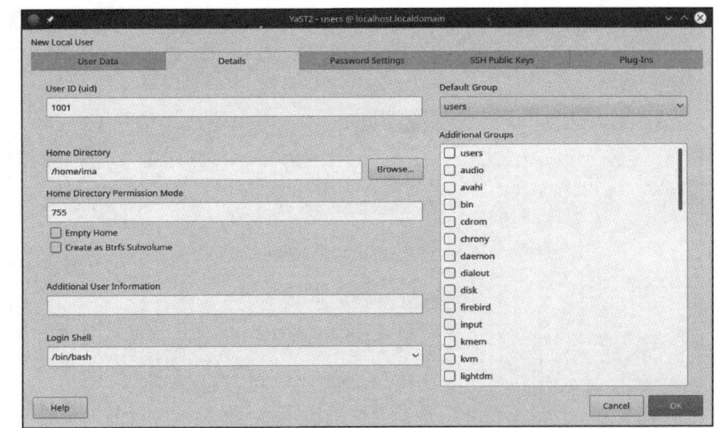

FIGURA 17-4:
Guia User Details na ferramenta de gerenciamento de usuários do YaST.

6. **(Opcional) Modifique qualquer configuração:**

   - *User ID:* O Linux controla as contas do usuário pela ID do usuário, não pelo nome de usuário. Cada conta deve ser atribuída a uma ID do usuário exclusiva. Normalmente a ferramenta de gerenciamento de usuários escolhe a próxima ID do usuário disponível, mas você pode mudar isso se precisar.

   - *Home Directory:* Em geral, as contas do usuário têm seu próprio diretório de usuários sob o diretório /home para armazenar arquivos. Isso define o local do diretório de usuários.

   - *Home Directory Permission Mode:* Normalmente, cada conta do usuário tem permissões para apenas seu diretório de usuários. Você pode mudar as permissões para permitir que os usuários no mesmo grupo leiam os diretórios pessoais dos outros (veja o Capítulo 7).

   - *Login Shell:* O Linux suporta vários ambientes diferentes do shell da linha de comando (veja o Capítulo 16). Em geral o shell bash é usado por padrão.

   - *Default Group:* Algumas distribuições Linux (como o Ubuntu) atribuem cada conta do usuário a um grupo exclusivo, já outras (como o open-SUSE) atribuem os usuários a um grupo comum.

   - *Additional Groups:* Uma conta do usuário pode ser membro de vários grupos, em geral usados para compartilhar arquivos; você pode selecionar os grupos na lista.

7. **Clique na guia Password Settings.**

   O Linux permite controlar com que frequência as senhas precisam ser alteradas. A guia Password Settings fornece campos que permitem controlar quando a senha da conta do usuário deve ou pode ser alterada, como na Figura 17-5.

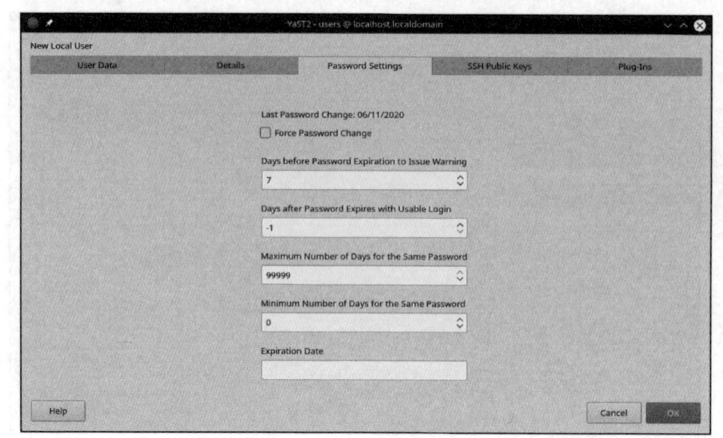

FIGURA 17-5:
Guia Password Settings na ferramenta de gerenciamento de usuários do YaST.

8. Clique em OK para criar o usuário.

Após a conta do usuário ser criada, ela aparece na lista de usuários sob a guia User. Alguns utilitários fornecem recursos extras para gerenciar a nova conta. A ferramenta YaST tem duas guias: uma para fazer upload das chaves SSH para a conta do usuário acessar hosts remotos e outra para usar recursos de plug-in, como atribuir cotas do disco à nova conta do usuário.

> **DICA**
>
> A maioria das distribuições Linux usa a mesma ferramenta para modificar ou excluir as contas do usuário existentes. Basta selecionar o usuário existente na lista e clicar no botão para editar ou excluir a conta. Ao editar a conta do usuário, você verá os mesmos prompts exibidos quando a criou, permitindo mudar qualquer configuração atribuída antes.

> **DICA**
>
> Algumas ferramentas permitem manter o diretório pessoal do usuário depois de excluir a conta. Isso pode ser útil quando precisar acessar alguns arquivos pessoais do usuário. Mas os arquivos ainda estarão atribuídos à antiga ID do usuário do proprietário original. Muito provavelmente você precisará mudar essas atribuições (veja o Capítulo 7).

Adicionando novos grupos

Os grupos ajudam a gerenciar o acesso a arquivos e pastas no sistema. Cada arquivo e pasta contém três conjuntos de permissões: para o proprietário, para o grupo ao qual o arquivo ou a pasta está atribuída, e para todos os outros usuários no sistema. Atribuindo um arquivo ou uma pasta a um grupo especial, você permite a todos os usuários que pertencem a esse grupo que tenham total acesso ao arquivo ou à pasta.

Veja o que você precisa fazer para criar um grupo na ferramenta do gerenciador de usuários e grupos YaST do openSUSE:

1. **Clique na guia Groups na ferramenta User Management.**

   Ela lista os grupos existentes e os usuários atribuídos atualmente a cada grupo. Como muitos grupos são relacionados ao sistema, a ferramenta os filtra e exibe apenas os grupos de usuário padrão, como na Figura 17-6.

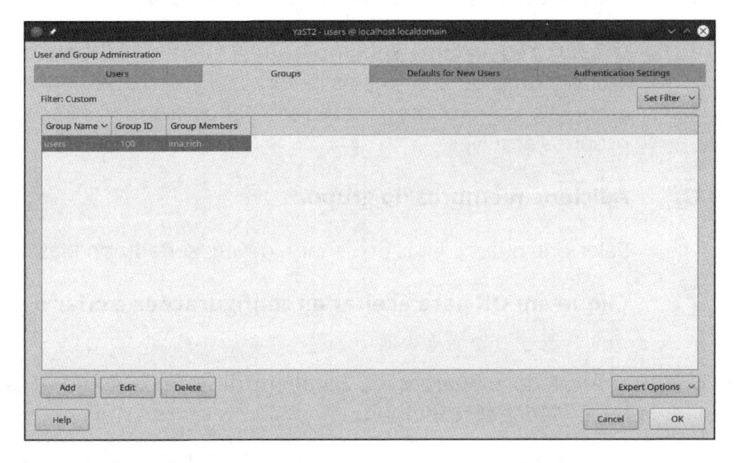

FIGURA 17-6: Guia Groups na ferramenta User Management do YaST.

2. **Clique no botão Add.**

   A janela Create New Group abre, mostrada na Figura 17-7.

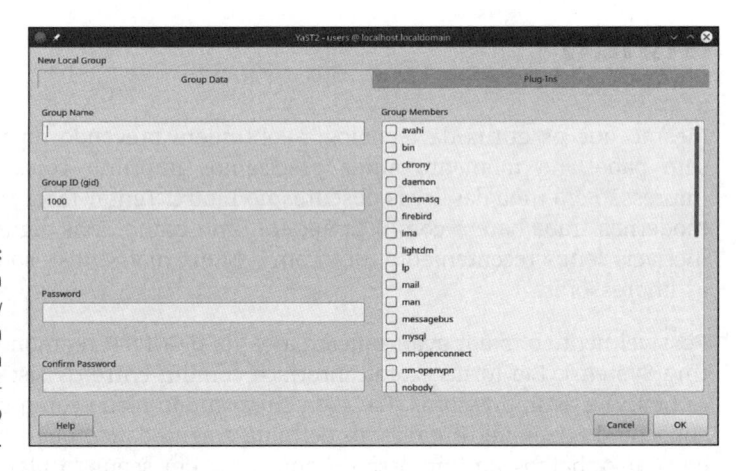

FIGURA 17-7: Janela Create New Group na ferramenta User Management do YaST.

CAPÍTULO 17 **Fundamentos da Administração do Sistema** 331

3. **Digite o nome do novo grupo na caixa de texto Group Name.**

4. **(Opcional) Insira uma nova Group ID se não deseja aceitar a atribuída automaticamente.**

   Por padrão, o User Manager atribui automaticamente uma ID do grupo exclusiva (GID) ao novo grupo. Se você preferir usar suas próprias GIDs, marque a caixa de seleção e selecione GID disponível na lista suspensa.

5. **Defina uma senha do grupo (se requerido).**

   O Linux requer uma senha para um membro acessar os recursos do grupo (como os arquivos atribuídos ao grupo). Se nenhuma senha for atribuída, os membros poderão acessar os arquivos como se fossem seus próprios arquivos.

6. **Adicione membros do grupo.**

   Selecione quais contas do usuário devem ser adicionadas ao novo grupo.

7. **Clique em OK para aceitar as configurações e criar o grupo.**

O grupo é criado e aparece na listagem de grupos sob a guia Groups na janela User Manager principal.

> **DICA**
>
> A ferramenta do gerenciador de grupos também permite editar ou excluir os grupos existentes. Selecione o grupo com o qual deseja trabalhar e clique no botão Edit para modificar as propriedades do grupo ou no botão Delete para removê-lo.

Imprimindo

Mesmo que os gurus da tecnologia continuem prevendo uma sociedade sem papel, no momento ainda precisamos imprimir coisas. Antes, a impressão era uma das áreas obscuras no Linux. Tentar fazer impressoras modernas trabalharem com o Linux era um desafio. Mas alguns avanços incríveis feitos recentemente tornaram o Linux mais amistoso em relação às impressoras.

Possivelmente o maior avanço nessa área foi o CUPS (Common Unix Printing System). Ele fornece uma interface comum entre os sistemas UNIX (e Linux) e as impressoras. Ele roda em segundo plano como um serviço, conectando qualquer impressora definida e aguardando que as aplicações enviem trabalhos de impressão. Como roda em segundo plano, pode se comunicar com impressoras remotas e aceitar trabalhos de impressão dos sistemas remotos.

O Ubuntu e o openSUSE incluem uma ferramenta Printer Configuration que interage com o CUPS. Essa ferramenta fornece um modo fácil de configurar o servidor CUPS executado no sistema e qualquer impressora definida.

Para o Ubuntu, acesse a ferramenta Printer Configuration abrindo a janela Settings e clicando na entrada Printers no painel à esquerda. No ambiente openSUSE KDE, procure sob o grupo de menus System a entrada Administrator Settings. Então, na seção Hardware, clique no ícone Printer.

> **DICA**
>
> O Ubuntu tenta detectar automaticamente qualquer impressora local ou em rede. Se não encontrar sua impressora, clique no botão Additional Printer Settings no painel Printers para iniciar a ferramenta Printer Configuration.

A janela Printer Configuration principal do Ubuntu é mostrada na Figura 17-8.

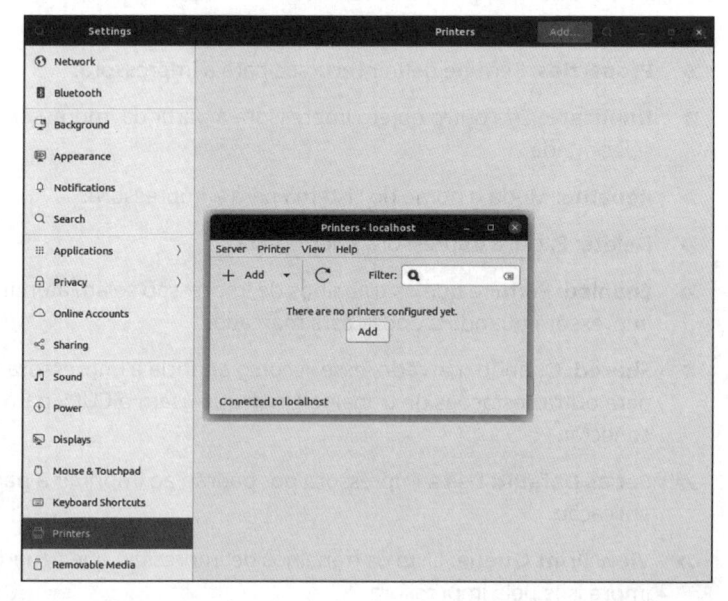

FIGURA 17-8: Janela Printer Configuration do Ubuntu.

É possível controlar duas coisas na janela Printer Configuration:

» **Server Settings:** Permite controlar como o servidor CUPS gerencia os recursos de impressão

» **Local Printers:** Permite mudar as propriedades individuais da impressora para todas as impressoras definidas localmente no sistema

A área da janela principal exibe ícones para as impressoras configuradas (ou que foram detectadas automaticamente pelo Linux). O botão suspenso Add tem duas opções:

- **New Printer:** Inicia um assistente simples para orientá-lo ao adicionar uma nova impressora ao sistema.

- **New Class:** Inicia outro assistente simples que orienta como agrupar as impressoras configuradas para formar um pool de impressoras (chamado *classe de impressão* no CUPS). Enviar trabalhos de impressão para uma classe de impressão permite que o trabalho seja impresso por qualquer impressora disponível na classe.

Se você já tem uma impressora definida no sistema, clique com o botão direito no ícone dela para acessar estes recursos:

- **Properties:** Permite definir recursos para a impressora.

- **Duplicate:** Cria outro objeto impressora a partir da impressora selecionada.

- **Rename:** Muda o nome do sistema para a impressora.

- **Delete:** Exclui a impressora selecionada.

- **Enabled:** Permite que os trabalhos de impressão sejam atendidos pela impressora quando a opção está marcada.

- **Shared:** Quando marcado, esse recurso anuncia a impressora na rede para outras estações de trabalho Linux que usam o CUPS para se conectar.

- **Set as Default:** Usa a impressora por padrão ao imprimir a partir de uma aplicação.

- **View Print Queue:** Lista os trabalhos de impressão que aguardam ser impressos pela impressora.

As próximas seções descrevem como usar a janela Printer Configuration para definir o CUPS e as propriedades da impressora para seu sistema.

Configurações do servidor da impressora

Clicar no item Server na barra de menus da janela Printer Configuration abre a janela Basic Server Settings, mostrada na Figura 17-9.

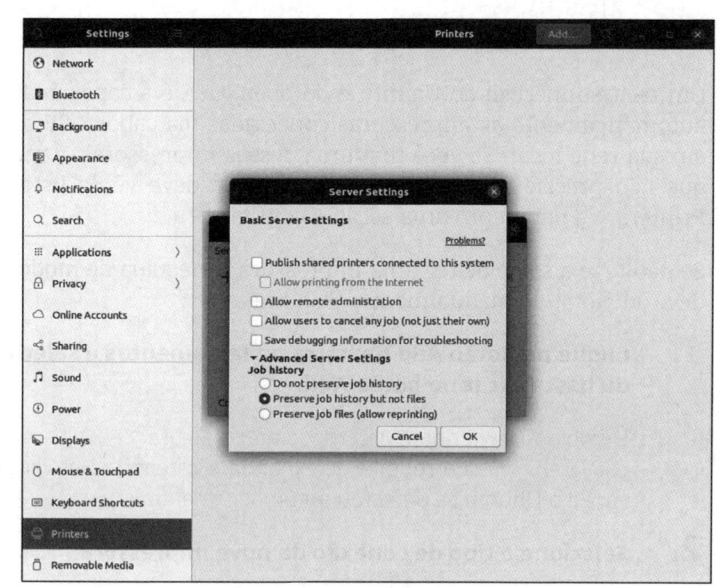

FIGURA 17-9:
Janela Basic Server Settings de Printer Configuration.

Você pode lidar com algumas configurações diferentes para ajudar na administração da impressora:

» **Publish Shared Printers Connected to This System:** Permite a clientes remotos que conectem qualquer impressora local marcada como compartilhada (mais sobre isso posteriormente).

» **Allow Remote Administration:** Permite a clientes remotos que conectem o servidor CUPS em execução no sistema.

» **Allow Users to Cancel Any Job (Not Just Their Own):** Por padrão, usuários normais só podem cancelar seus próprios trabalhos de impressão. Ativar esse recurso permite a qualquer usuário que cancele o trabalho de impressão de outro. Embora seja um recurso útil, pode ser perigoso em um grande ambiente multiusuários (sobretudo se seus usuários gostam de brincar uns com os outros).

» **Save Debugging Information for Troubleshooting:** Por padrão, o servidor CUPS gera uma quantidade moderada de informações de log para monitorar o uso ou problemas. Se você tem problemas com uma configuração específica da impressora, pode ativar esse recurso para produzir mais (muito mais) informações nos arquivos de log.

Além dessas opções extras avançadas, há opções disponíveis clicando no botão suspenso Advanced Server Settings. As opções avançadas permitem controlar como o CUPS gerencia os logs do trabalho de impressão. Após determinar as configurações corretas para o ambiente do servidor CUPS, você pode criar impressoras locais individuais.

Adicionando uma nova impressora

Um recurso incrível do Ubuntu e do openSUSE é a capacidade de detectar automaticamente as impressoras conectadas via cabos USB ou localizadas em sua rede local. Se você tem uma dessas impressoras, é muito provável que não precise adicioná-la ao sistema. Já deve vê-la listada em Local Printers. Vá para a próxima seção e configure-a.

Se não teve a sorte de ter uma impressora conectada de modo automático, deve adicioná-la manualmente. Veja as etapas:

1. **Clique no botão Add na barra de ferramentas e selecione Printer, ou basta clicar no botão Add.**

   É exibido New Printer Wizard, como na Figura 17-10. Se as impressoras estiverem em sua rede local, expanda a categoria Network Printer para ver se o Ubuntu as detectou automaticamente.

2. **Selecione o tipo de conexão da nova impressora.**

   Existem cinco tipos diferentes de conexões da impressora para disponibilizar uma impressora no sistema. Esses tipos são listados na Tabela 17-1.

   Ao selecionar um tipo de conexão à esquerda da janela, uma área Properties diferente aparece à direita. Por exemplo, se você seleciona Windows Printer via Samba, aparecem caixas de texto em que pode inserir o nome da impressora, uma ID do usuário e a senha requeridos para acessar a impressora da rede.

   Após selecionar o tipo de conexão e alterar as configurações da impressora, clique em Forward para prosseguir no assistente.

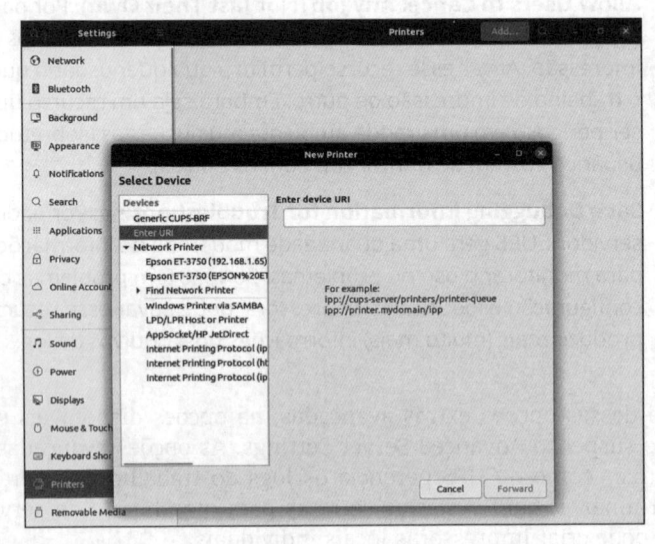

FIGURA 17-10: New Printer Wizard na ferramenta Printer Configuration.

3. **Selecione o fabricante da impressora ou o local do arquivo PPD.**

   CUPS usa arquivos PostScript Printer Description (PPD) padrão para lidar com a formatação da impressão para as impressoras. É usado o mesmo conceito dos drivers padrão da impressora para o Microsoft Windows com o qual provavelmente você está acostumado. Cada impressora deve ter um PPD instalado para o CUPS saber como formatar o texto e os gráficos enviados para ela.

   A janela do assistente permite selecionar o arquivo PPD a usar para nova impressora. Há três opções:

   - Selecionar o fabricante da impressora na lista de drivers instalados.
   - Selecionar para instalar seu próprio arquivo PPD fornecido para a impressora.
   - Pesquisar na internet um arquivo PPD para baixar.

   Se você tiver a sorte de ter o arquivo PPD de sua impressora, copie-o para um local no sistema Linux e selecione a opção Provide PPD file. Vá para o local do arquivo, selecione-o e clique em Forward.

   Se não tiver o arquivo PPD para sua impressora, tente pesquisar um nos repositórios padrão. Se encontrar o fabricante da impressora listado, selecione-o e clique em Forward.

4. **Se você selecionou um fabricante da impressora, a próxima janela do assistente fornecerá uma lista de modelos específicos e arquivos PPD. Selecione o modelo da impressora e (opcional) o arquivo PPD correto.**

   A janela do assistente pede para selecionar o tipo específico do modelo para sua impressora. Com sorte o modelo está listado. Se não, volte uma etapa e encontre seu próprio arquivo PPD para instalar.

   Se o modelo específico estiver listado, selecione-o e uma lista de arquivos PPD disponíveis é mostrada. Alguns modelos podem ter apenas um arquivo PPD, já outros têm dois ou mais. Nesse caso, geralmente um é marcado como recomendado. Experimente isso primeiro. Se não funcionar, selecione um PPD diferente. Clicar no botão Forward avança para a janela final do assistente.

5. **Crie um nome exclusivo para a impressora e, opcionalmente, digite uma descrição e local. Clique em Apply na janela de resumo para criar uma impressora.**

TABELA 17-1   Tipos de Conexão da Impressora Ubuntu

Tipo de Conexão	Descrição
AppSocket/HP JetDirect	Uma impressora conectada diretamente à rede, usando uma placa de rede e um software da internet
Internet Printing Protocol (IPP)	Um sistema CUPS remoto divulgando as impressoras locais que podem ser usadas remotamente com protocolos HTTP, IPP ou IPPS
LPD/LPR Host ou Printer	Um padrão UNIX mais antigo para as impressoras locais com compartilhamento remoto
Windows Printer via Samba	Uma estação de trabalho Microsoft Windows ou servidor que divulga as impressoras locais compartilhadas
URI	Uma URI (Identificador Uniforme de Recurso) específica usada para mapear uma impressora de rede

A nova impressora é adicionada à lista de impressoras locais (mesmo se você mapeou uma impressora remota). Agora deverá ver a nova impressora ao imprimir a partir das aplicações em seu sistema. Antes de se empolgar muito com a impressão, é uma boa ideia verificar como a impressora está configurada.

Modificando as propriedades da impressora

É possível modificar as propriedades de qualquer impressora no sistema (se o Linux a criou automaticamente ou você a criou de forma manual). Clique no ícone de engrenagem ao lado da impressora e um menu contextual com quatro opções é exibido.

Printer Options

A caixa de diálogo Printer Options permite definir algumas propriedades da configuração da impressora física. As propriedades disponíveis para modificar se baseiam nas informações fornecidas pelo arquivo PPD da impressora individual e dependem das características físicas dela.

Essas propriedades se dividem em categorias separadas, dependendo das capacidades da impressora. As opções disponíveis para minha impressora de teste são mostradas na Figura 17-11.

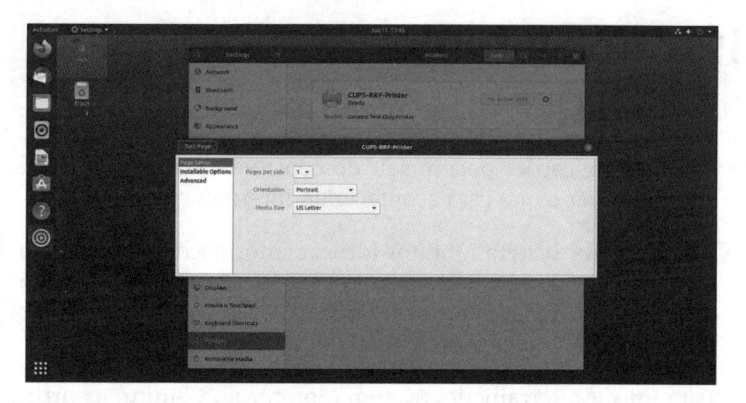

FIGURA 17-11: Área Printer Options da ferramenta Printer Configuration.

As configurações Page Setup têm propriedades como, por exemplo, com quais tipos de papel a impressora consegue lidar, as qualidades de impressão produzidas, o número e os tipos de bandejas de entrada. Você pode fazer o servidor da impressora solicitar um tamanho de papel específico para todos os trabalhos de impressão ou até solicitar em qual bandeja pegar o papel.

As configurações Installable Options definem os recursos específicos fornecidos pela impressora, por exemplo, tamanhos personalizados da página ou impressão duplex.

Printer Details

A área Printer Details fornece configurações básicas para mudar na impressora. Nela, é possível alterar a descrição e as tags de localização da impressora, a URI da impressora e o arquivo PPD usado para ela.

Use Printer by Default

A maioria das aplicações permite selecionar uma impressora para usar se você tem mais de uma configurada. Mas algumas não permitem isso ou pressupõem que há uma impressora padrão. Selecionar essa opção define a impressora como a padrão do sistema.

Remove Printer

Remove a definição da impressora do servidor CUPS. Isso também remove qualquer fila criada para a impressora para que nenhum trabalho possa ser processado.

Monitor do Sistema

Embora as coisas normalmente ocorram bem nos sistemas Linux, por vezes as aplicações podem sair do controle. Quando isso acontece, é bom conseguir ver o que está acontecendo internamente no SO.

A ferramenta System Monitor fornece informações sobre como o hardware e o software do sistema estão operando. Ela costuma estar incluída nas distribuições Linux para fornecer uma visão gráfica do sistema. O Ubuntu e o openSUSE incluem esse recurso por padrão.

Para iniciar a ferramenta System Monitor no Ubuntu, a partir do lançador de aplicações, clique no ícone System Monitor ou digite-o na caixa de texto Search. No openSUSE, no menu Applications, selecione System e clique no ícone System Monitor. Embora existam diferenças entre as ferramentas System Monitor no Ubuntu e no openSUSE, ambas fornecem as mesmas informações. Para economizar espaço, eu examino System Monitor como mostrada no Ubuntu.

Há três guias da janela em System Monitor:

» **Processes:** Mostra informações sobre os programas atualmente em execução no sistema

» **Resources:** Mostra informações sobre a CPU e o uso de memória

» **Filesystem:** Mostra informações sobre quais discos rígidos estão montados no sistema

Claro, só ter muitas informações não ajuda em nada. É preciso saber o que elas significam para entender. As próximas seções ajudam a compreender como interpretar as várias informações contidas em System Monitor.

Processes

Clicar na guia Processes dá uma visão geral dos programas atualmente em execução no sistema, como mostrado na Figura 17-12.

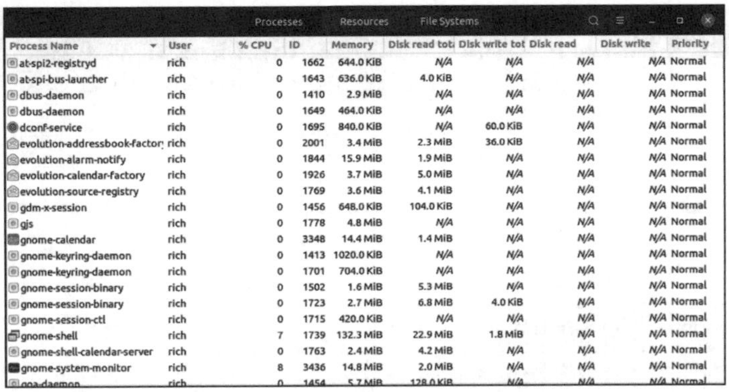

FIGURA 17-12: Guia Processes na ferramenta System Monitor.

Os processos (termo Linux para os programas em execução no sistema) são mostrados em formato de tabela. A exibição padrão mostra todos os processos executados atualmente pela conta do usuário. Uma alternativa é examinar todos os processos, ou apenas aqueles que funcionam ativamente, clicando no ícone de menu na barra de título e selecionando qual opção você quer ver.

É possível classificar as linhas da tabela com base em qualquer coluna. Por exemplo, para ver quais processos estão usando a maior porcentagem do tempo da CPU, clique no título da coluna % CPU. System Monitor classifica automaticamente as linhas com base na porcentagem de uso da CPU.

Outras colunas estão disponíveis para adicionar. Escolha Menu ➪ Preferences para ver as opções disponíveis da guia Processes. A Tabela 17-2 lista os dados disponíveis para exibir na guia Processes.

TABELA 17-2 Colunas da Tabela Process em System Monitor

Coluna	Descrição
Process Name	O nome de programa do processo em execução
User	O proprietário do processo
Status	O status (suspenso ou execução) do processo
Virtual Memory	A quantidade de memória do sistema virtual alocada para o processo
Resident Memory	A quantidade de memória física alocada para o processo
Shared Memory	A quantidade de memória compartilhada entre este processo e outros
%CPU	A porcentagem do tempo total da CPU que o processo usa
CPU Time	O tempo real da CPU que o processo usa
Started	A hora em que o processo começou a executar

(continua)

(continuação)

Coluna	Descrição
Nice	A prioridade do processo no sistema; os números mais altos têm menor prioridade no sistema
ID	A ID única do processo (PID) que o sistema atribuiu ao processo
Command Line	O nome do comando e qualquer argumento da linha de comando usado para iniciar
Memory	A quantidade de memória do sistema que os processos usam
Waiting Channel	O canal no qual o processo aguarda
Control Group	O grupo de controle do kernel ao qual o processo pertence
Unit	A unidade de inicialização do sistema à qual o processo pertence
Session	Detalhes adicionais sobre a sessão do processo
Seat	O terminal a partir do qual o processo foi inicializado
Owner	A id do usuário que iniciou o processo
Disk read total	Os bytes totais lidos pelo processo
Disk write total	Os bytes totais gravados pelo processo
Disk read	Os bytes lidos pelo processo desde a última atualização
Disk write	Os bytes gravados pelo processo deste a última atualização
Priority	A prioridade do sistema atribuída ao processo

Você pode definir outras opções na caixa de diálogo Preferences:

» **Update Interval in Seconds:** Com que frequência System Monitor atualiza os dados da tabela

» **Enable Smooth Refresh:** Reúne novas informações do processo antes de atualizar os dados da tabela, em vez de atualizar conforme reúne as informações do processo

» **Alert Before Ending or Killing Processes:** Fornece uma caixa de diálogo de aviso antes de permitir terminar o processo em execução "só para garantir"

» **Divide CPU usage by CPU count:** Fornece a porcentagem da CPU com base no número de CPUs instaladas no sistema, em vez do total

Você também pode controlar os processos que possui diretamente na guia Processes. Clicar com o botão direito em um processo abre um menu que permite parar, terminar ou encerrar um processo, além de mudar a prioridade dele.

Resources

Clicar na guia Resources dá uma visão geral rápida do status do hardware do sistema, como na Figura 17-13.

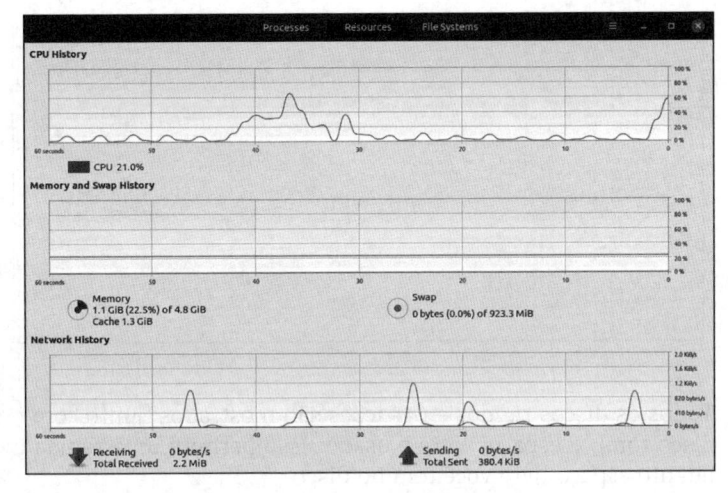

FIGURA 17-13: Guia Resources na ferramenta System Monitor.

São exibidos três gráficos em tempo real:

> » **CPU History:** Mostra a utilização da porcentagem da CPU em tempo real na execução. Se o sistema tem mais de um processador, cada um é mostrado como uma linha separada do histórico.
>
> » **Memory and Swap History:** Mostra dois gráficos em tempo real na execução: um para a quantidade de memória usada pelo usuário e outro para a quantidade de espaço de troca usado por ele.
>
> » **Network History:** Mostra a quantidade de dados enviados e recebidos das interfaces de rede.

A guia Resources pode lhe dar uma imagem geral rápida de como está o sistema. Se você vir que a CPU ou o uso da memória está ficando alto, pode ir para a guia Processes e classificar a listagem com base nesse parâmetro.

File Systems

Clicar na guia File Systems fornece uma rápida referência da quantidade de espaço em disco usada em cada sistema de arquivos montado (como na Figura 17-14); veja o Capítulo 7 para ler sobre sistemas de arquivos e montagem.

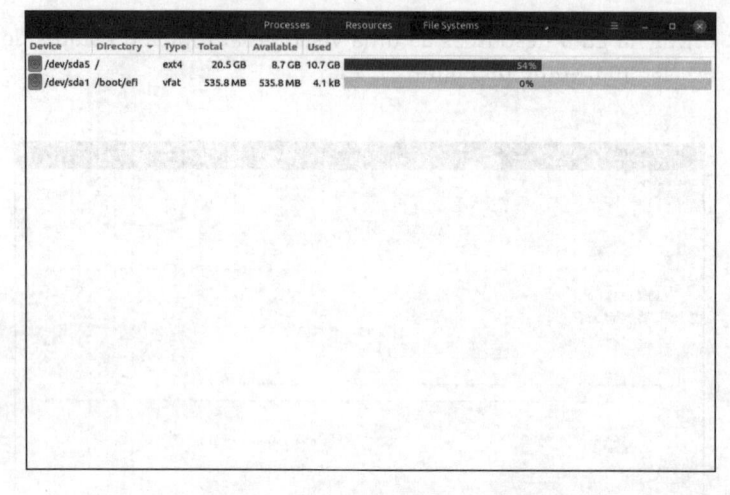

FIGURA 17-14: Guia File Systems na ferramenta System Monitor.

Todos os discos rígidos e partições são mostrados, junto com o espaço em disco total, e espaços livre e usado. Isso permite uma rápida indicação de quanto espaço livre você tem no disco.

Como se pode ver, a ferramenta System Monitor, na verdade, são várias ferramentas úteis para facilitar muito a administração do sistema.

> **NESTE CAPÍTULO**
>
> » Implementando senhas fortes
> » Mantendo o sistema atualizado
> » Fechando as falhas na segurança
> » Usando o System Log Viewer
> » Protegendo o sistema com as práticas recomendadas

Capítulo **18**

Um Linux Seguro É um Linux Feliz

Você não deixa a porta da frente de sua casa aberta quando vai trabalhar, deixa? E a deixa fechada e trancada, mas com janelas grandes e bonitas abertas? O problema é que muitas pessoas fazem isso todo dia em seus computadores e nem sabem! Neste capítulo, veremos onde estão as portas e as janelas abertas, e o que podemos fazer para protegê-los.

As ações de cada usuário afetam a segurança geral do sistema. Se os membros da sua família ou colegas de trabalho precisam acessar sua máquina Linux, reserve um tempo para sentar e explicar os fatos relacionados à segurança. Então, eles poderão aplicar essas informações aos outros computadores usados porque essas questões não são específicas do Linux.

Escolhendo Senhas Seguras

A primeira linha de defesa contra invasores é a senha usada no sistema. Para cada conta configurada no sistema, as senhas devem ser fortes e difíceis de descobrir. Se apenas uma das contas tem senha fraca, você pode ter problemas. Por incrível que pareça, 70% dos casos em que pessoas não autorizadas tiveram acesso aos sistemas, a senha de uma conta era a própria palavra *senha*! Ao escolher senhas boas, siga estas regras:

- Não use parte do seu nome.
- Não use nomes de amigos, entes queridos nem pets.
- Não use datas de nascimento, aniversários ou outras fáceis de adivinhar.
- Não use palavras do dicionário.
- Não mantenha a senha escrita perto do computador, a menos que esteja escondida de algum modo, como escrevê-la em um endereço.
- Não conte a ninguém sua senha. Se alguém precisar acessar arquivos específicos, dê uma conta à pessoa e configure permissões e grupos devidamente para que isso possa ser feito (descrito no Capítulo 17).
- Use uma combinação de letras minúsculas, maiúsculas, números e caracteres especiais.
- Verifique se sua senha tem um mínimo de oito caracteres; mais é melhor.
- Use acrônimos criados a partir de frases, por exemplo, a senha `Nc8aéT` significa "O nome do meu cão de oito anos é Totó".

Toda pessoa no sistema precisa seguir essas regras, inclusive você! Considere manter perto da máquina uma folha de papel com as regras.

LEMBRE-SE Deixei-me enfatizar bastante: *nunca* informe sua senha. Verifique se as pessoas que usam sua máquina entendem essa regra. Sempre é possível encontrar métodos alternativos para realizar uma tarefa sem dar sua senha. Se alguém deseja usar sua máquina, crie uma conta para a pessoa. Então, ela poderá ter sua própria senha!

Atualizando o Software

Todos os usuários podem baixar e instalar um software novo. Claro, os programas instalados estão limitados às próprias permissões do usuário. O cuidado aqui, como em qualquer SO, é que você não obtenha uma versão do programa adulterada ou engane as pessoas fazendo com que elas o instalem.

O primeiro lugar a pesquisar um novo software é o repositório da distribuição (veja o Capítulo 15). Use uma ferramenta de instalação de software predefinida para instalar novas aplicações e que você considere segura. Se não conseguir encontrar a aplicação no repositório da sua distribuição, procure um pacote montado por uma fonte confiável. Assegure que você e os outros usuários do sistema Linux se sintam à vontade com os sites usados e visitados. Você precisa fazer uma *lista* dos sites confiáveis que fornecem as informações necessárias e não enganam na apresentação. Como um ponto de partida, se sua distribuição Linux deriva de uma distribuição central (como o Ubuntu que deriva do Debian Linux), você pode *confiar* nos repositórios da distribuição-mãe. Outros sites de distribuição de software confiáveis incluem GitHub e SourceForge — ambos dedicados a distribuir um software de código aberto. Se você ou um usuário do sistema Linux não tem certeza se pode confiar em certo site, pesquise e peça a opinião de outras pessoas.

O Capítulo 15 também detalha como manter sua distribuição e software atualizados com correções de segurança. Com o tempo, até os pacotes de software mais populares têm falhas de segurança. Por favor, por favor mesmo, fique atento às atualizações de segurança e instale-as! Afinal, como a pessoa responsável, seu trabalho é garantir que o computador não seja invadido. Além de assegurar que fará todas as mesmas coisas que um usuário faria para as contas do usuário e a conta do superusuário (root), não importa qual distribuição Linux é executada, você deve ficar atualizado com os problemas de segurança.

Falhas na rede

Em um servidor ou estação de trabalho Linux — ou qualquer computador usando um SO — você não deve ter serviços de rede em execução que não pretende usar. Pense em cada programa executado como uma janela de vidro ou porta corrediça em sua casa. Cada serviço de rede é um ponto fraco, e existem muitas pessoas más na internet que gostam de ir a todas as casas e anotar quantas janelas e portas de vidro existem nela, os tipos e a facilidade com a qual são quebradas.

Controlando seus serviços

Quanto mais softwares você instala em seu sistema, mais serviços podem ser executados em segundo plano. Ubuntu e openSUSE fornecem um utilitário para controlar quais aplicações o sistema inicia automaticamente.

Ubuntu e openSUSE usam o software *systemd* para iniciar serviços. Enquanto o openSUSE tem uma ferramenta gráfica para gerenciar os serviços, o Ubuntu não tem. Mas nos dois sistemas você pode usar o comando systemctl da linha de comando para exibir e gerenciar os serviços do sistema. Para ver uma lista dos serviços atualmente em execução no sistema Ubuntu ou openSUSE, use este comando:

```
$ systemctl list-units --all --state running
UNIT                                    LOAD    ACTIVE SUB
   DESCRIPTION
cups.path                               loaded active running
   CUPS Scheduler
init.scope                              loaded active running
   System and Service Manager
session-2.scope                         loaded active running
   Session 2 of user rich
auditd.service                          loaded active running
   Security Auditing Service
avahi-daemon.service                    loaded active running
   Avahi mDNS/DNS-SD Stack
chronyd.service                         loaded active running
   NTP client/server
cron.service                            loaded active running
   Command Scheduler
cups.service                            loaded active running
   CUPS Scheduler
dbus.service                            loaded active running
   D-Bus System Message Bus
display-manager.service                 loaded active running
   X Display Manager
firewalld.service                       loaded active running
   firewalld - dynamic
                                        firewall daemon
getty@tty1.service                      loaded active running
   Getty on tty1
haveged.service                         loaded active running
   Entropy Daemon based on
                                        the HAVEGE algorithm
lvm2-lvmetad.service                    loaded active running
   LVM2 metadata daemon
ModemManager.service                    loaded active running
```

```
     Modem Manager
NetworkManager.service            loaded active running
  Network Manager
nscd.service                      loaded active running
  Name Service Cache Daemon
polkit.service                    loaded active running
  Authorization Manager
postfix.service                   loaded active running
  Postfix Mail Transport
                                  Agent
rsyslog.service                   loaded active running
  System Logging Service
rtkit-daemon.service              loaded active running
  RealtimeKit Scheduling
                                  Policy Service
sshd.service                      loaded active running
  OpenSSH Daemon
systemd-journald.service          loaded active running
  Journal Service
systemd-logind.service            loaded active running
  Login Service
systemd-udevd.service             loaded active running
  udev Kernel Device Manager
udisks2.service                   loaded active running
  Disk Manager
upower.service                    loaded active running
  Daemon for power
                                  management
user@1000.service                 loaded active running
  User Manager for UID 1000
avahi-daemon.socket               loaded active running
  Avahi mDNS/DNS-SD Stack
                                  Activation Socket
cups.socket                       loaded active running
  CUPS Scheduler
dbus.socket                       loaded active running
  D-Bus System Message Bus
                                  Socket
lvm2-lvmetad.socket               loaded active running
  LVM2 metadata daemon
                                  socket
syslog.socket                     loaded active running
  Syslog Socket
systemd-journald-dev-log.socket loaded active running
  Journal Socket (/dev/log)
systemd-journald.socket           loaded active running
```

```
                Journal Socket
systemd-udevd-control.socket      loaded active running
    udev Control Socket
systemd-udevd-kernel.socket       loaded active running
    udev Kernel Socket

LOAD   = Reflects whether the unit definition was
    properly loaded.
ACTIVE = The high-level unit activation state, i.e.
    generalization of SUB.
SUB    = The low-level unit activation state, values
    depend on unit type.

37 loaded units listed.
To show all installed unit files use 'systemctl list-
    unit-files'.
lines 18-45/45 (END)
$
```

Como se pode ver, alguns serviços são executados no sistema Linux! Antes de tentar desativar algum deles, veja se pesquisou exatamente o que eles fazem e decidiu se o sistema não precisa deles. A coluna Description pode dar algumas dicas em relação a onde encontrar mais informações sobre o serviço. Talvez você se lembre dos serviços CPUS do Capítulo 17 ou do serviço NetworkManager no Capítulo 9. Verifique a documentação da sua distribuição Linux específica para saber quais serviços devem estar em execução por padrão.

Se encontrar serviços que não deseja em execução, use o comando `systemctl` para desativá-los:

```
$ sudo systemctl disable ModemManager
[sudo] password for rich:
Removed /etc/systemd/system/dbus
        -org.freedesktop.ModemManager1.service.
Removed /etc/systemd/system/multi-
        user.target.wants/ModemManager.service.
$
```

Se mais tarde decidir que deseja o serviço, basta usar o comando `enable`:

```
$ sudo systemctl enable ModemManager
Created symlink /etc/systemd/system/dbus-
        org.freedesktop.ModemManager1.service
    /lib/systemd/system/ModemManager.service.
```

```
Created symlink /etc/systemd/system/multi-
       user.target.wants/ModemManager.service
   /lib/systemd/system/ModemManager.service.
$
```

Usando `systemctl` é possível personalizar exatamente quais serviços são executados no sistema Linux!

Controlando e ajustando o firewall

Ainda melhor (mas igualmente essencial) que desativar os serviços desnecessários é assegurar que você tenha um firewall. É como colocar um grande obstáculo em torno de sua casa. Ele teria aberturas que apenas aceita pessoas que desejam fazer certas coisas. Os amigos poderiam passar por uma porta, a família por outra e as entregas de pacotes em uma terceira.

LEMBRE-SE

Embora a maioria das redes domésticas esteja conectada à internet por meio de um roteador que já tem recursos de firewall predefinidos, não faz mal ativar outro no PC. Isso fornece duas camadas de proteção.

Nas redes de computador, cada serviço examinado anteriormente sempre entra pela mesma passagem (*porta*, no jargão do computador). Use firewalls para impedir que alguém consiga tocar na porta, a menos que você tenha configurado explicitamente que a pessoa pode fazer isso.

Ubuntu e openSUSE instalam um firewall por padrão, mas no Ubuntu ele não está ativado. O pacote do firewall instalado no Ubuntu é `ufw`. Para ativá-lo, você precisa trabalhar na linha de comando (veja o Capítulo 7). Basta seguir estas etapas:

1. Selecione Terminal em Application Launcher para iniciar a aplicação Terminal.

2. Digite os seguintes comandos:

```
sudo ufw allow ssh/tcp
sudo ufw logging on
sudo ufw enable
sudo ufw status
```

O primeiro comando ativa as conexões seguras na porta SSH TCP (explico melhor isso daqui a pouco). O segundo comando informa a `ufw` para registrar qualquer atividade que ele restringe em um arquivo de log. Isso permite ver se alguém tenta invadir seu sistema. O próximo comando inicia o firewall `ufw` e o último comando mostra o status.

3. Digite `exit` **para sair da sessão Terminal.**

Infelizmente, como `ufw` é um programa da linha de comando, você deve usar a linha de comando para adicionar ou remover qualquer configuração adicional no firewall.

Por outro lado, o openSUSE fornece uma interface gráfica prática para configurar o firewall. Se você quiser fazer alterações, no menu KDE escolha Applications ⇨ System ⇨ Administrator Settings. Pode ser necessário inserir sua senha root no processo. Na caixa de diálogo Administrator Settings, clique no ícone Network Services à esquerda, então pagine e clique no ícone Firewall à direita. A janela Firewall Configuration é aberta, como na Figura 18-1.

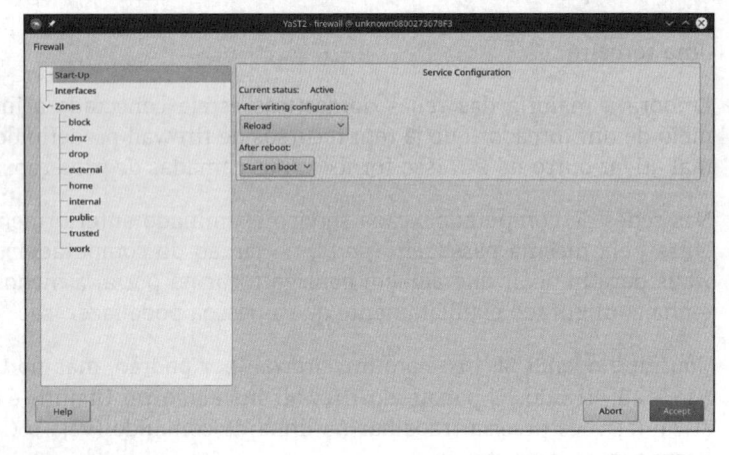

FIGURA 18-1: Janela Firewall Configuration do openSUSE.

À direita da janela Firewall você vê o status atual do firewall, além de caixas suspensas para selecionar o que fazer ao gravar uma nova configuração (parar, reiniciar ou recarregar) e se é para iniciar o firewall automaticamente quando o sistema inicializa.

À esquerda da janela Firewall está uma lista das diferentes zonas atualmente configuradas no firewall e quais interfaces Ethernet (se houver) estão atribuídas a cada zona. Você pode definir um conjunto de regras diferente ou cada zona, então mover a(s) interface(s) de rede para zonas diferentes quando necessário.

Por padrão, a interface Ethernet principal (chamada eth0) é atribuída à zona pública. Clique na entrada da zona pública para ver quais serviços (se houver) estão bloqueados ou têm permissão nessa zona, como na Figura 18-2.

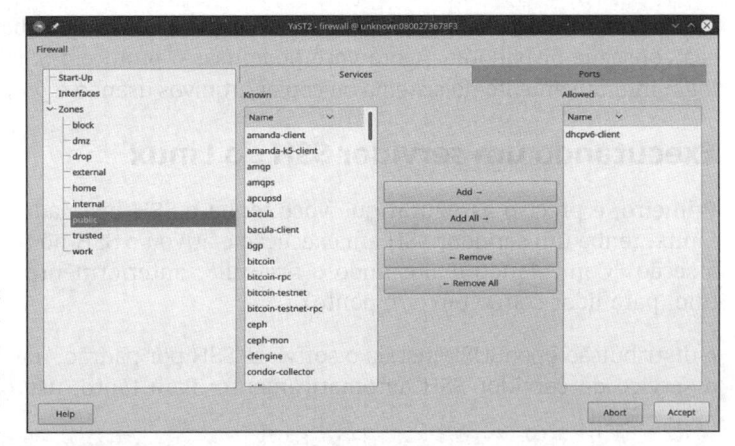

FIGURA 18-2:
Configurações da zona pública do firewall padrão.

Por padrão, apenas o serviço DHCP tem permissão para conectar o tráfego de entrada na interface Ethernet eth0. Para permitir conexões SSH, siga estas etapas:

1. **Pagine a listagem à esquerda para encontrar o serviço ssh e clique nele.**

2. **Clique no botão Add para adicioná-lo à lista Allowed.**

   Agora o serviço ssh aparece na lista Allowed como um serviço permitido pelo firewall.

3. **Clique no botão Accept.**

Você pode estabelecer uma conexão remota no sistema usando o protocolo SSH, como descrito a seguir.

Shell seguro (SSH)

Uma coisa legal no Linux é que você pode usar a linha de comando para conectar sua conta em qualquer lugar, contanto que tenha o software certo (e a máquina conectada não esteja protegida por algum software de bloqueio). Esse "software certo" se chama SSH (Shell Seguro). SSH é um protocolo de rede e um protocolo do cliente/servidor. O pacote de software openSSH fornece as ferramentas necessárias para conectar com segurança seu sistema Linux a partir de outro dispositivo que suporta o SSH (inclusive apps de celular e tablet).

CUIDADO

Antigamente as pessoas usavam o programa telnet para conectar remotamente os sistemas, mas imploro que você não faça isso. Mais uma vez, não abra a porta Telnet na ferramenta de segurança nem use o programa telnet.

Ele envia informações na internet em texto bruto e bonito que qualquer pessoa consegue bisbilhotar. Agora você pode usar o protocolo SSH para fazer login interativamente no sistema ou copiar arquivos usando o programa scp.

Executando um servidor SSH do Linux

Primeiro, é preciso assegurar que você tenha o SSH instalado no sistema Linux, tenha um servidor SSH em execução e ativou o SSH no firewall (veja a seção "Controlando e ajustando o firewall", anteriormente neste capítulo, para lidar com o terceiro ponto).

A distribuição openSUSE instala o software SSH por padrão, mas não inicia o serviço do servidor SSH automaticamente. Para tanto, use o comando systemctl:

```
$ sudo systemctl enable sshd
Created symlink /etc/systemd/system/multi-
        user.target.wants/sshd.service
    /usr/lib/systemd/system/sshd.service.
$ sudo systemctl start sshd
```

Se você abriu a porta SSH no firewall na seção anterior, está pronto para conectar seu sistema Linux a partir de um cliente remoto!

A distribuição da estação de trabalho Ubuntu não instala um servidor SSH por padrão, mas você pode instalar o pacote do servidor OpenSSH usando a ferramenta da linha de comando apt-get:

```
$ sudo apt-get install openssh-server
```

Após instalar o pacote, verifique se está em execução com o comando systemctl:

```
$ systemctl list-units --all | grep ssh
  ssh.service
      loaded   active   running OpenBSD Secure Shell
  server
$
```

Se escolher manter o servidor SSH em execução no computador Linux, use qualquer software cliente SSH para conectar o computador Linux a partir de um computador remoto. O software necessário depende do tipo de computador a partir do qual faz a conexão.

Instalando um programa SSH do Windows

Se quiser se conectar ao seu Linux habilitado para SSH — ou qualquer computador configurado para aceitar uma conexão SSH, não apenas Linux — a partir de um computador Windows, há excelentes pacotes de software para escolher.

Um pacote cliente SSH popular para o mundo Windows é PuTTY. É um pacote de software gratuito lançado sob a licença MIT, parecida com a licença GNU GPL que a maioria das distribuições Linux usa, portanto, você pode usá-lo se quiser sem pagar um centavo.

A home page de PuTTY (www.chiark.greenend.org.uk/~sgtatham/putty/ — conteúdo em inglês) fornece um link Download na área de download. Nela, você pode selecionar qual versão de PuTTY usar (pode até baixar o código-fonte do programa e lidar com ele se é o que gosta de fazer). O modo mais fácil de executar PuTTY em seu PC Windows é selecionar o arquivo binário *putty.exe* do Windows para baixar. É o programa PuTTY completo em um simples arquivo.

Após baixar o arquivo putty.exe, localize onde o baixou em seu computador usando o programa do gerenciador de arquivos e clique duas vezes nele. A janela principal do PuTTY, mostrada na Figura 18-3, aparece.

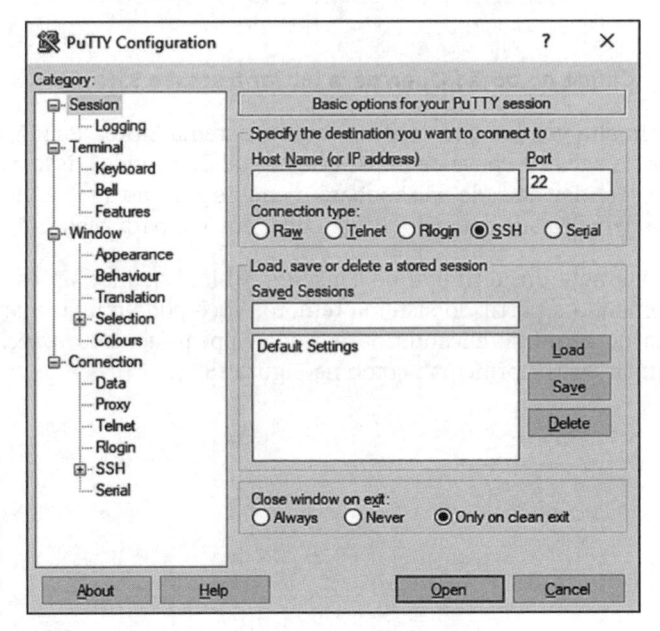

FIGURA 18-3: Janela principal de PuTTY.

Só isso: o PuTTY não requer nenhuma configuração de instalação. Agora você está pronto para conectar um computador remoto usando SSH!

Configurando e fazendo uma conexão SSH no Windows

Usar PuTTY é quase tão fácil quanto baixar. Na janela PuTTY principal:

1. **Clique em Session no menu à esquerda para mostrar as opções da sessão. Consulte a Figura 18-3.**

2. **Digite o nome de host ou o endereço IP do computador remoto que você deseja conectar na caixa de texto, no topo da janela.**

   Se não tiver certeza sobre o endereço do sistema Linux, abra um prompt Terminal e digite o comando `ip addr`. Você deverá ver o endereço IP atribuído à porta Ethernet.

3. **Verifique se o botão de opção SSH sob o endereço está selecionado (já deve estar por padrão).**

4. **Se quiser salvar as configurações da conexão, coloque um nome na caixa de texto Save Sessions e clique em Save.**

   Você pode selecionar a sessão salva na caixa de lista. PuTTY armazena todas as configurações para o que foi salvo.

5. **Clique no botão Open para iniciar a sessão SSH.**

Na primeira vez em que você conectar o sistema Linux, PuTTY perguntará se deseja salvar a chave de impressão digital do servidor. Isso assegura que outro servidor na rede não roubará o endereço IP do seu servidor nem vai se apoderar da sua conexão. Basta clicar em Yes para aceitar a chave.

PuTTY emula um terminal de console terminal quando apresenta a linha de comando a partir do sistema remoto. Você pode mudar a aparência da janela do terminal clicando na entrada Appearance sob a seção Window da janela PuTTY principal, como na Figura 18-4.

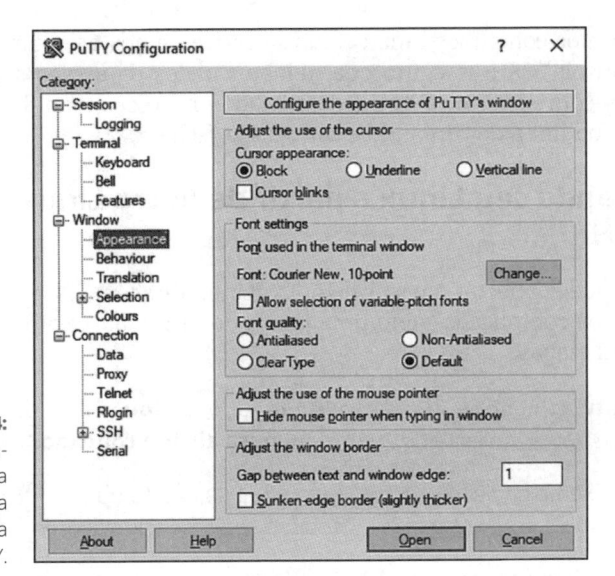

FIGURA 18-4:
Configuração da aparência da janela PuTTY.

> **CUIDADO**
>
> Se você usar um software de virtualização para rodar sua estação de trabalho Linux como uma máquina virtual (veja o Capítulo 20), selecione a opção para criar uma conexão de rede com bridge, em vez de uma conexão de rede NAT. A conexão de rede NAT atribui um endereço IP à sua estação de trabalho Linux que não está em sua rede local e você não conseguirá conectá-la a partir de um cliente remoto.

A janela de emulação do terminal aparece, solicitando a id do usuário e a senha para usar na conexão. Após inserir suas informações de login, deverá obter um prompt da linha de comando para o computador remoto, como na Figura 18-5.

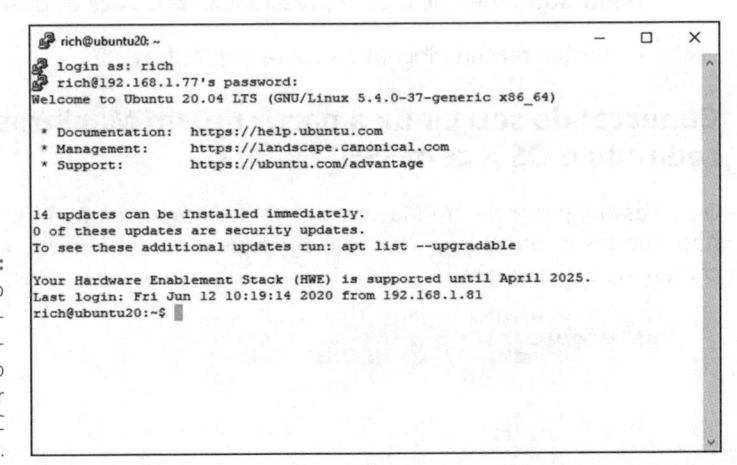

FIGURA 18-5:
Conectando um computador Ubuntu remoto a partir de um PC Windows.

CAPÍTULO 18 **Um Linux Seguro É um Linux Feliz** 357

Agora insira os comandos Linux como se estivesse nos programas Terminal ou Konsole! SSH assegura que todos os dados da sessão sejam criptografados com segurança antes de enviados na rede. Quando terminar, digite **exit** na linha de comando e sua sessão fecha.

Conectando seu Linux a partir de outro Linux com SSH

Sim, você pode conectar a partir de outro Linux também. Essa tarefa é um pouco menos complicada. Abra uma janela do terminal (veja o Capítulo 7) e siga estas etapas:

1. **Digite** `ssh nome_usuário@endereço_ip` **ou** `ssh nome_usuário@nome_completo_máquina` **para abrir a conexão.**

   Por exemplo, digite `ssh rich@192.168.1.76` ou `ssh rich@computador.exemplo.com`. Depois, o seguinte texto aparece:

   The authenticity of host '192.168.1.76 (192.168.1.76)' can't be established.

   RSA key fingerprint is ed:68:0f:e3:78:56:c9:b3:d6:6e:25:86:77:52:a7:66.

   Are you sure you want to continue connecting (yes/no)?

2. **Digite yes e pressione Enter.**

   Agora você verá estas linhas:

   Warning: Permanently added '192.168.1.76' (RSA) to the list of known hosts.

   rich@192.168.1.76's password:

3. **Digite sua senha de login e pressione Enter. Você entrou!**

Feche a conexão fazendo logout na conta (digite **logout**).

Conectando seu Linux a partir de um Macintosh rodando o OS X com SSH

O processo a partir de um Macintosh lembra o processo no Linux. Vá para Applications ⇨ Utilities ⇨ Terminal.app, que abre uma janela da linha de comando. Então, digite

```
ssh endereçoIP
```

para acessar a mesma conta do usuário na máquina remota (novamente, use o nome completo do computador, em vez do endereço IP) ou digite

```
ssh login@endereçoIP
```

Se quiser acessar a conta, faça *login* na mesma conta que está usando no Mac.

Falhas no software

Quando alguém já está no seu sistema, com permissão ou não, há outras preocupações de segurança para lembrar. Uma delas envolve qual software você tem na máquina. Acredite se quiser, cada parte do software é uma potencial falha na segurança. Se a pessoa fizer um programa travar de modo certo, ela poderá ter maior acesso ao seu sistema do que deveria. Isso é muito ruim!

Um modo de fechar as brechas no software é remover todos os programas desnecessários. Sempre é possível adicioná-los mais tarde, se for preciso. A maioria das distribuições Linux (inclusive Ubuntu e openSUSE) fornece uma ferramenta gráfica para remover os pacotes de software (veja o Capítulo 15) para você conseguir remover com facilidade qualquer software desnecessário do computador.

Se acontecer, como resultado de dependências, de você perder um outro software que deseja manter, cancele a remoção.

Fique de Olho nos Arquivos de Log com System Log Viewer

Outra questão de segurança que você pode querer considerar se refere aos *arquivos de logs*. Programas de rede, kernel e outros executam arquivos de log, contendo registros do que aconteceu no sistema. Você pode se surpreender com quanta informação eles têm! Na maioria das vezes eles ficam em /var/log; dê uma olhada.

Por sorte, as ferramentas disponíveis podem ajudar os meros mortais a separar o joio do trigo quanto a bugs e invasores. Ubuntu e openSUSE fornecem uma ferramenta de visualização gráfica de logs, que permite fazer uma varredura fácil nos grandes arquivos de log do computador.

No Ubuntu, abra o Application Launcher e procure a aplicação Logs. Clique no ícone para inicializar. A janela principal aparece, como na Figura 18-6.

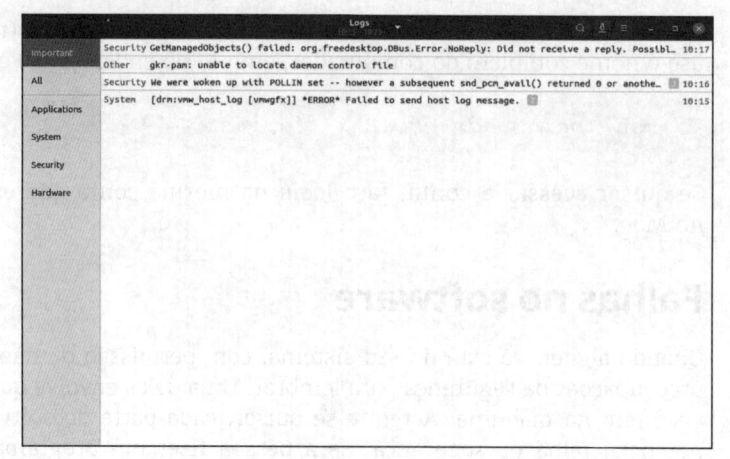

FIGURA 18-6:
Programa de visualização Logs no Ubuntu.

O programa Logs divide os dados de log em seis categorias para visualizar:

- » **Important:** Erros fatais de todos os arquivos de log
- » **All:** Todas as entradas de todos os arquivos de log
- » **Applications:** Entradas de log geradas pelas aplicações
- » **System:** Entradas de log geradas pelo SO
- » **Security:** Entradas de log geradas a partir dos eventos de segurança, por exemplo, como fazer login ou logout no sistema
- » **Hardware:** Entradas de log geradas a partir dos dispositivos de hardware

Ao clicar em uma categoria à esquerda da janela, as entradas de log pertinentes aparecem à direita. As entradas de log mais recentes ficam no topo e as mais antigas na parte inferior da lista.

No openSUSE, a visualização de logs faz parte do YaST2 Control Center. Basta clicar no ícone do menu KDE e escolher Applications ➪ System ➪ Administrator Settings. Pagine até a seção Miscellaneous e selecione a entrada System Log. A visualização de logs do sistema (System Log Viewer) aparece, como na Figura 18-7.

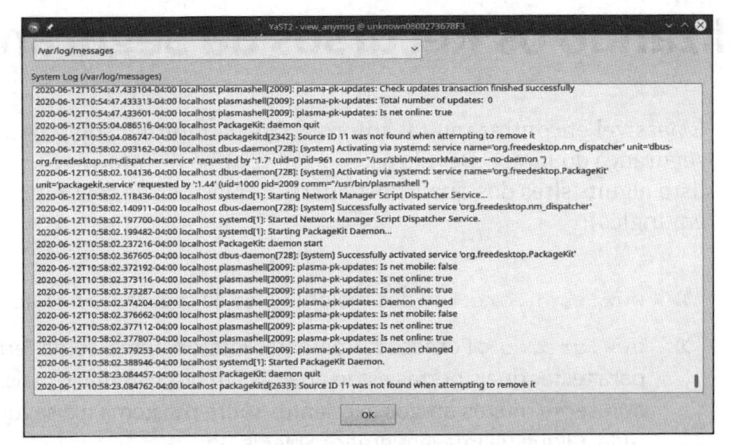

FIGURA 18-7:
Programa de visualização de logs do openSUSE.

A visualização de logs do openSUSE não é tão sofisticada quanto Logs no Ubuntu, mas funciona. No topo da janela está uma caixa suspensa que permite selecionar o arquivo de log a exibir:

- » **/var/log/messages:** Logs de eventos do sistema gerais
- » **/var/log/boot.log:** Eventos na inicialização
- » **/var/log/YaST2/y2log:** Eventos gerados pelas ferramentas YaST2

Nos arquivos de log, os eventos mais recentes ficam na parte inferior da lista, portanto, é preciso paginar até lá para ver quais eventos ocorreram recentemente no sistema.

DICA Os arquivos de log classificam as entradas com base na severidade. Não é preciso se preocupar com cada observação que aparece no arquivo; a principal finalidade é informativa. Mas, se você vir muitos avisos ou erros, provavelmente é uma indicação de que há algo errado com seu sistema!

Localizando os Recursos da Segurança

É possível encontrar muitas informações na internet sobre desktop, rede e segurança do Linux. Devido ao enorme volume de informações disponíveis, listo alguns sites dos quais gosto para as questões de segurança (conteúdos em inglês):

- » `www.sans.org`: Um dos maiores sites de segurança na internet.

- » `www.grc.com`: Fornece ferramentas interessantes, como ferramentas para testar quais portas estão abertas em um sistema. E mais, esse site apresenta muitos artigos excelentes sobre o sistema e a segurança da rede. Clique na imagem gráfica Shields Up.

- » `www.tldp.org/HOWTO/Security-HOWTO/index.html`: O *MANUAL* da Segurança do Linux.

- » `www.linuxsecurity.com`: Apresenta muitas informações de Linux Security.com.

- » `www.securityspace.com`: Tem muitas informações sobre questões de segurança e ferramentas para diferentes SOs.

NESTE CAPÍTULO

» Entendendo o que é shell script

» Criando shell scripts simples

» Elegância com shell scripts

Capítulo **19**

Automatizando Seu Mundo

Ao usar seu sistema Linux, você pode achar que sempre precisa fazer as mesmas tarefas repetidamente, como verificar o espaço em disco disponível no sistema ou criar contas do usuário. Em vez de digitar vários comandos toda vez, é possível escrever scripts executados no shell para fazer as tarefas automaticamente. Este capítulo explora como os shell scripts bash funcionam e mostra como escrever seus próprios scripts para automatizar as atividades diárias em seu sistema Linux.

Fundamentos do Shell Script

O shell script permite escrever pequenos programas que automatizam as atividades no sistema Linux. Eles podem economizar tempo lhe dando flexibilidade para processar rápido os dados e gerar relatórios que seriam difíceis de fazer manualmente digitando vários comandos no prompt. É possível automatizar quase tudo no prompt de comando usando shell scripts.

Esta seção examina o básico do que são shell scripts e como começar a escrevê-los.

Executando vários comandos

O Capítulo 16 mostra como usar a linha de comando para inserir comandos diretamente no sistema Linux, em vez de usar o ambiente gráfico. Um recurso interessante da linha de comando do Linux é que você pode inserir vários comandos na mesma linha e o Linux os processará juntos! Basta colocar um ponto e vírgula entre cada comando digitado:

```
$ date ; who
Tue Jun 16 19:20:06 EST 2020
rich     :0            2020-06-16 19:15 (:0)
$
```

O shell Linux executa o primeiro comando (`date`) e exibe a saída, então executa o segundo comando (`who`) e mostra a saída desse comando, imediatamente após a saída do primeiro. Embora pareça comum, é basicamente assim que os shell scripts funcionam.

Redirecionando a saída

Outro bloco de construção do shell script é a capacidade de armazenar a saída do comando. Muitas vezes, ao executar um comando, você deseja salvar a saída para uma futura consulta. Para ajudar nesse caso, o shell fornece o redirecionamento de saída.

Esse redirecionamento permite reorientar a saída de um comando do monitor para outro dispositivo, como um arquivo. Esse recurso é útil quando você precisa registrar os dados a partir de um shell script executado depois do horário comercial, para mais tarde conseguir ver o que o shell fez quando executado.

Para redirecionar a saída de um comando, use o símbolo maior que (`>`) após o comando, então especifique o nome do arquivo que deseja usar para capturar a saída redirecionada. Isso é demonstrado aqui:

```
$ date > today.txt
$ cat today.txt
Tue Jun 16 19:21:12 EST 2020
$
```

O exemplo redireciona a saída do comando `date` para o arquivo denominado `today.txt`. Note que, ao redirecionar a saída de um comando, nada é exibido na saída do monitor. Todo o texto da saída agora está no arquivo, como mostrado usando o comando `cat` para exibir o conteúdo do arquivo.

O operador de redirecionamento da saída "maior que" cria automaticamente um arquivo para a saída, mesmo que o arquivo já exista. Se preferir, anexe a saída a um arquivo existente usando o símbolo de maior que duplo (>>), como mostrado aqui:

```
$ who >> today.txt
$ cat today.txt
Tue Jun 16 19:21:12 EST 2020
rich     :0              2020-06-16 19:15 (:0)
$
```

Agora o arquivo `today.txt` contém a saída do comando `date` original no primeiro exemplo e a saída do comando `who` executado no segundo exemplo.

> **DICA**
>
> No Linux, tudo é arquivo, inclusive o processo de entrada e saída de um comando. O Linux identifica os arquivos com um *descritor de arquivo,* que é um inteiro não negativo. O shell `bash` reserva os três primeiros descritores de arquivo para a entrada e a saída. O descritor de arquivo 0 se chama STDIN e aponta para a entrada padrão do shell, que normalmente é o teclado. O descritor de arquivo 1 se chama STDOUT, apontando para a saída padrão do shell, em geral o monitor. É para onde vão as mensagens padrão da saída. O descritor de arquivo 2 se chama STDERR, e é para onde o shell envia as mensagens identificadas como erros. Por padrão, aponta para o mesmo dispositivo do descritor de arquivo STDOUT, o monitor. Você só pode redirecionar os erros do seu shell script para um arquivo separado a partir da saída normal usando `2>`, não o caractere de redirecionamento da saída `>` padrão. Isso permite especificar um arquivo separado para monitorar as mensagens de erro a partir dos comandos.

O redirecionamento da saída é essencial nos shell scripts. Com ela, é possível gerar arquivos de log a partir dos scripts, tendo uma chance de controlar as coisas conforme o script roda em segundo plano no sistema Linux.

Redirecionando dados com pipe

Embora o redirecionamento da saída permita redirecionar a saída do comando para um arquivo, o pipe (canalização) permite redirecionar a saída para outro comando. O segundo comando usa a saída redirecionada a partir do primeiro comando como os dados de entrada. Esse recurso é útil ao usar comandos que processam dados, como o comando `sort`.

O símbolo de pipe é a barra (|), que normalmente aparece acima da tecla de barra invertida como um caractere deslocado nos teclados do padrão EUA. Veja um exemplo de uso de pipe.

```
$ ls | sort
Desktop
Documents
Downloads
Music
Pictures
Public
Templates
test.txt
today.txt
Videos
$
```

A saída do comando ls é enviada diretamente para o comando sort como entrada, mas internamente. Você não vê a saída do comando ls exibida no monitor, apenas a saída do último comando no pipeline, que nesse caso é o comando sort. Não há limites sobre quantos comandos você consegue encadear com pipe.

DICA

Os símbolos >, >> e | fazem parte de um grupo de caracteres normalmente referidos como *metacaracteres*, que são caracteres com um significado especial quando usados no shell Linux. Se precisar usar um metacaractere como um caractere padrão (por exemplo, usar o caractere > como um símbolo "maior que" na saída, em vez de um símbolo de redirecionamento), deve identificar o metacaractere colocando uma barra invertida na frente dele ou colocando-o entre aspas simples ou duplas. Esse método se chama *escape*.

Formato do shell script

Colocar vários comandos em uma linha, usando ponto e vírgula ou pipe, é uma ótima maneira de processar os dados, mas ainda é bem chato. Sempre que quiser executar um conjunto de comandos, será preciso digitá-los no prompt de comando.

Mas o Linux permite colocar vários comandos em um arquivo de texto, e então executar o arquivo como um programa na linha de comando. Isso se chama *shell script* porque você está fazendo um script de comandos para o shell Linux executar.

Os arquivos shell script são arquivos de texto sem formatação. Para criar tal arquivo você pode usar o editor de texto com o qual está acostumado. Não use um processador de texto, pois eles incorporam dados binários no texto para definir fontes e estilo. Se você trabalha em um ambiente gráfico baseado no KDE, pode usar os programas KWrite ou Kate; se trabalha em um ambiente gráfico GNOME, pode usar o programa Gedit (veja o Capítulo 11).

Se estiver trabalhando diretamente em um ambiente de linha de comando, ainda tem opções. Muitas distribuições Linux incluem os editores pico ou nano para fornecer um ambiente gráfico do editor usando caracteres de controle ASCII para criar uma janela de edição em tela cheia.

Se sua distribuição Linux não inclui o editor pico nem nano, ainda há um último recurso: o editor vi. Ele é um editor baseado em texto que usa comandos simples de uma letra. É o editor de texto mais antigo no mundo Linux, datando dos primeiros dias de existência do Unix, talvez um motivo para não ser muito elegante nem amistoso.

Assim que escolher seu editor de texto, estará pronto para criar seus shell scripts. Primeiro, para seu shell funcionar, é preciso seguir um formato específico do arquivo shell script. A primeira linha no arquivo deve especificar o shell Linux requerido para rodar o script. É escrito em um formato estranho:

```
#!/bin/bash
```

O mundo Linux chama a combinação de cerquilha e exclamação (#!) de *shebang*. Isso sinaliza para o SO qual shell usar para executar o shell script. A maioria das distribuições Linux suporta vários shells Linux, porém o mais comum é o `bash`. Você pode executar os shell scripts escritos para outros shells, contanto que o shell esteja instalado na distribuição Linux.

Depois de especificar o shell, você está pronto para começar a listar os comandos no script. Não é preciso inserir todos os comandos em uma linha; o Linux permite colocá-los em linhas separadas. E mais, o shell Linux pressupõe que cada linha é um novo comando no shell script, assim você não precisa usar ponto e vírgula para separar os comandos. Veja o exemplo de um arquivo simples de shell script.

```
$ cat test1.sh
#!/bin/bash
# This script displays the date and who's logged in
date
who
$
```

O arquivo de script `test1.sh` inicia com a linha shebang identificando o shell `bash`, o shell padrão no Linux. A segunda linha no código demonstra outro recurso nos shell scripts. As linhas que começam com cerquilha se chamam *linhas de comentário*. Elas permitem incorporar comentários no programa shell script para ajudar a lembrar o que o código faz. O shell pula as linhas de comentário ao processar o shell script. Você pode colocar linhas de comentário em qualquer lugar no arquivo shell script, após a linha shebang de abertura.

> **DICA**
> Note que usei a extensão do nome de arquivo .sh no arquivo shell script. Embora não seja obrigatório no Linux, ela se tornou um padrão de fato entre os programadores. Isso ajuda a identificar que o arquivo de texto é um shell script que pode ser executado na linha de comando.

Executando o shell script

Se você inserir um arquivo shell script no prompt de comando para executá-lo, poderá ficar um pouco desapontado:

```
$ test1.sh
test1.sh: command not found
$
```

Infelizmente o shell não sabe onde encontrar o comando test1.sh no diretório virtual. O motivo é que o shell usa uma variável de ambiente especial chamada PATH para listar os diretórios onde procurar os comandos. Se sua pasta pessoal local não estiver incluída na lista de diretórios da variável de ambiente PATH, você não conseguirá executar o arquivo shell script diretamente. É preciso usar um nome de arquivo relativo ou absoluto (veja o Capítulo 7) para apontar para o arquivo shell script. O modo mais fácil de fazer isso é adicionando o atalho do caminho relativo ./ ao arquivo:

```
$ ./test1.sh
bash: ./test1.sh: Permission denied
$
```

Agora o shell consegue encontrar o arquivo, mas ainda há uma mensagem de erro. Desta vez o erro informa que você não tem permissões para rodar o arquivo shell script. Uma olhada rápida no arquivo shell script usando o comando ls com a opção -l mostra as permissões definidas para o arquivo:

```
$ ls -l test1.sh
-rw-r--r-- 1 rich rich 73 Jun 16 19:37 test1.sh
$
```

Por padrão, o sistema Linux não deu a ninguém permissões para executar o arquivo (veja o Capítulo 7). Você pode usar o comando `chmod` para adicionar essa permissão ao proprietário do arquivo:

```
$ chmod u+x test1.sh
$ ls -l test1.sh
-rwxr--r-- 1 rich rich 73 Jun 16 19:37 test1.sh
$
```

A opção `u+x` adiciona privilégios de execução para o proprietário do arquivo. Agora você consegue executar o arquivo shell script e ver a saída:

```
$ ./test1.sh
Tue Jun 16 19:21:12 EST 2020
rich     :0              2020-06-16 19:15 (:0)
$
```

Agora que viu o básico para criar e executar os shell scripts, a próxima seção detalha alguns recursos avançados que podem ser adicionados para deixar os shell scripts mais elegantes.

Shell Script Avançado

Uau, a seção anterior cobriu muita coisa! Se sua cabeça está girando, pare um pouco e pratique com os exemplos. Assim que estiver pronto, esta seção adiciona mais, mostrando mais recursos disponíveis nos shell scripts para que eles se comportem como programas reais.

Exibindo mensagens

Quando você encadeia comandos em um arquivo shell script, a saída pode ficar um pouco confusa. Seria bom personalizar separando a saída e adicionando seu próprio texto nela a partir dos comandos listados.

O comando `echo` permite exibir mensagens de texto a partir da linha de comando. Quando usado na linha de comando, não é muito interessante:

```
$ echo This is a test
This is a test
$
```

Mas agora você tem a capacidade de inserir mensagens em qualquer lugar na saída do arquivo shell script. Acompanhe este exemplo:

1. **Abra seu editor de texto favorito e crie o arquivo `test1.sh`.**

2. **Digite o seguinte texto:**

   ```
   #!/bin/bash
   # This script displays the date and who's logged
     in
   echo The current date and time is:
   date
   echo
   echo "Let's see who's logged into the system:"
   who
   ```

3. **Salve o arquivo, então use o comando `chmod` para atribuir a si mesmo privilégios para executá-lo:**

   ```
   chmod u+x test1.sh
   ```

4. **Execute o script `test1.sh`:**

   ```
   $ ./test1.sh
   The current date and time is:
   Tue Jun 16 19:55:44 EST 2020
   Let's see who's logged into the system:
   rich     :0              2020-06-16 19:15 (:0)
   $
   ```

O shell script criado adiciona três comandos `echo` ao script `test1.sh`. Note que o primeiro comando `echo` não usa aspas, mas o terceiro, sim. O motivo para isso é que a saída de texto do terceiro comando `echo` contém aspas simples. A aspa simples também é um metacaractere no shell que confunde o comando `echo`, portanto, é preciso colocar aspas duplas no texto. Observe também que o segundo comando `echo` não tem nenhum texto na linha. Essa saída é uma linha em branco, útil quando você deseja separar a saída dos vários comandos.

Usando variáveis

Parte da programação é a capacidade de armazenar temporariamente dados para usar mais tarde no programa. Você faz isso usando *variáveis*.

As variáveis permitem reservar locais na memória para armazenar temporariamente informações, então recuperar a informação depois no script, referenciando o nome da variável.

Há dois tipos de variáveis no shell Linux. As seguintes seções explicam como usá-los nos shell scripts.

Variáveis de ambiente

As variáveis de ambiente controlam as informações específicas do sistema, como o nome do sistema, o nome do usuário conectado ao shell, a id do usuário (UID), o diretório pessoal padrão do usuário e o caminho de pesquisa que o shell usa para encontrar os programas executáveis. Você pode exibir uma lista completa das variáveis de ambiente ativas e disponíveis em seu shell usando o comando set, como mostrado aqui:

```
$ set
BASH=/bin/bash
BASHOPTS=checkwinsize:cmdhist:complete_fullquote:
 expand_aliases:extglob:extquote:
 force_fignore:histappend:interactive_
   comments:progcomp:
 promptvars:sourcepath
BASH_ALIASES=()
BASH_ARGC=()
BASH_ARGV=()
BASH_CMDS=()
BASH_COMPLETION_VERSINFO=([0]="2" [1]="8")
BASH_LINENO=()
BASH_SOURCE=()
BASH_VERSINFO=([0]="4" [1]="4" [2]="19" [3]="1"
       [4]="release" [5]="x86_64-pc-linux-gnu")
BASH_VERSION='4.4.19(1)-release'
CLUTTER_IM_MODULE=xim
COLORTERM=truecolor
COLUMNS=80
DBUS_SESSION_BUS_ADDRESS=unix:path=/run/user/1000/
   bus
DESKTOP_SESSION=ubuntu
DIRSTACK=()
DISPLAY=:0
EUID=1000
GDMSESSION=ubuntu
...
```

As variáveis de ambiente controlam praticamente todo recurso do shell da linha de comando. Acesse essas variáveis de dentro do seu script usando o nome delas, precedido de um cifrão. Siga estas etapas para criar um exemplo:

1. Abra seu editor de texto favorito e crie o arquivo test2.sh.
2. Digite o seguinte código:

```
#!/bin/bash
# display user information from the system.
echo User info for userid: $USER
echo UID: $UID
echo HOME: $HOME
```

3. Salve o arquivo, então use o comando `chmod` para mudar as permissões de execução:

```
chmod u+x test2.sh
```

4. Execute o arquivo:

```
$ ./test2.sh
User info for userid: rich
UID: 1000
HOME: /home/rich
$
```

As variáveis de ambiente $USER, $UID e $HOME são comumente usadas para exibir informações sobre o usuário conectado. Os valores vistos são relativos à sua conta de usuário. Isso permite recuperar dinamicamente informações sobre a conta do usuário que executa seu shell script para personalizar a saída.

Variáveis de usuário

As variáveis de usuário permitem armazenar seus próprios dados nos shell scripts. Você atribui valores às variáveis de usuário usando o sinal de igual. Não deve haver espaços entre o nome da variável, o sinal de igual e o valor. Veja alguns exemplos:

```
var1=10
var2=23.45
var3=testing
var4="Still more testing"
```

O shell script armazena todos os valores como texto, mas os comandos individuais interpretam o texto como números ou dados de string. As variáveis que você define no shell script se chamam *variáveis locais* e são acessíveis apenas de dentro do shell script. As variáveis globais são definidas fora do shell script no nível principal do shell e herdadas pelo ambiente do shell script.

DICA

O comando `set` exibe todas as variáveis globais definidas. Se você precisar ver as variáveis locais definidas para sua sessão, use o comando `printenv`.

Como as variáveis de ambiente, você pode referenciar as variáveis de usuário usando o cifrão. Veja um exemplo de como escrever um shell script que usa variáveis de usuário:

```
$ cat test3.sh
#!/bin/bash
# testing variables
days=10
guest=Katie
echo $guest checked in $days days ago
$
```

Executar o script `test3.sh` gera a seguinte saída:

```
$ chmod u+x test3.sh
$ ./test3.sh
Katie checked in 10 days ago
$
```

Assim que você armazena os dados em uma variável de usuário, pode referenciá-la em qualquer lugar no shell script!

CUIDADO

Cuidado ao usar as variáveis na declaração `echo`. Como os nomes de variável são apenas valores de texto, se você tentar anexar texto a um nome de variável, o shell vai considerá-lo como parte do nome de variável e os resultados imaginados não serão obtidos. Se precisar fazer isso, poderá colocar o nome de variável entre chaves, como `${guest}`. Isso assegura que qualquer texto anexado ao final da variável fique separado do nome dela.

Argumentos da linha de comando

Um dos recursos mais versáteis dos shell scripts é a capacidade de passar dados para o script quando executado. Isso permite personalizar o script com novos dados sempre que você o executa.

Um método de passar dados para um shell script é usar *argumentos* da linha de comando. Esses argumentos são dados que você inclui na linha de comando quando executa o comando. Basta começar a listá-los após o comando, separando cada valor de dados com um espaço, neste formato:

```
command argument1 argument2 ...
```

Recupere os valores no código do shell script usando variáveis especiais da posição numérica. Use a variável $1 para recuperar o primeiro argumento da linha de comando, $2 o segundo argumento etc. Veja um exemplo que mostra como usar variáveis posicionais em seu shell script:

```
$ cat test4.sh
#!/bin/bash
# Testing command line arguments
echo $1 checked in $2 days ago
$ chmod u+x test4.sh
$ ./test4.sh Barbara 4
Barbara checked in 4 days ago
$ ./test4.sh Jessica 5
Jessica checked in 5 days ago
$
```

O shell script `test4.sh` usa dois argumentos da linha de comando. A variável $1 mantém o nome da pessoa e a variável $2, quantos dias atrás eles foram verificados. Ao executar o shell script `test4.sh`, inclua ambos os valores de dados na linha de comando. O shell não produzirá uma mensagem de erro se uma variável posicional não existir; você apenas não obterá os resultados esperados:

```
$ ./test4.sh rich
rich checked in  days ago
$
```

Cabe a você verificar se a variável posicional existe no código do programa. Explico como fazer isso posteriormente na seção "Declarações lógicas".

Status da saída

Quando um shell script termina, ele retorna um *status da saída* para o shell-pai que o inicializou. Esse status informa se o shell script terminou com sucesso.

O Linux fornece a variável especial $?, que mantém o valor de status da saída a partir do último comando executado. Para verificar o status da saída de um comando, você deve exibir a variável $? logo após o comando terminar. Isso muda os valores de acordo com o status da saída do último comando executado pelo shell:

```
$ who
rich      :0              2020-06-16 23:16 (:0)
$ echo $?
0
$
```

Por convenção, o status da saída de um comando que termina com êxito é 0. Se um comando terminar com erro, um valor inteiro positivo aparece como status.

Você pode mudar o status da saída dos seus shell scripts usando o comando `exit`. Basta especificar o valor do status desejado no comando `exit`:

```
$ /bin/bash
$ exit 120
exit
$ echo $?
120
$
```

Este exemplo inicia um novo shell-filho com o comando `/bin/bash`, então usa o comando `exit` para sair do shell-filho com um código de status da saída `120`. O shell-pai exibe o valor da variável `$?` para ver se corresponde ao valor definido no comando `exit`.

DICA Quando você escrever scripts mais complicados, poderá indicar os erros mudando o valor de status da saída. Assim, verificando status, é possível depurar com facilidade seus shell scripts.

Escrevendo Programas de Script

Até o momento você explorou como combinar os comandos comuns da linha de comando em um shell script para automatizar as tarefas normais que podem ser realizadas como administrador do sistema. Mas os shell scripts permitem fazer muito mais. O shell `bash` fornece mais comandos de programação para escrever programas complexos em seus shell scripts, como capturar a saída do comando, realizar operações matemáticas, verificar as condições da variável e do arquivo, e fazer um loop nos comandos. Esta seção examina alguns recursos de programação avançados disponíveis no shell `bash`.

Substituição de comando

É bem possível que um dos recursos mais úteis dos shell scripts seja a capacidade de armazenar e processar dados. Até então, examinei como usar o redirecionamento da saída para armazenar a saída de um comando em um arquivo e pipe para redirecionar a saída de um comando para outro. Mas outra técnica pode lhe dar mais flexibilidade ao armazenar e usar dados em seus scripts.

A *substituição de comando* permite atribuir a saída de um comando a uma variável de usuário no shell script. Após a saída ser armazenada em uma variável, você pode usar os comandos de manipulação de strings padrão do Linux (como `sort`) para manipular os dados antes de exibi-los.

Para redirecionar a saída de um comando para uma variável, é preciso usar um dos dois formatos de substituição de comando:

» Colocando acentos graves (`` ` ``) em torno do comando

» Usando o comando na função `$()`

Ambos os métodos levam ao mesmo resultado, redirecionando a saída do comando para uma variável de usuário. Veja um exemplo que mostra como usar os dois:

```
$ var1=`date`
$ echo $var1
Tue Jun 16 18:05:38 EST 2020
$ var2=$(who)
$ echo $var2
rich :0 2020-06-16 17:56 (:0)
$
```

A saída das substituições de comando é armazenada nas devidas variáveis. Então você pode usar essas variáveis em qualquer lugar no programa de script como um valor de string padrão.

> **CUIDADO**
>
> O caractere de acento grave não é igual a uma aspa simples. É normalmente encontrado na mesma tecla do caractere til (~) nos teclados do padrão EUA. Devido à confusão entre o acento grave e as aspas simples, ficou popular no mundo Linux usar o formato da função `$()`.

Fazendo cálculos

Um dia você desejará fazer mais do que apenas manipular strings de texto em seus shell scripts. O mundo gira em torno de números e em algum momento é provável que você precisará fazer operações matemáticas com seus dados. Infelizmente este é um ponto no qual o shell `bash` mostra sua idade. Os recursos matemáticos nesse shell não são tão elegantes quanto os recursos encontrados nos shells mais recentes, como o shell Z. Mas você pode usar funções matemáticas simples nos shell scripts `bash` de algumas maneiras.

Para incluir expressões matemáticas em seus shell scripts, use um formato especial. Esse formato coloca a equação entre os caracteres `$[]`:

```
result=$[ 25 * 5 ]
```

É possível realizar muitas operações matemáticas diferentes nos dados usando esse método, mas há um limite. O formato `$[]` só permite usar inteiros; ele não suporta valores de ponto flutuante.

Se você precisar fazer cálculos de ponto flutuante, as coisas ficam bem mais complicadas no shell `bash`. Uma solução é usar o programa calculadora da linha de comando `bc`. A calculadora `bc` é uma ferramenta no Linux que pode fazer contas com ponto flutuante:

```
$ bc
bc 1.07.1
Copyright 1991-1994, 1997, 1998, 2000, 2004, 2006, 2008,
    2012-2017 Free Software Foundation, Inc.
This is free software with ABSOLUTELY NO WARRANTY.
For details type `warranty'.
12 * 5.4
64.8
3.156 * (3 + 5)
25.248
quit
$
```

Infelizmente a calculadora `bc` tem seus próprios limites. A conta com ponto flutuante é controlada por uma variável predefinida chamada `scale`. Você deve definir essa variável para o número desejado de casas decimais que deseja nas respostas ou não obterá o que está procurando:

```
$ bc -q
3.44 / 5
0
scale=4
3.44 / 5
.6880
quit
$
```

Para incorporar um cálculo `bc` no script, as coisas complicam um pouco. Você deve usar uma substituição de comando para capturar a saída do cálculo em uma variável, mas com uma diferença. O formato básico que precisa usar é:

```
variable=$(echo "opções; expressão" | bc)
```

O primeiro parâmetro, *opções*, permite definir as variáveis `bc`, como a variável `scale`. O parâmetro *expressão* define a expressão matemática a avaliar usando `bc`. Embora pareça muito estranho, funciona:

```
$ var1=$(echo "scale=4; 3.44 / 5" | bc)
$ echo $var1
.6880
$
```

Não é o ideal, mas funciona para pequenos projetos. Se você tiver um projeto de programação maior que requer muitos cálculos, sugiro examinar o shell Z. Ele suporta muitas funções e recursos matemáticos avançados.

Declarações lógicas

Até agora todos os shell scripts apresentados processam os comandos de modo linear, um após o outro. Mas nem toda programação é linear. Há vezes em que você gostaria que seu programa testasse certas condições, por exemplo, se existe um arquivo ou se uma expressão matemática é 0, e realizasse comandos diferentes com base nos resultados do teste. Para tanto, o shell `bash` fornece declarações lógicas.

Elas permitem testar uma condição específica, então desviar para diferentes seções do código, dependendo de a condição ser avaliada com um valor lógico True ou False. Existem algumas formas variadas de implementar declarações lógicas nos scripts `bash`.

Declaração if-then

A declaração lógica mais básica é a declaração condicional `if-then`. O formato dessa declaração é:

```
if [ condição ]
then
    comandos
fi
```

Se a *condição* especificada é avaliada como um valor lógico True, o shell executa os comandos na seção `then` do código. Se a *condição* é avaliada como um valor lógico False, o shell script pula os comandos na seção `then` do código.

A expressão da condição tem alguns formatos diferentes na programação do shell `bash`. Há testes predefinidos para valores numéricos, valores de string, até arquivos e diretórios. A Tabela 19-1 lista os diferentes testes predefinidos disponíveis.

TABELA 19-1 Testes da Condição

Teste	Tipo	Descrição
n1 -eq n2	Numérico	Verifica se n1 é igual a n2.
n1 -ge n2	Numérico	Verifica se n1 é maior ou igual a n2.
n1 -gt n2	Numérico	Verifica se n1 é maior que n2.
n1 -le n2	Numérico	Verifica se n1 é menor ou igual a n2.
n1 -lt n2	Numérico	Verifica se n1 é menor que n2.
n1 -ne n2	Numérico	Verifica se n1 é diferente de n2.
str1 = str2	String	Verifica se str1 é igual a str2.
str1 != str2	String	Verifica se str1 é diferente de str2.
str1 < str2	String	Verifica se str1 é menor que str2.
str1 > str2	String	Verifica se str1 é maior que str2.
-n str1	String	Verifica se str1 tem um comprimento maior que zero.
-z str1	String	Verifica se str1 tem um comprimento zero.
-d arquivo	Arquivo	Verifica se o arquivo existe e é um diretório.
-e arquivo	Arquivo	Verifica se o arquivo existe.
-f arquivo	Arquivo	Verifica se o arquivo existe e é um arquivo.
-r arquivo	Arquivo	Verifica se o arquivo existe e é legível.
-s arquivo	Arquivo	Verifica se o arquivo existe e não está vazio.
-w arquivo	Arquivo	Verifica se o arquivo existe e é gravável.
-x arquivo	Arquivo	Verifica se o arquivo existe e é executável.
-O arquivo	Arquivo	Verifica se o arquivo existe e pertence ao usuário atual.
-G arquivo	Arquivo	Verifica se o arquivo existe e o grupo padrão é o mesmo do usuário atual.
arq1 -nt arq2	Arquivo	Verifica se arq1 é mais novo que arq2.
arq1 -ot arq2	Arquivo	Verifica se arq1 é mais antigo que arq2.

Siga estas etapas para testar com condições:

1. Abra seu editor de texto favorito e crie o arquivo test5.sh.

2. Insira o seguinte código no editor:

```
#!/bin/bash
# testing the if condition
if [ $1 -eq $2 ]
then
   echo "Both values are equal!"
   exit
fi

if [ $1 -gt $2 ]
then
   echo "The first value is greater than the
   second"
   exit
fi

if [ $1 -lt $2 ]
then
   echo "The first value is less than the
   second"
   exit
fi
```

3. Salve o arquivo, então atribua permissões de execução a ele usando o comando:

```
chmod u+x test5.sh
```

4. Execute o arquivo e forneça dois parâmetros numéricos:

```
$ ./test5.sh 10 5
The first value is greater than the second
$
```

O script `test5.sh` avalia os dois valores fornecidos como parâmetros na linha de comando. Apenas o comando da declaração `if-then` avaliado com um valor lógico True é processado pelo shell script.

Declaração case

Muitas vezes você tentará avaliar o valor de uma variável, procurando um valor específico dentro de um conjunto de possíveis valores, parecido com o que foi demonstrado no exemplo anterior. Em vez de escrever diversas declarações `if-then` testando todas as possíveis condições, use uma declaração `case`.

A declaração `case` permite verificar diversos valores de uma variável em um formato de lista:

```
case variável in
padrão1) comandos1;;
padrão2 | padrão3) comandos2;;
*) default comandos;;
esac
```

A declaração `case` compara a variável especificada com diferentes padrões. Se a variável corresponder ao padrão, o shell executará os comandos especificados do padrão. Você pode listar mais de um padrão em uma linha, usando o operador de barra para separar cada um. O símbolo de asterisco é genérico para os valores que não correspondem a nenhum padrão listado.

Siga estas etapas para escrever um script que usa a declaração `case`:

1. Abra seu editor de texto favorito e crie o arquivo test6.sh.

2. Digite o código a seguir no editor:

```
#!/bin/bash
# using the case statement

case $USER in
rich | barbara)
   echo "Welcome, $USER"
   echo "Please enjoy your visit";;
testing)
   echo "Special testing account";;
jessica)
   echo "Don't forget to log off when you're
   done";;
*)
   echo "Sorry, you're not allowed here";;
esac
```

3. **Salve o arquivo e mude a permissão de execução usando o comando:**

   ```
   chmod u+x test6.sh
   ```

4. **Execute o arquivo:**

   ```
   $ ./test6.sh
   Welcome, rich
   Please enjoy your visit
   $
   ```

A declaração `case` fornece um modo muito mais claro de especificar várias opções para cada possível valor da variável.

Loops

Ao escrever scripts, muitas vezes você precisará repetir os mesmos comandos muitas vezes, como aplicar um comando em todos os arquivos em um diretório. O shell `bash` fornece alguns comandos básicos de loop para fazer isso.

Loop for

A declaração `for` itera cada elemento em uma série, como os arquivos em um diretório ou as linhas em um documento de texto. O formato do comando `for` é:

```
for variável in série ; do
    comandos
done
```

A *variável* se torna um espaço reservado, pegando o valor de cada elemento na *série* em cada iteração. Os comandos podem usar a variável como qualquer outra definida no script. Veja um exemplo que mostra como usar um loop `for` para iterar todos os arquivos em um diretório.

```
$ cat test7.sh
#!/bin/bash
# iterate through the files in the Home folder
for file in $(ls | sort) ; do
    if [ -d $file ]
    then
        echo "$file is a directory"
    fi
    if [ -f $file ]
    then
```

```
            echo "$file is a file"
        fi
    done
$
```

Se você executar o shell script `test7.sh`, verá uma listagem de arquivos e diretórios em seu diretório pessoal:

```
$ chmod u+x test7.sh
$ ./test7.sh
Desktop is a directory
Documents is a directory
Downloads is a directory
Music is a directory
Pictures is a directory
Public is a directory
Templates is a directory
test1.sh is a file
test2.sh is a file
test3.sh is a file
test4.sh is a file
test5.sh is a file
test6.sh is a file
test7.sh is a file
today.txt is a file
Videos is a directory
$
```

Isso evita muita codificação, tendo que verificar cada arquivo manualmente em muitas declarações `if-then` ou `case`!

Loop while

Outra declaração de loop útil é o comando `while`. O formato:

```
while [ condição ] ; do
    comandos
done
```

O loop `while` continua fazendo loop contanto que a *condição* especificada seja avaliada com um valor lógico True. Quando a condição é avaliada com um valor False, o loop para. A condição usada no loop `while` é a mesma da declaração `if-then`, portanto você pode testar números, strings e arquivos. Veja um exemplo que mostra como usar o loop `while` para calcular o fatorial de um número (fatorial é a multiplicação de todos os números anteriores, sendo uma aplicação perfeita para um loop).

```
$ cat test8.sh
#!/bin/bash
number=$1
factorial=1
while [ $number -gt 0 ] ; do
   factorial=$[ $factorial * $number ]
   number=$[ $number - 1 ]
done
echo The factorial of $1 is $factorial
```

O shell script recupera o primeiro parâmetro passado para o script e o utiliza no loop while. O loop while continua, contanto que o valor armazenado na variável $number seja maior que 0. Em cada iteração do loop, o valor é diminuído em 1, portanto, em algum momento a condição while se torna False. Quando isso acontece, a variável $factorial contém o cálculo final. Ao executar o programa test8.sh você obtém os seguintes resultados:

```
$ chmod u+x test8.sh
$ ./test8.sh 5
The factorial of 5 is 120
$ ./test8.sh 6
The factorial of 6 is 720
$
```

O loop while fez todo o trabalho pesado de iterar uma série de números. Agora você pode inserir qualquer número como o parâmetro da linha de comando e calcular o valor fatorial!

DICA

O oposto do comando while é until. Ele itera um bloco de comandos até a condição do teste ser avaliada como um valor lógico True.

> **NESTE CAPÍTULO**
>
> » Entendendo o software de virtualização
>
> » Instalando, criando e personalizando VirtualBox
>
> » Usando a área restrita no VirtualBox

Capítulo **20**

O Mundo Virtual

Embora o termo *máquina virtual* soe muito como *algo imaginário*, essas máquinas são realmente algo bom. Elas permitem o suporte de vários servidores em uma única máquina física, economizando espaço e dinheiro. Elas estão se popularizando rápido no mundo corporativo, mas também têm espaço no ambiente doméstico. É possível instalar mais de uma distribuição Linux em um único PC ou ter o Linux e o Windows rodando no mesmo PC!

O que É Software de Virtualização?

Neste mundo acelerado de mudança tecnológica nada é certo. Antes, se você precisasse executar dez servidores separados na rede, tinha que sair e comprar dez sistemas separados, colocando-os em um grande data center que ocupa espaço.

Hoje, há outra ferramenta: o software de virtualização. Com ele, você pode executar dez servidores separados em um sistema de hardware. Sua economia não é apenas com os custos do hardware, mas também em espaço no data center, no custo de eletricidade e refrigeração, talvez até nos custos das pessoas necessárias para dar suporte aos servidores.

O software de virtualização faz a intermediação entre o sistema host e os servidores. Cada servidor tem sua própria área, chamada *máquina virtual*, na qual roda. O servidor host fornece à máquina virtual memória e tempo da CPU para usá-lo, como se estivesse rodando diretamente no hardware subjacente.

O segredo para executar servidores em máquinas virtuais é o software de virtualização. Existem alguns pacotes diferentes; os mais populares no mundo Linux são:

» **KVM:** Um projeto de código aberto que se conecta diretamente ao kernel Linux. Ele só roda nos sistemas com uma CPU que suporta a virtualização.

» **VirtualBox:** Um projeto patrocinado pela Oracle, instalado em qualquer distribuição Linux, não importa o tipo do kernel ou da CPU subjacente.

» **VMware Server:** Um pacote de software fornecido pela VMware com versões gratuitas e comerciais que rodam nos hosts Windows, Mac e Linux.

Cada pacote do software de virtualização é instalado em um host Linux e permite executar diferentes SOs do servidor virtual, inclusive Linux e Windows!

Neste capítulo, examino como instalar e usar o VirtualBox da Oracle, além de executar uma estação de trabalho Ubuntu como uma máquina virtual (VM).

Instalando o VirtualBox

O primeiro passo é instalar o VirtualBox. Dependendo da sua distribuição Linux, talvez você tenha esse pacote disponível no repositório do software de distribuição. Para o Ubuntu e o openSUSE, o pacote de software VirtualBox está disponível nos repositórios de software padrão. Use o programa Ubuntu Software ou o Software Center do openSUSE (visto no Capítulo 15) para instalá-lo em seu sistema. Depois de instalar o pacote, ele aparecerá no lançador de aplicações.

Se sua distribuição Linux não inclui o software VirtualBox ou se você só quer ter a versão mais recente, é possível baixá-lo diretamente do site VirtualBox e instalá-lo a partir do pacote baixado. O site fornece pacotes de instalação para muitas distribuições Linux comuns (inclusive Ubuntu e openSUSE). Quando baixar o software VirtualBox, é importante selecionar a versão certa para sua distribuição Linux.

Veja as etapas para baixar e instalar o pacote VirtualBox no site:

1. **Abra o navegador e vá para `http://www.virtualbox.org` (conteúdo em inglês).**

   Embora o projeto VirtualBox seja patrocinado pela Oracle, ele tem um site próprio, que inclui os arquivos baixados, a documentação e a área de fórum da comunidade.

2. **Clique no link Downloads à esquerda da página web principal.**

3. **Determine a versão atual do VirtualBox para sua plataforma Linux.**

   É para a plataforma host selecionada. Você ainda pode rodar outros SOs, como o Microsoft Windows, no software VirtualBox. Se tiver receio de adicionar o Linux a uma instalação Windows ou Mac existente, poderá instalar o VirtualBox no sistema e executar o Linux em uma VM no sistema existente! Após instalar o VirtualBox no ambiente Windows ou MacOS X, executar uma distribuição Linux como uma VM é exatamente como executá-la em um ambiente host Linux, como descrito neste capítulo.

4. **Selecione o link para sua distribuição Linux e versão.**

   Tente corresponder a versão da distribuição com o que você está rodando. Se não houver uma versão do VirtualBox para sua versão específica, escolha a versão mais alta disponível; há uma boa chance de que ainda funcionará.

5. **Quando o download iniciar, selecione a opção para salvar o pacote no disco rígido.**

   O processo de instalação é um pouco demorado e pode travar. É uma boa ideia baixar o pacote inteiro em seu disco rígido e fazer a instalação a partir dele.

6. **Encontre o local do arquivo do pacote de instalação VirtualBox usando seu gerenciador de arquivos (veja o Capítulo 8) e clique duas vezes no arquivo do pacote.**

   No Ubuntu, é preciso instalar um programa Package Manager (veja o Capítulo 15) primeiro para extrair e instalar o pacote `.deb`. O gerenciador de arquivos Dolphin no openSUSE sabe o que fazer automaticamente.

   CUIDADO

   O VirtualBox precisa dos arquivos de cabeçalho do kernel para criar módulos que se conectam ao kernel. Muito provavelmente você precisará instalar esses pacotes primeiro antes de instalar o VirtualBox. Verifique a documentação da sua distribuição Linux no pacote que instala os arquivos de cabeçalho do kernel; para o openSUSE, é kernel-default-devel.

7. **Quando o gerenciador de pacotes pedir uma senha administrativa, digite-a.**

Você pode ou não ter uma entrada adicionada ao sistema de menus do ambiente para o novo sistema VirtualBox. O openSUSE coloca a entrada do menu na área Applications ⇨ System no menu KDE.

Se você não vir uma entrada do menu, poderá iniciar o VirtualBox abrindo uma sessão Terminal (ou sessão Konsole no ambiente KDE Plasma) e inserindo o comando:

```
VirtualBox
```

Tenha o cuidado de usar a letra maiúscula correta ou o Linux não encontrará o programa VirtualBox. A Figura 20-1 mostra como é a janela VirtualBox principal depois de iniciar.

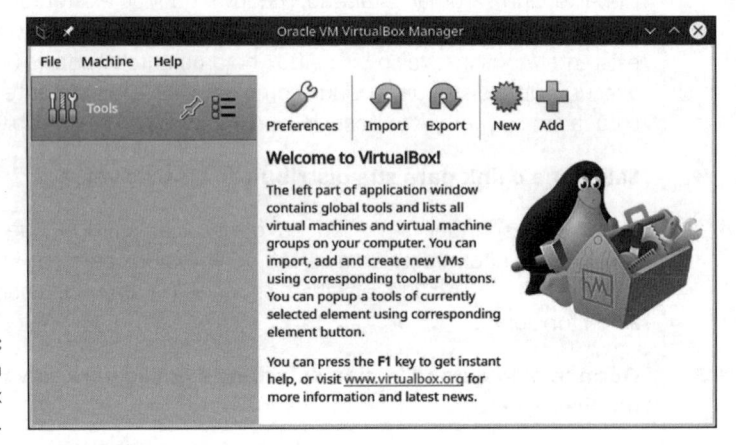

FIGURA 20-1:
Janela VirtualBox principal.

Depois de acessar a janela principal, você está pronto para começar a criar algumas VMs!

Criando uma Máquina Virtual

A próxima etapa no processo é criar uma VM (máquina virtual) na qual seu SO convidado roda. No processo, é preciso informar a VirtualBox o tamanho da VM com a qual lidar. Você precisa selecionar a quantidade de espaço em disco a alocar para o servidor virtual e quanta memória usar. Esses itens são compartilhados com o sistema host, portanto, tenha cuidado com o quanto é dedicado à VM! Cada distribuição Linux lista a quantidade mínima de espaço em disco e memória requeridas para executar, além disso é uma boa ideia adicionar espaço extra para ter como salvar seus próprios programas e dados. Gosto de dar às VMs pelo menos 20GB de espaço em disco e 4GB de memória, e mais se disponível.

Acompanhe estas etapas para criar sua primeira área do servidor virtual:

1. **Se você fechou a janela principal do VirtualBox, abra-a.**
2. **Clique no ícone New na área da barra de ferramentas do VirtualBox.**

   Um assistente inicia, mostrando como criar a VM.

3. **Atribua um nome à máquina virtual, selecione o SO no qual pretende instalar e clique no botão Next.**

   O menu suspenso oferece muitas opções para os tipos de SOs que você pode instalar na VM. Selecione o SO que deseja, como na Figura 20-2.

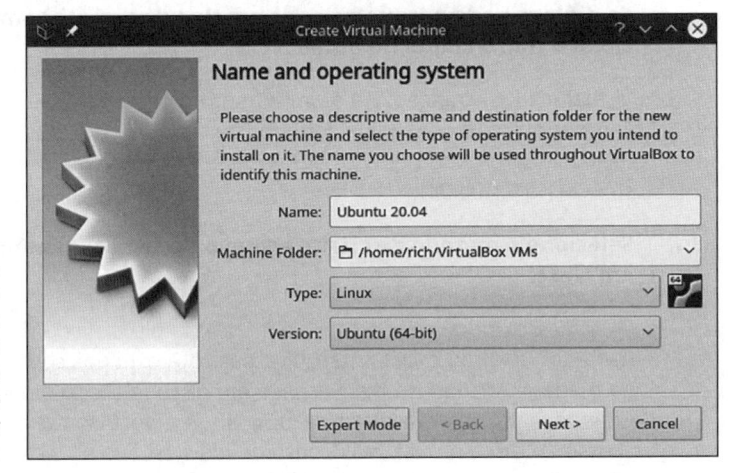

FIGURA 20-2: A primeira caixa de diálogo no assistente do novo servidor VirtualBox.

CUIDADO

O pacote de software VirtualBox tem um modo de executar vários SOs de dentro de um sistema host, mas não fornece nenhuma licença para tais SOs. É sua responsabilidade obter uma licença adequada para qualquer software do sistema operacional instalado no VirtualBox.

4. **Selecione a quantidade de memória a dedicar para a VM e clique no botão Next.**

   O VirtualBox fornece uma quantidade recomendada de memória para selecionar com base no SO escolhido e quanta memória foi instalada no sistema host. Você pode aumentar ou diminuir a quantidade usando o cursor ou digitando na caixa de texto. Lembre-se, a quantidade de memória dedicada à VM é obtida na quantidade de memória disponível para o servidor host enquanto a VM está em execução!

5. Selecione a emulação do disco rígido para a VM e clique no botão Next.

O VirtualBox emula um disco rígido criando um grande arquivo no sistema host. A quantidade de espaço em disco selecionada para o disco rígido é criada dentro do arquivo, portanto, não pode ser mais que o espaço em disco disponível no sistema host.

Selecione o botão de opção Create a Virtual Hard Disk Now para criar um arquivo do disco rígido. Se você tiver um arquivo do disco rígido existente, selecione o botão Use an Existing Virtual Hard Disk File e vá para seu local usando o navegador de arquivos.

6. Se você escolheu criar um arquivo do disco rígido, a próxima caixa de diálogo pede para selecionar um tipo de armazenamento. Selecione o tipo e clique no botão Next.

VirtualBox Disk Image (VDI) é um formato patenteado que não pode ser lido por outros sistemas do software de virtualização. Mas ele fornece o melhor desempenho no VirtualBox. Selecione isso se pretende executar sua VM no VirtualBox.

7. Selecione o método de criar o arquivo de armazenamento e clique em Next.

O VirtualBox pode criar o arquivo inteiro do disco rígido de uma só vez (tamanho fixo) ou criar um arquivo básico e expandi-lo conforme o SO da máquina virtual usa mais espaço em disco (alocado dinamicamente). Criando o espaço em disco de uma só vez, você torna mais rápido o acesso ao disco na VM, mas consome mais espaço no sistema host que não pode ser usado pela VM.

8. Selecione um nome e local para o novo arquivo do disco rígido, junto com o tamanho do arquivo, e clique no botão Create.

É possível colocar o arquivo do disco rígido em qualquer lugar no sistema host ao qual você tem acesso. Use o cursor ou a caixa de texto para definir o tamanho desse arquivo, como na Figura 20-3.

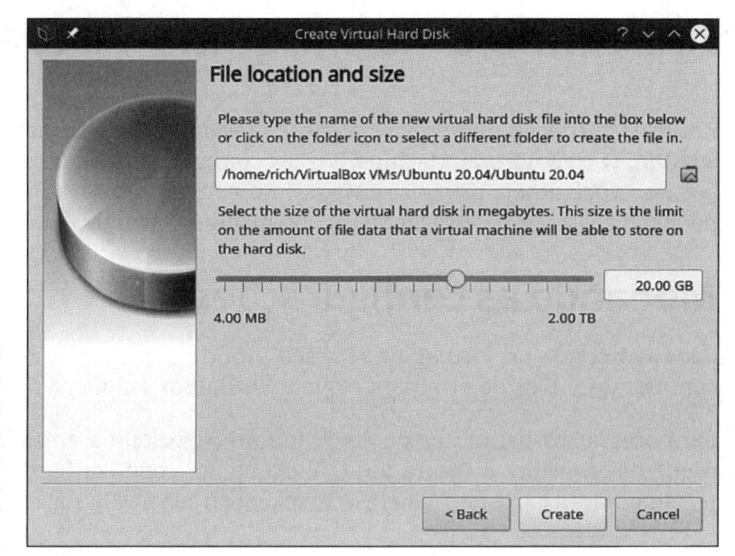

FIGURA 20-3: Definindo o local e o tamanho do arquivo do disco rígido no servidor virtual.

Quando terminar o assistente, a nova entrada da VM aparecerá na janela VirtualBox principal, mostrada na Figura 20-4.

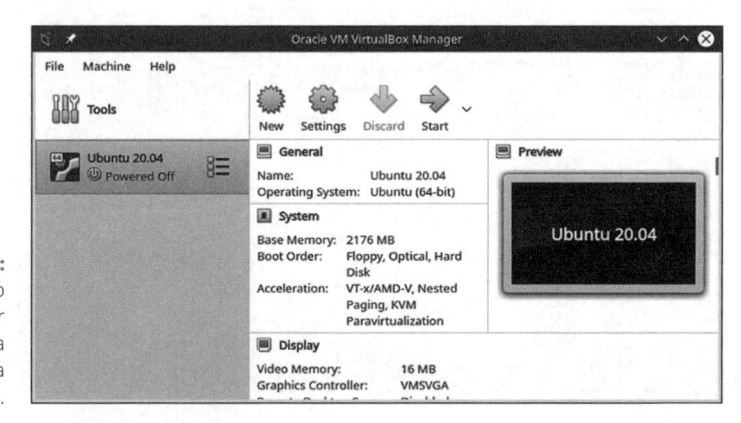

FIGURA 20-4: Entrada do servidor virtual na janela VirtualBox.

Agora que criou uma VM, está pronto para começar a usar!

CAPÍTULO 20 **O Mundo Virtual** 391

Personalizando uma Máquina Virtual

Antes de entrar no mundo virtual, você precisa configurar mais um pouco sua VM. O New Virtual Machine Wizard configura um ambiente genérico, por isso você deseja primeiro enfeitar um pouco. Esta seção mostra como personalizar a VM e carregar seu SO na máquina virtual.

Mudando as configurações

Cada VM criada no VirtualBox tem seu próprio conjunto de definições da configuração. Elas determinam o que o VirtualBox emula na VM.

Para acessar as definições da configuração, selecione a entrada da VM à esquerda (consulte a Figura 20-4) e clique no ícone Settings na barra de ferramentas. A caixa de diálogo Settings, mostrada na Figura 20-5, aparece.

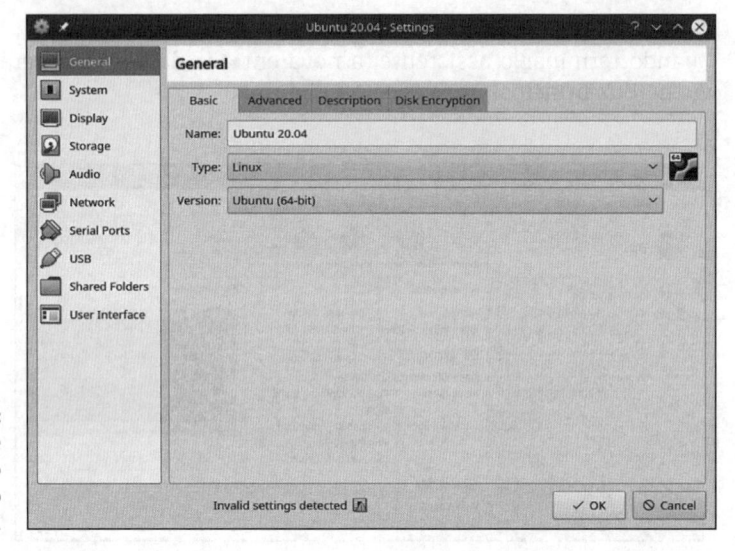

FIGURA 20-5: Caixa de diálogo Settings do VirtualBox.

A caixa de diálogo Settings tem sete categorias de configuração, mostradas como ícones com texto à esquerda:

» **General:** Define o nome da VM e o tipo de SO. A guia Advanced permite ativar a área de transferência para que você possa copiar e colar texto, arquivos e pastas entre os sistemas host e convidado.

» **System:** Define a CPU e a memória alocadas para a VM.

» **Display:** Gerencia a memória de vídeo e as telas virtuais alocadas para a VM.

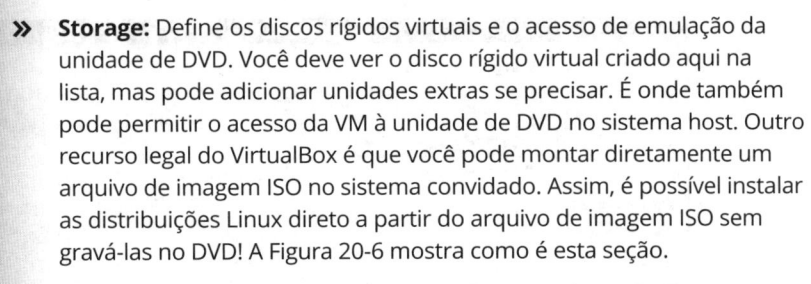

» **Storage:** Define os discos rígidos virtuais e o acesso de emulação da unidade de DVD. Você deve ver o disco rígido virtual criado aqui na lista, mas pode adicionar unidades extras se precisar. É onde também pode permitir o acesso da VM à unidade de DVD no sistema host. Outro recurso legal do VirtualBox é que você pode montar diretamente um arquivo de imagem ISO no sistema convidado. Assim, é possível instalar as distribuições Linux direto a partir do arquivo de imagem ISO sem gravá-las no DVD! A Figura 20-6 mostra como é esta seção.

Se você instalar o SO da máquina virtual a partir de um DVD, monte a unidade na seção do DVD. Infelizmente, não é selecionada por padrão.

» **Audio:** Gerencia o acesso à placa de som no sistema host. Para os hosts Linux, você pode selecionar o driver ALSA para permitir que o servidor virtual envie o som para o sistema de som host do Linux.

» **Network:** A VM pode acessar a conexão de rede do sistema host e é aqui que você configura esse recurso. A opção NAT padrão cria uma rede interna entre a VM e o sistema host. Isso coloca um buffer entre a VM e sua rede local para que outros dispositivos na rede não possam acessar a VM. É vantajoso se você está testando um SO e deseja mantê-lo isolado da sua rede. Se realmente quiser que a VM tenha total acesso à sua rede local, selecione a opção Bridged network. Então, é possível acessar a rede do servidor host usando a interface de rede no servidor virtual. A Figura 20-7 mostra as configurações padrão desta seção.

» **Serial Ports:** Gerencia o acesso às portas de comunicação serial no sistema host, se disponíveis.

» **USB:** Lista quais dispositivos USB no sistema host você deseja permitir no sistema convidado.

» **Shared Folders:** Permite criar uma pasta que o sistema host e a VM podem acessar. Isso cria um pipeline conveniente para mover arquivos entre os dois ambientes.

» **User Interface:** Define quais recursos da barra de menus você deseja ativados para controlar a VM.

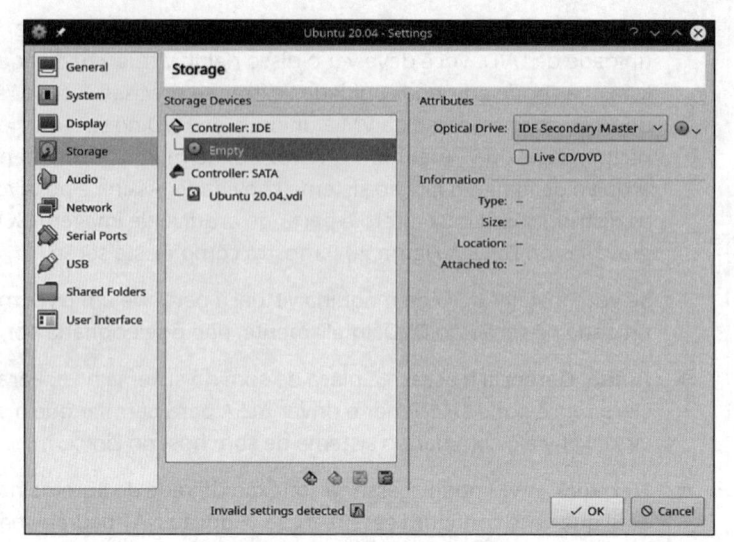

FIGURA 20-6:
Seção Storage da caixa de diálogo Settings.

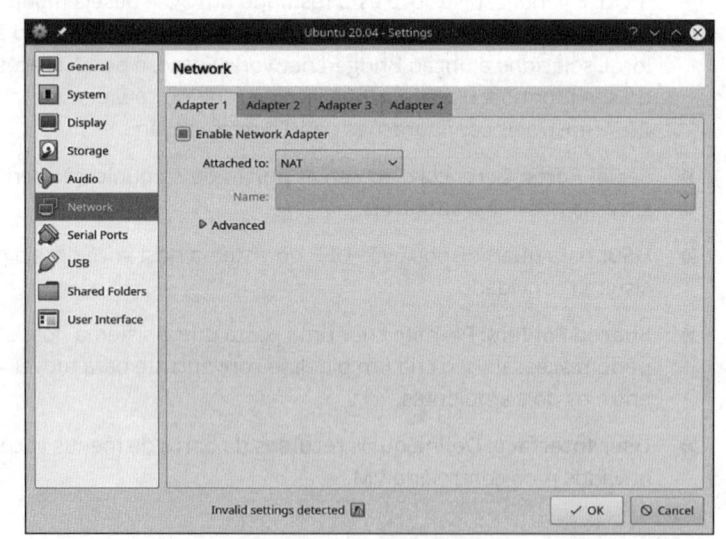

FIGURA 20-7:
Seção Network da caixa de diálogo Settings.

Depois de personalizar suas configurações, clique em OK para salvá-las e voltar para a janela VirtualBox principal. Agora você está pronto para instalar um software!

Instalando um SO

Com a VM personalizada para seu novo sistema operacional, você está pronto para seguir em frente! Primeiro, antes de começar, verifique se tem a unidade de DVD ou USB necessária para a instalação. Com isso em mãos, pode seguir estas etapas para instalar:

1. **Insira o DVD de instalação do SO no CD/DVD player do sistema host ou aponte a unidade de DVD da VM para o arquivo de imagem ISO.**

   Se seu ambiente abrir automaticamente uma aplicação do gerenciador de arquivos, você poderá fechar antes de continuar. Talvez veja o disco montado no sistema, aparecendo como um ícone no ambiente de trabalho. Tudo bem.

2. **Selecione a VM que deseja para instalar o SO na listagem à esquerda.**

3. **Clique no ícone da barra de ferramentas Start.**

   Isso "ativa" a VM, como se você tivesse ligado a energia no hardware. A janela de emulação do console VirtualBox abre, como na Figura 20-8. Qualquer coisa que normalmente apareceria no monitor aparece dentro dessa janela.

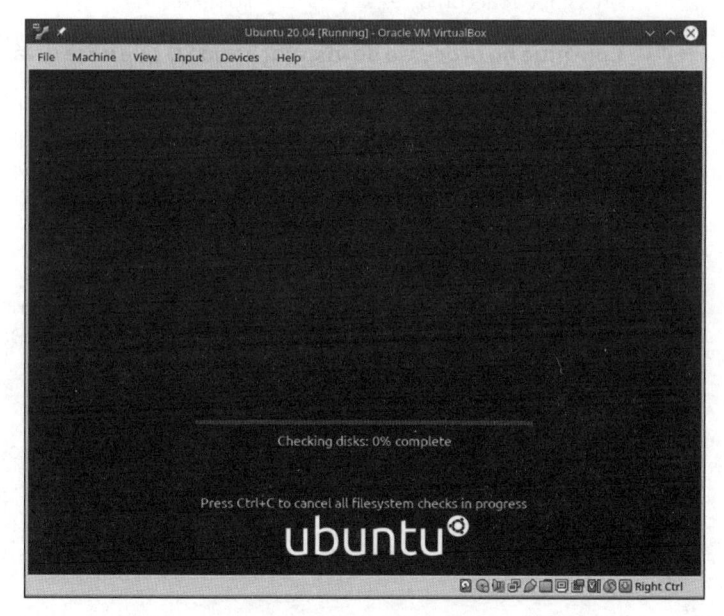

FIGURA 20-8: Janela de emulação do console VirtualBox.

Um conjunto de ícones na parte inferior da janela (consulte a Figura 20-8) indica quando a VM está acessando o hardware no sistema. Os ícones são:

- Disco rígido
- Unidade de DVD
- Entrada/saída de áudio
- Interface da rede
- Interface do USB
- Pasta compartilhada
- Memória de vídeo
- Gravação
- Status da CPU

O canto inferior direito da janela também inclui um ícone de mouse, tecla e a frase *Right Ctrl*. Ao iniciar a VM, o VirtualBox assume o controle do teclado e do mouse no sistema host, e os devolve para a VM. Se você quiser voltar o controle para o sistema host em algum momento (por exemplo, se deseja executar outra aplicação ao mesmo tempo), pressione a tecla Ctrl à direita do teclado. Para controlar de novo a VM, coloque o mouse em qualquer lugar dentro da janela de emulação do console e pressione mais uma vez a tecla Ctrl à direita.

4. Continue no processo de instalação do SO que você está instalando.

A VM inicializa a partir do DVD ou do arquivo ISO (do contrário, consulte a seção General da caixa de diálogo Settings). Basta seguir o processo normal de instalação do SO. O sistema operacional detecta todo o hardware emulado configurado na VM.

5. Reinicialize a VM quando a instalação terminar.

A maioria das instalações do SO reinicializa automaticamente o sistema. Se isso acontecer, a janela de emulação do console VirtualBox vai detectar a reinicialização e ficará aberta, permitindo que você veja o processo de reinício.

O resultado final é um SO totalmente funcional rodando dentro da sua VM, como na Figura 20-9.

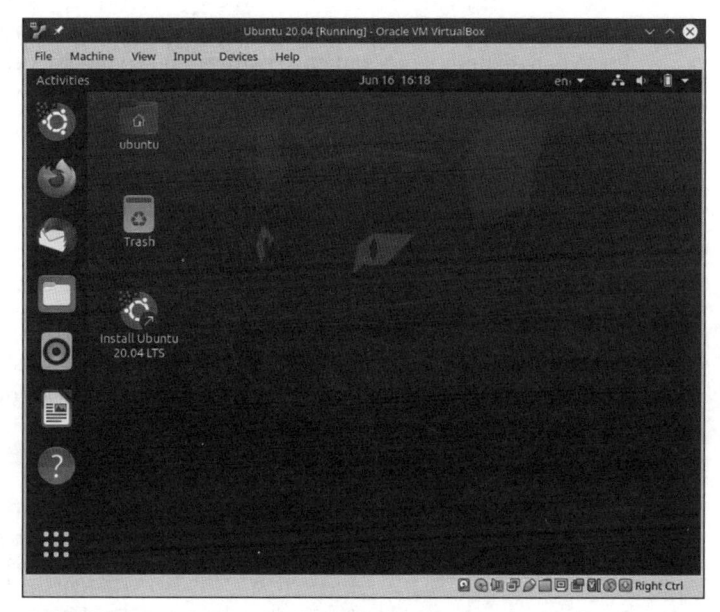

FIGURA 20-9:
Executando o Ubuntu em uma janela VirtualBox do openSUSE.

Quando você pedir ao SO da máquina virtual para finalizar, o VirtualBox fechará automaticamente a janela de emulação do console.

Trabalhando com a Máquina Virtual

Quando sua VM estiver em execução, você desejará se familiarizar com alguns comandos do VirtualBox. Você já viu a importância do botão Ctrl à direita. É como obtém e libera o controle sobre o teclado e o mouse em sua VM.

Três itens da barra de menus também podem ajudar no ambiente da VM: Machine, View e Devices.

Área do menu Machine

A área do menu Machine fornece um acesso fácil a várias funções comuns que você pode querer realizar em sua VM:

» **Settings:** Exibe a caixa de diálogo Settings da VM, permitindo fazer alterações no ambiente da máquina virtual. Algumas configurações não entrarão em vigor até a próxima vez, quando você iniciar a VM.

» **Take Snapshot:** Não se relaciona a fazer uma captura de tela da janela. Um instantâneo no VirtualBox permite salvar uma cópia do arquivo de disco virtual como ele existe no momento. É uma ótima forma de fazer backups da VM em qualquer ponto no tempo. Você pode restaurar o estado da VM para o momento de qualquer instantâneo salvo. É ótimo para experimentar um novo software ou configurações que possivelmente poderiam travar o sistema. Tire um instantâneo antes de fazer as alterações e, se não derem certo, basta restaurá-lo!

» **Session Information:** Fornece informações básicas sobre a sessão da VM em execução, como na Figura 20-10.

A guia Performance Monitor mostrada na Figura 20-10 exibe as estatísticas atuais da CPU virtual e da memória atribuídas ao sistema convidado.

» **File Manager:** Fornece uma interface gráfica para exibir os sistemas de arquivo host e convidado, permitindo copiar os arquivos de um para o outro.

» **Pause:** Coloca a VM em um modo suspenso, mas não envia nenhum sinal para o SO convidado finalizá-la. Então é possível iniciar a VM e o SO convidado começando de onde você parou, como se nada tivesse acontecido.

» **Reset:** Emula pressionar o botão de redefinição na estação de trabalho. Em geral, isso envia um sinal de finalização para o SO convidado e reinicia a VM.

» **ACPI Shutdown:** Emula pressionar o botão de energia na estação de trabalho. Isso costuma enviar um sinal de finalização para o SO convidado e paralisa a VM quando o SO convidado termina de finalizar.

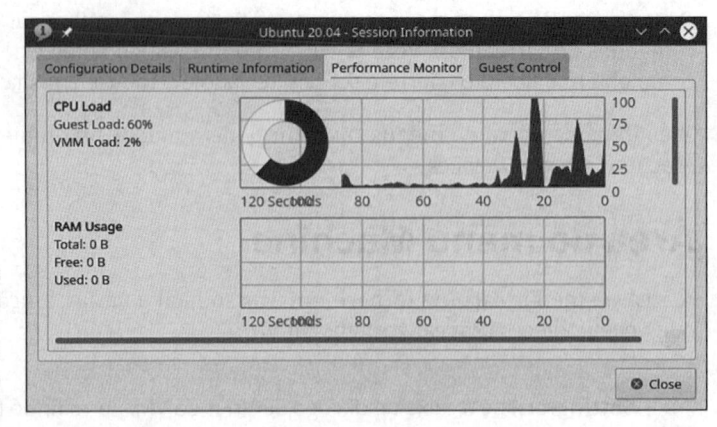

FIGURA 20-10: Janela Session Information do VirtualBox.

Menu View

O menu View permite controlar como a VM aparece no ambiente de trabalho e quais opções você tem na janela:

- **Fullscreen Mode:** Aumenta a janela de emulação do console da VM para ocupar toda a tela do host. Para voltar para o modo janelas, segure a tecla Ctrl direita e pressione a tecla F.

- **Seamless Mode:** Um recurso especial disponível em certos SOs convidados.
  O VirtualBox permite instalar um driver de vídeo no SO convidado, permitindo aexibir e controlar o SO convidado como uma janela normal no host.

- **Scaled Mode:** Ajusta a janela de emulação do console com base na resolução do ambiente de trabalho convidado.

- **Adjust Window Size:** Mude o tamanho da janela de emulação do console VirtualBox no host.

- **Take Screenshot:** Tire uma foto da área do console atual.

- **Recording:** Inicie uma gravação de vídeo de toda a atividade na área do console.

- **Menu bar:** Mude as configurações do que está disponível na barra de menus.

- **Status bar:** Mude as configurações do que está disponível na barra de status.

- **Virtual Screens:** Controla as telas virtuais atribuídas ao sistema convidado. Se mais de uma tela for atribuída, você poderá ativá-las ou desativá-las aqui, assim como dimensioná-las quando necessário.

Área do menu Devices

A área do menu Devices permite controlar o status dos dispositivos de hardware usados na VM. As opções disponíveis nesta seção dependem de quais dispositivos de hardware você selecionou quando criou a VM. As opções disponíveis são:

- **Mount Optical Drives:** Permite conectar a VM à unidade de DVD do sistema host ou a uma imagem ISO de um DVD armazenado no sistema host. Esse segundo recurso é ótimo para instalar com facilidade as distribuições Linux a partir das imagens ISO sem gravá-las em um DVD ou dispositivo USB!

- **Audio:** Controle a saída de áudio (alto-falantes) ou a entrada (microfone) do sistema convidado.

- **Network Adapters:** Fornece acesso aos adaptadores de rede emulados no servidor virtual. Você pode ativar ou desativar o adaptador de rede nessa interface. Uma marca de verificação ao lado do adaptador significa que ele está ativado.

- **USB Devices:** Se você escolheu permitir que a VM acesse seus dispositivos USB durante a configuração dela, essa opção de menu é exibida. Ao conectar um dispositivo USB no sistema host, o VirtualBox detecta automaticamente o novo dispositivo e o passa para o SO convidado. Após inserir o dispositivo, não o remova até desativar a entrada nesse menu.

- **Shared Folders:** Se você escolheu criar pastas compartilhadas para a VM durante a configuração, use essa área para ativar e desativar o acesso à pasta compartilhada.

- **Shared Clipboard:** Controle como a área de transferência do host pode ser compartilhada com o sistema convidado.

- **Drag and Drop:** Controle como pode mover os objetos entre os sistemas host e convidado.

- **Install Guest Additions:** Você pode baixar o CD Guest Additions do VirtualBox nessa entrada do menu. O CD Guest Additions contém drivers especializados que você pode instalar nos SOs convidados e permitir um vídeo personalizado e uma interação do mouse (veja a seção anterior "Área do menu Machine"). Muitas vezes, isso melhora o desempenho do sistema convidado ao usar a tela.

Com o VirtualBox, é possível rodar vários SOs do ambiente de trabalho a partir do conforto do seu próprio ambiente!

A Parte dos Dez

NESTA PARTE...

Configure um ambiente de desenvolvimento web para criar aplicações da web.

Aprenda as principais dicas e truques para solucionar problemas nos sistemas Linux.

Capítulo **21**

Dez Etapas para Rodar um Servidor Web

Atualmente o mundo funciona "na web". Embora a maioria das pessoas use uma empresa de hospedagem web para ter presença na rede, ainda é útil criar seu próprio ambiente da web para experimentar e desenvolver seu site, então fazer upload dos arquivos para a plataforma da empresa de hospedagem web. Conseguir usar sua própria estação de trabalho para desenvolver seu site facilita muito lidar com os diferentes softwares e recursos para ajudar a animar sua presença na web.

Só porque você instalou um ambiente Linux não significa que também não pode executar programas do servidor nele. Na verdade, o ambiente Linux gráfico contribui para um ambiente de desenvolvimento da web independente e excelente! Você pode criar aplicações da web inteiras no conforto de sua própria estação de trabalho, e então implantá-las em servidores web reais na internet. Este capítulo explica o que você precisa para criar sua própria estação de trabalho de desenvolvimento da web e conseguir trabalhar nas obras-primas do seu site.

Partes Obrigatórias

Como um móvel que precisa de montagem, você precisa montar alguns componentes separados para começar a usar seu ambiente de desenvolvimento de aplicações web. Você precisa de três partes principais para montar seu ambiente de desenvolvimento da web:

» Um servidor web para processar as solicitações dos navegadores do cliente para interagir com sua aplicação.

» Um servidor da linguagem de programação para executar o código de programação incorporado em sua aplicação. É isso que cria sites dinâmicos que mudam quando o conteúdo é atualizado.

» Um servidor do banco de dados para armazenar o conteúdo exigido para sua aplicação dinâmica.

Embora superficialmente possa parecer bem simples, o que complica tudo é que cada parte tem opções e versões diferentes disponíveis. Isso pode levar literalmente a centenas de combinações diferentes para percorrer e criar seu ambiente de desenvolvimento da web!

Parte do processo é determinar qual software precisa ser instalado. Portanto, as primeiras etapas ajudam a decidir o que você precisa, então o resto se aprofunda em criar seu ambiente de desenvolvimento da web.

Etapa 1: Selecione um Servidor Web

É o servidor web que interage com os visitantes do site. Ele atende silenciosamente as solicitações do cliente e as passa para a aplicação da web. Após sua aplicação terminar, o servidor web passa as respostas da aplicação de volta para os clientes.

O servidor web age como um servidor de arquivos, ou seja, aceita as solicitações para os arquivos da página da web dos navegadores do cliente, então recupera esses arquivos e os retorna para o navegador do cliente. Ele usa o padrão HTTP para permitir que solicitações anônimas acessem os arquivos no servidor e respondam a elas.

Atualmente existem opções diferentes do servidor web. As mais populares que você encontra no ambiente Linux são:

- **Apache:** O avô dos servidores web, ele derivou do servidor web original na Universidade de Illinois. É um projeto de software de código aberto que foi e atualmente é o servidor web mais usado na internet. É muito versátil e suporta muitos recursos diferentes, mas versatilidade traz complexidade. Pode ser um pouco confuso tentar percorrer os arquivos de configuração para um servidor web Apache. Mas, para a maioria dos ambientes da web, você só precisa mudar algumas definições da configuração padrão.
- **nginx:** O mais novo no pedaço, planejado para facilitar parte da complexidade do servidor web Apache e fornecer um desempenho melhor. Atualmente está ganhando popularidade, mas ainda tem um longo caminho para alcançar o Apache.
- **lighthttpd:** Como sugere o nome, é um servidor web leve que é muito menos versátil e complexo que o Apache. Funciona muito bem para pequenos ambientes de desenvolvimento e está ficando popular nos sistemas embutidos que precisam de um servidor web com pouco espaço. Mas ele não aguenta bem nos ambientes do servidor web de produção em grande escala; provavelmente não é uma boa escolha para um ambiente de desenvolvimento da web.

Como é possível dizer com as descrições, todo servidor web é comparado com o Apache. Ele se tornou o padrão de excelência nos servidores da internet. A menos que você tenha um motivo específico para não usar o servidor web Apache, é melhor usá-lo para seu ambiente de desenvolvimento, sobretudo se sabe que seu ambiente de produção vai usá-lo. É o servidor web que explico para instalar e usar.

Etapa 2: Selecione uma Linguagem de Programação

Atualmente, ter um site com páginas HTML estáticas não é só chato para os visitantes, mas pode ser monótono de manter se você precisa atualizar constantemente as páginas com conteúdo. As linguagens de programação web no lado do servidor permitem criar páginas web dinâmicas que mudam automaticamente em tempo real conforme o conteúdo muda, mantendo os visitantes do site atualizados e evitando muito trabalho no processo.

Há muitas linguagens de programação web diferentes em uso hoje, e muitos debates em grupos de discussão tentam decidir qual é a melhor. Para este projeto, escolhi a linguagem PHP, porque é relativamente fácil de aprender e se tornou uma das linguagens de programação web mais populares usadas.

A linguagem de programação PHP iniciou em 1995 como um projeto pessoal de Rasmus Lerdorf para ajudar suas páginas da web a acessarem os dados armazenados em um banco de dados. Ele lançou a primeira versão oficial 1.0 para a comunidade de código aberto em 8 de junho de 1995.

Desde então, a linguagem PHP ganhou vida própria, adquirindo recursos e popularidade. O desenvolvimento dessa linguagem atualmente é suportado pela empresa Zend, que produz muitas ferramentas PHP.

Devido à popularidade do PHP, a maioria das distribuições Linux tem o software do servidor PHP disponível em seus repositórios de software, em geral fazendo um bom trabalho acompanhando as versões PHP mais recentes. Isso não deverá ser um problema se você instala o PHP com seu gerenciador de pacotes da distribuição.

Etapa 3: Selecione o Servidor do Banco de Dados

O mundo funciona com dados. Se você cria um site para controlar as receitas favoritas da família ou os resultados da sua liga de boliche, é preciso ter um modo de armazenar e recuperar os dados.

Como se espera no Linux, muitos tipos diferentes de servidores do banco de dados podem lidar com dados das suas aplicações da web. De longe o mais popular usado nas aplicações da web de código aberto é o servidor MySQL, cujo nome é uma referência à Linguagem de Consulta Estruturada (SQL), a linguagem de programação padrão usada para trabalhar com dados armazenados em um banco de dados.

Embora muitos sites e pacotes da web usem o termo "Servidor MySQL", na verdade existem poucas versões diferentes. Desde que a Oracle adquiriu o projeto MySQL em 2010, ela o dividiu em quatro versões:

» **MySQL Standard Edition:** Um produto comercial que fornece recursos mínimos do banco de dados MySQL.

» **MySQL Enterprise Edition:** Um produto comercial que fornece recursos extras de suporte, monitoramento e manutenção.

» **MySQL Cluster Carrier Grade Edition:** Um produto comercial que, em adição aos recursos da Enterprise Edition, também suporta o cluster multisservidor

» **MySQL Community Edition:** A versão para download gratuito do MySQL que suporta os mesmos recursos da Standard Edition, mas sem um suporte formal

Como se pode ver na lista, o servidor MySQL tem versões comercial e de código aberto, o que pode ser confuso. As versões comerciais suportam alguns recursos avançados indisponíveis na versão de código aberto, como backups dinâmicos (a capacidade de fazer backup dos dados com o servidor ainda em execução), monitoramento da atividade do banco de dados e conseguir implementar um cluster de leitura/gravação do banco de dados em vários servidores. Esses recursos avançados são úteis em ambientes do banco de dados em grande escala, mas, para aplicações pequenas a médias do banco de dados, a Community Edition de código aberto do MySQL é perfeita. É isso que está incluído nos pacotes do servidor Linux.

A HISTÓRIA DO MYSQL

O projeto do servidor MySQL teve uma vida bem interessante. Originalmente foi desenvolvido em 1994 como um projeto de código aberto por uma empresa sueca, MySQL AB. Ganhou popularidade e recursos até a Sun Microsystems comprar a empresa em 2008. A Sun Microsystems manteve o status de código aberto do MySQL e tudo se acalmou. Mas a Oracle comprou a Sun Microsystems em 2010 e assumiu o controle do projeto MySQL.

Quando a Oracle comprou os direitos do MySQL da Sun Microsystems, o principal desenvolvedor do MySQL e sua equipe saíram para iniciar uma divisão própria de código aberto do MySQL, chamada MariaDB. Pelos termos da licença de código aberto, esse movimento foi perfeitamente legal, e o projeto conseguiu certo respeito e seguimento da comunidade de código aberto. MariaDB é quase 100% compatível com o MySQL e costuma ser usado como um substituto direto da MySQL Community Edition em alguns ambientes. Qualquer código PHP escrito para interagir com o servidor MySQL também funciona com o servidor MariaDB. Não se assuste se a distribuição Linux que você usa mudar para o MariaDB!

Etapa 4: Instale os Servidores

Mesmo que você tenha instalado a versão desktop de uma distribuição Linux, ainda terá acesso a vários softwares do servidor nos repositórios de software padrão. O mesmo kernel Linux que roda nos servidores de nuvem avançados roda em seu ambiente de trabalho, portanto, é simples instalar e executar pacotes de software do servidor!

A única desvantagem é que os pacotes de instalação do software gráfico para desktop que você está habituado a usar normalmente não incluem aplicações do servidor, portanto é preciso "ir à luta" e usar as ferramentas da linha de comando para instalá-las. Mas não se preocupe, é um processo simples!

A única diferença é que as distribuições Linux usam formatos diferentes do pacote de software (como visto no Capítulo 15), portanto, tem ferramentas diferentes da linha de comando. Ao usar tais ferramentas para instalar um software, é preciso saber qual formato sua distribuição Linux utiliza para saber qual ferramenta usar. Os dois formatos de pacote básicos usados no Linux são:

» **Debian Package Management:** Usado pelo Debian, Ubuntu, Mint e outras distribuições Linux baseadas no Debian

» **Red Hat Package Management:** Usado pelo Red Hat, CentOS, Fedora, openSUSE e outras distribuições Linux baseadas no Red Hat

Nesta etapa, explico os dois métodos para instalar pacotes do software do servidor.

DICA Usando pacotes do software de distribuição para cada servidor, é certo que o servidor rodará corretamente em seu ambiente Linux. Uma vantagem extra é que, quando você atualizar o software de distribuição, ele incluirá qualquer patch de segurança ou correções de bugs para os servidores Apache, MySQL e PHP automaticamente.

Instalando servidores no Ubuntu

Para os sistemas Debian, como o Ubuntu, você usa a ferramenta da linha de comando `apt` para a instalação. Também é preciso ter privilégios de administrador para instalar o software; é onde entra o comando `sudo`. Ele permite executar um comando com privilégios de administrador, contanto que o sistema tenha você como administrador.

Basta seguir estas etapas para instalar os servidores Apache, MySQL e PHP:

1. **Abra um prompt de comando usando Terminal e instale o servidor web Apache com o comando:**

   ```
   sudo apt install apache2
   ```

   Conforme a instalação avança, você vê muito texto relacionado ao que o instalador está fazendo. Ao invés de ocultar os detalhes sórdidos internamente, como fazem os pacotes gráficos, as ferramentas da linha de comando mostram tudo que está acontecendo! Se for pedido para você continuar com a instalação, pressione Y.

2. **Instale o pacote do servidor MySQL com o comando:**

   ```
   sudo apt install mysql-server
   ```

3. **Instale os pacotes do servidor PHP:**

   ```
   sudo apt install php libapache2-mod-php php-mysql
   ```

   Isso instala os arquivos do servidor PHP, os módulos do Apache requeridos para processar o código PHP por meio do servidor Apache e as bibliotecas PHP necessárias para processar os comandos do banco de dados MySQL.

É isso. Você acabou de instalar um ambiente Apache, MySQL e PHP completo no Linux! Essa combinação costuma ser referida como *servidor LAMP*.

Se quiser testar seu progresso, o Ubuntu cria uma página da web Apache padrão. Abra seu navegador e vá para a URL:

```
http://localhost/
```

A página de teste padrão do Apache abre, mostrada na Figura 21-1.

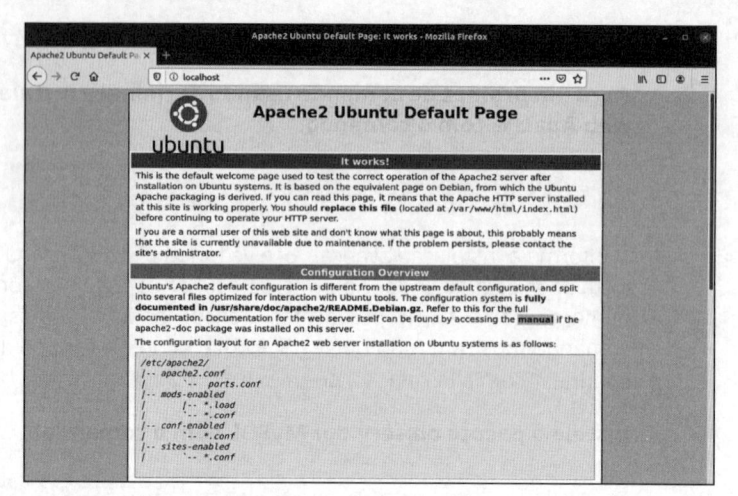

FIGURA 21-1: Página da web Apache padrão no Ubuntu.

Instalando servidores no openSUSE

A maioria dos sistemas Red Hat, como Fedora e CentOS, usa a ferramenta da linha de comando `dnf` para instalar os pacotes Red Hat. Mas, se você estiver usando o openSUSE, ele tem sua própria ferramenta chamada `zypper`. Com o openSUSE, você também precisa rodar o programa `zypper` com privilégios do administrador, portanto, uso comando `sudo` para isso.

Siga estas etapas para carregar os servidores em seu sistema openSUSE:

1. Abra um prompt de comando usando o Konsole e instale o servidor web Apache com o comando:

   ```
   sudo zypper install apache2
   ```

2. Ative o serviço do servidor web Apache e inicie usando estes comandos:

   ```
   sudo systemctl enable apache2
   sudo systemctl start apache2
   ```

   O pacote Apache do Red Hat não inicia o servidor web Apache por padrão, portanto, as duas linhas usam o utilitário `systemctl` para ativar o serviço Apache para ele começar automaticamente na inicialização, então o inicia de forma manual.

3. Instale o servidor MariaDB e os pacotes cliente com o comando:

   ```
   sudo zypper install mariadb mariadb-client
       mariadb-tools
   ```

O Red Hat usa o servidor do banco de dados MariaDB em vez do servidor MySQL, então instala esse pacote. Por sorte, tudo, inclusive os comandos da linha de comando MySQL, funciona igual no MariaDB.

4. **Ative o serviço do servidor MariaDB e inicie com os comandos:**

```
sudo systemctl enable mysql
sudo systemctl start mysql
```

De novo, o pacote Red Hat não inicia o servidor MariaDB por padrão, portanto, as duas linhas usam o utilitário `systemctl` para ativar o servidor para ele começar automaticamente na inicialização, então o inicia.

5. **Instale os pacotes PHP usando o comando:**

```
sudo zypper install php7 apache2-mod_php7 php7-mysql
```

Isso instala o servidor PHP, os módulos Apache requeridos para usar o PHP e as bibliotecas PHP para se comunicar com o servidor do banco de dados MySQL.

6. **Ative os módulos PHP para o Apache com os comandos:**

```
sudo a2enmod php7
sudo systemctl restart apache2
```

O pacote PHP do Red Hat não ativa o módulo PHP automaticamente no servidor Apache; é preciso usar o comando `a2enmod` especial do Apache para ativar o módulo e reiniciar o servidor web Apache com o comando `systemctl`.

Infelizmente o openSUSE não cria uma página da web padrão para o Apache, então você não consegue testar usando seu navegador até ter criado suas páginas da aplicação web.

CUIDADO

Ao instalar o MySQL ou o MariaDB, o pacote define a senha da conta do usuário root para uma string vazia. Se você estiver em sua rede doméstica sozinho, tudo bem, mas isso não é recomendado se seu servidor estiver em rede com outras pessoas. Por sorte, existe um utilitário que você pode executar para mudar essa senha:

```
mysql_secure_installation
```

Quando rodar o script, ele fará algumas perguntas, por exemplo, pedindo a nova senha da conta do usuário root, se é para limitar a conta do usuário root a apenas o login feito em um host local, se é para remover o recurso de usuários anônimos e remover o banco de dados de teste.

Etapa 5: Examine o Servidor Apache

Por padrão, o servidor web Apache usa um arquivo de configuração de texto para armazenar suas configurações. Em geral esse arquivo se chama apache2.conf e, para os sistemas Linux, geralmente está armazenado na estrutura de pastas /etc, sob a pasta /etc/apache2.

O arquivo de configuração httpd.conf contém linhas individuais chamadas *diretivas*. Cada diretiva define uma opção de configuração, junto com o valor definido. Para este projeto simples, você não precisa lidar com nenhuma diretiva, mas é bom saber que elas existem e quando precisaria usá-las.

O servidor web Apache é muito versátil, com inúmeras opções e recursos diferentes. A desvantagem é que ele faz a configuração parecer complexa à primeira vista, mas o arquivo de configuração é organizado de tal modo que você deve conseguir encontrar o que procura com relativa facilidade.

CUIDADO

Muitos sistemas (inclusive o Ubuntu e o openSUSE) dividem as configurações do servidor web Apache em vários arquivos para ajudar a tornar os recursos mais modulares. Procure as linhas da diretiva Include no arquivo de configuração httpd.conf principal para ver quais outros arquivos contêm as definições de configuração do servidor web Apache. Se a diretiva Include apontar para uma pasta, o servidor Apache lerá todos os arquivos que terminam com .conf nela, buscando as diretivas.

Definindo o local da pasta da web

O principal trabalho do servidor web Apache é fornecer arquivos para os clientes remotos. Mas você não quer que alguém recupere um arquivo em seu sistema! Para limitar quais arquivos o servidor Apache fornece, limite-o a uma área de pasta específica no sistema.

Defina a pasta onde o servidor web Apache fornece arquivos usando a diretiva DocumentRoot:

```
DocumentRoot /var/www/html
```

A pasta html se tornou um padrão comum usado para o servidor web Apache nos ambientes Linux e é usada no Ubuntu. Para o openSUSE, usa /srv/www/htdocs.

CUIDADO

Se você escolher mover a pasta DocumentRoot para outro local no servidor, verifique se a conta de usuário que executa o servidor web Apache tem acesso para ler os arquivos nela.

USANDO CRIPTOGRAFIA

Para estabelecer uma conexão HTTPS segura, seu servidor web Apache deve ter um certificado de criptografia válido assinado por uma *Autoridade de Certificação*. Ela reconhece seu site como válido e atesta sua autenticidade. Isso permite que os visitantes do site confiem que você é quem diz ser e seu servidor web é o que diz ser.

Infelizmente, os certificados assinados devem ser comprados e podem ser bem caros. Para o trabalho de desenvolvimento, você pode usar um *certificado autoassinado*. Ele é o que diz ser, ou seja, você assina seu próprio certificado. Isso não inspira nenhuma confiança nos visitantes do site, portanto, não use um certificado autoassinado em um site de produção; use-o somente para o desenvolvimento. Você pode criar um certificado autoassinado usando o pacote OpenSSL.

Definindo a porta TCP padrão

O servidor web Apache atende as conexões de entrada vindas dos navegadores do cliente usando duas portas de rede TCP padrão e diferentes:

- » Porta TCP 80 para solicitações HTTP
- » Porta TCP 443 para solicitações HTTPS

As solicitações HTTPS usam a criptografia para assegurar a comunicação entre o navegador e o servidor. Esse método está rapidamente se tornando um padrão para todos os servidores web na internet.

Você define as portas nas quais o servidor web Apache aceita as solicitações de entrada usando a diretiva `Listen`:

```
Listen 80
Listen 443
```

É possível usar várias diretivas `Listen` no arquivo de configuração para atender em mais de uma porta TCP.

Interagindo com o servidor PHP

O servidor web Apache precisa saber como passar os arquivos que contêm o código PHP para o servidor PHP processar. É um processo com duas etapas.

Primeiro, o servidor web Apache deve carregar o módulo do servidor PHP para que ele possa estabelecer o link entre os servidores Apache e PHP. Isso é feito com a diretiva `LoadModule`:

```
LoadModule php7_module /usr/lib/apache2/modules/libphp7.4.so
```

Após o Apache carregar o módulo PHP, ele deve saber o tipo de arquivo a enviar para o servidor PHP. Ele faz isso com a diretiva `SetHandler`:

```
<FilesMatch ".+\.ph(ar|p|tml)$">
    SetHandler application/x-httpd-php
</FilesMatch>
```

Essa diretiva pede ao servidor web Apache para encaminhar todos os arquivos com as extensões `.phar`, `.php` ou `.phtml` para o módulo PHP, que encaminha os arquivos para o servidor PHP processar.

CUIDADO: Pode ser tentador encaminhar todos os arquivos `.html` para o servidor PHP, porque o servidor PHP passa qualquer código HTML diretamente para o navegador do cliente, mas suas páginas web estáticas levam mais tempo para carregar, causando problemas no desempenho das páginas HTML.

Rastreando erros

Ao trabalhar em um ambiente de desenvolvimento, sempre é útil conseguir rastrear os erros que ocorrem em suas aplicações. O servidor web Apache suporta nove níveis diferentes de mensagens de erro, mostrados na Tabela 21-1.

TABELA 21-1 Níveis do Erro do Servidor Web Apache

Nível do Erro	Descrição
emerg	Erros fatais que param o servidor web Apache
alert	Erros graves com um impacto negativo em sua aplicação e precisa ser resolvido imediatamente
crit	Uma condição crítica que faz a operação falhar, como falha no acesso da rede
error	Ocorreu um erro na sessão, como um cabeçalho HTTP inválido
warn	Um problema menor ocorrido na sessão, mas não o impediu de continuar
notice	Ocorreu algo fora do normal

Nível do Erro	Descrição
info	Mensagem informativa sobre as configurações que devem ser alteradas ou os módulos que devem ser carregados
traceN	Níveis de rastreamento, onde N é 1-8, para rastrear a atividade no servidor
debug	Mensagens de baixo nível explicando cada etapa que o servidor realiza ao processar uma solicitação

Você define o nível de rastreamento do erro usando a diretiva `LogLevel` e o local do log de erro com a diretiva `ErrorLog`:

```
LogLevel warn
ErrorLog ${APACHE_LOG_DIR}/error.log
```

Para os sistemas Linux, `APACHE_LOG_DIR` costuma ser definida para a pasta `/var/log/apache2`. O nível do log `debug` pode ser útil para solucionar problemas, mas não é recomendado para uma atividade normal, pois gera muita saída!

Etapa 6: Examine o Servidor MySQL (ou MariaDB)

A família de servidores MySQL usa a pasta `/etc/mysql` para armazenar arquivos de configuração. O principal arquivo de configuração do servidor MySQL é `mysql.conf`.

Um dos recursos mais confusos no servidor MySQL é que existem três modos de especificar as definições da configuração:

» Elas podem ser compiladas para o programa do servidor executável quando criadas a partir do código-fonte.

» Podem ser especificadas como opções da linha de comando quando o servidor inicia.

» Podem ser definidas no arquivo de configuração MySQL.

A maioria das instalações do servidor MySQL usa uma combinação de compilação das definições básicas para o programa do servidor executável e a criação de um arquivo de configuração básico para o resto. Os valores definidos no arquivo de configuração anulam qualquer coisa compilada no programa do servidor executável ou definida na linha de comando.

Como no servidor web Apache, o servidor do banco de dados MySQL tem muitas opções que você pode mudar no arquivo de configuração para ajustar como as coisas funcionam. Dito isso, você só precisaria alterar alguns itens em uma configuração normal. As próximas seções mostram algumas configurações com as quais você deve se familiarizar.

Principais configurações do servidor

As principais configurações do servidor definem o básico de como o servidor MySQL opera. As definições na configuração Ubuntu ficam assim:

```
[mysqld]
port = 3306
socket = /var/run/mysqld/mysqld.sock
tmpdir = /tmp
datadir = /var/lib/mysql
log_error = /var/log/mysql/error.log
```

A configuração `port` define a porta TCP na qual o servidor MySQL atende as solicitações de entrada. A configuração `socket` define o local de um arquivo de soquete que os clientes locais podem usar para se comunicar com o servidor MySQL sem usar a rede.

As configurações `tmpdir` e `datadir` definem os locais no servidor que o MySQL usa para armazenar seus arquivos de trabalho. A configuração `datadir` define onde o MySQL armazena os arquivos reais do banco de dados.

Trabalhando com o mecanismo de armazenamento InnoDB

O mecanismo de armazenamento InnoDB fornece recursos avançados do banco de dados para o servidor MySQL. Ele tem seu próprio conjunto de configurações que controla exatamente como opera e lida com os dados contidos nas tabelas que usam o mecanismo.

Talvez você precise ajustar algumas definições da configuração principais para sua instalação específica do servidor MySQL:

```
innodb_data_home_dir = /var/lib/mysql
innodb_data_file_path = ibdata1:10M:autoextend
```

A configuração `innodb_data_home_dir` define o local onde o MySQL coloca os arquivos requeridos para suportar o mecanismo de armazenamento InnoDB. Isso permite separar tais arquivos dos arquivos normais do banco de dados MySQL, se necessário.

A configuração `innodb_data_file_path` define três partes de informação para o mecanismo de armazenamento:

» O nome de arquivo que o MySQL usa para o arquivo de armazenamento InnoDB principal

» O tamanho inicial do arquivo de armazenamento

» O que acontece quando o arquivo de armazenamento fica cheio

Para agilizar o processo de armazenamento de dados, o mecanismo de armazenamento InnoDB aloca previamente espaço no disco rígido do sistema para o arquivo de armazenamento do banco de dados. Assim, a cada registro de dados inserido em uma tabela, o mecanismo de armazenamento não precisa pedir ao SO mais espaço em disco para adicionar o arquivo do banco de dados, ele já existe! Isso agiliza muito o desempenho do banco de dados. O segundo parâmetro define a quantidade inicial de espaço em disco que o InnoDB aloca.

O terceiro parâmetro é onde as coisas ficam interessantes. Ele define o que o mecanismo de armazenamento InnoDB faz quando o espaço alocado para o arquivo de armazenamento fica cheio. Por padrão, o InnoDB bloqueia a inserção de novos dados nas tabelas quando fica sem espaço de armazenamento alocado. Você teria que estender manualmente o tamanho.

Quando você especifica a configuração `autoextend`, isso permite que o mecanismo de armazenamento InnoDB aloque automaticamente mais espaço para o arquivo. Embora seja conveniente, pode ser perigoso em alguns ambientes. O InnoDB continua alocando mais espaço de armazenamento quando necessário até o servidor ficar sem espaço em disco!

CUIDADO Ao usar o mecanismo de armazenamento InnoDB para suas aplicações MySQL, sempre é uma boa ideia ficar de olho na pasta do espaço de armazenamento para assegurar que ela não consuma todo o espaço em disco do servidor.

Etapa 7: Personalize o Servidor PHP

O arquivo de configuração do servidor PHP se chama `php.ini`, mas pode estar localizado em várias áreas diferentes. Os locais que o servidor PHP verifica são (em ordem):

1. O caminho definido na diretiva `PHPIniDir` no arquivo de configuração do servidor web Apache

2. O caminho definido em uma variável de ambiente do sistema chamada PHPRC

3. **A pasta onde o arquivo executável do servidor PHP está armazenado**

4. **A pasta padrão do servidor web**

5. **A pasta do sistema SO, que para o Linux é /usr/local/lib**

Se você estiver incerto sobre qual arquivo de configuração php.ini o servidor PHP está usando, execute a função phpinfo() em um pequeno programa PHP:

```
<?php
phpinfo();
?>
```

A Figura 21-2 mostra a saída da função phpinfo() executada em um sistema Ubuntu.

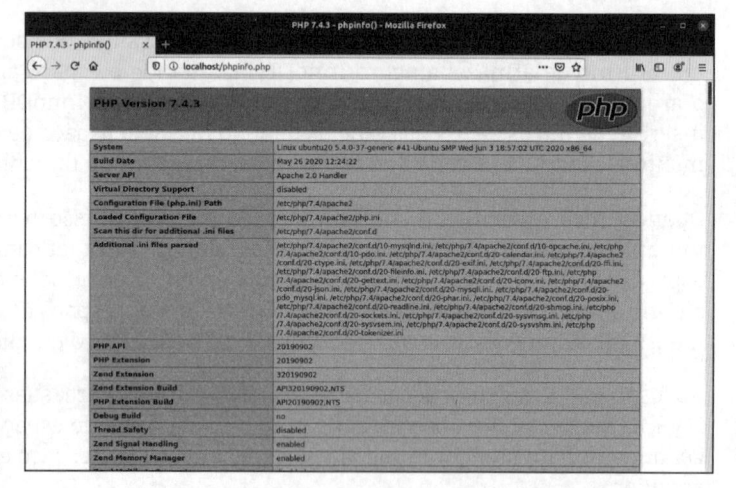

FIGURA 21-2: Saída da função phpinfo() no Ubuntu.

A função phpinfo() exibe os valores do sistema para cada definição do arquivo de configuração e se alguma foi substituída por uma definição local. Procure a entrada Loaded Configuration File que mostra o caminho para o arquivo php.ini ativo para ver onde está esse arquivo para o servidor PHP.

Como se pode imaginar, há muitas definições no arquivo de configuração `php.ini`. Você pode precisar ajustar algumas dessas definições `php.ini` no servidor PHP:

» `date.timezone`: Define o fuso horário do servidor PHP. Deve usar um valor do fuso definido em https://php.net/manual/en/timezones.php (conteúdo em inglês).

» `display_errors`: Define se as mensagens de erro PHP aparecem na página da web. Esse recurso é muitíssimo útil para o trabalho de desenvolvimento, mas deve ser desativado para os servidores de produção.

» `error_reporting`: Define o nível do relatório de erros a partir do servidor PHP. O PHP usa um padrão de bits complicado para definir quais erros exibir. Ele usa rótulos para indicar o nível do erro e operadores de bitwise booleanos para combinar os níveis; o til (~) indica o operador NOT. Os níveis de erros são:

- `E_ERROR`: Erros fatais da execução
- `E_WARNING`: Avisos da execução que não vão parar o script
- `E_PARSE`: Erros de análise da sintaxe
- `E_NOTICE`: O script encontrou algo que poderia ser um erro e afeta os resultados
- `E_CORE_ERROR`: Um erro fatal que impede o PHP de iniciar
- `E_CORE_WARNING`: Erros não fatais na inicialização
- `E_COMPILE_ERROR`: Erro fatal ao compilar o código PHP
- `E_COMPILE_WARNING`: Erros não fatais durante a compilação
- `E_USER_ERROR`: Mensagem de erro fatal gerada manualmente pelo código do PHP
- `E_USER_WARNING`: Mensagem de erro não fatal gerada manualmente pelo código do PHP
- `E_USER_NOTICE`: Mensagem de aviso gerada manualmente pelo código do PHP
- `E_STRICT`: Código detectado pelo PHP que não segue as regras rígidas do PHP
- `E_RECOVERABLE_ERROR`: Um erro fatal que você pode obter com um bloco `try-catch`

- E_DEPRECATED: A análise sintática do PHP detectou um código que não é mais suportado
- E_USER_DEPRECATED: Um erro de descontinuidade gerado manualmente pelo código do PHP
- E_ALL: Todos os erros e avisos, exceto E_STRICT

» variables_order: A ordem na qual o PHP preenche os dados a partir da sessão HTTP. G = GET; P = POST; C = Cookies; e S = Variáveis do sistema.

» short_open_tag: Determina se você pode usar a tag <? para identificar o código do PHP em seus documentos HTML.

» max_execution_time: Define um limite de tempo (em segundos) para um programa PHP ser executado antes que o servidor PHP o encerre. É útil para impedir que os programas fiquem presos em um loop!

» memory_limit: Define um limite de quanta memória no servidor físico o servidor PHP pode alocar. Também ajuda a evitar que programas descontrolados derrubem o servidor web inteiro.

Agora que você criou o ambiente de desenvolvimento do servidor web, pode pensar em codificar suas aplicações.

Etapa 8: Crie o Ambiente BD

Para uma aplicação da web dinâmica, é preciso ter dados, ou seja, algo para exibir nas páginas da web. Para este exemplo, crio um banco de dados simples que lista alguns funcionários e seus salários. Siga as etapas para criar o BD de exemplo no MySQL ou no MariaDB:

1. **Abra uma sessão da linha de comandos com Terminal ou Konsole.**

2. **Inicie o console MySQL ou MariaDB digitando o comando:**

    ```
    sudo mysql
    ```

    O console fornece uma interface da linha de comando para interagir com o servidor MySQL. Nesse ponto, você pode enviar declarações SQL padrão ou comandos MySQL especializados.

3. **No prompt MySQL (ou MariaDB), crie o banco de dados para a aplicação digitando o comando:**

    ```
    create database mytest;
    ```

4. **Crie uma conta de usuário para a aplicação usar para fazer login no servidor do banco de dados digitando o comando:**

```
create user 'test'@'localhost' identified by
   'test';
```

O servidor MySQL usa três partes de informação para permitir o acesso: id do usuário, senha e local. Esse comando cria uma id chamada `test` com uma senha `test`, permitindo fazer login a partir do computador local.

5. **Dê permissão à conta do usuário da aplicação para acessar o banco de dados com o comando:**

```
grant all on mytest.* to 'test'@'localhost';
```

Esse comando concede todos os privilégios a todas as tabelas no banco de dados `mytest` para a conta do usuário `test` quando conectada a partir do computador local.

Ótimo, agora você tem um banco de dados e uma conta do usuário com permissões para acessar as tabelas do BD. Tudo o que precisa fazer é colocar dados nele! Para tanto, siga as etapas:

1. **Se ainda não abriu, abra uma sessão da linha de comando usando Terminal ou Konsole.**

2. **Inicie o console MySQL ou MariaDB:**

```
sudo mysql
```

3. **Torne o banco de dados mytest o padrão para esta sessão:**

```
use mytest;
```

> **CUIDADO**
>
> O ponto e vírgula no final das declarações SQL no MySQL são importantes, informando ao MySQL que a declaração terminou. Se você omitir sem querer e pressionar Enter, o MySQL pedirá que continue o comando.

4. **Crie uma tabela chamada employees com estes comandos:**

```
create table employees (
-> empid int not null,
-> lastname varchar(30),
-> firstname varchar(30),
-> salary float,
-> primary key (empid));
```

Ao pressionar a tecla Enter após a primeira linha, o MySQL solicita mais declaração. Isso ajuda a dividir as declarações SQL longas em partes fáceis de ler. Só não se esqueça do ponto e vírgula no final!

5. **Crie alguns registros de dados na tabela employees com os comandos:**

```
insert into employees values (1, 'Blum', 'Rich',
    25000.00);
insert into employees values (2, 'Blum',
    'Barbara', 4500.00);
insert into employees values (3, 'Blum', 'Katie
    Jane', 34500.00);
insert into employees values (4, 'Blum',
    'Jessica', 52340.00);
```

Sinta-se à vontade para adicionar quantos registros de dados quiser! Mas não se esqueça de mudar o valor empid para cada registro, pois é a chave primária da tabela, portanto, precisa ser única para cada registro de dado.

6. **Teste a tabela digitando o comando:**

```
select * from employees;
```

A declaração SELECT recupera os dados na tabela employees. A saída fica assim:

```
mysql> select * from employees;
+-------+----------+------------+--------+
| empid | lastname | firstname  | salary |
+-------+----------+------------+--------+
|     1 | Blum     | Rich       |  25000 |
|     2 | Blum     | Barbara    |  45000 |
|     3 | Blum     | Katie Jane |  34500 |
|     4 | Blum     | Jessica    |  52340 |
+-------+----------+------------+--------+
4 rows in set (0.05 sec)

mysql>
```

Agora você tem dados na tabela e está pronto para começar a codificar sua aplicação da web!

Etapa 9: Crie a Aplicação

A próxima etapa é trabalhar no código da aplicação da web. Para tanto, é preciso ter um editor de texto, mas ajuda se ele reconhece o código HTML e PHP. Assim, se você cometer erros de digitação, o editor poderá marcá-los antes que tente rodar a aplicação.

Para criar o arquivo da aplicação, siga estas etapas:

1. **Abra seu editor de texto favorito e crie o arquivo mytest.php na área de sua pasta pessoal.**

2. **Na janela do editor, insira este código:**

```
<html>
<head>
<style>
table, td, th { border: 1px solid black; }
</style>
</head>
<body>
<h1>Employees</h1>
<table >
<tr><th>EmpID</th><th>Last</th><th>First</th><th>Salary</th></tr>
<?php
$con = mysqli_connect("localhost", "test", "test", "mytest") or die("Problem connecting to database");
$query = "SELECT empid, lastname, firstname, salary FROM employees";
$result = mysqli_query($con, $query) or die("Problem retrieving data");
while($row = mysqli_fetch_array($result)) {
    $empid = $row['empid'];
    $last = $row['lastname'];
    $first = $row['firstname'];
    $salary = number_format($row['salary'], 2);
    echo "<tr><td>$empid</td><td>$last</td><td>$first</td>";
    echo "<td>$salary</td></tr>";
}
?>
</table>>
```

```
        </body>
        </html>
```

O código incorpora o código PHP em uma página da web HTML padrão. O servidor web Apache detecta a extensão de arquivo `.php` e passa o arquivo para o servidor PHP processar. O código PHP usa as funções `mysqli_` para conectar o servidor MySQL, enviar uma consulta SQL e recuperar os dados.

> **DICA**
>
> Se você estiver interessado em criar aplicações da web dinâmicas com PHP, veja meu livro *PHP, MySQL, and JavaScript All-in-One For Dummies* (sem publicação no Brasil). Ele explica como usar HTML, CSS, JavaScript, PHP e MySQL para criar grandes aplicações para a web.

3. **Salve o arquivo de código atualizado no editor de texto.**

4. **Saia do editor de texto.**

Agora você tem servidores instalados, um banco de dados criado, dados no BD e um arquivo de código da aplicação. Só mais uma etapa no processo!

Etapa 10: Implemente e Teste a Aplicação

Quase lá! O arquivo da aplicação `mytest.php` criado está em sua pasta HOME, mas infelizmente o servidor web Apache não tem acesso a ela (lembra da configuração `DocumentRoot`?). Você precisa copiar o arquivo da aplicação `mytest.php` para a pasta `DocumentRoot` do seu Apache para fornecê-lo aos visitantes do site. Para tanto, siga as etapas:

1. **Se ainda não abriu, abra uma sessão da linha de comando usando Terminal ou Konsole.**

2. **Se ainda não estiver nela, acesse a past a Home usando o próprio comando cd.**

   ```
   cd
   ```

3. **Copie o arquivo mytest.php para a pasta DocumentRoot do seu servidor Apache. Para o Ubuntu, digite:**

   ```
   sudo cp mytest.php /var/www/html
   ```

   Para o openSUSE:

   ```
   sudo cp mytest.php /srv/www/htdocs
   ```

É isso; sua aplicação estão pronta! Para testar, basta abrir seu navegador e digitar a URL:

```
http://localhost/mytest.php
```

Você verá a saída do seu programa, como na Figura 21-3.

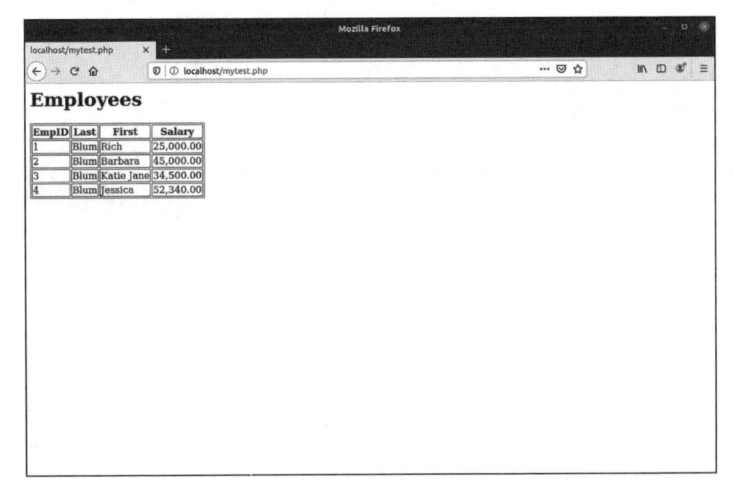

FIGURA 21-3: Saída do programa mytest.php.

Se algo der errado, tente algumas técnicas diferentes de solução de problemas:

» Procure erros do PHP no log de erros do servidor web Apache, normalmente localizados em `/var/log/apache2/error_log`. Os erros do PHP podem dar dicas sobre o que deu errado no código do PHP.

» Execute a declaração da consulta `SELECT` no console do MySQL. A saída mostra se a tabela employees inclui dados.

» Adicione a função `mysqli_error()` à linha `mysqli_query()`, assim:

```
$result = mysqli_query($con, $query) or
die(mysqli_error($con));
```

A função `mysqli_error()` exibe a mensagem de erro detalhada gerada pelo servidor MySQL, caso a declaração SQL enviada falhe. Em geral isso esclarece o problema.

Parabéns! Agora você é oficialmente um desenvolvedor da web e tem seu próprio ambiente de desenvolvimento web personalizado!

Capítulo **22**

Dez Dicas para Solução de Problemas

Solucionar problemas é como ler um romance policial. Temos fatos, indícios e detalhes, mas não sabemos quem matou. Você precisa pegar as informações que tem, trabalhar com esses dados, pesar as várias possibilidades, e então reduzi-las a um único suspeito. Por fim, precisa testar sua teoria e provar se o suspeito é culpado.

A solução de problemas no Linux (ou em qualquer SO) pode incluir muitas questões de hardware e software. Se o problema é o SO, o hardware ou um serviço para ajustes, você pode usar algumas técnicas básicas de solução de problemas para iniciar as investigações:

» **Documente o problema.** Registre qualquer sintoma mostrado pelo sistema, inclusive as ações que você pode ou não tomar. Anote qualquer informação vista nas mensagens de erro.

» **Examine os arquivos de log do Linux.** Você pode encontrar a maioria deles no diretório `/var/log`. Procure a palavra "erro".

» **Compare o sistema com problemas e o sistema funcional que roda a mesma distribuição e versão.** Por vezes comparar os arquivos de configuração e as definições pode revelar o problema ou limitar as possibilidades.

» **Verifique as conexões.** Verifique se todo o hardware está conectado corretamente e ligado. Veja se todos os cabos e conexões estão inseridos de forma correta. Sempre há alguém, em algum lugar, que tropeça sem querer em um cabo conectado na parede.

» **Remove o novo hardware.** Remova qualquer hardware que você mudou ou adicionou recentemente (antes de o problema iniciar), e veja se o problema desaparece. Se sumir, é possível concluir que o hardware novo ou alterado (ou seu driver) é o culpado e começar a buscar soluções.

» **Reduza o número de programas ativos.** Pare de executar serviços e aplicações desnecessários sem relação com o problema em mãos. Talvez você descubra com mais facilidade o que está acontecendo se outros serviços e aplicações não atrapalharem.

» **Veja se o problema pode ser reproduzido.** A mesma sequência de eventos produz o mesmo problema? Suponha que, ao tentar imprimir em uma impressora a cores, nada acontece. Se nada acontece sempre que você tenta imprimir, o problema pode ser reproduzido. Se às vezes suas informações são impressas e outras não, o padrão do problema não é igual e não pode ser produzido, ou é causado por algo mais complicado do que só clicar em um botão. Infelizmente os problemas que não são reproduzidos são mais difíceis de resolver porque parece que nenhum padrão definido de eventos recria tais problemas.

Após propor uma solução, reserve um tempo para documentar a situação. Anote os sintomas do problema, sua causa e a solução implementada. Na próxima vez em que tiver o mesmo problema, poderá recorrer a suas anotações e ver a solução, em vez de fazer tudo de novo.

DICA

Se você não tem problemas para resolver (ainda), documente seu ambiente *antes* que tenha. Fazer um backup dos diretórios /etc e /boot é um ótimo lugar para começar.

Dica 1: "O Instalador do Linux Congelou"

Ao instalar o Linux, a instalação pode congelar. Se isso acontecer, espere um pouco e verifique se o programa de instalação realmente congelou (por vezes, o software leva um tempo para processar a informação). Se o software parece estar congelado, tudo bem reinicializar o computador e começar de novo, como você faria com qualquer instalação do SO. Às vezes é possível reinicializar e não ter o problema novamente. Outras, o problema pode acontecer duas vezes em seguida e dar certo na terceira. Tente várias vezes antes de desistir.

Se a instalação ainda congelar ou fechar no mesmo ponto, vá para as páginas de suporte da distribuição (veja o Capítulo 2). Essas páginas podem explicar alguns problemas conhecidos e soluções que ajudam, e devem mostrar como participar das listas de discussão e obter mais assistência. Do contrário, diagnosticar o problema pode ser complicado, parecendo ser mais um mistério que ciência. Veja algumas dicas:

» **Se o problema acontece de forma repetida exatamente no mesmo ponto, você pode ter uma imagem ISO de instalação ruim ou um DVD com problemas.** Veja a próxima seção, "Dica 2: Verificando as Distribuições Gravadas", então volte aqui se a técnica não resolver o problema. Do contrário, experimente o DVD ou o dispositivo USB em outra máquina, se possível, e veja se a instalação falha no mesmo ponto. Se você adquiriu um DVD de instalação com alguém, entre em contato com a equipe de suporte técnico. Se você mesmo gravou a imagem ISO em um DVD, tente fazer uma nova cópia com uma velocidade menor ou se seu PC pode inicializar a partir de um USB, grave em um dispositivo USB.

» **Se o problema acontece repetidas vezes no mesmo ponto exato e você não tem um disco de instalação ruim, o problema pode ser em um dos componentes de hardware da sua máquina.** Se puder, tente trocar o hardware entre as máquinas. Se não, talvez precise escolher uma máquina diferente na qual instalar o Linux ou experimentar outra distribuição.

» **Se o problema parece ser aleatório, sua distribuição Linux em particular pode não ser compatível com a máquina.** De novo, tente usar outra distribuição e ver se ela detecta seu hardware. Se não, tente trocar o hardware, instalando o Linux em outra máquina.

DICA — Se não tiver certeza se a instalação congelou, tente pressionar várias combinações de Alt+F#, com # correspondendo a uma das teclas de função. Dependendo da distribuição, o instalador não congelou por completo se você consegue ver diferentes telas quando tenta essa técnica.

Dica 2: Verificando as Distribuições Gravadas

Algumas distribuições Linux (como Ubuntu e openSUSE) têm a opção de verificar a mídia de instalação para obter erros. Se sua instalação continua falhando quando o programa de instalação coloca pacotes no disco rígido, siga estas etapas para tentar corrigir:

1. **Coloque o DVD na unidade.**
2. **Reinicialize a máquina.**
3. **Aguarde até chegar no menu de inicialização.**

   Se você mudou de ideia e só quer iniciar a instalação, use a tecla Tab ou de seta para selecionar Skip, então pressione Enter.

4. **Use a tecla Tab ou de seta para selecionar a opção e inspecionar a mídia de instalação.**

5. **Pressione Enter para começar a verificar a mídia.**

   A caixa de status Media Check abre e mostra o nome atribuído ao DVD, e quanto progresso foi feito. No final da inspeção, a caixa de diálogo Media Check Result abre.

6. **Veja o texto após `and the result is`.**

   Se o resultado for `PASS`, não tem nada errado com o DVD. Seus problemas de instalação são causados por outra coisa. Volte à seção "Dica 1: O Instalador do Linux Congelou", anteriormente neste capítulo.

   Se o resultado for `FAIL`, o DVD testado falhou. Se você adquiriu o DVD, precisa falar com a empresa para saber se pode haver substituição. Por outro lado, se você gravou seu próprio DVD a partir de um arquivo ISO, recomendo fazer o seguinte:

   - Grave o DVD de novo, em uma velocidade menor.
   - Grave o DVD de novo em uma unidade mais nova com a tecnologia BurnProof (www.digital-sanyo.com/BURN-Proof — conteúdo em inglês) ou algo parecido.

Dica 3: "Pedi ao Instalador para Testar os Gráficos e Eles Falharam"

O instalador pode ter detectado erroneamente o hardware que você tem. Verifique de novo as configurações ao máximo. Se elas parecem corretas, tente escolher uma resolução menor agora e teste de novo; se falhar, tente um número menor de cores e teste mais uma vez. Então, experimente voltar as configurações para como as deseja após a máquina ser totalmente instalada e atualizada, que com sorte terá uma correção para o problema.

Dica 4: "O Instalador Testou Bem os Gráficos, mas Minha GUI Não Inicia"

Se o programa de instalação do Linux mostrou um ambiente GUI informando que você estava pronto para continuar com o resto da instalação, é provável que você espere que a GUI inicie sem problemas. Infelizmente, nem sempre é assim.

Se você inicializar sua máquina pela primeira vez e vir mensagens de erro quando tentar entrar na GUI automaticamente ou digitar `startx` para a GUI de forma manual, digite `system-config-display` em um prompt de comando para iniciar um programa que possa ajudar a corrigir o problema.

Dica 5: "Acho que Estou no Linux, Mas Não Sei o que Fazer!"

Duas telas diferentes tendem a causar pânico nos novatos do Linux. A primeira, mostrada na Figura 22-1, é na verdade um sinal de que você instalou o software e inicializou a máquina com sucesso. É só alegria! Só que você inicializou o ambiente na linha de comando, não no ambiente GUI. Se acessar uma tela parecida com a mostrada na Figura 22-1, o computador está pedindo que faça login com o nome de usuário para uma conta e digite a senha criada durante o processo de instalação.

FIGURA 22-1: Prompt de login da linha de comando do Linux.

DICA Se você criou apenas uma conta root, poderá fazer login como root.

Após inserir o nome de usuário e senha, você irá para a tela mostrada na Figura 22-2, que é o segundo ponto onde as pessoas se preocupam. Se você vir essa tela, não só inicializou corretamente o Linux como também fez login e está usando a máquina! Cumprimente-se com um tapinha nas costas.

CAPÍTULO 22 **Dez Dicas para Solução de Problemas** 431

FIGURA 22-2:
Login na linha de comando do Linux.

O que fazer agora? O que quiser. Pagine este livro para obter os comandos que deseja executar. Digite startx para inicializar a GUI. Se não instalou nenhuma GUI (o que significa que selecionou uma opção de instalação mínima sem interface gráfica ou não selecionou gráficos), poderá querer reinstalar ou terá que adicionar manualmente todas as ferramentas (que não é um trabalho rápido!).

Dica 6: "Não Quero Inicializar Aqui!"

Está inicializando no ambiente da linha de comando quando queria usar apenas a GUI? Ou acha que já inicializou na GUI e prefere inicializar na bela tela da linha de comandos limpa, em preto e branco? Você não está limitado a uma dessas opções. Pode mudá-las quando quiser.

LEMBRE-SE

Pressione Ctrl+Alt+F# (F# se refere às teclas de função de F2 a F6) para mudar a GUI para um terminal da linha de comandos a qualquer momento, então pressione Ctrl+Alt+F2 ou Ctrl+Alt+F8 para voltar.

Dica 7: Mudando o Ambiente de Inicialização de Modo "Permanente"

A palavra *permanente* está entre aspas no título porque você pode, claro, voltar e mudar a configuração depois se quiser. *Permanente* se refere apenas ao fato de que após ter feito a alteração, sempre que inicializar o sistema, ele irá automaticamente para o ambiente preferido até ser alterado.

Para fazer essa mudança, é preciso determinar qual método de inicialização sua distribuição Linux usa. Atualmente, existem dois métodos populares:

» **SysVinit:** O método original usado no Linux, copiado do mundo Unix. Ele usa um conjunto de scripts que o SO executa na inicialização. Os arquivos de configuração determinam quais serviços iniciar e com qual modo (linha de comando ou GUI) começar.

» **Systemd:** O método de inicialização systemd é relativamente novo, desenvolvido especificamente para o Linux. Em vez de inicializar scripts, ele usa arquivos de configuração.

O modo mais fácil de determinar qual método sua distribuição Linux usa é com o seguinte comando:

```
ps -p 1
```

Se o resultado mostra que o programa `systemd` está em execução como PID 1, seu sistema usa o método de inicialização systemd. Se o resultado mostra que o programa `init` está em execução como PID 1, seu sistema usa o método de inicialização SysVinit.

Para os sistemas que usam o método systemd, siga estas etapas para mudar o ambiente de inicialização padrão:

1. **Na GUI, abra um terminal da linha de comando.**

Veja o Capítulo 7 para saber como fazer isso.

2. **Digite o seguinte:**

```
sudo systemctl set-default multi-user.target
```

3. **Reinicialize o sistema.**

   Isso define o sistema para que seja baseado em texto. Se você quiser voltar para o login gráfico, basta usar o comando:

   ```
   sudo systemctl set-default graphical.target
   ```

Para as distribuições que usam o método de inicialização SysVinit, você precisa editar manualmente o que é chamado de *nível de execução*. Por sorte, essas distribuições usam as mesmas configurações do nível de execução, portanto, as instruções são iguais para todas elas:

1. **Na GUI, abra um terminal da linha de comando.**

   Se você não estiver certo sobre como fazer isso, veja o Capítulo 7.

2. **Digite o seguinte:**

   ```
   sudo cp /etc/inittab /etc/inittab.old
   ```

   Isso cria um backup do arquivo inittab atual. Agora, se algo acontecer enquanto você editar o arquivo inittab, sempre poderá reiniciar do zero com a antiga versão.

3. **Abra o arquivo inittab em seu editor de texto preferido.**

   Alguns editores de texto do Linux são vistos no Capítulo 11.

4. **Pagine até encontrar uma linha parecida com a seguinte:**

   ```
   id:5:initdefault:
   ```

   Essa linha aparece perto do topo do arquivo. Aqui, você está interessado no número. Nas distribuições Linux mais comuns, o número 5 pede ao Linux para inicializar na GUI e o número 3 pede para inicializar na linha de comando. No exemplo anterior, inicializei na GUI.

5. **Mude o número nessa linha.**

   Se for 5, mude para 3 e vice-versa. Verifique se todos os dois pontos e outros itens estão corretos ou sua máquina terá problemas para inicializar mais tarde.

6. **Salve e saia do arquivo.**

   As alterações entrarão em vigor na próxima vez em que você inicializar o sistema.

DICA Se tiver problemas para reinicializar o sistema, praticamente qualquer distribuição LiveDVD do Linux poderá ser usada como um disco de inicialização de emergência.

Mudando o ambiente de inicialização por ora

A qualquer momento, você também pode fazer o Linux trocar entre os modos linha de comando e GUI completa.

Para trocar entre os modos em um método de inicialização systemd, faça o seguinte:

» Para mudar do login na GUI para a linha de comando, abra uma janela do terminal e digite:

```
sudo systemctl isolate multi-user.target
```

» Para mudar do login na linha de comando para a GUI, digite:

```
sudo systemctl isolate graphical.target
```

Para trocar entre os modos em um método de inicialização SysVinit, faça o seguinte:

» Para mudar do login na GUI para a linha de comando, abra uma janela do terminal e digite:

```
sudo init 3
```

» Para mudar do login na linha de comando para a GUI, digite:

```
sudo init 5
```

Dica 8: "Quero Mudar as Resoluções da Tela"

Deseja ou precisa trocar entre as resoluções na GUI de modo dinâmico? Suponha que você queira usar 1.024 x 768, mas trabalha em páginas da web e deseja ver como elas ficam em um navegador com 800 x 600 ou mesmo 640 x 480. É muito provável que sua máquina já esteja configurada para isso, mas você precisa saber como!

Se a máquina estiver configurada, você poderá mudar as resoluções pressionando Ctrl+Alt+Plus, em que Plus é a tecla grande com o sinal de mais (+) no teclado numérico; não é possível usar o sinal de mais (+) no teclado principal nesse caso.

Se não funcionar em seu ambiente de trabalho, clique com o botão direito em um local vazio no ambiente e escolha Displays. Isso é mostrado na Figura 22-3 para o Ubuntu.

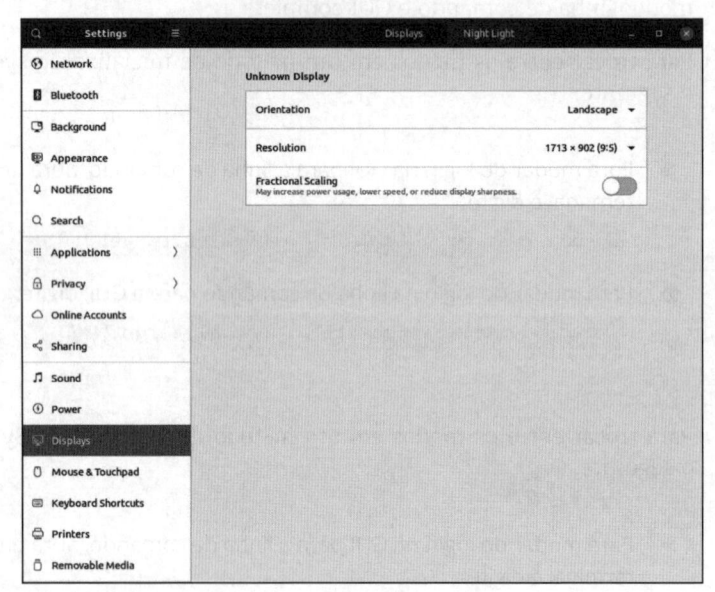

FIGURA 22-3: Janela Settings de Displays no Ubuntu.

Você pode alterar as configurações de resolução da tela quando quiser, então mude-as de volta quando precisar!

Dica 9: "Minha GUI Travou e Fiquei Preso!"

Uma solução rápida para esse problema é pressionar Ctrl+Alt+Backspace. Se não resolver, seu sistema realmente está com problemas! Tente trocar para um terminal virtual usando Ctrl+Alt+F5. Se essa combinação de teclas não mudar nada, você precisará reinicializar a máquina.

Dica 10: "Socorro, Minha Máquina Trava na Inicialização!"

Ao configurar uma máquina Linux, você pode ter problemas com o programa GRUB2 bootloader, que carrega o kernel Linux. Esse programa usa um arquivo de configuração para indicar o SO ou os sistemas nos quais seu sistema pode inicializar, e o arquivo também tem as configurações de inicialização do Linux.

Você pode alterar as configurações de inicialização do GRUB2 "de modo dinâmico" quando o sistema inicializa, mas deve acessar o menu GRUB2 para tanto. Alguns sistemas Linux (como o openSUSE) abrem o menu de inicialização do GRUB2 o tempo todo, facilitando fazer mudanças. Basta pressionar a tecla E na inicialização para editar o menu.

Infelizmente muitas distribuições Linux (como o Ubuntu) ocultam o menu de inicialização do GRUB2 e inicializam automaticamente o sistema. Para acessar o menu GRUB2 e fazer alterações, você precisa parar o processo no meio.

O modo como é feito depende do sistema:

> » Para os sistemas mais antigos que usam o firmware BIOS, pressione a tecla Shift quando o sistema inicializar pela primeira vez. Se você vir a tela inicial da distribuição, é tarde demais; tente de novo.
>
> » Para os sistemas que usam um firmware UEFI mais novo, pressione a tecla ESC quando o sistema inicializar pela primeira vez. De novo, se vir a tela inicial da distribuição, é tarde demais; tente de novo.

Assim que acessar o menu de inicialização do GRUB2, algumas distribuições Linux têm uma opção especial para inicializar no modo de recuperação. Experimente e veja o que acontece. Se não, pressione a tecla E para editar as configurações do menu GRUB2. Procure a linha `Linux` na configuração, adicione a palavra `single` à lista de opções nessa linha, então pressione F10 para reinicializar usando as novas opções. O Linux inicia no modo da linha de comando com um usuário. Nesse ponto, você pode ver os arquivos de log na pasta `/var/log` para saber quais tentativas de inicialização anteriores falharam.

"Aaah! Esqueci Minha Senha Root! E Agora?"

Tudo bem. Você tem como resolver o problema! É preciso reinicializar no *single-user mode*, que você consegue reinicializando sua máquina. Quando vir a tela azul com as palavras "Press any key to enter the menu", pressione uma tecla. Na tela de inicialização do GRUB, pressione E, que o leva a um arquivo de configuração. Use as teclas com seta para ir para a linha que começa com `Linux` e pressione E de novo para editar a linha. No final dela, adicione a palavra `single`, pressione Enter para fazer a alteração, então pressione B para reinicializar a máquina.

Digite `passwd` e insira a nova senha duas vezes, como instruído. Quando terminar, digite `exit` e reinicialize a máquina normalmente.

Apêndice A
Comandos Comuns do Linux

Os novatos em computação ficam maravilhados com a dança do teclado que os especialistas em Linux fazem. Com certeza tais especialistas conhecem os avanços modernos, por exemplo, o mouse e a interface gráfica, mas os músicos do teclado preferem as teclas Home e acham que trabalham mais rápido assim. Requer certo tempo chegar nesse nível de proficiência, mas todo especialista foi um novato algum dia, e qualquer novato pode se tornar especialista com muita prática.

Neste apêndice, você encontra os comandos da linha de comandos listados por temas, segundo o que podem realmente fazer.

Então, leia e impressione seus amigos com a elegância da linha de comandos. Quando eles perguntarem como e onde você descobriu todos esses comandos, sorria e murmure algo sobre vozes em sua cabeça — e, claro, mantenha esta seção marcada e perto do computador.

Comandos do Linux por Função

Como todo comando tem uma finalidade específica, organizar essas ferramentas em grupos segundo suas funções individuais não é difícil. Se você sabe o que precisa fazer, mas não sabe qual comando faz o trabalho, folheie esta seção para começar a pesquisar. Nela, você pode investigar mais consultando as páginas man e outras informações de ajuda (sites online e livros de consulta, por exemplo) ou examinando o índice do livro para obter mais conteúdo.

Para acessar uma página man, digite **man *comando*** em um prompt de comando. Por exemplo, man ls mostra informações de ajuda para o comando da listagem de arquivos.

Obtendo Ajuda

Quando estiver buscando ajuda sobre um comando, poderá recorrer a vários comandos shell interessantes para obter ajuda, como na Tabela A-1.

TABELA A-1 Comandos Shell de Ajuda

Comando	Finalidade
apropos	Procura comandos que contêm uma palavra-chave nas descrições da página man.
info	Um modo de descobrir informações de ajuda. Você pode encontrar instruções para essa ferramenta em www.gnu.org/software/texinfo/manual/info-stnd/info-stnd.html (conteúdo em inglês) ou usar o tutorial predefinido iniciando a ferramenta info e pressionando a tecla H quando estiver nela.
man	O modo básico de obter ajuda no Linux e no UNIX.
whatis	Obtém a descrição de uma linha de um comando.

Localizar detalhes sobre as opções do prompt para um comando é uma busca sem fim. O sistema de páginas man fornece orientações úteis e acessíveis para você encontrar rápido informações detalhadas.

Armazenando e compactando

Embora o espaço em disco não seja tão bom como foi um dia, a largura de banda e a mídia de backup ainda são. Como consequência, esse grupo fornece um pot-pourri de ferramentas para compactar e organizar dados para o armazenamento, como mostrado na Tabela A-2.

TABELA A-2 Ferramentas de Armazenamento e Compactação

Comando	Finalidade
bzip2	Compacta os arquivos no formato .bz2. Usado em grande parte para conjuntos de arquivos de texto enormes (como é, de fato, o código-fonte).
bunzip2	Descompacta os arquivos .bz2.
compress	Compacta os arquivos no formato .Z. Muito antigo e não muito usado no mundo Linux.
gunzip	Descompacta os arquivos .gz e .tgz.
gzip	Compacta os arquivos no formato .gz.

Comando	Finalidade
`tar`	Reúne os arquivos em um grupo. O modo mais comum de usar esse comando é `tar xvf nome_arquivo`, por exemplo, `tar xvf download.tar`.
`uncompress`	Descompacta os arquivos do formato .Z.
`unzip`	Descompacta os arquivos do formato `.zip`.
`xz`	Compacta e descompacta os arquivos do formato `.xz`.
`zip`	Compacta os arquivos no formato `.zip`.

Comandos bash predefinidos

Alguns comandos nem parecem existir se você tenta pesquisar informações de ajuda deles nas páginas `man` e eles não aparecem como arquivos no sistema. Lembre-se de que, quando digita os comandos no prompt, você está se comunicando com um tipo de programa chamado *shell* (no meu caso, é `bash`, o shell padrão do Linux). O shell tem um conjunto de comandos, inclusive a lista a seguir, que você pode usar para se comunicar com ele, como na Tabela A-3.

TABELA A-3 Comandos Shell

Comando	Finalidade
`alias`	Cria ou lista os atalhos do comando.
`env`	Lista suas variáveis de ambiente atuais e configurações.
`export`	Sempre que for pedido para definir uma variável de ambiente, crie a variável e use esse comando para que a variável seja lembrada corretamente.
`history`	Lista os últimos mil comandos digitados.
`unalias`	Remove os atalhos do comando.

DICA Se você tentar exibir a entrada da página `man` para alguns desses comandos, encontrará informações de ajuda para os carregamentos BASH BUILTINS. Para pesquisar o manual, pressione a tecla de barra (/) para abrir a interface de pesquisa `man` e digite o nome do comando que deseja. Pressione Enter para iniciar a pesquisa. A interface para no primeiro ponto onde o termo se encontra. Se quiser tentar de novo, pressione a tecla N para ir para a próxima ocorrência da palavra.

Por exemplo, você pode estar lendo uma página man enorme do bash (digite `man bash` para acessar a página), mas talvez esteja interessado apenas nos itens relacionados aos *prompts,* que são as partes de texto que aparecem à esquerda do cursor em uma janela de texto. Veja um prompt de exemplo:

```
rich@testbox:~$
```

Portanto, pode digitar `/prompt` e pressionar Enter para ir para a primeira instância dessa palavra. Se o texto em volta da palavra não refletir o que você está procurando, pressione a tecla N para ir para a próxima, e assim por diante.

Arquivos e Sistemas de Arquivos

Não importa o SO usado, é difícil fazer algo sem encontrar um caminho e trabalhar com o sistema de arquivos. Os seguintes utilitários ajudam nesse caso.

Organização dos arquivos

Reunindo, agrupando, classificando, enviando, sempre estou mudando os arquivos no meu sistema. Os comandos de organização de arquivos fornecem ferramentas para mover os arquivos e as unidades do sistema de arquivos, como mostrado na Tabela A-4.

TABELA A-4 Ferramentas de Organização de Arquivos

Comando	Finalidade
`cd`	Muda os diretórios.
`cp`	Copia um arquivo.
`df`	Mostra partições e quanto espaço elas têm.
`du`	Mostra quanto disco está sendo usado no diretório atual e abaixo.
`ln`	Cria um atalho.
`ls`	Lista o conteúdo de um diretório e informações sobre um arquivo.
`mkdir`	Cria um diretório.

Comando	Finalidade
`mv`	Move ou renomeia um arquivo.
`pwd`	Mostra o caminho para o diretório no qual você está atualmente.
`rm`	Exclui um arquivo.
`rmdir`	Exclui um diretório vazio.

Atributos do arquivo

Os arquivos lembram muito barras de chocolate. A embalagem fornece informações sobre os ingredientes, o tamanho e a data do pacote, descrevendo o saboroso conteúdo (talvez a embalagem seja à prova de crianças). Os arquivos mantêm todas as informações da embalagem em um *inodo*. Junto com a capacidade de mudar as informações do inodo do arquivo, esses comandos podem retornar dados sobre o conteúdo do arquivo, como na Tabela A-5.

TABELA A-5 Comandos dos Atributos do Arquivo

Comando	Finalidade
`chgrp`	Muda o grupo associado ao arquivo.
`chmod`	Muda as permissões de um arquivo.
`chown`	Muda quem possui um arquivo.
`file`	Mostra o tipo de arquivo com o qual você lida.
`stat`	Mostra estatísticas sobre o arquivo.
`touch`	Cria um arquivo vazio com esse nome.
`wc`	Mostra quantas palavras, linhas etc. existem no arquivo.

Localizadores de arquivo

Onde, Senhor, pode estar meu arquivo? Esses comandos, mostrados na Tabela A-6, ajudam a localizar os arquivos no sistema de arquivos com a estrutura em árvore monstruosa do Linux.

TABELA A-6 Comandos do Localizador de Arquivo

Comando	Finalidade
find	Ferramenta de pesquisa do sistema de arquivos pesada.
locate	Ferramenta de pesquisa do sistema de arquivos mais leve.
which	Informa o caminho do programa que seria executado se você digitasse esse comando.

Visualizadores de arquivo

Navegar um arquivo de texto é o passatempo favorito de muitos usuários do sistema. Essas ferramentas fornecem vários utilitários para exibir o conteúdo de todo tamanho dos arquivos de texto legíveis. Diferentemente de usar um editor de tela cheia, você não pode atrapalhar o conteúdo de um arquivo com esses comandos, mostrados na Tabela A-7, pois são apenas visualizadores, não editores.

TABELA A-7 Visualizadores de Arquivo

Comando	Finalidade
cat	Despeja o conteúdo do arquivo na tela.
head	Mostra as dez primeiras linhas de um arquivo.
less	Mostra o arquivo em uma tela por vez, para a frente e para trás.
more	Mostra o arquivo em uma tela por vez, para a frente apenas.
tail	Mostra as últimas dez linhas de um arquivo.

Comandos do sistema de arquivos

Os comandos, listados na Tabela A-8, fornecem informações ou tomam ações no sistema de arquivos inteiro, desde a criação e o ajuste até a reparação e a recuperação. Alguns comandos retornam dados apenas, já outros também fornecem instrumentos cirúrgicos para hackear o sistema de arquivos com seriedade.

TABELA A-8   Comandos do Sistema de Arquivos

Comando	Finalidade
`badblocks`	Pesquisa uma partição buscando blocos ruins.
`e2fsck`	Verifica e repara um sistema de arquivos ext2 ou ext3.
`e2label`	Aplica um rótulo do sistema de arquivos em uma partição ext2 ou ext3.
`eject`	Ejeta um CD ou um DVD.
`fsck`	Pode verificar e reparar muitos tipos de sistemas de arquivos.
`mkfs`	Cria um sistema de arquivos (formata uma partição).
`mount`	Carrega uma partição em seu sistema de arquivos.
`sync`	Salva todas as informações dos buffers em discos.
`tune2fs`	Ajusta os parâmetros do sistema de arquivos ext2 e ext3.
`umount`	Remove uma partição do sistema de arquivos.

Controle do Sistema

Estes comandos fornecem informações de todo o sistema e controle. Os usuários comuns podem executar muitos comandos para obter informações do sistema; mas os comandos que mudam ativamente a configuração do sistema precisam ser executados quando você faz login como root ou utilizou o comando `su` para se tornar temporariamente o superusuário.

Administração

Alguns comandos de administração, mostrados na Tabela A-9, não se encaixam bem em uma categoria.

TABELA A-9   Comandos de Administração

Comando	Finalidade
`passwd`	Mude a senha de certo usuário. Qualquer usuário pode executar esse comando para mudar sua própria senha. Apenas root pode usá-lo para mudar a de outra pessoa.
`su`	Troque para outra conta de usuário sem fazer logout desta. O melhor modo de usar esse comando é `su -`, para que o caminho do sistema de arquivos e outras informações sejam localizados.

Lidando com o módulo do kernel

Às vezes você precisa adicionar o suporte do kernel para um dispositivo extra (software ou hardware). Se precisar, há um limite de opções: pode recriar o kernel ou instalar um módulo do kernel carregável. Embora recriar um kernel não requeira ter doutorado em Ciência Nuclear, considere isso uma chatice demorada que é melhor evitar. Os comandos na Tabela A-10 permitem incluir o suporte do kernel de que você precisa com o sistema em execução, sem ter que recriar tudo do zero.

TABELA A-10 Comandos de Suporte do Kernel

Comando	Finalidade
depmod	Gera de novo as dependências do módulo.
insmod	Carrega manualmente um módulo.
lsmod	Lista os módulos que seu kernel carregou.
modprobe	Carrega manualmente um módulo, junto com suas dependências e configurações.
rmmod	Descarrega um módulo à mão.

Processos

Grande parte da atividade do sistema requer processos. Mesmo quando seu sistema parece ocioso, uma dezena ou mais de processos (programas) estão em execução em segundo plano. Esses comandos, mostrados na Tabela A-11, permitem verificar internamente e assegurar que tudo o que é necessário esteja sendo executado, e que você não esteja exagerando nem sobrecarregando os recursos.

TABELA A-11 Comandos do Processo

Comando	Finalidade
crontab	Configura os comandos para executar em intervalos regulares.
kill	Para um processo pelo número. Normalmente usado como `kill -9` para uma parada extrema de algo que não encerra.
killall	Para um processo pelo nome, não pelo número.
nice	Atribui uma prioridade de uso da CPU a um processo.
pidof	Obtém o número ID do programa.

Comando	Finalidade
ps	Obtém muitos números ID dos programas, em geral usado como ps aux.
pstree	Mostra as relações entre os programas.
renice	Muda a prioridade de uso da CPU de um programa.
top	Mostra o uso do recurso ao longo do tempo.

Rede

Atualmente, a maioria dos sistemas Linux está em algum tipo de rede, mesmo que seja apenas sua pequena rede doméstica. A ferramenta gráfica Network Manager (veja o Capítulo 9) fornece um serviço centralizado para configurar as definições da rede. O Linux também fornece uma série de comandos da linha de comando para ajudar a gerenciar e até ajustar as definições de rede. A Tabela A-12 mostra alguns comandos mais úteis relacionados à rede que você tem à disposição.

TABELA A-12 Comandos de Rede

Comando	Finalidade
ethtool	Exibe as configurações Ethernet para uma interface de rede.
ifconfig	Exibe ou define o endereço IP e a máscara de rede para uma interface de rede.
ip	Exibe ou define o endereço IP, máscara de rede e roteador para uma interface de rede.
iw	Exibe ou define as configurações wireless para uma interface de rede sem fio.
iwconfig	Exibe ou define o SSID, o endereço IP e a máscara de rede para uma interface de rede sem fio.
nmcli	Abre a interface da linha de comando do Network Manager.
nmtui	Abra a ferramenta da linha de comandos baseada em menus do Network Manager.
route	Exibe ou define as informações do roteador padrão.

Apêndice B
Distribuições Linux

A base do mundo Linux são suas distribuições principais. Elas normalmente contêm quase toda aplicação disponível para o Linux nos DVDs de distribuição ou estão disponíveis facilmente para download. As distribuições principais estão, em geral, onde novos pacotes são desenvolvidos, testados e incorporados na distribuição Linux.

Embora existam literalmente centenas de distribuições Linux, muitas delas derivam de uma das distribuições principais dele (veja o Capítulo 1). Cada distribuição secundária herda os recursos e alguns ideais da distribuição principal. Por isso, é bom ver com atenção quais são as distribuições Linux maiores.

As maiores encontradas no mundo Linux são:

- Slackware
- Fedora
- Debian
- Gentoo

Este capítulo fornece algumas informações básicas sobre o que diferencia essas distribuições principais.

DICA

É impossível listar e explicar todas as distribuições. Se estiver interessado em aprender sobre as outras, acesse www.distrowatch.com (conteúdo em inglês), uma fonte de informação atualizada sobre todas as distribuições Linux!

Slackware

Fundada em 1993 por Patrick Volkerding, é uma das distribuições Linux mais antigas que existem. No início, era preciso baixar a distribuição como uma série de disquetes!

Slackware costuma ser chamado de distribuição principal "geral", sobretudo devido à sua falta de ferramentas personalizadas de gerenciamento gráfico. Com certeza não é para o iniciante, mas oferece muitos benefícios para o usuário avançado.

O Slackware instala as aplicações diretamente dos arquivos de origem .tar.gz, portanto, você sabe que sua aplicação está sendo criada de modo personalizado quando a instala. Em um movimento um tanto controverso, o Slackware suporta apenas os ambiente gráficos KDE e Xfce, preferindo omitir o ambiente GNOME. Mas você pode instalar o GNOME como um pacote separado.

Embora muitas distribuições secundárias do Linux baseadas no Slackware tenham deixado de existir, você pode reconhecer uma em particular — a distribuição openSUSE deve seu início ao Slackware quando ele começou como o pacote S.u.S.E.

Fedora

A distribuição Fedora Linux surgiu em 2003 como derivada da distribuição Red Hat Linux original, iniciada em 1994. A empresa Red Hat decidiu mover o Red Hat Linux para o mundo comercial e focar os servidores, mas criou a distribuição Fedora Linux como um desenvolvimento gratuito e laboratório para fornecer aplicações Linux. Muitos dos recursos incorporados no Fedora enfim encontraram seu caminho na versão comercial, agora chamada Red Hat Enterprise Linux.

A partir da versão 30, o Fedora foi lançado em muitas variedades:

- » **Fedora Workstation:** Usa o ambiente GNOME 3 gráfico.
- » **Fedora Server:** Não fornece um ambiente gráfico, personalizado para ambientes de servidor do data center.
- » **Fedora CoreOS:** Fornece os principais recursos, sem aplicações adicionais. Planejado para ambientes de nuvem.

- **Fedora IoT:** Uma versão enxuta do Fedora planejada para rodar em dispositivos.
- **Fedora Silverblue:** Criado para desenvolvedores que usam fluxos de trabalho baseados em contêiner.

Além dessas versões oficiais aprovadas, o Fedora também suporta o que ele chama de *distribuições de spin* ou apenas *spins*. Spins são os LiveDVDs criados usando a ferramenta livecd-creator do Fedora e podem ser personalizados para qualquer ambiente. É uma ótima maneira de criar e distribuir seu próprio ambiente Linux!

O Fedora usa um formato especial de pacote do software, chamado *Gerenciamento de Pacotes Red Hat* (RPM). É um formato comum e muitas aplicações Linux fornecem instalações personalizadas no formato .rpm. O bom do RPM é que ele pode colocar automaticamente os arquivos e as bibliotecas da aplicação no local correto no sistema, sem nenhuma intervenção manual. O sistema Red Hat Enterprise Linux usa os mesmos arquivos do pacote.

Historicamente, o Fedora tem como padrão o ambiente GNOME (veja o Capítulo 4), mas tem um modo fácil de instalar o KDE Plasma se você preferir.

As distribuições baseadas no sistema Fedora incluem:

- **K12LTSP:** Uma distribuição focada nos ambientes de escola K-12, incorpora o Linux Terminal Server (LTS) para compartilhar recursos do servidor nas estações de trabalho do cliente enxutas.
- **CentOS:** Uma distribuição criada compilando manualmente os arquivos de código-fonte do Red Hat, que derivam dos pacotes Fedora. Popular no ambiente do servidor como uma alternativa gratuita ao Red Hat Enterprise Linux.
- **EnGarde Linux:** Foca criar um ambiente do servidor seguro.
- **Network Security Toolkit:** Um LiveDVD com ferramentas de segurança e rede para fazer diagnóstico e monitoramento de segurança e da rede.

Debian

A distribuição Debian Linux ganhou vida em 1993, criada por Ian Murdock. É suportada por uma das equipes de código aberto mais organizadas no ambiente Linux, o Debian Project. É uma organização voluntária completa de desenvolvedores de software que orienta a distribuição e o desenvolvimento do Debian Linux. Todo ano os membros da organização votam no chefe do projeto, que orienta o processo de desenvolvimento, mas não tem poder absoluto sobre o desenvolvimento da distribuição.

O projeto Debian é mais conhecido por sua estratégia de versões hierárquica e bem organizada. Há três versões da distribuição Debian Linux para baixar a qualquer momento:

- **Stable:** A versão oficial mais recente, recomendada para a maioria dos ambientes Linux.
- **Testing:** A versão prevista para ser a próxima versão oficial. Ela funciona na maioria das vezes, mas ainda pode ter bugs. Recomendada para os usuários Linux baixarem e interagirem para ajudar a encontrar os problemas.
- **Unstable:** A versão de desenvolvimento, na qual ocorre grande parte da experimentação. Recomendada apenas para usuários Linux avançados e ambientes onde as falhas no sistema não são importantes!

Se você estiver instalando o Debian Linux em um ambiente de produção, com certeza desejará ter a versão estável (stable)! Se gosta de lidar com ferramentas de ponta, experimente a versão instável (unstable); só tome cuidado com as pontas afiadas! Uma reclamação sobre o sistema Debian é que leva muito tempo para as distribuições chegarem no ambiente estável. O Debian Linux é conhecido por ter prazos longos de lançamento!

Com três níveis de distribuição para suportar, é possível imaginar o trabalho que dá coordenar tudo! O Debian usa três repositórios de software separados, um para cada nível de distribuição, para suportar o acréscimo de software e correções.

Além dos três repositórios de distribuição principais, o projeto Debian também suporta outros três:

- **Experimental:** Um local para reunir aplicações de software padrão que ainda não foram personalizadas para rodar em um ambiente Debian.
- **Volatile Project:** Aplicações de software em desenvolvimento próprio. Se o nome não diz tudo, não pergunte!
- **Oldstable:** O repositório para a versão estável anterior do Debian.

Como provavelmente você imagina, isso pode tornar confusa a instalação do software para o novato, mas oferece ao usuário avançado um banquete de opções de software!

A distribuição Debian usa seu próprio sistema de gerenciamento de pacotes (chamado dpkg), que cria os arquivos do pacote .deb. Ela também usa a ferramenta apt para pesquisar repositórios para obter atualizações de segurança e correções de bugs para o software instalado.

Muitas distribuições se baseiam no Debian. As mais populares são:

- **Ubuntu:** Possivelmente a distribuição Linux mais popular no mundo, junto com seus próprios derivados: Kubuntu (usando o ambiente KDE Plasma) e Xubuntu (usando o ambiente Xfce).
- **Knoppix:** A primeira distribuição Live.
- **MX Linux:** Uma distribuição focada no usuário Linux iniciante, ótima ao detectar hardware.
- **Linux Mint:** Uma distribuição realmente fora do Ubuntu, focando o suporte de codecs multimídia.
- **BackBox:** Outra distribuição fora do Ubuntu, desenvolvida para fazer um teste de intrusão e avaliações de segurança.

Gentoo

A distribuição Gentoo Linux foi descrita como a "distribuição do nerd Linux". Surgiu pela primeira vez em 1999 como um projeto de Daniel Robbins para usar apenas o código-fonte para todos os programas instalados no sistema Linux (inclusive o próprio software Linux).

O processo básico de instalação do Gentoo é rodar um Live contendo um sistema Linux mínimo, então baixar e compilar cada aplicação individual que você deseja instalada. Devido a esse recurso, o processo de instalação Gentoo é um pouco complicado e lento (e não recomendado para os fracos).

Embora não recomendado para novatos, a distribuição Gentoo Linux pode levar o usuário Linux experiente de volta aos velhos tempos, quando os programadores dominavam o mundo! Compilar manualmente cada aplicação individual assegura que nenhum software aumente seu sistema e os usuários Linux experientes podem criar um ambiente Linux bem ajustado.

A desvantagem de compilar manualmente as aplicações é que não há um gerenciador de pacotes de software automático que busca atualizações de software. Ao assumir o controle do software, cabe a você mantê-lo!

Acredite se quiser, algumas distribuições se baseiam no Gentoo:

» **Tin Hat Linux:** Um sistema Linux reforçado para implementar estações de trabalho com alta segurança

» **Sabayon Linux:** Uma distribuição Linux para desktop que compila previamente o sistema principal, então permite que você use os pacotes do código-fonte Gentoo para ter recursos adicionais

» **SystemRescueCD:** Uma distribuição Linux LiveCD útil usada para reparar computadores que não inicializam mais sozinhos

» **Gentoox:** Uma versão da distribuição Gentoo para o ambiente xBox

Índice

SÍMBOLOS
`, acento grave, 376
\>\>, maior que duplo, 365
\>, maior que, 364
|, barra, 366
#!, shebang, 367

A
administrivia, 1
Amarok, 263
ambiente
    de desenvolvimento
        partes obrigatórias, 404
    de inicialização dupla, 22
    de trabalho
        caixa de ferramentas, 91
        recursos
           visão geral, 72
        sair da sessão, 88
    gráfico
        adicionais, 101–116
Apache OpenOffice, 220
aplicações em espera, 48
área virtual, 21
argumentos, 373
arquivos, 133–152
    de log, 359
    de texto, 204
    mídia removível, 148
    ocultos, 125
áudio
    termos, 254

B
backup, 20
bc, calculadora, 377

C
caracteres especiais
    expansão, 314
cat, comando, 204
CD de áudio, 268
CD/DVD player, 256
certificado de criptografia, 413
chaves de certificação, 34
chown
    comando, 132
Cinnamon, 102–107
    Menu, 103
    personalizar, 104
CLI, 307
código aberto, 13
código-fonte, 12
colaboração da comunidade, 13
comando, 440–442
compactar, 295
conexão
    discada, 169
    sites, 153
    solucionar problemas, 170
configuração
    BIOS, 39
    do som, 253
conjunto de permissões
    trio, 130
controlador de disco, 22
copyleft x copyright, 12
copyright, 12
criação da conta, 39
criptografia, 413
CUPS, 332

D
Database Wizard, 241
Debian, 452
declarações lógicas, 378
descritor de arquivo, 365
desktop virtual, 73
diretiva, 412
diretório
    /etc, 122
    /usr, 123
disco rígido
    particionar, 23
        etapas, 24
    vários, 22
    verificar espaço
        etapas, 23
distribuição, 449
    Linux, 37–60
ditador benevolente, 13
documentação de instalação, 21
Dolphin
    breadcrumb, 145
drivers patenteados, 44
DSL, 154

E

editor
    de texto, 207
    gedit, 206–211
    Kate, 216–218
    KWrite, 212
        ferramentas, 215
    nano, 205–206
efeitos especiais, 288
e-mail, 182–197
erros, rastrear, 414
escape, 366
espaço de trabalho, 73
Expert Partitioner, 56
extensões, 128

F

Fedora, 450
File
    Explorer, 24
    permissões, 142
    Searcher, 151
FileZilla, 198
Firefox, 176
    add-ons, 180
    navegar com, 181
    plug-in, 180
firewall, 351
formatos de planilha, 230
Free Software Foundation (FSF), 12
FTP, 197

G

Gentoo, 454
gerenciador de arquivos
    Dolphin, 143
    Files, 134
    Thunar, 146
gerenciamento
    de disco
        ferramentas, 23
    de usuário, 326
Gerenciamento de Pacotes Red Hat (RPM), 451
GIMP, 283
GNOME, 61–82
    GNOME 3, 63
        acessibilidade, 80
        mouse e touchpad, 79
        personalizar, 75
        tela, 77
    história, 61
GNU GPL, 8
Gnutella, rede, 201
GParted, aplicação, 28
GUI, 142

H

hardware
    ferramenta de detecção, 31
    incompatibilidade, 29
    pesquisar, 30
hospedagem web, 403
HTML5, padrão, 274

I

impressoras
    adicionar, 336
    modificar propriedades, 338
inicialização
    BIOS, 31
    dupla, 20
    método, 433
    rápida, 33
    UEFI, 31
instalação
    gráfica, 37
    mínima, 43
    normal, 43
internet, 153–172
IRC, 201
ISDN, 154
ISP, 156

J

journaling, 47

K

KDE, 211–218
    Dolphin, 150
    Plasma, 84–100
kernel, 9
Keyboard Layout, 42

L

latência, 170
layout Dvorak, 54
leitores de vídeo, 278
less, comando, 204
liberdades GPL, 8
LibreOffice, 219–252
    Base, 240–247
    Calc, 226–230
    Draw, 236–240
    Impress, 231–236
        formatos, 236
    Math, 247–252
    Writer, 221–226
        documentos, 225
linguagem de programação, 405–406
    PHP, 406
linha
    de comando, 307

preenchimento, 315
  de comentário, 367
Linux
  alto-falante, 254
  características, 9
  CLI, 124
  diretório raiz, 120
  distribuição, 14
    KNOPPIX, 27
  DVD, 281
  endereço IP, 157
  ferramentas
    particionar, 27
    etapas, 27
  FHS, 121
  gerenciador de rede, 158
  gráficos, 282
  impressão, 332
  instalação, 16
  linha de comando, 128
  mídia removível, 122
  partição, 21
  permissões, 130
  processos, 341
  pseudodriver, 161
  repositórios confiáveis, 347
  shell bash, 307
  streaming em vídeo, 274
  tipos de arquivo, 127
  variáveis, 370
  vídeo em 3D, 289
Lock Screen, 311
Logical Volume Manager (LVM), 48
loops, 382

M

man, página, 439
máquina virtual, 388–400
MariaDB, 407
MATE, 107–111
  configurações, 110
mecanismo de armazenamento, 416
menu de inicialização, 22
metacaracteres, 366
Mint, 16
modem
  a cabo, 154
  de discagem, 155
  por satélite, 155
more, comando, 204
Mozilla, 176
MP3, 261
multitarefa preemptiva, 9
música, 253

baixar, 261
MX Linux, 16
MySQL, servidor, 406

N

navegação na web, 43
Network Manager
  linha de comando, 163
nível de execução, 434
nome de computador único, 50

O

openSUSE, 16
  aplicações, 86
  atualização, 298
  instalação, 52
    pacotes, 303
  versões, 52
  widgets, 89
Orca, programa de voz, 81

P

pacote
  de e-mail
    Evolution, 183
    KMail, 191
    Thunderbird, 195
  de escritório, 219
  de software, 7
partição
  do disco, 39
  manual, 46
  tipos, 23
PCLinuxOS, 16
permissão definida, 126
pesquisa
  caixa de texto, 73
ping, 170
pipe, 320
pirataria, 12
placa
  de rede
    sem fio, 161
  de som, 253
planilha, 226
Plasma
  acessibilidade, 99
  configurações, 97
plug-ins, 210
porta, 351
PostScript Printer Description (PPD), 337
preenchimento, 314
Printer Configuration, 333
privilégios administrativos, 49
processamento de texto, 43

proprietários, 131
Puppy, 16

R
rádio
    ouvir, 265–266
recurso
    de segurança, 33
    Livepatch, 51
    sincronização, 50
redirecionamento, 364
    da saída, 321
    operador, 321
repositório de softwares, 43
requisitos do espaço, 45
resoluções da tela
    mudar, 435
Rhythmbox, 257
root, 120
RSS, 201

S
senhas, 346
servidor, 408–410
    web, 404
        Apache, 405
        lighthttpd, 405
        nginx, 405
shell, 308–311
    bash
        variáveis, 316–320
    histórico, 316
    iniciar, 313
    script, 363–369
        operações matemáticas, 377
        status da saída, 374
    seguro, 353
sistema
    de arquivos, 120–132
    operacional, 8
Skype, 199
Slackware, 450
SMS, 201
software de virtualização, 21
solução de problemas, 427–438
Sound Juicer, 266
SSH, servidor, 354
string
    de texto literal, 319
    interpolada, 319
substituição de comando, 376
superusuário, 132

T
tabelas, 245
    chave primária, 246
tarball, 294
TCP/IP, 153
terminais virtuais, 310
Terminal, 125
trabalhar com planilhas, 43
Tux, 8

U
Ubuntu, 16
    atualização, 296
    gerenciar pacotes, 301
    inicialização, 50
    instalação, 39
    Live, 39
    pontos de montagem, 47
    sistema de arquivos, 46
unidade de rede, 150
Universal Access, 82
UNIX
    SO, 10
USB de inicialização, 35

V
variável
    armazenamento, 319
    de usuário, 373
    locais, 372
vídeo, 273–289
    compactado, 274
    formatos, 277
videoclipe, 277
VirtualBox, 386–388
    Disk Image (VDI), 390
voluntários, 13

W
Weave Script-Fu, 288
widgets, 91
    instalar, 95
    spices, 106

X
Xfce, 112
    ambiente, 112

Y
YouTube
    download, 277

Z
ZFS
    sistema de arquivos, 48

Projetos corporativos e edições personalizadas dentro da sua estratégia de negócio. Já pensou nisso?

Coordenação de Eventos
Viviane Paiva
viviane@altabooks.com.br

Contato Comercial
vendas.corporativas@altabooks.com.br

A Alta Books tem criado experiências incríveis no meio corporativo. Com a crescente implementação da educação corporativa nas empresas, o livro entra como uma importante fonte de conhecimento. Com atendimento personalizado, conseguimos identificar as principais necessidades, e criar uma seleção de livros que podem ser utilizados de diversas maneiras, como por exemplo, para fortalecer relacionamento com suas equipes/ seus clientes. Você já utilizou o livro para alguma ação estratégica na sua empresa?

Entre em contato com nosso time para entender melhor as possibilidades de personalização e incentivo ao desenvolvimento pessoal e profissional.

PUBLIQUE SEU LIVRO

Publique seu livro com a Alta Books. Para mais informações envie um e-mail para: autoria@altabooks.com.br

/altabooks /alta-books /altabooks /altabooks

CONHEÇA OUTROS LIVROS DA **ALTA BOOKS**

Todas as imagens são meramente ilustrativas.

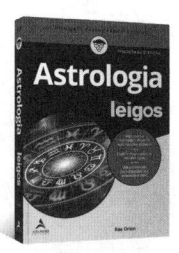

- Astrologia para leigos
- Canais do YouTube para leigos
- Transtorno da Personalidade Borderline para leigos
- DBT (Terapia Comportamental Dialética) para leigos
- Judaísmo para leigos
- Psicologia para leigos
- Antropologia para leigos
- Depressão para leigos

ALTA BOOKS EDITORA · ALTA LIFE EDITORA · ALTA NOVEL · ALTA/CULT EDITORA
FAVRE-SILVA EDITORA · Editora ALAÚDE · TORDSILHAS · ALTA GEEK

Este livro foi impresso nas oficinas gráficas da Editora Vozes Ltda.,
Rua Frei Luís, 100 – Petrópolis, RJ.

Python para Excel

*Um Ambiente Moderno para
Automação e Análise de Dados*

Python para Excel
*Um Ambiente Moderno para
Automação e Análise de Dados*

Felix Zumstein

ALTA BOOKS
GRUPO EDITORIAL
Rio de Janeiro, 2024

Python para Excel

Copyright © 2024 ALTA BOOKS
ALTA BOOKS é uma empresa do Grupo Editorial Alta Books (Starlin Alta Editora e Consultoria Ltda.)
Copyright © 2021 Zoomer Analytics LLC.
ISBN: 978-85-508-1974-7

Authorized Portuguese translation of the English edition of Python for Excel ISBN 9781492081005 © 2021 Zoomer Analytics LLC. This translation is published and sold by permission of O'Reilly Media, Inc., which owns or controls all rights to publish and sell the same. PORTUGUESE language edition published by Grupo Editorial Alta Books Ltda., Copyright © 2024 by STARLIN ALTA EDITORA E CONSULTORIA LTDA.

Impresso no Brasil — 1ª Edição, 2024 — Edição revisada conforme o Acordo Ortográfico da Língua Portuguesa de 2009.

Dados Internacionais de Catalogação na Publicação (CIP) de acordo com ISBD

Z94p Zumstein, Felix
Python para Excel: um Ambiente Moderno para Automação e Análise de Dados / Felix Zumstein ; traduzido por Leandro Menegaz. - Rio de Janeiro : Alta Books, 2024.
320 p. ; 15,7cm x 23cm.

Inclui índice apêndice.
ISBN: 978-85-508-1974-7

1. Computação. 2. Linguagem de programação. 3. Python. I. Menegaz, Leandro. II. Título.

2023-3646
CDD 005.133
CDU 004.43

Elaborado por Vagner Rodolfo da Silva - CRB-8/9410

Índice para catálogo sistemático:
1. Computação : Linguagem de programação 005.133
2. Computação : Linguagem de programação 004.43

Todos os direitos estão reservados e protegidos por Lei. Nenhuma parte deste livro, sem autorização prévia por escrito da editora, poderá ser reproduzida ou transmitida. A violação dos Direitos Autorais é crime estabelecido na Lei nº 9.610/98 e com punição de acordo com o artigo 184 do Código Penal.

O conteúdo desta obra fora formulado exclusivamente pelo(s) autor(es).

Marcas Registradas: Todos os termos mencionados e reconhecidos como Marca Registrada e/ou Comercial são de responsabilidade de seus proprietários. A editora informa não estar associada a nenhum produto e/ou fornecedor apresentado no livro.

Material de apoio e erratas: Se parte integrante da obra e/ou por real necessidade, no site da editora o leitor encontrará os materiais de apoio (download), errata e/ou quaisquer outros conteúdos aplicáveis à obra. Acesse o site www.altabooks.com.br e procure pelo título do livro desejado para ter acesso ao conteúdo..

Suporte Técnico: A obra é comercializada na forma em que está, sem direito a suporte técnico ou orientação pessoal/exclusiva ao leitor.

A editora não se responsabiliza pela manutenção, atualização e idioma dos sites, programas, materiais complementares ou similares referidos pelos autores nesta obra.

Produção Editorial: Grupo Editorial Alta Books
Diretor Editorial: Anderson Vieira
Vendas Governamentais: Cristiane Mutüs
Gerência Comercial: Claudio Lima
Gerência Marketing: Andréa Guatiello

Assistente Editorial: Isabella Gibara
Tradução: Leandro Menegaz
Copidesque: Eveline Machado
Revisão: André Cavanha; Fernanda Lutfi
Diagramação: Daniel Vargas; Natalia Curupana
Revisão Técnica: Ismael Soares
(Cientista de Dados)

Rua Viúva Cláudio, 291 — Bairro Industrial do Jacaré
CEP: 20.970-031 — Rio de Janeiro (RJ)
Tels.: (21) 3278-8069 / 3278-8419
www.altabooks.com.br — altabooks@altabooks.com.br
Ouvidoria: ouvidoria@altabooks.com.br

Sumário

Prefácio	**xiii**
Por que Escrevi Este Livro	xiv
Para Quem É Este Livro	xiv
Como Este Livro É Organizado	xv
Versões do Python e do Excel	xvii
Convenções Usadas Neste Livro	xvii
Usando Exemplos de Código	xviii
Agradecimentos	xix

PARTE I

Introdução ao Python

CAPÍTULO 1	**3**
Por que Python para Excel?	**3**
O Excel É uma Linguagem de Programação	4
Excel no Noticiário	5
Melhores Práticas de Programação	6
Excel Moderno	12
Python para Excel	13
Legibilidade e Manutenibilidade	14
Biblioteca Padrão e Gerenciador de Pacotes	15
Computação Científica	17
Recursos da Linguagem Moderna	17
Compatibilidade entre Plataformas	18
Conclusão	19
CAPÍTULO 2	**21**
Ambiente de Desenvolvimento	**21**
Distribuição Anaconda Python	22
Instalação	22
Prompt do Anaconda	22
Python REPL: Uma Sessão Interativa do Python	26
Gerenciadores de pacotes: Conda e pip	27
Ambientes Conda	29
Jupyter Notebooks	29

Executando Jupyter Notebooks 30
Células do Notebook 31
Modo de Edição versus Modo de Comando 33
A Ordem de Execução Importa 34
Finalizando os Jupyter Notebooks 35
Visual Studio Code 36
Instalação e Configuração 38
Executando um Script Python 40
Conclusão 44

CAPÍTULO 3   45
Primeiros Passos com Python   45

Tipos de Dados 45
Objetos 46
Atributos e métodos 47
Tipos Numéricos 47
Booleanos 49
Strings 50
Indexação e Fatiamento 52
Indexação 52
Fatiamento 53
Estruturas de Dados 53
Listas 54
Dicionários 55
Tuplas 57
Sets 57
Fluxo de Controle 58
Blocos de Código e a Instrução pass 59
Instrução if e Expressões Condicionais 59
Loops for e while 60
Compreensões de Lista, Dicionário e Set 63
Organização do Código 64
Funções 64
Definindo funções 64
Chamando as funções 65
Módulos e a Instrução import 66
A Classe datetime 68
PEP 8: Guia de Estilo para Código Python 70
PEP 8 e VS Code 72
Dicas do Tipo 72
Conclusão 73

PARTE II

Introdução ao pandas

CAPÍTULO 4 — 77
Fundamentos do NumPy — 77

Primeiros Passos com o NumPy — 77
    Array NumPy — 77
    Vetorização e Transmissão — 79
    Funções Universais (ufunc) — 80
Criando e Manipulando Arrays — 81
    Obtendo e Definindo Elementos do Array — 81
    Construtores de Array Úteis — 82
    Visualizar versus Copiar — 83
Conclusão — 83

CAPÍTULO 5 — 85
Análise de Dados com pandas — 85

DataFrame e Série — 85
    Índice — 88
    Colunas — 90
Manipulação de Dados — 91
    Selecionando Dados — 92
    Definindo Dados — 97
    Dados Ausentes — 100
    Dados Duplicados — 101
    Operações Aritméticas — 102
    Trabalhando com Colunas de Texto — 104
    Aplicando uma Função — 104
    Visualizar versus Copiar — 106
Combinando DataFrames — 106
    Concatenando — 107
    Join e Merge — 108
Estatística Descritiva e Agregação de Dados — 110
    Estatística Descritiva — 110
    Agrupando — 111
    Pivot e Melt — 112
Plotagem — 113
    Matplotlib — 113
    Plotly — 115
Importando e Exportando DataFrames — 118
    Exportando Arquivos CSV — 119
    Importando Arquivos CSV — 119
Conclusão — 121

CAPÍTULO 6

Análise de Séries Temporais com pandas — 123

DatetimeIndex — 124
    Criando um DatetimeIndex — 124
    Filtrando um DatetimeIndex — 126
    Trabalhando com Fusos Horários — 127

Manipulações Comuns de Séries Temporais — 128
    Deslocamento e Mudanças Percentuais — 128
    Rebaseamento e Correlação — 130
    Amostragem — 133
    Janelas Contínuas — 135

Limitações com pandas — 136
Conclusão — 136

PARTE III

Lendo e Gravando Arquivos do Excel sem Excel

CAPÍTULO 7

Manipulação de Arquivos do Excel com pandas — 139

Estudo de Caso: Relatórios em Excel — 139
Lendo e Gravando Arquivos do Excel com o pandas — 143
    A Função read_excel e a Classe ExcelFile — 143
    O Método to_excel e a Classe ExcelWriter — 148

Limitações ao Usar o pandas com Arquivos do Excel — 150
Conclusão — 150

CAPÍTULO 8

Manipulação de Arquivos do Excel com Pacotes de Leitura e Gravação — 151

Os Pacotes de Leitura e Gravação — 151
    Quando Usar Qual Pacote — 152
    O Módulo excel.py — 153
    OpenPyXL — 155
    XlsxWriter — 159
    pyxlsb — 161
    xlrd, xlwt e xlutils — 162

Tópicos Avançados de Leitura e Gravação — 164
    Trabalhando com Arquivos Grandes do Excel — 164
    Formatando DataFrames no Excel — 168
    Formatando a parte dos dados de um DataFrame — 171
    Estudo de Caso (Revisitado): Relatórios em Excel — 173

Conclusão — 174

PARTE IV

Programando o Aplicativo Excel com xlwings

CAPÍTULO 9   177

Automação do Excel   177

Primeiros Passos com o xlwings   178
    Usando o Excel como Visualizador de Dados   178
    O Modelo de Objeto do Excel   179
    Executando Códigos VBA   187

Conversores, Opções e Coleções   188
    Trabalhando com DataFrames   188
    Conversores e Opções   189
    Gráficos, Imagens e Nomes Definidos   191
    Gráficos do Excel   192
    Estudo de Caso (Re-revisitado): Relatórios em Excel   195

Tópicos Avançados do xlwings   197
    Fundamentos do xlwings   197
    Melhorando o Desempenho   199
    Como Lidar com uma Funcionalidade Ausente   200

Conclusão   201

CAPÍTULO 10   203

Ferramentas do Excel com Tecnologia Python   203

Usando o Excel como Front-end com o xlwings   203
    Suplemento Excel   203
    Comando Quickstart   205
    Executar Principal   206
    Função RunPython   207

Implantação   212
    Dependência do Python   212
    Pastas de Trabalho Autônomas: Livrando-se do Suplemento xlwings   213
    Hierarquia de Configuração   214
    Configurações   215

Conclusão   217

CAPÍTULO 11   219

Python Package Tracker   219

O Que Construiremos   219
Funcionalidade Principal   221
    APIs da Web   222
    Bancos de Dados   225
    Exceções   234

Estrutura do Aplicativo	236
Front-end	237
Back-end	241
Depuração	244
Conclusão	246

CAPÍTULO 12

Funções Definidas Pelo Usuário (UDFs) — 247

Primeiros Passos com UDFs	247
Início Rápido de UDFs	248
Estudo de Caso: Google Trends	253
Introdução ao Google Trends	253
Trabalhando com DataFrames e Arrays Dinâmicos	254
Buscando Dados no Google Trends	260
Plotando com UDFs	264
Depurando UDFs	265
Tópicos Avançados em UDF	267
Otimização Básica do Desempenho	268
Armazenando em cache	270
O Decorador Sub	272
Conclusão	274

APÊNDICE A

Ambientes Conda — 277

Crie um Novo Ambiente Conda	277
Desabilite a Ativação Automática	279

APÊNDICE B

Funcionalidade Avançada do VS Code — 281

Depurador	281
Jupyter Notebooks no VS Code	283
Execute os Jupyter Notebooks	283
Scripts do Python com Células de Código	285

APÊNDICE C

Conceitos Avançados do Python — 287

Classes e Objetos	287
Trabalhando com Objetos datetime com Fuso Horário	289
Objetos Python Mutáveis versus Imutáveis	290
Chamando Funções com Objetos Mutáveis como Argumentos	291
Funções com Objetos Mutáveis como Argumentos Padrão	293

Índice — 295

Prefácio

A Microsoft está conduzindo um fórum de feedbacks para Excel no UserVoice, em que todos podem enviar uma nova ideia para outros votarem. A solicitação de recurso mais votada é "Python como uma linguagem de script do Excel" e tem aproximadamente o dobro de votos que a segunda solicitação de recurso mais votada. Desde que a ideia foi adicionada em 2015, os usuários ficaram ansiosos por qualquer movimentação que sugerisse a implementação do novo recurso. No fim de 2020, quando Guido Van Rossum, criador do Python, decidiu se juntar à Microsoft, as esperanças de todos foram alimentadas, mas foi em agosto de 2023 que a Microsoft anunciou, para a alegria de todos, que o Python seria oficialmente integrado ao Excel. E é para falar da beleza dessa integração, e como você pode começar a usar Python e Excel juntos, que este livro foi criado.

A principal força motriz por trás da história do *Python para Excel* é o fato de estarmos vivendo em um mundo de dados. Hoje, enormes conjuntos de dados estão disponíveis para todos e sobre tudo. Muitas vezes, esses conjuntos de dados são tão grandes que não cabem mais em uma planilha. Alguns anos atrás, isso podia ser chamado de *big data*, mas, hoje, um conjunto de dados de alguns milhões de linhas não é nada demais. O Excel evoluiu para lidar com essa tendência: introduziu o Power Query para carregar e limpar conjuntos de dados que não cabem em uma planilha e o Power Pivot, um suplemento para realizar análises de dados nesses conjuntos de dados e apresentar os resultados. O Power Query é baseado na linguagem de fórmula M do Power Query (M), enquanto o Power Pivot define fórmulas usando Data Analysis Expressions (DAX). Se você também deseja automatizar algumas coisas em seu arquivo do Excel, utilize a linguagem de automação interna do Excel, Visual Basic for Applications (VBA), ou seja, para algo bastante simples, você pode acabar utilizando VBA, M e DAX. Um problema é que essas linguagens se restringem apenas aos programas da Microsoft, principalmente no Excel e no Power BI (apresentarei o Power BI brevemente no Capítulo 1).

O Python, por outro lado, é uma linguagem de programação de uso geral que se tornou uma das escolhas mais populares entre analistas e cientistas de dados. Se você usa Python com Excel, pode utilizar uma linguagem de programação que é boa em todos os aspectos da história, seja automatizando o Excel, acessando e preparando conjuntos de dados, seja realizando tarefas de análise e visualização de dados.

Mais importante ainda, você pode reutilizar suas habilidades em Python fora do Excel: se precisar aumentar seu poder de computação, poderá facilmente mover seu modelo quantitativo, simulação ou aplicativo de aprendizado de máquina para a nuvem, onde recursos de computação praticamente irrestritos estão esperando por você.

Por que Escrevi Este Livro

Com meu trabalho no xlwings, o pacote de automação do Excel que conheceremos na Parte IV deste livro, estou em contato próximo com muitos usuários que utilizam o Python para Excel — por meio do issue tracker no GitHub, uma pergunta no StackOverflow ou em um evento físico como um encontro ou uma conferência.

Regularmente, sou solicitado a recomendar recursos para começar com o Python. Embora certamente não haja escassez de introduções para o Python, elas geralmente são muito gerais (nada sobre análise de dados) ou muito específicas (introduções científicas completas). No entanto, os usuários do Excel tendem a estar em algum lugar ali pelo meio: certamente trabalham com dados, mas uma introdução científica completa pode ser muito técnica. Eles também costumam ter requisitos e perguntas específicas que não são respondidas em nenhum material existente. Algumas dessas perguntas são:

- De qual pacote Python-Excel eu preciso para qual tarefa?
- Como faço para mover minha conexão de banco de dados do Power Query para o Python?
- Qual é o equivalente do AutoFiltro do Excel ou da tabela dinâmica em Python?

Escrevi este livro a fim de tirar você do zero conhecimento em Python para poder automatizar suas tarefas centradas no Excel e aproveitar as ferramentas de análise de dados e computação científica do Python no Excel sem muitos rodeios.

Para Quem É Este Livro

Se é um usuário avançado do Excel que deseja superar os limites dele com uma linguagem de programação moderna, este livro é para você. Normalmente, isso significa que você gasta horas todos os meses baixando, limpando e copiando/colando grandes quantidades de dados em planilhas muito importantes. Embora existam diferentes maneiras de superar os limites do Excel, este livro se concentrará em como usar o Python para essa tarefa.

Você deve ter uma compreensão básica de programação: ajuda se já escreveu uma função ou um loop for (não importa em qual linguagem de programação) e tem uma ideia sobre o que é um inteiro ou uma string. Você pode até dominar este livro se estiver acostumado a escrever fórmulas de células complexas ou tiver experiência em ajustar macros VBA gravadas. No entanto, não é esperado que tenha alguma experiência específica em Python, pois há introduções a todas as ferramentas que usaremos, incluindo uma introdução ao próprio Python.

Se você é um desenvolvedor de VBA experiente, encontrará comparações regulares entre Python e VBA que o permitirão evitar as pegadinhas mais comuns, dando o pontapé inicial.

Este livro também pode ser útil se você é um desenvolvedor Python e precisa aprender sobre as diferentes maneiras pelas quais o Python pode lidar com o aplicativo Excel e os arquivos do Excel para escolher o pacote certo de acordo com os requisitos de seus usuários de negócios.

Como Este Livro É Organizado

Neste livro, mostrarei todos os aspectos da história do *Python para Excel* subdivididos em quatro partes:

Parte I: Introdução ao Python
　　Essa parte começa examinando as razões pelas quais o Python é um companheiro tão agradável para o Excel antes de apresentar as ferramentas que usaremos neste livro: a distribuição Anaconda Python, Visual Studio Code e Jupyter notebooks. Essa parte também ensinará Python suficiente para dominar o restante deste livro.

Parte II: Introdução ao pandas
　　O pandas é a biblioteca do Python para análise de dados. Aprenderemos como substituir as pastas de trabalho do Excel por uma combinação de notebooks e pandas do Jupyter. Normalmente, o código do pandas é mais fácil de manter e mais eficiente do que uma pasta de trabalho do Excel, e você pode trabalhar com conjuntos de dados que não cabem em uma planilha. Ao contrário do Excel, o pandas permite que você execute seu código onde quiser, incluindo a nuvem.

Parte III: Lendo e Escrevendo Arquivos do Excel sem Excel
　　Essa parte trata da manipulação de arquivos do Excel usando um dos seguintes pacotes Python: pandas, OpenPyXL, XlsxWriter, pyxlsb, xlrd e xlwt. Esses pacotes são capazes de ler e de gravar pastas de trabalho do Excel diretamente no disco, portanto substituem o aplicativo Excel: como você não precisa de uma instalação do Excel, eles funcionam em qualquer plataforma suportada pelo Python, incluindo Windows, macOS e Linux.

Um caso de uso típico para um pacote reader é ler dados de arquivos do Excel, que você recebe todas as manhãs de uma empresa ou de um sistema externo, e armazenar seu conteúdo em um banco de dados. Um caso de uso típico para um pacote writer é fornecer a funcionalidade por trás do famoso botão "Exportar para Excel" que você encontra em quase todos os aplicativos.

Parte IV: Programando o Aplicativo Excel com xlwings
Nessa parte, veremos como usar o Python com o pacote xlwings para automatizar o aplicativo Excel, em vez de ler e gravar arquivos Excel em disco. Portanto, essa parte requer que você tenha uma instalação local do Excel. Aprenderemos como abrir as pastas de trabalho do Excel e manipulá-las diante de nossos olhos. Além de ler e gravar arquivos via Excel, construiremos ferramentas interativas do Excel: elas nos permitem clicar em um botão para que o Python execute algo que você pode ter feito anteriormente com macros VBA, como um cálculo computacionalmente caro. Também aprenderemos a escrever funções definidas pelo usuário[1] [em inglês, *user-defined functions* — UDFs] em Python, em vez de VBA.

É importante entender a diferença fundamental entre ler e escrever *arquivos* Excel (Parte III) e programar o *aplicativo* Excel (Parte IV) como na Figura P-1.

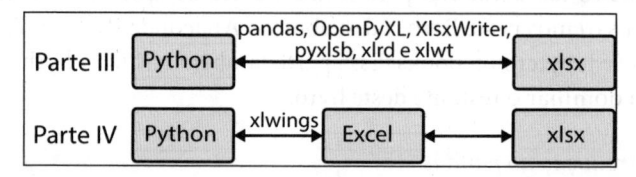

Figura P-1. Lendo e escrevendo arquivos no Excel (Parte III) versus programação no Excel (Parte IV)

Como a Parte III não requer a instalação do Excel, tudo funciona em todas as plataformas suportadas pelo Python, principalmente Windows, macOS e Linux. A Parte IV, no entanto, funcionará apenas nas plataformas suportadas pelo Microsoft Excel, ou seja, Windows e macOS, pois o código depende de uma instalação local do Microsoft Excel.

Vale também lembrar que a maioria dos repositórios de dados mencionados, bem como os dados, estão em inglês. Desse modo, todos os códigos desta obra seguirão a proposta inicial do autor. Não é necessário ser fluente em inglês para aprender a programar ou estudar Python, no entanto, como essa é uma questão

---

[1] A Microsoft começou a usar o termo *funções personalizadas* [em inglês, *custom functions*], em vez de UDFs. Neste livro, continuarei a chamá-las de UDFs.

controversa na comunidade de programação e de aprendizado de máquina, ainda que alguns afirmem que o inglês seja o idioma oficial de qualquer linguagem de programação, achamos por bem manter os exemplos originais, fornecendo as traduções entre colchetes, quando necessário.

Versões do Python e do Excel

Este livro é baseado no Python 3.8, que é a versão do Python que vem com a versão mais recente da distribuição Anaconda Python no momento da redação deste livro. Se você quiser usar uma versão mais recente do Python, siga as instruções na página inicial do livro, mas não use uma versão mais antiga. Ocasionalmente, farei um comentário se algo mudar com novas versões do Python.

Este livro também espera que você use uma versão moderna do Excel, ou seja, pelo menos o Excel 2007 no Windows e o Excel 2016 no macOS. A versão do Excel instalada localmente, que vem com a assinatura do Microsoft 365, também funcionará perfeitamente — na verdade, eu até recomendo, pois possui os recursos mais recentes que você não encontrará em outras versões do Excel. Essa também foi a versão que usei para escrever este livro, portanto, se você utilizar outra versão do Excel, às vezes poderá perceber uma pequena diferença no nome ou no local de um item de menu.

Convenções Usadas Neste Livro

As seguintes convenções tipográficas são usadas neste livro:

Itálico
: Indica termos novos, URLs, endereços de e-mail, nomes de arquivo e extensões de arquivo.

`Fonte monoespaçada`
: Usada para listagens de programas, bem como dentro de parágrafos para referenciar elementos do programa, como nomes de variáveis ou funções, bancos de dados, tipos de dados, variáveis de ambiente, declarações e palavras-chave.

`Fonte monoespaçada em negrito`
: Mostra comandos ou outro texto que deve ser digitado pelo usuário.

`Fonte monoespaçada em itálico`
: Mostra o texto que deve ser substituído por valores fornecidos pelo usuário ou valores determinados pelo contexto.

Este elemento significa uma dica ou uma sugestão.

Este elemento significa uma nota geral.

Este elemento indica alerta ou cautela.

Usando Exemplos de Código

O material complementar (exemplos de código, exercícios etc.) está disponível para download em *https://github.com/fzumstein/python-for-excel* [conteúdo em inglês].

O propósito deste livro é ajudá-lo a alcançar seus objetivos. Em geral, se um código de exemplo for apresentado, você poderá utilizá-lo em seus programas e documentações. Não é necessário entrar em contato conosco para obter permissão de uso, a menos que esteja reproduzindo uma parte significativa do código. Por exemplo, escrever um programa que utiliza vários blocos de código deste livro não requer permissão. Vender ou distribuir um CD-ROM com exemplos dos livros da Alta Books exigirá permissão. Responder a uma pergunta citando este livro e mencionando um exemplo de código não requer permissão. Mas a inserção de uma quantidade substancial de exemplos de código referente a esta obra na documentação do seu produto exige permissão.

Agradecemos, mas não exigimos que você use citações ou referência. Uma referência geralmente inclui nome do autor, título, local de publicação, editora e ano da publicação. Por exemplo: ZUMSTEI, Felix. "*Python para Excel*. Rio de Janeiro: Alta Books, 2024.

Agradecimentos

Como autor de primeira viagem, sou incrivelmente grato pela ajuda que recebi de tantas pessoas ao longo do caminho — elas tornaram essa jornada muito mais fácil para mim!

Na O'Reilly, gostaria de agradecer à minha editora, Melissa Potter, que fez um ótimo trabalho em me manter motivado e dentro do cronograma, e que me ajudou a tornar este livro legível. Também gostaria de agradecer a Michelle Smith, que trabalhou comigo na proposta inicial do livro, e a Daniel Elfanbaum, que nunca se cansou de responder às minhas perguntas técnicas.

Um muito obrigado a todos os meus colegas, amigos e clientes que investiram muitas horas na leitura dos meus primeiros rascunhos. O feedback deles foi crucial para tornar o livro mais fácil de entender, e alguns dos estudos de caso são inspirados em problemas reais do Excel que eles compartilharam comigo. Meus agradecimentos a Adam Rodriguez, Mano Beeslar, Simon Schiegg, Rui Da Costa, Jürg Nager e Christophe de Montrichard.

Também recebi feedback útil dos leitores da versão Early Release que foi publicada na plataforma de aprendizado online O'Reilly. Obrigado Felipe Maion, Ray Doue, Kolyu Minevski, Scott Drummond, Volker Roth e David Ruggles!

Tive muita sorte que este livro foi revisado por revisores técnicos altamente qualificados e eu realmente estimo o trabalho dedicado deles sob muita pressão de tempo. Obrigado por toda a ajuda, Jordan Goldmeier, George Mount, Andreas Clenow, Werner Brönnimann e Eric Moreira!

Agradecimentos especiais vão para Björn Stiel, que não era apenas um revisor de tecnologia, mas com quem também aprendi muitas das coisas sobre as quais estou escrevendo neste livro. Gostei de trabalhar com você nesses últimos anos!

Por último, mas não menos importante, gostaria de estender minha gratidão a Eric Reynolds, que fundiu seu projeto ExcelPython na base de código xlwings em 2016. Ele também redesenhou todo o pacote do zero, tornando minha horrorosa API dos dias iniciais uma coisa do passado. Muito obrigado!

PARTE I
Introdução ao Python

CAPÍTULO 1
Por que Python para Excel?

Normalmente, os usuários do Excel começam a questionar suas ferramentas de planilha quando atingem uma limitação. Um exemplo clássico é quando as pastas de trabalho do Excel contêm tantos dados e fórmulas que se tornam lentas ou, na pior das hipóteses, travam. No entanto, faz sentido questionar sua configuração antes que as coisas deem errado: se você trabalha em pastas de trabalho de importância vital, nas quais os erros podem resultar em danos financeiros ou de reputação, ou se você gasta horas todos os dias atualizando manualmente as pastas de trabalho do Excel, deve aprender a automatizar seus processos com uma linguagem de programação. A automação elimina o risco de erro humano e permite que você gaste seu tempo em tarefas mais produtivas do que copiar/colar dados em uma planilha do Excel.

Neste capítulo, apresentarei algumas razões pelas quais o Python é uma excelente escolha em combinação com o Excel e quais vantagens são comparadas à linguagem de automação integrada do Excel, o VBA. Depois de apresentar o Excel como linguagem de programação e entender suas particularidades, apontarei os recursos específicos que tornam o Python muito mais forte em comparação com o VBA. Para começar, no entanto, daremos uma olhada rápida nas origens de nossos dois personagens principais!

Em termos de tecnologia computacional, o Excel e o Python existem há muito tempo: o Excel foi lançado pela primeira vez em 1985 pela Microsoft — e isso pode ser uma surpresa para muitos —, estando disponível apenas para Apple Macintosh. Não foi até 1987 que o Microsoft Windows obteve sua primeira versão na forma do Excel 2.0. A Microsoft não foi o primeiro player no mercado de planilhas eletrônicas: a VisiCorp saiu com o VisiCalc em 1979, seguido pela Lotus Software em 1983 com o Lotus 1-2-3. E a Microsoft não liderou com o Excel: três anos antes, eles lançaram o Multiplan, um programa de planilhas que poderia ser usado no MS-DOS e em alguns outros sistemas operacionais, mas não no Windows.

O Python nasceu em 1991, apenas seis anos depois do Excel. Embora o Excel tenha se tornado popular desde o início, o Python demorou um pouco mais até ser adotado em certas áreas, como desenvolvimento web ou administração de sistemas. Em 2005, o Python começou a se tornar uma alternativa séria para a computação científica quando o *NumPy*, um pacote para computação baseada em array e álgebra linear, foi lançado pela primeira vez. O NumPy combinou dois pacotes predecessores e, portanto, simplificou todos os esforços de desenvolvimento em torno da computação científica em um único projeto. Hoje, ele forma a base de inúmeros pacotes científicos, incluindo o *pandas*, lançado em 2008 e que é o grande responsável pela ampla adoção do Python no mundo da ciência de dados e finanças que começou a acontecer depois de 2010. Graças ao pandas, o Python, juntamente com o R, tornou-se uma das linguagens mais usadas para tarefas de ciência de dados, como análise de dados, estatísticas e aprendizado de máquina.

O fato de o Python e o Excel terem sido inventados há muito tempo não é a única coisa que eles têm em comum: também são uma linguagem de programação. Embora você provavelmente não fique surpreso ao ouvir isso sobre o Python, pode necessitar de uma explicação para o Excel, que darei a seguir.

O Excel É uma Linguagem de Programação

Esta seção começa apresentando o Excel como uma linguagem de programação, que o ajudará a entender por que os problemas de planilhas aparecem regularmente nas notícias. Em seguida, veremos algumas práticas recomendadas que surgiram na comunidade de desenvolvimento de software e podem evitar muitos erros típicos do Excel. Concluiremos com uma breve introdução ao Power Query e ao Power Pivot, duas ferramentas modernas do Excel que cobrem o tipo de funcionalidade para a qual usaremos o pandas.

Se você usa o Excel para mais do que sua lista de compras, definitivamente está usando funções como =SOMA(A1:A4) para somar um intervalo de células. Se pensar um pouco sobre como isso funciona, notará que o valor de uma célula geralmente depende de uma ou mais células, que podem novamente usar funções que dependem de uma ou mais células, e assim por diante. Fazer essas chamadas de função aninhadas não é diferente de como outras linguagens de programação funcionam, você apenas escreve o código em células em vez de arquivos de texto. E se isso ainda não o convenceu: no fim de 2020, a Microsoft anunciou a introdução das *funções lambda*, que permitem escrever funções reutilizáveis na própria linguagem de fórmulas do Excel, ou seja, sem precisar depender de uma linguagem diferente, como o VBA. De acordo com Brian Jones, chefe de produto do Excel, essa era a peça que faltava para finalmente tornar o Excel uma linguagem de programação "real".[1] Isso também significa que os usuários do Excel deveriam realmente ser chamados de programadores do Excel!

---

1 Você pode ler o anúncio das funções lambda no blog do Excel.

Há algo especial, porém, sobre os programadores do Excel: a maioria deles são usuários de negócios ou especialistas de domínio sem educação formal em ciência da computação. São comerciantes, contadores ou engenheiros, para citar apenas alguns exemplos. Suas ferramentas de planilhas são projetadas para resolver um problema de negócios e muitas vezes ignoram as melhores práticas no desenvolvimento de software. Como consequência, essas ferramentas muitas vezes misturam entradas, cálculos e saídas nas mesmas planilhas, podem exigir a execução de etapas não óbvias para que funcionem corretamente e alterações críticas são feitas sem qualquer rede de segurança. Em outras palavras, as ferramentas de planilhas carecem de uma arquitetura de aplicativo sólida e geralmente não são documentadas nem testadas. Às vezes, esses problemas podem ter consequências devastadoras: se você esquecer de recalcular sua planilha de trading antes de fazer uma negociação, poderá comprar ou vender o número errado de ações, o que pode fazer com que perca dinheiro. E, se não é apenas seu próprio dinheiro que você está negociando, poderemos ler sobre isso nas notícias, como veremos a seguir.

Excel no Noticiário

O Excel é um convidado regular nas notícias e, durante a redação deste artigo, duas novas histórias chegaram às manchetes. A primeira foi sobre o HUGO Gene Nomenclature Committee, que renomeou alguns genes humanos para que não fossem mais interpretados pelo Excel como datas. Por exemplo, para evitar que o gene `MARCH1` fosse transformado em `1-Mar`, ele foi renomeado como `MARCHF1`.[2] Na segunda história, o Excel foi responsabilizado pelo atraso na comunicação de 16 mil resultados de testes de Covid-19 na Inglaterra. O problema foi causado porque os resultados do teste foram gravados no formato de arquivo do Excel mais antigo (*.xls*), limitado a aproximadamente 65 mil linhas. Isso significava que conjuntos de dados maiores foram simplesmente cortados além desse limite.[3] Embora essas duas histórias mostrem a importância e o domínio contínuos do Excel no mundo de hoje, provavelmente não há outro "incidente de Excel" mais famoso do que o London Whale [*Baleia de Londres*, em tradução livre].

London Whale é o apelido de um trader cujos erros de negociação forçaram o JP Morgan a anunciar uma perda impressionante de US$6 bilhões em 2012. A fonte da explosão foi um modelo de valor em risco baseado em Excel que estava subestimando substancialmente o verdadeiro risco de perder dinheiro em uma de suas carteiras. O *Relatório do JPMorgan Chase & Co. Management Task Force*

---

[2] James Vincent, "Scientists rename human genes to stop Microsoft Excel from misreading them as dates", *The Verge*, 6 de agosto de 2020, *https://oreil.ly/0qo-n* (conteúdo em inglês).

[3] Leo Kelion, "Excel: Why using Microsoft's tool caused COVID-19 results to be lost", *BBC News*, 5 de outubro de 2020, *https://oreil.ly/vvB6o* (conteúdo em inglês).

Regarding 2012 CIO Losses[4] (2013) menciona que "o modelo operava por meio de uma série de planilhas Excel, que precisavam ser preenchidas manualmente, por um processo de copiar e colar dados de uma planilha para outra". Além desses problemas operacionais, elas tinham um erro lógico: em um cálculo, elas estavam dividindo por uma soma, em vez de por uma média.

Se você quiser ver mais dessas histórias, dê uma olhada em Horror Stories, uma página da web mantida pelo European Spreadsheet Risks Interest Group (EuSpRIG).

Para evitar que sua empresa acabe virando notícia com uma história semelhante, daremos uma olhada em algumas das melhores práticas recomendadas a seguir que tornam seu trabalho com o Excel muito mais seguro.

Melhores Práticas de Programação

Esta seção apresentará as melhores práticas de programação mais importantes, incluindo a separação de conceitos, o princípio DRY, testes e controle de versão. Como veremos, segui-las será mais fácil quando você começar a usar o Python junto do Excel.

Separação de conceitos

Um dos princípios de design mais importantes na programação é a *separação de conceitos*, às vezes também chamada de *modularidade*. Isso significa que um conjunto relacionado de funcionalidades deve ser cuidado por uma parte independente do programa para que possa ser facilmente substituído sem afetar o restante do aplicativo. No nível mais alto, um aplicativo geralmente é dividido nas seguintes camadas:[5]

- Camada de apresentação
- Camada de negócios
- Camada de dados

Para explicar essas camadas, considere um conversor de moeda simples como o mostrado na Figura 1-1. Você encontrará o arquivo do Excel *currency_converter.xlsx* na pasta *xl* do material complementar.

É assim que o aplicativo funciona: digite o Valor e a Moeda nas células A4 e B4, respectivamente, e o Excel converterá em dólares norte-americanos na célula D4. Muitos aplicativos de planilha seguem esse design e são utilizados pelas empresas todos os dias. Deixe-me dividir o aplicativo em suas camadas:

---

[4] A Wikipédia tem o link para o documento em uma das notas de rodapé em seu artigo sobre o caso. Disponível em https://en.wikipedia.org/wiki/2012_JPMorgan_Chase_trading_loss#cite_note-35 (conteúdo em inglês).

[5] A terminologia é retirada do *Guia de Arquitetura de Aplicativos da Microsoft, 2ª edição*. Disponível em https://learn.microsoft.com/en-us/previous-versions/msp-n-p/ff650706(v=pandp.10) (conteúdo em inglês).

Camada de apresentação
   É o que você vê e interage, ou seja, a interface do usuário: os valores das células A4, B4 e D4 junto aos seus rótulos constroem a camada de apresentação do conversor de moeda.

Camada de negócios
   Essa camada cuida da lógica específica do aplicativo: a célula D4 define como o valor é convertido em USD. A fórmula =A4 * PROCV(B4, F4:G11, 2, FALSE) se traduz em Valor vezes Taxa de câmbio.

Camada de dados
   Como o nome sugere, essa camada cuida do acesso aos dados: a parte PROCV da célula D4 faz esse trabalho

A camada de dados acessa os dados da tabela de câmbio que inicia na célula F3 e funciona como o banco de dados desse pequeno aplicativo. Se você prestou bastante atenção, provavelmente notou que a célula D4 aparece em todas as três camadas: esse aplicativo simples mistura as camadas de apresentação, de negócios e de dados em uma única célula.

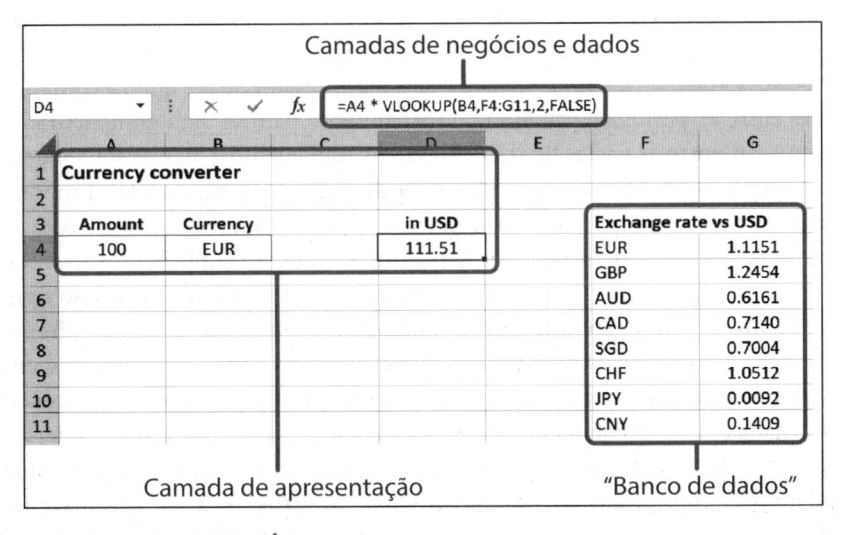

	A	B	C	D	E	F	G
1	Currency converter						
2							
3	Amount	Currency		in USD		Exchange rate vs USD	
4	100	EUR		111.51		EUR	1.1151
5						GBP	1.2454
6						AUD	0.6161
7						CAD	0.7140
8						SGD	0.7004
9						CHF	1.0512
10						JPY	0.0092
11						CNY	0.1409

Figura 1-1. currency_converter.xlsx

Não é necessariamente um problema para esse conversor de moeda simples, mas, muitas vezes, o que começa como um pequeno arquivo do Excel se transforma em um aplicativo muito maior. Como essa situação pode ser melhorada? A maioria dos recursos profissionais para desenvolvedores do Excel aconselha você a usar uma planilha separada para cada camada, na terminologia do Excel geralmente chamada de *entradas, cálculos* e *saídas*. Muitas vezes, isso é combinado com a definição de um determinado código de cor para cada camada, por exemplo, um fundo azul para todas as células de entrada. No Capítulo 11, construiremos um aplicativo real baseado nessas camadas: o Excel será a camada de apresentação, enquanto as camadas de negócios e de dados serão movidas para o Python, onde é muito mais fácil estruturar seu código adequadamente.

Agora que você sabe o que significa a separação de conceitos, descobriremos o que é o princípio DRY!

Princípio DRY

O livro *O Programador Pragmático,* de Hunt e Thomas (Bookman), popularizou o princípio DRY: *don't repeat yourself* [não se repita, em tradução livre]. Nenhum código duplicado significa menos linhas de código e menos erros, o que facilita a manutenção do código. Se a sua lógica de negócios estiver nas fórmulas da sua célula, é praticamente impossível aplicar o princípio DRY, pois não haverá um mecanismo que permita reutilizá-lo em outra pasta de trabalho. Isso, infelizmente, significa que uma maneira comum de iniciar um novo projeto do Excel é copiar a pasta de trabalho do projeto anterior ou de um modelo.

Se você escreve VBA, a parte mais comum do código reutilizável é uma função. Uma função dá acesso ao mesmo bloco de código de várias macros, por exemplo. Se você tiver várias funções que usa o tempo todo, talvez queira compartilhá-las entre as pastas de trabalho. O instrumento padrão para compartilhar o código VBA entre as pastas de trabalho são os suplementos, mas os suplementos VBA não possuem uma maneira robusta de distribuí-los e atualizá-los. Embora a Microsoft tenha introduzido um armazenamento de suplementos internos do Excel para resolver esse problema, isso só funciona com suplementos baseados em JavaScript, portanto não é uma opção para os codificadores VBA. Isso significa que ainda é muito comum usar a abordagem copiar/colar com VBA: iremos supor que você precise de uma função *spline cúbica* no Excel. Essa função é uma maneira de interpolar uma curva com base em alguns pontos em um sistema de coordenadas e é frequentemente usada por operadores de renda fixa para derivar uma curva da taxa de juros para todos os vencimentos com base em algumas combinações conhecidas de vencimento/taxa de juros. Se você pesquisar por "Spline Cúbica Excel" na internet, não demorará muito até ter uma página de código VBA que faça o que deseja. O problema com isso é que, muito comumente, essas funções foram escritas por uma única pessoa, provavelmente com boas intenções, mas sem documentação formal ou teste. Talvez elas funcionem para a maioria das entradas, mas e os casos extremos? Se você está negociando uma carteira de renda fixa multimilionária, quer ter algo que sabe que pode confiar.

Pelo menos, é isso que você ouvirá de seus auditores internos quando descobrirem de onde vem o código.

O Python facilita a distribuição de código usando um gerenciador de pacotes, como veremos na última seção deste capítulo. Antes de chegarmos lá, no entanto, continuaremos com os testes, um dos pilares do desenvolvimento de software sólido.

Testes

Quando você diz a um desenvolvedor do Excel para testar suas pastas de trabalho, ele provavelmente realizará algumas verificações aleatórias: clicará em um botão e verá se a macro ainda faz o que deveria fazer ou alterará algumas entradas e verificará se a saída parece razoável. No entanto, é uma estratégia arriscada: o Excel facilita a introdução de erros difíceis de detectar. Por exemplo, você pode substituir uma fórmula por um valor codificado diretamente. Ou se esquecer de ajustar uma fórmula em uma coluna oculta.

Quando você diz a um desenvolvedor de software profissional para testar seu código, ele escreve *testes de unidade*. Como o nome sugere, é um mecanismo para testar componentes individuais do programa. Por exemplo, os testes de unidade garantem que uma única função de um programa opere corretamente. A maioria das linguagens de programação oferece uma maneira de executar testes de unidade automaticamente. A execução de testes automatizados aumentará drasticamente a confiabilidade de sua base de código e dará uma segurança razoável de que você não violará nada que funciona atualmente ao editar seu código.

Se você observar a ferramenta de conversão de moeda na Figura 1-1, poderá escrever um teste que verifica se a fórmula na célula D4 retorna corretamente USD 105 com as seguintes entradas: 100EUR como valor e 1,05 como taxa de câmbio EURUSD. Por que isso ajuda? Suponha que você exclua acidentalmente a célula D4 com a fórmula de conversão e precise reescrevê-la: em vez de multiplicar o valor pela taxa de câmbio, você divide por ela — afinal, trabalhar com moedas pode ser confuso. Ao executar o teste acima, você obterá uma falha no teste, pois 100EUR/1,05 não resultará mais em 105USD, como o teste espera. Assim, você pode detectar e corrigir a fórmula antes de entregar a planilha aos seus usuários.

Praticamente todas as linguagens de programação tradicionais oferecem uma ou mais estruturas de teste para escrever testes de unidade sem muito esforço — mas não o Excel. Felizmente, o conceito de testes de unidade é bastante simples e, ao conectar o Excel com o Python, você obtém acesso às poderosas estruturas de teste unitário do Python. Embora uma apresentação mais aprofundada dos testes de unidade esteja além do escopo deste livro, convido você a dar uma olhada na postagem em meu blog,[6] na qual eu apresento o tópico com exemplos práticos.

Os testes de unidade geralmente são configurados para serem executados automaticamente quando você envia seu código para o sistema de controle de versão. A próxima seção explica o que são sistemas de controle de versão e por que eles são difíceis de usar com arquivos do Excel.

Controle de versão

Outra característica dos programadores profissionais é que eles utilizam um sistema de *controle de versão* ou *controle de fonte*. Um *sistema de controle de versão* [em inglês, *version control system* — VCS] rastreia as alterações em seu código-fonte ao longo do tempo, permitindo que você veja quem alterou o quê, quando e por que, e permite reverter para versões antigas a qualquer momento. O sistema de controle de versão mais popular hoje é o Git. Ele foi originalmente criado para gerenciar o código-fonte do Linux e, desde então, conquistou o mundo da programação — até a Microsoft adotou o Git em 2017 para gerenciar o código-fonte do Windows. No mundo do Excel, por outro lado, o sistema de controle de versão de longe mais popular vem na forma de uma pasta na qual os arquivos são arquivados assim:

```
currency_converter_v1.xlsx
currency_converter_v2_2020_04_21.xlsx
currency_converter_final_edits_Bob.xlsx
currency_converter_final_final.xlsx
```

Se, ao contrário desse exemplo, o desenvolvedor do Excel segue determinada convenção no nome do arquivo, não há nada errado com isso. Mas manter um histórico de versão de seus arquivos localmente impede você de ter acesso a aspectos importantes do controle de fonte com uma colaboração mais fácil, revisões dos colegas, processos de aprovação e logs de auditoria. E, se você deseja tornar suas pastas de trabalho mais seguras e estáveis, não pode ficar de fora disso. Mais comumente, os programadores profissionais usam o Git junto com uma plataforma na Web, como GitHub, GitLab, Bitbucket ou Azure DevOps. Essas plataformas permitem que você trabalhe com os chamados *pull requests* ou *merge requests*. Eles permitem que os desenvolvedores solicitem formalmente que suas alterações sejam mescladas na base de código principal. Um pull request oferece as seguintes informações:

- Quem é o autor das alterações.
- Quando foram feitas as alterações.

---

6 Disponível em https://www.xlwings.org/blog/unittests-for-microsoft-excel (conteúdo em inglês).

- Qual é o objetivo das alterações conforme descrito na *commit message*.
- Quais são os detalhes das alterações mostradas pela visualização *diff view*, ou seja, uma visualização que destaca as alterações em verde para o novo código e em vermelho para o código excluído.

Isso permite que um colega de trabalho ou um chefe de equipe revise as alterações e identifique irregularidades. Muitas vezes, um par extra de olhos será capaz de detectar uma falha ou duas, ou dar um feedback valioso ao programador. Com todas essas vantagens, por que os desenvolvedores do Excel preferem usar o sistema de arquivos local e sua própria convenção de nomenclatura, em vez de um sistema profissional como o Git?

- Muitos usuários do Excel simplesmente não conhecem o Git ou desistem logo no início, pois o Git tem uma curva de aprendizagem relativamente íngreme.
- O Git permite que vários usuários trabalhem em cópias locais do mesmo arquivo em paralelo. Depois que todos eles enviam seu trabalho, o Git geralmente pode mesclar todas as alterações sem nenhuma intervenção manual. Isso não funciona para os arquivos do Excel: se eles são alterados em paralelo em cópias separadas, o Git não sabe como mesclar essas alterações de volta em um único arquivo.
- Mesmo que você consiga lidar com os problemas anteriores, o Git simplesmente não agrega tanto valor com os arquivos do Excel quanto com os arquivos de texto: o Git não é capaz de mostrar alterações entre os arquivos do Excel, impedindo um processo de revisão por colegas adequado.

Por causa de todos esses problemas, minha empresa criou o xltrail, um sistema de controle de versão baseado no Git que sabe como lidar com os arquivos do Excel. Ele oculta a complexidade do Git para que os usuários de negócios se sintam à vontade para usá-lo e também permite que você se conecte a sistemas Git externos, caso já esteja rastreando seus arquivos com o GitHub, por exemplo. O xltrail rastreia os diferentes componentes de uma pasta de trabalho, incluindo fórmulas de células, intervalos nomeados, Power Queries e código VBA, permitindo que você aproveite os benefícios clássicos do controle de versão, incluindo revisões de colegas.

Outra opção para facilitar o controle de versão com o Excel é mover sua lógica de negócios do Excel para os arquivos Python, algo que faremos no Capítulo 10. Como os arquivos Python são fáceis de rastrear com o Git, você terá a parte mais importante de sua ferramenta de planilha sob controle.

Embora esta seção seja chamada de Melhores Práticas de Programação, ela está principalmente destacando por que elas são mais difíceis de seguir com o Excel do que com uma linguagem de programação tradicional como o Python. Antes de voltarmos nossa atenção para o Python, gostaria de apresentar brevemente o Power Query e o Power Pivot, a tentativa da Microsoft de modernizar o Excel.

Excel Moderno

A era moderna do Excel começou com o Excel 2007, quando o menu em forma de faixa de opções e os novos formatos de arquivo (por exemplo, *xlsx* em vez de *xls*) foram introduzidos. No entanto, a comunidade do Excel usa o *Excel moderno* para se referir às ferramentas que foram adicionadas ao Excel 2010: as mais importantes são o Power Query e o Power Pivot. Elas permitem que você se conecte a fontes de dados externas e analise dados grandes demais para caber em uma planilha. Como sua funcionalidade se sobrepõe ao que faremos com o pandas no Capítulo 5, irei apresentá-las brevemente na primeira parte desta seção. A segunda parte é sobre o Power BI, que pode ser descrito como um aplicativo de inteligência de negócios autônomo que combina as funcionalidades do Power Query e do Power Pivot com recursos de visualização — e tem suporte interno para o Python!

Power Query e Power Pivot

Com o Excel 2010, a Microsoft introduziu um suplemento chamado *Power Query*. O Power Query se conecta a várias fontes de dados, incluindo pastas de trabalho do Excel, arquivos CSV e bancos de dados SQL. Ele também oferece conexões com plataformas como o Salesforce e pode até ser estendido para se conectar a sistemas que não são cobertos imediatamente. A principal funcionalidade do Power Query é lidar com conjuntos de dados grandes demais para caber em uma planilha. Depois de carregar os dados, você pode executar etapas adicionais para limpá-los e manipulá-los para que cheguem a um formato utilizável no Excel. Você pode, por exemplo, dividir uma coluna em duas, mesclar duas tabelas ou filtrar e agrupar seus dados. Desde o Excel 2016, o Power Query não é mais um suplemento, mas pode ser acessado diretamente na guia Dados da faixa de opções com o botão Obter Dados. Recentemente, o macOS recebeu suporte nativo ao Excel, incluindo ferramentas como o Power Query.

O *Power Pivot* anda de mãos dadas com o Power Query: conceitualmente, é a segunda etapa depois de adquirir e limpar seus dados com o Power Query. O Power Pivot ajuda você a analisar e apresentar seus dados de maneira atraente diretamente no Excel. Pense nisso como uma tabela dinâmica tradicional que, como o Power Query, pode lidar com grandes conjuntos de dados. O Power Pivot permite definir modelos de dados formais com relacionamentos e hierarquias, e você pode adicionar colunas calculadas por meio da linguagem de fórmula DAX. O Power Pivot também foi introduzido com o Excel 2010, mas continua sendo um suplemento e até agora não está disponível no macOS.

Se você gosta de trabalhar com o Power Query e o Power Pivot, e deseja criar painéis com base neles, vale a pena dar uma olhada no Power BI — vejamos o porquê!

Power BI

O *Power BI* é um aplicativo autônomo lançado em 2015. É a resposta da Microsoft a ferramentas de inteligência de negócios como Tableau ou Qlik. O Power BI Desktop é gratuito, portanto, se você quiser lidar com ele, vá para a página inicial do Power BI na internet e faça o download — observe, no entanto, que o Power BI Desktop está disponível apenas para Windows. O Power BI visa dar entendimento de grandes conjuntos de dados por meio da visualização em painéis interativos. Em sua essência, ele conta com a mesma funcionalidade do Power Query e do Power Pivot que o Excel. Os planos comerciais permitem que você colabore e compartilhe painéis online, mas eles são separados da versão para desktop. A principal razão pela qual o Power BI é interessante no contexto deste livro é que ele oferece suporte a scripts Python desde 2018. O Python pode ser usado tanto para a consulta quanto para a visualização utilizando bibliotecas de plotagem do Python. Para mim, usar o Python no Power BI parece um pouco tosco, mas o importante aqui é que a Microsoft reconheceu a importância do Python em relação à análise de dados. Assim, já que o Python em breve integrará o Excel, cabe a todos se prepararem para usufruir das novas possibilidades.

Então, o que há de tão bom no Python que o fez chegar ao Power BI da Microsoft? A próxima seção traz algumas respostas!

Python para Excel

O Excel tem tudo a ver com armazenamento, análise e visualização de dados. E, como o Python é particularmente forte na área de computação científica, torna-se uma escolha natural em combinação com o Excel. O Python também é uma das poucas linguagens que atrai tanto o programador profissional quanto o usuário iniciante que escreve algumas linhas de código a cada poucas semanas. Programadores profissionais, por um lado, gostam de trabalhar com o Python porque é uma linguagem de programação de uso geral e, portanto, permite que você consiga praticamente qualquer coisa sem muitos problemas. Iniciantes, por outro lado, gostam do Python porque é mais fácil de aprender do que outras linguagens. Como consequência, o Python é usado tanto para a análise de dados específica e tarefas de automação menores quanto em grandes bases de código de produção, como o back-end do Instagram.[7] Isso também significa que,

---

[7] Você pode aprender mais sobre como o Instagram usa o Python em seu blog de engenharia. Disponível em https://instagram-engineering.com/static-analysis-at-scale-an-instagram-story--8f498ab71a0c (conteúdo em inglês).

quando sua ferramenta Excel baseada em Python ficar realmente popular, será fácil adicionar um desenvolvedor web ao projeto que transformará seu protótipo Excel-Python em um aplicativo da web completo. A vantagem ímpar do Python é que a parte com a lógica de negócios provavelmente não precisa ser reescrita, mas pode ser movida como está do protótipo do Excel para o ambiente de produção da web.

Nesta seção, apresentarei os principais conceitos do Python e os compararei com o Excel e o VBA. Abordarei a legibilidade do código, a biblioteca padrão do Python e o gerenciador de pacotes, o computing stack científico, recursos de linguagem moderna e compatibilidade entre plataformas. Detalharemos a legibilidade primeiro!

Legibilidade e Manutenibilidade

Se o seu código é legível, significa que é fácil de seguir e de entender — especialmente para pessoas de fora que não o escreveram. Isso torna mais fácil identificar erros e manter o código no futuro. É por isso que uma linha na coleção *Zen of Python* é "a legibilidade importa". Essa coleção é um resumo conciso dos princípios básicos de design do Python, e aprenderemos como imprimi-la no próximo capítulo. Vejamos o seguinte trecho de código em VBA:

```
If i < 5 Then
    Debug.Print "i is smaller than 5"
ElseIf i <= 10 Then
    Debug.Print "i is between 5 and 10"
Else
    Debug.Print "i is bigger than 10"
End If
```

No VBA, você pode reformatar o fragmento no seguinte, que é completamente equivalente a:

```
If i < 5 Then
    Debug.Print "i is smaller than 5"
ElseIf i <= 10 Then
    Debug.Print "i is between 5 and 10"
Else
    Debug.Print "i is bigger than 10"
End If
```

Na primeira versão, o recuo visual se alinha com a lógica do código. Isso facilita a leitura e a compreensão do código, o que novamente facilita a identificação de erros. Na segunda versão, um desenvolvedor que é novo no código pode não ver as condições `ElseIf` e `Else` ao examiná-lo pela primeira vez — isso é obviamente ainda mais verdadeiro se o código faz parte de uma base de código maior.

O Python não aceita o código formatado como o segundo exemplo: ele força você a alinhar o recuo visual com a lógica do código, evitando problemas de legibilidade. O Python pode fazer isso porque conta com o recuo para definir blocos de código à medida que você os usa em instruções if ou loops for. Em vez do recuo, a maioria das outras linguagens usa chaves e o VBA usa palavras-chave como End If, como acabamos de ver nos trechos de código. A razão por trás do uso de recuo para os blocos de código é que, na programação, a maior parte do tempo não é gasta em escrevê-lo, mas sim na manutenção do código. Ter o código legível ajuda os novos programadores (ou você mesmo alguns meses depois de escrevê-lo) a voltar e entender o que está acontecendo.

Aprenderemos tudo sobre as regras de recuo do Python no Capítulo 3, mas por enquanto continuaremos com a biblioteca padrão: a funcionalidade que vem com o Python pronta para uso.

Biblioteca Padrão e Gerenciador de Pacotes

O Python vem com um rico conjunto de funcionalidades integradas fornecidas por sua *biblioteca padrão*. A comunidade Python gosta de se referir a ela dizendo que o Python vem com "baterias incluídas". Se você precisa descompactar um arquivo ZIP, ler os valores de um arquivo CSV ou buscar dados na internet, a biblioteca padrão do Python resolve, e você pode conseguir tudo isso em apenas algumas linhas de código. A mesma funcionalidade no VBA exigiria que você escrevesse uma quantidade considerável de código ou instalasse um suplemento. E, muitas vezes, as soluções que você encontra na internet só funcionam no Windows, não no macOS.

Embora a biblioteca padrão do Python cubra uma quantidade impressionante de funcionalidades, ainda existem tarefas que são complicadas de programar ou lentas quando você depende apenas da biblioteca padrão. É aí que entra o PyPI, que significa *Python Package Index* e é um repositório gigante em que todos (incluindo você!) podem fazer upload de pacotes Python de código aberto que adicionam funcionalidades ao Python.

> **PyPI versus PyPy**
>
> PyPI é pronunciado "pie pea eye", em inglês. Isso é para diferenciar o PyPI do PyPy, que é pronunciado "pie pie", também em inglês, e é uma implementação alternativa rápida do Python.

Por exemplo, para facilitar a busca de dados a partir de fontes na internet, você pode instalar o pacote Requests para obter acesso a um conjunto de comandos que são poderosos e fáceis de usar. Para instalá-lo, você usaria o *pip*, do gerenciador de pacotes do Python, que você executa em um Prompt de Comando ou Terminal. pip é um acrônimo recursivo para *pip installs packages*. Não se preocupe se isso parece um pouco abstrato agora; explicarei como funciona em detalhes no próximo capítulo. Por enquanto, é mais essencial entender por que os gerenciadores de pacotes são tão importantes. Uma das principais razões é que qualquer pacote razoável não dependerá apenas da biblioteca padrão do Python, mas também de outros pacotes de código aberto hospedados no PyPI. Essas dependências podem novamente contar com subdependências e assim por diante. O pip verifica recursivamente as dependências e as subdependências de um pacote e as baixa e instala. O pip também facilita a atualização de seus pacotes para que você possa manter suas dependências atualizadas. Isso ajuda muito a adesão ao princípio DRY, pois você não precisa reinventar ou copiar/colar o que já está disponível no PyPI. Com pip e PyPI, você também tem um mecanismo sólido para distribuir e instalar essas dependências, algo que o Excel não tem com seus suplementos tradicionais.

> ### Software de Código Aberto [Open Source Software — OSS]
>
> Neste ponto, gostaria de dizer algumas palavras sobre *código aberto*, já que usei essa palavra algumas vezes nesta seção. Se o software é distribuído sob uma licença de código aberto, isso significa que seu código-fonte está disponível gratuitamente, permitindo que todos contribuam com novas funcionalidades, correções de bugs ou documentação. O próprio Python e quase todos os pacotes Python de terceiros são de código aberto e mais comumente mantidos por desenvolvedores em seu tempo livre. Isso nem sempre é o ideal: se sua empresa depende de determinados pacotes, você tem interesse no desenvolvimento e na manutenção contínuos desses pacotes por programadores profissionais. Felizmente, a comunidade científica do Python reconheceu que alguns pacotes são importantes demais para deixar seu destino nas mãos de voluntários que trabalham à noite e nos fins de semana.
>
> Por isso, em 2012, a NumFOCUS, uma organização sem fins lucrativos, foi criada para patrocinar diversos pacotes e projetos Python na área de computação científica. Os pacotes Python mais populares patrocinados pela NumFOCUS são pandas, NumPy, SciPy, Matplotlib e Project Jupyter, mas hoje eles também suportam pacotes de várias outras linguagens, incluindo R, Julia e JavaScript. Existem alguns grandes patrocinadores corporativos, mas todos podem se juntar à NumFOCUS como membros gratuitos da comunidade — as doações são dedutíveis de impostos.

Com o pip, você pode instalar pacotes para praticamente qualquer coisa, mas, para usuários do Excel, alguns dos mais interessantes certamente são os pacotes para computação científica. Aprenderemos um pouco mais sobre computação científica com Python na próxima seção!

Computação Científica

Uma razão importante para o sucesso do Python é o fato de ter sido criado como uma linguagem de programação de uso geral. Recursos para computação científica foram adicionados posteriormente na forma de pacotes de terceiros. Isso tem a vantagem ímpar de que um cientista de dados pode usar a mesma linguagem para experimentos e pesquisas que um desenvolvedor web, que pode eventualmente criar um aplicativo pronto para produção em torno do núcleo computacional. Ser capaz de construir aplicativos científicos a partir de apenas uma linguagem reduz o atrito, o tempo de implementação e os custos. Pacotes científicos como NumPy, SciPy e pandas nos dão acesso a uma maneira muito concisa de formular problemas matemáticos. Como exemplo, veremos uma das fórmulas financeiras mais famosas utilizadas para calcular a variância do portfólio de acordo com a Teoria Moderna do Portfólio:

$$\sigma^2 = w^T C w$$

A variância do portfólio é denotada por σ^2, enquanto w é o vetor de peso dos ativos individuais e C é a matriz de covariância da carteira. Se w e C são intervalos do Excel, você pode calcular a variação do portfólio no VBA da seguinte forma:

```
variance = Application.MMult(Application.MMult(Application.Transpose(w), C), w)
```

Compare isso com a notação quase matemática em Python, assumindo que w e C são DataFrames do pandas ou arrays NumPy (serão apresentados formalmente na Parte II):

```
variance = w.T @ C @ w
```

Mas não se trata apenas de estética e legibilidade: NumPy e pandas usam um código Fortran e C compilado internamente, o que aumenta o desempenho ao trabalhar com grandes matrizes em comparação com o VBA.

A falta de suporte para computação científica é uma limitação óbvia no VBA. Mas, mesmo olhando os principais recursos da linguagem, o VBA ficou para trás, como mostrarei na próxima seção.

Recursos da Linguagem Moderna

Desde o Excel 97, a linguagem VBA não sofreu grandes alterações em termos de recursos de linguagem. Isso, no entanto, não significa que o VBA não seja mais suportado: a Microsoft está enviando atualizações a cada nova versão do Excel para poder automatizar os novos recursos introduzidos com essa versão. Por exemplo, o Excel 2016 adicionou suporte para automatizar o Power Query. Uma linguagem que parou de evoluir há mais de vinte anos está perdendo os conceitos de linguagem moderna que foram introduzidos em todas as principais linguagens de programação ao longo dos anos. Como exemplo, o tratamento de erros no VBA realmente mostra que ele está ultrapassado. Se você quiser lidar com um erro de modo elegante no VBA, seria algo assim:

```
Sub PrintReciprocal(number As Variant)
    ' Haverá um erro se o número for 0 ou uma string
    On Error GoTo ErrorHandler
            result = 1 / number On Error GoTo 0
    Debug.Print "There was no error!"
Finally:
    ' É executado se ocorre ou não um erro
    If result = "" Then
            result = "N/A"
    End If
    Debug.Print "The reciprocal is: " & result
    Exit Sub
ErrorHandler:
    ' É executado apenas em caso de erro
    Debug.Print "There was an error: " & Err.Description
    Resume Finally
End Sub
```

Observe que provavelmente você não calcularia o recíproco assim; uso aqui apenas como um exemplo para facilitar seguir o fluxo do código. O tratamento de erros do VBA envolve o uso de *rótulos* como `Finally` e `ErrorHandler` no exemplo. Você instrui o código a pular para esses rótulos por meio das instruções `GoTo` ou `Resume`. Desde o início, os rótulos foram reconhecidos como responsáveis pelo que muitos programadores chamariam de *código espaguete*: uma boa maneira de dizer que o fluxo do código é difícil de seguir e, portanto, difícil de manter. É por isso que praticamente todas as linguagens desenvolvidas ativamente introduziram o mecanismo `try/catch` — em Python, chamado `try/except` — que apresentarei no Capítulo 11. Se você é um desenvolvedor VBA proficiente, também pode gostar do fato de o Python suportar a herança de classe, um recurso de programação orientada a objetos que falta no VBA.

Além dos recursos da linguagem moderna, há outro requisito para uma linguagem de programação moderna: compatibilidade entre plataformas. Veremos por que é importante!

Compatibilidade entre Plataformas

Mesmo que você desenvolva seu código em um computador local executado no Windows ou no macOS, é muito provável que queira executar seu programa em um servidor ou na nuvem em algum momento. Os servidores permitem que seu código seja executado em um cronograma e tornam seu aplicativo acessível de qualquer lugar, com o poder de computação que você precisa. Na verdade, mostrarei como executar códigos Python em um servidor no próximo capítulo, apresentando os Jupyter notebooks hospedados. A grande maioria dos servidores roda em Linux, pois é um sistema operacional estável, seguro e barato. E, como os programas Python são executados inalterados em todos os principais sistemas operacionais, isso eliminará muitos dos problemas quando você fizer a transição de sua máquina local para um cenário de produção.

Por outro lado, embora o Excel VBA seja executado no Windows e no macOS, é fácil introduzir funcionalidades que são executadas apenas no Windows. Na documentação oficial do VBA, ou em fóruns, muitas vezes você verá códigos como este:

```
Set fso = CreateObject("Scripting.FileSystemObject")
```

Quando você tem uma chamada `CreateObject` ou está sendo instruído a ir para Ferramentas > Referências no editor VBA para adicionar uma referência, quase sempre está lidando com um código que será executado apenas no Windows. Outra área proeminente em que você precisa observar se deseja que seus arquivos do Excel funcionem no Windows e no macOS são os *controles ActiveX*. Os controles ActiveX são elementos como botões e listas suspensas que você pode colocar em suas planilhas, mas funcionam apenas no Windows. Evite-os se quiser que sua pasta de trabalho também seja executada no macOS!

Conclusão

Neste capítulo, conhecemos o Python e o Excel, duas tecnologias bem populares que existem há várias décadas — muito tempo em comparação com várias tecnologias que usamos hoje. O caso London Whale serviu como exemplo do quanto pode dar errado (em dólares) quando você não usa o Excel corretamente com pastas de trabalho de grande importância. Essa foi nossa motivação para analisar um conjunto mínimo de práticas recomendadas de programação: aplicar a separação de conceitos, seguir o princípio DRY e fazer uso de testes automatizados e controle de versão. Em seguida, analisamos o Power Query e o Power Pivot, a abordagem da Microsoft para lidar com dados maiores que sua planilha. Eu, no entanto, sinto que eles geralmente não são a solução correta, pois prendem você no mundo da Microsoft e impedem que aproveite a flexibilidade e o poder das soluções modernas baseadas em nuvem.

O Python vem com recursos convincentes que faltam no Excel: biblioteca padrão, gerenciador de pacotes, bibliotecas para computação científica e compatibilidade entre plataformas. Ao aprender a combinar o Excel com o Python, você pode ter o melhor dos dois mundos e economizar tempo com a automação, cometer menos erros, já que é mais fácil seguir as práticas recomendadas de programação, e poderá levar seu aplicativo e escalá-lo fora do Excel se precisar.

Agora que você sabe por que o Python é um companheiro tão poderoso para o Excel, é hora de configurar seu ambiente de desenvolvimento para poder escrever suas primeiras linhas de código Python!

CAPÍTULO 2

Ambiente de Desenvolvimento

Você provavelmente mal pode esperar para aprender o básico do Python, mas, antes de chegarmos lá, primeiro é necessário configurar seu computador de acordo. Para escrever código VBA ou Power Queries, basta iniciar o Excel e abrir o editor VBA ou Power Query, respectivamente. Com o Python, é um pouco mais trabalhoso.

Começaremos este capítulo instalando a distribuição Anaconda Python. Além de instalar o Python, o Anaconda também nos dará acesso aos notebooks prompt do Anaconda e Jupyter, duas ferramentas essenciais que usaremos ao longo deste livro. O *prompt do Anaconda* é um Prompt de Comando especial (Windows) ou Terminal (macOS); ele nos permite executar scripts Python e outras ferramentas da linha de comando que veremos neste livro. Os *Jupyter notebooks* nos permitem trabalhar com dados, código e gráficos de maneira interativa, o que os torna um concorrente sério das pastas de trabalho do Excel. Depois de lidar com os Jupyter notebooks, instalaremos o *Visual Studio Code* (VS Code), um poderoso editor de texto. O VS Code funciona muito bem para escrever, executar e depurar scripts Python, e vem com um Terminal integrado. A Figura 2-1 resume o que está incluído no Anaconda e no VS Code.

Como este livro é sobre Excel, estou me concentrando no Windows e no macOS neste capítulo. No entanto, tudo até e incluindo a Parte III também é executado no Linux. Começaremos instalando o Anaconda!

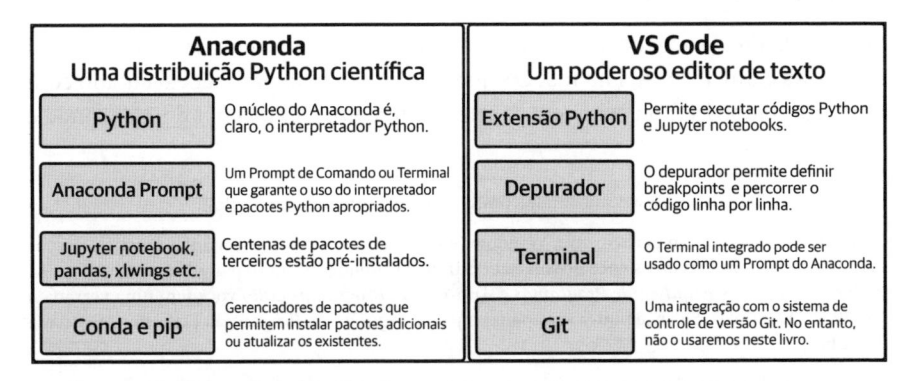

Anaconda		VS Code	
Uma distribuição Python científica		Um poderoso editor de texto	
Python	O núcleo do Anaconda é, claro, o interpretador Python.	Extensão Python	Permite executar códigos Python e Jupyter notebooks.
Anaconda Prompt	Um Prompt de Comando ou Terminal que garante o uso do interpretador e pacotes Python apropriados.	Depurador	O depurador permite definir breakpoints e percorrer o código linha por linha.
Jupyter notebook, pandas, xlwings etc.	Centenas de pacotes de terceiros estão pré-instalados.	Terminal	O Terminal integrado pode ser usado como um Prompt do Anaconda.
Conda e pip	Gerenciadores de pacotes que permitem instalar pacotes adicionais ou atualizar os existentes.	Git	Uma integração com o sistema de controle de versão Git. No entanto, não o usaremos neste livro.

Figura 2-1: Ambiente de desenvolvimento

Distribuição Anaconda Python

O Anaconda é sem dúvida a distribuição Python mais popular usada para data science e vem com centenas de pacotes de terceiros pré-instalados: inclui Jupyter notebooks e a maioria dos outros pacotes que este livro usará extensivamente, incluindo pandas, OpenPyXL e xlwings. O Anaconda Individual Edition é gratuito para uso privado e garante que todos os pacotes incluídos sejam compatíveis entre si. Ele é instalado em uma única pasta e pode ser facilmente desinstalado novamente. Após instalá-lo, aprenderemos alguns comandos básicos no prompt do Anaconda e executaremos uma sessão interativa do Python. Em seguida, conheceremos os gerenciadores de pacotes Conda e pip antes de encerrar esta seção com os ambientes Conda. Começaremos baixando e instalando o Anaconda!

Instalação

Vá para a página inicial do Anaconda[1] e baixe a versão mais recente do instalador do Anaconda (Edição Individual). Baixe o instalador gráfico de 64 bits para a versão Python 3.x.[2] Após o download, clique duas vezes no instalador para iniciar o processo de instalação e aceite todos os padrões. Para obter instruções de instalação mais detalhadas, siga a documentação oficial.[3]

> **Outras Distribuições Python**
>
> Embora as instruções neste livro suponham que você tem o Anaconda Individual Edition instalado, o código e os conceitos mostrados também funcionarão com qualquer outra instalação do Python. Nesse caso, no entanto, você terá que instalar as dependências necessárias seguindo as instruções incluídas em *requirements.txt* no repositório complementar.

Com o Anaconda instalado, agora podemos começar a usar o prompt do Anaconda. Vejamos o que é e como funciona!

Prompt do Anaconda

O *prompt do Anaconda* é, na verdade, apenas um Prompt de Comando no Windows e um Terminal no macOS que foi configurado para ser executado com o interpretador Python correto e pacotes de terceiros. O prompt do Anaconda é

---

1 Disponível em https://www.anaconda.com/download (conteúdo em inglês).

2 Sistemas de 32 bits só existem com Windows e se tornaram raros. Uma maneira fácil de descobrir qual versão do Windows você possui é acessando a unidade C:\ no Explorador de Arquivos. Se puder ver as pastas *Arquivos de Programas* e *Arquivos de Programas (x86)* você tem uma versão de 64 bits do Windows. Se você puder ver apenas a pasta *Arquivos de Programas*, está em um sistema de 32 bits.

3 Disponível em https://docs.anaconda.com/free/anaconda/install/ (conteúdo em inglês).

a ferramenta mais básica para executar código Python, e faremos uso extensivo dele neste livro para executar scripts Python e todos os tipos de ferramentas da linha de comando oferecidas por vários pacotes.

Prompt do Anaconda sem Anaconda

Se você não usa a distribuição Anaconda Python, terá que usar o *Prompt de Comando* no Windows e o *Terminal* no macOS sempre que eu instruir a usar o prompt do Anaconda.

Se você nunca usou um prompt de comando no Windows ou um terminal no macOS, não se preocupe: só precisa conhecer alguns comandos que já lhe darão muito poder. Depois que se acostumar, usar o prompt do Anaconda geralmente é mais rápido e conveniente do que clicar nos menus gráficos de usuário. Vamos começar:

Windows

Clique no botão do menu Iniciar e comece a digitar **Anaconda Prompt**. Nas entradas que aparecerem, escolha prompt do Anaconda, não Anaconda Powershell Prompt. Selecione-o com as setas do teclado e pressione Enter ou use o mouse para clicar nele. Se preferir abri-lo através do menu Iniciar, você o encontrará no Anaconda3. É uma boa ideia fixar o prompt do Anaconda na barra de tarefas do Windows, pois você o usará regularmente ao longo deste livro. A linha de entrada do prompt do Anaconda começará com **(base)**:

```
(base) C:\Users\felix>
```

macOS

No macOS, você não encontrará um aplicativo chamado prompt do Anaconda. Em vez disso, por prompt do Anaconda, estou me referindo ao Terminal que foi configurado pelo instalador do Anaconda para ativar automaticamente um ambiente Conda (falarei mais sobre ambientes Conda daqui a pouco): pressione a barra Command-Space ou abra o Launchpad, em seguida, digite **Terminal** e pressione Enter. Como alternativa, abra o Finder e navegue até *Aplicativos > Utilitários*, onde você encontrará o aplicativo Terminal no qual pode clicar duas vezes. Assim que o Terminal aparecer, ele deve se parecer com isto, ou seja, a linha de entrada deve começar com **(base)**:

```
(base) felix@MacBook-Pro ~ %
```

Se você estiver em uma versão mais antiga do macOS, será mais ou menos assim:

```
(base) MacBook-Pro:~ felix$
```

Ao contrário do Prompt de Comando no Windows, o Terminal no macOS não mostra o caminho completo do diretório atual. Em vez disso, o til representa o diretório home, que geralmente é */Users/<nomeusuário>*. Para ver o caminho completo do seu diretório atual, digite `pwd` seguido de Enter. `pwd` significa *print working directory*.

Se a linha de entrada em seu Terminal não iniciar com (`base`) após a instalação do Anaconda, aqui está um motivo comum: se você tinha o Terminal rodando durante a instalação do Anaconda, precisará reiniciá-lo. Observe que clicar na cruz vermelha no canto superior esquerdo da janela do Terminal apenas a ocultará, mas não a fechará. Em vez disso, clique com o botão direito do mouse no Terminal no dock e selecione Sair ou pressione Command-Q com o Terminal sendo sua janela ativa. Quando você o inicia novamente e o Terminal mostra (`base`) no início de uma nova linha, está tudo pronto. É uma boa ideia manter o Terminal em seu dock, pois você o usará regularmente ao longo deste livro.

Com o prompt do Anaconda funcionando, experimente os comandos descritos no Quadro 2-1. Explico cada comando em mais detalhes a seguir.

Quadro 2-1. Comandos para o prompt do Anaconda

Comando	Windows	macOS
Listar arquivos no diretório atual	`dir`	`ls -la`
Mudar diretório (relativo)	`cd path\to\dir`	`cd path/to/dir`
Mudar diretório (absoluto)	`cd C:\path\to\dir`	`cd /path/to/dir`
Mudar para a unidade D	`D:`	(não existe)
Mudar para o diretório-pai	`cd ..`	`cd ..`
Rolar os comandos anteriores	↑ (seta p/ cima)	↑ (seta p/ baixo)

Listar arquivos no diretório atual

No Windows, digite `dir` para *diretório* e pressione Enter. Isso imprimirá o conteúdo do diretório em que você está atualmente.

No macOS, digite `ls -la` seguido de Enter. `ls` é a abreviação de *list directory contents* e `-la` imprimirá a saída no formato de *listagem longa* e incluirá *todos* os arquivos, até mesmo os ocultos.

Mudar diretório

Digite `cd Down` e pressione a tecla Tab. `cd` significa *change directory*. Se você estiver em sua pasta pessoal, o prompt do Anaconda provavelmente poderá completá-lo automaticamente com `cd Downloads`. Se estiver em uma pasta diferente ou não tiver uma pasta chamada *Downloads*, simplesmente comece a digitar o início de um dos nomes de diretório que você viu com o comando anterior (`dir` ou `ls -la`) antes de pressionar a tecla Tab para completar automaticamente. Em seguida, pressione Enter para mudar para o diretório de preenchimento automático. Se você estiver no Windows e precisar alterar sua unidade, primeiro precisará digitar o nome da unidade antes de mudar para o diretório correto:

```
C:\Users\felix> D:
D:\> cd data
D:\data>
```

Observe que, ao iniciar seu caminho com um diretório ou um nome de arquivo dentro do diretório atual, você está usando um *caminho relativo*, por exemplo, `cd Downloads`. Se quiser sair do seu diretório atual, digite um *caminho absoluto*, por exemplo, `cd C:\Users` no Windows ou `cd /Users` no macOS (lembre-se da barra no início).

Mudar para o diretório-pai

Para ir ao diretório-pai, ou seja, um nível acima na hierarquia de diretórios, digite **cd ..** seguido de Enter (verifique se há um espaço entre cd e os pontos). Você pode combinar isso com um nome de diretório, por exemplo, se quiser subir um nível e, em seguida, mudar para a *Área de Trabalho*, digite **cd ..\Desktop**. No macOS, substitua a barra invertida por uma barra.

Rolar os comandos anteriores

Use a tecla de seta para cima a fim de rolar os comandos anteriores. Isso economizará muitos pressionamentos de tecla se você precisar executar os mesmos comandos repetidamente. Se rolar demais, use a tecla de seta para baixo a fim de voltar.

Extensões de Arquivos

Infelizmente, o Windows e o macOS ocultam as extensões de arquivo por padrão no Windows Explorer ou no macOS Finder, respectivamente. Isso pode dificultar o trabalho com scripts Python e o prompt do Anaconda, pois eles exigirão que você consulte os arquivos, incluindo suas extensões. Ao trabalhar com o Excel, mostrar as extensões de arquivo também ajuda a entender se você está lidando com o arquivo xlsx padrão, um arquivo xlsm habilitado para macro ou qualquer outro formato de arquivo do Excel. Aqui está como você torna as extensões de arquivo visíveis:

Windows

Abra um Explorador de Arquivos e clique na guia Exibir. No grupo Mostrar/Ocultar, ative a caixa de seleção "Extensões de nomes de arquivo".

> *macOS*
>
> Abra o Finder e vá para Preferências pressionando Command-, (Command-vírgula). Na guia Avançado, marque a caixa ao lado de "Mostrar todas as extensões de nome de arquivo".

É isso! Agora você pode iniciar o prompt do Anaconda e executar comandos no diretório desejado. Você já usará isso na próxima seção, na qual mostrarei como iniciar uma sessão interativa do Python.

Python REPL: Uma Sessão Interativa do Python

Você pode iniciar uma sessão interativa do Python executando o comando `python` em um prompt do Anaconda:

```
(base) C:\Users\felix>python
Python 3.8.5 (default, Sep 3 2020, 21:29:08) [...] :: Anaconda, Inc. on win32
Type "help", "copyright", "credits" or "license" for more information.
>>>
```

O texto que é impresso em um Terminal no macOS será um pouco diferente, mas funciona da mesma forma. Este livro é baseado no Python 3.8 — se você quiser usar uma versão mais recente do Python, consulte a página inicial do livro[4] para obter instruções.

> **Notação do prompt do Anaconda**
>
> Daqui para frente, iniciarei as linhas de código com `(base)>` para indicar que elas são digitadas em um prompt do Anaconda. Por exemplo, para iniciar um interpretador Python interativo, escreverei:
>
> ```
> (base)> python
> ```
>
> que no Windows será semelhante a isto:
>
> ```
> (base) C:\Users\felix> python
> ```
>
> e no macOS semelhante a isto (lembre-se, no macOS, o Terminal é o seu prompt do Anaconda):
>
> ```
> (base) felix@MacBook-Pro ~ % python
> ```

Vamos brincar um pouco! Observe que `>>>` em uma sessão interativa significa que o Python espera sua entrada; você não precisa digitar isso. Continue digitando em cada linha que começa com `>>>` e confirme com a tecla Enter:

```
>>> 3 + 4
7
>>> "python" * 3
'python python python '
```

---

4 Disponível em https://www.xlwings.org/book (conteúdo em inglês).

Essa sessão interativa do Python também é chamada de Python *REPL*, que significa *read-eval-print loop*: o Python lê sua entrada, avalia-a e imprime o resultado instantaneamente enquanto aguarda sua próxima entrada. Lembra-se do Zen of Python que mencionei no capítulo anterior? Agora você pode ler a versão completa para obter algumas informações sobre os princípios orientadores do Python (sorriso incluído). Basta executar esta linha pressionando Enter depois de digitá-la:

```
>>> import this
```

Para sair de sua sessão do Python, digite **quit()** seguido da tecla Enter. Como alternativa, pressione Ctrl + Z no Windows e, em seguida, pressione a tecla Enter. No macOS, basta pressionar Ctrl-D — não é necessário pressionar Enter.

Tendo saído do Python REPL, é um bom momento para lidar com o Conda e o pip, os gerenciadores de pacotes que acompanham a instalação do Anaconda.

Gerenciadores de pacotes: Conda e pip

Já falei algumas palavras sobre o pip, o gerenciador de pacotes do Python, no capítulo anterior: o pip se encarrega de baixar, instalar, atualizar e desinstalar os pacotes do Python, bem como suas dependências e subdependências. Embora o Anaconda funcione com o pip, ele possui um gerenciador de pacotes alternativo integrado chamado Conda. Uma vantagem do Conda é que ele pode instalar mais do que apenas pacotes Python, incluindo versões adicionais do interpretador Python. Como uma breve recapitulação: os pacotes adicionam funcionalidades à sua instalação do Python que não são cobertas pela biblioteca padrão. O pandas, que apresentarei apropriadamente no Capítulo 5, é um exemplo de tal pacote. Como ele vem pré-instalado na instalação do Python do Anaconda, você não precisa instalá-lo manualmente.

Conda versus pip

Com o Anaconda, você deve instalar tudo o que puder via Conda e usar o pip apenas para instalar os pacotes que o Conda não consegue encontrar. Caso contrário, o Conda pode substituir arquivos que foram instalados anteriormente com o pip.

O Quadro 2-2 fornece uma visão geral dos comandos que você usará com mais frequência. Esses comandos devem ser digitados em um prompt do Anaconda e permitirão que você instale, atualize e desinstale pacotes de terceiros.

Quadro 2-2. Comandos Conda e pip

Ação	Conda	pip
Listar todos os pacotes instalados	`conda list`	`pip freeze`
Instalar a versão mais recente do pacote	`conda install` *pacote*	`pip install` *pacote*
Instalar uma versão específica do pacote	`conda install` *pacote=1.0.0*	`pip install` *pacote==1.0.0*
Atualizar um pacote	`conda update` *pacote*	`pip install --upgrade` *pacote*
Desinstalar um pacote	`conda remove` *pacote*	`pip uninstall` *pacote*

Por exemplo, para ver quais pacotes já estão disponíveis em sua distribuição Anaconda, digite:

```
(base)> conda list
```

Sempre que este livro exigir um pacote não incluído na instalação do Anaconda, indicarei isso explicitamente e mostrarei como instalá-lo. No entanto, pode ser uma boa ideia cuidar da instalação dos pacotes ausentes agora para que você não precise lidar com isso mais tarde. Iremos primeiro instalar o plotly e o xlutils, os pacotes que estão disponíveis via Conda:

```
(base)> conda install plotly xlutils
```

Depois de executar esse comando, o Conda mostrará o que ele fará e exigirá que você confirme digitando y e pressionando Enter. Uma vez feito, você pode instalar o pyxlsb e o pytrends com pip, pois esses pacotes não estão disponíveis via Conda:

```
(base)> pip install pyxlsb pytrends
```

Ao contrário do Conda, o pip instalará os pacotes imediatamente quando você pressionar Enter sem a necessidade de confirmar.

Versões do Pacote

Muitos pacotes Python são atualizados com frequência e às vezes apresentam alterações que não são compatíveis com as versões anteriores. Isso provavelmente violará alguns dos exemplos deste livro. Tentarei acompanhar essas mudanças e postar correções na página inicial do livro, mas você também pode criar um ambiente Conda que use as mesmas versões dos pacotes que eu estava usando ao escrever este livro. Apresentarei os ambientes Conda na próxima seção e você encontrará instruções detalhadas sobre como criar um ambiente Conda com os pacotes específicos no Apêndice A.

Agora você sabe como usar o prompt do Anaconda para iniciar um interpretador Python e instalar pacotes adicionais. Na próxima seção, explicarei o que significa (`base`) no início do prompt do Anaconda.

Ambientes Conda

Você pode estar se perguntando por que o prompt do Anaconda mostra (`base`) no início de cada linha de entrada. É o nome do ambiente *Ambiente Conda* ativo. Um ambiente Conda é um "mundo Python" separado com uma versão específica do Python e um conjunto de pacotes instalados com versões específicas. Por que é necessário? Quando você começar a trabalhar em diferentes projetos em paralelo, eles terão requisitos diferentes: um projeto pode usar Python 3.8 com pandas 0.25.0, enquanto outro projeto pode usar Python 3.9 com pandas 1.0.0. O código escrito para o pandas 0.25.0 geralmente exigirá alterações para executar com o pandas 1.0.0, portanto você não pode simplesmente atualizar suas versões do Python e do pandas sem fazer alterações no código. Usar um ambiente Conda para cada projeto garante que cada projeto seja executado com as dependências corretas. Embora os ambientes Conda sejam específicos da distribuição Anaconda, o conceito existe em todas as instalações do Python sob o nome *ambiente virtual*. Os ambientes Conda são mais poderosos porque facilitam lidar com diferentes versões do próprio Python, não apenas com pacotes.

Enquanto trabalha neste livro, você não precisará alterar seu ambiente Conda, pois sempre usaremos o ambiente `base` padrão. No entanto, quando começar a construir projetos reais, será uma boa prática utilizar um ambiente Conda ou virtual para cada projeto de forma a evitar possíveis conflitos entre suas dependências. Tudo o que você precisa saber sobre como lidar com vários ambientes Conda é explicado no Apêndice A. Lá, você também encontrará instruções sobre como criar um ambiente Conda com as versões exatas dos pacotes que usei para escrever este livro. Isso permitirá que execute os exemplos neste livro como estão por muitos anos. A outra opção é observar a página inicial do livro para obter as possíveis alterações necessárias para as versões mais recentes do Python e dos pacotes.

Tendo resolvido o mistério em torno dos ambientes Conda, é hora de apresentar a próxima ferramenta, que usaremos intensamente neste livro: Jupyter notebooks!

Jupyter Notebooks

Na seção anterior, mostrei como iniciar uma sessão interativa do Python a partir de um prompt do Anaconda. Isso é útil se você deseja um ambiente básico para testar algo simples. Para a maior parte do seu trabalho, no entanto, você deseja um ambiente mais fácil de usar. Por exemplo, voltar aos comandos anteriores e exibir gráficos é difícil com um Python REPL rodando em um prompt do Anaconda. Felizmente, o Anaconda vem com muito mais do que apenas o interpretador Python: ele também inclui *Jupyter notebooks*, que surgiram como uma das maneiras mais populares de executar códigos Python em um contexto de data science. Os Jupyter notebooks permitem que você conte uma história combinando código Python executável com texto, imagens e gráficos formatados em um notebook interativo que é executado em seu navegador. Eles são amigáveis para iniciantes e, portanto, especialmente úteis para os primeiros passos de sua jornada em Python. Eles também são muito populares para ensino, prototipagem e pesquisa, pois facilitam reproduzir a pesquisa.

Os Jupyter notebooks se tornaram um sério concorrente do Excel, pois cobrem aproximadamente o mesmo caso de uso de uma pasta de trabalho: você pode preparar, analisar e visualizar dados rapidamente. A diferença para o Excel é que tudo isso acontece escrevendo código Python em vez de clicar no Excel com o mouse. Outra vantagem é que os Jupyter notebooks não misturam dados e lógica de negócios: o Jupyter notebook contém seu código e gráficos, enquanto você normalmente consome dados de um arquivo CSV externo ou de um banco de dados. Ter o código Python visível em seu notebook facilita ver o que está acontecendo em comparação com o Excel, em que as fórmulas ficam escondidas atrás do valor de uma célula. Os Jupyter notebooks também são fáceis de executar localmente e em um servidor remoto. Os servidores geralmente têm mais poder do que sua máquina local e podem executar seu código totalmente sem supervisão, algo difícil de fazer com o Excel.

Nesta seção, mostrarei o básico de como você executa e navega em um Jupyter notebook: aprenderemos sobre as células do notebook e veremos qual é a diferença entre os modos de edição e comando. Em seguida, entenderemos por que a ordem de execução das células é importante antes de encerrarmos esta seção, aprendendo como desligar os notebooks corretamente. Começaremos com nosso primeiro notebook!

Executando Jupyter Notebooks

No seu prompt do Anaconda, mude para o diretório do seu repositório complementar e inicie um servidor Jupyter notebook:

```
(base)> cd C:\Users\nomeusuário\python-for-excel
(base)> jupyter notebook
```

Isso abrirá automaticamente seu navegador e mostrará o painel do Jupyter com os arquivos no diretório do qual você estava executando o comando. No canto superior direito do painel do Jupyter, clique em Novo e selecione Python 3 na lista suspensa (veja a Figura 2-2).

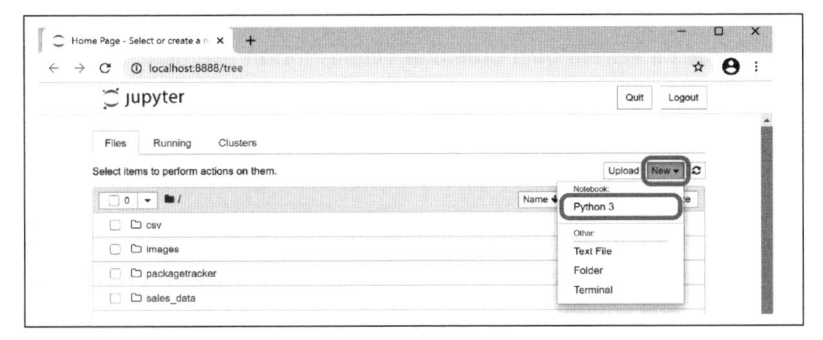

Figura 2-2. O painel do Jupyter

Isso abrirá uma nova guia do navegador com seu primeiro Jupyter notebook vazio, conforme mostrado na Figura 2-3.

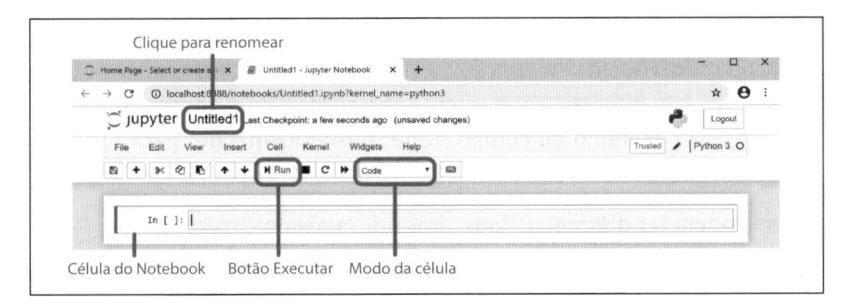

Figura 2-3. Um Jupyter notebook vazio

É sempre uma boa clicar em Untitled1 ao lado do logotipo do Jupyter para renomear sua pasta de trabalho para algo mais significativo, por exemplo, *primeiro_ notebook*. A parte inferior da Figura 2-3 mostra uma célula do notebook — vá para a próxima seção para saber mais sobre elas!

Células do Notebook

Na Figura 2-3, você pode ver uma célula vazia com um cursor piscando. Se o cursor não piscar, clique na célula com o mouse, ou seja, à direita de In [ ]. Agora repita o exercício da última seção: digite **3 + 4** e execute a célula clicando no botão Executar na barra de menu na parte superior ou — muito mais fácil — pressionando Shift + Enter. Isso executará o código na célula, imprimirá o resultado abaixo dela e pulará para a próxima célula. Nesse caso, insere uma célula vazia abaixo, pois temos somente uma célula até o momento. Entrando em um pouco mais de detalhes: enquanto uma célula está calculando, ela mostra In [*] e, quando termina, o asterisco se transforma em um número, por exemplo, In [1]. Abaixo da célula você terá a saída correspondente rotulada com o mesmo número: Out [1]. Toda vez que você executa uma célula, o contador aumenta em um, o que ajuda a ver em qual ordem as células foram executadas. Daqui para frente, mostrarei os exemplos de código nesse formato, por exemplo, o exemplo REPL de antes se parece com isto:

```
In [1]: 3 + 4
Out[1]: 7
```

Essa notação permite que você prossiga facilmente digitando **3 + 4** em uma célula do notebook. Ao executá-la pressionando Shift+Enter, você obterá o que mostro como saída em Out[1]. Se você ler este livro em um formato eletrônico que suporte cores, notará que a célula de entrada formata strings, números e assim por diante com cores diferentes para facilitar a leitura. Isso é chamado de *destaque da sintaxe*.

> **Saída da Célula**
>
> Se a última linha em uma célula retornar um valor, ele será impresso automaticamente pelo Jupyter notebook em Out [ ]. No entanto, quando você usa a função print (impressão) ou obtém uma exceção, ela é impressa diretamente abaixo da célula In sem o rótulo Out [ ]. O exemplo de código neste livro é formatado para refletir esse comportamento.

As células podem ter diferentes tipos, dois dos quais nos interessam:

Código
    Este é o tipo padrão. Use-o sempre que quiser executar o código Python.

Markdown
    Markdown é uma sintaxe que usa caracteres de texto padrão para formatação e pode ser usada para incluir explicações e instruções bem-formatadas em seu notebook.

Para alterar o tipo de célula para Markdown, selecione a célula e escolha Markdown na lista suspensa do modo de célula (consulte a Figura 2-3). Mostrarei um atalho de teclado para alterar o modo de célula no Quadro 2-3. Depois de alterar uma célula vazia para uma célula Markdown, digite o seguinte texto, que explica algumas regras de Markdown:

```
# Este é um cabeçalho de primeiro nível

## Este é um cabeçalho de segundo nível
Você pode deixar seu texto em *itálico* ou em **negrito** ou `monoespaçado`.

* Este é um marcador
* Este é outro marcador
```

Depois de pressionar Shift+Enter, o texto será renderizado em HTML bem-formatado. Nesse ponto, seu notebook deve se parecer com o que está na Figura 2-4. As células de Markdown também permitem incluir imagens, vídeos ou fórmulas; veja os documentos do Jupyter notebook.

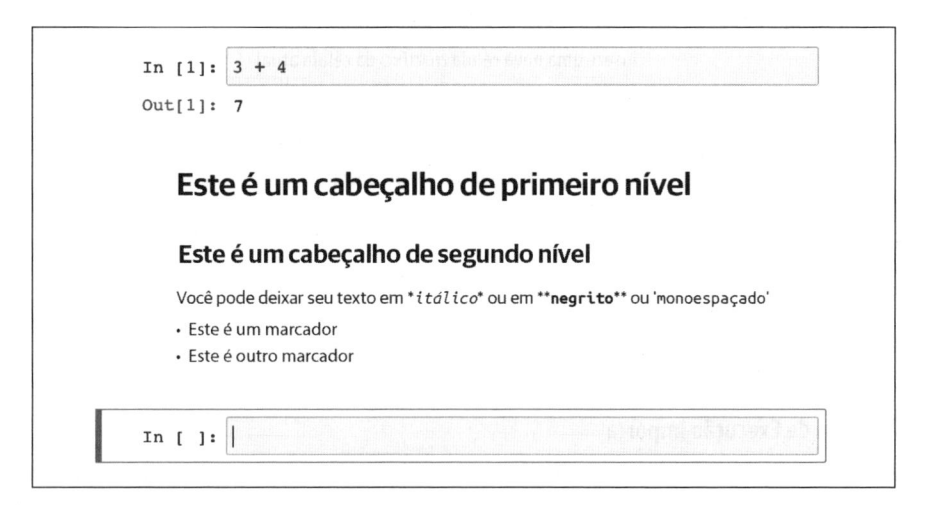

Figura 2-4. O notebook depois de executar uma célula de código e uma célula Markdown

Agora que você conhece o código e os tipos de células Markdown, é hora de aprender uma maneira mais fácil de navegar entre as células: a próxima seção apresenta os modos de edição e comando junto com alguns atalhos de teclado.

Modo de Edição versus Modo de Comando

Ao interagir com células em um Jupyter notebook, você está no *modo de edição* ou no *modo de comando*:

Modo de edição
> Clicar em uma célula inicia o modo de edição: a borda ao redor da célula selecionada fica verde e o cursor na célula fica piscando. Em vez de clicar em uma célula, você também pode pressionar Enter quando a célula for selecionada.

Modo de comando
> Para alternar para o modo de comando, pressione a tecla Escape; a borda ao redor da célula selecionada será azul e não haverá nenhum cursor piscando. Os atalhos de teclado mais importantes que você pode usar no modo de comando são mostrados no Quadro 2-3.

Quadro 2-3. Atalhos de teclado (modo de comando)

Atalho	Ação
Shift+Enter	Executa a célula (funciona também no modo de edição)
↑ (seta p/ cima)	Move o seletor de células para cima
↓ (seta p/ baixo)	Move o seletor de células para baixo
b	Insere uma nova célula *abaixo* da célula atual
a	Insere uma nova célula *acima* da célula atual
dd	Exclui a célula atual (digite duas vezes a letra d)
m	Muda o tipo de célula para Markdown
y	Muda o tipo de célula para código

Conhecer esses atalhos de teclado permitirá que você trabalhe com notebooks de forma eficiente sem ter que alternar entre o teclado e o mouse o tempo todo. Na próxima seção, mostrarei uma pegadinha comum que você precisa estar ciente ao usar os Jupyter notebooks: a importância de executar as células em ordem.

A Ordem de Execução Importa

Por mais fácil e intuitivo que sejam os notebooks para começar, eles também podem facilitar a ocorrência de estados confusos se você não executa as células sequencialmente. Suponha que você tenha as seguintes células de notebook que são executadas de cima para baixo:

```
In [2]: a = 1
In [3]: a
Out[3]: 1
In [4]: a = 2
```

A célula `Out[3]` imprime o valor 1 conforme o esperado. No entanto, se você agora voltar e executar `In[3]` novamente, acabará nesta situação:

```
In [2]: a = 1
In [5]: a
Out[5]: 2
In [4]: a = 2
```

`Out[5]` mostra agora o valor 2, que provavelmente não é o que você esperaria ao ler o notebook de cima para baixo, especialmente se a célula `In[4]` estiver mais distante, exigindo que role para baixo. Para evitar esses casos, recomendo que você execute novamente não apenas uma única célula, mas todas as células anteriores também. Os Jupyter notebooks oferecem uma maneira fácil de fazer isso no menu Célula > Executar tudo acima. Depois dessas palavras de cautela, vejamos como você faz para finalizar um notebook corretamente!

Finalizando os Jupyter Notebooks

Cada notebook é executado em um *Jupyter kernel* separado. Um kernel é o "motor" que executa o código Python que você digita em uma célula do notebook. Cada kernel usa recursos do seu sistema operacional na forma de CPU e RAM. Portanto, ao fechar um notebook, você também deve finalizar seu kernel para que os recursos possam ser usados novamente por outras tarefas — isso evitará que o sistema fique lento. A maneira mais fácil de fazer isso é fechando um notebook via Arquivo > Fechar e Parar. Se você simplesmente fechar a guia do navegador, o kernel não será finalizado automaticamente. Como alternativa, no painel do Jupyter, você pode fechar os notebooks em execução na guia Executar.

Para finalizar todo o servidor Jupyter, clique no botão Sair no canto superior direito do painel Jupyter. Se você já fechou seu navegador, pode digitar Ctrl+C duas vezes no prompt do Anaconda em que o servidor do notebook está sendo executado ou fechar o prompt do Anaconda completamente.

Jupyter Notebooks na Nuvem

Os Jupyter notebooks ficaram tão populares que são oferecidos como uma solução hospedada por vários provedores de nuvem. Estou apresentando aqui três serviços, que são todos de uso gratuito. A vantagem é que eles são executados instantaneamente e em qualquer lugar você pode acessar um navegador, sem a necessidade de instalar nada localmente. Você pode, por exemplo, executar as amostras em um tablet enquanto lê as três primeiras partes. Como a Parte IV requer uma instalação local do Excel, isso não funcionará lá.

Binder

> Binder é um serviço fornecido pelo Project Jupyter, a organização por trás dos Jupyter notebooks. O Binder destina-se a experimentar os Jupyter notebooks de repositórios Git públicos — você não armazena nada no próprio Binder, portanto não precisa se inscrever nem fazer login para usá-lo.

Kaggle Notebooks

> Kaggle é uma plataforma para data science. Como ele hospeda competições de data science, você tem acesso fácil a uma enorme coleção de conjuntos de dados. Kaggle faz parte do Google desde 2017.

Google Colab

> Google Colab (abreviação de Colaboratory) é a plataforma de notebooks do Google. Infelizmente, a maioria dos atalhos de teclado do Jupyter notebook não funciona, mas você pode acessar os arquivos no seu Google Drive, incluindo o Google Sheets.

> A maneira mais fácil de executar os Jupyter notebooks do repositório complementar na nuvem é acessar a URL do Binder. Você trabalhará em uma cópia do repositório complementar, então fique à vontade para editar e utilizar as coisas ali da maneira que quiser!

Agora que sabemos como trabalhar com Jupyter notebooks, seguiremos em frente e aprenderemos sobre como escrever e executar scripts Python padrão. Para fazer isso, usaremos o *Visual Studio Code*, um poderoso editor de texto com excelente suporte ao Python.

Visual Studio Code

Nesta seção, instalaremos e configuraremos o *Visual Studio Code* (VS Code), um editor de texto gratuito e de código aberto da Microsoft. Depois de apresentar seus componentes mais importantes, escreveremos um primeiro script Python e o executaremos de algumas maneiras diferentes. Para começar, no entanto, explicarei quando usaremos os Jupyter notebooks em vez de executar os scripts Python, e por que escolhi o VS Code para este livro.

Embora os Jupyter notebooks sejam incríveis para os fluxos de trabalho interativos, como pesquisar, ensinar e experimentar, eles não são ideais se você deseja escrever scripts Python voltados para um ambiente de produção que não precisa dos recursos de visualização dos notebooks. Além disso, projetos mais complexos que envolvem muitos arquivos e desenvolvedores são difíceis de gerenciar com os Jupyter notebooks. Nesse caso, você usará um editor de texto adequado para escrever e executar arquivos Python clássicos. Em teoria, poderia usar praticamente qualquer editor de texto (até o Bloco de Notas funcionaria), mas, na realidade, você quer um que "entenda" Python, ou seja, um editor de texto que suporte pelo menos os seguintes recursos:

Destaque da sintaxe
    O editor colore as palavras de forma diferente com base no fato de representarem uma função, uma string, um número etc. Isso torna muito mais fácil ler e entender o código.

Autocompletar
    Autocompletar ou *IntelliSense*, como a Microsoft o chama, sugere automaticamente componentes de texto para que você precise digitar menos, o que leva a menos erros.

    E logo você passa a ter outras necessidades que gostaria de acessar diretamente de dentro do editor:

Executar código
> Ficar alternando entre o editor de texto e um prompt do Anaconda externo (ou seja, Prompt de Comando ou Terminal) para executar seu código pode ser um aborrecimento.

Depurador
> Um depurador permite que você percorra o código linha por linha para ver o que está acontecendo.

Controle de versão
> Se você usa o Git para controlar a versão de seus arquivos, faz sentido lidar com as coisas relacionadas ao Git diretamente no editor para que não precise alternar entre dois aplicativos.

Existe uma ampla gama de ferramentas que podem ajudá-lo com tudo isso e, como de costume, cada desenvolvedor tem necessidades e preferências diferentes. Alguns podem realmente querer usar um editor de texto simples junto com um prompt de comando externo. Outros podem preferir um *ambiente de desenvolvimento integrado* [em inglês, *integrated development environment* — IDE]: os IDEs tentam colocar tudo o que você precisa em uma única ferramenta, o que pode deixá-los grandes demais.

Escolhi o VS Code para este livro, pois ele rapidamente se tornou um dos editores de código mais populares entre os desenvolvedores após seu lançamento inicial em 2015: no Stack Overflow Developer Survey 2019, ele se tornou o ambiente de desenvolvimento mais popular. O que torna o VS Code uma ferramenta tão popular? Em essência, é a mistura certa entre um editor de texto básico e um IDE completo: o VS Code é um mini-IDE que vem com tudo o que você precisa para programação pronta para uso, porém não mais:

Multiplataforma
> O VS Code é executado no Windows, no macOS e no Linux. Também existem versões hospedadas na nuvem, como o GitHub Codespaces.

Ferramentas integradas
> O VS Code vem com depurador, suporte para controle de versão Git e possui um Terminal integrado que você pode usar como prompt do Anaconda.

Extensões
> Todo o resto, por exemplo, suporte ao Python, é adicionado por meio de extensões que podem ser instaladas com um único clique.

Leve
> Dependendo do seu sistema operacional, o instalador do VS Code tem apenas 50–100MB.

> **Visual Studio Code versus Visual Studio**
>
> Não confunda Visual Studio Code com Visual Studio, o IDE! Embora você possa usar o Visual Studio para o desenvolvimento em Python (ele vem com PTVS, as *Ferramentas Python para Visual Studio*), é uma instalação muito pesada e tradicionalmente usada para trabalhar com linguagens .NET, como C#.

Para descobrir se você concorda com meus elogios ao VS Code, não há melhor maneira do que instalá-lo e experimentá-lo. E é o que faremos em seguida!

Instalação e Configuração

Baixe o instalador na página inicial do VS Code. Para obter as instruções de instalação mais recentes, consulte sempre os documentos oficiais.

Windows
> Clique duas vezes no instalador e aceite todos os padrões. Em seguida, abra o VS Code no menu Iniciar do Windows, onde você o encontrará sob o Visual Studio Code.

macOS
> Clique duas vezes no arquivo ZIP para descompactar o aplicativo. Em seguida, arraste e solte o *Visual Studio Code.app* na pasta *Aplicativos*: agora você pode iniciá-lo a partir do Launchpad. Se o aplicativo não iniciar, vá para Preferências do Sistema > Segurança e Privacidade > Geral e escolha Abrir Mesmo Assim.

Quando você abre o VS Code pela primeira vez, ele se parece com a Figura 2-5. Observe que mudei do tema escuro padrão para um tema claro a fim de facilitar a leitura das capturas de tela.

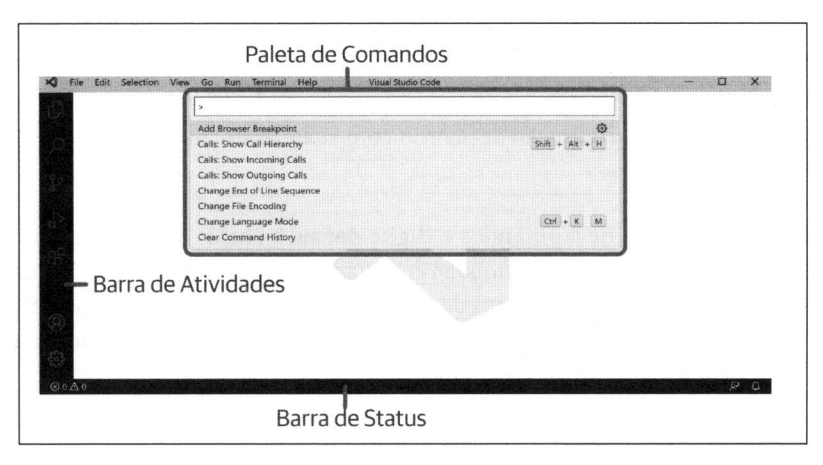

Figura 2-5. Visual Studio Code

Barra de Atividades

No lado esquerdo, você vê a Barra de Atividades com os seguintes ícones de cima para baixo

- Explorador de Arquivos
- Pesquisar
- Controle do Código-fonte
- Executar
- Extensões

Barra de Status

Na parte inferior do editor, você tem a Barra de Status. Depois de concluir a configuração e editar um arquivo Python, você verá o interpretador Python aparecer lá.

Paleta de Comandos

Você pode mostrar a Paleta de Comandos via F1 ou com o atalho de teclado Ctrl+Shift+P (Windows) ou Command-Shift-P (macOS). Se não tiver certeza sobre algo, sua primeira parada deve ser sempre a Paleta de Comandos, pois ela oferece acesso fácil a quase tudo o que você pode fazer com o VS Code. Por exemplo, se estiver procurando por atalhos de teclado, digite **keyboard shortcuts**, selecione a entrada "Ajuda: Referência de Atalhos de Teclado" e pressione Enter.

O VS Code é um ótimo editor de texto pronto para uso, mas, para que funcione bem com o Python, há mais algumas coisas para configurar: clique no ícone Extensões na Barra de Atividades e procure por Python. Instale a extensão oficial do Python que mostra a Microsoft como o autor. Levará um tempo para instalar e, uma vez feito, pode ser preciso clicar no botão Necessário Recarregar para concluir — como alternativa, você também pode reiniciar o VS Code completamente. Finalize a configuração de acordo com sua plataforma:

Windows

Abra a Paleta de Comandos e digite **default shell**. Selecione a entrada que diz "Terminal: Selecionar Perfil Padrão" e pressione Enter. No menu suspenso, selecione Prompt de Comando e confirme pressionando Enter. Isso é necessário porque, caso contrário, o VS Code pode não ativar adequadamente os ambientes Conda.

macOS

Abra a Paleta de Comandos e digite **shell command**. Selecione a entrada que diz "Comando Shell: Instalar o comando 'code' no PATH" e pressione Enter. Isso é necessário para que você possa iniciar o VS Code convenientemente a partir do prompt do Anaconda (ou seja, o Terminal).

Agora que o VS Code está instalado e configurado, iremos usá-lo para escrever e executar nosso primeiro script Python!

Executando um Script Python

Embora você possa abrir o VS Code por meio do menu Iniciar no Windows ou Launchpad no macOS, geralmente é mais rápido abrir o VS Code no prompt do Anaconda, no qual você pode iniciá-lo por meio do comando code. Portanto, abra um novo prompt do Anaconda e mude para o diretório em que deseja trabalhar usando o comando cd, então instrua o VS Code a abrir o diretório atual (representado pelo ponto):

```
(base)> cd C:\Users\nomeusuário\python-for-excel
(base)> code .
```

Iniciar o VS Code dessa maneira fará com que o Explorador de Arquivos na Barra de Atividades mostre automaticamente o conteúdo do diretório em que você estava quando executou o comando code. Observe que o VS Code perguntará: "Você confia nos autores dos arquivos nesta pasta?" Confirme essa caixa de diálogo clicando no botão "Sim, confio nos autores".

Alternativamente, você também pode abrir um diretório via Arquivo > Abrir Pasta (no macOS: Arquivo Abrir), mas isso pode causar erros de permissão no macOS quando começarmos a usar o xlwings na Parte IV. Ao passar o mouse sobre a lista de arquivos no Explorador na Barra de Atividades, você verá o botão Novo Arquivo aparecer como mostrado na Figura 2-6. Clique em Novo Arquivo e chame seu arquivo de *hello_world.py*, então pressione Enter. Uma vez aberto no editor, escreva a seguinte linha de código:

```
print("hello world!")
```

Você se lembra de que os Jupyter notebooks imprimem convenientemente o valor de retorno da última linha de modo automático? Ao executar um script Python tradicional, você precisa informar explicitamente ao Python o que imprimir, e é por isso que precisa usar a função `print` aqui. Na Barra de Status, você deve ver agora sua versão do Python, por exemplo, "Python 3.8.5 64-bit (conda)". Caso clique nela, a Paleta de Comandos será aberta e permitirá que você selecione um interpretador Python diferente se tiver mais de um (isso inclui ambientes Conda). Sua configuração agora deve se parecer com a da Figura 2-6.

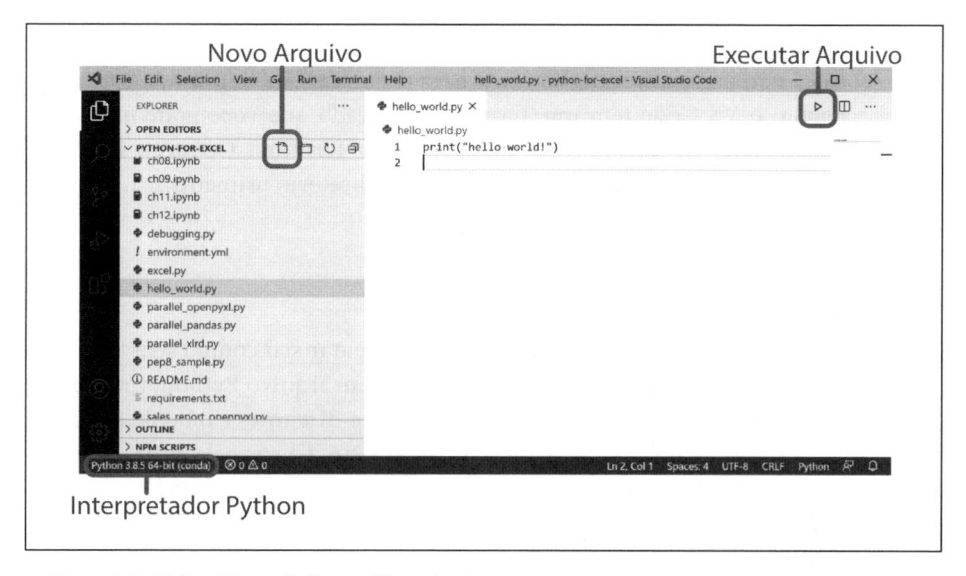

Figura 2-6. Código VS com hello_world.py aberto

Antes de podermos executar o script, salve-o pressionando Ctrl+S no Windows ou Command-S no macOS. Com os Jupyter notebooks, poderíamos simplesmente selecionar uma célula e pressionar Shift+Enter para executar essa célula. Com o VS Code, você pode executar seu código no prompt do Anaconda ou clicando no botão Executar. Executar código Python a partir do prompt do Anaconda é como você provavelmente executa os scripts que estão em um servidor, por isso é importante saber como funciona.

Prompt do Anaconda

   Abra um prompt do Anaconda, use o comando `cd` no diretório com o script e execute o script da seguinte forma:

```
(base)> cd C:\Users\nomeusuário\python-for-excel
(base)> python hello_world.py
hello world!
```

A última linha é a saída impressa pelo script. Observe que, se você não estiver no mesmo diretório do arquivo Python, precisará usar o caminho completo para seu arquivo Python:

```
(base)> python C:\Users\nomeusuário\python-for-excel\hello_world.py
hello world!
```

> **Caminhos de Arquivos Longos no prompt do Anaconda**
>
> Uma maneira conveniente de lidar com caminhos de arquivos longos é arrastar e soltar o arquivo no prompt do Anaconda. Isso escreverá o caminho completo onde quer que o cursor esteja.

Prompt do Anaconda no VS Code

Você não precisa sair do VS Code para trabalhar com o prompt do Anaconda: o VS Code tem um Terminal integrado que você pode mostrar com o atalho de teclado Ctrl+` ou via Exibir > Terminal. Como ele abre na pasta do projeto, você não precisa mudar o diretório primeiro:

```
(base)> python hello_world.py
hello world!
```

Botão Executar no VS Code

No código VS, há uma maneira fácil de executar seu código sem ter que usar o prompt do Anaconda: quando editar um arquivo Python, você verá um ícone Reproduzir verde no canto superior direito — é o botão Executar Arquivo, conforme mostrado na Figura 2-6. Clicar nele abrirá o Terminal na parte inferior automaticamente e executará o código lá.

> **Abrindo Arquivos no VS Code**
>
> O VS Code tem um comportamento padrão não convencional quando você clica uma vez em um arquivo no Explorador de Arquivos (Barra de Atividades): o arquivo é aberto no modo de visualização, o que significa que o próximo arquivo em que você clicar uma vez o substituirá na guia, a menos que você tenha feito algumas alterações no arquivo. Se quiser desativar o comportamento de clique único (para que um clique único selecione um arquivo e um clique duplo o abra), vá para Configurações de Preferências (Ctrl+, no Windows ou Command-, no macOS) e defina o menu suspenso em Workbench > "List: Open Mode" para "doubleClick".

Neste ponto, você sabe como criar, editar e executar scripts Python no VS Code. O VS Code pode fazer um pouco mais: no Apêndice B, explico como usar o depurador e como você pode executar Jupyter notebooks com o VS Code.

Editores de Texto Alternativos e IDEs

As ferramentas são algo individual, e só porque este livro é baseado em Jupyter notebooks e VS Code não significa que você não deva dar uma olhada em outras opções.

Alguns editores de texto populares incluem:

Sublime Text

O Sublime é um editor de texto comercial rápido.

Notepad++

Notepad++ é gratuito e existe há muito tempo, mas é apenas para Windows.

Vim ou Emacs

Vim ou Emacs podem não ser as melhores opções para programadores iniciantes devido à sua curva de aprendizado íngreme, mas são muito populares entre os profissionais. A rivalidade entre os dois editores gratuitos é tão grande que a Wikipédia a descreve como a "guerra dos editores".

Os IDEs populares incluem:

PyCharm

A edição da comunidade PyCharm é gratuita e muito poderosa, já a edição profissional é comercial e adiciona suporte para ferramentas científicas e desenvolvimento web.

Spyder

O Spyder é semelhante ao IDE do MATLAB e vem com um explorador variável. Como está incluído na distribuição do Anaconda, você pode experimentá-lo executando o seguinte em um prompt do Anaconda: (base)> **spyder**.

JupyterLab

JupyterLab é um IDE da web desenvolvido pela equipe por trás dos Jupyter notebooks e pode, claro, executar Jupyter notebooks. Além disso, ele tenta integrar tudo mais que você precisa para suas tarefas de data science em uma única ferramenta.

Wing Python IDE

Wing Python IDE é um IDE que existe há tempos. Há versões simplificadas gratuitas e uma versão comercial chamada Wing Pro.

> *Komodo IDE*
>
> Komodo IDE é um IDE comercial desenvolvido pelo ActiveState com suporte para muitas outras linguagens além do Python.
>
> *PyDev*
>
> PyDev é um IDE Python baseado no Eclipse IDE popular.

Conclusão

Neste capítulo, mostrei como instalar e usar as ferramentas com as quais trabalharemos: prompt do Anaconda, Jupyter notebooks e VS Code. Também executamos um pouco de código Python em um Python REPL, em um Jupyter notebook e como script no VS Code.

Recomendo fortemente que você se sinta confortável com o prompt do Anaconda, pois lhe dará muito poder quando se acostumar com ele. A capacidade de trabalhar com Jupyter notebooks na nuvem também é muito boa, pois permite executar as amostras de código das três primeiras partes deste livro no seu navegador.

Com um ambiente de desenvolvimento funcional, agora você está pronto para abordar o próximo capítulo, no qual aprenderá Python o suficiente para poder acompanhar o restante do livro.

CAPÍTULO 3
Primeiros Passos com Python

Com o Anaconda instalado e os Jupyter notebooks funcionando, você tem tudo pronto para começar com o Python. Embora este capítulo não vá muito além do básico, ele ainda cobre muito terreno. Se você está no início de sua carreira de codificação, pode haver muito o que digerir. No entanto, os conceitos ficarão mais claros quando você usá-los nos capítulos posteriores como parte de um exemplo prático, portanto não há necessidade de se preocupar caso você não entenda algo completamente na primeira vez. Sempre que o Python e o VBA diferem significativamente, deixarei claro para garantir que você possa fazer a transição do VBA para o Python sem problemas e esteja ciente das armadilhas mais óbvias. Se você não fez nenhum VBA antes, fique à vontade para ignorar essas partes.

Começarei este capítulo com os tipos de dados básicos do Python, como inteiros [em inglês, *integers*] e strings. Depois, apresentarei a indexação e o fatiamento, um conceito central em Python que dá acesso a elementos específicos de uma sequência. A seguir estão as estruturas de dados, como listas e dicionários, que podem conter vários objetos. Continuarei com a declaração `if` e os loops `for` e `while` antes de chegar à introdução de funções e módulos que permitem organizar e estruturar seu código. Para encerrar este capítulo, mostrarei como formatar seu código Python corretamente. Como você provavelmente já deve ter adivinhado, este capítulo é o mais técnico possível. Executar os exemplos você mesmo em um Jupyter notebook é, portanto, uma boa ideia para tornar tudo um pouco mais interativo e divertido. Digite os exemplos você mesmo ou execute-os usando os blocos de anotações fornecidos no repositório complementar.

Tipos de Dados

O Python, como qualquer outra linguagem de programação, trata números, texto, booleanos etc. de forma diferente, atribuindo-lhes um *tipo de dado* diferente. Os tipos de dados que usaremos com mais frequência são inteiros, flutuantes, booleanos e strings. Nesta seção, irei apresentá-los um após o outro com alguns exemplos. Para entender os tipos de dados, porém, primeiro preciso explicar o que é um objeto.

Objetos

No Python, *tudo* é objeto, incluindo números, strings, funções e outras coisas que veremos neste capítulo. Objetos podem tornar coisas complexas fáceis e intuitivas, dando acesso a um conjunto de variáveis e funções. Então, antes de mais nada, deixe-me dizer algumas palavras sobre variáveis e funções!

Variáveis

No Python, uma *variável* é um nome que você atribui a um objeto usando o sinal de igual. Na primeira linha do exemplo a seguir, o nome a é atribuído ao objeto 3:

```
In [1]: a = 3
        b = 4
        a + b
Out[1]: 7
```

Isso funciona da mesma forma para todos os objetos, o que é mais simples em comparação com o VBA, em que você usa o sinal de igual para tipos de dados como números e strings, e a instrução Set para objetos como pastas de trabalho ou planilhas. Em Python, você altera o tipo de uma variável simplesmente atribuindo-a a um novo objeto. Isso é conhecido como *tipagem dinâmica*:

```
In [2]: a = 3
        print(a)
        a = "three"
        print(a)
3
three
```

Ao contrário do VBA, o Python diferencia maiúsculas de minúsculas, portanto a e A são duas variáveis diferentes. Os nomes das variáveis devem seguir certas regras:

- Eles devem começar com uma letra ou um sublinhado.
- Eles devem consistir em letras, números e sublinhados.

Após essa breve introdução às variáveis, veremos como podemos fazer chamadas de função!

Funções

Apresentarei funções com muito mais detalhes posteriormente neste capítulo. Por enquanto, você deve simplesmente saber como chamar funções embutidas como print que usamos no exemplo de código anterior. Para chamar uma função, você adiciona parêntesis ao nome da função e fornece os argumentos dentro dos parêntesis, o que é praticamente equivalente à notação matemática:

```
function_name(argument1, argument2, ...)
```

Agora veremos como as variáveis e as funções funcionam no contexto de objetos!

Atributos e métodos

No contexto de objetos, as variáveis são chamadas de *atributos* e as funções são chamadas de *métodos*: os atributos dão acesso aos dados de um objeto e os métodos permitem que você execute uma ação. Para acessar atributos e métodos, você usa a notação de ponto assim: `myobject.attribute` e `myobject.method()`.

Tornaremos isso um pouco mais tangível: se você escrevesse um jogo de corrida de carros, provavelmente usaria um objeto que representa um carro [em inglês, *car*]. O objeto `car` pode ter um atributo de velocidade que permite obter a velocidade atual via `car.speed` e você pode acelerar o carro chamando o método de aceleração `car.accelerate(10)`, o que aumentaria a velocidade em 10 milhas por hora.

O tipo de um objeto, e com isso seu comportamento, é definido por uma *classe*, então o exemplo anterior exigiria que você escrevesse uma classe `Car`. O processo de obter um objeto `car` de uma classe `Car` é chamado de *instanciação*, e você instancia um objeto chamando a classe da mesma forma como chama uma função: `car = Car()`. Não escreveremos nossas próprias classes neste livro, mas, se você estiver interessado em como isso funciona, dê uma olhada no Apêndice C.

Usaremos um primeiro método de objeto na próxima seção para tornar maiúscula uma string de texto e voltaremos ao tópico de objetos e classes quando falarmos sobre objetos `datetime` no fim deste capítulo. Agora, no entanto, seguiremos em frente com os objetos que têm um tipo de dado numérico!

Tipos Numéricos

Os tipos de dados `int` e `float` representam *números inteiros* e *de ponto flutuante*, respectivamente. Para descobrir o tipo de dado de determinado objeto, use o `type` embutido:

```
In [3]: type(4)
Out[3]: int
In [4]: type(4.4)
Out[4]: float
```

Se você quiser forçar um número a ser `float` em vez de `int`, será bom usar um ponto decimal à direita ou o construtor `float`:

```
In [5]: type(4.)
Out[5]: float
In [6]: float(4)
Out[6]: 4.0
```

O último exemplo também pode ser invertido: usando o construtor int, você pode transformar um `float` em um `int`. Se a parte fracionária não for zero, ela será cortada:

```
In [7]: int(4.9)
Out[7]: 4
```

Células do Excel Sempre Armazenam Floats

Você pode precisar converter um `float` em um `int` ao ler um número de uma célula do Excel e fornecê-lo como um argumento para uma função Python que espera um inteiro. A razão é que os números nas células do Excel são sempre armazenados como floats internamente, mesmo que o Excel mostre o que parece ser um número inteiro.

O Python tem mais alguns tipos numéricos que não usarei ou discutirei neste livro: existem os tipos de dados `decimal`, `fraction` e `complex`. Se imprecisões do ponto flutuante forem um problema (veja a barra lateral), use o tipo `decimal` para obter resultados exatos. Esses casos são muito raros, no entanto. Como regra geral: se o Excel for bom o suficiente para os cálculos, use floats.

Imprecisões do Ponto Flutuante

Por padrão, o Excel geralmente mostra números arredondados: digite =1.125-1.1 em uma célula e você verá 0.025. Embora possa ser o que você espera, não é o que o Excel armazena internamente. Altere o formato de exibição para mostrar pelo menos 16 decimais e ele mudará para 0.0249999999999999. Esse é o efeito da *imprecisão do ponto flutuante*: os computadores vivem em um mundo binário, ou seja, eles calculam apenas com zeros e uns. Certas frações decimais como 0.1 não podem ser armazenadas como um número de ponto flutuante binário finito, o que explica o resultado da subtração. No Python, você verá o mesmo efeito, mas o Python não oculta os decimais:

```
In [8]: 1.125 1.1
Out[8]: 0.02499999999999991
```

Operadores matemáticos

Calcular com números requer o uso de operadores matemáticos, como o sinal de mais ou menos. Exceto pelo operador de potenciação, não deve haver surpresa se você está acostumado com o Excel:

```
In [9]: 3 + 4  # Soma
Out[9]: 7

In [10]:    3 4     # Subtração
Out[10]:    -1
In [11]:    3 / 4   # Divisão
Out[11]:    0.75
In [12]:    3 * 4   # Multiplicação
Out[12]:    12
In [13]:    3**4    # O operador de potência (Excel usa 3^4)
Out[13]:    81
In [14]: 3 * (3 + 4) # Uso de parêntesis
Out[14]: 21
```

Comentários

Nos exemplos anteriores, descrevi a operação do exemplo usando *comentários* (por exemplo, # Soma). Os comentários ajudam outras pessoas (e você mesmo algumas semanas depois de escrever o código) a entender o que está acontecendo no programa. É uma boa prática comentar apenas as coisas que ainda não são evidentes na leitura do código: na dúvida, é melhor não ter nenhum comentário do que um comentário desatualizado que contradiz o código. Qualquer coisa que comece com um sinal de cerquilha é um comentário no Python e é ignorado quando você executa o código:

```
In [15]:    # Esta é uma amostra que já vimos antes.
            # Cada linha de comentário deve começar com #
            3 + 4
Out[15]: 7
In [16]: 3 + 4 # Este é um comentário na linha
Out[16]: 7
```

A maioria dos editores tem um atalho de teclado para comentar/cancelar comentário das linhas. Em Jupyter notebooks e VS Code, é Ctrl+/ (Windows) ou Command-/ (macOS). Observe que as células Markdown em Jupyter notebooks não aceitarão comentários — se você iniciar uma linha com #, o Markdown interpretará isso como um título.

Tendo aprendido sobre inteiros e floats, vamos direto para a próxima seção sobre booleanos!

Booleanos

Os tipos booleanos em Python são `True` ou `False`, exatamente como no VBA. Os operadores booleanos `and`, `or` e `not`, no entanto, são todos minúsculos, enquanto o VBA os mostra em maiúsculas. As expressões booleanas são semelhantes à forma como funcionam no Excel, exceto pelos operadores de igualdade e desigualdade:

```
In [17]: 3 == 4 # Igualdade (Excel usa 3 = 4)
Out[17]: False
In [18]: 3 != 4 # Desigualdade (Excel usa 3 <> 4)
Out[18]: True
In [19]: 3 < 4 # Menor que. Use > para maior que.
Out[19]: True
In [20]: 3 <= 4 # Menor ou igual a. Use >= para maior ou igual a.
Out[20]: True
In [21]: # Você pode encadear expressões lógicas
         # No VBA, isso seria: 10 < 12 E 12 < 17
         # Em fórmulas do Excel, isso seria: =E(10 < 12, 12 < 17)
         10 < 12 < 17
Out[21]: True
```

```
In [22]: not True # Operador "not"
Out[22]: False
In [23]: False and True # Operador "and"
Out[23]: False
In [24]: False or True # Operador "or"
Out[24]: True
```

Cada objeto Python é avaliado como True ou False. A maioria dos objetos é True, mas há alguns que são avaliados como False, incluindo None (veja o quadro a seguir), False, 0 ou tipos de dados vazios, por exemplo, uma string vazia (apresentarei strings na próxima seção).

> **None**
>
> None é uma constante embutida e representa "a ausência de um valor" de acordo com os documentos oficiais. Por exemplo, se uma função não retornar nada explicitamente, ela retornará None. Também é uma boa opção para representar células vazias no Excel, como veremos nas Partes III e IV.

Para verificar novamente se um objeto é True ou False, use o construtor bool:

```
In [25]: bool(2)
Out[25]: True
In [26]: bool(0)
Out[26]: False
In [27]: bool("some text") # Chegaremos às strings em um momento
Out[27]: True
In [28]: bool("")
Out[28]: False
In [29]: bool(None)
Out[29]: False
```

Com os booleanos dominados, resta mais um tipo de dado básico: dados textuais, mais conhecidos como *strings*.

Strings

Se você já trabalhou com strings no VBA que são maiores que uma linha e contêm variáveis e aspas literais, provavelmente gostaria que fosse mais fácil. Felizmente, essa é uma área em que o Python é particularmente forte. Strings podem ser expressas usando aspas duplas (") ou aspas simples ('). A única condição é que você tem que iniciar e terminar a string com o mesmo tipo de aspas. Você pode usar + para concatenar strings ou * para repeti-las. Como já mostrei o caso repetido ao testar o Python REPL no capítulo anterior, aqui está um exemplo usando o sinal de mais:

```
In [30]: "Uma string de aspas duplas. " + 'Uma string de aspas simples.'
Out[30]: 'Uma string de aspas duplas. Uma string de aspas simples.'
```

Dependendo do que você deseja escrever, usar aspas simples ou duplas pode ajudá-lo a imprimir facilmente aspas literais sem a necessidade de aplicar o escape nelas. Se ainda precisar do escape em um caractere, preceda-o com uma barra invertida:

```
In [31]: print("Don't wait! " + 'Learn how to "speak" Python.')
Don't wait! Learn how to "speak" Python.
In [32]: print("It's easy to \"escape\" characters with a leading \\.")
It's easy to "escape" characters with a leading \.
```

Quando você mistura strings com variáveis, geralmente trabalha com *f-strings*, abreviação de literal de string formatado [em inglês, *formatted string literal*]. Simplesmente coloque um f na frente de sua string e use variáveis entre chaves:

```
In [33]: # Observe como o Python permite atribuir convenientemente múltiplos
         # valores a múltiplas variáveis em uma única linha
         first_adjective, second_adjective = "free", "open source"
         f"Python is {first_adjective} and {second_adjective}."

Out[33]: 'Python is free and open source.'
```

Como mencionei no início desta seção, strings são objetos como todo o resto e oferecem alguns métodos (ou seja, funções) para realizar uma ação nessa string. Por exemplo, é assim que você muda entre letras maiúsculas e minúsculas:

```
In [34]: "PYTHON".lower()
Out[34]: 'python'
In [35]: "python".upper()
Out[35]: 'PYTHON'
```

Obtendo Ajuda

Como você sabe quais atributos certos objetos, como strings, oferecem e quais argumentos seus métodos aceitam? A resposta depende um pouco da ferramenta que você usa: com Jupyter notebooks, pressione a tecla Tab depois de digitar o ponto que segue um objeto, por exemplo, "python".<Tab>. Isso fará com que um menu suspenso apareça com todos os atributos e métodos que esse objeto oferece. Se seu cursor estiver em um método, por exemplo, entre parêntesis de "python".upper(), pressione Shift+Tab para obter a descrição dessa função. O VS Code exibirá essas informações automaticamente como uma dica de ferramenta. Se você executar um Python REPL no prompt do Anaconda, use dir("python") para obter os atributos disponíveis e help("python".upper) a fim de imprimir a descrição do método upper. Fora isso, é sempre uma boa ideia voltar à documentação online do Python. Se você está procurando a documentação de pacotes de terceiros como pandas, é útil procurá-los no PyPI, o índice de pacotes do Python, no qual você encontrará links para as respectivas páginas iniciais e documentação.

Ao trabalhar com strings, uma tarefa comum é selecionar partes de uma string: por exemplo, você pode querer obter a parte USD da notação da taxa de câmbio EURUSD. A próxima seção mostra o poderoso mecanismo de indexação e fatiamento do Python que permite fazer exatamente isso.

Indexação e Fatiamento

Indexação e fatiamento dão acesso a elementos específicos de uma sequência. Como as strings são sequências de caracteres, podemos usá-las para aprender como funciona. Na próxima seção, conheceremos sequências adicionais, como listas e tuplas, que também suportam a indexação e o fatiamento.

Indexação

A Figura 3-1 introduz o conceito de *indexação* [em inglês, *indexing*]. O Python é baseado em zero, o que significa que o primeiro elemento em uma sequência é referido pelo índice 0. Índices negativos a partir de -1 permitem que você faça referência a elementos no fim da sequência.

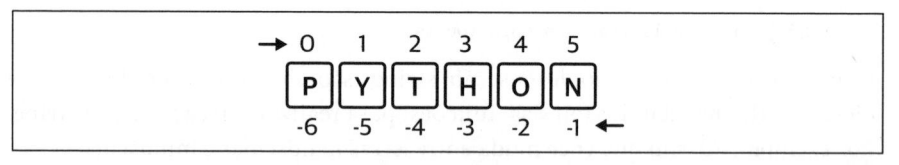

```
   → 0   1   2   3   4   5
     P   Y   T   H   O   N
    -6  -5  -4  -3  -2  -1 ←
```

Figura 3-1. Indexação do início e do fim de uma sequência

> **Armadilhas de Erro Comuns para Desenvolvedores VBA**
>
> Se você vem do VBA, a indexação é uma armadilha de erro comum. O VBA usa a indexação baseada em um para a maioria das coleções, como planilhas (`Sheets(1)`), mas usa a indexação baseada em zero para arrays (`MyArray(0)`), embora esse padrão possa ser alterado. Outra diferença é que o VBA usa parêntesis para a indexação enquanto o Python usa colchetes.

A sintaxe para a indexação é a seguinte:

```
sequence[index]
```

Assim, você acessa elementos específicos de uma string desta forma:

```
In [36]: language = "PYTHON"
In [37]: language[0]
Out[37]: 'P'
In [38]: language[1]
Out[38]: 'Y'
In [39]: language[-1]
Out[39]: 'N'
In [40]: language[-2]
Out[40]: 'O'
```

Muitas vezes, você desejará extrair mais do que apenas um único caractere — é aqui que entra o fatiamento.

Fatiamento

Se você quiser obter mais de um elemento de uma sequência, use a sintaxe de *fatiamento* [em inglês, *slicing*], que funciona da seguinte maneira:

```
sequence[start:stop:step]
```

O Python usa intervalos semiabertos: o índice start é incluído enquanto o índice stop não é. Se você deixar de lado os argumentos start ou stop, ele incluirá tudo desde o início ou até o final da sequência, respectivamente. step determina a direção e o tamanho do passo: por exemplo, 2 retornará cada segundo elemento da esquerda para a direita e -3 retornará cada terceiro elemento da direita para a esquerda. O tamanho padrão da etapa é um:

```
In  [41]: language[:3]  # Igual a language[0:3]
Out[41]: 'PYT'
In  [42]: language[1:3]
Out[42]: 'YT'
In  [43]: language[-3:]  # Igual a language[-3:6]
Out[43]: 'HON'
In  [44]: language[-3:-1]
Out[44]: 'HO'
In  [45]: language[::2]  # Cada segundo elemento
Out[45]: 'PTO'
In  [46]: language[-1:-4:-1]  # O passo negativo vai da direita para a esquerda
Out[46]: 'NOH'
```

Até agora, analisamos apenas uma única operação de indexação ou fatiamento, mas o Python também permite *encadear* várias operações de indexação e fatiamento juntas. Por exemplo, se você deseja obter o segundo caractere dos três últimos caracteres, pode fazer assim:

```
In  [47]: language[-3:][1]
Out[47]: 'O'
```

Isso é o mesmo que language[-2], então, nesse caso, não faria muito sentido usar o encadeamento, mas fará mais sentido quando usarmos a indexação e o fatiamento com listas, uma das estruturas de dados que apresentarei na próxima seção.

Estruturas de Dados

O Python oferece estruturas de dados poderosas que facilitam muito o trabalho com uma coleção de objetos. Nesta seção, apresentarei listas, dicionários, tuplas e conjuntos. Embora cada uma dessas estruturas de dados tenha características ligeiramente diferentes, todas elas são capazes de conter vários objetos. No VBA, você pode ter usado coleções ou arrays para armazenar diversos valores. O VBA ainda oferece uma estrutura de dados chamada dicionário, que funciona conceitualmente da mesma forma como o dicionário do Python. No entanto, está disponível apenas na versão Windows do Excel pronta para uso. Começaremos com as listas, a estrutura de dados que você provavelmente mais usará.

Listas

Listas são capazes de conter vários objetos de diferentes tipos de dados. Elas são tão versáteis que você as usará o tempo todo. Você cria uma lista da seguinte forma:

[element1, element2, ...]

Aqui estão duas listas, uma com nomes de arquivos do Excel e outra com alguns números:

```
In [48]: file_names = ["one.xlsx", "two.xlsx", "three.xlsx"]
         numbers = [1, 2, 3]
```

Assim como as strings, as listas podem ser facilmente concatenadas com o sinal de mais. Isso também mostra que as listas podem conter diferentes tipos de objetos:

```
In [49]: file_names + numbers
Out[49]: ['one.xlsx', 'two.xlsx', 'three.xlsx', 1, 2, 3]
```

Como as listas são objetos como todo o resto, elas também podem ter outras listas como seus elementos. Irei me referir a eles como *listas aninhadas*:

```
In [50]: nested_list = [[1, 2, 3], [4, 5, 6], [7, 8, 9]]
```

Se você reorganizar isso para abranger várias linhas, poderá reconhecer facilmente que é uma representação muito boa de uma matriz ou um intervalo de células de planilha. Observe que os colchetes implicitamente permitem que você quebre as linhas (consulte o quadro a seguir). Por meio da indexação e do fatiamento, você obtém os elementos desejados:

```
In [51]: cells = [[1, 2, 3],
                  [4, 5, 6],
                  [7, 8, 9]]
In [52]: cells[1] # Segunda linha
Out[52]: [4, 5, 6]
In [53]: cells[1][1:] # Segunda linha, segunda e terceira colunas
Out[53]: [5, 6]
```

Continuação de Linhas

Às vezes, uma linha de código pode ficar tão longa que você precisará dividi-la em duas ou mais linhas para manter seu código legível. Tecnicamente, você pode usar parêntesis ou uma barra invertida para quebrar a linha:

```
In [54]: a = (1 + 2
              + 3)
In [55]: a = 1 + 2 \
             + 3
```

O guia de estilo do Python, no entanto, prefere que você use *quebras de linha implícitas* se possível: sempre que estiver usando uma expressão que contenha parêntesis, colchetes ou chaves, use-os para introduzir uma quebra de linha sem ter que introduzir um caractere adicional. Falarei mais sobre o guia de estilo do Python no fim deste capítulo.

Você pode alterar os elementos em listas:

```
In [56]: users = ["Linda", "Brian"]
In [57]: users.append("Jennifer") # Mais comumente você adiciona aos usuários finais
Out[57]: ['Linda', 'Brian', 'Jennifer']
In [58]: users.insert(0, "Kim") # Insira "Kim" no índice 0 usuário
Out[58]: ['Kim', 'Linda', 'Brian', 'Jennifer']
```

Para excluir um elemento, use `pop` ou `del`. Enquanto `pop` é um método, `del` é implementado como uma instrução no Python:

```
In [59]: users.pop() # Remove e retorna o último elemento por padrão
Out[59]: 'Jennifer'
In [60]: users
Out[60]: ['Kim', 'Linda', 'Brian']
In [61]: del users[0] # del remove um elemento no índice fornecido
```

Estas são outras coisas úteis que você pode fazer com listas:

```
In [62]: len(users) # Comprimento
Out[62]: 2
In [63]: "Linda" in users # Verifique se os usuários contêm "Linda"
Out[63]: True
In [64]: print(sorted(users)) # Retorna uma nova lista ordenada
         print(users) # A lista original está inalterada
['Brian', 'Linda']
['Linda', 'Brian']
In [65]: users.sort() # Classifica os usuários da lista original
Out[65]: ['Brian', 'Linda']
```

Observe que você também pode usar `len` e `in` com strings:

```
In [66]: len("Python")
Out[66]: 6
In [67]: "free" in "Python is free and open source."
Out[67]: True
```

Para ter acesso aos elementos em uma lista, você os refere por sua posição ou índice — isso nem sempre é prático. Dicionários, o tópico da próxima seção, permitem que você tenha acesso a elementos por meio de uma chave (geralmente um nome).

Dicionários

Dicionários mapeiam chaves para valores. Você encontrará combinações de chave/valor o tempo todo. A maneira mais fácil de criar um dicionário é a seguinte:

```
{key1: value1, key2: value2, ...}
```

Enquanto as listas permitem acessar elementos pelo índice, ou seja, pela posição, os dicionários permitem acessar elementos pela chave. Tal como acontece com os índices, as chaves são acessadas por meio de colchetes. Os exemplos de código a seguir usarão um par de moedas (chave) que mapeia a taxa de câmbio (valor):

```
In [68]: exchange_rates = {"EURUSD": 1.1152,
                           "GBPUSD": 1.2454,
                           "AUDUSD": 0.6161}
In [69]: exchange_rates["EURUSD"] # Acessa a taxa de câmbio EURUSD
Out[69]: 1.1152
```

Os exemplos a seguir mostram como alterar os valores existentes e adicionar novos pares de chave/valor:

```
In [70]: exchange_rates["EURUSD"] = 1.2 # Altera um valor existente
         exchange_rates
Out[70]: {'EURUSD': 1.2, 'GBPUSD': 1.2454, 'AUDUSD': 0.6161}
In [71]: exchange_rates["CADUSD"] = 0.714 # Adiciona um novo par de chave/valor
         exchange_rates
Out[71]: {'EURUSD': 1.2, 'GBPUSD': 1.2454, 'AUDUSD': 0.6161, 'CADUSD': 0.714}
```

A maneira mais fácil de mesclar dois ou mais dicionários é *descompactá-los* em um novo. Você descompacta um dicionário com dois asteriscos à esquerda. Se o segundo dicionário contiver chaves do primeiro, os valores do primeiro serão substituídos. Você pode ver isso observando a taxa de câmbio de **GBPUSD**:

```
In [72]: {**exchange_rates, **{"SGDUSD": 0.7004, "GBPUSD": 1.2222}}
Out[72]: {'EURUSD': 1.2,
          'GBPUSD': 1.2222,
          'AUDUSD': 0.6161,
          'CADUSD': 0.714,
          'SGDUSD': 0.7004}
```

O Python 3.9 introduziu o caractere pipe como um operador de mesclagem dedicado para dicionários, o que permite simplificar a expressão anterior como:

```
exchange_rates | {"SGDUSD": 0.7004, "GBPUSD": 1.2222}
```

Muitos objetos podem servir como chaves; o seguinte é um exemplo com inteiros:

```
In [73]: currencies = {1: "EUR", 2: "USD", 3: "AUD"}
In [74]: currencies[1]
Out[74]: 'EUR'
```

Ao usar o método **get**, os dicionários permitem que você use um valor-padrão caso a chave não exista:

```
In [75]: # currencies[100] geraria uma exceção. Em vez de 100,
         # você também pode usar qualquer outra chave inexistente.
         currencies.get(100, "N/A")
Out[75]: 'N/A'
```

Os dicionários geralmente podem ser usados quando você usaria uma instrução **Case** no VBA. O exemplo anterior poderia ser escrito assim em VBA:

```
Select Case x
    Case 1
        Debug.Print "EUR"
    Case 2
        Debug.Print "USD"
    Case 3
        Debug.Print "AUD"
    Case Else
        Debug.Print "N/A"
End Select
```

Agora que você sabe como trabalhar com dicionários, vamos para a próxima estrutura de dados: as tuplas. Elas são semelhantes às listas, mas com uma grande diferença, como veremos na próxima seção.

Tuplas

As *tuplas* são semelhantes às listas com a diferença de serem *imutáveis*: uma vez criadas, seus elementos não podem ser alterados. Embora muitas vezes você possa usar tuplas e listas de forma alternada, as tuplas são a escolha óbvia para uma coleção que nunca muda ao longo do programa. As tuplas são criadas separando valores com vírgulas:

```
mytuple = element1, element2, ...
```

O uso de parêntesis geralmente facilita a leitura:

```
In [76]: currencies = ("EUR", "GBP", "AUD")
```

As tuplas permitem que você acesse os elementos da mesma forma que as listas, mas não permitem que altere os elementos. Em vez disso, a concatenação de tuplas criará uma nova tupla internamente e vinculará sua variável a essa nova tupla:

```
In [77]: currencies[0] # Acessando o primeiro elemento
Out[77]: 'EUR'
In [78]: # A concatenação de tuplas retornará uma nova tupla.
         currencies + ("SGD",)
Out[78]: ('EUR', 'GBP', 'AUD', 'SGD')
```

Explico a diferença entre objetos *mutáveis* e *imutáveis* em detalhes no Apêndice C, mas, por enquanto, veremos a última estrutura de dados desta seção: sets.

Sets

Sets são coleções que não possuem elementos duplicados. Embora você possa usá-los para operações da teoria de conjuntos, na prática geralmente ajudam a obter os valores exclusivos de uma lista ou tupla. Você cria sets usando chaves:

```
{element1, element2, ...}
```

Para obter os objetos exclusivos em uma lista ou uma tupla, use o construtor `set` da seguinte forma:

```
In [79]: set(["USD", "USD", "SGD", "EUR", "USD", "EUR"])
Out[79]: {'EUR', 'SGD', 'USD'}
```

Fora isso, você pode aplicar operações da teoria de conjuntos, como interseção e união:

```
In [80]: portfolio1 = {"USD", "EUR", "SGD", "CHF"}
         portfolio2 = {"EUR", "SGD", "CAD"}
In [81]: # O mesmo que portfolio2.union(portfolio1)
         portfolio1.union(portfolio2)
Out[81]: {'CAD', 'CHF', 'EUR', 'SGD', 'USD'}
In [82]: # O mesmo que portfolio2.intersection(portfolio1)
         portfolio1.intersection(portfolio2)
Out[82]: {'EUR', 'SGD'}
```

Para uma visão geral completa das operações do conjunto, consulte os documentos oficiais. Antes de prosseguir, revisaremos rapidamente as quatro estruturas de dados que acabamos de conhecer no Quadro 3-1. Ele tem uma amostra de cada estrutura de dados na notação que usei nos parágrafos anteriores, os chamados *literais*. Além disso, também estou listando seus construtores que oferecem uma alternativa ao uso de literais e são frequentemente usados para converter de uma estrutura de dados em outra. Por exemplo, para converter uma tupla em uma lista:

```
In [83]: currencies = "USD", "EUR", "CHF"
         currencies
Out[83]: ('USD', 'EUR', 'CHF')
In [84]: list(currencies)
Out[84]: ['USD', 'EUR', 'CHF']
```

Quadro 3-1. Estruturas de dados

Estruturas de Dados	Literais	Construtor
Lista	[1, 2, 3]	list((1, 2, 3))
Dicionário	{"a": 1, "b": 2}	dict(a=1, b=2)
Tupla	(1, 2, 3)	tuple([1, 2, 3])
Set	{1, 2, 3}	set((1, 2, 3))

Neste ponto, você conhece todos os tipos de dados importantes, incluindo os básicos, como floats e strings, e as estruturas de dados, como listas e dicionários. Na próxima seção, passaremos para o fluxo de controle.

Fluxo de Controle

Esta seção apresenta a instrução if, bem como os loops for e while. A instrução if permite que você execute certas linhas de código somente se uma condição é atendida, e os loops for e while executarão um bloco de código repetidamente. No fim desta seção, também apresentarei as compreensões de lista, que são uma maneira de construir listas que podem servir como uma alternativa aos loops for. Começarei esta seção com a definição dos blocos de código, para os quais também preciso apresentar uma das particularidades mais notáveis do Python: espaço em branco significativo.

Blocos de Código e a Instrução pass

Um *bloco de código* define uma seção em seu código-fonte que é usada para algo especial. Por exemplo, você usa um bloco de código para definir as linhas sobre as quais seu programa está em loop ou compõe a definição de uma função. Em Python, você define os blocos de código indentando, não usando palavras-chave como no VBA ou chaves como na maioria das outras linguagens. Isso é chamado de *espaço em branco significativo*. A comunidade Python estabeleceu quatro espaços como indentação, mas você geralmente os digita pressionando a tecla Tab: tanto os Jupyter notebooks quanto o VS Code converterão automaticamente sua tecla Tab em quatro espaços. Deixe-me mostrar como os blocos de código são formalmente definidos usando a instrução `if`:

```
if condition:
    pass # Não faça nada
```

A linha que precede o bloco de código sempre termina com dois-pontos. Como o final do bloco de código é alcançado quando você não mais indenta a linha, você precisa usar a instrução `pass` e deseja criar um bloco de código fictício que não faz nada. No VBA, isso corresponderia ao seguinte:

```
If condition Then
    ' Não faça nada
End If
```

Note que "Não faça nada" é um comentário nas duas versões e poderia ser omitido. Agora que você sabe como definir blocos de código, começaremos a usá-los na próxima seção, na qual apresentarei de maneira apropriada a instrução `if`.

Instrução if e Expressões Condicionais

Para apresentar a instrução `if`, deixe-me reproduzir o exemplo da seção "Legibilidade e Manutenibilidade" no Capítulo 1, mas desta vez em Python:

```
In [85]: i = 20
         if i < 5:
                 print("i is smaller than 5")
         elif i <= 10:
                 print("i is between 5 and 10")
         else:
                 print("i is bigger than 10")
i is bigger than 10
```

Se você fizesse o mesmo que fizemos no Capítulo 1, ou seja, indentar as instruções `elif` e `else`, obteria um `SyntaxError`. O Python não permitirá que você indente seu código de maneira diferente da lógica. Comparado ao VBA, as palavras-chave são minúsculas e, em vez de `ElseIf` no VBA, o Python usa `elif`. As instruções if são uma maneira fácil de saber se um programador é novo em Python ou se já adotou um estilo *pythônico*: em Python, uma instrução if simples não requer parêntesis e, para testar se um valor é True, você não precisa fazer isso explicitamente. Aqui está o que quero dizer com isso:

```
In [86]: is_important = True
         if is_important:
             print("This is important.")
         else:
             print("This is not important.")
This is important.
```

O mesmo funciona caso você deseje verificar se uma sequência, como uma lista, está vazia ou não:

```
In [87]: values = []
         if values:
             print(f"The following values were provided: {values}")
         else:
             print("There were no values provided.")
There were no values provided.
```

Em vez disso, os programadores vindos de outras linguagens frequentemente escreveriam algo como if (is_important == True) ou if len(values) > 0.

Expressões condicionais, também chamadas de *operadores ternários*, permitem que você use um estilo mais compacto para as instruções if/else simples:

```
In [88]: is_important = False
         print("important") if is_important else print("not important")
not important
```

Com as instruções if e as expressões condicionais dominadas, voltaremos nossa atenção para os loops for e while na próxima seção.

Loops for e while

Se precisar fazer algo repetidamente, como imprimir o valor de dez variáveis diferentes, você fará um grande favor a si mesmo ao não copiar/colar a instrução print dez vezes. Em vez disso, use um loop for para fazer o trabalho. Os loops for iteram os itens de uma sequência como uma lista, uma tupla ou uma string (lembre-se, strings são sequências de caracteres). Como um exemplo introdutório, criaremos um loop for que pega cada elemento da lista currencies, atribui à variável currency e imprime — um após o outro até que não haja mais elementos na lista:

```
In [89]: currencies = ["USD", "HKD", "AUD"]
         for currency in currencies:
             print(currency)
USD
HKD
AUD
```

Como um lembrete, a instrução VBA For Each está próxima de como o loop for do Python funciona. O exemplo anterior poderia ser escrito assim em VBA:

```
Dim currencies As Variant
Dim curr As Variant 'currency é uma palavra reservada em VBA
currencies = Array("USD", "HKD", "AUD")

For Each curr In currencies
    Debug.Print curr
Next
```

Em Python, se você precisar de uma variável de contador em um loop for, as variáveis embutidas range ou enumerate poderão ajudá-lo. Vejamos primeiro range, que fornece uma sequência de números: você a chama fornecendo um único argumento stop ou fornecendo um argumento start e stop, com um argumento step opcional. Assim como no fatiamento, start é inclusivo, stop é exclusivo e step determina o tamanho do passo, sendo 1 o padrão:

```
range(stop)
range(start, stop, step)
```

range avalia de uma maneira mais lenta, o que significa que, sem pedir explicitamente, você não verá a sequência gerada:

```
In [90]: range(5)
Out[90]: range(0, 5)
```

Converter o intervalo [range] em uma lista resolve esse problema:

```
In [91]: list(range(5)) # Instrução stop
Out[91]: [0, 1, 2, 3, 4]
In [92]: list(range(2, 5, 2)) # Argumentos start, stop, step
Out[92]: [2, 4]
```

Na maioria das vezes, não há necessidade de agrupar o intervalo com list:

```
In [93]: for i in range(3):
            print(i)
0
1
2
```

Se você precisar de uma variável de contador durante o loop em uma sequência, use enumerate. Ele retorna uma sequência de tuplas (index, element). Por padrão, o índice começa em zero e é incrementado em um. Você pode usar enumerate em um loop desta forma:

```
In [94]: for i, currency in enumerate(currencies):
            print(i, currency)
0 USD
1 HKD
2 AUD
```

Fazer um loop em tuplas e conjuntos funciona da mesma forma como em listas. Quando você faz um loop nos dicionários, o Python faz um loop nas chaves:

```
In [95]: exchange_rates = {"EURUSD": 1.1152,
                           "GBPUSD": 1.2454,
                           "AUDUSD": 0.6161}
         for currency_pair in exchange_rates:
             print(currency_pair)
EURUSD
GBPUSD
AUDUSD
```

Usando o método items, você obtém a chave e o valor ao mesmo tempo que a tupla:

```
In [96]: for currency_pair, exchange_rate in exchange_rates.items():
             print(currency_pair, exchange_rate)
EURUSD 1.1152
GBPUSD 1.2454
AUDUSD 0.6161
```

Para sair de um loop, use a instrução break:

```
In [97]: for i in range(15):
             if i == 2:
                 break
             else:
                 print(i)
0
1
```

Você pula o restante de uma iteração com a instrução continue, o que significa que o loop continua com o próximo elemento i:

```
In [98]: for i in range(4):
             if i == 2:
                 continue
             else:
                 print(i)
0
1
3
```

Ao comparar loops for no VBA com o Python, há uma diferença sutil: no VBA, a variável do contador aumenta além do seu limite superior após terminar o loop:

```
For i = 1 To 3
    Debug.Print i
Next i
Debug.Print i
```

Isto é impresso:

```
1
2
3
4
```

Em Python, ela se comporta como você provavelmente esperaria:

```
In [99]: for i in range(1, 4):
             print(i)
         print(i)
1
2
3
3
```

Em vez de fazer um loop em uma sequência, você também pode usar *loops while* para executar um loop enquanto determinada condição seja verdadeira:

```
In [100]: n = 0
          while n <= 2:
              print(n)
              n += 1
0
1
2
```

Atribuição Aumentada

Usei a notação de *atribuição aumentada* no último exemplo: n += 1. Isso é o mesmo que se você escrevesse n = n + 1. Também funciona com todos os outros operadores matemáticos que apresentei anteriormente; por exemplo, para menos, você pode escrever n -= -1.

Muitas vezes, você precisará coletar certos elementos em uma lista para um processamento posterior. Nesse caso, o Python oferece uma alternativa para escrever loops: compreensões de lista, dicionário e set.

Compreensões de Lista, Dicionário e Set

As compreensões de lista, dicionário e set são tecnicamente uma maneira de criar a respectiva estrutura de dados, mas geralmente substituem um loop for, e é por isso que as estou apresentando aqui. Suponha que, na lista a seguir de pares de moedas USD, você gostaria de escolher as moedas em que USD é cotado como a segunda moeda. Você poderia escrever o seguinte loop for:

```
In [101]: currency_pairs = ["USDJPY", "USDGBP", "USDCHF",
                            "USDCAD", "AUDUSD", "NZDUSD"]
In [102]: usd_quote = []
          for pair in currency_pairs:
              if pair[3:] == "USD":
                  usd_quote.append(pair[:3])
          usd_quote
Out[102]: ['AUD', 'NZD']
```

Isso geralmente é mais fácil de escrever com uma *compreensão de lista*, que é uma maneira concisa de criar uma lista. Você pode pegar sua sintaxe neste exemplo, que faz o mesmo que o loop for anterior:

```
In [103]: [pair[:3] for pair in currency_pairs if pair[3:] == "USD"]
Out[103]: ['AUD', 'NZD']
```

Se você não tiver nenhuma condição para atender, simplesmente deixe a parte `if` de lado. Por exemplo, para inverter todos os pares de moedas para que a primeira moeda fique em segundo lugar e vice-versa, você faria:

```
In [104]: [pair[3:] + pair[:3] for pair in currency_pairs]
Out[104]: ['JPYUSD', 'GBPUSD', 'CHFUSD', 'CADUSD', 'USDAUD', 'USDNZD']
```

Com dicionários, há compreensões de dicionário:

```
In [105]: exchange_rates = {"EURUSD": 1.1152,
                            "GBPUSD": 1.2454,
                            "AUDUSD": 0.6161}
                {k: v * 100 for (k, v) in exchange_rates.items()}
Out[105]: {'EURUSD': 111.52, 'GBPUSD': 124.54, 'AUDUSD': 61.61}
```

E, com sets, existem compreensões de sets:

```
In [106]: {s + "USD" for s in ["EUR", "GBP", "EUR", "HKD", "HKD"]}
Out[106]: {'EURUSD', 'GBPUSD', 'HKDUSD'}
```

Neste ponto, você já é capaz de escrever scripts simples, já que conhece a maioria dos blocos de construção básicos do Python. Na próxima seção, aprenderá como organizar seu código para mantê-lo passível de manutenção quando seus scripts começarem a ficar maiores.

Organização do Código

Nesta seção, veremos como trazer o código para uma estrutura de fácil manutenção: começarei apresentando as funções com todos os detalhes que você normalmente precisará antes de mostrar como dividir seu código em diferentes módulos Python. O conhecimento sobre módulos nos permitirá terminar esta seção examinando o módulo `datetime` que faz parte da biblioteca padrão.

Funções

Mesmo que você use Python apenas para scripts simples, ainda escreverá funções regularmente: elas são uma das construções mais importantes de todas as linguagens de programação e permitem que você reutilize as mesmas linhas de código de qualquer lugar do programa. Começaremos esta seção definindo uma função antes de vermos como chamá-la!

Definindo funções

Para escrever sua própria função em Python, você deve usar a palavra-chave `def`, que significa *definição* de função. Ao contrário do VBA, o Python não diferencia entre uma função e um procedimento Sub. Em Python, o equivalente a um procedimento Sub é simplesmente uma função que não retorna nada. As funções em Python seguem a sintaxe para blocos de código, ou seja, você termina a primeira linha com dois-pontos e indenta o corpo da função:

```
def function_name(required_argument, optional_argument=default_value, ...):
    return value1, value2, ...
```

Instruções obrigatórias
    As instruções obrigatórias não têm um valor-padrão. Múltiplas instruções são separadas por vírgulas.

Instruções opcionais
    Você torna uma instrução opcional fornecendo um valor-padrão. None é frequentemente usado para tornar opcional uma instrução se não há um padrão significativo.

Valor de retorno
    A instrução return define o valor que a função retorna. Se você o deixar de lado, a função retornará automaticamente None. O Python convenientemente permite retornar diversos valores separados por vírgulas.

Para podermos lidar com uma função, definiremos uma que seja capaz de converter a temperatura de Fahrenheit ou Kelvin em graus Celsius:

```
In [107]: def convert_to_celsius(degrees, source="fahrenheit"):
              if source.lower() == "fahrenheit":
                  return (degrees-32) * (5/9)
              elif source.lower() == "kelvin":
                  return degrees 273.15
              else:
                  return f"Don't know how to convert from {source}"
```

Estou usando o método de string lower, que transforma as strings fornecidas em minúsculas. Isso nos permite aceitar a string source com maiúsculas ou minúsculas, e a comparação ainda funcionará. Com a função convert_to_celsius definida, vejamos como podemos chamá-la!

Chamando as funções

Conforme mencionado brevemente no início deste capítulo, você chama uma função adicionando parêntesis ao nome dela, delimitando os argumentos da função:

```
value1, value2, ... = function_name(positional_arg, arg_name=value, ...)
```

Argumentos posicionais
    Se você fornecer um valor como argumento posicional (positional_arg), os valores serão correspondidos aos argumentos de acordo com sua posição na definição da função.

Argumentos de palavra-chave
    Ao fornecer o argumento no formato arg_name=value, você está fornecendo um argumento de palavra-chave. Isso tem a vantagem de que você

pode fornecer os argumentos em qualquer ordem. Também fica mais explícito para o leitor e pode torná-la mais fácil de entender. Por exemplo, se a função for definida como f(a, b), você poderia chamar a função assim: f(b=1, a=2). Esse conceito também existe no VBA, em que você poderia usar argumentos de palavras-chave chamando uma função desta maneira: f(b:=1, a:=1). Mas, em VBA, são referidas como *argumentos nomeados*.

Lidaremos com a função convert_to_celsius para ver como tudo isso funciona na prática:

```
In [108]: convert_to_celsius(100, "fahrenheit") # Argumentos posicionais
Out[108]: 37.77777777777778
In [109]: convert_to_celsius(50) # Usará a fonte padrão (fahrenheit)
Out[109]: 10.0
In [110]: convert_to_celsius(source="kelvin", degrees=0) # Argumentos de
palavra-chave
Out[110]: -273.15
```

Agora que você já sabe definir e chamar funções, veremos como organizá-las com a ajuda de módulos.

Módulos e a Instrução import

Quando você escrever código para projetos maiores, terá que dividi-lo em arquivos diferentes em algum momento para poder trazê-lo para uma estrutura fácil de gerenciar. Como já vimos no capítulo anterior, os arquivos Python têm a extensão *.py* e normalmente você se refere ao seu arquivo principal como um *script*. Se agora você deseja que seu script principal acesse a funcionalidade de outros arquivos, precisa *importar* essa funcionalidade primeiro. Nesse contexto, os arquivos de origem do Python são chamados de *módulos*. Para ter uma ideia melhor de como isso funciona e quais são as diferentes opções de importação, dê uma olhada no arquivo *temperature.py* no repositório complementar abrindo-o com o VS Code (Exemplo 3-1). Se você precisar de uma atualização sobre como abrir arquivos no VS Code, dê outra olhada no Capítulo 2.

Exemplo 3-1. temperature.py

```
TEMPERATURE_SCALES = ("fahrenheit", "kelvin", "celsius")

def convert_to_celsius(degrees, source="fahrenheit"):
    if source.lower() == "fahrenheit":
        return (degrees-32) * (5/9)
    elif source.lower() == "kelvin":
        return degrees 273.15
    else:
        return f"Don't know how to convert from {source}"

print("This is the temperature module.")
```

Para poder importar o módulo de temperatura do seu Jupyter notebook, você precisará que o Jupyter notebook e o módulo `temperature` estejam no mesmo diretório — como no caso do repositório complementar. Para importar, use apenas o nome do módulo, sem o final *.py*. Depois de executar a declaração `import`, você terá acesso a todos os objetos desse módulo Python por meio da notação de ponto. Por exemplo, use `temperature.convert_to_celsius()` para realizar sua conversão:

```
In [111]: import temperature
This is the temperature module.
In [112]: temperature.TEMPERATURE_SCALES
Out[112]: ('fahrenheit', 'kelvin', 'celsius')
In [113]: temperature.convert_to_celsius(120, "fahrenheit")
Out[113]: 48.88888888888889
```

Observe que usei letras maiúsculas para TEMPERATURE_SCALES a fim de expressar que é uma constante — falarei mais sobre isso no fim deste capítulo. Ao executar a célula com `import temperature`, o Python executará o arquivo *temperature.py* de cima para baixo. Você pode ver facilmente isso acontecendo, pois a importação do módulo acionará a função de impressão na parte inferior de *temperature.py*.

Os Módulos São Importados Apenas Uma Vez

Se você executar a célula `import temperature` novamente, notará que ela não imprime mais nada. Isso ocorre porque os módulos Python são importados apenas uma vez por sessão. Se você alterar o código em um módulo que você importa, precisará reiniciar seu interpretador Python para obter todas as alterações, ou seja, em um Jupyter notebook, teria que clicar em Kernel > Restart.

Na realidade, você geralmente não imprime nada em módulos. Isso foi apenas para mostrar o efeito de importar um módulo mais de uma vez. Mais comumente, você coloca funções e classes em seus módulos (para ter mais informações sobre classes, veja o Apêndice C). Se você não quiser digitar `temperature` toda vez que usar um objeto do módulo de temperatura, altere a instrução `import` assim:

```
In [114]: import temperature as tp
In [115]: tp.TEMPERATURE_SCALES
Out[115]: ('fahrenheit', 'kelvin', 'celsius')
```

Atribuir um álias curto `tp` ao seu módulo pode torná-lo mais fácil de usar, deixando sempre claro de onde vem um objeto. Muitos pacotes de terceiros sugerem uma convenção específica ao usar um álias. Por exemplo, pandas usa `import pandas como pd`. Há mais uma opção para importar objetos de outro módulo:

```
In [116]: from temperature import TEMPERATURE_SCALES, convert_to_celsius
In [117]: TEMPERATURE_SCALES
Out[117]: ('fahrenheit', 'kelvin', 'celsius')
```

A Pasta _pycache_

Ao importar o módulo `temperature`, você verá que o Python cria uma pasta chamada _pycache_ com arquivos que possuem a extensão *.pyc*. São arquivos compilados por bytecode que o interpretador Python cria quando você importa um módulo. Para nossos propósitos, podemos simplesmente ignorar essa pasta, pois é um detalhe técnico de como o Python executa seu código.

Ao usar a sintaxe `from x import y`, você importa apenas objetos específicos. Ao fazer isso, está importando-os diretamente para o *namespace* do seu script principal, ou seja, sem examinar as instruções `import`, você não poderá dizer se os objetos importados foram definidos em seu script Python atual, no Jupyter notebook ou se eles vêm de outro módulo. Isso pode causar conflitos: se seu script principal tiver uma função chamada `convert_to_celsius`, ela substituirá aquela que você está importando do módulo `temperature`. Mas, se você usa um dos dois métodos anteriores, sua função local e a do módulo importado podem conviver como `convert_to_celsius` e `temperature.convert_to_celsius`.

Não Nomeie Seus Scripts Como Pacotes Existentes

Uma fonte comum de erros é nomear seu arquivo Python da mesma forma que um pacote ou um módulo Python existente. Se você criar um arquivo para testar algumas funcionalidades do pandas, não chame esse arquivo de *pandas.py*, pois isso pode causar conflitos.

Agora que você sabe como funciona o mecanismo de importação, iremos usá-lo imediatamente para importar o módulo `datetime`! Isso também permitirá que você aprenda mais algumas coisas sobre objetos e classes.

A Classe datetime

Trabalhar com data e hora é uma operação comum no Excel, mas tem limitações: por exemplo, o formato de célula do Excel para hora não suporta unidades menores que milissegundos e fusos horários não são suportados. No Excel, a data e a hora são armazenadas como um float simples chamado *número de série de data*. A célula do Excel é formatada para exibi-la como data e/ou hora. Por exemplo, 1º de janeiro de 1900 tem o número de série de data 1, o que significa que essa também é a data mais antiga com a qual você pode trabalhar no Excel. O tempo é traduzido na parte decimal do float, por exemplo, 01/01/1900 10:10:00 é representado por 1.4236111111.

Em Python, para trabalhar com data e hora, você importa o módulo `datetime`, que faz parte da biblioteca padrão. O módulo `datetime` contém uma classe com o mesmo nome que nos permite criar objetos `datetime`. Como ter o mesmo nome para o módulo e a classe pode ser confuso, usarei a seguinte convenção de importação ao longo deste livro: `import datetime as dt`. Isso facilita a diferenciação entre o módulo (`dt`) e a classe (`datetime`).

Até este ponto, na maioria das vezes usamos *literais* para criar objetos como listas ou dicionários. Literais referem-se à sintaxe que o Python reconhece como um tipo de objeto específico — no caso de uma lista, seria algo como [1, 2, 3]. No entanto, a maioria dos objetos precisa ser criada chamando sua classe: esse processo é chamado de *instanciação*, portanto os objetos também são chamados de *instâncias de classes*. Chamar uma classe funciona da mesma forma que chamar uma função, ou seja, você adiciona parêntesis ao nome da classe e fornece os argumentos da mesma forma que fizemos com as funções. Para instanciar um objeto `datetime`, você precisa chamar a classe assim:

```
import datetime as dt
dt.datetime(year, month, day, hour, minute, second, microsecond, timezone)
```

Vejamos alguns exemplos para saber como você trabalha com objetos `datetime` no Python. Para os propósitos dessa introdução, iremos ignorar os fusos horários e trabalhar com objetos `datetime` sem fuso horário:

```
In [118]: # Importar o módulo datetime como "dt"
          import datetime as dt
In [119]: # Instanciar um objeto datetime chamado "timestamp"
          timestamp = dt.datetime(2020, 1, 31, 14, 30)
          timestamp
Out[119]: datetime.datetime(2020, 1, 31, 14, 30)
In [120]: # Objetos datetime oferecem vários atributos, por ex., obter o dia
          timestamp.day
Out[120]: 31
In [121]: # A diferença de dois objetos datetime retorna um objeto timedelta
          timestamp dt.datetime(2020, 1, 14, 12, 0)
Out[121]: datetime.timedelta(days=17, seconds=9000)
In [122]: # Assim, você também pode trabalhar com objetos timedelta
          timestamp + dt.timedelta(days=1, hours=4, minutes=11)
Out[122]: datetime.datetime(2020, 2, 1, 18, 41)
```

Para *formatar* objetos `datetime` em strings, use o método `strftime` e para *analisar uma* string e convertê-la em um objeto `datetime`, use a função `strptime` (você pode encontrar uma visão geral dos códigos de formato aceitos nos documentos datetime):

```
In [123]: # Formatar um objeto datetime de uma maneira específica
          # Você também pode usar f-string: f"{timestamp:%d/%m/%Y %H:%M}"
          timestamp.strftime("%d/%m/%Y %H:%M")
Out[123]: '31/01/2020 14:30'
In [124]: # Analisar uma string em um objeto datetime
          dt.datetime.strptime("12.1.2020", "%d.%m.%Y")
Out[124]: datetime.datetime(2020, 1, 12, 0, 0)
```

Após essa breve introdução ao módulo `datetime`, iremos para o último tópico deste capítulo, que é sobre como formatar seu código corretamente.

PEP 8: Guia de Estilo para Código Python

Você pode estar se perguntando por que às vezes eu usei nomes de variáveis com sublinhados ou com letras maiúsculas. Esta seção explicará minhas escolhas de formatação apresentando o guia de estilo oficial do Python. O Python usa as chamadas Propostas de Aprimoramento do Python [em inglês, *Python Enhancement Proposals* — PEP] para discutir a introdução de novos recursos de linguagem. Um deles, o Guia de Estilo para Código Python, geralmente é referido por seu número: PEP 8. PEP 8 é um conjunto de recomendações de estilo para a comunidade Python; se todos que trabalham no mesmo código seguirem ao mesmo guia de estilo, o código ficará muito mais legível. Isso é especialmente importante no mundo do código aberto, onde muitos programadores trabalham no mesmo projeto, muitas vezes sem se conhecerem pessoalmente. O Exemplo 3-2 mostra um pequeno arquivo Python que apresenta as convenções mais importantes.

Exemplo 3-2. pep8_sample.py

```
"""Este script mostra algumas regras da PEP 8. ❶
"""

import datetime as dt ❷

TEMPERATURE_SCALES = ("fahrenheit", "kelvin",
                     "celsius") ❸
❹
class TemperatureConverter: ❺
    pass # Não faz nada no momento ❻

def convert_to_celsius(degrees, source="fahrenheit"): ❼
    """Esta função converte graus Fahrenheit ou Kelvin
    em graus Celsius. ❽
    """
    if source.lower() == "fahrenheit": ❾
        return (degrees-32) * (5/9) ❿
    elif source.lower() == "kelvin":
        return degrees 273.15
    else:
        return f"Don't know how to convert from {source}"

celsius = convert_to_celsius(44, source="fahrenheit") ⓫
non_celsius_scales = TEMPERATURE_SCALES[:-1] ⓬

print("Current time: " + dt.datetime.now().isoformat())
print(f"The temperature in Celsius is: {celsius}")
```

❶ Explica o que o script/módulo faz com uma *docstring* no topo. Docstring é um tipo especial de string, entre aspas triplas. Além de servir como uma string para documentar seu código, uma docstring também facilita a escrita de strings em várias linhas e é útil se seu texto tiver muitas aspas duplas ou aspas simples, pois você não precisará aplicar o escape nelas. Também são úteis para escrever consultas SQL de várias linhas, como veremos no Capítulo 11.

❷ Todas as importações estão no topo do arquivo, uma por linha. Liste primeiro as importações da biblioteca padrão, depois as de pacotes de terceiros e, finalmente, as de seus próprios módulos. Essa amostra faz uso apenas da biblioteca padrão.

❸ Use letras maiúsculas com sublinhados para as constantes. Use um comprimento máximo de linha de 79 caracteres. Se possível, utilize parêntesis, colchetes ou chaves para as quebras de linha implícitas.

❹ Separe classes e funções com duas linhas vazias do resto do código.

❺ Apesar do fato de que muitas classes como `datetime` são todas minúsculas, suas próprias classes devem usar `CapitalizedWords` como nomes. Para saber mais sobre as classes, consulte o Apêndice C.

❻ Os comentários nas linhas devem ser separados por pelo menos dois espaços do código. Os blocos de código devem ser indentados com quatro espaços.

❼ Funções e argumentos de função devem usar nomes em minúsculas com sublinhados se melhorarem a legibilidade. Não use espaços entre o nome do argumento e seu valor-padrão.

❽ A docstring de uma função também deve listar e explicar os argumentos da função. Não fiz isso aqui para manter a amostra curta, mas você encontrará docstrings completas no arquivo *excel.py* que está incluído no repositório complementar e que encontraremos no Capítulo 8.

❾ Não use espaços ao redor dos dois-pontos.

❿ Use espaços em torno de operadores matemáticos. Se forem usados operadores com prioridades diferentes, você pode considerar adicionar espaços apenas em torno daqueles com a prioridade mais baixa. Como a multiplicação neste exemplo tem a prioridade mais baixa, adicionei espaços ao redor dela.

⓫ Use nomes com letras minúsculas para as variáveis. Faça uso de sublinhados se eles melhorarem a legibilidade. Ao atribuir um nome de variável, use espaços ao redor do sinal de igual. No entanto, ao chamar uma função, não use espaços ao redor do sinal de igual usado com argumentos de palavras-chave.

⓬ Com a indexação e o fatiamento, não use espaços ao redor dos colchetes.

Esse é um resumo simplificado da PEP 8, então é uma boa ideia dar uma olhada no PEP 8 original assim que você começar a ficar mais sério com o Python. O PEP 8 afirma claramente que é uma recomendação e que seus próprios guias de estilo terão precedência. Afinal, a consistência é o fator mais importante. Se estiver interessado em outras diretrizes disponíveis publicamente, você pode dar uma olhada no guia de estilo do Google para Python, que é razoavelmente próximo do PEP 8. Na prática, a maioria dos programadores Python segue mais ou menos o PEP 8 e ignorar o comprimento máximo de linha de 79 caracteres é provavelmente o erro mais comum.

Como pode ser difícil formatar seu código corretamente ao escrevê-lo, você pode verificar seu estilo automaticamente. A próxima seção mostra como isso funciona com o VS Code.

PEP 8 e VS Code

Ao trabalhar com o VS Code, há uma maneira fácil de garantir que seu código siga o PEP 8: use um *linter*. Um linter verifica seu código-fonte quanto a erros de sintaxe e estilo. Abra a paleta de comandos (Ctrl+Shift+P no Windows ou Command-Shift-P no macOS) e procure por Python: Selecione Linter. Uma opção popular é o *flake8*, um pacote que vem pré-instalado com o Anaconda. Se ativado, o VS Code sublinhará os problemas com linhas onduladas toda vez que você salvar seu arquivo. Passar o mouse sobre uma linha ondulada fornecerá uma explicação em uma dica da ferramenta. Você desativa um linter novamente pesquisando por "Python: Habilitar Linting" na paleta de comandos e escolhendo "Desabilitar Linting". Se preferir, também pode executar `flake8` em um prompt do Anaconda para imprimir um relatório (o comando só imprime algo se há uma violação do PEP 8, portanto executar isso em *pep8_sample.py* não imprimirá nada, a menos que você introduza uma violação):

```
(base)> cd C:\Users\nomeusuário\python-for-excel
(base)> flake8 pep8_sample.py
```

O Python recentemente levou a análise de código estático um passo adiante, adicionando suporte para *dicas do tipo*. A próxima seção explica como funcionam.

Dicas do Tipo

No VBA, muitas vezes você vê um código que prefixa cada variável com uma abreviação para o tipo de dados, como `strEmployeeName` ou `wbWorkbookName`. Embora ninguém o impeça de fazer isso no Python, não é feito com frequência. Você também não encontrará um equivalente à instrução `Option Explicit` ou `Dim` do VBA para declarar o tipo de uma variável. Em vez disso, o Python 3.5 introduziu um recurso chamado *dicas do tipo*. As dicas do tipo também são chamadas de *anotações do tipo* e permitem declarar o tipo de dados de uma variável. São opcionais e não têm efeito sobre como o código é executado pelo interpretador Python (há, no entanto, pacotes de terceiros como pydantic que podem impor as dicas do tipo durante a execução). O principal objetivo das dicas do tipo é permitir que editores de texto, como o VS Code, detectem mais erros antes de executar o código, mas também podem melhorar o preenchimento automático de código do VS Code e de outros editores. O verificador do tipo mais popular para código anotado por tipo é o mypy, que o VS Code oferece como um linter. Para ter uma ideia de como as anotações do tipo funcionam em Python, aqui está uma pequena amostra sem dicas do tipo:

```
x = 1

def hello(name):
    return f"Hello {name}!"
```

E novamente com dicas do tipo:

```
x: int = 1

def hello(name: str) -> str:
    return f"Hello {name}!"
```

Como as dicas do tipo geralmente fazem mais sentido em bases de código maiores, não as usarei no restante deste livro.

Conclusão

Este capítulo foi uma introdução completa ao Python. Conhecemos os blocos de construção mais importantes da linguagem, incluindo estruturas de dados, funções e módulos. Também abordamos algumas particularidades do Python, como espaço em branco significativo e as diretrizes de formatação do código, mais conhecidas como PEP 8. Para continuar com este livro, você não precisará conhecer todos os detalhes: como iniciante, saber sobre listas e dicionários, indexação e fatiamento, além de como trabalhar com funções, módulos, loops for e declarações if, já o levará longe.

Comparado ao VBA, acho o Python mais consistente e poderoso, mas ao mesmo tempo mais fácil de aprender. Se você é um fã obstinado do VBA e este capítulo ainda não o convenceu, tenho certeza de que a próxima parte o fará: lá, eu lhe darei uma introdução aos cálculos baseados em array antes de iniciar nossa jornada de análise de dados com a biblioteca pandas. Começaremos com a Parte II aprendendo algumas noções básicas sobre o NumPy!

PARTE II
Introdução ao pandas

CAPÍTULO 4
Fundamentos do NumPy

Como você deve se lembrar do Capítulo 1, NumPy é o pacote principal para computação científica em Python, fornecendo suporte para cálculos baseados em array e álgebra linear. Como o NumPy é a espinha dorsal do pandas, apresentarei seus conceitos básicos neste capítulo: depois de explicar o que é um array NumPy, veremos vetorização e transmissão, dois conceitos importantes que permitem escrever um código matemático conciso e que você encontrará novamente em pandas. Depois, veremos por que o NumPy oferece funções especiais, chamadas funções universais, antes de encerrarmos este capítulo aprendendo como obter e definir valores de um array e explicando a diferença entre uma visualização e uma cópia de um array NumPy. Mesmo que seja difícil usar o NumPy diretamente neste livro, conhecer seus fundamentos tornará mais fácil aprender o pandas no próximo capítulo.

Primeiros Passos com o NumPy

Nesta seção, aprenderemos sobre os arrays NumPy unidimensionais e bidimensionais, e o que está por trás dos termos técnicos *vetorização, transmissão* e *função universal*.

Array NumPy

Para realizar cálculos baseados em arrays com listas aninhadas, como vimos no capítulo anterior, você teria que escrever algum tipo de loop. Por exemplo, para adicionar um número a cada elemento em uma lista aninhada, você pode usar a seguinte compreensão de lista aninhada:

```
In [1]: matrix = [[1, 2, 3],
                  [4, 5, 6],
                  [7, 8, 9]]
In [2]: [[i + 1 for i in row] for row in matrix]
Out[2]: [[2, 3, 4], [5, 6, 7], [8, 9, 10]]
```

Não é muito legível e, mais importante, se você fizer isso com arrays grandes, o loop em cada elemento se tornará muito lento. Dependendo do seu caso de uso e do tamanho dos arrays, calcular com arrays NumPy, em vez de listas Python, pode tornar seus cálculos até 100 vezes mais rápidos. O NumPy alcança esse desempenho usando um código que foi escrito em C ou Fortran — são linguagens de programação compiladas muito mais rápidas que o Python. Um array NumPy é N-dimensional para *dados homogêneos*. Homogêneo significa que todos os elementos na matriz precisam ser do mesmo tipo de dados. Mais comumente, você está lidando com arrays de floats unidimensionais e bidimensionais, como mostrado esquematicamente na Figura 4-1.

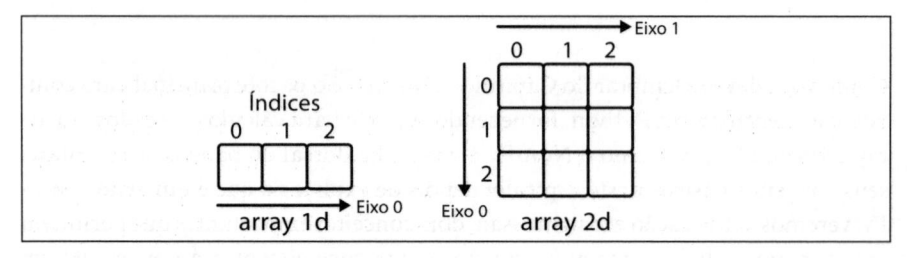

Figura 4-1. Um array NumPy unidimensional e bidimensional

Criaremos um array unidimensional e bidimensional para trabalhar neste capítulo:

```
In [3]: # Primeiro, vamos importar NumPy
        import numpy as np
In [4]: # Construir um array com uma lista simples resulta em um array 1d
        array1 = np.array([10, 100, 1000.])
In [5]: # Construir um array com uma lista aninhada resulta em um array 2d
        array2 = np.array([[1., 2., 3.],
                           [4., 5., 6.]])
```

Dimensão do Array

É importante notar a diferença entre um array unidimensional e bidimensional: um array unidimensional tem apenas um eixo e, portanto, não possui uma orientação explícita de coluna ou linha. Embora se comporte como arrays no VBA, você pode ter que se acostumar com isso se vier de uma linguagem como MATLAB, na qual os arrays unidimensionais sempre têm uma orientação de coluna ou de linha.

Mesmo que `array1` consista em inteiros, exceto pelo último elemento (que é um float), a homogeneidade dos arrays NumPy força o tipo de dados do array a ser `float64`, que é capaz de aceitar todos os elementos. Para aprender sobre o tipo de dado de um array, acesse seu atributo `dtype`:

```
In [6]: array1.dtype
Out[6]: dtype('float64')
```

Como o `dtype` retorna `float64` em vez de `float`, que vimos no capítulo anterior, você deve ter adivinhado que o NumPy usa seus próprios tipos de dados numéricos, que são mais granulares do que os tipos de dados do Python. Isso geralmente não é um problema, pois, na maioria das vezes, a conversão entre os diferentes tipos de dados em Python e NumPy acontece automaticamente. Se você precisar converter explicitamente um tipo de dados NumPy em um dos tipos de dados básicos do Python, basta usar o construtor correspondente (falarei mais sobre como acessar um elemento de um array em breve):

```
In [7]: float(array1[0])
Out[7]: 10.0
```

Para obter uma lista completa dos tipos de dados do NumPy, consulte os documentos do NumPy. Com os arrays NumPy, você pode escrever um código simples para realizar cálculos baseados em array, como veremos a seguir.

Vetorização e Transmissão

Se você construir a soma de um escalar e um array NumPy, o NumPy executará uma operação de elementos individuais [em inglês, *element-wise*], o que significa que você mesmo não precisa percorrer os elementos. A comunidade NumPy se refere a isso como *vetorização*. Ela permite que você escreva um código conciso, representando praticamente a notação matemática:

```
In [8]: array2 + 1
Out[8]: array([[2., 3., 4.],
               [5., 6., 7.]])
```

> **Escalar**
>
> *Escalar* refere-se a um tipo de dados básico do Python, como um float ou uma string. Isso é para diferenciá-los das estruturas de dados com vários elementos, como listas e dicionários, ou arrays NumPy unidimensionais e bidimensionais.

O mesmo princípio se aplica quando você trabalha com dois arrays: NumPy executa a operação element-wise:

```
In [9]: array2 * array2
Out[9]: array([[ 1.,  4.,  9.],
               [16., 25., 36.]])
```

Se você usa dois arrays com formas diferentes em uma operação aritmética, o NumPy amplia — se possível — o array menor automaticamente no array maior para que suas formas se tornem compatíveis. Isso se chama *transmissão*:

```
In [10]: array2 * array1
Out[10]: array([[ 10., 200., 3000.],
                [ 40., 500., 6000.]])
```

Para realizar multiplicações de matrizes ou produtos escalares, use o operador @:[1]

---

[1] Se já faz um tempo desde sua última aula de álgebra linear, você pode pular este exemplo — a multiplicação de matrizes não é algo em que este livro se baseia.

```
In [11]: array2 @ array2.T # array2.T é um atalho para array2.transpose()
Out[11]: array([[14., 32.],
               [32., 77.]])
```

Não se deixe intimidar pela terminologia que apresentei nesta seção, como escalar, vetorização ou transmissão! Se você já trabalhou com arrays no Excel, tudo isso deve parecer muito natural, conforme mostrado na Figura 4-2. A captura de tela foi tirada de *array_calculations.xlsx*, que você encontrará no diretório *xl* do repositório complementar.

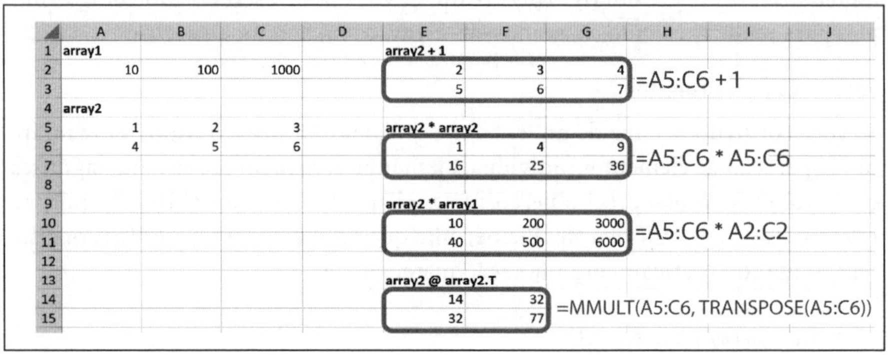

Figura 4-2. Cálculos baseados em array no Excel

Você sabe agora que os arrays executam operações aritméticas de elementos individuais, mas como aplicar uma função em cada elemento em um array? É para isso que as funções universais estão aqui.

Funções Universais (ufunc)

Funções Universais [em inglês, *Universal functions*] (ufunc) funcionam em todos os elementos em um array NumPy. Por exemplo, se você usar a função raiz quadrada padrão do Python do módulo `math` em um array NumPy, receberá um erro:

```
In [12]: import math
In [13]: math.sqrt(array2) # Isso irá gerar um Erro
--------------------------------------------------------------------------
TypeError                                 Traceback (most recent call last)
<ipython-input-13-5c37e8f41094> in <module>
----> 1 math.sqrt(array2) # Isso irá gerar um Erro

TypeError: only size-1 arrays can be converted to Python scalars
```

Você poderia, é claro, escrever um loop aninhado para obter a raiz quadrada de cada elemento e, em seguida, construir um array NumPy novamente a partir do resultado:

```
In [14]: np.array([[math.sqrt(i) for i in row] for row in array2])
Out[14]: array([[1.        , 1.41421356, 1.73205081],
                [2.        , 2.23606798, 2.44948974]])
```

Isso funcionará nos casos em que o NumPy não oferece uma ufunc e o array é pequeno o suficiente. No entanto, se NumPy tiver uma ufunc, use-a, pois será muito mais rápido com arrays grandes — além de ser mais fácil de digitar e de ler:

```
In [15]: np.sqrt(array2)
Out[15]: array([[1.        , 1.41421356, 1.73205081],
                [2.        , 2.23606798, 2.44948974]])
```

Algumas ufuncs do NumPy, como sum, estão disponíveis adicionalmente como métodos de array: se você quiser a soma de cada coluna, faça o seguinte:

```
In [16]: array2.sum(axis=0) # Retorna um array 1d
Out[16]: array([5., 7., 9.])
```

O argumento `axis=0` refere-se ao eixo nas linhas enquanto `axis=1` refere-se ao eixo nas colunas, conforme ilustrada na Figura 4-1. Deixar o argumento `axis` de lado soma todo o array:

```
In [17]: array2.sum()
Out[17]: 21.0
```

Você conhecerá mais ufuncs NumPy ao longo deste livro, pois podem ser usadas com os DataFrames do pandas.

Até agora, sempre trabalhamos com o array inteiro. A próxima seção mostra como manipular partes de um array e apresenta alguns construtores de array úteis.

Criando e Manipulando Arrays

Começarei esta seção obtendo e configurando elementos específicos de um array antes de apresentar alguns construtores de array úteis, incluindo um para criar números pseudoaleatórios que você pode usar para uma simulação de Monte Carlo. Encerrarei a seção explicando a diferença entre visualização e cópia de um array.

Obtendo e Definindo Elementos do Array

No último capítulo, mostrei como indexar e fatiar listas para obter acesso a elementos específicos. Quando você trabalha com listas aninhadas como matrix do primeiro exemplo deste capítulo, pode usar a indexação encadeada [em inglês, *chained indexing*]: matrix[0][0]. Com arrays NumPy, no entanto, você fornece os argumentos de índice e fatia para ambas as dimensões em um único par de colchetes:

```
numpy_array[row_selection, column_selection]
```

Para os arrays unidimensionais, isso simplifica para `numpy_array[selection]`. Ao selecionar um único elemento, você receberá de volta um escalar; caso contrário, receberá de volta um array unidimensional ou bidimensional. Lembre-se de que a notação de fatia usa um índice inicial (incluído) e um índice final (excluído) com dois-pontos entre eles, como em `start:end`. Ao deixar de lado o índice inicial e o final, você fica com dois-pontos, o que representa todas as linhas ou todas as colunas em um array bidimensional. Deixei alguns exemplos na Figura 4-3, mas você também pode querer dar outra olhada na Figura 4-1, já que os índices e os eixos estão rotulados lá. Lembre-se, ao fatiar a coluna ou a linha de um array, você acaba com um array unidimensional, não com uma coluna ou vetor de linha bidimensional!

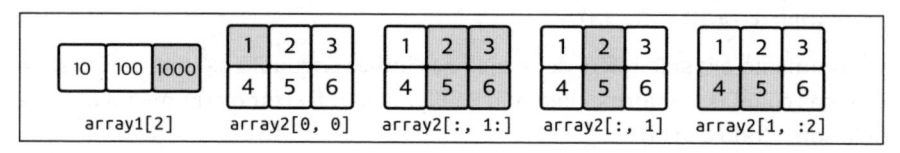

Figura 4-3. Selecionando elementos de um array NumPy

Lide com os exemplos mostrados na Figura 4-3 executando o seguinte código:

```
In [18]: array1[2] # Retorna um escalar
Out[18]: 1000.0
In [19]: array2[0, 0] # Retorna um escalar
Out[19]: 1.0
In [20]: array2[:, 1:] # Retorna um array 2d
Out[20]: array([[2., 3.],
                [5., 6.]])
In [21]: array2[:, 1] # Retorna um array 1d
Out[21]: array([2., 5.])
In [22]: array2[1, :2] # Retorna um array 1d
Out[22]: array([4., 5.])
```

Até agora, construí os arrays de amostra manualmente, ou seja, fornecendo números em uma lista. Mas o NumPy também oferece algumas funções úteis para construir arrays.

Construtores de Array Úteis

O NumPy tem algumas maneiras de construir arrays que também serão úteis para criar DataFrames do pandas, como veremos no Capítulo 5. Uma maneira de criar arrays facilmente é usar a função `arange`. Isso significa intervalo de array [em inglês, *array range*] e é semelhante ao `range` embutido que encontramos no capítulo anterior — com a diferença de que `arange` retorna um array NumPy. Combiná-lo com `reshape` nos permite gerar rapidamente um array com as dimensões desejadas:

```
In [23]: np.arange(2 * 5).reshape(2, 5) # 2 linhas, 5 colunas
Out[23]: array([[0, 1, 2, 3, 4],
                [5, 6, 7, 8, 9]])
```

Outra necessidade comum, por exemplo, para as simulações de Monte Carlo, é gerar arrays de números pseudoaleatórios normalmente distribuídos. O NumPy torna isso fácil:

```
In [24]: np.random.randn(2, 3) # 2 linhas, 3 colunas
Out[24]: array([[-0.30047275, -1.19614685, -0.13652283],
                [ 1.05769357,  0.03347978, -1.2153504 ]])
```

Outros construtores úteis que valem a pena explorar são np.ones e np.zeros para criar arrays com uns e zeros, respectivamente, e np.eye para criar uma matriz de identidade. Encontraremos alguns desses construtores novamente no próximo capítulo, mas, por enquanto, aprenderemos sobre a diferença entre a visualização e a cópia de um array NumPy.

Visualizar versus Copiar

Os arrays NumPy retornam visualizações quando você os fatia. Isso significa que você está trabalhando com um subconjunto do array original sem copiar os dados. Definir um valor em uma visualização, portanto, também alterará o array original:

```
In [25]: array2
Out[25]: array([[1., 2., 3.],
                [4., 5., 6.]])
In [26]: subset = array2[:, :2]
         subset
Out[26]: array([[1., 2.],
                [4., 5.]])
In [27]: subset[0, 0] = 1000
In [28]: subset
Out[28]: array([[1000.,    2.],
                [   4.,    5.]])

In [29]: array2
Out[29]: array([[1000.,    2.,    3.],
                [   4.,    5.,    6.]])
```

Se não é isso que você quer, teria que alterar In [26] da seguinte forma:

```
subset = array2[:, :2].copy()
```

Trabalhar em uma cópia deixará o array original inalterado.

Conclusão

Neste capítulo, mostrei como trabalhar com arrays NumPy e o que está por trás de expressões como vetorização e transmissão. Colocando esses termos técnicos de lado, trabalhar com arrays deve ser bastante intuitivo, já que eles seguem a notação matemática. Embora o NumPy seja uma biblioteca incrivelmente poderosa, existem dois problemas principais quando você deseja usá-lo para a análise de dados:

- Todo o array NumPy precisa ser do mesmo tipo de dados. Isso, por exemplo, significa que você não pode realizar nenhuma das operações aritméticas que fizemos neste capítulo quando seu array contém uma mistura de texto e números. Assim que o texto estiver envolvido, o array terá o tipo de dados `object`, o que não permitirá operações matemáticas.

- O uso de arrays NumPy para a análise de dados dificulta saber a que cada coluna ou linha se refere, porque você normalmente seleciona colunas por meio de sua posição, como em `array2[:, 1]`.

O pandas resolveu esses problemas fornecendo estruturas de dados mais inteligentes sobre os arrays NumPy. O que são e como funcionam é o tema do próximo capítulo.

CAPÍTULO 5
Análise de Dados com pandas

Este capítulo apresentará a você o pandas, a *Biblioteca de Análise de Dados Python* [em inglês, *Python Data Analysis Library*] ou — como eu gosto de colocar — a planilha em Python com superpoderes. Ela é tão poderosa que algumas das empresas com as quais trabalhei conseguiram se livrar completamente do Excel, substituindo-o por uma combinação de Jupyter notebooks e pandas. Como leitor deste livro, no entanto, suponho que você manterá o Excel, caso em que o pandas servirá como uma interface para obter e retirar dados de planilhas. O pandas torna as tarefas particularmente complicadas no Excel mais fáceis, rápidas e menos propensas a erros. Algumas dessas tarefas incluem obter grandes conjuntos de dados de fontes externas e trabalhar com estatísticas, séries temporais e gráficos interativos. Os superpoderes mais importantes do pandas são a vetorização e o alinhamento de dados. Como já vimos no capítulo anterior com os arrays NumPy, a vetorização permite que você escreva um código conciso e baseado em array, enquanto o alinhamento de dados garante que não haja incompatibilidade de dados ao trabalhar com vários conjuntos de dados.

Este capítulo abrange toda a jornada de análise de dados: começa com a limpeza e a preparação dos dados antes de mostrar como entender os conjuntos de dados maiores por meio de agregação, estatísticas descritivas e visualização. No fim do capítulo, veremos como importar e exportar dados com o pandas. Mas, inicialmente, começaremos com uma introdução às principais estruturas de dados do pandas: DataFrame e Série!

DataFrame e Série

DataFrame e Série são as principais estruturas de dados no pandas. Nesta seção, estou apresentando-as com foco nos principais componentes de um DataFrame: índice, colunas e dados. Um *DataFrame* é semelhante a um array NumPy bidimensional, mas vem com rótulos de coluna e linha, e cada coluna pode conter diferentes tipos de dados. Ao extrair uma única coluna ou linha de um DataFrame, você obtém uma série unidimensional. Novamente, uma *Série* é semelhante a um array NumPy unidimensional com rótulos. Quando você observa a estrutura de um DataFrame na Figura 5-1, não é preciso muita imaginação para ver que os DataFrames serão suas planilhas baseadas em Python.

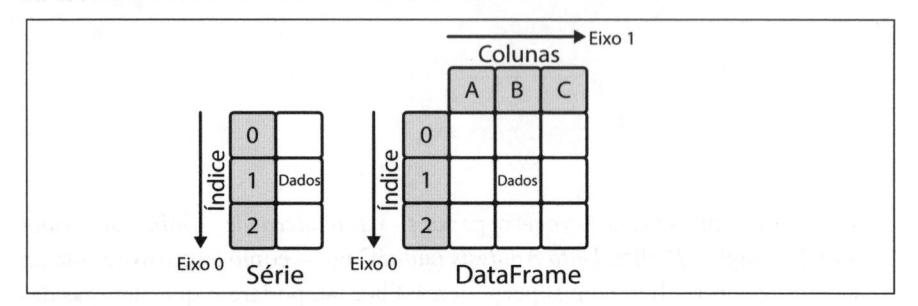

Figura 5-1. Uma Série e um DataFrame do pandas

Para mostrar como é fácil fazer a transição de uma planilha para um DataFrame, considere a seguinte tabela do Excel na Figura 5-2, que mostra os participantes de um curso online com sua pontuação. Você encontrará o arquivo correspondente *course_participants.xlsx* na pasta *xl* do repositório complementar.

	A	B	C	D	E	F
1	user_id	name	age	country	score	continent
2	1001	Mark	55	Italy	4.5	Europe
3	1000	John	33	USA	6.7	America
4	1002	Tim	41	USA	3.9	America
5	1003	Jenny	12	Germany	9	Europe

Figura 5-2. course_participants.xlsx

Para disponibilizar essa tabela do Excel em Python, comece importando o pandas e, em seguida, use sua função `read_excel`, que retorna um DataFrame:

```
In [1]: import pandas as pd
In [2]: pd.read_excel("xl/course_participants.xlsx")
Out[2]:    user_id   name  age  country  score continent
        0     1001   Mark   55    Italy    4.5    Europe
        1     1000   John   33      USA    6.7   America
        2     1002    Tim   41      USA    3.9   America
        3     1003  Jenny   12  Germany    9.0    Europe
```

> **Função read_excel com o Python 3.9**
>
> Se você estiver executando `pd.read_excel` com o Python 3.9 ou superior, use pelo menos o pandas 1.2 ou verá um erro ao ler os arquivos *xlsx*.

Se você executar isso em um Jupyter notebook, o DataFrame será bem formatado como uma tabela HTML, o que o torna ainda mais próximo da aparência da tabela no Excel. Vou passar todo o Capítulo 7 lendo e escrevendo arquivos do Excel com o pandas, então este foi apenas um exemplo introdutório para mostrar que planilhas e DataFrames são, de fato, muito semelhantes. Agora recriaremos esse DataFrame do zero sem lê-lo do arquivo Excel: uma maneira de criar um DataFrame é fornecer os dados como uma lista aninhada, juntamente com valores para columns e index:

```
In [3]: data=[["Mark", 55, "Italy", 4.5, "Europe"],
              ["John", 33, "USA", 6.7, "America"],
              ["Tim", 41, "USA", 3.9, "America"],
              ["Jenny", 12, "Germany", 9.0, "Europe"]]
        df = pd.DataFrame(data=data,
                          columns=["name", "age", "country",
                                   "score", "continent"],
                          index=[1001, 1000, 1002, 1003])
        df
Out[3]:       name   age  country  score  continent
        1001  Mark    55    Italy    4.5     Europe
        1000  John    33      USA    6.7    America
        1002   Tim    41      USA    3.9    America
        1003 Jenny    12  Germany    9.0     Europe
```

Argumento de Palavra-chave versus Nome de Variável

No exemplo anterior, chamo a classe DataFrame com data=data. Embora você veja isso muitas vezes no código Python, pode parecer um pouco confuso à primeira vista: a parte à esquerda do sinal de igual é o nome do parâmetro da função; já a parte à direita é o nome da variável que você passa para a função como um argumento. Se não gostar, poderá mudar o nome da variável para algo como source_data na linha anterior, para que chamar a classe DataFrame mostre pd.DataFrame (data=source_data, ...). Para se lembrar dos argumentos da palavra-chave, veja o Capítulo 3.

Ao chamar o método info, você obterá algumas informações básicas, principalmente o número de pontos de dados e os tipos de dados para cada coluna:

```
In [4]: df.info()
<class 'pandas.core.frame.DataFrame'>
Int64Index: 4 entries, 1001 to 1003
Data columns (total 5 columns):
 #   Column     Non-Null Count  Dtype
---  ------     --------------  -----
 0   name       4 non-null      object
 1   age        4 non-null      int64
 2   country    4 non-null      object
 3   score      4 non-null      float64
 4   continent  4 non-null      object
```

```
dtypes: float64(1), int64(1), object(3)
memory usage: 192.0+ bytes
```

Se estiver interessado apenas no tipo de dados de suas colunas, execute `df.dtypes`. Colunas com strings ou tipos de dados mistos terão o tipo de dados `object`.[1] Agora daremos uma olhada melhor no índice e nas colunas de um DataFrame.

Índice

Os rótulos de linha de um DataFrame são chamados de *índice*. Se você não tiver um índice significativo, deixe-o de lado ao construir um DataFrame. O pandas criará automaticamente um índice inteiro começando em zero. Vimos isso no primeiro exemplo quando lemos o DataFrame do arquivo Excel. Um índice permitirá que o pandas procure dados mais rapidamente e é essencial para muitas operações comuns, por exemplo, combinar dois DataFrames. Você acessa o objeto de índice da seguinte forma:

```
In [5]: df.index
Out[5]: Int64Index([1001, 1000, 1002, 1003], dtype='int64')
```

Se fizer sentido, dê um nome ao índice. Iremos acompanhar a tabela no Excel e dar a ela o nome `user_id`:

```
In [6]: df.index.name = "user_id"
        df
Out[6]:          name  age  country  score  continent
        user_id
        1001     Mark   55    Italy    4.5     Europe
        1000     John   33      USA    6.7    America
        1002      Tim   41      USA    3.9    America
        1003    Jenny   12  Germany    9.0     Europe
```

Ao contrário da chave primária de um banco de dados, um índice DataFrame pode ter duplicatas, mas pesquisar valores pode ser mais lento nesse caso. Para transformar um índice em uma coluna comum, use `reset_index`; e, para definir um novo índice, use `set_index`. Se você não quiser perder seu índice existente ao definir um novo, redefina-o primeiro:

```
In [7]: # "reset_index" transforma o índice em uma coluna, substituindo o
        # índice pelo índice padrão. Isso corresponde ao DataFrame
        # do início que carregamos do Excel.
        df.reset_index()
Out[7]:    user_id   name  age  country  score  continent
        0     1001   Mark   55    Italy    4.5     Europe
        1     1000   John   33      USA    6.7    America
        2     1002    Tim   41      USA    3.9    America
        3     1003  Jenny   12  Germany    9.0     Europe
In [8]: # "reset_index" transforma "user_id" em uma coluna comum e
        # "set_index" transforma o "nome" da coluna em índice
        df.reset_index().set_index("name")
```

---

[1] O pandas 1.0.0 introduziu um tipo de dados de string dedicado para tornar algumas operações mais fáceis e consistentes com o texto. Como ainda é experimental, não farei uso dele neste livro.

```
Out[8]:             user_id  age  country  score continent
        name
        Mark         1001    55   Italy    4.5   Europe
        John         1000    33   USA      6.7   America
        Tim          1002    41   USA      3.9   America
        Jenny        1003    12   Germany  9.0   Europe
```

Ao fazer df.reset_index().set_index("name"), você usa o *encadeamento de métodos*: como reset_index() retorna um DataFrame, você pode chamar diretamente outro método DataFrame sem escrever o resultado intermediário primeiro.

Métodos de DataFrame Retornam Cópias

Sempre que chamar um método em um DataFrame no formato df.method_name(), você receberá de volta uma cópia do DataFrame com aquele método aplicado, deixando o DataFrame original intocado. Acabamos de fazer isso chamando df.reset_index(). Se você quisesse alterar o DataFrame original, teria que atribuir o valor de retorno de volta à variável original da seguinte forma:

```
df = df.reset_index()
```

Como não estamos fazendo isso, significa que nossa variável df ainda está mantendo seus dados originais. Os próximos exemplos também chamam métodos DataFrame, ou seja, não alteram o DataFrame original.

Para alterar o índice, use o método reindex:

```
In [9]: df.reindex([999, 1000, 1001, 1004])
Out[9]:          name   age  country  score continent
        user_id
        999      NaN    NaN   NaN     NaN    NaN
        1000     John   33.0  USA     6.7    America
        1001     Mark   55.0  Italy   4.5    Europe
        1004     NaN    NaN   NaN     NaN    NaN
```

Este é um primeiro exemplo de alinhamento de dados em ação: o reindex controlará todas as linhas que correspondem ao novo índice e introduzirá linhas com valores ausentes (NaN) onde não houver informações. Os elementos de índice que você deixar de lado serão descartados. Apresentarei o NaN devidamente um pouco mais adiante neste capítulo. Por fim, para classificar um índice, use o método sort_index:

```
In [10]: df.sort_index()
Out[10]:         name   age  country  score continent
        user_id
        1000     John   33   USA      6.7   America
        1001     Mark   55   Italy    4.5   Europe
        1002     Tim    41   USA      3.9   America
        1003     Jenny  12   Germany  9.0   Europe
```

Se você quiser classificar as linhas por uma ou mais colunas, use `sort_values`:

```
In [11]: df.sort_values(["continent", "age"])
Out[11]:          name  age  country  score continent
         user_id
         1000     John   33     USA     6.7  America
         1002     Tim    41     USA     3.9  America
         1003     Jenny  12   Germany   9.0  Europe
         1001     Mark   55    Italy    4.5  Europe
```

O exemplo mostra como classificar primeiro por `continent`, depois por `age`. Se você quiser classificar apenas por uma coluna, também poderá fornecer o nome dela como uma string:

```
df.sort_values("continent")
```

Isso cobriu o básico de como os índices funcionam. Agora voltaremos nossa atenção para seu equivalente horizontal, as colunas de DataFrame!

Colunas

Para obter informações sobre as colunas de um DataFrame, execute o seguinte código:

```
In [12]: df.columns
Out[12]: Index(['name', 'age', 'country', 'score', 'continent'], dtype='object')
```

Se você não fornecer nenhum nome de coluna ao construir um DataFrame, o pandas numerará as colunas com números inteiros começando em zero. Com as colunas, no entanto, isso quase nunca é uma boa ideia, pois elas representam variáveis, portanto são fáceis de nomear. Você atribui um nome aos cabeçalhos das colunas da mesma forma como fizemos com o índice:

```
In [13]: df.columns.name = "properties"
         df
Out[13]: properties  name  age  country  score continent
         user_id
         1001       Mark   55   Italy    4.5  Europe
         1000       John   33    USA     6.7  America
         1002       Tim    41    USA     3.9  America
         1003       Jenny  12  Germany   9.0  Europe
```

Se não gostar dos nomes das colunas, renomeie-as:

```
In [14]: df.rename(columns={"name": "First Name", "age": "Age"})
Out[14]: properties  First Name  Age  country  score continent
         user_id
         1001         Mark        55   Italy    4.5  Europe
         1000         John        33    USA     6.7  America
         1002         Tim         41    USA     3.9  America
         1003         Jenny       12  Germany   9.0  Europe
```

Se você quiser excluir colunas, use a seguinte sintaxe (o exemplo mostra como excluir colunas e índices ao mesmo tempo):

```
In [15]: df.drop(columns=["name", "country"],
                 index=[1000, 1003])
Out[15]: properties  age  score continent
         user_id
         1001         55    4.5    Europe
         1002         41    3.9   America
```

As colunas e o índice de um DataFrame são representados por um objeto Index, então você pode alterar suas colunas em linhas e vice-versa transpondo seu DataFrame:

```
In [16]: df.T  # Atalho para df.transpose()
Out[16]: user_id     1001    1000    1002    1003
         properties
         name        Mark    John    Tim    Jenny
         age           55      33     41       12
         country     Italy    USA    USA  Germany
         score         4.5     6.7    3.9       9
         continent  Europe America America  Europe
```

Vale lembrar aqui que nosso DataFrame df ainda está inalterado, pois nunca reatribuímos o DataFrame retornado a partir das chamadas do método de volta para a variável df original. Se quiser reordenar as colunas de um DataFrame, poderá usar o método reindex que usamos com o índice, mas selecionar as colunas na ordem desejada geralmente é mais simples:

```
In [17]: df.loc[:, ["continent", "country", "name", "age", "score"]]
Out[17]: properties continent country    name  age  score
         user_id
         1001         Europe    Italy    Mark   55    4.5
         1000        America      USA    John   33    6.7
         1002        America      USA     Tim   41    3.9
         1003         Europe  Germany   Jenny   12    9.0
```

Este último exemplo precisa de algumas explicações: tudo sobre loc e como a seleção de dados funciona é o tópico da próxima seção.

Manipulação de Dados

Os dados do mundo real dificilmente são servidos de bandeja, então, antes de trabalhar com eles, você precisa limpá-los e trazê-los para uma forma mais digerível. Começaremos esta seção analisando como selecionar dados de um DataFrame, como alterá-los e lidar com dados ausentes e duplicados. Em seguida, faremos alguns cálculos com os DataFrames e veremos como trabalhar com dados de texto. Para encerrar a seção, descobriremos quando o pandas retorna uma visualização versus uma cópia dos dados. Alguns conceitos nesta seção estão relacionados ao que já vimos com os arrays NumPy no capítulo anterior.

Selecionando Dados

Começaremos acessando os dados por rótulo e posição antes de examinar outros métodos, incluindo indexação booleana e seleção de dados usando um MultiIndex.

Selecionando por rótulo

A maneira mais comum de acessar os dados de um DataFrame é consultando seus rótulos. Use o atributo `loc`, que significa localização, para especificar quais linhas e colunas você deseja recuperar:

```
df.loc[row_selection, column_selection]
```

`loc` suporta a notação de fatias e, portanto, aceita dois-pontos para selecionar todas as linhas ou colunas, respectivamente. Além disso, você pode fornecer listas com rótulos, bem como um único nome de coluna ou linha. Veja o Quadro 5-1 para ter alguns exemplos de como selecionar diferentes partes do nosso exemplo DataFrame `df`.

Quadro 5-1. Seleção de dados por rótulo

Seleção	Tipo de Dado Retornado	Exemplo
Valor único	Escalar	`df.loc[1000, "country"]`
Uma coluna (1d)	Série	`df.loc[:, "country"]`
Uma coluna (2d)	DataFrame	`df.loc[:, ["country"]]`
Várias colunas	DataFrame	`df.loc[:, ["country", "age"]]`
Intervalo de colunas	DataFrame	`df.loc[:, "name":"country"]`
Uma linha (1d)	Série	`df.loc[1000, :]`
Uma linha (2d)	DataFrame	`df.loc[[1000], :]`
Várias linhas	DataFrame	`df.loc[[1003, 1000], :]`
Intervalo de linhas	DataFrame	`df.loc[1000:1002, :]`

> **O Fatiamento de Rótulos tem Intervalos Fechados**
>
> Diferentemente do que vimos até então sobre fatiamento, a notação de fatias com rótulos *inclui* a extremidade superior.

Aplicando nosso conhecimento do Quadro 5-1, usaremos `loc` para selecionar escalares, séries e DataFrames:

```
In [18]: # Usar escalares para a seleção de linha e coluna retorna um escalar
         df.loc[1001, "name"]
Out[18]: 'Mark'
In [19]: # Usar um escalar na seleção de linha ou coluna retorna uma série
         df.loc[[1001, 1002], "age"]
```

```
Out[19]: user_id
         1001    55
         1002    41
         Name: age, dtype: int64
In [20]: # Selecionar várias linhas e colunas retorna um DataFrame
         df.loc[:1002, ["name", "country"]]
Out[20]: properties  name  country
         user_id
         1001        Mark  Italy
         1000        John  USA
         1002        Tim   USA
```

É importante que você entenda a diferença entre um DataFrame com uma ou mais colunas, e uma Série: mesmo com uma única coluna, os DataFrames são bidimensionais, enquanto as Séries são unidimensionais. Tanto o DataFrame quanto a Série têm um índice, mas apenas o DataFrame tem cabeçalhos de coluna. Quando você seleciona uma coluna como Série, o cabeçalho da coluna se torna o nome da Série. Muitas funções ou métodos funcionarão em Série e DataFrame, mas, quando você faz cálculos aritméticos, o comportamento é diferente: com DataFrames, o pandas alinha os dados de acordo com os cabeçalhos das colunas — mais sobre isso um pouco adiante neste capítulo.

Atalho para a Seleção de Coluna

Como selecionar colunas é uma operação muito comum, o pandas oferece um atalho. Em vez de:

```
df.loc[:, column_selection]
```

você pode escrever:

```
df[column_selection]
```

Por exemplo, `df["country"]` retorna uma Série do nosso DataFrame de exemplo e `df[["name", "country"]]` retorna um DataFrame com duas colunas.

Selecionando por posição

Selecionar um subconjunto de um DataFrame por posição corresponde ao que fizemos no início deste capítulo com os arrays NumPy. Com DataFrames, no entanto, você precisa usar o atributo `iloc`, que significa *localização por índice*:

```
df.iloc[row_selection, column_selection]
```

Ao usar fatias, você lida com intervalos semiabertos padrão. O Quadro 5-2 fornece os mesmos casos que analisamos anteriormente no Quadro 5-1.

Quadro 5-2. Seleção de dados por posição

Seleção	Tipo de Dado Retornado	Exemplo
Valor único	Escalar	df.iloc[1, 2]
Uma coluna (1d)	Série	df.iloc[:, 2]
Uma coluna (2d)	DataFrame	df.iloc[:, [2]]
Várias colunas	DataFrame	df.iloc[:, [2, 1]]
Intervalo de colunas	DataFrame	df.iloc[:, :3]
Uma linha (1d)	Série	df.iloc[1, :]
Uma linha (2d)	DataFrame	df.iloc[[1], :]
Várias linhas	DataFrame	df.iloc[[3, 1], :]
Intervalo de linhas	DataFrame	df.iloc[1:3, :]

Veja como você usa iloc — novamente com as mesmas amostras que usamos com loc antes:

```
In [21]: df.iloc[0, 0]  # Retorna um escalar
Out[21]: 'Mark'
In [22]: df.iloc[[0, 2], 1]  # Retorna uma série
Out[22]: user_id
         1001    55
         1002    41
         Name: age, dtype: int64
In [23]: df.iloc[:3, [0, 2]]  # Retorna um DataFrame
Out[23]: properties   name country
         user_id
         1001         Mark    Italy
         1000         John    USA
         1002         Tim     USA
```

Selecionar dados por rótulo ou posição não é o único meio de acessar um subconjunto de seu DataFrame. Outra maneira importante é usar a indexação booleana. Vejamos como isso funciona!

Selecionando por indexação booleana

A indexação booleana se refere à seleção de subconjuntos de um DataFrame com a ajuda de uma Série ou de um DataFrame cujos dados consistem apenas em True ou False. As Séries booleanas são usadas para selecionar colunas e linhas específicas de um DataFrame, enquanto os DataFrames booleanos são usados para selecionar valores específicos em um DataFrame inteiro. Mais comumente, você usará a indexação booleana para filtrar as linhas de um DataFrame. Pense nisso como a funcionalidade AutoFiltro no Excel. Por exemplo, é assim que você filtra seu DataFrame para que ele mostre apenas pessoas que moram nos EUA e têm mais de 40 anos:

```
In [24]: tf = (df["age"] > 40) & (df["country"] == "USA")
         tf  # Esta é uma Série com apenas True/False
Out[24]: user_id
```

```
               1001    False
               1000    False
               1002    True
               1003    False
               dtype: bool
In [25]: df.loc[tf, :]
Out[25]: properties    name    age    country    score    continent
         user_id
         1002          Tim     41     USA        3.9      America
```

Há duas coisas que preciso explicar aqui. Primeiro, devido a limitações técnicas, você não pode usar os operadores booleanos do Python do Capítulo 3 com DataFrames. Em vez disso, precisa usar os símbolos mostrados no Quadro 5-3.

Quadro 5-3. Operadores booleanos

Tipos de Dados Básicos do Python	DataFrames e Série
and	&
or	|
not	~

Segundo, se você tiver mais de uma condição, coloque cada expressão booleana entre parêntesis para que a precedência do operador não atrapalhe: por exemplo, & tem precedência de operador maior que ==. Portanto, sem parêntesis, a expressão da amostra seria interpretada como:

```
df["age"] > (40 & df["country"]) == "USA"
```

Se quiser filtrar o índice, você pode se referir a ele como df.index:

```
In [26]: df.loc[df.index > 1001, :]
Out[26]: properties    name     age    country    score    continent
         user_id
         1002          Tim      41     USA        3.9      America
         1003          Jenny    12     Germany    9.0      Europe
```

Para aquilo que você usaria no operador in com estruturas de dados básicas do Python, como listas, use isin com uma Série. É assim que você filtra seu DataFrame para participantes da Itália e da Alemanha:

```
In [27]: df.loc[df["country"].isin(["Italy", "Germany"]), :]
Out[27]: properties    name     age    country    score    continent
         user_id
         1001          Mark     55     Italy      4.5      Europe
         1003          Jenny    12     Germany    9.0      Europe
```

Enquanto você usa loc para fornecer uma série booleana, os DataFrames oferecem uma sintaxe especial sem loc para selecionar valores dado o DataFrame completo de booleanos:

```
df[boolean_df]
```

Isso é especialmente útil se você tem DataFrames que consistem apenas em números. Fornecer um DataFrame de booleanos retorna o DataFrame com NaN onde quer que o DataFrame booleano seja False. Novamente, uma discussão mais detalhada sobre NaN será apresentada em breve. Começaremos criando um novo DataFrame de amostra chamado rainfall que consiste apenas em números:

```
In [28]: # Esta poderia ser a precipitação anual em milímetros
         rainfall = pd.DataFrame(data={"City 1": [300.1, 100.2],
                                       "City 2": [400.3, 300.4],
                                       "City 3": [1000.5, 1100.6]})
         rainfall
Out[28]:    City 1  City 2  City 3
         0   300.1   400.3  1000.5
         1   100.2   300.4  1100.6
In [29]: rainfall < 400
Out[29]:    City 1  City 2  City 3
         0    True   False   False
         1    True    True   False
In [30]: rainfall[rainfall < 400]
Out[30]:    City 1  City 2  City 3
         0   300.1     NaN     NaN
         1   100.2   300.4     NaN
```

Observe que, neste exemplo, usei um dicionário para construir um novo DataFrame — geralmente é muito conveniente se os dados já existem nesse formulário. Trabalhar com booleanos dessa maneira é mais comum para filtrar valores específicos, como *outliers*.

Para encerrar a parte da seleção de dados, apresentarei um tipo especial de índice chamado MultiIndex.

Selecionando com um MultiIndex

MultiIndex é um índice com mais de um nível. Ele permite que você agrupe seus dados hierarquicamente e oferece acesso fácil a subconjuntos. Por exemplo, se você definir o índice de nosso exemplo DataFrame df para uma combinação de continent e de country, poderá selecionar facilmente todas as linhas com determinado continente:

```
In [31]: # Um MultiIndex precisa ser ordenado
         df_multi = df.reset_index().set_index(["continent", "country"])
         df_multi = df_multi.sort_index()
         df_multi
Out[31]: properties         user_id  name   age  score
         continent country
         America   USA         1000  John    33    6.7
                   USA         1002  Tim     41    3.9
         Europe    Germany     1003  Jenny   12    9.0
                   Italy       1001  Mark    55    4.5
In [32]: df_multi.loc["Europe", :]
Out[32]: properties  user_id  name  age  score
         country
         Germany        1003  Jenny  12   9.0
         Italy          1001  Mark   55   4.5
```

Observe que o pandas embeleza a saída de um MultiIndex não repetindo o nível do índice mais à esquerda (os continentes) para cada linha. Em vez disso, ele apenas imprime o continente quando ele muda. A seleção de vários níveis do índice é feita fornecendo uma tupla:

```
In [33]: df_multi.loc[("Europe", "Italy"), :]
Out[33]: properties        user_id  name  age  score
         continent country
         Europe    Italy      1001  Mark   55    4.5
```

Se você deseja redefinir seletivamente parte de um MultiIndex, forneça o nível como um argumento. Zero é a primeira coluna da esquerda:

```
In [34]: df_multi.reset_index(level=0)
Out[34]: properties continent  user_id   name  age  score
         country
         USA          America     1000   John   33    6.7
         USA          America     1002    Tim   41    3.9
         Germany       Europe     1003  Jenny   12    9.0
         Italy         Europe     1001   Mark   55    4.5
```

Embora não se crie manualmente um MultiIndex neste livro, existem certas operações como groupby, que farão com que o pandas retorne um DataFrame com um MultiIndex, então é bom saber o que é. Veremos groupby mais adiante neste capítulo.

Agora que você conhece várias maneiras de *selecionar* dados, é hora de aprender como *alterá*-los.

Definindo Dados

A maneira mais fácil de alterar os dados de um DataFrame é atribuir valores a determinados elementos usando os atributos loc ou iloc. Este é o ponto de partida desta seção antes de nos voltarmos para outras formas de manipular os DataFrames existentes: substituindo valores e adicionando novas colunas.

Definindo dados por rótulo ou posição

Conforme apontado anteriormente neste capítulo, quando você chamar métodos DataFrame, como df.reset_index(), o método sempre será aplicado a uma cópia, deixando o DataFrame original intocado. No entanto, atribuir valores por meio dos atributos loc e iloc altera o DataFrame original. Como quero deixar nosso DataFrame df como está, estou trabalhando com uma cópia aqui e estou chamando de df2. Se você quiser alterar um único valor, faça o seguinte:

```
In [35]: # Copie o DataFrame primeiro para deixar o original intocado
         df2 = df.copy()
In [36]: df2.loc[1000, "name"] = "JOHN"
         df2
Out[36]: properties  name  age  country  score  continent
         user_id
         1001        Mark   55    Italy    4.5    Europe
         1000        JOHN   33     USA     6.7   America
```

```
        1002       Tim    41     USA    3.9   America
        1003     Jenny    12   Germany  9.0   Europe
```

Você também pode alterar diversos valores ao mesmo tempo. Uma forma de alterar a pontuação dos usuários com ID 1000 e 1001 é usar uma lista:

```
In [37]: df2.loc[[1000, 1001], "score"] = [3, 4]
         df2
Out[37]: properties    name   age  country  score  continent
         user_id
         1001          Mark    55   Italy    4.0   Europe
         1000          JOHN    33   USA      3.0   America
         1002          Tim     41   USA      3.9   America
         1003          Jenny   12   Germany  9.0   Europe
```

Alterar dados por posição via `iloc` funciona da mesma maneira. Agora veremos como você altera os dados usando a indexação booleana.

Definindo dados por indexação booleana

A indexação booleana, que usamos para filtrar linhas, também pode ser usada para atribuir valores em um DataFrame. Imagine que você precise manter o anonimato de todos os nomes de pessoas com menos de 20 anos ou dos EUA:

```
In [38]: tf = (df2["age"] < 20) | (df2["country"] == "USA")
         df2.loc[tf, "name"] = "xxx"
         df2
Out[38]: properties    name   age  country  score  continent
         user_id
         1001          Mark    55   Italy    4.0   Europe
         1000          xxx     33   USA      3.0   America
         1002          xxx     41   USA      3.9   America
         1003          xxx     12   Germany  9.0   Europe
```

Às vezes, você tem um conjunto de dados no qual precisa substituir determinados valores no painel, ou seja, não específicos para determinadas colunas. Nesse caso, faça uso da sintaxe especial novamente e forneça todo o DataFrame com booleanos como este (a amostra usa novamente o DataFrame `rainfall`):

```
In [39]: # Copie o DataFrame primeiro para deixar o original intocado
         rainfall2 = rainfall.copy()
         rainfall2
Out[39]:     City 1   City 2   City 3
         0   300.1    400.3    1000.5
         1   100.2    300.4    1100.6
In [40]: # Defina os valores para 0 sempre que estiverem abaixo de 400
         rainfall2[rainfall2 < 400] = 0
         rainfall2
Out[40]:     City 1   City 2   City 3
         0     0.0    400.3    1000.5
         1     0.0      0.0    1100.6
```

Se quiser apenas substituir um valor por outro, existe uma maneira mais fácil de fazer isso, como mostrarei a seguir.

Definindo dados por substituição de valores

Se você deseja substituir determinado valor em todo o DataFrame ou em colunas selecionadas, use o método replace:

```
In [41]: df2.replace("USA", "U.S.")
Out[41]: properties  name  age  country  score  continent
         user_id
         1001        Mark   55    Italy   4.0    Europe
         1000        xxx    33     U.S.   3.0    America
         1002        xxx    41     U.S.   3.9    America
         1003        xxx    12  Germany   9.0    Europe
```

Se quiser apenas atuar na coluna country, poderá usar esta sintaxe:

```
df2.replace({"country": {"USA": "U.S."}})
```

Nesse caso, como os EUA aparecem apenas na coluna replace, o resultado é o mesmo da amostra anterior. Para encerrar esta seção, veremos como você pode adicionar colunas extras a um DataFrame.

Definindo dados adicionando uma nova coluna

Para adicionar uma nova coluna a um DataFrame, atribua valores a um novo nome de coluna. Por exemplo, você pode adicionar uma nova coluna a um DataFrame usando um escalar ou uma lista:

```
In [42]: df2.loc[:, "discount"] = 0
         df2.loc[:, "price"] = [49.9, 49.9, 99.9, 99.9]
         df2
Out[42]: properties  name  age  country  score  continent  discount  price
         user_id
         1001        Mark   55    Italy   4.0    Europe       0       49.9
         1000        xxx    33      USA   3.0    America      0       49.9
         1002        xxx    41      USA   3.9    America      0       99.9
         1003        xxx    12  Germany   9.0    Europe       0       99.9
```

Adicionar uma nova coluna geralmente envolve cálculos vetorizados:

```
In [43]: df2 = df.copy()   # Vamos começar com uma cópia nova
         df2.loc[:, "birth year"] = 2021 - df2["age"]
         df2
Out[43]: properties  name   age  country  score  continent  birth year
         user_id
         1001        Mark    55    Italy   4.5    Europe       1966
         1000        John    33      USA   6.7    America      1988
         1002        Tim     41      USA   3.9    America      1980
         1003        Jenny   12  Germany   9.0    Europe       2009
```

Mostrarei mais sobre o cálculo com DataFrames a seguir, mas, antes de chegarmos lá, você lembra que já usei NaN algumas vezes? A próxima seção finalmente fornecerá mais contexto sobre o tópico de dados ausentes.

Dados Ausentes

Dados ausentes podem ser um problema, pois têm o potencial de influenciar os resultados de sua análise de dados, tornando suas conclusões menos robustas. No entanto, é muito comum haver lacunas em seus conjuntos de dados com as quais você terá que lidar. No Excel, você geralmente tem que lidar com células vazias ou erros #N/A, mas o pandas usa o np.nan do NumPy para os dados ausentes, exibidos como NaN. NaN é o padrão de ponto flutuante para *Not-a-Number* [não é um número]. Em timestamps, pd.NaT é usado e para texto, o pandas usa None. Usando None ou np.nan, você pode introduzir valores ausentes:

```
In [44]: df2 = df.copy()   # Vamos começar com uma cópia nova
         df2.loc[1000, "score"] = None
         df2.loc[1003, :] = None
         df2
Out[44]: properties  name   age  country  score  continent
         user_id
         1001        Mark   55.0  Italy    4.5   Europe
         1000        John   33.0  USA      NaN   America
         1002        Tim    41.0  USA      3.9   America
         1003        None   NaN   None     NaN   None
```

Para limpar um DataFrame, geralmente você deseja remover as linhas com dados ausentes. Isso é tão simples quanto:

```
In [45]: df2.dropna()
Out[45]: properties  name   age  country  score  continent
         user_id
         1001        Mark   55.0  Italy    4.5   Europe
         1002        Tim    41.0  USA      3.9   America
```

Se, no entanto, você deseja remover apenas as linhas em que *todos* os valores estão ausentes, use o parâmetro how:

```
In [46]: df2.dropna(how="all")
Out[46]: properties  name   age  country  score  continent
         user_id
         1001        Mark   55.0  Italy    4.5   Europe
         1000        John   33.0  USA      NaN   America
         1002        Tim    41.0  USA      3.9   America
```

Para obter um DataFrame ou uma Série booleana, dependendo se existe NaN ou não, use isna:

```
In [47]: df2.isna()
Out[47]: properties  name   age    country  score  continent
         user_id
         1001        False  False  False    False  False
         1000        False  False  False    True   False
         1002        False  False  False    False  False
         1003        True   True   True     True   True
```

Para preencher os valores ausentes, use `fillna`. Por exemplo, para substituir `NaN` na coluna de pontuação por sua média (apresentarei estatísticas descritivas como `mean` em breve):

```
In [48]: df2.fillna({"score": df2["score"].mean()})
Out[48]: properties  name   age  country  score  continent
         user_id
         1001        Mark   55.0  Italy   4.5    Europe
         1000        John   33.0  USA     4.2    America
         1002        Tim    41.0  USA     3.9    America
         1003        None   NaN   None    4.2    None
```

Dados ausentes não são a única condição que exige a limpeza de nosso conjunto de dados. O mesmo vale para dados duplicados; vejamos quais são as nossas opções!

Dados Duplicados

Assim como os dados ausentes, os duplicados afetam negativamente a confiabilidade de sua análise. Para se livrar das linhas duplicadas, use o método `drop_duplicates`. Opcionalmente, você pode fornecer um subconjunto das colunas como argumento:

```
In [49]: df.drop_duplicates(["country", "continent"])
Out[49]: properties  name   age  country  score  continent
         user_id
         1001        Mark   55    Italy    4.5   Europe
         1000        John   33    USA      6.7   America
         1003        Jenny  12    Germany  9.0   Europe
```

Por padrão, isso omitirá a primeira ocorrência. Para descobrir se determinada coluna contém duplicatas ou obter seus valores exclusivos, use os dois comandos a seguir (use `df.index` em vez de `df["country"]` se quiser executar isso no índice):

```
In [50]: df["country"].is_unique
Out[50]: False
In [51]: df["country"].unique()
Out[51]: array(['Italy', 'USA', 'Germany'], dtype=object)
```

E por fim, para entender quais linhas estão duplicadas, utilize o método `duplicated`, que retorna uma Série booleana: por padrão, ele usa o parâmetro `keep="first"`, que mantém a primeira ocorrência e marca apenas as duplicatas com `True`. Definindo o parâmetro `keep=False`, ele retornará `True` para todas as linhas, incluindo sua primeira ocorrência, facilitando a obtenção de um DataFrame com todas as linhas duplicadas. No exemplo a seguir, examinamos a coluna `country` em busca de duplicatas, mas, na realidade, você costuma examinar o índice ou linhas inteiras. Nesse caso, teria que usar `df.index.duplicated()` ou `df.duplicated()`:

```
In [52]: # Por padrão, ele marca apenas duplicatas como True, ou seja,
         # sem a primeira ocorrência
         df["country"].duplicated()
Out[52]: user_id
         1001    False
         1000    False
         1002    True
         1003    False
         Name: country, dtype: bool
In [53]: # Para obter todas as linhas em que "country" está duplicado, use
         # keep=False
         df.loc[df["country"].duplicated(keep=False), :]
Out[53]:          properties  name   age  country  score  continent
         user_id
         1000                 John   33   USA      6.7    America
         1002                 Tim    41   USA      3.9    America
```

Depois de limpar seus DataFrames removendo os dados ausentes e duplicados, convém executar algumas operações aritméticas — a próxima seção fornece uma introdução de como isso funciona.

Operações Aritméticas

Como os arrays NumPy, DataFrames e Série fazem uso da vetorização, por exemplo, para adicionar um número a cada valor no DataFrame `rainfall`, basta fazer o seguinte:

```
In [54]: rainfall
Out[54]:    City 1  City 2  City 3
         0   300.1   400.3  1000.5
         1   100.2   300.4  1100.6
In [55]: rainfall + 100
Out[55]:    City 1  City 2  City 3
         0   400.1   500.3  1100.5
         1   200.2   400.4  1200.6
```

No entanto, o verdadeiro poder do pandas é seu mecanismo de *alinhamento de dados* automático: quando você usa operadores aritméticos com mais de um DataFrame, o pandas os alinha automaticamente por suas colunas e índices de linha. Criaremos um segundo DataFrame com alguns dos mesmos rótulos de linha e coluna. Então, construímos a soma:

```
In [56]: more_rainfall = pd.DataFrame(data=[[100, 200], [300, 400]],
                                      index=[1, 2],
                                      columns=["City 1", "City 4"])
         more_rainfall
Out[56]:    City 1  City 4
         1   100     200
         2   300     400
In [57]: rainfall + more_rainfall
Out[57]:    City 1  City 2  City 3  City 4
         0   NaN     NaN     NaN     NaN
         1   200.2   NaN     NaN     NaN
         2   NaN     NaN     NaN     NaN
```

O índice e as colunas do DataFrame resultante são a união dos índices e das colunas dos dois DataFrames: os campos que possuem um valor em ambos os DataFrames mostram a soma, enquanto o restante do DataFrame mostra NaN. Você deve se acostumar com isso se vier do Excel, onde as células vazias são automaticamente transformadas em zeros quando as usa em operações aritméticas. Para obter o mesmo comportamento do Excel, use o método add com fill_value para substituir os valores NaN por zeros:

```
In [58]: rainfall.add(more_rainfall, fill_value=0)
Out[58]:    City 1  City 2  City 3  City 4
       0    300.1   400.3   1000.5   NaN
       1    200.2   300.4   1100.6   200.0
       2    300.0   NaN     NaN      400.0
```

Funciona de acordo com os outros operadores aritméticos, como no Quadro 5-4.

Quadro 5-4. Operadores aritméticos

Operador	Método
*	mul
+	add
-	sub
/	div
**	pow

Quando você tem um DataFrame e uma Série em seu cálculo, por padrão, a Série é transmitida junto com o índice:

```
In [59]: # Uma série tirada de uma linha
         rainfall.loc[1, :]
Out[59]: City 1    100.2
         City 2    300.4
         City 3    1100.6
         Name: 1, dtype: float64
In [60]: rainfall + rainfall.loc[1, :]
Out[60]:    City 1  City 2  City 3
       0    400.3   700.7   2101.1
       1    200.4   600.8   2201.2
```

Portanto, para adicionar uma Série em colunas, você precisa usar o método add com um argumento axis explícito:

```
In [61]: # Uma série tirada de uma coluna
         rainfall.loc[:, "City 2"]
Out[61]: 0    400.3
         1    300.4
         Name: City 2, dtype: float64
In [62]: rainfall.add(rainfall.loc[:, "City 2"], axis=0)
Out[62]:    City 1  City 2  City 3
       0    700.4   800.6   1400.8
       1    400.6   600.8   1401.0
```

Embora esta seção seja sobre DataFrames com números e como eles se comportam nas operações aritméticas, a próxima seção mostra suas opções quando se trata de manipular texto em DataFrames.

Trabalhando com Colunas de Texto

Como vimos no início deste capítulo, as colunas com texto ou tipos de dados mistos possuem o tipo de dados `object`. Para executar operações em colunas com strings de texto, use o atributo `str` que fornece acesso aos métodos de string do Python. Já conhecemos alguns métodos de string no Capítulo 3, mas não custa nada dar uma olhada nos métodos disponíveis na documentação do Python. Por exemplo, para remover espaços em branco iniciais e finais, use o método `strip`; para tornar todas as primeiras letras maiúsculas, existe o método `capitalize`. O encadeamento destes limpará as colunas de texto confusas que geralmente são o resultado da entrada manual de dados:

```
In [63]: # Criaremos um novo DataFrame
         users = pd.DataFrame(data=[" mArk ", "JOHN ", "Tim", " jenny"],
                              columns=["name"])
         users
Out[63]:      name
         0   mArk
         1   JOHN
         2    Tim
         3   jenny
In [64]: users_cleaned = users.loc[:, "name"].str.strip().str.capitalize()
         users_cleaned
Out[64]: 0    Mark
         1    John
         2     Tim
         3   Jenny
         Name: name, dtype: object
```

Ou para encontrar todos os nomes que começam com "J":

```
In [65]: users_cleaned.str.startswith("J")
Out[65]: 0   False
         1    True
         2   False
         3    True
         Name: name, dtype: bool
```

Os métodos de string são fáceis de usar, mas às vezes você pode precisar manipular um DataFrame de uma forma que não esteja predefinida. Nesse caso, crie sua própria função e aplique-a ao DataFrame, como mostra a próxima seção.

Aplicando uma Função

Os DataFrames oferecem o método `applymap`, que aplicará uma função a cada elemento individual, algo útil se não há ufuncs NumPy disponíveis. Por exemplo, não há ufuncs para a formatação de string, então podemos formatar cada elemento de um DataFrame da seguinte forma:

```
In [66]: rainfall
Out[66]:    City 1  City 2  City 3
         0   300.1   400.3  1000.5
         1   100.2   300.4  1100.6
In [67]: def format_string(x):
             return f"{x:,.2f}"
In [68]: # Observe que passamos a função sem chamá-la,
         # ou seja, format_string e não format_string()!
         rainfall.applymap(format_string)
Out[68]:    City 1   City 2    City 3
         0  300.10   400.30  1,000.50
         1  100.20   300.40  1,100.60
```

Para detalhar isso: a f-string a seguir retorna x como uma string: f"{x}". Para adicionar formatação, acrescente dois-pontos à variável seguidos da string de formatação ,.2f. A vírgula é o separador de milhar e .2f significa *notação de ponto fixo com dois dígitos após o ponto decimal*. Para obter mais detalhes sobre como formatar strings, consulte a Minilinguagem de Especificação do Formato [em inglês, *Format Specification Mini-Language*], que faz parte da documentação do Python.

Para esse tipo de caso de uso, as *expressões lambda* (veja o box separado) são amplamente usadas, pois permitem que você escreva o mesmo em uma única linha sem precisar definir uma função separada. Com expressões lambda, podemos reescrever o exemplo anterior da seguinte forma:

```
In [69]: rainfall.applymap(lambda x: f"{x:,.2f}")
Out[69]:    City 1   City 2    City 3
         0  300.10   400.30  1,000.50
         1  100.20   300.40  1,100.60
```

Expressões Lambda

O Python permite que você defina uma função em uma única linha por meio de *expressões lambda*. As expressões lambda são funções anônimas, o que significa que é uma função sem nome. Considere esta função:

```
def function_name(arg1, arg2, ...):
    return return_value
```

Essa função pode ser reescrita como uma expressão lambda assim:

```
lambda arg1, arg2, ...: return_value
```

Em essência, você substitui def por lambda, deixa de lado a palavra-chave return e o nome da função, e coloca tudo em uma linha. Como vimos com o método applymap, isso pode ser muito conveniente nesse caso, pois não precisamos definir uma função para algo que está sendo usado apenas uma vez.

Já mencionei todos os métodos importantes de manipulação de dados, mas, antes de prosseguirmos, é importante entender quando o pandas usa a visualização de um DataFrame e quando usa uma cópia.

Visualizar versus Copiar

Você deve se lembrar do capítulo anterior que fatiar arrays NumPy retorna uma visualização. Com os DataFrames, infelizmente é mais complicado: nem sempre é fácil prever se `loc` e `iloc` retornam visualizações ou cópias, o que o torna um dos tópicos mais confusos. Como é uma grande diferença se você está alterando a visualização ou uma cópia de um DataFrame, o pandas gera o seguinte aviso regularmente quando pensa que você está configurando os dados de maneira não intencional: `SettingWithCopyWarning`. Para evitar esse aviso bastante enigmático, aqui estão alguns conselhos:

- Defina valores no DataFrame original, não em um DataFrame que foi fatiado de outro DataFrame.
- Se deseja ter um DataFrame independente após o fatiamento, faça uma cópia explícita:

```
selection = df.loc[:, ["country", "continent"]].copy()
```

Embora as coisas sejam complicadas com `loc` e `iloc`, vale lembrar que *todos* os métodos DataFrame, como `df.dropna()` ou `df.sort_values("column_name")`, *sempre* retornam uma cópia.

Até agora, trabalhamos principalmente com um DataFrame por vez. A próxima seção mostra várias maneiras de combinar diversos DataFrames em um, uma tarefa muito comum para a qual o pandas tem ferramentas poderosas.

Combinando DataFrames

Combinar diferentes conjuntos de dados no Excel pode ser uma tarefa complicada e normalmente envolve muitas fórmulas `PROCV`. Felizmente, a combinação de DataFrames é um dos recursos matadores do pandas, em que seus recursos de alinhamento de dados tornarão sua vida realmente fácil, reduzindo bastante a possibilidade de introdução de erros. Combinar e mesclar DataFrames pode ser feito de várias maneiras; esta seção examina apenas os casos mais comuns usando `concat`, `join` e `merge`. Embora tenham uma sobreposição, cada função torna uma tarefa específica muito simples. Começarei com a função `concat`, depois explicarei as diferentes opções com `join` e concluirei apresentando `merge`, a função mais genérica das três.

Concatenando

Para simplesmente juntar vários DataFrames, a função `concat` é sua melhor amiga. Como você pode perceber pelo nome da função, esse processo tem o nome técnico de *concatenação*. Por padrão, `concat` junta os DataFrames nas linhas e alinha as colunas automaticamente. No exemplo a seguir, crio outro DataFrame, `more_users`, e o anexa à parte inferior de nosso exemplo de DataFrame `df`:

```
In [70]: data=[[15, "France", 4.1, "Becky"],
              [44, "Canada", 6.1, "Leanne"]]
         more_users = pd.DataFrame(data=data,
                                   columns=["age", "country", "score", "name"],
                                   index=[1000, 1011])
         more_users
Out[70]:       age country  score    name
         1000   15  France    4.1   Becky
         1011   44  Canada    6.1  Leanne
In [71]: pd.concat([df, more_users], axis=0)
Out[71]:        name  age country  score continent
         1001   Mark   55   Italy    4.5    Europe
         1000   John   33     USA    6.7   America
         1002    Tim   41     USA    3.9   America
         1003  Jenny   12 Germany    9.0    Europe
         1000  Becky   15  France    4.1       NaN
         1011 Leanne   44  Canada    6.1       NaN
```

Observe que agora você tem elementos de índice duplicados, pois `concat` junta os dados no eixo indicado (linhas) e apenas alinha os dados no outro (colunas), correspondendo automaticamente aos nomes das colunas — mesmo que não estejam na mesma ordem nos dois DataFrames! Se você deseja juntar dois DataFrames nas colunas, defina `axis=1`:

```
In [72]: data=[[3, 4],
              [5, 6]]
         more_categories = pd.DataFrame(data=data,
                                        columns=["quizzes", "logins"],
                                        index=[1000, 2000])
         more_categories
Out[72]:       quizzes  logins
         1000        3       4
         2000        5       6
In [73]: pd.concat([df, more_categories], axis=1)
Out[73]:        name   age country  score continent  quizzes  logins
         1000   John  33.0     USA    6.7   America      3.0     4.0
         1001   Mark  55.0   Italy    4.5    Europe      NaN     NaN
         1002    Tim  41.0     USA    3.9   America      NaN     NaN
         1003  Jenny  12.0 Germany    9.0    Europe      NaN     NaN
         2000    NaN   NaN     NaN    NaN       NaN      5.0     6.0
```

O recurso especial e muito útil do `concat` é que ele aceita mais de dois DataFrames. Usaremos isso no próximo capítulo para criar um único DataFrame a partir de vários arquivos CSV:

```
pd.concat([df1, df2, df3, ...])
```

Por outro lado, join e merge funcionam apenas com dois DataFrames, como veremos a seguir.

Join e Merge

Quando você *reúne* dois DataFrames, combina as colunas de cada DataFrame em um novo DataFrame, decidindo o que acontece com as linhas com base na teoria dos conjuntos. Se você já trabalhou com bancos de dados relacionais antes, é o mesmo conceito da cláusula JOIN nas consultas SQL. A Figura 5-3 mostra como os quatro tipos de join (inner, left, right e outer) funcionam usando dois DataFrames de amostra, df1 e df2.

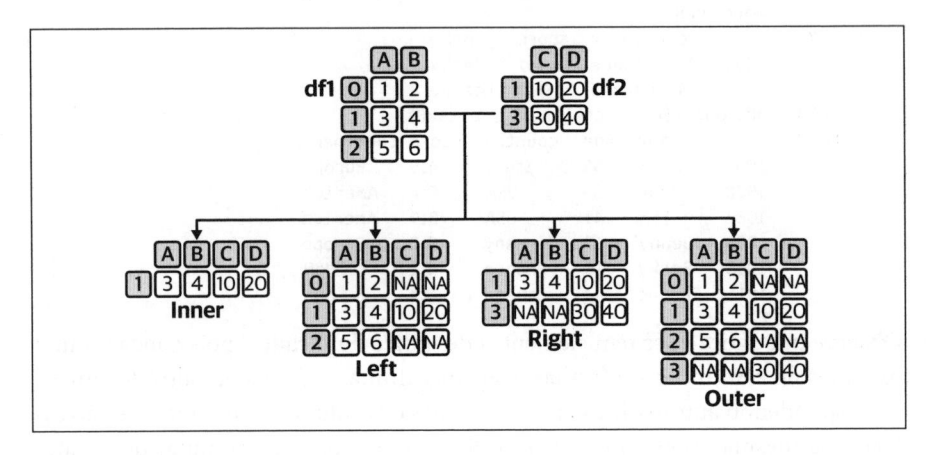

Figura 5-3. Tipos de join

Com join, o pandas usa os índices de ambos os DataFrames para alinhar as linhas. Um *inner join* retorna um DataFrame com apenas as linhas em que os índices se sobrepõem. Um *left join* pega todas as linhas do DataFrame df1 esquerdo e corresponde às linhas do DataFrame df2 direito no índice. Onde df2 não tiver uma linha correspondente, o pandas preencherá com NaN. O left join corresponde ao caso PROCV no Excel. O *right join* pega todas as linhas da tabela direita df2 e as compara com as linhas de df1 no índice. E, finalmente, *outer join*, que é a abreviação de *full outer join*, obtém a união dos índices de ambos os DataFrames e combina os valores onde pode. O Quadro 5-5 é equivalente à Figura 5-3 em forma de texto.

Quadro 5-5. Tipos de join

Tipo	Descrição
inner	Somente linhas cujo índice existe em ambos os DataFrames
left	Todas as linhas do DataFrame esquerdo, linhas correspondentes do DataFrame direito
right	Todas as linhas do DataFrame direito, linhas correspondentes do DataFrame esquerdo
outer	A união dos índices de linha de ambos os DataFrames

Vejamos como isso funciona na prática, dando vida aos exemplos da Figura 5-3:

```
In [74]: df1 = pd.DataFrame(data=[[1, 2], [3, 4], [5, 6]],
                            columns=["A", "B"])
         df1
Out[74]:    A  B
         0  1  2
         1  3  4
         2  5  6
In [75]: df2 = pd.DataFrame(data=[[10, 20], [30, 40]],
                            columns=["C", "D"], index=[1, 3])
         df2
Out[75]:    C   D
         1  10  20
         3  30  40
In [76]: df1.join(df2, how="inner")
Out[76]:    A  B  C   D
         1  3  4  10  20
In [77]: df1.join(df2, how="left")
Out[77]:    A  B   C     D
         0  1  2   NaN   NaN
         1  3  4   10.0  20.0
         2  5  6   NaN   NaN
In [78]: df1.join(df2, how="right")
Out[78]:    A    B    C   D
         1  3.0  4.0  10  20
         3  NaN  NaN  30  40
In [79]: df1.join(df2, how="outer")
Out[79]:    A    B    C     D
         0  1.0  2.0  NaN   NaN
         1  3.0  4.0  10.0  20.0
         2  5.0  6.0  NaN   NaN
         3  NaN  NaN  30.0  40.0
```

Se você deseja reunir uma ou mais colunas DataFrame em vez de depender do índice, use merge em vez de join; merge aceita o argumento on para fornecer uma ou mais colunas como a *condição de junção*: essas colunas, que devem existir em ambos os DataFrames, são usadas para corresponder as linhas:

```
In [80]: # Adicione uma coluna chamada "category" a ambos os DataFrames
         df1["category"] = ["a", "b", "c"]
         df2["category"] = ["c", "b"]
```

```
In [81]: df1
Out[81]:    A  B category
         0  1  2        a
         1  3  4        b
         2  5  6        c
In [82]: df2
Out[82]:    C   D category
         1  10  20        c
         3  30  40        b
In [83]: df1.merge(df2, how="inner", on=["category"])
Out[83]:    A  B category   C   D
         0  3  4        b  30  40
         1  5  6        c  10  20
In [84]: df1.merge(df2, how="left", on=["category"])
Out[84]:    A  B category     C     D
         0  1  2        a   NaN   NaN
         1  3  4        b  30.0  40.0
         2  5  6        c  10.0  20.0
```

Como join e merge aceitam alguns argumentos opcionais para incluir cenários mais complexos, convido você a dar uma olhada na documentação oficial para saber mais.

Agora você sabe como manipular um ou mais DataFrames, o que nos leva ao próximo passo em nossa jornada de análise de dados: entender os dados.

Estatística Descritiva e Agregação de Dados

Uma maneira de entender grandes conjuntos de dados é calcular uma estatística descritiva, como a soma ou a média em todo o conjunto de dados, ou em subconjuntos significativos. Esta seção começa examinando como isso funciona com o pandas antes de apresentar duas maneiras de agregar dados em subconjuntos: o método groupby e a função pivot_table.

Estatística Descritiva

A *estatística descritiva* permite resumir conjuntos de dados usando medidas quantitativas. Por exemplo, o número de pontos de dados é uma estatística descritiva simples. Normais como média, mediana ou moda são outros exemplos populares. DataFrames e Séries permitem que você acesse as estatísticas descritivas convenientemente por meio de métodos como sum, mean e count, para citar apenas alguns. Você conhecerá muitos ao longo deste livro, e a lista completa está disponível na documentação do pandas. Por padrão, eles retornam uma Série no axis=0, o que significa que você obtém a estatística das colunas:

```
In [85]: rainfall
Out[85]:    City 1  City 2  City 3
         0   300.1   400.3  1000.5
         1   100.2   300.4  1100.5
In [86]: rainfall.mean()
```

```
Out[86]: City 1     200.15
         City 2     350.35
         City 3    1050.55
         dtype: float64
```

Se quiser a estatística por linha, forneça o argumento `axis`:

```
In [87]: rainfall.mean(axis=1)
Out[87]: 0    566.966667
         1    500.400000
         dtype: float64
```

Por padrão, os valores ausentes não são incluídos nas estatísticas descritivas, como `sum` ou `mean`. Isso está de acordo com a forma como o Excel trata as células vazias, portanto usar a fórmula MÉDIA do Excel em um intervalo com células vazias fornecerá o mesmo resultado que o método `mean` aplicado em uma Série com os mesmos números e valores `NaN`, em vez de células vazias.

Obter uma estatística em todas as linhas de um DataFrame às vezes não é bom o suficiente e você precisa de informações mais granulares — a média por categoria, por exemplo. Vejamos como isso é feito!

Agrupando

Usando nosso exemplo DataFrame `df` descobriremos o resultado médio por continente! Para tanto, você primeiro agrupa as linhas por continente e, posteriormente, aplica o método `mean`, que calculará a média *por grupo*. Todas as colunas não numéricas são excluídas automaticamente:

```
In [88]: df.groupby(["continent"]).mean()
Out[88]: properties   age   score
         continent
         America     37.0   5.30
         Europe      33.5   6.75
```

Se você incluir mais de uma coluna, o DataFrame resultante terá um índice hierárquico — o MultiIndex que conhecemos anteriormente:

```
In [89]: df.groupby(["continent", "country"]).mean()
Out[89]: properties         age   score
         continent country
         America   USA       37    5.3
         Europe    Germany   12    9.0
                   Italy     55    4.5
```

Em vez de `mean`, você pode usar a maioria das estatísticas descritivas que o pandas oferece e, se quiser usar sua própria função, use o método `agg`. Por exemplo, veja como obter a diferença entre os valores máximo e mínimo por grupo:

```
In [90]: df.loc[:, ["age", "score", "continent"]].groupby(["continent"]).agg(lambda
             x: x.max() - x.min())
Out[90]: properties   age   score
         continent
         America       8    2.8
         Europe       43    4.5
```

Uma maneira popular de obter estatísticas por grupo no Excel é usar tabelas dinâmicas. Elas introduzem uma segunda dimensão e são ótimas para analisar seus dados de diferentes perspectivas. O pandas também tem uma funcionalidade de tabela dinâmica, como veremos a seguir.

Pivot e Melt

Se você usa tabelas dinâmicas no Excel, não terá problemas para aplicar a função `pivot_table`, pois funciona basicamente da mesma forma. Os dados no DataFrame a seguir são organizados de maneira semelhante a como os registros são normalmente armazenados em um banco de dados; cada linha mostra uma transação de venda de uma fruta específica em determinada região:

```
In [91]: data = [["Oranges", "North", 12.30],
                 ["Apples", "South", 10.55],
                 ["Oranges", "South", 22.00],
                 ["Bananas", "South", 5.90],
                 ["Bananas", "North", 31.30],
                 ["Oranges", "North", 13.10]]

         sales = pd.DataFrame(data=data,
                              columns=["Fruit", "Region", "Revenue"])
         sales
Out[91]:      Fruit  Region  Revenue
         0  Oranges   North    12.30
         1   Apples   South    10.55
         2  Oranges   South    22.00
         3  Bananas   South     5.90
         4  Bananas   North    31.30
         5  Oranges   North    13.10
```

Para criar uma tabela dinâmica, você fornece o DataFrame como o primeiro argumento para a função `pivot_table`; `index` e `columns` definem qual coluna do DataFrame se tornará os rótulos da linha e da coluna na tabela dinâmica, respectivamente; `values` serão agregados na parte de dados do DataFrame resultante usando `aggfunc`, uma função que pode ser fornecida como uma string ou uma NumPy ufunc. E, por fim, `margins` corresponde a `Grand Total` no Excel, ou seja, se `margins` e `margins_name` estiverem ausentes, a coluna e a linha `Total` não serão exibidas:

```
In [92]: pivot = pd.pivot_table(sales,
                                index="Fruit", columns="Region",
                                values="Revenue", aggfunc="sum",
                                margins=True, margins_name="Total")
         pivot
Out[92]: Region   North  South  Total
         Fruit
         Apples     NaN  10.55  10.55
         Bananas   31.3   5.90  37.20
         Oranges   25.4  22.00  47.40
         Total     56.7  38.45  95.15
```

Em resumo, dinamizar seus dados significa pegar os valores únicos de uma coluna (`Region` em nosso caso) e transformá-los nos cabeçalhos da coluna da tabela dinâmica, agregando assim os valores de outra coluna. Isso facilita a leitura das informações resumidas nas dimensões de interesse. Em nossa tabela dinâmica, você vê instantaneamente que não havia maçãs vendidas na região norte e que, na região sul, a maior parte das receitas vem das laranjas. Se quiser fazer o contrário e transformar os cabeçalhos das colunas nos valores de uma única coluna, use `melt`. Nesse sentido, `melt` é o oposto da função `pivot_table`:

```
In [93]: pd.melt(pivot.iloc[:-1,:-1].reset_index(),
                 id_vars="Fruit",
                 value_vars=["North", "South"], value_name="Revenue")
Out[93]:      Fruit  Region  Revenue
         0   Apples   North      NaN
         1  Bananas   North    31.30
         2  Oranges   North    25.40
         3   Apples   South    10.55
         4  Bananas   South     5.90
         5  Oranges   South    22.00
```

Aqui, estou fornecendo nossa tabela dinâmica como entrada, mas uso `iloc` para eliminar o total de linhas e de colunas. Também redefino o índice para que todas as informações estejam disponíveis como colunas normais. Em seguida, forneço `id_vars` para indicar os identificadores e `value_vars` para definir quais colunas desejo que sejam "não dinâmicas". Melt pode ser útil se você quer preparar os dados para que possam ser armazenados de volta em um banco de dados que os espera nesse formato.

Trabalhar com estatísticas agregadas ajuda a entender seus dados, mas ninguém gosta de ler uma página cheia de números. Para tornar as informações facilmente compreensíveis, nada funciona melhor do que criar visualizações, que é o nosso próximo tópico. Enquanto o Excel usa o termo *charts* para *gráfico*, o pandas geralmente se refere a eles como *plots*. Usarei esses termos indistintamente neste livro.

Plotagem

A plotagem [em inglês, *plotting*] permite que você visualize as descobertas de sua análise de dados e pode muito bem ser a etapa mais importante de todo o processo. Para a plotagem, usaremos duas bibliotecas: começaremos vendo Matplotlib, a biblioteca de plotagem padrão do pandas, antes de nos concentrar em Plotly, uma biblioteca de plotagem moderna que nos dá uma experiência mais interativa em Jupyter notebooks.

Matplotlib

Matplotlib é um pacote de plotagem que existe há muito tempo e está incluído na distribuição do Anaconda. Com ele, você pode gerar gráficos em diversos formatos, inclusive gráficos vetoriais para impressão de alta qualidade. Quando você chamar o método `plot` de um DataFrame, o pandas produzirá uma plotagem Matplotlib por padrão.

Para usar Matplotlib em um Jupyter notebook, você precisa primeiro executar um dos dois comandos mágicos (consulte o box a seguir "Comandos Mágicos"): `%matplotlib inline` ou `%matplotlib notebook`. Eles configuram o notebook para que as plotagens possam ser exibidas no próprio notebook. O último comando adiciona um pouco mais de interatividade, permitindo alterar o tamanho ou o fator de zoom do gráfico. Iremos começar e criar a primeira plotagem com pandas e Matplotlib (consulte a Figura 5-4):

```
In [94]: import numpy as np
         %matplotlib inline
         # Ou %matplotlib notebook
In [95]: data = pd.DataFrame(data=np.random.rand(4, 4) * 100000,
                             index=["Q1", "Q2", "Q3", "Q4"],
                             columns=["East", "West", "North", "South"])
         data.index.name = "Quarters"
         data.columns.name = "Region"
         data
Out[95]: Region            East          West         North         South
         Quarters
         Q1          23254.220271  96398.309860  16845.951895  41671.684909
         Q2          87316.022433  45183.397951  15460.819455  50951.465770
         Q3          51458.760432   3821.139360  77793.393899  98915.952421
         Q4          64933.848496   7600.277035  55001.831706  86248.512650
In [96]: data.plot()  # Atalho para data.plot.line()
Out[96]: <AxesSubplot:xlabel='Quarters'>
```

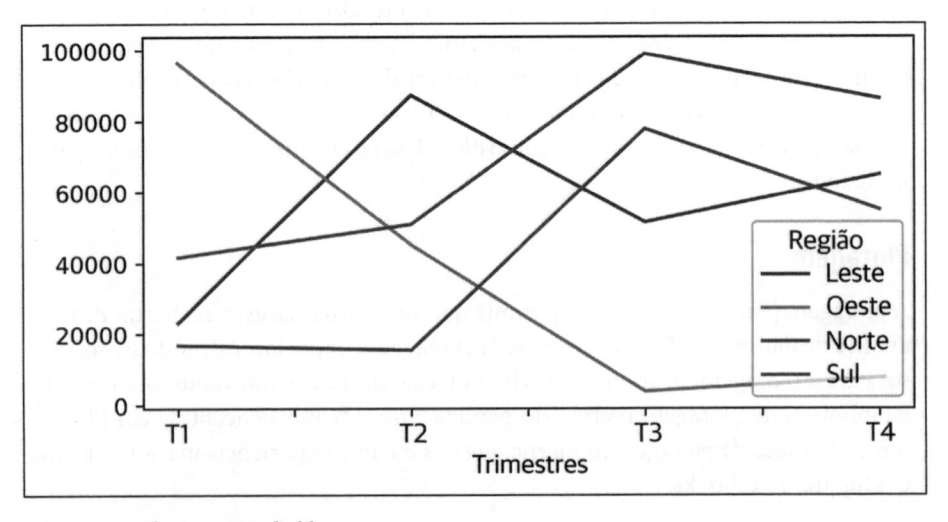

Figura 5-4. Plotagem Matplotlib

Comandos Mágicos

O comando `%matplotlib inline` que usamos para fazer Matplotlib funcionar corretamente com os Jupyter notebooks é um *comando mágico*. Comandos mágicos são um conjunto de comandos simples que fazem com que uma célula do Jupyter notebook se comporte de determinada maneira ou tornam tarefas complicadas tão fáceis que quase parecem mágica. Você escreve comandos mágicos em células como código Python, mas eles começam com %% ou %. Os comandos que afetam toda a célula começam com %% e os comandos que afetam apenas uma única linha em uma célula começam com %.

Veremos mais comandos mágicos nos próximos capítulos, mas, se você quiser listar todos os comandos mágicos atualmente disponíveis, execute `%lsmagic` e, para obter uma descrição detalhada, execute `%magic`.

Observe que, nesse exemplo, usei um array NumPy para construir um DataFrame pandas. Fornecer arrays NumPy permite que você utilize os construtores do NumPy que conhecemos no último capítulo; aqui, usamos NumPy para gerar um DataFrame pandas baseado em números pseudoaleatórios. Portanto, ao executar a amostra aí do seu lado, você obterá valores diferentes.

Mesmo que você use o comando mágico `%matplotlib notebook`, provavelmente notará que a Matplotlib foi originalmente projetada para plotagens estáticas, e não para uma experiência interativa em uma página da web. É por isso que usaremos Plotly a seguir, uma biblioteca de plotagem projetada para a web.

Plotly

Plotly é uma biblioteca baseada em JavaScript e pode — desde a versão 4.8.0 — ser usada como um back-end de plotagem do pandas com grande interatividade: você pode dar zoom facilmente, clicar na legenda para selecionar ou desmarcar uma categoria, e obter dicas de ferramentas com mais informações a respeito do ponto de dados sobre o qual está passando o mouse. Plotly não está incluído na instalação do Anaconda, portanto, se você ainda não instalou, faça isso agora executando o seguinte comando:

```
(base)> conda install plotly
```

Depois de executar a célula seguinte, o back-end de plotagem de todo o notebook será definido como Plotly e, se você executar novamente a célula anterior, ela também será renderizada como um gráfico Plotly. Para Plotly, em vez de executar um comando mágico, você só precisa configurá-lo como back-end antes de plotar as Figuras 5-5 e 5-6:

```
In [97]: # Defina o back-end de plotagem para Plotly
         pd.options.plotting.backend = "plotly"
In [98]: data.plot()
```

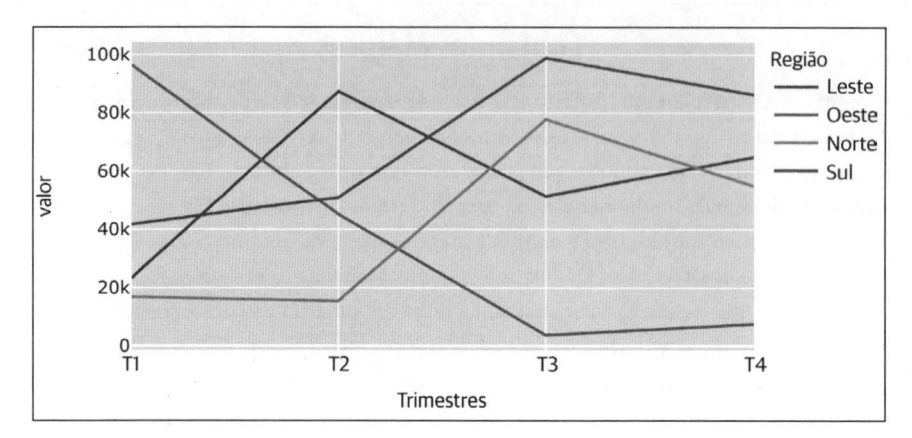

Figura 5-5. Gráfico de linha no Plotly

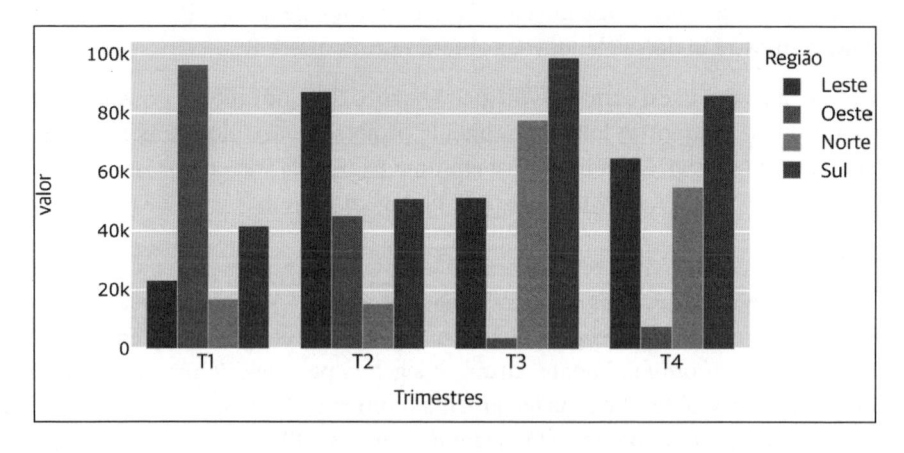

```
In [99]: # Exibe os mesmos dados como gráfico de barras
         data.plot.bar(barmode="group")
```

Figura 5-6. Gráfico de barras no Plotly

Diferenças nos Back-ends da Plotagem

Se você usar Plotly como back-end da plotagem, precisará verificar os argumentos aceitos dos métodos de plotagem diretamente nos documentos de Plotly. Por exemplo, você pode dar uma olhada no argumento barmode=group na documentação de gráficos de barras de Plotly.

O pandas e as bibliotecas de plotagem subjacentes oferecem uma variedade de tipos de gráficos e opções para formatar os gráficos de inúmeras maneiras desejadas. Também é possível organizar várias plotagens em uma série de subplotagens. Como visão geral, o Quadro 5-6 mostra os tipos de plotagem disponíveis.

Quadro 5-6. Tipos de plotagem no pandas

Tipo	Descrição
line	Gráfico de linhas, padrão ao executar `df.plot()`
bar	Gráfico de barras verticais
barh	Gráfico de barras horizontais
hist	Histograma
box	Gráfico de caixa
kde	Gráfico de densidade, também pode ser usado via `density`
area	Gráfico de área
scatter	Gráfico de dispersão
hexbin	Gráficos de caixas hexagonais
pie	Gráfico de pizza

Além disso, o pandas oferece algumas ferramentas e técnicas de plotagem de alto nível, compostas de vários componentes individuais. Para obter mais detalhes, consulte a documentação de visualização do pandas.

Outras Bibliotecas de Plotagem

O cenário de visualização científica em Python é muito ativo e, além de Matplotlib e Plotly, existem muitas outras opções de alta qualidade para escolher que podem ser a melhor para determinados casos de uso:

Seaborn

> Seaborn se baseia na Matplotlib. Ele melhora o estilo padrão e adiciona outros gráficos, como mapas de calor, que geralmente simplificam seu trabalho: você pode criar gráficos estatísticos avançados com apenas algumas linhas de código.

Bokeh

> Bokeh é semelhante a Plotly em tecnologia e funcionalidade: é baseado em JavaScript e, portanto, também funciona muito bem para gráficos interativos em Jupyter notebooks. Bokeh está incluído no Anaconda.

Altair

> Altair é uma biblioteca para visualizações estatísticas baseada no projeto Vega. O Altair também é baseado em JavaScript e oferece alguma interatividade, como zoom.

HoloViews

> HoloViews é outro pacote baseado em JavaScript que se concentra em facilitar a análise e a visualização dos dados. Com algumas linhas de código, você pode obter gráficos estatísticos complexos.

Criaremos mais gráficos no próximo capítulo para analisar as séries temporais, mas, antes de chegarmos lá, encerraremos este capítulo aprendendo como importar e exportar dados com o pandas!

Importando e Exportando DataFrames

Até agora, construímos DataFrames do zero usando listas aninhadas, dicionários ou arrays NumPy. É importante conhecer essas técnicas, mas normalmente os dados já estão disponíveis e você simplesmente precisa transformá-los em um DataFrame. Para fazer isso, o pandas oferece várias funções de leitura. Mas, mesmo que você precise acessar um sistema proprietário para o qual o pandas não oferece um leitor embutido, geralmente você tem um pacote Python para conectar a esse sistema e, depois de obter os dados, é fácil transformá-los em um DataFrame. No Excel, a importação de dados é o tipo de trabalho que você normalmente faria com Power Query.

Depois de analisar e alterar seu conjunto de dados, você pode querer enviar os resultados de volta para um banco de dados, exportá-los para um arquivo CSV ou — dado o título do livro — apresentá-los em uma pasta de trabalho do Excel para seu gerente. Para exportar os DataFrames do pandas, use um dos métodos de exportação que os DataFrames oferecem. O Quadro 5-7 mostra uma visão geral dos métodos de importação e exportação mais comuns.

Quadro 5-7. Importando e exportando DataFrames

Formato/sistema de dados	Importar: função (pd) do pandas	Exportar: método (df) do DataFrame
Arquivos CSV	pd.read_csv	df.to_csv
JSON	pd.read_json	df.to_json
HTML	pd.read_html	df.to_html
Área de transferência	pd.read_clipboard	df.to_clipboard
Arquivos Excel	pd.read_excel	df.to_excel
Bases de dados SQL	pd.read_sql	df.to_sql

Conheceremos pd.read_sql e pd.to_sql no Capítulo 11, no qual os usaremos como parte de um estudo de caso. E, como dedicarei todo o Capítulo 7 ao tópico de leitura e gravação de arquivos do Excel com pandas, irei me concentrar na importação e na exportação de arquivos CSV nesta seção. Começaremos exportando um DataFrame existente!

Exportando Arquivos CSV

Se você precisa passar um DataFrame para um colega que pode não usar o Python ou o pandas, geralmente é uma boa ideia passá-lo na forma de um arquivo CSV: praticamente todos os programas sabem como importá-los. Para exportar nosso exemplo de DataFrame df para um arquivo, use o método to_csv:

```
In [100]: df.to_csv("course_participants.csv")
```

Se quiser armazenar o arquivo em um diretório diferente, forneça o caminho completo como uma string bruta, por exemplo, r"C:\path\to\desired\location\msft.csv".

Use Strings Brutas para os Caminhos de Arquivo no Windows

Em strings, a barra invertida é usada para aplicar o escape em certos caracteres. É por isso que, para trabalhar com caminhos de arquivo no Windows, você precisa usar barras invertidas duplas (C:\\path\\to\\file.csv) ou prefixar a string com r para transformá-la em uma *string bruta* que interpreta os caracteres literalmente. Isso não é um problema no macOS ou no Linux, pois eles usam barras nos caminhos.

Ao fornecer apenas o nome do arquivo como eu faço, ele produzirá o arquivo *course_participants.csv* no mesmo diretório do notebook com o seguinte conteúdo:

```
user_id,name,age,country,score,continent
1001,Mark,55,Italy,4.5,Europe
1000,John,33,USA,6.7,America
1002,Tim,41,USA,3.9,America
1003,Jenny,12,Germany,9.0,Europe
```

Agora que você já sabe como usar o método df.to_csv, veremos como funciona a importação de um arquivo CSV!

Importando Arquivos CSV

Importar um arquivo CSV local é tão fácil quanto fornecer seu caminho para a função read_csv. *MSFT.csv* é um arquivo CSV que baixei do *Yahoo! Finance* e contém os preços históricos diários das ações da Microsoft — você o encontrará no repositório complementar, na pasta *csv*:

```
In [101]: msft = pd.read_csv("csv/MSFT.csv")
```

Frequentemente, você precisará fornecer alguns parâmetros a mais para read_csv do que apenas o nome do arquivo. Por exemplo, sep permite que você diga ao pandas qual separador ou delimitador o arquivo CSV usa, caso não seja a vírgula padrão. Usaremos mais alguns parâmetros no próximo capítulo, mas, para uma visão geral completa, dê uma olhada na documentação do pandas.

Agora que estamos lidando com grandes DataFrames com muitas milhares de linhas, normalmente a primeira coisa é executar o método `info` para obter um resumo do DataFrame. Em seguida, você pode dar uma olhada nas primeiras e nas últimas linhas do DataFrame usando os métodos `head` e `tail`. Esses métodos retornam cinco linhas por padrão, mas isso pode ser alterado fornecendo o número desejado de linhas como argumento. Você também pode executar o método `describe` para obter algumas estatísticas básicas:

```
In [102]: msft.info()
<class 'pandas.core.frame.DataFrame'>
RangeIndex: 8622 entries, 0 to 8621
Data columns (total 7 columns):
 #   Column     Non-Null Count  Dtype
---  ------     --------------  -----
 0   Date       8622 non-null   object
 1   Open       8622 non-null   float64
 2   High       8622 non-null   float64
 3   Low        8622 non-null   float64
 4   Close      8622 non-null   float64
 5   Adj Close  8622 non-null   float64
 6   Volume     8622 non-null   int64
dtypes: float64(5), int64(1), object(1)
memory usage: 471.6+ KB
In [103]: # Estou selecionando algumas colunas devido a problemas de espaço
          # Você também pode simplesmente executar: msft.head()
          msft.loc[:, ["Date", "Adj Close", "Volume"]].head()
Out[103]:         Date  Adj Close      Volume
          0  1986-03-13   0.062205  1031788800
          1  1986-03-14   0.064427   308160000
          2  1986-03-17   0.065537   133171200
          3  1986-03-18   0.063871    67766400
          4  1986-03-19   0.062760    47894400
In [104]: msft.loc[:, ["Date", "Adj Close", "Volume"]].tail(2)
Out[104]:           Date  Adj Close    Volume
          8620  2020-05-26  181.570007  36073600
          8621  2020-05-27  181.809998  39492600
In [105]: msft.loc[:, ["Adj Close", "Volume"]].describe()
Out[105]:          Adj Close        Volume
          count  8622.000000  8.622000e+03
          mean     24.921952  6.030722e+07
          std      31.838096  3.877805e+07
          min       0.057762  2.304000e+06
          25%       2.247503  3.651632e+07
          50%      18.454313  5.350380e+07
          75%      25.699224  7.397560e+07
          max     187.663330  1.031789e+09
```

`Adj Close` significa *preço de fechamento ajustado* e corrige o preço das ações para ações corporativas, como desdobramentos de ações. `Volume` é o número de ações que foram negociadas. Eu resumi os vários métodos de exploração do DataFrame que vimos neste capítulo no Quadro 5-8.

Quadro 5-8. Métodos e atributos de exploração do DataFrame

Método/Atributo do DataFrame (df)	Descrição
df.info()	Fornece o número de pontos de dados, tipo de índice, dtype e uso da memória
df.describe()	Fornece estatísticas básicas, incluindo contagem, média, padrão, mínimo, máximo e percentis
df.head(n=5)	Retorna as primeiras *n* linhas do DataFrame
df.tail(n=5)	Retorna as últimas *n* linhas do DataFrame
df.dtypes	Retorna o dtype de cada coluna

A função `read_csv` também aceita uma URL em vez de um arquivo CSV local. É assim que você lê o arquivo CSV diretamente do repositório complementar:

```
In [106]: # A quebra de linha na URL serve apenas para caber na página
          url = ("https://raw.githubusercontent.com/fzumstein/"
                 "python-for-excel/1st-edition/csv/MSFT.csv")
          msft = pd.read_csv(url)
In [107]: msft.loc[:, ["Date", "Adj Close", "Volume"]].head(2)
Out[107]:         Date  Adj Close      Volume
        0   1986-03-13   0.062205  1031788800
        1   1986-03-14   0.064427   308160000
```

Continuaremos com esse conjunto de dados e a função `read_csv` no próximo capítulo sobre séries temporais, no qual transformaremos a coluna `Date` em um `DatetimeIndex`.

Conclusão

Este capítulo foi repleto de novos conceitos e ferramentas para analisar conjuntos de dados em pandas. Aprendemos como carregar arquivos CSV, como lidar com dados ausentes ou duplicados, e como usar estatísticas descritivas. Também vimos como é fácil transformar seus DataFrames em plotagens interativas. Embora possa demorar um pouco para digerir tudo, provavelmente não demorará muito para que você entenda o imenso poder que está ganhando ao adicionar o pandas à sua caixa de ferramentas. Ao longo do caminho, comparamos o pandas com as seguintes funcionalidades do Excel:

Funcionalidade de AutoFiltro
    Veja a seção "Selecionando por indexação booleana".

Fórmula PROCV
    Veja a seção "Join e Merge".

Tabela Dinâmica
   Veja a seção "Pivot e Melt".

Power Query
   Esta é uma combinação das seções "Importando e Exportando DataFrames", "Manipulação de Dados" e "Combinando DataFrames" deste capítulo.

O próximo capítulo trata da análise de séries temporais, a funcionalidade que levou à ampla adoção do pandas pelo setor financeiro. Veremos por que essa parte do pandas tem tanta vantagem sobre o Excel!

CAPÍTULO 6
Análise de Séries Temporais com pandas

Uma *série temporal* é uma série de pontos de dados ao longo de um eixo baseado no tempo que desempenha um papel central em muitos cenários diferentes: enquanto os traders usam os preços históricos das ações para calcular as medidas de risco, a previsão do tempo é baseada em séries temporais geradas por sensores que medem a temperatura, a umidade e a pressão do ar. E o departamento de marketing digital conta com as séries temporais geradas por páginas da web, por exemplo, a fonte e o número de visualizações de página por hora, e as usará para tirar conclusões sobre suas campanhas de marketing.

A análise de séries temporais é uma das principais forças motrizes do porquê cientistas e analistas de dados começaram a procurar uma alternativa melhor ao Excel. Os pontos a seguir resumem algumas das razões por trás dessa mudança:

Grandes conjuntos de dados
    As séries temporais podem crescer rapidamente além do limite do Excel, com aproximadamente um milhão de linhas por planilha. Por exemplo, se você trabalha com preços de ações intradiários em um nível de dados de ticks, geralmente está lidando com centenas de milhares de registros — por ação e por dia!

Data e hora
    Como vimos no Capítulo 3, o Excel tem várias limitações quando se trata de lidar com data e hora, a espinha dorsal das séries temporais. A falta de suporte para fusos horários e um formato de número limitado a milissegundos são algumas. O pandas suporta fusos horários e usa o tipo de dados `datetime64[ns]` do NumPy, que oferece uma resolução em até nanossegundos.

Falta funcionalidade
    No Excel faltam até ferramentas básicas para trabalhar com dados de séries temporais de maneira decente. Por exemplo, se você deseja transformar uma série temporal diária em uma série temporal mensal, não há uma maneira fácil de fazer isso, apesar de ser uma tarefa muito comum.

Os DataFrames permitem trabalhar com vários índices baseados em tempo: `DatetimeIndex` é o mais comum e representa um índice com timestamp. Outros tipos de índice, como `PeriodIndex`, são baseados em intervalos de tempo, como horas ou meses. Neste capítulo, no entanto, veremos apenas `DatetimeIndex`, que apresentarei agora com mais detalhes.

DatetimeIndex

Nesta seção, aprenderemos como construir um `DatetimeIndex`, como filtrar esse índice para um intervalo de tempo específico e como trabalhar com fusos horários.

Criando um DatetimeIndex

Para construir um `DatetimeIndex`, o pandas oferece a função `date_range`. Ele aceita uma data de início, uma frequência e o número de períodos ou a data de término:

```
In [1]: # Começaremos importando os pacotes que usamos neste capítulo
        # e definindo o back-end de plotagem para Plotly
        import pandas as pd
        import numpy as np
        pd.options.plotting.backend = "plotly"
In [2]: # Isso cria um DatetimeIndex com base em um timestamp de início,
        # o número de períodos e a frequência ("D" = daily).
        daily_index = pd.date_range("2020-02-28", periods=4, freq="D")
        daily_index
Out[2]: DatetimeIndex(['2020-02-28', '2020-02-29', '2020-03-01', '2020-03-02'],
            dtype='datetime64[ns]', freq='D')
In [3]: # Isso cria um DatetimeIndex com base no timestamp de início/fim.
        # A frequência é definida para "semanalmente aos domingos" ("W-SUN").
        weekly_index = pd.date_range("2020-01-01", "2020-01-31", freq="W-SUN")
        weekly_index
Out[3]: DatetimeIndex(['2020-01-05', '2020-01-12', '2020-01-19', '2020-01-26'],
            dtype='datetime64[ns]', freq='W-SUN')
In [4]: # Construa um DataFrame com base em week_index. Esta pode ser
        # a contagem de visitantes de um museu que só abre aos domingos.
        pd.DataFrame(data=[21, 15, 33, 34],
                     columns=["visitors"], index=weekly_index)
Out[4]:            visitors
        2020-01-05       21
        2020-01-12       15
        2020-01-19       33
        2020-01-26       34
```

Agora retornaremos à série temporal de ações da Microsoft do último capítulo. Ao observar mais de perto os tipos de dados das colunas, você notará que a coluna `Date` tem o tipo `object`, o que significa que o pandas interpretou os timestamps como strings:

```
In [5]: msft = pd.read_csv("csv/MSFT.csv")
In [6]: msft.info()
```

```
<class 'pandas.core.frame.DataFrame'>
RangeIndex: 8622 entries, 0 to 8621
Data columns (total 7 columns):
 #   Column     Non-Null Count  Dtype
---  ------     --------------  -----
 0   Date       8622 non-null   object
 1   Open       8622 non-null   float64
 2   High       8622 non-null   float64
 3   Low        8622 non-null   float64
 4   Close      8622 non-null   float64
 5   Adj Close  8622 non-null   float64
 6   Volume     8622 non-null   int64
dtypes: float64(5), int64(1), object(1)
memory usage: 471.6+ KB
```

Existem duas maneiras de corrigir isso e transformá-lo em um tipo de dados datetime. A primeira é executar a função to_datetime nessa coluna. Atribua a coluna transformada de volta ao DataFrame original se quiser alterá-la na origem:

```
In [7]: msft.loc[:, "Date"] = pd.to_datetime(msft["Date"])
In [8]: msft.dtypes
Out[8]: Date          datetime64[ns]
        Open                 float64
        High                 float64
        Low                  float64
        Close                float64
        Adj Close            float64
        Volume                 int64
        dtype: object
```

A outra possibilidade é informar read_csv sobre as colunas que contêm timestamps usando o argumento parse_dates, que espera uma lista de nomes da coluna ou índice. Além disso, você quase sempre deseja transformar os timestamps no índice do DataFrame, pois isso permitirá filtrar os dados facilmente, como veremos em breve. Para poupar uma chamada extra de set_index, forneça a coluna que você gostaria de usar como índice por meio do argumento index_col, novamente como nome da coluna ou índice:

```
In [9]: msft = pd.read_csv("csv/MSFT.csv",
                           index_col="Date", parse_dates=["Date"])
In [10]: msft.info()
<class 'pandas.core.frame.DataFrame'>
DatetimeIndex: 8622 entries, 1986-03-13 to 2020-05-27
Data columns (total 6 columns):
 #   Column     Non-Null Count  Dtype
---  ------     --------------  -----
 0   Open       8622 non-null   float64
 1   High       8622 non-null   float64
 2   Low        8622 non-null   float64
 3   Close      8622 non-null   float64
 4   Adj Close  8622 non-null   float64
 5   Volume     8622 non-null   int64
```

```
dtypes: float64(5), int64(1)
memory usage: 471.5 KB
```

Como `info` revela, agora você está lidando com um DataFrame que possui um `DatetimeIndex`. Se você precisar alterar outro tipo de dado (digamos que você quisesse que `Volume` fosse um `float` em vez de um `int`), terá duas opções novamente: forneça `dtype={"Volume": float}` como argumento para a função `read_csv` ou aplique o método `astype` da seguinte forma:

```
In [11]: msft.loc[:, "Volume"] = msft["Volume"].astype("float")
         msft["Volume"].dtype
Out[11]: dtype('float64')
```

Com séries temporais, é sempre uma boa ideia garantir que o índice esteja ordenado corretamente antes de iniciar sua análise:

```
In [12]: msft = msft.sort_index()
```

E, finalmente, se você precisar acessar apenas partes de um `DatetimeIndex`, como a parte da data sem a hora, acesse o atributo `date` desta forma:

```
In [13]: msft.index.date
Out[13]: array([datetime.date(1986, 3, 13), datetime.date(1986, 3, 14),
                datetime.date(1986, 3, 17), ..., datetime.date(2020, 5, 22),
                datetime.date(2020, 5, 26), datetime.date(2020, 5, 27)],
               dtype=object)
```

Em vez de `date`, você também pode usar partes de uma data como `year`, `month`, `day` etc. Para acessar a mesma funcionalidade em uma coluna normal com o tipo de dados `datetime`, você terá que usar o atributo `dt`, por exemplo, `df["column_name"].dt.date`.

Com um `DatetimeIndex` ordenado, veremos como filtrar o DataFrame para determinados períodos!

Filtrando um DatetimeIndex

Se seu DataFrame tem um `DatetimeIndex`, há uma maneira fácil de selecionar as linhas de um período específico usando `loc` com uma string no formato YYYY--MM-DD HH:MM:SS. O pandas transformará essa string em uma fatia para cobrir todo o período. Por exemplo, para selecionar todas as linhas de 2019, forneça o ano como uma *string*, não como um número:

```
In [14]: msft.loc["2019", "Adj Close"]
Out[14]: Date
         2019-01-02     99.099190
         2019-01-03     95.453529
         2019-01-04     99.893005
         2019-01-07    100.020401
         2019-01-08    100.745613
                          ...
         2019-12-24    156.515396
         2019-12-26    157.798309
```

```
2019-12-27    158.086731
2019-12-30    156.724243
2019-12-31    156.833633
Name: Adj Close, Length: 252, dtype: float64
```

Daremos um passo adiante e plotaremos os dados entre junho de 2019 e maio de 2020 (veja a Figura 6-1):

```
In [15]: msft.loc["2019-06":"2020-05", "Adj Close"].plot()
```

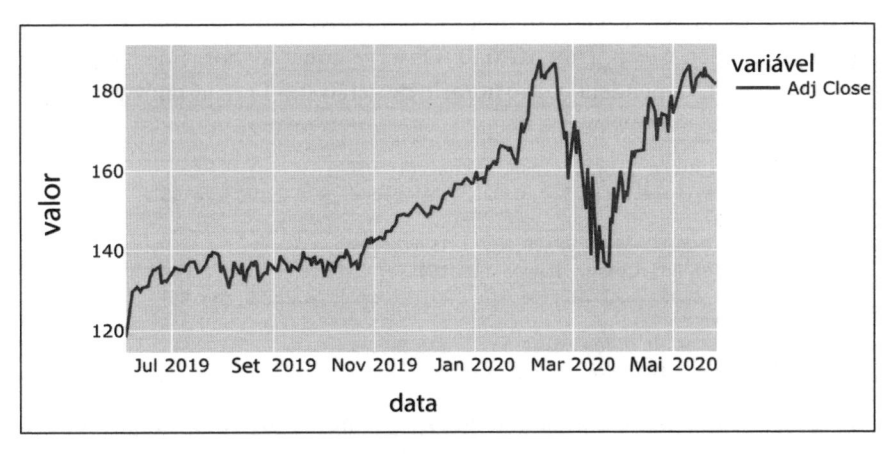

Figura 6-1. Preço de fechamento ajustado para MSFT

Passe o mouse sobre o gráfico Plotly para ler o valor como uma dica de contexto e o amplie desenhando um retângulo com o mouse. Clique duas vezes no gráfico para voltar à visualização padrão.

Usaremos o preço de fechamento ajustado na próxima seção para aprender a lidar com o fuso horário.

Trabalhando com Fusos Horários

A Microsoft está listada na bolsa de valores Nasdaq. A Nasdaq fica em Nova York e os mercados fecham às 16h. Para adicionar essas informações extras ao índice do DataFrame, primeiro adicione a hora de fechamento à data via `DateOffset`, em seguida anexe o fuso horário correto aos timestamps via `tz_localize`. Como a hora de fechamento é aplicável apenas ao preço de fechamento, criaremos um novo DataFrame com ele:

```
In [16]: # Adicione as informações de hora à data
         msft_close = msft.loc[:, ["Adj Close"]].copy()
         msft_close.index = msft_close.index + pd.DateOffset(hours=16)
         msft_close.head(2)
Out[16]:                      Adj Close
         Date
         1986-03-13 16:00:00   0.062205
```

```
                 1986-03-14 16:00:00   0.064427
In [17]: # Torne os timestamps cientes do fuso horário
         msft_close = msft_close.tz_localize("America/New_York")
         msft_close.head(2)
Out[17]:                              Adj Close
         Date
         1986-03-13 16:00:00-05:00     0.062205
         1986-03-14 16:00:00-05:00     0.064427
```

Se você deseja converter os timestamps no fuso horário UTC, use o método DataFrame `tz_convert`. UTC significa *Coordinated Universal Time* e é o sucessor do Greenwich Mean Time (GMT). Observe como as horas de fechamento mudam em UTC dependendo de o horário de verão (DST) estar em vigor ou não em Nova York:

```
In [18]: msft_close = msft_close.tz_convert("UTC")
         msft_close.loc["2020-01-02", "Adj Close"]   # 21:00 sem DST
Out[18]: Date
         2020-01-02 21:00:00+00:00    159.737595
         Name: Adj Close, dtype: float64
In [19]: msft_close.loc["2020-05-01", "Adj Close"]   # 20:00 com DST
Out[19]: Date
         2020-05-01 20:00:00+00:00    174.085175
         Name: Adj Close, dtype: float64
```

A preparação de séries temporais como essa permitirá que você compare os preços de fechamento das bolsas de valores em diferentes fusos horários, mesmo que as informações de horário estejam ausentes ou indicadas no fuso horário local.

Agora que você sabe o que é `DatetimeIndex`, iremos experimentar algumas manipulações comuns de séries temporais na próxima seção, calculando e comparando o desempenho das ações.

Manipulações Comuns de Séries Temporais

Nesta seção, mostrarei como realizar tarefas comuns de análise de séries temporais, como calcular retornos de ações, plotar o desempenho de várias ações e visualizar a correlação de seus retornos em um mapa de calor. Também veremos como alterar a frequência das séries temporais e calcular estatísticas contínuas.

Deslocamento e Mudanças Percentuais

Em finanças, os *log retornos* das ações costumam ser distribuídos. Por log retornos, quero dizer o logaritmo natural da razão entre o preço atual e o anterior. Para ter uma ideia da distribuição dos log retornos diários, plotaremos um histograma. Primeiro, no entanto, precisamos calcular os log retornos. No Excel, em geral é feito com uma fórmula que envolve células de duas linhas, conforme mostrado na Figura 6-2.

	A	B	C
1	Date	Adj Close	
2	3/13/1986	0.062205	
3	3/14/1986	0.064427	=LN(B3/B2)
4	3/17/1986	0.065537	0.017082

Figura 6-2. Calculando log retornos no Excel

Logaritmos no Excel e no Python

O Excel usa LN para indicar o logaritmo natural e LOG para o logaritmo com base 10. O módulo matemático do Python e do NumPy, no entanto, usa log para o logaritmo natural e log10 para o logaritmo com base 10.

Com o pandas, em vez de ter uma fórmula acessando duas linhas diferentes, você usa o método shift para deslocar os valores em uma linha. Isso permite que você opere em uma única linha para que seus cálculos possam usar a vetorização. shift aceita um inteiro positivo ou negativo que desloca a série temporal para baixo ou para cima no respectivo número de linhas. Primeiro veremos como shift funciona:

```
In [20]: msft_close.head()
Out[20]:                         Adj Close
         Date
         1986-03-13 21:00:00+00:00    0.062205
         1986-03-14 21:00:00+00:00    0.064427
         1986-03-17 21:00:00+00:00    0.065537
         1986-03-18 21:00:00+00:00    0.063871
         1986-03-19 21:00:00+00:00    0.062760
In [21]: msft_close.shift(1).head()
Out[21]:                         Adj Close
         Date
         1986-03-13 21:00:00+00:00         NaN
         1986-03-14 21:00:00+00:00    0.062205
         1986-03-17 21:00:00+00:00    0.064427
         1986-03-18 21:00:00+00:00    0.065537
         1986-03-19 21:00:00+00:00    0.063871
```

Agora você pode escrever uma única fórmula baseada em vetor que é fácil de ler e entender. Para obter o logaritmo natural, use o ufunc log do NumPy, que é aplicado a cada elemento. Então, podemos traçar um histograma (veja a Figura 6-3):

```
In [22]: returns = np.log(msft_close / msft_close.shift(1))
         returns = returns.rename(columns={"Adj Close": "returns"})
         returns.head()
```

```
Out[22]:                                returns
         Date
         1986-03-13 21:00:00+00:00          NaN
         1986-03-14 21:00:00+00:00     0.035097
         1986-03-17 21:00:00+00:00     0.017082
         1986-03-18 21:00:00+00:00    -0.025749
         1986-03-19 21:00:00+00:00    -0.017547
In [23]: # Plote um histograma com os log retornos diários
         returns.plot.hist()
```

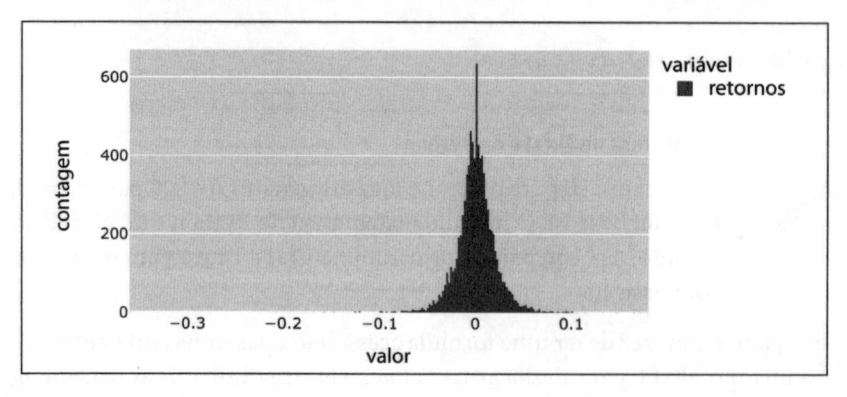

Figura 6-3. Plotagem do histograma

Para obter *retornos simples*, use o método `pct_change` integrado do pandas. Por padrão, ele calcula a variação percentual da linha anterior, que também é a definição de retornos simples:

```
In [24]: simple_rets = msft_close.pct_change()
         simple_rets = simple_rets.rename(columns={"Adj Close": "simple rets"})
         simple_rets.head()
Out[24]:                              simple rets
         Date
         1986-03-13 21:00:00+00:00          NaN
         1986-03-14 21:00:00+00:00     0.035721
         1986-03-17 21:00:00+00:00     0.017229
         1986-03-18 21:00:00+00:00    -0.025421
         1986-03-19 21:00:00+00:00    -0.017394
```

Até agora, analisamos apenas as ações da Microsoft. Na próxima seção, carregaremos mais séries temporais para que possamos ver outros métodos DataFrame que requerem múltiplas séries temporais.

Rebaseamento e Correlação

As coisas ficam um pouco mais interessantes quando trabalhamos com mais de uma série temporal. Carregaremos alguns preços de fechamento ajustados adicionais para Amazon (AMZN), Google (GOOGL) e Apple (AAPL), também baixados do *Yahoo! Finance*:

```
In [25]: parts = []   # Lista para coletar DataFrames individuais
         for ticker in ["AAPL", "AMZN", "GOOGL", "MSFT"]:
             # "usecols" nos permite ler apenas em Date e Adj Close
             # Para lembrar sobre f-strings, veja o Capítulo 3
             adj_close = pd.read_csv(f"csv/{ticker}.csv",
                                    index_col="Date", parse_dates=["Date"],
                                    usecols=["Date", "Adj Close"])
             # Renomeie a coluna para o símbolo do ticker
             # (Se você digitar o exemplo à mão, mantenha as
             # seguintes linhas indentadas corretamente!)
             adj_close = adj_close.rename(columns={"Adj Close": ticker})
             # Anexe o DataFrame da ação à lista de partes
             parts.append(adj_close)

In [26]: # Combine os 4 DataFrames em um único DataFrame
         adj_close = pd.concat(parts, axis=1)
         adj_close
Out[26]:                 AAPL         AMZN         GOOGL          MSFT
         Date
         1980-12-12   0.405683          NaN           NaN           NaN
         1980-12-15   0.384517          NaN           NaN           NaN
         1980-12-16   0.356296          NaN           NaN           NaN
         1980-12-17   0.365115          NaN           NaN           NaN
         1980-12-18   0.375698          NaN           NaN           NaN
         ...               ...          ...           ...           ...
         2020-05-22 318.890015  2436.879883   1413.239990    183.509995
         2020-05-26 316.730011  2421.860107   1421.369995    181.570007
         2020-05-27 318.109985  2410.389893   1420.280029    181.809998
         2020-05-28 318.250000  2401.100098   1418.239990           NaN
         2020-05-29 317.940002  2442.370117   1433.520020           NaN

         [9950 rows x 4 columns]
```

Você viu o poder de concat? O pandas alinhou automaticamente as séries temporais individuais ao longo das datas. É por isso que você obtém valores NaN para as ações que não remontam até a Apple. E, como MSFT tem valores NaN nas datas mais recentes, você deve ter adivinhado que baixei *MSFT.csv* dois dias antes dos outros. Alinhar séries temporais por data é uma operação típica muito complicada com o Excel e, portanto, também muito propensa a erros. A eliminação de todas as linhas que contêm valores ausentes garantirá que todas as ações tenham a mesma quantidade de pontos de dados:

```
In [27]: adj_close = adj_close.dropna()
         adj_close.info()
<class 'pandas.core.frame.DataFrame'>
DatetimeIndex: 3970 entries, 2004-08-19 to 2020-05-27
Data columns (total 4 columns):
 #   Column  Non-Null Count  Dtype
---  ------  --------------  -----
 0   AAPL    3970 non-null   float64
 1   AMZN    3970 non-null   float64
 2   GOOGL   3970 non-null   float64
 3   MSFT    3970 non-null   float64
dtypes: float64(4)
memory usage: 155.1 KB
```

Iremos agora rebasear os preços para que todas as séries temporais comecem em 100. Isso nos permite comparar seu desempenho relativo em um gráfico; veja a Figura 6-4. Para rebasear uma série temporal, divida cada valor por seu valor inicial e multiplique por 100 a nova base. Se você fizesse isso no Excel, normalmente escreveria uma fórmula com uma combinação de referências de células absolutas e relativas, em seguida copiaria a fórmula para cada linha e cada série temporal. No pandas, graças à vetorização e à transmissão, você está lidando com uma única fórmula:

```
In [28]: # Use uma amostra de junho de 2019 a maio de 2020
         adj_close_sample = adj_close.loc["2019-06":"2020-05", :]
         rebased_prices = adj_close_sample / adj_close_sample.iloc[0, :] * 100
         rebased_prices.head(2)
Out[28]:                 AAPL        AMZN       GOOGL        MSFT
         Date
         2019-06-03  100.000000  100.000000  100.00000  100.000000
         2019-06-04  103.658406  102.178197  101.51626  102.770372
In [29]: rebased_prices.plot()
```

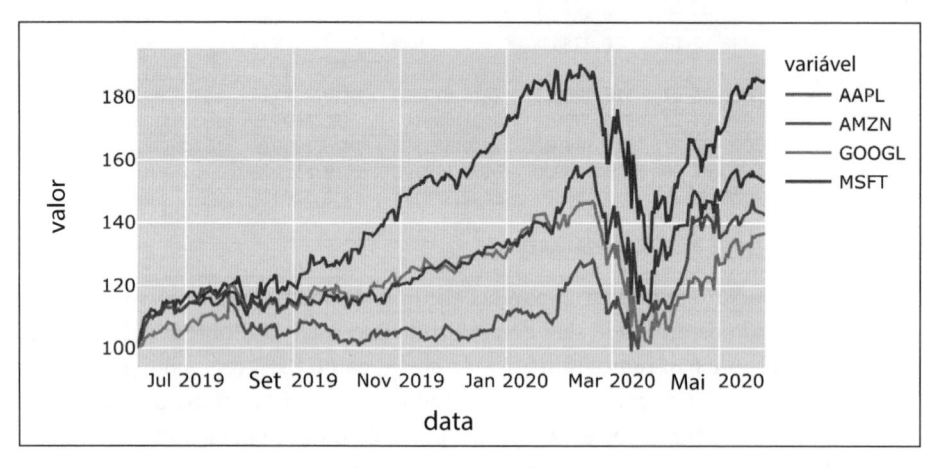

Figura 6-4. Série temporal rebaseada

Para ver quão independentes são os retornos das diferentes ações, dê uma olhada em suas correlações usando o método `corr`. Infelizmente, o pandas não fornece um tipo de plotagem embutido para visualizar a matriz de correlação como um mapa de calor, então precisamos usar Plotly diretamente por meio de sua interface `plotly.express` (veja a Figura 6-5):

```
In [30]: # Correlação de log retornos diários
         returns = np.log(adj_close / adj_close.shift(1))
         returns.corr()
Out[30]:         AAPL      AMZN      GOOGL      MSFT
         AAPL  1.000000  0.424910  0.503497  0.486065
         AMZN  0.424910  1.000000  0.486690  0.485725
```

```
         GOOGL   0.503497   0.486690   1.000000   0.525645
          MSFT   0.486065   0.485725   0.525645   1.000000
In [31]: import plotly.express as px
In [32]: fig = px.imshow(returns.corr(),
                x=adj_close.columns,
                y=adj_close.columns,
                color_continuous_scale=list(
                    reversed(px.colors.sequential.RdBu)),
                zmin=-1, zmax=1)
         fig.show()
```

Se quiser entender como imshow funciona em detalhes, veja a documentação da API Plotly Express.

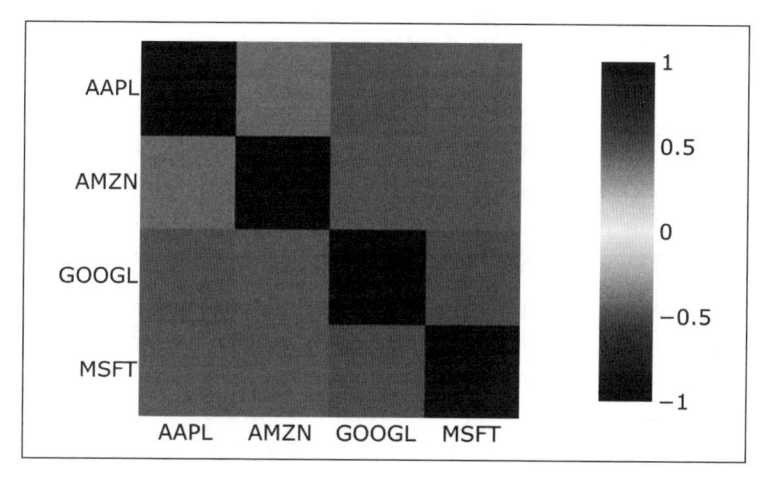

Figura 6-5. Mapa de calor da correlação

Neste ponto, já aprendemos algumas coisas sobre séries temporais, incluindo como combiná-las e limpá-las, e como calcular retornos e correlações. Mas e se você decidir que os retornos diários não são uma boa base para sua análise e quiser retornos mensais? Como você altera a frequência dos dados da série temporal é o tópico da próxima seção.

Amostragem

Duas tarefas comuns com séries temporais são *upsampling* e *downsampling*. Upsampling significa que a série temporal é convertida em uma de maior frequência e downsampling significa que é convertida em uma de menor frequência. Em factsheets[1] financeiras, muitas vezes você mostra o desempenho mensal ou trimestral, por exemplo. Para transformar a série temporal diária em men-

---

1 Em uma tradução livre e literal, *factsheet* significa "ficha técnica" ou apenas "ficha". Essa ficha corresponde a uma apresentação de dados e informações sobre uma instituição de forma mais direta e muito visual, com o objetivo de dar maior destaque a certos dados que a compõem. [N. da T.]

sal, use o método `resample` que aceita uma string de frequência como M para *end-of-calendar-month* [fim de mês calendário] ou BM para *end-of-business-month* [fim de mês comercial]. Você pode encontrar uma lista de todas as strings de frequência na documentação do pandas. Semelhante a como `groupby` funciona, você encadeia um método que define *como* está amostrando. Estou usando `last` para sempre ter a última observação daquele mês:

```
In [33]: end_of_month = adj_close.resample("M").last()
         end_of_month.head()
Out[33]:             AAPL       AMZN       GOOGL       MSFT
         Date
         2004-08-31  2.132708   38.139999  51.236237   17.673630
         2004-09-30  2.396127   40.860001  64.864868   17.900215
         2004-10-31  3.240182   34.130001  95.415413   18.107374
         2004-11-30  4.146072   39.680000  91.081078   19.344421
         2004-12-31  3.982207   44.290001  96.491493   19.279480
```

Em vez de `last`, você pode escolher qualquer outro método que funcione em `groupby`, como `sum` ou `mean`. Há também `ohlc`, que retorna convenientemente os valores de abertura, alta, baixa e fechamento durante esse período. Isso pode servir como fonte para criar os gráficos de velas típicos que são frequentemente usados com os preços de ações.

Se essa série temporal de fim de mês for tudo o que você tem e você precisa produzir uma série temporal semanal a partir dela, deve aumentar a amostragem de sua série temporal. Ao usar `asfreq`, você está dizendo ao pandas para não aplicar nenhuma transformação e, portanto, verá a maioria dos valores mostrando NaN. Se quiser aplicar *forward-fill* no último valor conhecido, use o método `ffill`:

```
In [34]: end_of_month.resample("D").asfreq().head()  # Sem transformação
Out[34]:             AAPL       AMZN       GOOGL       MSFT
         Date
         2004-08-31  2.132708   38.139999  51.236237   17.67363
         2004-09-01  NaN        NaN        NaN         NaN
         2004-09-02  NaN        NaN        NaN         NaN
         2004-09-03  NaN        NaN        NaN         NaN
         2004-09-04  NaN        NaN        NaN         NaN
In [35]: end_of_month.resample("W-FRI").ffill().head()  # Fica igual
Out[35]:             AAPL       AMZN       GOOGL       MSFT
         Date
         2004-09-03  2.132708   38.139999  51.236237   17.673630
         2004-09-10  2.132708   38.139999  51.236237   17.673630
         2004-09-17  2.132708   38.139999  51.236237   17.673630
         2004-09-24  2.132708   38.139999  51.236237   17.673630
         2004-10-01  2.396127   40.860001  64.864868   17.900215
```

O downsampling de dados é uma maneira de suavizar uma série temporal. Calcular estatísticas em uma janela contínua é outra maneira, como veremos a seguir.

Janelas Contínuas

Quando você calcula estatísticas de séries temporais, geralmente deseja uma estatística contínua, como a *média móvel*. A média móvel analisa um subconjunto da série temporal (digamos 25 dias) e obtém a média desse subconjunto antes de avançar a janela em um dia. Isso resultará em uma nova série temporal mais suave e menos propensa a valores discrepantes. Se você gosta de trading algorítmico, pode ver a interseção da média móvel com o preço das ações e tomar isso (ou alguma variação dela) como um sinal de negociação. Os DataFrames possuem um método rolling, que aceita o número de observações como argumento. Você então o encadeia com o método estatístico que deseja usar — no caso da média móvel, é mean. Observando a Figura 6-6, você pode facilmente comparar a série temporal original com a média móvel suavizada:

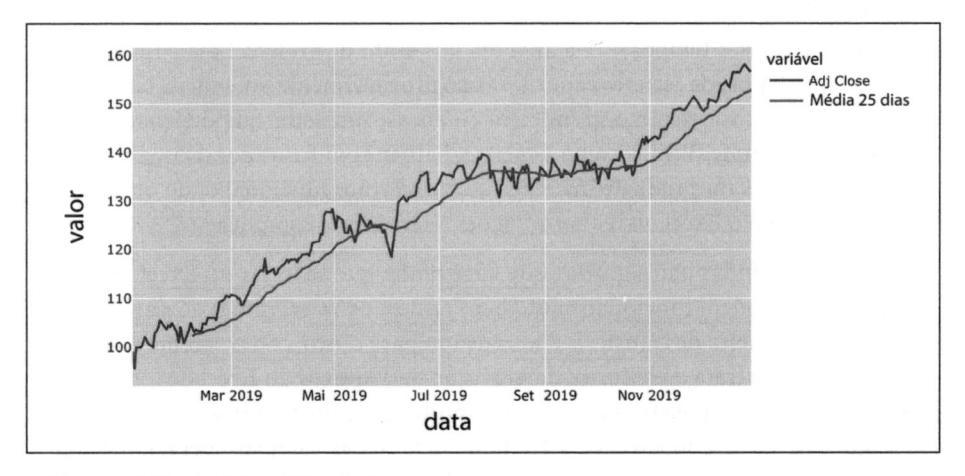

```
In [36]: # Plote a média móvel para MSFT com dados de 2019
         msft19 = msft.loc["2019", ["Adj Close"]].copy()

         # Adicione a média móvel de 25 dias como uma nova coluna ao
DataFrame
         msft19.loc[:, "25day average"] = msft19["Adj Close"].rolling(25).mean()
         msft19.plot()
```

Figura 6-6. Plotagem da média móvel

Em vez de mean, você pode usar muitas outras medidas estatísticas, incluindo count, sum, median, min, max, std (desvio-padrão) ou var (variância).

Neste ponto, vimos a funcionalidade mais importante do pandas. É igualmente importante, porém, entender onde o pandas tem seus limites, mesmo que eles ainda estejam distantes neste momento.

Limitações com pandas

Quando seus DataFrames começam a ficar maiores, é uma boa ideia saber o limite superior do que um DataFrame pode conter. Ao contrário do Excel, em que você tem um limite rígido de aproximadamente 1 milhão de linhas e 12 mil colunas por planilha, o pandas tem apenas um limite flexível: todos os dados devem caber na memória disponível de sua máquina. Se não for esse o caso, pode haver algumas correções fáceis: carregue apenas as colunas do seu conjunto de dados que você precisa ou exclua os resultados intermediários para liberar memória. Se isso não ajudar, existem alguns projetos que parecerão familiares para os usuários do pandas, mas trabalham com big data. Um dos projetos, Dask, funciona em cima do NumPy e do pandas, e permite trabalhar com grandes conjuntos de dados dividindo-os em vários DataFrames pandas, distribuindo a carga de trabalho em vários núcleos de CPU ou máquinas. Outros projetos de big data que trabalham com algum tipo de DataFrame são Modin, Koalas, Vaex, PySpark cuDF, Ibis e PyArrow. Abordaremos brevemente o Modin no próximo capítulo, mas, fora este, isso não é algo que iremos explorar mais neste livro.

Conclusão

A análise de séries temporais é a área em que sinto que o Excel mais ficou para trás, então, depois de ler este capítulo, você provavelmente entenderá por que o pandas têm um sucesso tão grande em finanças, um setor que depende muito de séries temporais. Vimos como é fácil trabalhar com fusos horários, amostrar séries temporais ou produzir matrizes de correlação, funcionalidade que não é compatível com o Excel ou requer soluções alternativas complicadas.

Saber usar o pandas não significa que você tenha que se livrar do Excel, pois os dois mundos podem funcionar muito bem juntos: os DataFrames do pandas são uma ótima maneira de transferir dados de um para outro, como veremos na próxima parte, que trata da leitura e da gravação de arquivos do Excel de forma que evite totalmente o aplicativo Excel. Isso é muito útil, pois significa que você pode manipular arquivos do Excel com Python em todos os sistemas operacionais suportados pelo Python, incluindo o Linux. Para iniciar essa jornada, o próximo capítulo mostrará como o pandas pode ser usado para automatizar processos manuais chatos, como a agregação de arquivos do Excel em relatórios de resumo.

PARTE III
Lendo e Gravando Arquivos do Excel sem Excel

CAPÍTULO 7
Manipulação de Arquivos do Excel com pandas

Após seis capítulos de intensas introduções a ferramentas, Python e pandas, farei uma pausa e começarei este capítulo com um estudo de caso prático que permite que você use bem suas habilidades recém-adquiridas: com apenas dez linhas de código pandas, você consolidará dezenas de arquivos do Excel em um relatório do Excel, pronto para ser enviado aos gerentes. Após o estudo de caso, farei uma introdução mais detalhada às ferramentas que o pandas oferece para trabalhar com arquivos do Excel: a função `read_excel` e a classe `ExcelFile` para leitura, e o método `to_excel` e a classe `ExcelWriter` para gravar arquivos do Excel. O pandas não depende do aplicativo Excel para ler e gravar arquivos Excel, o que significa que os exemplos de código neste capítulo são executados em todos os lugares nos quais o Python é executado, incluindo o Linux.

Estudo de Caso: Relatórios em Excel

Este estudo de caso é inspirado em alguns projetos de relatórios do mundo real em que estive envolvido nos últimos anos. Embora os projetos tenham ocorrido em setores completamente diferentes — incluindo telecomunicações, marketing digital e finanças — eles ainda eram notavelmente semelhantes: o ponto de partida geralmente é um diretório com arquivos do Excel que precisam ser processados em um relatório do Excel — geralmente mensal, semanal ou diariamente. No repositório complementar, no diretório *sales_data*, você encontrará arquivos Excel com transações de vendas fictícias para um provedor de telecomunicações que vende planos diferentes (Bronze, Silver, Gold) em algumas lojas nos Estados Unidos. Para cada mês, há dois arquivos, um na subpasta *new* para novos contratos e outro na subpasta *existing* para clientes existentes. Como os relatórios vêm de sistemas diferentes, têm formatos diferentes: os novos clientes são entregues como arquivos *xlsx*, enquanto os clientes existentes chegam no formato *xls* antigo. Cada um dos arquivos tem até 10 mil transações e nosso objetivo é produzir um relatório em Excel que mostre o total de vendas por loja e mês. Para começar, daremos uma olhada no arquivo *January.xlsx* da *nova* subpasta na Figura 7-1.

	A	B	C	D	E	F	G
1	transaction_id	store	status	transaction_date	plan	contract_type	amount
2	abfbdd6d	Chicago	ACTIVE	1/1/2019	Silver	NEW	14.25
3	136a9997	San Francisco	ACTIVE	1/1/2019	Gold	NEW	19.35
4	c6688f32	San Francisco	ACTIVE	1/1/2019	Bronze	NEW	12.2
5	6ef349c1	Chicago	ACTIVE	1/1/2019	Gold	NEW	19.35
6	22066f29	San Francisco	ACTIVE	1/1/2019	Silver	NEW	14.25

Figura 7-1. As primeiras linhas do arquivo January.xlsx

Os arquivos do Excel na subpasta *existing* parecem praticamente os mesmos, exceto que não têm a coluna `status` e são armazenados no formato *xls* herdado. Como primeiro passo, leremos as novas transações de janeiro com a função `read_excel` do pandas:

```
In [1]: import pandas as pd
In [2]: df = pd.read_excel("sales_data/new/January.xlsx")
        df.info()
<class 'pandas.core.frame.DataFrame'>
RangeIndex: 9493 entries, 0 to 9492
Data columns (total 7 columns):
 #   Column            Non-Null Count  Dtype
--  ------            --------------  -----
 0   transaction_id    9493 non-null   object
 1   store             9493 non-null   object
 2   status            9493 non-null   object
 3   transaction_date  9493 non-null   datetime64[ns]
 4   plan              9493 non-null   object
 5   contract_type     9493 non-null   object
 6   amount            9493 non-null   float64
dtypes: datetime64[ns](1), float64(1), object(5)
memory usage: 519.3+ KB
```

A Função read_excel com Python 3.9

Este é o mesmo aviso do Capítulo 5: se você estiver executando `pd.read_excel` com Python 3.9 ou superior, use pelo menos o pandas 1.2 ou verá um erro ao ler os arquivos *xlsx*.

Como você pode ver, o pandas reconheceu corretamente os tipos de dados de todas as colunas, incluindo o formato de data de `transaction_date`. Isso nos permite trabalhar com os dados sem maiores preparações. Como este exemplo é deliberadamente simples, podemos prosseguir com a criação de um script curto chamado *sales_report_pandas.py* como mostrado no Exemplo 7-1. Esse script lerá todos os arquivos do Excel de ambos os diretórios, agregará os dados e gravará a tabela de resumo em um novo arquivo do Excel. Use o VS Code para escrever o script você mesmo ou abra-o no repositório complementar. Para uma atualização sobre como criar ou abrir arquivos no VS Code, dê uma olhada no Capítulo 2. Se você mesmo criar, coloque-o próximo à pasta *sales_data* — isso permitirá que execute o script sem ter que ajustar qualquer caminho de arquivo.

Exemplo 7-1. sales_report_pandas.py

```python
from pathlib import Path

import pandas as pd

# Diretório deste arquivo
this_dir = Path(__file__).resolve().parent  ❶

# Ler todos os arquivos do Excel de todas as subpastas de sales_data
parts = []
for path in (this_dir / "sales_data").rglob("*.xls*"):  ❷
    print(f'Reading {path.name}')
    part = pd.read_excel(path, index_col="transaction_id")
    parts.append(part)

# Combinar os DataFrames de cada arquivo em um único DataFrame
# O pandas alinha corretamente as colunas
df = pd.concat(parts)

# Transformar cada loja em uma coluna e somar todas as transações por data
pivot = pd.pivot_table(df,
                       index="transaction_date", columns="store",
                       values="amount", aggfunc="sum")

# Fazer uma amostra até o final do mês e atribuir um nome de índice
summary = pivot.resample("M").sum()
summary.index.name = "Month"

# Gravar o relatório resumido no arquivo Excel
summary.to_excel(this_dir / "sales_report_pandas.xlsx")
```

❶ Até este capítulo, eu estava usando strings para especificar caminhos de arquivos. Ao usar a classe `Path` do módulo `pathlib` da biblioteca padrão, você obtém acesso a um poderoso conjunto de ferramentas: os objetos path permitem que você construa facilmente caminhos concatenando partes individuais por meio de barras, como é feito quatro linhas abaixo com `this_dir / "sales_data"`. Esses caminhos funcionam entre plataformas e permitem que você aplique filtros como `rglob`, conforme explicado no próximo ponto. `file` determina o caminho do arquivo de código-fonte quando você o executa — usar `parent` fornecerá, portanto, o nome do diretório desse arquivo. O método `resolve` que usamos antes de chamar `parent` transforma o caminho em um caminho absoluto. Se você executar isso a partir de um Jupyter notebook, deverá substituir essa linha por `this_dir = Path(".").resolve()`, com o ponto representando o diretório atual. Na maioria dos casos, funções e classes que aceitam um caminho na forma de string também aceitam um objeto path.

❷ A maneira mais fácil de ler todos os arquivos do Excel recursivamente de determinado diretório é usar o método `rglob` do objeto path; `glob` é a abreviação de *globbing*, que se refere à expansão do nome do caminho usando curingas [em inglês, *wildcards*]. O curinga ? representa exatamente um caractere, enquanto * representa qualquer número de caracteres (incluindo zero). O r em `rglob` significa globbing *recursivo*, ou seja, ele procurará arquivos correspondentes em todos os subdiretórios — portanto, glob ignoraria os subdiretórios. O uso de *.xls* como a expressão globbing garante que os arquivos antigos e novos do Excel sejam encontrados, pois corresponde a .xls e .xlsx. Geralmente, é uma boa ideia aprimorar um pouco a expressão desta forma: [!~$]*.xls*. Isso ignora os arquivos temporários do Excel (o nome do arquivo começa com ~$). Para obter mais informações sobre como usar globbing em Python, consulte a documentação do Python.

Execute o script, por exemplo, clicando no botão Executar Arquivo no canto superior direito do VS Code. O script levará um momento para ser concluído e, uma vez concluído, a pasta de trabalho do Excel *sales_report_pandas.xlsx* aparecerá no mesmo diretório do script. O conteúdo de Sheet1 deve se parecer com a Figura 7-2. É um resultado bastante impressionante para apenas dez linhas de código — mesmo que você precise ajustar a largura da primeira coluna para poder ver as datas!

	A	B	C	D	E	F	G
1	Month	Boston	Chicago	Las Vegas	New York	an Francisc	ashington DC
2	#########	21784.1	51187.7	23012.75	49872.85	58629.85	14057.6
3	#########	21454.9	52330.85	25493.1	46669.85	55218.65	15235.4
4	#########	20043	48897.25	23451.1	41572.25	52712.95	14177.05
5	#########	18791.05	47396.35	22710.15	41714.3	49324.65	13339.15
6	#########	18036.75	45117.05	21526.55	40610.4	47759.6	13147.1
7	#########	21556.25	49460.45	21985.05	47265.65	53462.4	14284.3
8	#########	19853	47993.8	23444.3	40408.3	50181.6	14161.5
9	#########	22332.9	50838.9	24927.65	45396.85	55336.35	16127.05
10	#########	19924.5	49096.25	24410.7	42830.6	49931.45	14994.4
11	#########	16550.95	42543.8	22827.5	34090.05	44311.65	12846.7
12	#########	21312.9	52011.6	24860.25	46959.85	55056.45	14057.6
13	#########	19722.6	49355.1	24535.75	42364.35	50933.45	14702.15

Figura 7-2. sales_report_pandas.xlsx (como está, sem ajustar nenhuma largura de coluna)

Para casos simples como este, o pandas oferece uma solução realmente fácil de trabalhar com os arquivos do Excel. No entanto, podemos fazer muito melhor —

afinal, um título, uma formatação (incluindo largura de coluna e um número consistente de decimais) e um gráfico não seriam nada mal. É exatamente disso que cuidaremos no próximo capítulo, usando diretamente as bibliotecas de gravação que o pandas usa internamente. Antes de chegarmos lá, no entanto, detalharemos mais como podemos ler e gravar arquivos do Excel com o pandas.

Lendo e Gravando Arquivos do Excel com o pandas

O estudo de caso estava usando `read_excel` e `to_excel` com seus argumentos-padrão para manter as coisas simples. Nesta seção, mostrarei os argumentos e as opções mais usados ao ler e gravar arquivos do Excel com o pandas. Começaremos com a função `read_excel` e a classe `ExcelFile` antes de examinar o método `to_excel` e a classe `ExcelWriter`. Ao longo do caminho, também apresentarei a instrução `with` do Python.

A Função read_excel e a Classe ExcelFile

O estudo de caso utilizou pastas de trabalho do Excel nas quais os dados estavam convenientemente na célula A1 da primeira planilha. Na realidade, seus arquivos do Excel provavelmente não ficarão tão bem organizados. Nesse caso, o pandas oferece parâmetros para ajustar o processo de leitura. Para as próximas amostras, usaremos o arquivo *stores.xlsx* que você encontrará na pasta *xl* no repositório complementar. A primeira planilha é mostrada na Figura 7-3.

	A	B	C	D	E	F
1						
2		Store	Employees	Manager	Since	Flagship
3		New York	10	Sarah	7/20/2018	FALSE
4		San Francisco	12	Neriah	11/2/2019	MISSING
5		Chicago	4	Katelin	1/31/2020	
6		Boston	5	Georgiana	4/1/2017	TRUE
7		Washington DC	3	Evan		FALSE
8		Las Vegas	11	Paul	1/6/2020	FALSE
9						

2019 | 2020 | 2019-2020

Figura 7-3. A primeira planilha de stores.xlsx

Usando os parâmetros `sheet_name`, `skiprows` e `usecols`, podemos informar ao pandas o intervalo de células que queremos ler. Como sempre, é uma boa ideia dar uma olhada nos tipos de dados do DataFrame retornado executando o método `info`:

```
In [3]: df = pd.read_excel("xl/stores.xlsx",
                           sheet_name="2019", skiprows=1, usecols="B:F")
        df
Out[3]:           Store  Employees    Manager      Since Flagship
        0      New York         10      Sarah 2018-07-20    False
        1 San Francisco         12     Neriah 2019-11-02  MISSING
        2       Chicago          4    Katelin 2020-01-31      NaN
        3        Boston          5  Georgiana 2017-04-01     True
        4 Washington DC          3       Evan        NaT    False
        5     Las Vegas         11       Paul 2020-01-06    False
In [4]: df.info()
<class 'pandas.core.frame.DataFrame'>
RangeIndex: 6 entries, 0 to 5
Data columns (total 5 columns):
 #   Column     Non-Null Count  Dtype
---  ------     --------------  -----
 0   Store      6 non-null      object
 1   Employees  6 non-null      int64
 2   Manager    6 non-null      object
 3   Since      5 non-null      datetime64[ns]
 4   Flagship   5 non-null      object
dtypes: datetime64[ns](1), int64(1), object(3)
memory usage: 368.0+ bytes
```

Tudo parece bom, exceto a coluna `Flagship` — seu tipo de dados deve ser `bool`, em vez de `object`. Para corrigir isso, podemos fornecer uma função conversora que lida com as células problemáticas nessa coluna (em vez de escrever a função `fix_missing`, também poderíamos ter fornecido uma expressão lambda):

```
In [5]: def fix_missing(x):
            return False if x in ["", "MISSING"] else x
In [6]: df = pd.read_excel("xl/stores.xlsx",
                           sheet_name="2019", skiprows=1, usecols="B:F",
                           converters={"Flagship": fix_missing})
        df
Out[6]:           Store  Employees    Manager      Since Flagship
        0      New York         10      Sarah 2018-07-20    False
        1 San Francisco         12     Neriah 2019-11-02    False
        2       Chicago          4    Katelin 2020-01-31    False
        3        Boston          5  Georgiana 2017-04-01     True
        4 Washington DC          3       Evan        NaT    False
        5     Las Vegas         11       Paul 2020-01-06    False
In [7]: # A coluna Flagship agora tem Dtype "bool"
        df.info()
<class 'pandas.core.frame.DataFrame'>
RangeIndex: 6 entries, 0 to 5
Data columns (total 5 columns):
 #   Column     Non-Null Count  Dtype
---  ------     --------------  -----
 0   Store      6 non-null      object
 1   Employees  6 non-null      int64
 2   Manager    6 non-null      object
 3   Since      5 non-null      datetime64[ns]
 4   Flagship   6 non-null      bool
dtypes: bool(1), datetime64[ns](1), int64(1), object(2)
memory usage: 326.0+ bytes
```

A função `read_excel` também aceita uma lista de nomes de planilhas. Nesse caso, retorna um dicionário com DataFrame como o valor e o nome da planilha como a chave. Para ler todas as planilhas, você precisa fornecer `sheet_name=-None`. Além disso, observe a pequena variação de como estou usando `usecols` fornecendo os nomes das colunas da tabela:

```
In [8]: sheets = pd.read_excel("xl/stores.xlsx", sheet_name=["2019", "2020"],
                    skiprows=1, usecols=["Store", "Employees"])
        sheets["2019"].head(2)
Out[8]:          Store  Employees
        0      New York         10
        1 San Francisco         12
```

Se o arquivo de origem não tiver cabeçalhos de coluna, defina `header=None` e forneça-os via `names`. Note que `sheet_name` também aceita os índices da planilha:

```
In [9]: df = pd.read_excel("xl/stores.xlsx", sheet_name=0,
                    skiprows=2, skipfooter=3,
                    usecols="B:C,F", header=None,
                    names=["Branch", "Employee_Count", "Is_Flagship"])
        df
Out[9]:          Branch  Employee_Count Is_Flagship
        0      New York              10       False
        1 San Francisco              12     MISSING
        2       Chicago               4         NaN
```

Para lidar com valores NaN, use uma combinação de `na_values` e `keep_default_na`. A próxima amostra informa ao pandas para interpretar apenas as células com a palavra `MISSING` como NaN, e nada mais:

```
In [10]: df = pd.read_excel("xl/stores.xlsx", sheet_name="2019",
                    skiprows=1, usecols="B,C,F", skipfooter=2,
                    na_values="MISSING", keep_default_na=False)
         df
Out[10]:          Store  Employees Flagship
         0      New York         10    False
         1 San Francisco         12      NaN
         2       Chicago          4
         3        Boston          5     True
```

O pandas oferece uma maneira alternativa de ler arquivos do Excel usando a classe `ExcelFile`. Isso faz diferença principalmente se você deseja ler várias planilhas de um arquivo no antigo formato *xls*: nesse caso, usar `ExcelFile` será mais rápido, pois evita que o pandas leia o arquivo inteiro várias vezes. `ExcelFile` pode ser usado como um gerenciador de contexto (veja o box a seguir) para que o arquivo seja devidamente fechado de novo.

Gerenciadores de Contexto e a Instrução with

Em primeiro lugar, a instrução with em Python não tem nada a ver com a instrução With em VBA: em VBA, ela é usada para executar uma série de instruções no mesmo objeto, enquanto em Python é usada para gerenciar recursos como arquivos ou conexões do banco de dados. Se você deseja carregar os últimos dados de vendas para poder analisá-los, pode ser necessário abrir um arquivo ou estabelecer uma conexão com um banco de dados. Após terminar de ler os dados, é recomendável fechar o arquivo ou a conexão o mais rápido possível novamente. Caso contrário, você pode se deparar com situações em que não consegue abrir outro arquivo ou não consegue estabelecer outra conexão com o banco de dados — manipuladores de arquivos e conexões de banco de dados são recursos limitados. Abrir e fechar um arquivo de texto manualmente funciona assim (w significa abrir o arquivo no modo write, que substitui o arquivo se ele já existir):

```
In [11]: f = open("output.txt", "w")
         f.write("Some text")
         f.close()
```

Executar esse código criará um arquivo chamado *output.txt* no mesmo diretório do notebook do qual você o está executando e gravará "algum texto" nele. Para *ler* um arquivo, você usaria r em vez de w, e para *anexar* ao final do arquivo, usaria a. Como os arquivos também podem ser manipulados de fora do programa, essa operação pode falhar. Você pode lidar com isso usando o mecanismo try/except que apresentarei no Capítulo 11. No entanto, como é uma operação um tanto quanto comum, o Python fornece a instrução with para facilitar as coisas:

```
In [12]: with open("output.txt", "w") as f:
             f.write("Some text")
```

Quando a execução do código deixa o corpo da instrução with, o arquivo é fechado automaticamente, havendo ou não uma exceção. Isso garante que os recursos sejam devidamente limpos. Os objetos que suportam a instrução with são chamados de *gerenciadores de contexto*; isso inclui os objetos ExcelFile e ExcelWriter neste capítulo, bem como os objetos de conexão do banco de dados que veremos no Capítulo 11.

Vejamos a classe ExcelFile em ação:

```
In [13]: with pd.ExcelFile("xl/stores.xls") as f:
             df1 = pd.read_excel(f, "2019", skiprows=1, usecols="B:F", nrows=2)
             df2 = pd.read_excel(f, "2020", skiprows=1, usecols="B:F", nrows=2)
         df1
```

```
Out[13]:         Store  Employees Manager       Since Flagship
         0     New York         10   Sarah  2018-07-20    False
         1  San Francisco       12  Neriah  2019-11-02  MISSING
```

`ExcelFile` também lhe dá acesso aos nomes de todas as planilhas:

```
In [14]: stores = pd.ExcelFile("xl/stores.xlsx")
         stores.sheet_names
Out[14]: ['2019', '2020', '2019-2020']
```

Por fim, o pandas permite que você leia arquivos do Excel a partir de uma URL, semelhante ao que fizemos com os arquivos CSV no Capítulo 5. Leremos diretamente do repositório complementar:

```
In [15]: url = ("https://raw.githubusercontent.com/fzumstein/"
                "python-for-excel/1st-edition/xl/stores.xlsx")
         pd.read_excel(url, skiprows=1, usecols="B:E", nrows=2)
Out[15]:         Store  Employees Manager       Since
         0     New York         10   Sarah  2018-07-20
         1  San Francisco       12  Neriah  2019-11-02
```

Lendo Arquivos xlsb via pandas

Se você usa o pandas com uma versão inferior a 1.3, a leitura de arquivos *xlsb* requer que especifique explicitamente o mecanismo na função `read_excel` ou na classe `ExcelFile`:

```
pd.read_excel("xl/stores.xlsb", engine="pyxlsb")
```

Isso requer que o pacote pyxlsb seja instalado, já que não faz parte do Anaconda — trataremos disso, assim como dos outros mecanismos, no próximo capítulo.

Para resumir, o Quadro 7-1 mostra os parâmetros `read_excel` mais usados. Você encontrará a lista completa na documentação oficial.

Quadro 7-1. Parâmetros selecionados para read_excel

Parâmetro	Descrição
sheet_name	Em vez de fornecer um nome de planilha, você também pode fornecer o índice da planilha (baseado em zero), por exemplo, `sheet_name=0`. Se você definir `sheet_name=None`, o pandas lerá toda a pasta de trabalho e retornará um dicionário na forma de `{"sheetname": df}`. Para ler uma seleção de planilhas, forneça uma lista com nomes de planilhas ou índices.
skiprows	Isso permite que você pule o número indicado de linhas.
usecols	Se o arquivo Excel incluir os nomes dos cabeçalhos das colunas, forneça-os em uma lista para selecionar as colunas, por exemplo, `["Store", "Employees"]`. Como alternativa, também pode ser uma lista de índices de colunas, por exemplo, `[1, 2]`, ou uma string (não uma lista!) de nomes de colunas do Excel, incluindo intervalos, por exemplo, `"B:D,G"`. Você também pode fornecer uma função: como exemplo, para incluir apenas as colunas que começam com `Manager`, use: `usecols=lambda x: x.startswith("Manager")`.

Parâmetro	Descrição
nrows	O número de linhas que você deseja ler.
index_col	Indica qual coluna deve ser o índice, aceita um nome de coluna ou um índice, por exemplo, index_col=0. Se você fornecer uma lista com várias colunas, um índice hierárquico será criado.
header	Se você definir header=None, os cabeçalhos padrão inteiros serão atribuídos, exceto se você fornecer os nomes desejados por meio do parâmetro names. Se fornecer uma lista de índices, serão criados cabeçalhos de coluna hierárquicos.
names	Forneça os nomes desejados de suas colunas como lista.
na_values	O pandas interpreta os seguintes valores de célula como NaN por padrão (apresentei NaN no Capítulo 5): células vazias, #NA, NA, null, #N/A, N/A, NaN, n/a, -NaN, 1.#IND, nan, #N/A N/A, -1.#QNAN, nan, NULL, -1.#IND, <NA>, 1.#QNAN. Se você quiser adicionar um ou mais valores a essa lista, forneça-os por meio de na_values.
keep_default_na	Se você quiser ignorar os valores-padrão que o pandas interpreta como NaN, defina keep_default_na=False.
convert_float	O Excel armazena todos os números internamente como floats e, por padrão, o pandas transforma números sem decimais significativos em inteiros. Se você quiser mudar esse comportamento, defina convert_float=False (isso pode ser um pouco mais rápido).
converters	Permite fornecer uma função por coluna para converter seus valores. Por exemplo, para colocar o texto de determinada coluna com letras maiúsculas, use o seguinte: converters={"column_name": lambda x: x.upper()}

Chega de ler arquivos do Excel com o pandas — agora iremos trocar de lado e aprender a gravar arquivos do Excel na próxima seção!

O Método to_excel e a Classe ExcelWriter

A maneira mais fácil de gravar um arquivo do Excel com o pandas é usar o método to_excel de um DataFrame. Ele permite que você especifique em qual célula de qual planilha deseja gravar o DataFrame. Você também pode decidir se deseja ou não incluir os cabeçalhos das colunas e o índice do DataFrame, e como tratar os tipos de dados, como np.nan e np.inf, que não possuem uma representação equivalente no Excel. Começaremos criando um DataFrame com diferentes tipos de dados e usaremos seu método to_excel:

```
In [16]: import numpy as np
         import datetime as dt
In [17]: data=[[dt.datetime(2020,1,1, 10, 13), 2.222, 1, True],
               [dt.datetime(2020,1,2), np.nan, 2, False],
               [dt.datetime(2020,1,2), np.inf, 3, True]]
         df = pd.DataFrame(data=data,
                           columns=["Dates", "Floats", "Integers", "Booleans"])
         df.index.name="index"
```

```
            df
Out[17]:                     Dates   Floats  Integers  Booleans
            index
            0     2020-01-01 10:13:00   2.222         1      True
            1     2020-01-02 00:00:00     NaN         2     False
            2     2020-01-02 00:00:00     inf         3      True
In [18]: df.to_excel("written_with_pandas.xlsx", sheet_name="Output",
                     startrow=1, startcol=1, index=True, header=True,
                     na_rep="<NA>", inf_rep="<INF>")
```

Executar o comando `to_excel` criará o arquivo Excel como mostrado na Figura 7-4 (você precisará deixar a coluna C mais larga para ver as datas corretamente):

	A	B	C	D	E	F
1						
2		index	Dates	Floats	Integers	Booleans
3		0	2020-01-01 10:13:00	2.222	1	TRUE
4		1	2020-01-02 00:00:00	<NA>	2	FALSE
5		2	2020-01-02 00:00:00	<INF>	3	TRUE

Figura 7-4. written_with_pandas.xlsx

Se você deseja gravar vários DataFrames na mesma planilha ou em diferentes, precisará usar a classe `ExcelWriter`. O exemplo a seguir grava o mesmo DataFrame em dois locais diferentes em Sheet1 e mais uma vez em Sheet2:

```
In [19]: with pd.ExcelWriter("written_with_pandas2.xlsx") as writer:
             df.to_excel(writer, sheet_name="Sheet1", startrow=1, startcol=1)
             df.to_excel(writer, sheet_name="Sheet1", startrow=10, startcol=1)
             df.to_excel(writer, sheet_name="Sheet2")
```

Como estamos usando a classe `ExcelWriter` como gerenciador de contexto, o arquivo é gravado automaticamente no disco quando ele sai do gerenciador de contexto, ou seja, quando a indentação para. Caso contrário, você terá que chamar `writer.save()` explicitamente. Para obter um resumo dos parâmetros mais usados que `to_excel` aceita, dê uma olhada no Quadro 7-2. Você encontrará a lista completa de parâmetros na documentação oficial.

Quadro 7-2. Parâmetros selecionados para to_excel

Parâmetro	Descrição
sheet_name	O nome da planilha na qual gravar.
startrow e startcol	startrow é a primeira linha na qual o DataFrame será gravado e startcol é a primeira coluna. Isso usa a indexação baseada em zero, portanto, se você deseja gravar seu DataFrame na célula B3, use startrow=2 e startcol=1.

Parâmetro	Descrição
`index e header`	Se você deseja ocultar o índice e/ou o cabeçalho, defina-os para `index=False` e `header=False`, respectivamente.
`na_rep e inf_rep`	Por padrão, `np.nan` será convertido em uma célula vazia, enquanto `np.inf`, a representação de infinito do NumPy, será convertido na string `inf`. Fornecer valores permite alterar esse comportamento.
`freeze_panes`	Congele as primeiras linhas e colunas fornecendo uma tupla: por exemplo (`2, 1`) congelará as duas primeiras linhas e a primeira coluna.

Como você pode ver, ler e gravar arquivos simples do Excel com o pandas funciona bem. Porém existem limitações — veremos quais!

Limitações ao Usar o pandas com Arquivos do Excel

Usar a interface do pandas para ler e gravar arquivos do Excel funciona muito bem para casos simples, mas há limites:

- Ao gravar DataFrames em arquivos, você não pode incluir um título ou um gráfico.
- Não há como alterar o formato-padrão do cabeçalho e do índice no Excel.
- Ao ler arquivos, o pandas transforma automaticamente as células com erros como #REF! ou #NUM! em NaN, impossibilitando a busca de erros específicos em suas planilhas.
- Trabalhar com arquivos grandes do Excel pode exigir configurações extras que são mais fáceis de controlar usando os pacotes de leitura e gravação diretamente, como veremos no próximo capítulo.

Conclusão

O bom do pandas é que ele oferece uma interface consistente para trabalhar com todos os formatos de arquivo do Excel suportados, ou seja, *xls*, *xlsx*, *xlsm* ou *xlsb*. Isso facilitou ler um diretório de arquivos do Excel, agregar os dados e despejar o resumo em um relatório do Excel — em apenas dez linhas de código.

O pandas, no entanto, não faz o trabalho pesado em si: internamente, ele seleciona um pacote de leitura ou gravação para fazer o trabalho. No próximo capítulo, mostrarei quais pacotes de leitura e gravação o pandas usa, e como você os usa diretamente ou em combinação com o pandas. Isso nos permitirá evitar as limitações que vimos na seção anterior.

CAPÍTULO 8

Manipulação de Arquivos do Excel com Pacotes de Leitura e Gravação

Este capítulo apresenta o OpenPyXL, o XlsxWriter, o pyxlsb, o xlrd e o xlwt: são os pacotes que podem ler e gravar arquivos do Excel, e são usados pelo pandas internamente quando você chama as funções read_excel ou to_excel. O uso direto dos pacotes de leitura e gravação permite criar relatórios Excel mais complexos, bem como ajustar o processo de leitura. Além disso, se você trabalha em um projeto no qual precisa apenas ler e gravar arquivos do Excel sem a necessidade do restante da funcionalidade do pandas, instalar o fullstack NumPy/pandas completo provavelmente seria um exagero. Começaremos este capítulo aprendendo quando usar qual pacote e como sua sintaxe funciona antes de examinar alguns tópicos avançados, incluindo como trabalhar com grandes arquivos do Excel e combinar o pandas com os pacotes de leitura e de gravação para melhorar o estilo de DataFrames. Para concluir, retomaremos o estudo de caso do início do último capítulo e aprimoraremos o relatório do Excel formatando a tabela e adicionando um gráfico. Assim como o último capítulo, este capítulo não requer uma instalação do Excel, o que significa que todos os exemplos de código são executáveis no Windows, no macOS e no Linux.

Os Pacotes de Leitura e Gravação

O cenário de leitura e gravação pode ser um pouco assustador: veremos nada menos que seis pacotes nesta seção, pois quase todo tipo de arquivo do Excel requer um pacote diferente. O fato de cada pacote usar uma sintaxe diferente que muitas vezes se desvia bastante do modelo de objeto original do Excel não torna isso mais fácil — falarei mais sobre o modelo de objeto do Excel no próximo capítulo. Isso significa que você provavelmente terá que pesquisar muitos comandos, mesmo se for um desenvolvedor VBA experiente. Esta seção começa com uma visão geral de quando você precisa de qual pacote antes de introduzir um módulo auxiliar que torna o trabalho com esses pacotes um pouco mais fácil. Depois, ele apresenta cada um dos pacotes em estilo livro de receitas, onde você pode consultar como funcionam os comandos mais usados.

Quando Usar Qual Pacote

Esta seção apresenta os seis pacotes a seguir para ler, gravar e editar arquivos do Excel:

- OpenPyXL
- XlsxWriter
- pyxlsb
- xlrd
- xlwt
- xlutils

Para entender qual pacote pode fazer o quê, dê uma olhada no Quadro 8-1. Por exemplo, para ler o formato de arquivo *xlsx*, você terá que usar o pacote OpenPyXL:

Quadro 8-1. Quando usar qual pacote

Formato de Arquivo do Excel	Ler	Gravar	Editar
xlsx	OpenPyXL	OpenPyXL, XlsxWriter	OpenPyXL
xlsm	OpenPyXL	OpenPyXL, XlsxWriter	OpenPyXL
xltx, xltm	OpenPyXL	OpenPyXL	OpenPyXL
xlsb	pyxlsb	pyxlsb	-
xls, xlt	xlrd	xlwt	xlutils

Se você deseja gravar arquivos *xlsx* ou *xlsm*, precisa decidir entre o OpenPyXL e o XlsxWriter. Ambos os pacotes cobrem funcionalidades semelhantes, mas cada um pode ter recursos exclusivos que o outro não possui. Como ambas as bibliotecas estão sendo desenvolvidas ativamente, isso está mudando com o tempo. Aqui está uma visão geral de alto nível de como eles diferem:

- O OpenPyXL pode ler, gravar e editar enquanto o XlsxWriter pode apenas gravar.
- O OpenPyXL facilita a produção de arquivos Excel com macros VBA.
- O XlsxWriter é mais bem documentado.
- O XlsxWriter tende a ser mais rápido que o OpenPyXL, mas, dependendo do tamanho da pasta de trabalho que você está escrevendo, as diferenças podem não ser significativas.

Onde Está o xlwings?

Se você está se perguntando onde o xlwings está no Quadro 8-1, então a resposta é *em lugar nenhum* ou *em qualquer lugar*, dependendo do seu caso de uso: ao contrário de qualquer um dos pacotes neste capítulo, xlwings depende do aplicativo Excel, que muitas vezes não está disponível, por exemplo, caso precise executar seus scripts no Linux. Se, por outro lado, está bem para você executar seus scripts no Windows ou no macOS, em que você tem acesso a uma instalação do Excel, o xlwings pode realmente ser usado como uma alternativa a todos os pacotes neste capítulo. Como a dependência do Excel é uma diferença tão fundamental entre o xlwings e todos os outros pacotes do Excel, apresentarei o xlwings no próximo capítulo, que inicia a Parte IV deste livro.

O pandas usa o pacote de gravação que ele consegue encontrar e, se você tiver OpenPyXL e XlsxWriter instalados, XlsxWriter será o padrão. Se quiser escolher qual pacote o pandas deve usar, especifique o parâmetro engine nas funções read_excel ou to_excel, ou nas classes ExcelFile e ExcelWriter, respectivamente. O mecanismo é o nome do pacote em letras minúsculas, portanto, para gravar um arquivo com OpenPyXL em vez de XlsxWriter, execute o seguinte:

```
df.to_excel("filename.xlsx", engine="openpyxl")
```

Depois de saber qual pacote você precisa, há um segundo desafio esperando por você: a maioria desses pacotes exige que escreva um pouco de código para ler ou gravar um intervalo de células, e cada pacote usa uma sintaxe diferente. Para facilitar sua vida, criei um módulo auxiliar que apresentarei a seguir.

O Módulo excel.py

Criei o módulo excel.py para facilitar sua vida na hora de usar os pacotes de leitura e gravação, pois ele cuida das seguintes questões:

Troca de pacote
    Ter que trocar o pacote de leitura ou gravação é um cenário relativamente comum. Por exemplo, os arquivos do Excel tendem a aumentar de tamanho com o tempo, sendo que muitos usuários lutam mudando o formato de arquivo de *xlsx* para *xlsb* pois isso pode reduzir muito o tamanho do arquivo. Nesse caso, você terá que mudar de OpenPyXL para pyxlsb. Isso o força a reescrever seu código OpenPyXL para refletir a sintaxe do pyxlsb.

Conversão do tipo de dados
    Isso está relacionado ao ponto anterior: ao trocar de pacote, você não precisa apenas ajustar a sintaxe do seu código, mas também ficar atento aos diferentes tipos de dados que esses pacotes retornam para o mesmo

conteúdo de célula. Por exemplo, OpenPyXL retorna None para as células vazias, enquanto xlrd retorna uma string vazia.

Loop de células

Os pacotes de leitura e gravação são de *baixo nível*: isso significa que não possuem funções de conveniência que permitiriam a você realizar tarefas comuns facilmente. Por exemplo, a maioria dos pacotes requer que você percorra cada célula que irá ler ou gravar.

Você encontrará o módulo excel.py no repositório complementar e o usaremos nas próximas seções, mas, como uma prévia, aqui está a sintaxe para ler e gravar valores:

```
import excel
values = excel.read(sheet, first_cell="A1", last_cell=None)
excel.write(sheet, values, first_cell="A1", date_format=None)
```

A função read aceita um objeto sheet de um dos seguintes pacotes: xlrd, OpenPyXL ou pyxlsb. Ela também aceita os argumentos opcionais first_cell e last_cell. Eles podem ser fornecidos na notação A1 ou como uma tupla de linha e coluna com índices baseados em um do Excel: (1, 1). O valor-padrão para first_cell é A1, enquanto o valor-padrão para last_cell é o canto inferior direito do intervalo usado. Portanto, se você fornecer apenas o objeto sheet, ele lerá a pasta inteira. A função write funciona de forma semelhante: ela espera um objeto sheet de xlwt, OpenPyXL ou XlsxWriter, junto com valores como uma lista aninhada, um parâmetro date_format que converte as datas em um formato específico, e por último um first_cell opcional, que marca o canto superior esquerdo de onde a lista aninhada será gravada. O módulo excel.py também harmoniza a conversão do tipo de dados conforme mostrado no Quadro 8-2.

Quadro 8-2. Conversão do tipo de dados

Representação em Excel	Tipo de dados no Python
Célula vazia	None
Célula com um formato de data	datetime.datetime (exceto para pyxlsb)
Célula com um booleano	bool
Célula com um erro	str (a mensagem de erro)
String	str
Float	float ou int

Equipados com o módulo excel.py, agora estamos prontos para entrar nos pacotes: as próximas quatro seções são sobre OpenPyXL, XlsxWriter, pyxlsb e xlrd/xlwt/xlutils. Elas seguem um estilo de livro de receitas que permite a você começar rapidamente com cada pacote. Em vez de lê-lo sequencialmente, recomendo que escolha o pacote necessário com base no Quadro 8-1 e pule diretamente para a seção correspondente.

A Instrução with

Usaremos a instrução with em várias ocasiões neste capítulo. Se você precisar de uma atualização, dê uma olhada no box "Gerenciadores de Contexto e a Instrução with" no Capítulo 7.

OpenPyXL

OpenPyXL é o único pacote nesta seção que pode ler e gravar arquivos do Excel. Você pode até usá-lo para editar os arquivos do Excel — embora apenas os mais simples. Começaremos vendo como a leitura funciona!

Lendo com o OpenPyXL

O código de exemplo a seguir mostra como executar tarefas comuns ao usar o OpenPyXL para ler arquivos do Excel. Para obter os valores das células, você precisa abrir a pasta de trabalho com `data_only=True`. O padrão é `False`, que retornaria as fórmulas das células como alternativa:

```
In [1]: import pandas as pd
        import openpyxl
        import excel
        import datetime as dt
In [2]: # Abra a pasta de trabalho para ler os valores das células.
        # O arquivo é automaticamente fechado de novo após carregar os dados.
        book = openpyxl.load_workbook("xl/stores.xlsx", data_only=True)
In [3]: # Obtenha um objeto de planilha por nome ou índice (base 0)
        sheet = book["2019"]
        sheet = book.worksheets[0]
In [4]: # Obtenha uma lista com todos os nomes de planilhas
        book.sheetnames
Out[4]: ['2019', '2020', '2019-2020']
In [5]: # Faça um loop nos objetos da pasta.
        # Em vez de "nome", o openpyxl usa "title".
        for i in book.worksheets:
            print(i.title)
2019
2020
2019-2020
In [6]: # Obtendo as dimensões,
        # ou seja, o intervalo usado da planilha
        sheet.max_row, sheet.max_column
Out[6]: (8, 6)
In [7]: # Leia o valor de uma única célula
        # usando a notação "A1" e usando índices de células (base 1)
        sheet["B6"].value
        sheet.cell(row=6, column=2).value
Out[7]: 'Boston'
In [8]: # Leia um intervalo de valores de células usando nosso módulo excel
        data = excel.read(book["2019"], (2, 2), (8, 6))
```

```
            data[:2]   # Imprimir as duas primeiras linhas
Out[8]: [['Store', 'Employees', 'Manager', 'Since', 'Flagship'],
         ['New York', 10, 'Sarah', datetime.datetime(2018, 7, 20, 0, 0), False]]
```

Gravando com o OpenPyXL

O OpenPyXL cria o arquivo do Excel na memória e grava o arquivo assim que você chama o método **save**. O código a seguir produz o arquivo conforme mostrado na Figura 8-1:

```
In [9]: import openpyxl
        from openpyxl.drawing.image import Image
        from openpyxl.chart import BarChart, Reference
        from openpyxl.styles import Font, colors
        from openpyxl.styles.borders import Border, Side
        from openpyxl.styles.alignment import Alignment
        from openpyxl.styles.fills import PatternFill
        import excel
In [10]: # Instanciar uma pasta de trabalho
         book = openpyxl.Workbook()

         # Obter a primeira planilha e dar um nome a ela
         sheet = book.active
         sheet.title = "Sheet1"

         # Escrever células individuais usando a notação A1
         # e índices de células (base 1)
         sheet["A1"].value = "Hello 1"
         sheet.cell(row=2, column=1, value="Hello 2")

         # Formatação: cor de preenchimento, alinhamento, borda e fonte
         font_format = Font(color="FF0000", bold=True)
         thin = Side(border_style="thin", color="FF0000")
         sheet["A3"].value = "Hello 3"
         sheet["A3"].font = font_format
         sheet["A3"].border = Border(top=thin, left=thin,
                                     right=thin, bottom=thin)
         sheet["A3"].alignment = Alignment(horizontal="center")
         sheet["A3"].fill = PatternFill(fgColor="FFFF00", fill_type="solid")

         # Formatação de número (usando as strings de formatação do Excel)
         sheet["A4"].value = 3.3333
         sheet["A4"].number_format = "0.00"

         # Formatação de data (usando strings de formatação do Excel)
         sheet["A5"].value = dt.date(2016, 10, 13)
         sheet["A5"].number_format = "mm/dd/yy"

         # Fórmula: você deve usar o nome em inglês da fórmula
         # com vírgulas como delimitadores
         sheet["A6"].value = "=SUM(A4, 2)"

         # Imagem
         sheet.add_image(Image("images/python.png"), "C1")
```

```
# Lista bidimensional (estamos usando nosso módulo excel)
data = [[None, "North", "South"],
        ["Last Year", 2, 5],
        ["This Year", 3, 6]]
excel.write(sheet, data, "A10")

# Gráfico
chart = BarChart()
chart.type = "col"
chart.title = "Sales Per Region"
chart.x_axis.title = "Regions"
chart.y_axis.title = "Sales"
chart_data = Reference(sheet, min_row=11, min_col=1,
                       max_row=12, max_col=3)
chart_categories = Reference(sheet, min_row=10, min_col=2,
                             max_row=10, max_col=3)
# from_rows interpreta os dados da mesma forma
# como se você adicionasse um gráfico manualmente no Excel
chart.add_data(chart_data, titles_from_data=True, from_rows=True)
chart.set_categories(chart_categories)
sheet.add_chart(chart, "A15")

# Salvar a pasta de trabalho cria o arquivo no disco
book.save("openpyxl.xlsx")
```

Se você quiser gravar um arquivo de modelo do Excel, precisará definir o atributo template para True antes de salvá-lo:

```
In [11]: book = openpyxl.Workbook()
         sheet = book.active
         sheet["A1"].value = "This is a template"
         book.template = True
         book.save("template.xltx")
```

Como você pode ver no código, o OpenPyXL define as cores fornecendo uma string como FF0000. Esse valor é composto por três valores hex (FF, 00 e 00) que correspondem aos valores vermelho/verde/azul da cor desejada. Hex significa *hexadecimal* e representa números usando uma base 16, em vez de uma base 10 que é usada por nosso sistema decimal padrão.

Encontrando o Valor Hex de uma Cor

Para encontrar o valor hex desejado de uma cor no Excel, clique no menu suspenso de cor que você usaria para alterar a cor de preenchimento de uma célula e selecione Mais cores. Agora selecione sua cor e leia seu valor hexadecimal no menu.

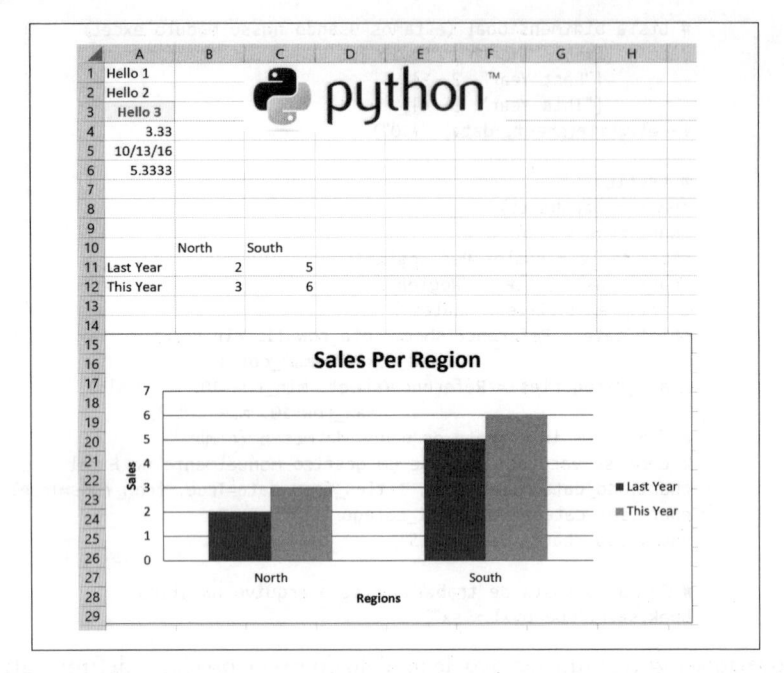

Figura 8-1. O arquivo gravado por OpenPyXL (openpyxl.xlsx)

Editando com OpenPyXL

Não há nenhum pacote de leitura/gravação que possa realmente editar os arquivos do Excel: na realidade, o OpenPyXL lê o arquivo com tudo o que entende e, em seguida, grava o arquivo novamente a partir do zero — incluindo quaisquer alterações feitas nesse ínterim. Isso pode ser muito poderoso para os arquivos simples do Excel que contêm principalmente células formatadas com dados e fórmulas, mas é limitado quando você tem gráficos e outros conteúdos mais avançados em sua planilha, pois o OpenPyXL os altera ou os descarta completamente. Por exemplo, a partir da v3.0.5, o OpenPyXL renomeará os gráficos e removerá seus títulos. Veja um exemplo simples de edição:

```
In [12]: # Leia o arquivo stores.xlsx, altere uma célula
         # e armazene-a em um novo local/nome.
         book = openpyxl.load_workbook("xl/stores.xlsx")
         book["2019"]["A1"].value = "modified"
         book.save("stores_edited.xlsx")
```

Se você deseja gravar um arquivo *xlsm*, o OpenPyXL precisa trabalhar com um arquivo existente que você precisa carregar com o parâmetro `keep_vba` definido para True:

```
In [13]: book = openpyxl.load_workbook("xl/macro.xlsm", keep_vba=True)
         book["Sheet1"]["A1"].value = "Click the button!"
         book.save("macro_openpyxl.xlsm")
```

O botão no arquivo de exemplo está chamando uma macro que mostra uma caixa de mensagem. O OpenPyXL abrange muito mais funcionalidades do que posso abordar nesta seção; portanto é uma boa ideia dar uma olhada na documentação oficial. Também veremos mais funcionalidades no fim deste capítulo quando retomarmos o estudo de caso do capítulo anterior.

XlsxWriter

Como o nome sugere, o XlsxWriter só pode gravar arquivos do Excel. O código a seguir gera a mesma pasta de trabalho que produzimos anteriormente com o OpenPyXL, que é mostrada na Figura 8-1. Observe que o XlsxWriter usa índices de células baseados em zero, enquanto o OpenPyXL usa índices de células baseados em um — leve isso em consideração se você alternar entre os pacotes:

```
In [14]: import datetime as dt
         import xlsxwriter
         import excel
In [15]: # Instanciar uma pasta de trabalho
         book = xlsxwriter.Workbook("xlsxwriter.xlsx")

         # Adicionar uma planilha e dar um nome a ela
         sheet = book.add_worksheet("Sheet1")

         # Escrever células individuais usando a notação A1
         # e índices de células (base 0)
         sheet.write("A1", "Hello 1")
         sheet.write(1, 0, "Hello 2")

         # Formatação: cor de preenchimento, alinhamento, borda e fonte
         formatting = book.add_format({"font_color": "#FF0000",
                                       "bg_color": "#FFFF00",
                                       "bold": True, "align": "center",
                                       "border": 1, "border_color": "#FF0000"})
         sheet.write("A3", "Hello 3", formatting)

         # Formatação de número (usando as strings de formatação do Excel
         number_format = book.add_format({"num_format": "0.00"})
         sheet.write("A4", 3.3333, number_format)

         # Formatação de data (usando as strings de formatação do Excel)
         date_format = book.add_format({"num_format": "mm/dd/yy"})
         sheet.write("A5", dt.date(2016, 10, 13), date_format)

         # Fórmula: você deve usar o nome em inglês da fórmula
         # com vírgulas como delimitadores
         sheet.write("A6", "=SUM(A4, 2)")

         # Imagem
         sheet.insert_image(0, 2, "images/python.png")

         # Lista bidimensional (estamos usando nosso módulo excel)
         data = [[None, "North", "South"],
                 ["Last Year", 2, 5],
```

```
                ["This Year", 3, 6]]
    excel.write(sheet, data, "A10")

    # Gráfico: consulte o arquivo "sales_report_xlsxwriter.py" no
    # repositório complementar para ver como você pode trabalhar com
    # índices, em vez de endereços de células
    chart = book.add_chart({"type": "column"})
    chart.set_title({"name": "Sales per Region"})
    chart.add_series({"name": "=Sheet1!A11",
                      "categories": "=Sheet1!B10:C10",
                      "values": "=Sheet1!B11:C11"})
    chart.add_series({"name": "=Sheet1!A12",
                      "categories": "=Sheet1!B10:C10",
                      "values": "=Sheet1!B12:C12"})
    chart.set_x_axis({"name": "Regions"})
    chart.set_y_axis({"name": "Sales"})
    sheet.insert_chart("A15", chart)

    # Fechar a pasta de trabalho cria o arquivo no disco
    book.close()
```

Em comparação com o OpenPyXL, o XlsxWriter precisa de uma abordagem mais complicada para gravar os arquivos *xlsm*, pois é um pacote de gravação puro. Primeiro, você precisa extrair o código da macro de um arquivo Excel existente no prompt do Anaconda (o exemplo usa o arquivo *macro.xlsm*, que você encontrará na pasta *xl* do repositório complementar):

Windows

Comece indo para o diretório *xl*, então encontre o caminho para *vba_extract.py*, um script que vem com o XlsxWriter:

```
(base)> cd C:\Users\username\python-for-excel\xl
(base)> where vba_extract.py
C:\Users\username\Anaconda3\Scripts\vba_extract.py
```

Em seguida, use este caminho no seguinte comando:

```
(base)> python C:\...\Anaconda3\Scripts\vba_extract.py macro.xlsm
```

macOS

No macOS, o comando está disponível como script executável e pode ser executado assim:

```
(base)> cd /Users/username/python-for-excel/xl
(base)> vba_extract.py macro.xlsm
```

Isso salvará o arquivo *vbaProject.bin* no diretório em que você está executando o comando. Também incluí o arquivo extraído na pasta *xl* do repositório complementar. Iremos usá-lo no exemplo a seguir para gravar uma pasta de trabalho com um botão de macro:

```
In [16]: book = xlsxwriter.Workbook("macro_xlxswriter.xlsm")
         sheet = book.add_worksheet("Sheet1")
         sheet.write("A1", "Click the button!")
         book.add_vba_project("xl/vbaProject.bin")
         sheet.insert_button("A3", {"macro": "Hello", "caption": "Button 1",
                                    "width": 130, "height": 35})
         book.close()
```

pyxlsb

Em comparação com as outras bibliotecas de leitura, o pyxlsb oferece menos funcionalidade, mas é sua única opção quando se trata de ler arquivos do Excel no formato *xlsb*. O pyxlsb não faz parte da instalação, mas pode ser instalado através do seguinte comando:

```
(base)> conda install -c conda-forge pyxlsb
```

Você lê as planilhas e os valores de células da seguinte maneira

```
In [17]: import pyxlsb
         import excel
In [18]: # Faça um loop nas planilhas. Com pyxlsb, a pasta de trabalho
         # e os objetos de planilha podem ser usados como gerenciadores de contexto.
         # book.sheets retorna uma lista de nomes de planilhas, não objetos!
         # Para obter um objeto de planilha, use get_sheet().
         with pyxlsb.open_workbook("xl/stores.xlsb") as book:
             for sheet_name in book.sheets:
                 with book.get_sheet(sheet_name) as sheet:
                     dim = sheet.dimension
                     print(f"Sheet '{sheet_name}' has "
                           f"{dim.h} rows and {dim.w} cols")
Sheet '2019' has 7 rows and 5 cols
Sheet '2020' has 7 rows and 5 cols
Sheet '2019-2020' has 20 rows and 5 cols
In [19]: # Leia os valores de um intervalo de células usando nosso módulo excel.
         # Em vez de "2019", você também pode usar seu índice (base 1).
         with pyxlsb.open_workbook("xl/stores.xlsb") as book:
             with book.get_sheet("2019") as sheet:
                 data = excel.read(sheet, "B2")
         data[:2]  # Imprima as duas primeiras linhas
Out[19]: [['Store', 'Employees', 'Manager', 'Since', 'Flagship'],
          ['New York', 10.0, 'Sarah', 43301.0, False]]
```

Atualmente, o pyxlsb não oferece nenhuma maneira de reconhecer células com datas, portanto você terá que converter manualmente os valores das células formatadas por data em objetos `datetime` da seguinte forma:

```
In [20]: from pyxlsb import convert_date
         convert_date(data[1][3])
Out[20]: datetime.datetime(2018, 7, 20, 0, 0)
```

Lembre-se, ao ler o formato de arquivo *xlsb* com uma versão do pandas abaixo de 1.3, você precisa especificar o mecanismo explicitamente:

```
In [21]: df = pd.read_excel("xl/stores.xlsb", engine="pyxlsb")
```

xlrd, xlwt e xlutils

A combinação de xlrd, xlwt e xlutils oferece aproximadamente a mesma funcionalidade para o formato xls herdado que o OpenPyXL oferece para o formato *xlsx*: xlrd lê, xlwt grava e xlutils edita os arquivos *xls*. Esses pacotes não são mais desenvolvidos ativamente, mas é provável que serão relevantes enquanto ainda há arquivos *xls* por aí. O xlutils não faz parte do Anaconda, então instale-o se ainda não o fez:

```
(base)> conda install xlutils
```

Começaremos com a parte de leitura!

Lendo com xlrd

O exemplo de código a seguir mostra como ler os valores de uma pasta de trabalho do Excel com xlrd:

```
In [22]: import xlrd
         import xlwt
         from xlwt.Utils import cell_to_rowcol2
         import xlutils
         import excel
In [23]: # Abra a pasta de trabalho para ler os valores das células. O arquivo é
         # automaticamente fechado de novo após o carregamento dos dados.
         book = xlrd.open_workbook("xl/stores.xls")
In [24]: # Obtenha uma lista com todos os nomes de planilhas
         book.sheet_names()
Out[24]: ['2019', '2020', '2019-2020']
In [25]: # Faça um loop nos objetos da pasta
         for sheet in book.sheets():
             print(sheet.name)
2019
2020
2019-2020
In [26]: # Obter um objeto de planilha por nome ou índice (base 0)
         sheet = book.sheet_by_index(0)
         sheet = book.sheet_by_name("2019")
In [27]: # Dimensões
         sheet.nrows, sheet.ncols
Out[27]: (8, 6)
In [28]: # Leia o valor de uma única célula
         # usando a notação "A1" e usando índices de célula (base 0).
         # O "*" descompacta a tupla que cell_to_rowcol2 retorna
         # em argumentos individuais.
         sheet.cell(*cell_to_rowcol2("B3")).value
         sheet.cell(2, 1).value
Out[28]: 'New York'
In [29]: # Leia um intervalo de valores de células usando nosso módulo excel
         data = excel.read(sheet, "B2")
         data[:2]   # Imprima as duas primeiras linhas
Out[29]: [['Store', 'Employees', 'Manager', 'Since', 'Flagship'],
          ['New York', 10.0, 'Sarah', datetime.datetime(2018, 7, 20, 0, 0),
           False]]
```

Intervalo Usado

Ao contrário de OpenPyXL e pyxlsb, xlrd retorna as dimensões das células com um valor, em vez do *intervalo usado* de uma planilha ao utilizar sheet.nrows e sheet.ncols. O que o Excel retorna como intervalo usado geralmente contém linhas e colunas vazias na parte inferior, e na borda direita do intervalo. Isso pode acontecer, por exemplo, quando você exclui o conteúdo das linhas (pressionando a tecla Delete), em vez de excluir as próprias linhas (clicando com o botão direito do mouse e selecionando Excluir).

Gravando com xlwt

O código a seguir reproduz o que fizemos anteriormente com OpenPyXL e XlsxWriter, como mostrado na Figura 8-1. O xlwt, no entanto, não pode produzir gráficos e suporta apenas o formato bmp para as imagens:

```
In [30]: import xlwt
         from xlwt.Utils import cell_to_rowcol2
         import datetime as dt
         import excel
In [31]: # Instanciar uma pasta de trabalho
         book = xlwt.Workbook()

         # Adicionar uma planilha e dar um nome a ela
         sheet = book.add_sheet("Sheet1")

         # Gravar células individuais usando a notação A1
         # e índices de células (base 0)
         sheet.write(*cell_to_rowcol2("A1"), "Hello 1")
         sheet.write(r=1, c=0, label="Hello 2")

         # Formatação: cor de preenchimento, alinhamento, borda e fonte
         formatting = xlwt.easyxf("font: bold on, color red;"
                                  "align: horiz center;"
                                  "borders: top_color red, bottom_color red,"
                                             "right_color red, left_color red,"
                                             "left thin, right thin,"
                                             "top thin, bottom thin;"
                                  "pattern: pattern solid, fore_color yellow;")
         sheet.write(r=2, c=0, label="Hello 3", style=formatting)

         # Formatação de número (usando as strings de formatação do Excel)
         number_format = xlwt.easyxf(num_format_str="0.00")
         sheet.write(3, 0, 3.3333, number_format)

         # Formatação de data (usando as strings de formatação do Excel)
         date_format = xlwt.easyxf(num_format_str="mm/dd/yyyy")
         sheet.write(4, 0, dt.datetime(2012, 2, 3), date_format)

         # Fórmula: você deve usar o nome em inglês da fórmula
         # com vírgulas como delimitadores
         sheet.write(5, 0, xlwt.Formula("SUM(A4, 2)"))
```

```
                    # Lista bidimensional (estamos usando nosso módulo excel)
                    data = [[None, "North", "South"],
                            ["Last Year", 2, 5],
                            ["This Year", 3, 6]]
                    excel.write(sheet, data, "A10")

                    # Imagem (só permite adicionar o formato bmp)
                    sheet.insert_bitmap("images/python.bmp", 0, 2)

                    # Isso grava o arquivo no disco
                    book.save("xlwt.xls")
```

Editando com xlutils

O xlutils atua como uma ponte entre xlrd e xlwt. Isso deixa explícito que essa não é uma verdadeira operação de edição: a planilha é lida incluindo a formatação via xlrd (configurando `formatting_info=True`) e depois gravada novamente por xlwt, incluindo as alterações que foram feitas aí no meio:

```
In [32]: import xlutils.copy
In [33]: book = xlrd.open_workbook("xl/stores.xls", formatting_info=True)
         book = xlutils.copy.copy(book)
         book.get_sheet(0).write(0, 0, "changed!")
         book.save("stores_edited.xls")
```

Neste ponto, você sabe como ler e gravar uma pasta de trabalho do Excel em um formato específico. A próxima seção segue com alguns tópicos avançados que incluem trabalhar com grandes arquivos do Excel e usar o pandas e os pacotes de leitura e gravação juntos.

Tópicos Avançados de Leitura e Gravação

Se seus arquivos forem maiores e mais complexos do que os arquivos simples do Excel que usamos nos exemplos até agora, confiar nas opções-padrão pode não ser mais suficiente. Portanto, começamos esta seção examinando como trabalhar com arquivos maiores. Em seguida, aprenderemos como usar o pandas junto com os pacotes de leitura e gravação: isso abrirá a capacidade de estilizar seus DataFrames do pandas da maneira como quiser. Para concluir a seção, usaremos tudo o que aprendemos neste capítulo para tornar o relatório do Excel no estudo de caso do capítulo anterior muito mais profissional.

Trabalhando com Arquivos Grandes do Excel

Trabalhar com arquivos grandes pode causar dois problemas: o processo de leitura e gravação pode ser lento ou o computador pode ficar sem memória. Normalmente, o problema de memória é uma preocupação maior, pois fará com que seu programa trave. Quando exatamente um arquivo é considerado *grande* sempre depende dos recursos disponíveis em seu sistema e de sua definição de *lento*. Esta seção mostra as técnicas de otimização oferecidas pelos pacotes individuais, permitindo que você trabalhe com arquivos do Excel que ultrapassam os limites. Começarei examinando as opções para as bibliotecas de gravação, seguidas das opções das bibliotecas de leitura. No fim desta seção, mostrarei como ler as planilhas de uma pasta de trabalho em paralelo para reduzir o tempo de processamento.

Gravando com o OpenPyXL

Ao gravar arquivos grandes com o OpenPyXL, verifique se você tem o pacote lxml instalado, pois isso torna o processo de gravação mais rápido. Ele está incluído no Anaconda, então não há nada que você precise fazer. A opção crítica, no entanto, é o flag `write_only=True`, que garante que o consumo de memória permaneça baixo. No entanto, força você a gravar linha por linha usando o método `append` e não permitirá mais que você escreva células únicas:

```
In [34]: book = openpyxl.Workbook(write_only=True)
         # Com write_only=True, book.active não funciona
         sheet = book.create_sheet()
         # Isso produzirá uma planilha com 1.000 x 200 células
         for row in range(1000):
             sheet.append(list(range(200)))
         book.save("openpyxl_optimized.xlsx")
```

Gravando com o XlsxWriter

XlsxWriter tem uma opção semelhante ao OpenPyXL chamada `constant_memory`. Ela força você a gravar linhas sequenciais também. Você ativa a opção fornecendo um dicionário `options` desta forma:

```
In [35]: book = xlsxwriter.Workbook("xlsxwriter_optimized.xlsx",
                                    options={"constant_memory": True})
         sheet = book.add_worksheet()
         # Isso produzirá uma planilha com 1.000 x 200 células
         for row in range(1000):
             sheet.write_row(row , 0, list(range(200)))
         book.close()
```

Lendo com o xlrd

Ao ler arquivos grandes no formato *xls*, o xlrd permite que você carregue as planilhas sob demanda, desta forma:

```
In [36]: with xlrd.open_workbook("xl/stores.xls", on_demand=True) as book:
             sheet = book.sheet_by_index(0)  # Carrega só a primeira planilha
```

Se você não fosse usar a pasta de trabalho como um gerenciador de contexto como fazemos aqui, precisaria chamar `book.release_resources()` à mão para fechar corretamente a pasta de trabalho de novo. Para usar o xlrd neste modo com o pandas, faça isto:

```
In [37]: with xlrd.open_workbook("xl/stores.xls", on_demand=True) as book:
             with pd.ExcelFile(book, engine="xlrd") as f:
                 df = pd.read_excel(f, sheet_name=0)
```

Lendo com o OpenPyXL

Para manter a memória sob controle ao ler grandes arquivos do Excel com o OpenPyXL, você deve carregar a pasta de trabalho com `read_only=True`. Como o OpenPyXL não suporta a instrução `with`, você precisará fechar o arquivo novamente quando terminar. Se o seu arquivo tem links para pastas de trabalho externas, você também pode querer usar `keep_links=False` para torná-lo mais rápido; `keep_links` garante que as referências para as pastas de trabalho externas sejam mantidas, o que pode desacelerar desnecessariamente o processo se você está interessado apenas em ler os valores de uma pasta de trabalho:

```
In [38]: book = openpyxl.load_workbook("xl/big.xlsx",
                                       data_only=True, read_only=True,
                                       keep_links=False)
         # Executar as operações de leitura desejadas aqui
         book.close()  # Obrigatório com read_only=True
```

Lendo planilhas em paralelo

Ao usar a função `read_excel` do pandas para ler várias planilhas de uma grande pasta de trabalho, você descobrirá que isso leva muito tempo (chegaremos a um exemplo concreto em um momento). A razão é que o pandas lê as planilhas sequencialmente, ou seja, uma após a outra. Para acelerar as coisas, você pode ler as planilhas em paralelo. Embora não haja uma maneira fácil de tornar paralela a gravação das pastas de trabalho devido à forma como os arquivos são estruturados internamente, a leitura de várias planilhas em paralelo é bastante simples. No entanto, como a paralelização é um tópico avançado, deixei de fora da introdução do Python e também não entrarei em detalhes aqui.

Em Python, se você quiser aproveitar os vários núcleos de CPU que todo computador moderno possui, use o pacote de multiprocessamento que faz parte da biblioteca padrão. Isso gerará vários interpretadores Python (geralmente um por núcleo da CPU), que funcionam em uma tarefa em paralelo. Em vez de processar uma planilha após a outra, o interpretador Python processa a primeira planilha, enquanto ao mesmo tempo um segundo interpretador Python processa a segunda planilha etc. Entretanto, cada interpretador Python adicional leva algum tempo para inicializar e usa memória adicional; portanto, se você tiver arquivos pequenos, eles provavelmente serão executados mais lentamente quando você paraleliza o processo de leitura em vez de mais rápido. No entanto, no caso de um arquivo grande com várias planilhas grandes, o multiprocessamento pode acelerar muito o processo — sempre supondo que seu sistema tem a memória necessária para lidar com a carga de trabalho. Se você executar o Jupyter notebook no Binder conforme mostrado no Capítulo 2, não terá memória suficiente e, portanto, a versão paralelizada será executada mais lentamente. No repositório complementar, você encontrará *parallel_pandas.py*, que é uma implementação simples para ler as planilhas em paralelo, usando o OpenPyXL como mecanismo. É simples de usar, então você não precisa saber nada sobre multiprocessamento:

```
import parallel_pandas
parallel_pandas.read_excel(filename, sheet_name=None)
```

Por padrão, ele lerá em todas as planilhas, mas você pode fornecer uma lista de nomes de planilhas que deseja processar. Como o pandas, a função retorna um dicionário no seguinte formato: {"sheetname": df}, ou seja, as chaves são os nomes das planilhas e os valores são os DataFrames.

O Comando Mágico %%time

Nos exemplos a seguir, usarei a mágica de célula %%time. Apresentei os comandos mágicos no Capítulo 5 em relação ao Matplotlib. %%time é uma mágica de célula que pode ser muito útil para ajuste simples de desempenho, pois facilita a comparação do tempo de execução de duas células com diferentes trechos de código. O *tempo real* (wall time) é o tempo transcorrido desde o início até o fim do programa, ou seja, a célula. Se você estiver no macOS ou no Linux, não apenas obterá o tempo real, mas também uma linha adicional para os *tempos de CPU* nestas linhas:

```
CPU times: user 49.4 s, sys: 108 ms, total: 49.5 s
```

Os tempos de CPU medem o tempo gasto na CPU, que pode ser menor que o tempo real (se o programa tiver que esperar que a CPU fique disponível) ou maior (se o programa estiver sendo executado em vários núcleos de CPU em paralelo). Para medir o tempo com mais precisão, use %%timeit em vez de %%time, que executa a célula várias vezes e obtém a média de todas as execuções. %%time e %%timeit são mágicas de células, ou seja, precisam estar na primeira linha da célula e medirão o tempo de execução de toda a célula. Se você quiser medir apenas uma única linha, comece essa linha com %time ou %timeit.

Vejamos o quanto mais rápido a versão paralelizada lê o arquivo *big.xlsx* que você encontrará na pasta *xl* do repositório complementar:

```
In [39]: %%time
         data = pd.read_excel("xl/big.xlsx",
                              sheet_name=None, engine="openpyxl")
Wall time: 49.5 s
In [40]: %%time
         import parallel_pandas
         data = parallel_pandas.read_excel("xl/big.xlsx", sheet_name=None)
Wall time: 12.1 s
```

Para obter o DataFrame que representa Sheet1, você escreveria data["Sheet1"] em ambos os casos. Observando o tempo transcorrido de ambas as amostras, você verá que a versão paralelizada foi várias vezes mais rápida que pd.read_ excel com essa pasta de trabalho específica e em meu laptop com seis núcleos de CPU. Se quiser ainda mais rápido, paralelize o OpenPyXL diretamente: você também encontrará uma implementação para isso no repositório complementar (*parallel_openpyxl.py*), junto a uma implementação para xlrd para ler o formato *xls* herdado em paralelo (*parallel_xlrd.py*). Percorrer os pacotes subjacentes em vez do pandas permitirá que você pule a transformação em um DataFrame ou aplique apenas as etapas de limpeza necessárias, o que provavelmente o ajudará a tornar as coisas mais rápidas — se essa for sua maior preocupação.

Lendo uma Planilha em Paralelo com Modin

Se você está lendo apenas uma planilha enorme, vale a pena dar uma olhada no Modin, um projeto que funciona como um substituto para o pandas. Ele paraleliza o processo de leitura de uma única planilha e fornece melhorias de velocidade impressionantes. Como Modin requer uma versão específica do pandas, ele pode fazer o downgrade da versão que vem com o Anaconda ao instalá-lo. Se você quiser testá-lo, recomendo que crie um ambiente Conda separado para garantir que não atrapalhará seu ambiente-base. Consulte o Apêndice A para obter instruções mais detalhadas sobre como criar um ambiente Conda:

```
(base)> conda create --name modin python=3.8 -y
(base)> conda activate modin
(modin)> conda install -c conda-forge modin -y
```

Na minha máquina e usando o arquivo *big.xlsx*, a execução do código a seguir levou cerca de 5 segundos, enquanto o pandas levou cerca de 12 segundos:

```
import modin.pandas
data = modin.pandas.read_excel("xl/big.xlsx",
                               sheet_name=0, engine="openpyxl")
```

Agora que você sabe como lidar com arquivos grandes, seguiremos em frente e veremos como usar o pandas e os pacotes de baixo nível juntos para melhorar a formatação-padrão ao gravar DataFrames em arquivos do Excel!

Formatando DataFrames no Excel

Para formatar DataFrames no Excel da maneira como queremos, podemos escrever um código que usa o pandas junto com o OpenPyXL ou o XlsxWriter. Primeiro usaremos essa combinação para adicionar um título ao DataFrame exportado. Em seguida, formataremos o cabeçalho e o índice de um DataFrame antes de encerrar a seção formatando a parte de dados de um DataFrame. Combinar o pandas com OpenPyXL para a leitura pode ser útil às vezes, então começaremos com isso:

```
In [41]: with pd.ExcelFile("xl/stores.xlsx", engine="openpyxl") as xlfile:
             # Ler um DataFrame
             df = pd.read_excel(xlfile, sheet_name="2020")

             # Obter o objeto da pasta de trabalho OpenPyXL
             book = xlfile.book

             # A partir daqui, é o código OpenPyXL
             sheet = book["2019"]
             value = sheet["B3"].value  # Ler um único valor
```

Ao gravar pastas de trabalho, isso funciona de forma análoga, permitindo adicionar facilmente um título ao nosso relatório DataFrame:

```
In [42]: with pd.ExcelWriter("pandas_and_openpyxl.xlsx",
                             engine="openpyxl") as writer:
             df = pd.DataFrame({"col1": [1, 2, 3, 4], "col2": [5, 6, 7, 8]})
             # Gravar um DataFrame
             df.to_excel(writer, "Sheet1", startrow=4, startcol=2)

             # Obter a pasta de trabalho OpenPyXL e os objetos de planilha
             book = writer.book
             sheet = writer.sheets["Sheet1"]

             # A partir daqui, é o código OpenPyXL
             sheet["A1"].value = "This is a Title"  # Gravar um valor da célula
```

Esses exemplos usam o OpenPyXL, mas funciona conceitualmente da mesma forma com os outros pacotes. Agora descobriremos como podemos formatar o índice e o cabeçalho de um DataFrame.

Formatando o índice e os cabeçalhos de um DataFrame

A maneira mais fácil de ter controle total sobre a formatação do índice e dos cabeçalhos das colunas é simplesmente escrevê-los você mesmo. O exemplo a seguir mostra como fazer isso com o OpenPyXL e o XlsxWriter, respectivamente. Você pode ver a saída dos dados na Figura 8-2. Começaremos criando um DataFrame:

```
In [43]: df = pd.DataFrame({"col1": [1, -2], "col2": [-3, 4]},
                           index=["row1", "row2"])
         df.index.name = "ix"
         df
Out[43]:        col1  col2
         ix
         row1     1    -3
         row2    -2     4
```

Para formatar o índice e os cabeçalhos com o OpenPyXL, faça o seguinte:

```
In [44]: from openpyxl.styles import PatternFill
In [45]: with pd.ExcelWriter("formatting_openpyxl.xlsx",
                             engine="openpyxl") as writer:
```

```python
            # Gravar df com a formatação-padrão para A1
            df.to_excel(writer, startrow=0, startcol=0)

            # Gravar df com formatação personalizada de índice/cabeçalho
para A6
            startrow, startcol = 0, 5
            # 1. Gravar a parte de dados do DataFrame
            df.to_excel(writer, header=False, index=False,
                        startrow=startrow + 1, startcol=startcol + 1)
            # Obter o objeto da planilha e criar um objeto de estilo
            sheet = writer.sheets["Sheet1"]
            style = PatternFill(fgColor="D9D9D9", fill_type="solid")

            # 2. Gravar os cabeçalhos de coluna com estilo
            for i, col in enumerate(df.columns):
                sheet.cell(row=startrow + 1, column=i + startcol + 2,
                           value=col).fill = style

            # 3. Gravar o índice com estilo
            index = [df.index.name if df.index.name else None] + list(df.index)
            for i, row in enumerate(index):
                sheet.cell(row=i + startrow + 1, column=startcol + 1,
                           value=row).fill = style
```

Para formatar o índice e os cabeçalhos com XlsxWriter, você precisará ajustar um pouco o código:

```python
In [46]: # Formatando índice/cabeçalhos com XlsxWriter
         with pd.ExcelWriter("formatting_xlsxwriter.xlsx",
                             engine="xlsxwriter") as writer:
             # Gravar df com a formatação-padrão para A1
             df.to_excel(writer, startrow=0, startcol=0)

             # Gravar df com formatação personalizada de índice/cabeçalho
para A6
             startrow, startcol = 0, 5
             # 1. Gravar a parte de dados do DataFrame
             df.to_excel(writer, header=False, index=False,
                         startrow=startrow + 1, startcol=startcol + 1)
             # Obter o objeto da planilha e criar um objeto de estilo
             book = writer.book
             sheet = writer.sheets["Sheet1"]
             style = book.add_format({"bg_color": "#D9D9D9"})

             # 2. Gravar os cabeçalhos de coluna com estilo
             for i, col in enumerate(df.columns):
                 sheet.write(startrow, startcol + i + 1, col, style)

             # 3. Gravar o índice com estilo
             index = [df.index.name if df.index.name else None] + list(df.index)
             for i, row in enumerate(index):
                 sheet.write(startrow + i, startcol, row, style)
```

Com o índice e o cabeçalho formatados, vejamos como podemos estilizar os dados!

	A	B	C	D	E	F	G	H
1	ix	col1	col2			ix	col1	col2
2	row1	1	3			row1	1	3
3	row2	2	4			row2	2	4

Figura 8-2. Um DataFrame com o formato-padrão (à esquerda) e um formato personalizado (à direita)

Formatando a parte dos dados de um DataFrame

As possibilidades que você tem para formatar a parte dos dados de um DataFrame dependem do pacote que está usando: se você usa o método to_excel do pandas, o OpenPyXL pode aplicar um formato em cada célula, enquanto o XlsxWriter só pode aplicar formatos em uma linha ou uma coluna. Por exemplo, para definir o formato numérico das células para três casas decimais e centralizar o conteúdo, como mostrado na Figura 8-3, faça o seguinte com o OpenPyXL:

```
In [47]: from openpyxl.styles import Alignment
In [48]: with pd.ExcelWriter("data_format_openpyxl.xlsx",
                             engine="openpyxl") as writer:
             # Gravar o DataFrame
             df.to_excel(writer)

             # Obter os objetos da pasta e da planilha
             book = writer.book
             sheet = writer.sheets["Sheet1"]

             # Formatar células individuais
             nrows, ncols = df.shape
             for row in range(nrows):
                 for col in range(ncols):
                     # +1 para contabilizar o cabeçalho/índice
                     # +1 já que o OpenPyXL é baseado em 1
                     cell = sheet.cell(row=row + 2,
                                       column=col + 2)
                     cell.number_format = "0.000"
                     cell.alignment = Alignment(horizontal="center")
```

Para o XlsxWriter, ajuste o código da seguinte maneira:

```
In [49]: with pd.ExcelWriter("data_format_xlsxwriter.xlsx",
                             engine="xlsxwriter") as writer:
             # Gravar o DataFrame
             df.to_excel(writer)

             # Obter os objetos da pasta e da planilha
             book = writer.book
             sheet = writer.sheets["Sheet1"]

             # Formatar as colunas (células individuais não podem ser formatadas)
             number_format = book.add_format({"num_format": "0.000",
                                              "align": "center"})
             sheet.set_column(first_col=1, last_col=2,
                              cell_format=number_format)
```

	A	B	C
1		col1	col2
2	row1	1.000	-3.000
3	row2	-2.000	4.000

Figura 8-3. Um DataFrame com uma parte dos dados formatada

Como alternativa, o pandas tem um suporte *experimental* para a propriedade de `style` de DataFrames. Experimental significa que a sintaxe pode mudar a qualquer momento. Como os estilos foram introduzidos para formatar os DataFrames no formato HTML, eles usam a sintaxe CSS. CSS significa *planilhas de estilo em cascata* e é usada para definir o estilo dos elementos HTML. Para aplicar o mesmo formato do exemplo anterior (três decimais e alinhamento centralizado), você precisará aplicar uma função em cada elemento de um objeto `Styler` via `applymap`. Você obtém um objeto `Styler` com o atributo `df.style`:

```
In [50]: df.style.applymap(lambda x: "number-format: 0.000;"
                                     "text-align: center")\
                 .to_excel("styled.xlsx")
```

O resultado desse código é o mesmo mostrado na Figura 8-3. Para obter mais detalhes sobre a abordagem de estilo DataFrame, consulte diretamente os documentos de estilo.

Sem depender do atributo style, o pandas oferece suporte para formatar os objetos date e datetime, conforme mostrado na Figura 8-4:

```
In [51]: df = pd.DataFrame({"Date": [dt.date(2020, 1, 1)],
                            "Datetime": [dt.datetime(2020, 1, 1, 10)]})
         with pd.ExcelWriter("date.xlsx",
                             date_format="yyyy-mm-dd",
                             datetime_format="yyyy-mm-dd hh:mm:ss") as writer:
             df.to_excel(writer)
```

	A	B	C
1		Date	Datetime
2	0	2020-01-01	2020-01-01 10:00:00

Figura 8-4. Um DataFrame com as datas formatadas

> **Outros Pacotes de Leitura e Gravação**
>
> Além dos pacotes que vimos neste capítulo, existem outros que podem ser interessantes para casos de uso específicos:
>
> *pyexcel*
> > O pyexcel oferece uma sintaxe harmonizada em diferentes pacotes Excel e outros formatos de arquivo, incluindo arquivos CSV e OpenOffice.
>
> *PyExcelerate*
> > O objetivo do PyExcelerate é gravar arquivos Excel da maneira mais rápida possível.
>
> *pylightxl*
> > O pylightxl pode ler arquivos *xlsx* e *xlsm*, e escrever arquivos *xlsx*.
>
> *styleframe*
> > O styleframe engloba o pandas e o OpenPyXL para produzir arquivos Excel com DataFrames bem formatados.
>
> *oletools*
> > O oletools não é um pacote de leitura ou gravação clássico, mas pode ser usado para analisar documentos do Microsoft Office, por exemplo, para a análise de malware. Ele tem uma maneira conveniente de extrair códigos VBA de pastas de trabalho do Excel.

Agora que você sabe como formatar os DataFrames no Excel, é hora de fazer outra tentativa no estudo de caso do capítulo anterior e ver se podemos melhorar o relatório do Excel com o conhecimento deste capítulo!

Estudo de Caso (Revisitado): Relatórios em Excel

Tendo chegado ao fim deste capítulo, você sabe o suficiente para voltar ao relatório Excel do estudo de caso do capítulo anterior e torná-lo visualmente mais atraente. Se quiser, volte para *sales_report_pandas.py* no repositório complementar e tente transformá-lo no relatório mostrado na Figura 8-5.

Os números vermelhos são números de vendas abaixo de 20 mil. Não toquei em todos os aspectos da formatação neste capítulo (por exemplo, como aplicar a formatação condicional), então você terá que usar a documentação do pacote com o qual escolheu trabalhar. Para comparar sua solução, incluí duas versões do script que produz o relatório no repositório complementar. A primeira versão é baseada em OpenPyXL (*sales_report_openpyxl.py*) e a outra é baseada em XlsxWriter (*sales_report_xlsxwriter.py*). Ver os scripts lado a lado também permite que você tome uma decisão mais fundamentada sobre qual pacote deseja escolher para sua próxima tarefa de gravação. Voltaremos a esse estudo de caso mais uma vez no próximo capítulo: lá, contaremos com uma instalação do Microsoft Excel para trabalhar com modelos de relatórios.

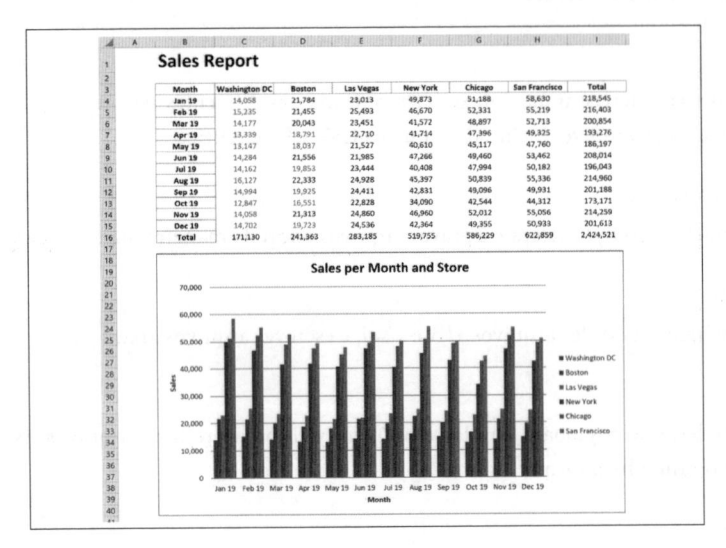

Figura 8-5. O relatório de vendas revisitado criado por sales_report_openpyxl.py

Conclusão

Neste capítulo, apresentei os pacotes de leitura e gravação que o pandas usa internamente. Usá-los diretamente nos permite ler e gravar pastas de trabalho do Excel sem precisar ter o pandas instalado. No entanto, usá-los em combinação com o pandas nos permite aprimorar os relatórios de DataFrame do Excel adicionando títulos, gráficos e formatação. Embora os pacotes atuais de leitura e gravação sejam incrivelmente poderosos, ainda espero que um dia vejamos um "momento NumPy" que una os esforços de todos os desenvolvedores em um único projeto. Seria ótimo saber qual pacote usar sem ter que olhar uma tabela primeiro e sem ter que usar uma sintaxe diferente para cada tipo de arquivo do Excel. Nesse sentido, é bom começar com o pandas e só recorrer aos pacotes de leitura e de gravação quando precisar de funcionalidades adicionais que o pandas não cobre.

O Excel, no entanto, é muito mais do que apenas um arquivo de dados ou um relatório: o aplicativo Excel é uma das interfaces de usuário mais intuitivas, em que os usuários podem digitar alguns números e exibir as informações que procuram. Automatizar o aplicativo Excel, em vez de ler e gravar arquivos dele, abre toda uma nova gama de funcionalidades que exploraremos na Parte IV. O próximo capítulo inicia essa jornada mostrando como controlar remotamente o Excel a partir do Python.

PARTE IV
Programando o Aplicativo Excel com xlwings

PARTE IV

CAPÍTULO 9
Automação do Excel

Até agora, aprendemos como substituir as tarefas típicas do Excel pelo pandas (Parte II), como usar os arquivos do Excel como fonte de dados e também como formato de arquivo para seus relatórios (Parte III). Este capítulo inicia a Parte IV, na qual deixamos de manipular *arquivos* com os pacotes de leitura e gravação, e começamos a automatizar o *aplicativo* Excel com xlwings.

O principal caso de uso do xlwings é construir aplicativos interativos em que as planilhas do Excel atuam como a interface do usuário, permitindo que você chame o Python clicando em um botão ou chamando uma função definida pelo usuário — é o tipo de funcionalidade que não é coberto pelos pacotes de leitura e gravação. Mas isso não significa que o xlwings não possa ser usado para ler e gravar arquivos, desde que você esteja no macOS ou no Windows e tenha o Excel instalado. Uma vantagem que o xlwings tem nessa área é a capacidade de verdadeiramente editar arquivos Excel, em todos os formatos, sem alterar ou perder nenhum conteúdo ou formatação existente. Outra vantagem é que você pode ler os valores das células em uma pasta de trabalho do Excel sem a necessidade de salvá-la primeiro. No entanto, também pode fazer todo o sentido usar um pacote de leitura/gravação do Excel e xlwings juntos, como veremos quando retomarmos o estudo de caso de relatórios do Capítulo 7 mais uma vez.

Começarei este capítulo apresentando o modelo de objeto do Excel, bem como o xlwings: primeiro aprenderemos o básico, como conectar uma pasta de trabalho ou ler e gravar valores de células, antes de nos aprofundar um pouco mais para entender como os conversores e as opções nos permitem trabalhar com os DataFrames do pandas e os arrays do NumPy. Também veremos como interagir com gráficos, imagens e nomes definidos antes de passar para a última seção, que explica como o xlwings funciona internamente: isso lhe dará o conhecimento necessário para tornar seus scripts eficientes, bem como lidar com a falta de funcionalidades.

A partir deste capítulo, você precisará rodar os exemplos de código no Windows ou no macOS, pois eles dependem de uma instalação local do Microsoft Excel.[1]

---

1 No Windows, você precisa de pelo menos o Excel 2007 e, no macOS, de pelo menos o Excel 2016. Como alternativa, pode instalar a versão para desktop do Excel, que faz parte da sua assinatura do Microsoft 365. Verifique sua assinatura para obter detalhes sobre como fazer isso.

Primeiros Passos com o xlwings

Um dos objetivos do xlwings é servir como um substituto para o VBA, permitindo que você interaja com o Excel a partir do Python no Windows e no macOS. Como a grade do Excel é o layout perfeito para exibir as estruturas de dados do Python, como listas aninhadas, arrays do NumPy e DataFrames do pandas, um dos principais recursos do xlwings é facilitar ao máximo a leitura e a gravação no Excel. Começarei esta seção apresentando o Excel como um visualizador de dados — isso é útil quando você está interagindo com DataFrames em um Jupyter notebook. Em seguida, explicarei o modelo de objeto do Excel antes de explorá-lo interativamente com o xlwings. Para encerrar a seção, mostrarei como chamar o código VBA que você ainda pode ter em pastas de trabalho herdadas. Como o xlwings faz parte do Anaconda, não precisamos instalá-lo manualmente.

Usando o Excel como Visualizador de Dados

Você provavelmente notou nos capítulos anteriores que, por padrão, os Jupyter notebooks ocultam a maioria dos dados para DataFrames maiores e mostram apenas as linhas superiores e inferiores, bem como as primeiras e últimas colunas. Uma maneira de ter uma ideia melhor de seus dados é plotá-los — isso permite que você identifique outliers ou outras irregularidades. Às vezes, no entanto, é realmente útil poder rolar por uma tabela de dados. Depois de ler o Capítulo 7, você sabe como usar o método **to_excel** em seu DataFrame. Embora funcione, pode ser um pouco complicado: você precisa dar um nome ao arquivo do Excel, localizá-lo no sistema de arquivos, abri-lo e, depois de fazer alterações no DataFrame, fechar o arquivo do Excel e executar o todo o processo novamente. Uma ideia melhor pode ser executar **df.to_clipboard()**, que copia o DataFrame df para a área de transferência, permitindo colá-lo no Excel, mas há uma maneira ainda mais simples — use a função **view** que vem com o xlwings:

```
In [1]: # Primeiro, iremos importar os pacotes que usaremos neste capítulo
        import datetime as dt
        import xlwings as xw
        import pandas as pd
        import numpy as np
In [2]: # Iremos criar um DataFrame baseado em números pseudoaleatórios e
        # com linhas suficientes para que apenas o topo e o final sejam
mostrados
        df = pd.DataFrame(data=np.random.randn(100, 5),
                          columns=[f"Trial {i}" for i in range(1, 6)])
        df
Out[2]:       Trial 1    Trial 2    Trial 3    Trial 4    Trial 5
        0   -1.313877   1.164258  -1.306419  -0.529533  -0.524978
        1   -0.854415   0.022859  -0.246443  -0.229146  -0.005493
        2   -0.327510  -0.492201  -1.353566  -1.229236   0.024385
        3   -0.728083  -0.080525   0.628288  -0.382586  -0.590157
        4   -1.227684   0.498541  -0.266466   0.297261  -1.297985
        ..        ...        ...        ...        ...        ...
```

```
        95 -0.903446  1.103650  0.033915  0.336871  0.345999
        96 -1.354898 -1.290954 -0.738396 -1.102659  0.115076
        97 -0.070092 -0.416991 -0.203445 -0.686915 -1.163205
        98 -1.201963  0.471854 -0.458501 -0.357171  1.954585
        99  1.863610  0.214047 -1.426806  0.751906 -2.338352

        [100 rows x 5 columns]
In [3]: # Visualizar o DataFrame no Excel
        xw.view(df)
```

A função view aceita todos os objetos Python comuns, incluindo números, strings, listas, dicionários, tuplas, arrays do NumPy e DataFrames do pandas. Por padrão, ela abre uma nova pasta de trabalho e cola o objeto na célula A1 da primeira planilha — ainda ajusta as larguras das colunas usando a funcionalidade AutoAjuste do Excel. Em vez de abrir uma nova pasta de trabalho todas as vezes, você também pode reutilizá-la fornecendo à função view um objeto sheet xlwings como o segundo argumento: xw.view(df, mysheet). Como você obtém acesso a esse objeto sheet e como ele se ajusta ao modelo de objeto do Excel é o que explicarei a seguir.[2]

macOS: Permissões e Preferências

No macOS, execute os Jupyter notebooks e o VS Code a partir de um prompt do Anaconda (ou seja, via Terminal), como no Capítulo 2. Isso garante que você será recebido por dois pop-ups quando usar o xlwings pela primeira vez: o primeiro é "O terminal deseja acesso para controlar os Eventos do Sistema" e o segundo é "O terminal deseja acesso para controlar o Microsoft Excel". Você precisará confirmar ambos os pop-ups para permitir que o Python automatize o Excel. Em teoria, esses pop-ups deveriam ser acionados por qualquer aplicativo a partir do qual você executa o código xlwings, mas, na prática, geralmente não é o caso; portanto, executá-los via Terminal evitará problemas. Além disso, você precisará abrir as Preferências do Excel e desmarcar "Mostrar Galeria de Pastas de Trabalho ao abrir o Excel" na categoria Geral. Isso abre o Excel diretamente em uma pasta de trabalho vazia, em vez de abrir a galeria primeiro, o que atrapalharia ao abrir uma nova instância do Excel via xlwings.

O Modelo de Objeto do Excel

Ao trabalhar com o Excel programaticamente, você interage com seus componentes como uma pasta de trabalho ou uma planilha. Esses componentes são organizados no *modelo de objeto do Excel*, uma estrutura hierárquica que repre-

---

2 Observe que xlwings 0.22.0 introduziu a função xw.load, que é semelhante a xw.view, mas funciona na direção oposta: permite carregar um intervalo do Excel facilmente em um Jupyter notebook como um DataFrame do pandas; consulte os documentos.

senta a interface gráfica do usuário do Excel (consulte a Figura 9-1). A Microsoft usa em grande parte o mesmo modelo de objeto com todas as linguagens de programação com suporte oficial, ou seja, VBA, Office Scripts (a interface JavaScript para Excel na Web) ou C#. Em contraste com os pacotes de leitura e gravação do Capítulo 8, o xlwings segue o modelo de objeto do Excel, apenas com uma atualização: por exemplo, o xlwings usa os nomes `app` em vez de `application`, e `book` em vez de `workbook`:

- Um `app` contém a coleção `books`
- Um `book` contém a coleção `sheets`
- Um `sheet` dá acesso a objetos `range` e coleções como `charts`
- Um `range` contém uma ou mais células contíguas como seus itens

As caixas tracejadas são *coleções* e contêm um ou mais objetos do mesmo tipo. Um `app` corresponde a uma instância do Excel, ou seja, um aplicativo do Excel que é executado como um processo separado. Os usuários avançados às vezes usam várias instâncias do Excel em paralelo para abrir a mesma pasta de trabalho duas vezes, por exemplo, para calcular uma pasta de trabalho com diferentes entradas em paralelo. Com as versões mais recentes do Excel, a Microsoft tornou um pouco mais complicado abrir várias instâncias do Excel manualmente: inicie o Excel e clique com o botão direito do mouse em seu ícone na barra de tarefas do Windows. No menu que aparece, clique com o botão esquerdo na entrada do Excel e mantenha pressionada a tecla Alt ao mesmo tempo (mantenha a tecla Alt pressionada até soltar o botão do mouse) — um pop-up perguntará se você deseja iniciar uma nova instância do Excel. No macOS, não há uma maneira manual de iniciar mais de uma instância do mesmo programa, mas você pode iniciar várias instâncias do Excel programaticamente por meio do xlwings, como veremos mais adiante. Para resumir, uma instância do Excel é um ambiente de *sandbox*, ou seja, uma instância não pode se comunicar com outra.[3] O objeto `sheet` dá acesso a coleções como gráficos, imagens e nomes definidos — tópicos que examinaremos na segunda seção deste capítulo.

---

[3] Veja "What are Excel instances, and why is this important?" (conteúdo em inglês) para saber mais sobre as instâncias separadas do Excel.

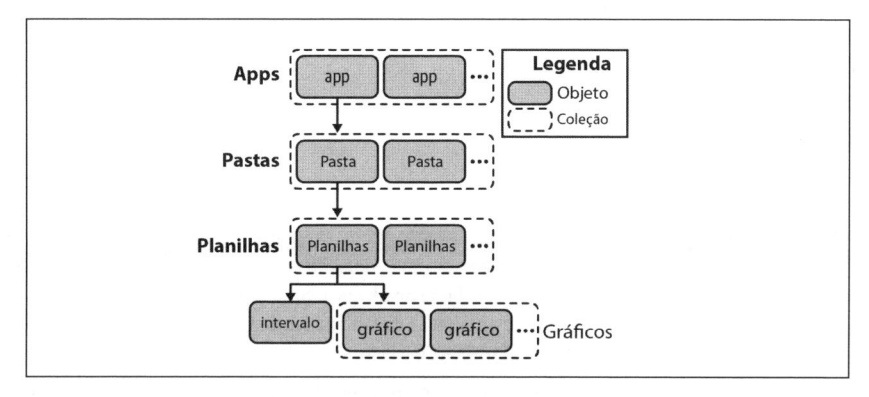

Figura 9-1. O modelo de objeto do Excel conforme implementado pelo xlwings (trecho)

Idioma e Configurações Regionais

Este livro é baseado na versão em inglês dos Estados Unidos do Excel. Ocasionalmente, há referências a nomes-padrão em português como "Pasta1" ou "Planilha1", que serão diferentes se você usar o Excel em outro idioma. Por exemplo, "Planilha1" é chamado de "Feuille1" em francês e "Hoja1" em espanhol. Além disso, o separador de lista, que é o separador que o Excel usa nas fórmulas das células, depende das suas configurações: usarei vírgula, mas sua versão pode exigir um ponto e vírgula ou outro caractere. Por exemplo, em vez de escrever =SUM(A1, A2), você precisará escrever =SUMME(A1; A2) em um computador com configurações regionais alemãs. Outras armadilhas são TRUE ou FALSE e o ponto decimal: por exemplo, nas configurações regionais da Alemanha, TRUE se chama WAHR, já o ponto decimal é uma vírgula, não ponto.

No Windows, se você quiser alterar o separador de lista de ponto e vírgula para vírgula, será necessário alterá-lo fora do Excel nas configurações do Windows: clique no botão Iniciar do Windows, procure Configurações (ou clique no ícone de engrenagem), em seguida, vá para "Hora e idioma" > "Região e idioma" > "Data, hora e configurações regionais adicionais", onde você finalmente clica em "Região" > "Alterar local". Em "Separador de lista", você poderá alterá-lo de ponto e vírgula para vírgula. Tenha em mente que isso só funciona se o seu "símbolo decimal" (no mesmo menu) não for também uma vírgula. Para substituir os separadores de milhar e decimais de todo o sistema (mas não o separador de lista), no Excel, vá para "Opções" > "Avançado", onde você encontrará as configurações em "Opções de Edição".

No macOS, funciona de forma semelhante, exceto que você não pode alterar o separador de lista diretamente: em Preferências do Sistema do seu macOS (não Excel), selecione Idioma e Região. Lá, defina uma região específica globalmente (na guia Geral) ou especificamente para o Excel (na guia Aplicativos).

Para ter uma ideia do modelo de objeto do Excel, como sempre, é melhor lidar com ele de forma interativa. Começaremos com a classe Book: ela permite criar novas pastas de trabalho e conectar as existentes; consulte o Quadro 9-1 para ter uma visão geral.

Quadro 9-1. Trabalhando com as pastas de trabalho do Excel

Comando	Descrição
xw.Book()	Retorna um objeto book que representa uma nova pasta de trabalho do Excel na instância ativa do Excel. Se não houver instância ativa, o Excel será iniciado.
xw.Book("Book1")	Retorna um objeto book que representa uma pasta de trabalho não salva com o nome Book1 (nome sem extensão de arquivo).
xw.Book("Book1.xlsx")	Retorna um objeto book que representa uma pasta de trabalho salva anteriormente com o nome *Book1.xlsx* (nome com extensão de arquivo). O arquivo deve estar aberto ou no diretório de trabalho atual.
xw.Book(r"C:\path\Book1.xlsx")	Retorna um objeto book de uma pasta de trabalho salva anteriormente (caminho completo do arquivo). O arquivo pode ser aberto ou fechado. O r inicial transforma a string em uma string bruta, de modo que as barras invertidas (\) do caminho sejam interpretadas literalmente no Windows (apresentei as strings brutas no Capítulo 5). No macOS, o r não é necessário, pois os caminhos de arquivo usam barras em vez de barras invertidas.
xw.books.active	Retorna um objeto book que representa a pasta de trabalho ativa na instância ativa do Excel.

Vejamos como podemos percorrer a hierarquia do modelo de objeto desde o objeto book até o objeto range:

```
In [4]: # Crie uma nova pasta de trabalho vazia e imprima seu nome. Esta é a
        # pasta que usaremos para executar a maioria dos exemplos de código
        neste capítulo.
        book = xw.Book()
        book.name
Out[4]: 'Book2'
In [5]: # Acesse a coleção de planilhas
        book.sheets
Out[5]: Sheets([<Sheet [Book2]Sheet1>])
In [6]: # Obtenha um objeto de planilha por índice ou nome. Você precisará
        # ajustar "Planilha1" se sua planilha tiver um nome diferente.
        sheet1 = book.sheets[0]
        sheet1 = book.sheets["Sheet1"]
In [7]: sheet1.range("A1")
Out[7]: <Range [Book2]Sheet1!$A$1>
```

Com o objeto range, chegamos ao final da hierarquia. A string impressa entre sinais maior que e menor que fornece informações úteis sobre esse objeto, mas, para fazer algo, você geralmente usa o objeto com um atributo, como mostra o próximo exemplo:

```
In [8]: # Tarefas mais comuns: gravar valores...
        sheet1.range("A1").value = [[1, 2],
                                    [3, 4]]
        sheet1.range("A4").value = "Hello!"
In [9]: # ...e ler valores
        sheet1.range("A1:B2").value
Out[9]: [[1.0, 2.0], [3.0, 4.0]]
In [10]: sheet1.range("A4").value
Out[10]: 'Hello!'
```

Como pode ver, por padrão, o atributo value de um objeto range xlwings aceita e retorna uma lista aninhada para intervalos bidimensionais e um escalar para uma única célula. Tudo o que usamos até agora é quase idêntico ao VBA: supondo que book seja um objeto VBA ou de pasta de trabalho do xlwings, respectivamente, é assim que você acessa o atributo value das células A1 a B2 no VBA e com o xlwings:

```
book.Sheets(1).Range("A1:B2").Value    # VBA
book.sheets[0].range("A1:B2").value    # xlwings
```

As diferenças são:

Atributos

    O Python usa letras minúsculas, possivelmente com sublinhados, conforme sugerido pelo PEP 8, o guia de estilo do Python que apresentei no Capítulo 3.

Indexação

    O Python usa colchetes e índices baseados em zero para acessar um elemento na coleção sheets.

O Quadro 9-2 fornece uma visão geral das strings que um range xlwings aceita.

Quadro 9-2. Strings para definir um intervalo na notação A1

Referência	Descrição
"A1"	Uma Única Célula
"A1:B2"	Células de A1 a B2
"A:A"	Coluna A
"A:B"	Colunas A a B
"1:1"	Linha 1
"1:2"	Linhas 1 a 2

A indexação e o fatiamento funcionam com os objetos `range` xlwings — observe o endereço entre sinais maior que menor que (a representação do objeto impressa) para ver com qual intervalo de células você termina:

```
In [11]: # Indexação
         sheet1.range("A1:B2")[0, 0]
Out[11]: <Range [Book2]Sheet1!$A$1>
In [12]: # Fatiamento
         sheet1.range("A1:B2")[:, 1]
Out[12]: <Range [Book2]Sheet1!$B$1:$B$2>
```

A indexação corresponde ao uso da propriedade `Cells` no VBA:

```
book.Sheets(1).Range("A1:B2").Cells(1, 1)   # VBA
book.sheets[0].range("A1:B2")[0, 0]   # xlwings
```

Em vez de usar `range` explicitamente como um atributo do objeto `sheet`, você também pode obter um objeto `range` indexando e fatiando o objeto `sheet`. Usar isso com a notação A1 permitirá que você digite menos, e usar com índices inteiros fará com que a planilha do Excel pareça um array NumPy:

```
In [13]: # Célula única: notação A1
         sheet1["A1"]
Out[13]: <Range [Book2]Sheet1!$A$1>
In [14]: # Múltiplas células: notação A1
         sheet1["A1:B2"]
Out[14]: <Range [Book2]Sheet1!$A$1:$B$2>
In [15]: # Célula única: indexação
         sheet1[0, 0]
Out[15]: <Range [Book2]Sheet1!$A$1>
In [16]: # Múltiplas células: fatiamento
         sheet1[:2, :2]
Out[16]: <Range [Book2]Sheet1!$A$1:$B$2>
```

Às vezes, no entanto, pode ser mais simples definir um intervalo referindo-se à célula superior esquerda e inferior direita dele. As amostras a seguir referem-se aos intervalos de células D10 e D10:F11, respectivamente, permitindo que você entenda a diferença entre indexar/fatiar um objeto `sheet` e trabalhar com um objeto `range`:

```
In [17]: # D10 via indexação da planilha
         sheet1[9, 3]
Out[17]: <Range [Book2]Sheet1!$D$10>
In [18]: # D10 via objeto range
         sheet1.range((10, 4))
Out[18]: <Range [Book2]Sheet1!$D$10>
In [19]: # D10:F11 via fatiamento da planilha
         sheet1[9:11, 3:6]
Out[19]: <Range [Book2]Sheet1!$D$10:$F$11>
In [20]: # D10:F11 via objeto range
         sheet1.range((10, 4), (11, 6))
Out[20]: <Range [Book2]Sheet1!$D$10:$F$11>
```

Definir objetos `range` com tuplas é muito semelhante a como a propriedade `Cells` funciona no VBA, como mostra a comparação a seguir — isso assume novamente que book é um objeto da pasta de trabalho do VBA ou um objeto book do xlwings. Primeiro veremos a versão do VBA:

```
With book.Sheets(1)
    myrange = .Range(.Cells(10, 4), .Cells(11, 6))
End With
```

Isso é equivalente à seguinte expressão xlwings:

```
myrange = book.sheets[0].range((10, 4), (11, 6))
```

Índices Baseados em Zero versus Baseados em Um

Como um pacote Python, o xlwings usa consistentemente a indexação baseada em zero sempre que você acessa os elementos por meio do índice do Python ou da sintaxe de fatiamento, ou seja, com colchetes. Os objetos range xlwings, no entanto, usam os índices de linha e coluna baseados em um do Excel. Ter os mesmos índices de linha/coluna da interface de usuário do Excel pode ser bom às vezes. Se você preferir usar apenas a indexação baseada em zero do Python, simplesmente use a sintaxe sheet[row_selection, column_selection].

O exemplo a seguir mostra como ir de um objeto range (sheet1["A1"]) até o objeto app. Lembre-se de que o objeto app representa uma instância do Excel (a saída entre sinais maior que menor que representa a ID do processo do Excel, portanto será diferente em sua máquina):

```
In [21]: sheet1["A1"].sheet.book.app
Out[21]: <Excel App 9092>
```

Tendo chegado ao topo do modelo de objeto do Excel, é um bom momento para ver como você pode trabalhar com várias instâncias do Excel. Você precisará usar o objeto app explicitamente se quiser abrir a mesma pasta de trabalho em várias instâncias do Excel ou se quiser especificamente distribuir suas pastas de trabalho em diferentes instâncias por motivos de desempenho. Outro caso de uso comum para trabalhar com um objeto app é abrir sua pasta de trabalho em uma instância oculta do Excel: isso permite executar um script xlwings em segundo plano sem impedi-lo de fazer outro trabalho no Excel nesse meio-tempo:

```
In [22]: # Obtenha um objeto app na pasta de trabalho aberta
         # e crie uma instância app invisível adicional
         visible_app = sheet1.book.app
         invisible_app = xw.App(visible=False)
In [23]: # Liste os nomes das pastas que estão abertas em cada instância
         # usando uma compreensão de lista
         [book.name for book in visible_app.books]
Out[23]: ['Book1', 'Book2']
In [24]: [book.name for book in invisible_app.books]
Out[24]: ['Book3']
In [25]: # Uma chave app representa a ID do processo (PID)
         xw.apps.keys()
```

```
Out[25]: [5996, 9092]
In [26]: # Também pode ser acessada com o atributo pid
         xw.apps.active.pid
Out[26]: 5996
In [27]: # Trabalhe com a pasta na instância invisível do Excel
         invisible_book = invisible_app.books[0]
         invisible_book.sheets[0]["A1"].value = "Created by an invisible app."
In [28]: # Salve a pasta de trabalho do Excel no diretório xl
         invisible_book.save("xl/invisible.xlsx")
In [29]: # Saia da instância invisível do Excel
         invisible_app.quit()
```

> **macOS: Acessando o Sistema de Arquivos de Maneira Programática**
>
> Se você executar o comando save verá um pop-up Conceder Acesso ao Arquivo no Excel que precisará confirmar clicando no botão Selecionar antes de clicar em Conceder Acesso. No macOS, o Excel está em uma *sandbox*, o que significa que seu programa só pode acessar arquivos e pastas fora do aplicativo Excel confirmando esse prompt. Depois de confirmado, o Excel lembrará os locais e não o incomodará novamente quando executar o script na próxima vez.

Se você tiver a mesma pasta de trabalho aberta em duas instâncias do Excel ou se quiser especificar em qual instância do Excel deseja abrir uma pasta de trabalho, não poderá mais usar xw.Book. Em vez disso, precisará usar a coleção books apresentada no Quadro 9-3. Observe que myapp representa um objeto app xlwings. Se você substituir myapp.books por xw.books, o xlwings usará o app ativo.

Quadro 9-3. Trabalhando com a coleção books

Comando	Descrição
myapp.books.add()	Cria uma nova pasta de trabalho do Excel na instância do Excel à qual myapp se refere e retorna o objeto book correspondente.
myapp.books.open(r"C:\path\Book.xlsx")	Retorna o book se já estiver aberto, caso contrário, abre-o primeiro na instância do Excel à qual myapp se refere. Lembre-se de que o r inicial transforma o caminho do arquivo em uma string bruta para interpretar as barras invertidas literalmente.
myapp.books["Book1.xlsx"]	Retorna o objeto book se estiver aberto. Isso gerará um KeyError se ainda não estiver aberto. Use o nome e não o caminho completo. Use isso caso precise saber se uma pasta de trabalho já está aberta no Excel.

Antes de nos aprofundarmos em como o xlwings pode *substituir* suas macros VBA, vejamos como o xlwings pode *interagir* com seu código VBA existente: isso pode ser útil se você tem muito código legado e não tem tempo para migrar tudo para o Python.

Executando Códigos VBA

Se você tem projetos legados do Excel com muitos códigos VBA, pode ser trabalhoso migrar tudo para o Python. Nesse caso, você pode usar o Python para executar suas macros VBA. O exemplo a seguir usa o arquivo *vba.xlsm* que você encontrará na pasta *xl* do repositório complementar. Ele contém o seguinte código em Module1:

```
Function MySum(x As Double, y As Double) As Double
    MySum = x + y
End Function
Sub ShowMsgBox(msg As String)
    MsgBox msg
End Sub
```

Para chamar essas funções via Python, primeiro você precisa instanciar um objeto macro xlwings que será chamado posteriormente, fazendo com que pareça uma função nativa do Python:

```
In [30]: vba_book = xw.Book("xl/vba.xlsm")
In [31]: # Instanciar um objeto macro com a função VBA
         mysum = vba_book.macro("Module1.MySum")
         # Chame uma função VBA
         mysum(5, 4)
Out[31]: 9.0
In [32]: # Funciona da mesma forma com um procedimento VBA Sub
         show_msgbox = vba_book.macro("Module1.ShowMsgBox")
         show_msgbox("Hello xlwings!")
In [33]: # Fechar a pasta novamente (feche MessageBox primeiro)
         vba_book.close()
```

> ### Não Armazene Funções VBA nos Módulos Sheet e ThisWorkbook
> Se você armazenar a função VBA MySum no módulo da pasta de trabalho ThisWorkbook ou em um módulo da planilha (por exemplo, Sheet1), deverá se referir a ela como ThisWorkbook.MySum ou Sheet1.MySum. No entanto, você não poderá acessar o valor de retorno da função do Python, portanto armazene as funções VBA em um módulo de código VBA padrão que você insere clicando com o botão direito do mouse na pasta Módulos no editor VBA.

Agora que você sabe como interagir com o código VBA existente, podemos continuar nossa exploração de xlwings observando como usá-lo com DataFrames, arrays do NumPy e coleções como gráficos, imagens e nomes definidos.

Conversores, Opções e Coleções

Nos exemplos de código introdutórios deste capítulo, já estávamos lendo e gravando uma string e uma lista aninhada no Excel usando o atributo value de um objeto range xlwings. Começarei esta seção mostrando como isso funciona com os DataFrames do pandas antes de dar uma olhada no método options que nos permite influenciar como o xlwings lê e grava valores. Continuamos com gráficos, imagens e nomes definidos, as coleções que você normalmente acessa de um objeto sheet. Armados com esses fundamentos do xlwings, veremos de novo o estudo de caso de relatórios do Capítulo 7.

Trabalhando com DataFrames

Gravar um DataFrame no Excel não é diferente de gravar um escalar ou uma lista aninhada nele: basta atribuir o DataFrame à célula superior esquerda de um intervalo do Excel:

```
In [34]: data=[["Mark", 55, "Italy", 4.5, "Europe"],
              ["John", 33, "USA", 6.7, "America"]]
         df = pd.DataFrame(data=data,
                           columns=["name", "age", "country",
                                    "score", "continent"],
                           index=[1001, 1000])
         df.index.name = "user_id"
         df
Out[34]:          name  age  country  score continent
         user_id
         1001     Mark   55    Italy    4.5    Europe
         1000     John   33      USA    6.7   America
In [35]: sheet1["A6"].value = df
```

Se, no entanto, você quiser suprimir os cabeçalhos das colunas e/ou o índice, use o método options desta maneira:

```
In [36]: sheet1["B10"].options(header=False, index=False).value = df
```

A leitura de intervalos do Excel como DataFrames exige que você forneça a classe DataFrame como o parâmetro convert no método options. Por padrão, ele espera que seus dados tenham um cabeçalho e um índice, mas você pode usar novamente os parâmetros index e header para alterar isso. Em vez de usar o conversor, você também pode ler os valores primeiro como uma lista aninhada e, em seguida, construir manualmente seu DataFrame, mas usar o conversor torna um pouco mais fácil lidar com o índice e o cabeçalho.

O Método expand

No exemplo de código a seguir, apresento o método `expand` que facilita a leitura de um bloco contíguo de células, fornecendo o mesmo intervalo como se você estivesse usando Shift+Ctrl+Seta para baixo+Seta para a direita no Excel, exceto que `expand` salta uma célula vazia no canto superior esquerdo.

```
In [37]: df2 = sheet1["A6"].expand().options(pd.DataFrame).value
         df2
Out[37]:          name   age country  score continent
         user_id
         1001.0   Mark  55.0   Italy    4.5    Europe
         1000.0   John  33.0     USA    6.7   America
In [38]: # Se você quiser que o índice seja um índice inteiro,
         # pode alterar seu tipo de dados
         df2.index = df2.index.astype(int)
         df2
Out[38]:       name   age country  score continent
         1001  Mark  55.0   Italy    4.5    Europe
         1000  John  33.0     USA    6.7   America
In [39]: # Ao definir index=False, ele colocará todos os valores do Excel na
         # parte de dados do DataFrame e usará o índice-padrão
         sheet1["A6"].expand().options(pd.DataFrame, index=False).value
Out[39]:    user_id  name   age country  score continent
         0   1001.0  Mark  55.0   Italy    4.5    Europe
         1   1000.0  John  33.0     USA    6.7   America
```

Ler e gravar DataFrames foi um primeiro exemplo de como conversores e opções funcionam. Como eles são formalmente definidos e como você os usa com outras estruturas de dados é o que veremos a seguir.

Conversores e Opções

Como acabamos de ver, o método `options` do objeto `range` xlwings permite que você influencie a maneira como os valores são lidos e gravados no Excel, ou seja, as opções são avaliadas apenas quando você chama o atributo `value` em um objeto `range`. A sintaxe é a seguinte (`myrange` é um objeto `range` xlwings):

```
myrange.options(convert=None, option1=value1, option2=value2, ...).value
```

O Quadro 9-4 mostra os conversores integrados, ou seja, os valores que o argumento `convert` aceita. Eles são chamados de *integrados* porque o xlwings oferece uma maneira de gravar seus próprios conversores, o que pode ser útil se você tem que aplicar repetidamente transformações adicionais antes de gravar ou depois de ler os valores — para ver como funciona, dê uma olhada nos documentos do xlwings.

Quadro 9-4. Conversores integrados

Conversor	Descrição
dict	Dicionários simples sem aninhamento, ou seja, na forma {key1: value1, key2: value2, ...}
np.array	Arrays NumPy, requer import numpy as np
pd.Series	Série pandas, requer import pandas as pd
pd.DataFrame	DataFrame do pandas, requer import pandas as pd

Já usamos as opções index e header com o exemplo DataFrame, mas há mais opções disponíveis, conforme mostrado no Quadro 9-5.

Quadro 9-5. Opções integradas

Opção	Descrição
empty	Por padrão, as células vazias são lidas com None. Altere isso fornecendo um valor para empty.
date	Aceita uma função que é aplicada a valores de células formatadas por datas.
number	Aceita uma função aplicada a números.
ndim	*Número de dimensões*: ao ler, use ndim para forçar os valores de um intervalo a chegar em determinada dimensionalidade. Deve ser None, 1 ou 2. Pode ser usado ao ler valores como listas ou arrays do NumPy.
transpose	Transpõe os valores, ou seja, transforma as colunas em linhas ou vice-versa.
index	Para ser usado com DataFrames do pandas e Série: ao ler, use para definir se o intervalo do Excel contém o índice. Pode ser True/False ou um número inteiro. O inteiro define quantas colunas devem ser transformadas em um MultiIndex. Por exemplo, 2 usará as duas colunas mais à esquerda como índice. Ao gravar, você pode decidir se deseja gravar o index definindo para True ou False.
header	Funciona da mesma forma que index, mas aplicada aos cabeçalhos das colunas.

Vejamos melhor ndim: por padrão, quando você lê em uma única célula do Excel, obtém um escalar (por exemplo, um float ou uma string); quando você lê uma coluna ou uma linha, obtém uma lista simples; e, finalmente, quando lê um intervalo bidimensional, obtém uma lista aninhada (ou seja, bidimensional). Isso não é apenas consistente em si, mas também é equivalente a como o fatiamento funciona com os arrays do NumPy, como visto no Capítulo 4. O caso unidimensional é especial: às vezes, uma coluna pode ser apenas um caso extremo do que é um intervalo bidimensional. Nesse caso, faz sentido forçar um intervalo para sempre chegar como uma lista bidimensional usando ndim=2:

```
In [40]: # Intervalo horizontal (unidimensional)
         sheet1["A1:B1"].value
Out[40]: [1.0, 2.0]
```

```
In [41]: # Intervalo vertical (unidimensional)
         sheet1["A1:A2"].value
Out[41]: [1.0, 3.0]
In [42]: # Intervalo horizontal (bidimensional)
         sheet1["A1:B1"].options(ndim=2).value
Out[42]: [[1.0, 2.0]]
In [43]: # Intervalo vertical (bidimensional)
         sheet1["A1:A2"].options(ndim=2).value
Out[43]: [[1.0], [3.0]]
In [44]: # O uso do conversor de array NumPy se comporta da mesma forma:
         # o intervalo vertical leva a um array unidimensional
         sheet1["A1:A2"].options(np.array).value
Out[44]: array([1., 3.])
In [45]: # Preservando a orientação da coluna
         sheet1["A1:A2"].options(np.array, ndim=2).value
Out[45]: array([[1.],
                [3.]])
In [46]: # Se você precisar gravar uma lista verticalmente,
         # a opção "transpose" é útil
         sheet1["D1"].options(transpose=True).value = [100, 200]
```

Use ndim=1 para forçar o valor de uma única célula a ser lido como uma lista, em vez de um escalar. Você não precisará de ndim com o pandas, pois um DataFrame é sempre bidimensional e uma Série é sempre unidimensional. Aqui está mais um exemplo mostrando como as opções empty, date e number funcionam:

```
In [47]: # Gravar alguns dados de amostra
         sheet1["A13"].value = [dt.datetime(2020, 1, 1), None, 1.0]
In [48]: # Ler de volta usando as opções-padrão
         sheet1["A13:C13"].value
Out[48]: [datetime.datetime(2020, 1, 1, 0, 0), None, 1.0]
In [49]: # Ler de volta usando as opções não padrão
         sheet1["A13:C13"].options(empty="NA",
                                  dates=dt.date,
                                  numbers=int).value
Out[49]: [datetime.date(2020, 1, 1), 'NA', 1]
```

Até agora, trabalhamos com os objetos book, sheet e range. Agora aprenderemos a lidar com coleções como gráficos que você acessa a partir do objeto sheet!

Gráficos, Imagens e Nomes Definidos

Nesta seção, mostrarei como trabalhar com três coleções que você acessa por meio do objeto sheet ou book: gráficos, figuras e nomes definidos.[4] O xlwings suporta apenas a funcionalidade gráfica mais básica, mas, como você pode trabalhar com modelos, talvez não perca muito. E, para compensar, o xlwings permite que você incorpore gráficos do Matplotlib como imagens — você deve se lembrar do Capítulo 5 que o Matplotlib é o back-end de plotagem padrão do pandas. Começaremos criando um primeiro gráfico do Excel!

---

4 Outra coleção popular são as tabelas. Para usá-las, você precisa pelo menos do xlwings 0.21.0; veja a documentação.

Gráficos do Excel

Para adicionar um novo gráfico, use o método `add` da coleção `charts`, em seguida, defina o tipo de gráfico e os dados de origem:

```
In [50]: sheet1["A15"].value = [[None, "North", "South"],
                                ["Last Year", 2, 5],
                                ["This Year", 3, 6]]
In [51]: chart = sheet1.charts.add(top=sheet1["A19"].top,
                                   left=sheet1["A19"].left)
         chart.chart_type = "column_clustered"
         chart.set_source_data(sheet1["A15"].expand())
```

Isso produzirá o gráfico mostrado à esquerda da Figura 9-2. Para pesquisar os tipos de gráficos disponíveis, consulte a documentação do xlwings. Se você gosta de trabalhar com gráficos do pandas mais do que com gráficos do Excel, ou se deseja usar um tipo de gráfico que não está disponível no Excel, o xlwings fornece um — veremos como!

Imagens: Gráficos Matplotlib

Ao usar o back-end de plotagem padrão do pandas, você está criando um plot Matplotlib. Para trazer tal gráfico para o Excel, primeiro precisa obter seu objeto `figure`, que você fornece como um argumento para `pictures.add` — isso converterá o gráfico em uma imagem e o enviará para o Excel:

```
In [52]: # Ler os dados do gráfico como DataFrame
         df = sheet1["A15"].expand().options(pd.DataFrame).value
         df
Out[52]:            North   South
         Last Year    2.0     5.0
         This Year    3.0     6.0
In [53]: # Habilitar o Matplotlib usando o comando notebook magic
         # e mudar para o estilo "seaborn"
         %matplotlib inline
         import matplotlib.pyplot as plt
         plt.style.use("seaborn")
In [54]: # O método de plotagem do pandas retorna um objeto "axis" de
         # onde você pode obter a figura. "T" transpõe o
         # DataFrame para trazer o gráfico para a orientação desejada
         ax = df.T.plot.bar()
         fig = ax.get_figure()
In [55]: # Enviar a plotagem para o Excel
         plot = sheet1.pictures.add(fig, name="SalesPlot",
                                    top=sheet1["H19"].top,
                                    left=sheet1["H19"].left)
         # Iremos dimensionar a plotagem para 70%
         plot.width, plot.height = plot.width * 0.7, plot.height * 0.7
```

Para atualizar a imagem com uma nova plotagem, basta usar o método `update` com outro objeto `figure` — tecnicamente, isso substituirá a imagem no Excel, mas preservará todas as propriedades, como localização, tamanho e nome:

```
In [56]: ax = (df + 1).T.plot.bar()
         plot = plot.update(ax.get_figure())
```

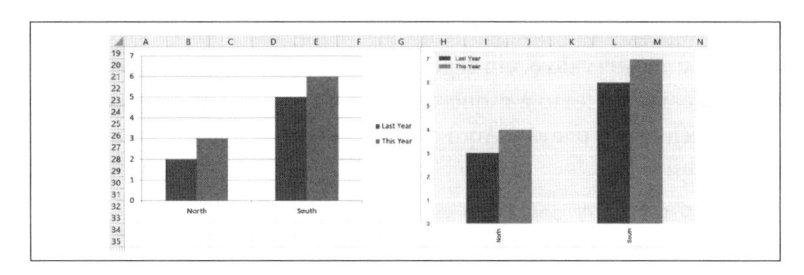

Figura 9-2. Um gráfico do Excel (à esquerda) e uma plotagem do Matplotlib (à direita)

A Figura 9-2 mostra como o gráfico do Excel e a plotagem do Matplotlib se comparam após a chamada `update`.

> **Verifique se Pillow Está Instalado**
>
> Ao trabalhar com imagens, verifique se Pillow, a biblioteca de imagens do Python, está instalado: isso garantirá que as imagens cheguem no tamanho e na proporção corretos no Excel. Pillow faz parte do Anaconda, portanto, se você usar uma distribuição diferente, precisará instalá-la executando `conda install pillow` ou `pip install pillow`. Observe que `pictures.add` também aceita um caminho para uma imagem no disco, em vez de uma figura Matplotlib.

Gráficos e imagens são coleções acessadas por meio de um objeto `sheet`. Os nomes definidos, a coleção que veremos a seguir, podem ser acessados a partir do objeto `sheet` ou `book`. Veremos que diferença isso faz!

Nomes definidos

No Excel, você cria um *nome definido* atribuindo um nome a um intervalo, uma fórmula ou uma constante.[5] Atribuir um nome a um intervalo é provavelmente o caso mais comum e é chamado de *intervalo nomeado*. Com um intervalo nomeado, você pode fazer referência ao intervalo do Excel em fórmulas e códigos usando um nome descritivo em vez de um endereço abstrato no formato `A1:B2`. Usá-los com o xlwings torna seu código mais flexível e sólido: ler e gravar valores nos intervalos nomeados oferece flexibilidade para reestruturar sua pasta de trabalho sem precisar ajustar seu código Python: um nome fica na célula, mesmo se você o move inserindo uma nova linha, por exemplo. Os nomes definidos podem ser definidos no escopo global da pasta ou no escopo local da planilha. A vantagem de um nome com escopo de planilha é que você pode copiar a planilha sem entrar em conflito com intervalos nomeados duplicados. No Excel, você

---

[5] Nomes definidos com fórmulas também são usados para as funções lambda, uma nova forma de definir funções definidas pelo usuário sem VBA ou JavaScript, que a Microsoft anunciou como um novo recurso para assinantes do Microsoft 365 em dezembro de 2020.

adiciona nomes definidos manualmente acessando Fórmulas > Definir nome ou selecionando um intervalo e, em seguida, escrevendo o nome desejado na Caixa Nome — é a caixa de texto à esquerda da barra de fórmulas, na qual você vê o endereço da célula por padrão. Aqui está como você gerencia os nomes definidos com os xlwings:

```
In [57]: # O escopo da pasta é o escopo-padrão
         sheet1["A1:B2"].name = "matrix1"
In [58]: # Para o escopo da planilha, preceda o nome da planilha com
         # um ponto de exclamação
         sheet1["B10:E11"].name = "Sheet1!matrix2"
In [59]: # Agora você pode acessar o intervalo pelo nome
         sheet1["matrix1"]
Out[59]: <Range [Book2]Sheet1!$A$1:$B$2>
In [60]: # Se você acessar a coleção de nomes por meio do objeto "sheet1",
         # ela conterá apenas nomes com o escopo dessa planilha
         sheet1.names
Out[60]: [<Name 'Sheet1!matrix2': =Sheet1!$B$10:$E$11>]
In [61]: # Se acessar a coleção de nomes por meio do objeto "book", ela
         # conterá todos os nomes, incluindo o escopo da pasta e da planilha
         book.names
Out[61]: [<Name 'matrix1': =Sheet1!$A$1:$B$2>, <Name 'Sheet1!matrix2':
         =Sheet1!$B$10:$E$11>]
In [62]: # Os nomes têm vários métodos e atributos.
         # Você pode, por exemplo, obter o respectivo objeto range.
         book.names["matrix1"].refers_to_range
Out[62]: <Range [Book2]Sheet1!$A$1:$B$2>
In [63]: # Se você deseja atribuir um nome a uma constante
         # ou fórmula, use o método "add"
         # Você pode precisar substituir o ponto decimal por vírgula
         # se está usando uma versão internacional do Excel.
         book.names.add("EURUSD", "=1.1151")
Out[63]: <Name 'EURUSD': =1.1151>
```

Veja os nomes definidos gerados no Excel abrindo o Gerenciador de Nomes via Fórmulas > Gerenciador de Nomes (consulte a Figura 9-3). Observe que o Excel no macOS não possui um Gerenciador de Nomes — em vez disso, vá para Fórmulas > Definir nome, de onde você verá os nomes existentes.

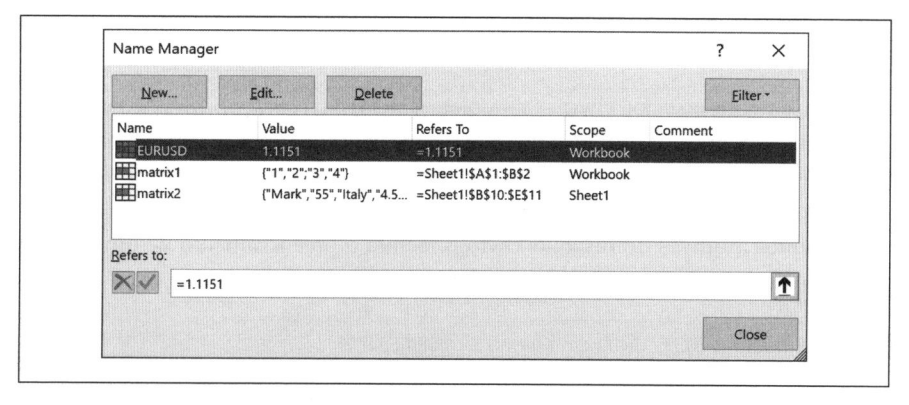

Figura 9-3. Gerenciador de Nomes do Excel após adicionar alguns nomes definidos via xlwings

Neste ponto, você sabe como trabalhar com os componentes mais usados de uma pasta de trabalho do Excel. Isso significa que podemos examinar o estudo de caso do Capítulo 7 de novo: vejamos o que muda quando trazemos o xlwings para o cenário!

Estudo de Caso (Re-revisitado): Relatórios em Excel

Ser capaz de realmente editar arquivos do Excel via xlwings nos permite trabalhar com modelos de arquivo que serão 100% preservados, não importa a complexidade ou em que formato estão armazenados — por exemplo, você pode facilmente editar um arquivo *xlsb*, um caso que atualmente não é suportado por nenhum dos pacotes de gravação que conhecemos no capítulo anterior. Quando tiver o *sales_report_openpyxl.py* no repositório complementar, verá que, depois de preparar o DataFrame summary, tivemos que gravar quase quarenta linhas de código para criar um gráfico e estilizar um DataFrame com OpenPyXL. Com o xlwings, você consegue o mesmo em apenas seis linhas de código, como no Exemplo 9-1. Ser capaz de lidar com a formatação no modelo do Excel economizará muito trabalho. Isso, no entanto, tem um preço: o xlwings requer uma instalação do Excel para ser executado — geralmente é bom se você precisa criar esses relatórios com pouca frequência em sua própria máquina, mas pode ser menos ideal se você tenta criar relatórios em um servidor como parte de app da web.

Primeiro, precisa ter certeza de que sua licença do Microsoft Office cobre a instalação em um servidor e, segundo, o Excel não foi definido para a automação autônoma, o que significa que você pode ter problemas de estabilidade, especialmente se precisa gerar muitos relatórios em um curto espaço de tempo. Já vi mais de um cliente fazendo isso com sucesso, portanto, se você não puder usar um pacote de gravação por qualquer motivo, executar o xlwings em um servidor pode muito bem ser uma opção que vale a pena explorar. Apenas execute cada script em uma nova instância do Excel via `app = xw.App()` para resolver os problemas típicos de estabilidade.

Você encontrará o script xlwings completo em *sales_report_xlwings.py* no repositório complementar (a primeira metade é a mesma que usamos com OpenPyXL e XlsxWriter). Também é um exemplo perfeito para combinar um pacote de leitura com o xlwings: enquanto o pandas (via OpenPyXL e xlrd) é mais rápido na leitura de muitos arquivos do disco, o xlwings facilita o preenchimento de um modelo pré-formatado.

Exemplo 9-1. sales_report_xlwings.py (apenas a segunda parte)

```
# Abra o modelo, cole os dados, ajuste automaticamente as colunas
# e ajuste a origem do gráfico. Em seguida, salve-o com um nome diferente.
template = xw.Book(this_dir / "xl" / "sales_report_template.xlsx")
sheet = template.sheets["Sheet1"]
sheet["B3"].value = summary
sheet["B3"].expand().columns.autofit()
sheet.charts["Chart 1"].set_source_data(sheet["B3"].expand()[:-1, :-1])
template.save(this_dir / "sales_report_xlwings.xlsx")
```

Ao executar esse script pela primeira vez no macOS (por exemplo, abrindo-o no VS Code e clicando no botão Executar Arquivo), você terá que confirmar novamente um pop-up para conceder acesso ao sistema de arquivos, algo que já vimos anteriormente neste capítulo.

Com modelos do Excel formatados, você pode criar belos relatórios do Excel muito rapidamente. Também tem acesso a métodos como `autofit`, algo que não está disponível nos pacotes de gravação, pois depende de cálculos feitos pelo aplicativo Excel: isso permite que você defina corretamente a largura e a altura de suas células de acordo com o conteúdo. A Figura 9-4 mostra a parte superior do relatório de vendas gerado por xlwings com um cabeçalho de tabela personalizado, bem como colunas nas quais o método `autofit` foi aplicado.

Quando você começa a usar o xlwings para mais do que apenas preencher algumas células em um modelo, é bom saber um pouco sobre seu funcionamento interno: a próxima seção analisa como o xlwings funciona internamente.

	A	B	C	D	E	F	G	H	I
1		Sales Report							
2									
3		Month	Washington DC	Boston	Las Vegas	New York	Chicago	San Francisco	Total
4		Jan 19	14,058	21,784	23,013	49,873	51,188	58,630	218,545
5		Feb 19	15,235	21,455	25,493	46,670	52,331	55,219	216,403
6		Mar 19	14,177	20,043	23,451	41,572	48,897	52,713	200,854
7		Apr 19	13,339	18,791	22,710	41,714	47,396	49,325	193,276
8		May 19	13,147	18,037	21,527	40,610	45,117	47,760	186,197
9		Jun 19	14,284	21,556	21,985	47,266	49,460	53,462	208,014
10		Jul 19	14,162	19,853	23,444	40,408	47,994	50,182	196,043
11		Aug 19	16,127	22,333	24,928	45,397	50,839	55,336	214,960
12		Sep 19	14,994	19,925	24,411	42,831	49,096	49,931	201,188
13		Oct 19	12,847	16,551	22,828	34,090	42,544	44,312	173,171
14		Nov 19	14,058	21,313	24,860	46,960	52,012	55,056	214,259
15		Dec 19	14,702	19,723	24,536	42,364	49,355	50,933	201,613
16		Total	171,130	241,363	283,185	519,755	586,229	622,859	2,424,521

Figura 9-4. A tabela do relatório de vendas com base em um modelo pré-formatado

Tópicos Avançados do xlwings

Esta seção mostra como tornar seu código xlwings eficaz e como lidar com a falta de funcionalidade. Para entender esses tópicos, porém, primeiro precisamos dizer algumas palavras sobre como o xlwings se comunica com o Excel.

Fundamentos do xlwings

O xlwings depende de outros pacotes Python para se comunicar com o mecanismo de automação do respectivo sistema operacional:

Windows

> No Windows, o xlwings conta com a tecnologia COM, abreviação de *Component Object Model*. COM é um padrão que permite que dois processos se comuniquem; em nosso caso, Excel e Python. O xlwings usa o pacote Python pywin32 para lidar com as chamadas COM.

macOS

> No macOS, o xlwings depende do *AppleScript*. AppleScript é a linguagem de script da Apple para automatizar aplicativos programáveis — felizmente, o Excel é um aplicativo programável. Para executar os comandos AppleScript, o xlwings usa o pacote Python appscript.

Windows: Como Evitar os Processos Zumbis

Ao lidar com o xlwings no Windows, às vezes você notará que o Excel parece estar completamente fechado, mas, quando abre o Gerenciador de Tarefas (clique com o botão direito na barra de tarefas do Windows e selecione Gerenciador de Tarefas), verá o Microsoft Excel em

Processos em segundo plano na guia Processos. Se você não vir nenhuma guia, clique em "Mais detalhes" primeiro. Como alternativa, vá para a guia Detalhes, na qual verá o Excel listado como "EXCEL.EXE". Para encerrar um processo zumbi, clique com o botão direito na respectiva linha e selecione "Finalizar Tarefa" para forçar o fechamento do Excel.

Como esses processos são *mortos-vivos*, não encerrados adequadamente, muitas vezes eles são chamados de *processos zumbis*. Deixá-los por aí consome recursos e pode levar a um comportamento indesejado: por exemplo, arquivos podem ser bloqueados ou suplementos podem não ser carregados corretamente quando você abre uma nova instância do Excel. A razão pela qual o Excel às vezes não consegue finalizar corretamente é que os processos só podem ser encerrados quando não há mais referências COM, por exemplo, na forma de um objeto app do xlwings. Mais comumente, você acaba com um processo zumbi do Excel depois de encerrar o interpretador Python, pois isso o impede de limpar adequadamente as referências COM. Considere este exemplo em um prompt do Anaconda:

```
(base)> python
>>> import xlwings as xw
>>> app = xw.App()
```

Depois que a nova instância do Excel estiver em execução, feche-a novamente por meio da interface do usuário do Excel: enquanto o Excel fecha, o processo do Excel no Gerenciador de Tarefas continuará em execução. Se você finalizar a sessão do Python corretamente executando quit() ou usando o atalho Ctrl+Z, o processo do Excel será encerrado. Se, no entanto, encerrar o prompt do Anaconda clicando no "x" no canto superior direito da janela, notará que o processo permanece como um processo zumbi. O mesmo acontece se encerra o prompt do Anaconda antes de fechar o Excel ou se o encerra enquanto executa um servidor Jupyter e mantém um objeto app do xlwings em uma das células do notebook Jupyter. Para minimizar as chances de acabar com processos zumbis do Excel, aqui estão algumas sugestões:

- Execute app.quit() no Python em vez de fechar o Excel à mão. Isso garante que as referências sejam limpas corretamente.
- Não encerrar as sessões interativas do Python ao trabalhar com o xlwings, por exemplo, se você executa um Python REPL em um prompt do Anaconda, finalize o interpretador do Python corretamente executando quit() ou usando o atalho Ctrl+Z. Ao trabalhar com Jupyter notebooks, finalize o servidor clicando em Sair na interface da web.
- Com as sessões Python interativas, é útil evitar o uso direto do objeto app, por exemplo, usando xw.Book() em vez de myapp.books.add(). Isso deve finalizar corretamente o Excel, mesmo que o processo Python seja encerrado.

Agora que você tem uma ideia sobre a tecnologia subjacente do xlwings, veremos como acelerar scripts lentos!

Melhorando o Desempenho

Para manter o desempenho de seus scripts xlwings, existem algumas estratégias: a mais importante é manter as chamadas entre os aplicativos em um mínimo absoluto. Usar valores brutos pode ser outra opção e, finalmente, definir as propriedades `app` corretas também pode ajudar. Veremos todas essas opções!

Minimize as chamadas entre os aplicativos

É crucial saber que toda chamada entre os aplicativos do Python para o Excel é "cara", ou seja, lenta. Portanto, essas chamadas devem ser reduzidas o máximo possível. A maneira mais fácil de fazer isso é ler e gravar intervalos inteiros do Excel, em vez de percorrer células individuais. No exemplo a seguir, lemos e gravamos 150 células, primeiro percorrendo cada célula, depois lidando com todo o intervalo em uma chamada:

```
In [64]: # Adicione uma nova planilha e grave 150 valores
         # nela para ter algo com que trabalhar
         sheet2 = book.sheets.add()
         sheet2["A1"].value = np.arange(150).reshape(30, 5)
In [65]: %%time
         # Isso faz 150 chamadas entre os aplicativos
         for cell in sheet2["A1:E30"]:
             cell.value += 1
Wall time: 909 ms
In [66]: %%time
         # Isso faz apenas duas chamadas entre os aplicativos
         values = sheet2["A1:E30"].options(np.array).value
         sheet2["A1"].value = values + 1
Wall time: 97.2 ms
```

Esses números são ainda mais extremos no macOS, em que a segunda opção é cerca de 50 vezes mais rápida que a primeira na minha máquina.

Valores brutos

O xlwings foi projetado principalmente com foco na conveniência, não na velocidade. No entanto, se você lidar com grandes intervalos de células, poderá se deparar com situações em que pode economizar tempo pulando a etapa de limpeza de dados do xlwings: o xlwings percorre cada valor quando você lê e grava dados, por exemplo, para alinhar os tipos de dados entre o Windows e o macOS. Ao usar a string `raw` como conversor no método `options`, você pula essa etapa. Embora torne todas as operações mais rápidas, a diferença pode não ser significativa, a menos que você escreva arrays grandes no Windows. Usar valores brutos, no entanto, significa que você não pode mais trabalhar diretamente com DataFrames. Em vez disso, precisa fornecer seus valores como listas aninhadas ou tuplas. Além disso, você precisará fornecer o endereço completo do intervalo no qual está gravando, desde que a célula superior esquerda não seja mais suficiente:

```
In [67]: # Com valores brutos, você deve fornecer o intervalo
         # de destino completo, sheet["A35"] não funciona mais
         sheet1["A35:B36"].options("raw").value = [[1, 2], [3, 4]]
```

Propriedades de app

Dependendo do conteúdo da pasta de trabalho, alterar as propriedades dos objetos app também pode ajudar a acelerar a execução do código. Normalmente, você deseja examinar as seguintes propriedades (myapp é um objeto app xlwings):

- myapp.screen_updating = False
- myapp.calculation = "manual"
- myapp.display_alerts = False

No fim do script, defina os atributos de volta ao seu estado original. Se você estiver no Windows, também poderá ver uma ligeira melhoria no desempenho executando seu script em uma instância oculta do Excel por meio de xw.App(visible=False).

Agora que você sabe como manter o desempenho sob controle, daremos uma olhada em como estender a funcionalidade do xlwings.

Como Lidar com uma Funcionalidade Ausente

O xlwings fornece uma interface do Python para os comandos do Excel mais usados e os faz funcionar no Windows e no macOS. Existem, no entanto, muitos métodos e atributos do modelo de objeto do Excel que ainda não foram cobertos nativamente pelo xlwings — mas nem tudo está perdido! O xlwings dá acesso ao objeto pywin32 subjacente no Windows e ao objeto appscript no macOS usando o atributo api em qualquer objeto xlwings. Dessa forma, você tem acesso a todo o modelo de objeto do Excel, mas, por sua vez, perde a compatibilidade entre as plataformas. Por exemplo, suponha que você queira limpar a formatação de uma célula. Veja como faria isso:

- Verifique se o método está disponível no objeto range do xlwings, por exemplo, usando a tecla Tab após colocar um ponto no final de um objeto range em um Jupyter notebook, executando dir(sheet["A1"]) ou pesquisando a referência da API do xlwings. No VS Code, os métodos disponíveis devem ser mostrados automaticamente em uma dica de ferramenta.

- Se a funcionalidade desejada estiver faltando, use o atributo api para obter o objeto subjacente: no Windows, sheet["A1"].api fornecerá um objeto pywin32 e, no macOS, você obterá um objeto appscript.

- Verifique o modelo de objeto do Excel na referência VBA do Excel. Para limpar o formato de um intervalo, você iria para Range.ClearFormats.
- No Windows, na maioria dos casos, você pode usar o método ou a propriedade VBA diretamente com seu objeto api. Se for um método, adicione parênteses no Python: sheet["A1"].api.ClearFormats(). Se você estiver fazendo isso no macOS, as coisas são mais complicadas, pois o appscript usa uma sintaxe que pode ser difícil de imaginar. Sua melhor abordagem é consultar o guia do desenvolvedor que faz parte do código-fonte do xlwings. Limpar a formatação da célula, no entanto, é bastante fácil: basta aplicar as regras de sintaxe do Python no nome do método usando caracteres minúsculos com sublinhados: sheet["A1"].api.clear_formats().

Se você precisar garantir que `ClearFormats` funcione em ambas as plataformas, faça o seguinte (`darwin` é o núcleo do macOS e usado como seu nome por `sys.platform`):

```
import sys
if sys.platform.startswith("darwin"):
    sheet["A10"].api.clear_formats()
elif sys.platform.startswith("win"):
    sheet["A10"].api.ClearFormats()
```

De qualquer forma, vale a pena abrir uma issue no repositório GitHub do xlwings para ter a funcionalidade incluída em uma versão futura.

Conclusão

Este capítulo apresentou o conceito de automação do Excel: por meio do xlwings, você pode usar o Python para tarefas que faria tradicionalmente no VBA. Aprendemos sobre o modelo de objeto do Excel e como o xlwings permite que você interaja com seus componentes, como os objetos sheet e range. Munidos desse conhecimento, voltamos ao estudo de caso de relatórios do Capítulo 7 e usamos o xlwings para preencher um modelo de relatório pré-formatado; isso mostrou que há um caso para usar os pacotes de leitura e o xlwings lado a lado. Também aprendemos sobre as bibliotecas que o xlwings usa internamente para entender como podemos melhorar o desempenho e lidar com a falta de funcionalidade. Meu recurso xlwings favorito é que ele funciona bem no macOS no Windows. Isso é ainda mais empolgante, pois o Power Query no macOS ainda não possui todos os recursos da versão do Windows: o que estiver faltando, você poderá substituir facilmente por uma combinação de pandas e xlwings.

Agora que conhece o básico do xlwings, está pronto para o próximo capítulo: lá, daremos o próximo passo e chamaremos os scripts do xlwings a partir do próprio Excel, permitindo que você construa ferramentas do Excel com o Python.

CAPÍTULO 10
Ferramentas do Excel com Tecnologia Python

No último capítulo, aprendemos a gravar scripts Python para automatizar o Microsoft Excel. Embora seja muito poderoso, o usuário deve se sentir confortável usando o prompt do Anaconda ou um editor como o VS Code para executar os scripts. Provavelmente, esse não é o caso se suas ferramentas são usadas por usuários corporativos. Para eles, você deve ocultar a parte do Python para que a ferramenta do Excel pareça uma pasta de trabalho habilitada para macros novamente. Como você consegue isso com o xlwings é o tópico deste capítulo. Começarei mostrando o caminho mais curto para executar o código Python a partir do Excel antes de examinar os desafios de implantar as ferramentas xlwings — isso também nos permitirá ter uma visão mais detalhada das configurações disponíveis que o xlwings oferece. Como no último capítulo, este aqui exige que você tenha uma instalação do Microsoft Excel no Windows ou no macOS.

Usando o Excel como Front-end com o xlwings

O *front-end* é a parte de um aplicativo que um usuário vê e interage. Outros nomes comuns para front-end são *interface gráfica do usuário* (GUI) ou apenas *interface do usuário* (IU). Quando pergunto aos usuários do xlwings por que eles estão criando sua ferramenta com o Excel, em vez de criar um aplicativo da Web moderno, o que geralmente ouço é: "O Excel é a interface com a qual nossos usuários estão familiarizados." Contar com células de planilha permite que os usuários forneçam entradas de forma rápida e intuitiva, tornando-os mais produtivos do que se tivessem que usar uma interface da Web incompleta. Começarei esta seção apresentando o suplemento Excel do xlwings e a CLI (interface da linha de comando) antes de criar nosso primeiro projeto com o comando `quickstart`. Encerrarei esta seção mostrando duas maneiras de chamar o código Python do Excel: clicando no botão principal Executar no suplemento e usando a função `RunPython` no VBA. Começaremos instalando o suplemento Excel do xlwings!

Suplemento Excel

Como o xlwings está incluído na distribuição do Anaconda, no capítulo anterior pudemos executar os comandos xlwings no Python imediatamente. No entanto, se você quiser chamar os scripts Python do Excel, precisará instalar o suplemento Excel ou configurar a pasta de trabalho no modo autônomo. Embora eu apresente o modo autônomo em "Implantação" mais adiante neste capítulo, esta seção mostra como trabalhar com o suplemento. Para instalá-lo, execute o seguinte em um prompt do Anaconda:

```
(base)> xlwings addin install
```

Você precisará manter a versão do pacote Python e a versão do suplemento sincronizadas sempre que atualizar o xlwings. Portanto, sempre deve executar dois comandos ao atualizar o xlwings — um para o pacote Python e outro para o suplemento Excel. Dependendo de você usar o gerenciador de pacotes Conda ou pip, é assim que atualiza sua instalação do xlwings:

Conda (use isso com a distribuição Anaconda Python)
```
(base)> conda update xlwings
(base)> xlwings addin install
```

pip (use isso com qualquer outra distribuição do Python)
```
(base)> pip install --upgrade xlwings
(base)> xlwings addin install
```

Software Antivírus

Infelizmente, o suplemento xlwings às vezes é sinalizado como um suplemento malicioso pelo software antivírus, especialmente se você usa uma versão totalmente nova. Se isso acontecer na sua máquina, vá para as configurações do seu software antivírus, onde poderá marcar o xlwings como seguro para execução. Normalmente, também é possível relatar esses falsos positivos na página inicial do software.

Ao digitar `xlwings` em um prompt do Anaconda, você está usando a CLI do xlwings. Além de facilitar a instalação do suplemento xlwings, oferece mais alguns comandos: irei apresentá-los sempre que precisarmos, mas você sempre pode digitar `xlwings` em um prompt do Anaconda e pressionar Enter para imprimir as opções disponíveis. Agora veremos o que o `xlwings addin install` faz:

Instalação

A instalação real do suplemento é feita copiando *xlwings.xlam* do diretório do pacote Python para a pasta *XLSTART* do Excel, que é uma pasta especial: o Excel abrirá todos os arquivos que estão nessa pasta toda vez que você iniciá-lo. Quando você executar `xlwings addin status` em um prompt do Anaconda, ele imprimirá onde o diretório *XLSTART* está em seu sistema e se o suplemento está instalado ou não.

Configuração
> Quando você instala o suplemento pela primeira vez, ele também o configura para usar o interpretador Python ou o ambiente Conda de onde você está executando o comando `install`: como você vê na Figura 10-1, os valores para `Conda Path` e `Conda Env` são preenchidos automaticamente pela CLI do xlwings.[1] Esses valores são armazenados em um arquivo chamado *xlwings.conf* na pasta *.xlwings* em seu diretório pessoal. No Windows, geralmente é *C:\Users\<nomeusuário>\.xlwings\xlwings.conf* e no macOS */Users/<nomeusuário>/.xlwings/xlwings.conf*. No macOS, pastas e arquivos com um ponto à esquerda ficam ocultos por padrão. Quando estiver no Finder, digite o atalho de teclado Command-Shift-. para alternar sua visibilidade.

Depois de executar o comando de instalação, você terá que reiniciar o Excel para ver a guia xlwings na faixa de opções, conforme mostrado na Figura 10-1.

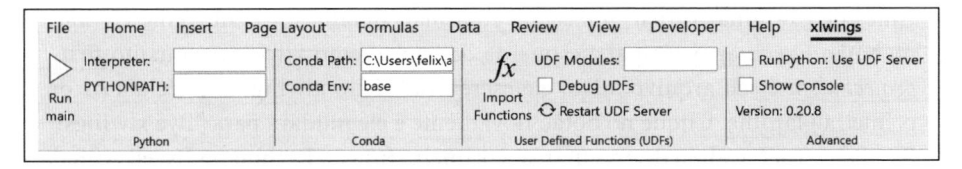

Figura 10-1. O suplemento da faixa de opções xlwings após executar o comando de instalação

Suplemento da Faixa de Opções no macOS
No macOS, a faixa de opções é um pouco diferente, pois faltam as seções sobre funções definidas pelo usuário e Conda: enquanto as funções definidas pelo usuário não são suportadas no macOS, os ambientes Conda não requerem um tratamento especial, ou seja, são configurados como Interpreter sob o grupo Python.

Agora que você tem o suplemento xlwings instalado, precisaremos de uma pasta de trabalho e algum código Python para testá-lo. A maneira mais rápida de chegar lá é usando o comando `quickstart`, como mostrarei a seguir.

Comando Quickstart

Para tornar a criação de sua primeira ferramenta xlwings o mais fácil possível, a CLI do xlwings oferece o comando `quickstart`. Em um prompt do Anaconda, use o comando `cd` para mudar para o diretório onde você deseja criar seu primeiro

---

1 Se você estiver no macOS ou usando uma distribuição Python diferente do Anaconda, ele configurará o Interpreter em vez das configurações do Conda.

projeto (por exemplo, cd Desk top), e execute o seguinte para criar um projeto com o nome first_project:

```
(base)> xlwings quickstart first_project
```

O nome do projeto deve ser um nome de módulo do Python válido: pode conter caracteres, números e sublinhados, mas sem espaços ou traços, e não deve começar com um número. Mostrarei em "Função RunPython" a seguir como você pode alterar o nome do arquivo do Excel para algo que não precise seguir essas regras. A execução do comando quickstart criará uma pasta chamada *first_project* em seu diretório atual. Ao abri-lo no Explorador de Arquivos no Windows ou no Finder no macOS, você verá dois arquivos: *first_project.xlsm* e *first_project.py*. Abra os dois arquivos — o arquivo Excel no Excel e o arquivo Python no VS Code. A maneira mais fácil de executar o código Python no Excel é usando o botão principal Executar no suplemento — vejamos como funciona!

Executar Principal

Antes de examinar o *first_project.py* com mais detalhes, vá em frente e clique no botão Executar principal à esquerda do suplemento xlwings enquanto *first_project.xlsm* é seu arquivo ativo; ele escreverá "Hello xlwings!" na célula A1 da primeira planilha. Clique no botão novamente e ele mudará para "Bye xlwings!" Parabéns, você acabou de executar sua primeira função Python no Excel! Afinal, isso não foi muito mais difícil do que gravar uma macro VBA, foi? Agora daremos uma olhada em *first_project.py* no Exemplo 10-1.

Exemplo 10-1. first_project.py

```
import xlwings as xw


def main():
    wb = xw.Book.caller()  ❶
    sheet = wb.sheets[0]
    if sheet["A1"].value == "Hello xlwings!":
        sheet["A1"].value = "Bye xlwings!"
    else:
        sheet["A1"].value = "Hello xlwings!"
@xw.func  ❷
def hello(name):
    return f"Hello {name}!"
if __name__ == "__main__":  ❸
    xw.Book("first_project.xlsm").set_mock_caller()
    main()
```

❶ xw.Book.caller() é um objeto book xlwings que se refere à pasta de trabalho do Excel que está ativa quando você clica no botão Executar principal. No nosso caso, corresponde a xw.Book("first_project.xlsm"). Usar xw.Book.caller() permite renomear e mover seu arquivo Excel no sistema de arquivos sem quebrar a referência. Também garante que você esteja manipulando a pasta de trabalho correta se ela está aberta em várias instâncias do Excel.

❷ Neste capítulo, iremos ignorar a função hello, pois este será o tópico do Capítulo 12. Se você executar o comando quickstart no macOS, não verá a função hello de qualquer maneira, pois as funções definidas pelo usuário são suportadas apenas no Windows.

❸ Explicarei as últimas três linhas quando examinarmos a depuração no próximo capítulo. Para os propósitos deste capítulo, ignore ou mesmo exclua tudo abaixo da primeira função.

O botão Executar principal no suplemento do Excel é um recurso conveniente: ele permite que você chame uma função com o nome main em um módulo Python que tenha o mesmo nome do arquivo do Excel sem precisar adicionar um botão primeiro à sua pasta de trabalho. Até funcionará se você salvar sua pasta de trabalho no formato *xlsx* sem macro. Se, no entanto, quiser chamar uma ou mais funções Python que não são main e não fazem parte de um módulo com o mesmo nome da pasta de trabalho, deverá usar a função RunPython do VBA. A próxima seção traz os detalhes!

Função RunPython

Se você precisar de mais controle sobre como chamar seu código Python, use a função RunPython do VBA. Consequentemente, o RunPython requer que sua pasta de trabalho seja salva como uma pasta de trabalho habilitada para macro.

> **Habilitar Macros**
>
> Você precisa clicar em Habilitar Conteúdo (Windows) ou Habilitar Macros (macOS) ao abrir uma pasta de trabalho habilitada para macro (extensão *xlsm*) como aquela gerada pelo comando quickstart. No Windows, ao trabalhar com arquivos *xlsm* no repositório complementar, você também deve clicar em Habilitar Edição ou o Excel não abrirá os arquivos baixados da Internet corretamente.

RunPython aceita uma string com código Python: mais comumente, você importa um módulo Python e executa uma de suas funções. Ao abrir o editor VBA com Alt+F11 (Windows) ou Option-F11 (macOS), verá que o comando quickstart adiciona uma macro chamada SampleCall em um módulo VBA com o nome "Module1" (veja a Figura 10-2). Se você não vir o SampleCall, clique duas vezes em Module1 na árvore do projeto VBA no lado esquerdo.

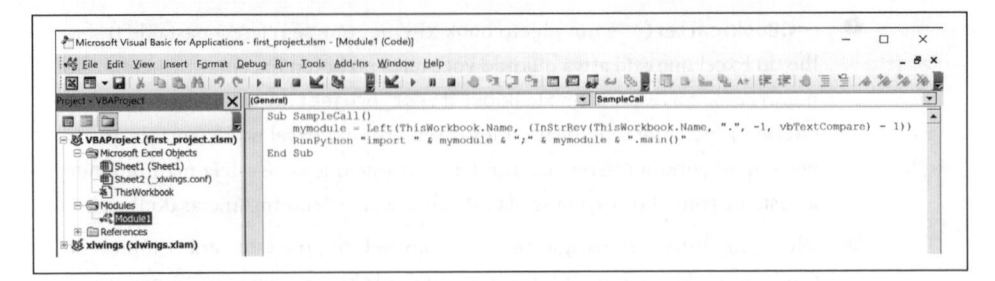

Figura 10-2. O editor VBA mostrando Module1

O código parece um pouco complicado, mas isso é apenas para fazê-lo funcionar dinamicamente, não importando o nome do projeto escolhido ao executar o comando quickstart. Como nosso módulo Python é chamado first_project, você pode substituir o código pelo seguinte, que é equivalente e de fácil compreensão:

```
Sub SampleCall()
    RunPython "import first_project; first_project.main()"
End Sub
```

Como não é nada divertido escrever strings de várias linhas em VBA, usamos um ponto e vírgula que o Python aceita, em vez de uma quebra de linha. Existem algumas maneiras de executar esse código: por exemplo, enquanto estiver no editor VBA, coloque o cursor em qualquer linha da macro SampleCall e pressione F5. Normalmente, você executará o código de uma planilha do Excel e não do editor VBA. Portanto, feche o editor VBA e volte para a pasta de trabalho. Digite Alt+F8 (Windows) ou Option-F8 (macOS) abrirá o menu macro: selecione SampleCall e clique no botão Executar. Ou, para torná-lo mais amigável, adicione um botão à sua pasta de trabalho do Excel e conecte-o ao SampleCall: primeiro, verifique se a guia Desenvolvedor na faixa de opções é exibida. Caso contrário, vá para Arquivo > Opções > Personalizar faixa de opções e ative a caixa de seleção ao lado de Desenvolvedor (no macOS, você a encontrará em Excel > Preferências > Faixa de opções e barra de ferramentas). Para inserir um botão, vá para a guia Desenvolvedor e, no grupo Controles, clique em Inserir > Botão (em Controles de formulário). No macOS, você verá o botão sem precisar ir para Inserir primeiro. Quando você clica no ícone do botão, seu cursor muda para uma pequena cruz: use-o para desenhar um botão em sua planilha mantendo o botão esquerdo do mouse pressionado enquanto desenha uma forma retangular. Depois de soltar o botão do mouse, você verá o menu Atribuir Macro — selecione SampleCall e clique em OK. Clique no botão que acabou de criar (no meu caso, se chama "Button 1") e ele executará nossa função main novamente, como na Figura 10-3.

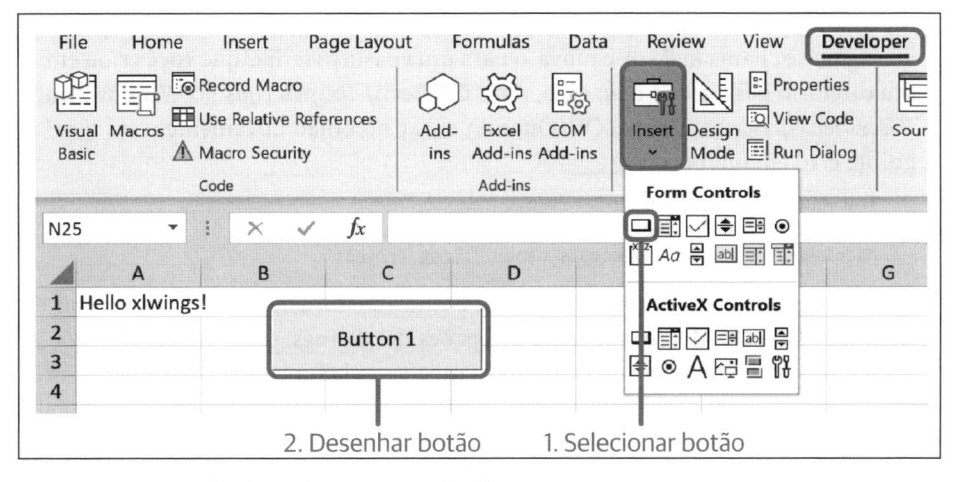

Figura 10-3. Desenhando um botão em uma planilha

Controles de Formulário versus Controles ActiveX

No Windows, você tem dois tipos de controles: Controles de Formulário e Controles ActiveX. Embora você possa usar um botão de qualquer um dos grupos para se conectar à macro `SampleCall`, apenas o botão dos Controles do Formulário funcionará no macOS também. No próximo capítulo, usaremos retângulos como botões para torná-los um pouco mais modernos.

Agora veremos como podemos alterar os nomes-padrão que foram atribuídos pelo comando `quickstart`: volte ao seu arquivo Python e o renomeie de *first_project.py* para *hello.py*. Além disso, renomeie sua função `main` para `hello_world`. Salve o arquivo, abra o editor VBA novamente via Alt+F11 (Windows) ou Option-F11 (macOS) e edite `SampleCall` da seguinte maneira para refletir as alterações:

```
Sub SampleCall()
    RunPython "import hello; hello.hello_world()"
End Sub
```

De volta à planilha, clique em "Button 1" para garantir que tudo ainda funcione. Finalmente, você também pode querer manter o script do Python e o arquivo do Excel em dois diretórios diferentes. Para entender as implicações disso, primeiro preciso dizer algumas palavras sobre o *caminho de pesquisa do módulo* no Python: se você importar um módulo em seu código, o Python o pesquisará em vários diretórios. Primeiro, o Python verifica se existe um módulo predefinido com esse nome e, se não encontra, passa a pesquisar no diretório de trabalho atual e nos diretórios fornecidos pelo chamado `PYTHONPATH`. O xlwings adiciona automaticamente o diretório da pasta de trabalho ao `PYTHONPATH` e permite adicionar caminhos extras por meio do suplemento. Para experimentar, pegue o script do Python que agora se chama *hello.py* e mova-o para uma pasta *pyscripts* que você criou em seu diretório pessoal: no meu caso, seria *C:\Users\felix\pyscripts* no Windows ou */Users/felix/pyscripts* no macOS. Quando clicar no botão novamente, verá o seguinte erro em um pop-up:

```
Traceback (most recent call last):
  File "<string>", line 1, in <module>
ModuleNotFoundError: No module named 'first_project'
```

Para corrigir isso, simplesmente adicione o caminho do diretório *pyscripts* à configuração PYTHONPATH em sua faixa de opções do xlwings, como na Figura 10-4. Agora, quando você clicar no botão mais uma vez, ele funcionará novamente.

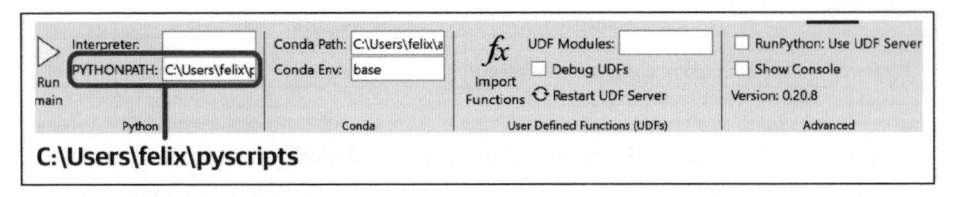

Figura 10-4. A configuração PYTHONPATH

O que ainda não mencionei é o nome da pasta de trabalho do Excel: como sua chamada de função RunPython usa um nome de módulo explícito como first_project, em vez do código que foi adicionado por quickstart, você pode renomear a pasta de trabalho do Excel como quiser.

Confiar no comando quickstart é a maneira mais fácil de iniciar um novo projeto xlwings. No entanto, se você tiver uma pasta de trabalho existente, talvez prefira configurá-la manualmente. Vejamos como se faz!

RunPython sem o comando quickstart

Se você quiser usar a função RunPython com uma pasta de trabalho existente que não foi criada pelo comando quickstart, precisará cuidar manualmente das coisas que o comando quickstart faz por você. Observe que as etapas a seguir são necessárias apenas para a chamada RunPython, mas não quando você deseja usar o botão Executar principal:

1. Em primeiro lugar, salve sua pasta de trabalho como uma pasta habilitada para macro com a extensão *xlsm* ou *xlsb*.

Ferramentas do Excel com Tecnologia Python | 211

2. Adicione um módulo VBA; para fazer isso, abra o editor VBA via Alt+F11 (Windows) ou Option-F11 (macOS) e selecione o VBAProject de sua pasta de trabalho na exibição em árvore no lado esquerdo, clique com o botão direito do mouse e escolha Inserir > Módulo, como na Figura 10-5. Isso irá inserir um módulo VBA vazio no qual você pode gravar sua macro VBA com a chamada RunPython.

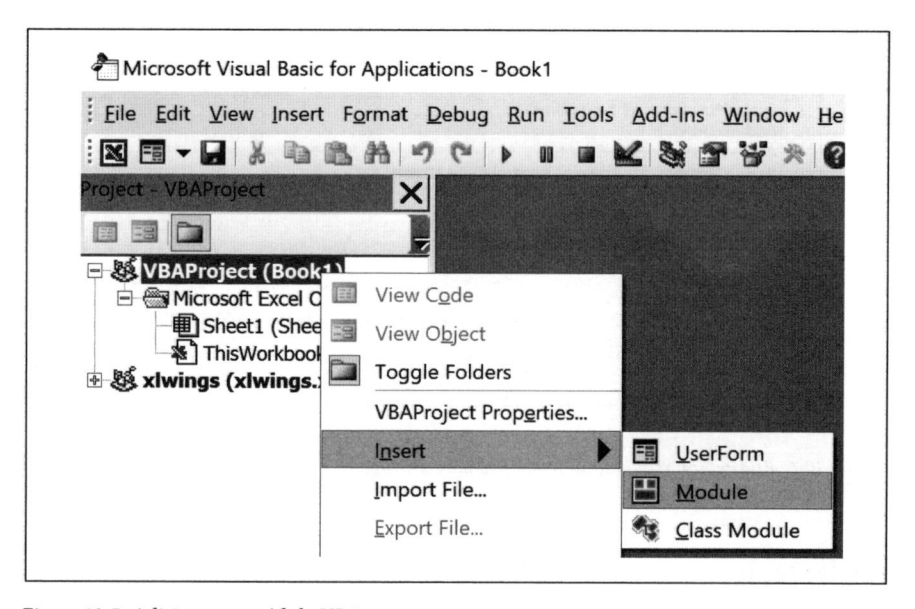

Figura 10-5. Adicione um módulo VBA

3. Adicione uma referência a xlwings: RunPython é uma função que faz parte do suplemento xlwings. Para usá-la, você precisará ter uma referência definida para xlwings em seu projeto VBA. Novamente, comece selecionando a pasta de trabalho correta na exibição em árvore no lado esquerdo do editor VBA, depois vá para Ferramentas > Referência e ative a caixa de seleção para xlwings, conforme visto na Figura 10-6.

Sua pasta de trabalho agora está pronta para ser usada com a chamada Run-Python novamente. Depois que tudo funcionar na sua máquina, a próxima etapa geralmente é fazer com que funcione na máquina do seu colega — vejamos algumas opções para facilitar essa parte!

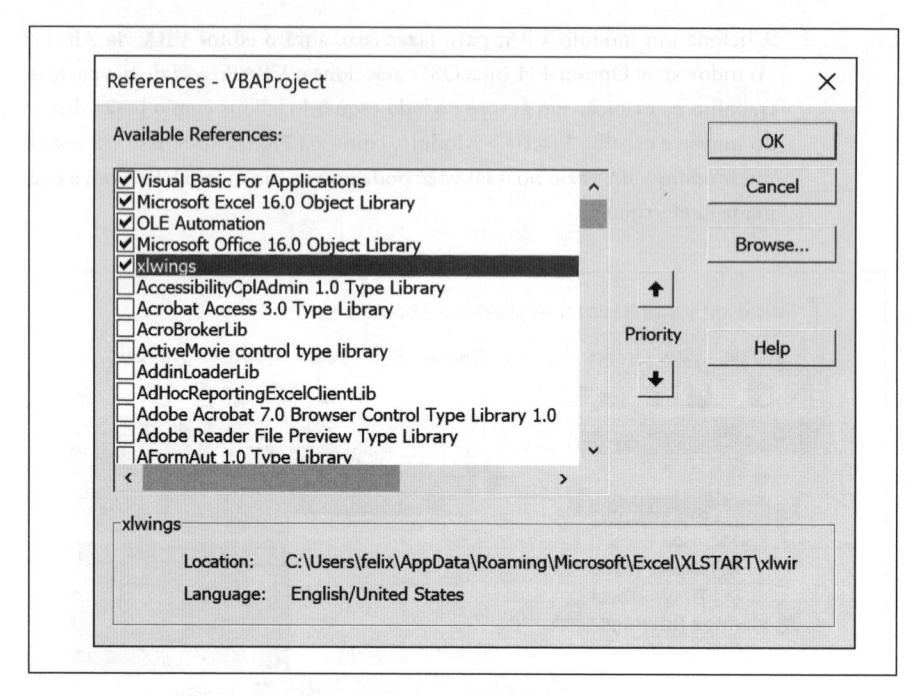

Figura 10-6. RunPython requer uma referência para xlwings

Implantação

No desenvolvimento de software, o termo *implantação* refere-se à distribuição e à instalação do software para que os usuários finais possam usá-lo. No caso das ferramentas xlwings, ajuda saber quais dependências são necessárias e quais configurações podem facilitar a implantação. Começarei com a dependência mais importante, que é o Python, antes de examinar as pastas de trabalho que foram configuradas no modo autônomo para se livrar do suplemento Excel do xlwings. Concluirei esta seção examinando melhor como a configuração funciona com o xlwings.

Dependência do Python

Para executar as ferramentas xlwings, seus usuários finais devem ter uma instalação do Python. Mas só porque eles ainda não têm o Python não significa que não haja maneiras de facilitar o processo de instalação. Aqui estão algumas opções:

Anaconda ou WinPython
  Instrua seus usuários a baixar e instalar a distribuição do Anaconda. Por segurança, você teria que concordar com uma versão específica do Anaconda para garantir que eles estejam usando as mesmas versões dos pacotes contidos que você. Esta é uma boa opção se você usa apenas pacotes que fazem parte do Anaconda. O WinPython é uma alternativa interessante ao Anaconda, pois é distribuído sob a licença de código aberto do MIT e também vem com o xlwings pré-instalado. Como o nome sugere, está disponível apenas no Windows.

Unidade compartilhada
  Se você tiver acesso a uma unidade compartilhada razoavelmente rápida, poderá instalar o Python diretamente nela, o que permitirá que todos usem as ferramentas sem uma instalação local do Python.

Executáveis congelados
  No Windows, o xlwings permite trabalhar com *executáveis congelados* [em inglês, *frozen executables*] — são arquivos com a extensão *.exe* que contêm o Python e todas as dependências. Um pacote popular para produzir executáveis congelados é o PyInstaller. Os executáveis congelados têm a vantagem de empacotar apenas o que seu programa precisa e podem produzir um único arquivo, facilitando a distribuição. Para ter mais detalhes sobre como trabalhar com executáveis congelados, dê uma olhada na documentação do xlwings. Observe que os executáveis congelados não funcionarão quando você usa o xlwings para as funções definidas pelo usuário, a funcionalidade que apresentarei no Capítulo 12.

Embora a instalação do Python seja um pouco complexa, veremos em seguida como é fácil instalar o suplemento xlwings.

Pastas de Trabalho Autônomas: Livrando-se do Suplemento xlwings

Neste capítulo, sempre contamos com o suplemento xlwings para chamar o código Python clicando no botão Executar principal ou usando a função `RunPython`. Mesmo que a CLI do xlwings facilite a instalação do complemento, ainda pode ser um incômodo para usuários menos técnicos que não se sentem à vontade para usar o prompt do Anaconda. Além disso, como o suplemento xlwings e o pacote Python do xlwings precisam ter a mesma versão, você pode ter conflito quando seus destinatários já têm o suplemento xlwings instalado, mas com uma versão diferente da exigida pela ferramenta. Porém existe uma solução simples: o xlwings não requer o suplemento Excel e pode ser configurado como uma *pasta de trabalho autônoma*. Nesse caso, o código VBA do suplemento é armazenado diretamente em sua pasta de trabalho. Como de costume, a maneira mais fácil de configurar tudo é usando o comando `quickstart`, desta vez com o flag `--standalone`:

```
(base)> xlwings quickstart second_project --standalone
```

Ao abrir a pasta de trabalho *second_project.xlsm* gerada no Excel e pressionar Alt+F11 (Windows) ou Option-F11 (macOS), você verá o módulo `xlwings` e o módulo de classe `Dictionary` que são necessários no lugar do suplemento. Mais importante ainda, um projeto autônomo não deve mais ter uma referência a xlwings. Embora seja configurado automaticamente ao usar o flag `--standalone`, é importante que você remova a referência caso queira converter uma pasta de trabalho existente: vá para Ferramentas > Referências em seu editor VBA e desmarque a caixa de seleção para `xlwings`.

Criando um Suplemento Personalizado

Embora esta seção mostre como se livrar da dependência do suplemento xlwings, às vezes você pode querer criar seu próprio suplemento para a implantação. Isso faz sentido se deseja usar as mesmas macros com várias pastas de trabalho diferentes. Você encontrará instruções sobre como criar seu próprio suplemento personalizado na documentação do xlwings.

Tendo abordado o Python e o suplemento, agora daremos uma olhada mais aprofundada em como funciona a configuração do xlwings.

Hierarquia de Configuração

Conforme mencionado no início deste capítulo, a faixa de opções armazena sua configuração no diretório inicial do usuário, em *.xlwings\xlwings.conf*. A *configuração* consiste em *definições* individuais, como o `PYTHONPATH` que já vimos no início deste capítulo. As configurações definidas em seu suplemento podem ser substituídas no diretório e no nível da pasta de trabalho — xlwings procura as configurações nos seguintes locais e ordem:

Configuração da pasta de trabalho
> Primeiro, o xlwings procura uma planilha chamada *xlwings.conf*. É a maneira recomendada de configurar sua pasta de trabalho para a implantação, pois você não precisa lidar com um arquivo de configuração adicional. Quando você executar o comando `quickstart`, ele criará uma configuração de amostra em uma planilha chamada "_xlwings.conf": remova o sublinhado inicial no nome para ativá-la. Se você não quiser usá-la, sinta-se à vontade para excluir a planilha.

Configuração do diretório

Em seguida, o xlwings procura um arquivo chamado *xlwings.conf* no mesmo diretório da pasta de trabalho do Excel.

Configuração do usuário

Por fim, o xlwings procura um arquivo chamado *xlwings.conf* na pasta *.xlwings* no diretório inicial do usuário. Normalmente, você não edita esse arquivo diretamente — em vez disso, ele é criado e editado pelo suplemento sempre que você altera uma configuração.

Se o xlwings não encontrar nenhuma configuração nesses três locais, retornará aos valores-padrão.

Ao editar as configurações por meio do suplemento Excel, ele editará automaticamente o arquivo *xlwings.conf*. Se você quiser editar o arquivo diretamente, procure o formato exato e as configurações disponíveis acessando os documentos do xlwings, mas apontarei as configurações mais úteis no contexto da implantação a seguir.

Configurações

A configuração mais crítica é certamente o interpretador Python — se sua ferramenta Excel não conseguir encontrar o interpretador Python correto, nada funcionará. A configuração PYTHONPATH permite que você controle onde colocar seus arquivos de origem Python e a configuração Use UDF Server mantém o interpretador Python em execução entre as chamadas no Windows, o que pode melhorar muito o desempenho.

Interpretador Python

O xlwings se baseia em uma instalação do Python feita localmente. Isso, no entanto, não significa necessariamente que o destinatário de sua ferramenta xlwings precisa mexer na configuração antes de usar a ferramenta. Conforme mencionado anteriormente, você pode dizer a ele para instalar a distribuição do Anaconda com as configurações-padrão, que o instalará no diretório inicial do usuário. Se você usar *variáveis de ambiente* na configuração, o xlwings encontrará o caminho correto para o interpretador Python. Uma variável de ambiente é definida no computador do usuário e permite que os programas consultem informações específicas desse ambiente, como o nome da pasta inicial do usuário atual. Por exemplo, no Windows, defina Conda Path para %USERPROFILE%\anaconda3 e no macOS, defina Interpreter_Mac para $HOME/opt/anaconda3/bin/python. Esses caminhos serão determinados dinamicamente para o caminho de instalação padrão do Anaconda.

PYTHONPATH

Por padrão, o xlwings pesquisa o arquivo de origem do Python no mesmo diretório do arquivo do Excel. Isso pode não ser ideal quando você fornece sua ferramenta para usuários que não estão familiarizados com o Python, pois eles podem se esquecer de manter os dois arquivos juntos ao mover o arquivo do Excel. Em vez disso, você pode colocar os arquivos de origem do Python em uma pasta dedicada (pode ser em uma unidade compartilhada) e adicionar essa pasta à configuração PYTHONPATH. Como alternativa, também pode colocar seus arquivos de origem em um caminho que já faz parte do caminho de pesquisa do módulo Python. Uma maneira de conseguir isso seria distribuir seu código-fonte como um pacote Python — instalá-lo o colocará no diretório *site-packages*, no qual o Python encontrará seu código. Para obter mais informações sobre como criar um pacote Python, consulte o Guia do Usuário para Empacotamento de Python.

RunPython: Use UDF Server (apenas no Windows)

Você deve ter notado que uma chamada `RunPython` pode ser bastante lenta. Isso ocorre porque o xlwings inicia um interpretador Python, executa o código Python e, finalmente, encerra o interpretador novamente. Isso pode não ser tão ruim durante o desenvolvimento, pois garante que todos os módulos sejam carregados do zero toda vez que você chama o comando `RunPython`. Assim que seu código está estável, você pode querer ativar a caixa de seleção "RunPython: Use UDF Server" que está disponível apenas no Windows. Isso usará o mesmo servidor Python usado pelas funções definidas pelo usuário (o tópico do Capítulo 12) e manterá a sessão do Python rodando entre as chamadas, o que será muito mais rápido. Observe, no entanto, que você precisa clicar no botão Restart UDF Server na faixa de opções após as alterações no código.

xlwings PRO

Embora este livro faça uso apenas da versão gratuita e de código aberto do xlwings, também há um pacote PRO comercial disponível para financiar a manutenção contínua e o desenvolvimento do pacote de código aberto. Algumas das funcionalidades adicionais que o xlwings PRO oferece são:

- O código Python pode ser incorporado no Excel, eliminando assim os arquivos de origem externos.
- O pacote de relatórios permite que você transforme suas pastas de trabalho em modelos com espaços reservados. Isso dá aos usuários não técnicos o poder de editar o modelo sem precisar alterar o código Python.
- Os instaladores podem ser criados facilmente para eliminar qualquer dor de cabeça na implantação: os usuários finais podem instalar o Python, incluindo todas as dependências com um único clique, dando a eles a sensação de lidar com pastas de trabalho normais do Excel sem precisar configurar nada manualmente.

Para obter mais detalhes sobre o xlwings PRO e solicitar uma licença de avaliação, consulte a página inicial do xlwings.

Conclusão

Este capítulo começou mostrando como é fácil executar o código Python a partir do Excel: com o Anaconda instalado, você só precisa executar `xlwings addin install` seguido de `xlwings quickstart myproject`, e está pronto para clicar no botão Executar principal no suplemento do xlwings ou usar a função `RunPython` do VBA. A segunda parte apresentou algumas configurações que facilitam a implantação de sua ferramenta xlwings para os usuários finais. O fato de o xlwings vir pré-instalado com o Anaconda ajuda muito a diminuir as barreiras de entrada para os novos usuários.

Neste capítulo, apenas usamos o exemplo Hello World para aprender como tudo funciona. O próximo capítulo usa essas bases para construir o Python Package Tracker, um aplicativo de negócios completo.

CAPÍTULO 11
Python Package Tracker

Neste capítulo, criaremos um aplicativo de negócios típico que baixa dados da internet e os armazena em um banco de dados antes de visualizá-los no Excel. Isso ajudará você a entender o papel que o xlwings desempenha em tal aplicativo e permitirá que veja como é fácil conectar sistemas externos com o Python. Em uma tentativa de criar um projeto próximo a um aplicativo real, mas relativamente simples de seguir, criei o *Python Package Tracker*, uma ferramenta do Excel que mostra o número de lançamentos por ano para determinado pacote Python. Apesar de ser um estudo de caso, você pode realmente achar a ferramenta útil para entender se certo pacote Python está sendo desenvolvido ativamente ou não.

Depois de nos familiarizar com o aplicativo, veremos alguns tópicos que precisamos entender para poder acompanhar seu código: veremos como baixar dados da internet e interagir com os bancos de dados antes de aprender sobre o tratamento de exceções em Python, um conceito importante quando se trata de desenvolvimento de aplicativos. Assim que terminarmos essa parte preliminar, examinaremos os componentes do Python Package Tracker para ver como tudo se encaixa. Para encerrar este capítulo, veremos como funciona a depuração do código xlwings. Assim como os dois últimos capítulos, este aqui exige que você tenha uma instalação do Microsoft Excel no Windows ou no macOS. Começaremos levando o Python Package Tracker para fazer um test drive!

O Que Construiremos

Dirija-se ao repositório complementar, no qual você encontrará a pasta *packagetracker*. Há alguns arquivos nessa pasta, mas, por enquanto, abra apenas o *packagetracker.xlsm* do Excel e vá para a planilha Database: primeiro precisamos obter alguns dados no banco de dados para ter algo com o que trabalhar. Conforme mostrado na Figura 11-1, digite um nome de pacote, por exemplo, "xlwings", e clique em Adicionar Pacote. Você pode escolher qualquer nome de pacote existente no Python Package Index (PyPI).

> **macOS: Confirme o Acesso à Pasta**
>
> Ao adicionar o primeiro pacote no macOS, você terá que confirmar um pop-up para que o aplicativo possa acessar a pasta *package-tracker*. Esse é o mesmo pop-up que já encontramos no Capítulo 9.

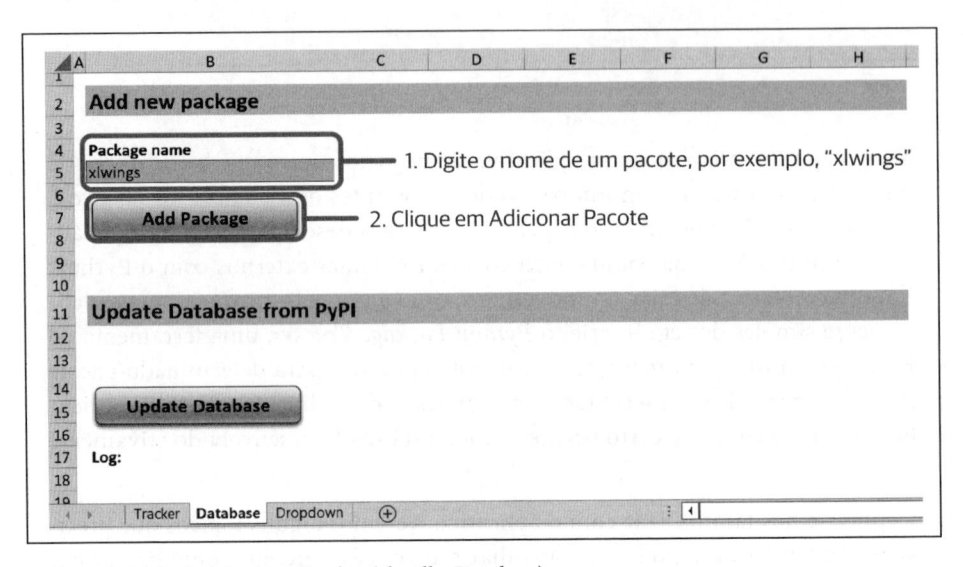

Figura 11-1. Python Package Tracker (planilha Database)

Se tudo funcionar de acordo com o planejado, você verá a mensagem "xlwings adicionado com sucesso" à direita de onde digitou o nome do pacote. Além disso, verá um timestamp de data/hora da última atualização na seção Atualizar banco de dados, bem como uma seção Log atualizada, informando que o xlwings foi baixado com sucesso e armazenado no banco de dados. Faremos isso mais uma vez e adicionaremos o pacote pandas para que tenhamos mais alguns dados para lidar. Agora, mude para a planilha Tracker e selecione xlwings no menu suspenso na célula B5 antes de clicar em Mostrar Histórico. Sua tela agora deve ser semelhante à Figura 11-2, mostrando o último lançamento do pacote, bem como um gráfico com o número de lançamentos ao longo dos anos.

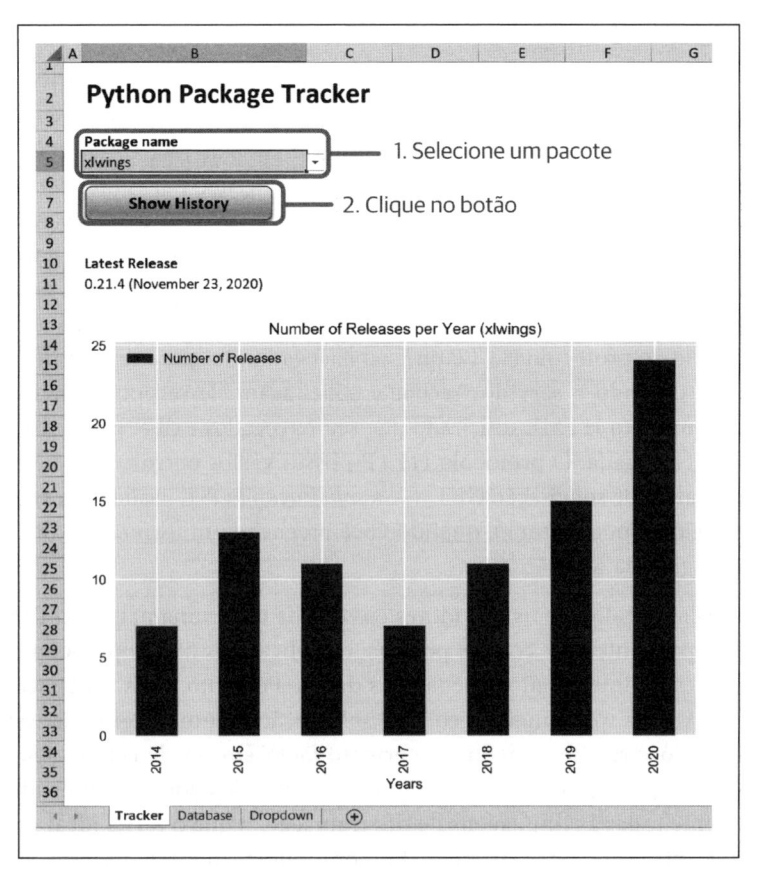

Figura 11-2. Python Package Tracker (planilha Tracker)

Agora você pode voltar para a planilha Database e adicionar outros pacotes. Sempre que desejar atualizar o banco de dados com as informações mais recentes do PyPI, clique no botão Atualizar Banco de Dados: isso sincronizará seu banco de dados com os dados mais recentes do PyPI.

Depois de ver como o Python Package Tracker funciona da perspectiva do usuário, agora apresentaremos sua funcionalidade principal.

Funcionalidade Principal

Nesta seção, apresentarei a funcionalidade principal do Python Package Tracker: como buscar dados por meio de APIs da web e consultar bancos de dados. Também mostrarei como lidar com exceções, um tópico que inevitavelmente surgirá ao escrever o código do aplicativo. Começaremos com as APIs da web!

APIs da Web

As APIs da web são uma das formas mais populares de um aplicativo buscar dados na internet: API significa *interface de programação de aplicativos* e define como você interage com um aplicativo programaticamente. Uma API da web, portanto, é acessada por uma rede, geralmente a internet. Para entender como as APIs da web funcionam, daremos um passo atrás e veremos o que acontece (em termos simplificados) quando você abre uma página da web em seu navegador: após inserir uma URL na barra de endereço, seu navegador envia uma *solicitação GET* ao servidor, pedindo a página da web que você deseja. Uma solicitação GET é um método do protocolo HTTP que seu navegador usa para se comunicar com o servidor. Quando o servidor recebe a solicitação, ele responde enviando de volta o documento HTML solicitado que seu navegador exibe: *voilà*, sua página da web foi carregada. O protocolo HTTP possui vários outros métodos; o mais comum — além da solicitação GET — é a *solicitação POST*, usada para enviar dados ao servidor (por exemplo, quando você preenche um formulário de contato em uma página da web).

Embora faça sentido que os servidores enviem de volta uma página HTML bem formatada para interagir com as pessoas, os aplicativos não se preocupam com o design e estão interessados apenas nos dados. Portanto, uma solicitação GET para uma API da web funciona como a solicitação de uma página da web, mas geralmente você recebe os dados no formato *JSON* em vez de HTML. JSON significa *JavaScript Object Notation* e é uma estrutura de dados compreendida por praticamente todas as linguagens de programação, o que o torna ideal para trocar dados entre diferentes sistemas. Embora a notação esteja usando a sintaxe JavaScript, é muito próxima de como você usa dicionários e listas (aninhados) em Python. As diferenças são as seguintes:

- JSON só aceita aspas duplas para strings.
- JSON usa null onde Python usa None.
- JSON usa true e false em letras minúsculas enquanto são maiúsculas em Python.
- JSON aceita apenas strings como chaves, enquanto os dicionários Python aceitam uma ampla gama de objetos como chaves.

O módulo json da biblioteca padrão permite converter um dicionário Python em uma string JSON e vice-versa:

```
In [1]: import json
In [2]: # Um dicionário Python...
        user_dict = {"name": "Jane Doe",
                     "age": 23,
                     "married": False,
                     "children": None,
                     "hobbies": ["hiking", "reading"]}
```

```
In [3]: # ...convertido em uma string JSON
        # por json.dumps ("dump string"). O parâmetro
        # "recuo" é opcional e embeleza a impressão.
        user_json = json.dumps(user_dict, indent=4)
        print(user_json)
{
    "name": "Jane Doe",
    "age": 23,
    "married": false,
    "children": null,
    "hobbies": [
        "hiking",
        "reading"
    ]
}
In [4]: # Converter string JSON de volta na estrutura de dados Python nativa
        json.loads(user_json)
Out[4]: {'name': 'Jane Doe',
         'age': 23,
         'married': False,
         'children': None,
         'hobbies': ['hiking', 'reading']}
```

> ## API REST
>
> Em vez da API da web, você verá frequentemente o termo API *REST* ou *RESTful*. REST significa *transferência de estado representacional* e define uma API da web que segue certas restrições. Basicamente, a ideia do REST é que você acesse informações na forma de *recursos sem estado*. Sem estado significa que cada solicitação para uma API REST é completamente independente de qualquer outra solicitação e precisa sempre fornecer o conjunto completo de informações solicitadas. Observe que o termo API REST costuma ser mal utilizado para se referir a qualquer tipo de API da web, mesmo que não esteja de acordo com as restrições REST.

Consumir APIs da web geralmente é muito simples (veremos como isso funciona com o Python em breve) e quase todos os serviços oferecem uma. Se você deseja baixar sua lista de reprodução favorita do Spotify, envie a seguinte solicitação GET (consulte a referência da API da web do Spotify):

```
GET https://api.spotify.com/v1/playlists/playlist_id
```

Ou, se quiser obter informações sobre suas últimas viagens da Uber, execute a seguinte solicitação GET (consulte a API REST da Uber):

```
GET https://api.uber.com/v1.2/history
```

Para usar essas APIs, porém, você precisa estar autenticado, o que geralmente significa que precisa de uma conta e um token que pode enviar junto com suas solicitações. Para o Python Package Tracker, precisaremos buscar dados do PyPI para obter informações sobre os lançamentos de um pacote específico. Felizmente, a API web do PyPI não requer nenhuma autenticação, então temos uma coisa a menos com que nos preocupar. Ao examinar a documentação da API do PyPI JSON, você verá que existem apenas dois *endpoints*, ou seja, fragmentos de URL que são anexados à *URL base, https:// pypi.org/pypi*:

```
GET /project_name/json
GET /project_name/version/json
```

O segundo endpoint fornece as mesmas informações do primeiro, mas apenas para uma versão específica. Para o Python Package Tracker, o primeiro endpoint é tudo o que precisamos para obter os detalhes sobre as versões anteriores de um pacote, então veremos como isso funciona. Em Python, uma maneira simples de interagir com uma API da web é usando o pacote Requests que vem pré-instalado com o Anaconda. Execute os seguintes comandos para buscar dados PyPI sobre o pandas:

```
In [5]: import requests
In [6]: response = requests.get("https://pypi.org/pypi/pandas/json")
        response.status_code
Out[6]: 200
```

Cada resposta vem com um código de status HTTP: por exemplo, 200 significa *OK* e 404 significa *Não Encontrado* [em inglês, *Not Found*]. Você pode procurar a lista completa de códigos de status de resposta HTTP na documentação da web do Mozilla. Você pode estar familiarizado com o código de status 404, pois seu navegador às vezes o exibe quando você clica em um link inativo ou digita um endereço que não existe. Da mesma forma, também receberá um código de status 404 se executar uma solicitação GET com um nome de pacote que não existe no PyPI. Para ver o conteúdo da resposta, é mais fácil chamar o método json do objeto de resposta, que transformará a string JSON da resposta em um dicionário Python:

```
In [7]: response.json()
```

A resposta é muito longa, então imprimo um pequeno subconjunto aqui para permitir que você entenda a estrutura:

```
Out[7]: {
            'info': {
                'bugtrack_url': None,
                'license': 'BSD',
                'maintainer': 'The PyData Development Team',
                'maintainer_email': 'pydata@googlegroups.com',
                'name': 'pandas'
            },
            'releases': {
                '0.1': [
                    {
                        'filename': 'pandas-0.1.tar.gz',
                        'size': 238458,
                        'upload_time': '2009-12-25T23:58:31'
```

```
                    },
                    {
                        'filename': 'pandas-0.1.win32-py2.5.exe',
                        'size': 313639,
                        'upload_time': '2009-12-26T17:14:35'
                    }
                ]
            }
        }
```

Para obter uma lista com todos os lançamentos e suas datas, algo que precisamos para o Python Package Tracker, podemos executar o seguinte código para percorrer o dicionário `releases`:

```
In [8]: releases = []
        for version, files in response.json()['releases'].items():
            releases.append(f"{version}: {files[0]['upload_time']}")
        releases[:3]  # Mostrar os três primeiros elementos da lista
Out[8]: ['0.1: 2009-12-25T23:58:31',
         '0.10.0: 2012-12-17T16:52:06',
         '0.10.1: 2013-01-22T05:22:09']
```

Observe que estamos escolhendo arbitrariamente o timestamp de lançamento do pacote que aparece primeiro na lista. Uma versão específica geralmente tem vários pacotes para contabilizar diferentes versões do Python e sistemas operacionais. Para encerrar este tópico, você deve se lembrar do Capítulo 5 que o pandas tem um método `read_json` para retornar um DataFrame diretamente de uma string JSON. Isso, no entanto, não nos ajudaria aqui, pois a resposta do PyPI não está em uma estrutura que possa ser transformada diretamente em um DataFrame.

Esta foi uma breve introdução às APIs da web para entender seu uso na base de código do Python Package Tracker. Vejamos agora como podemos nos comunicar com bancos de dados, o outro sistema externo que utilizamos em nosso aplicativo!

Bancos de Dados

Para poder usar os dados do PyPI, mesmo não estando conectado à internet, você precisa armazená-los após o download. Embora possa armazenar suas respostas JSON como arquivos de texto no disco, uma solução muito mais confortável é usar um banco de dados: isso permite que você consulte seus dados de maneira fácil. O Python Package Tracker usa o SQLite, um *banco de dados relacional*. Os sistemas de banco de dados relacionais recebem seu nome a partir da *relação*, que se refere à própria tabela do banco de dados (e não à relação entre as tabelas, o que é um equívoco comum): seu maior objetivo é a integridade dos dados, conseguida dividindo os dados em diferentes tabelas (um processo chamado *normalização*) e aplicando restrições para evitar dados inconsistentes e redundantes.

Os bancos de dados relacionais usam SQL (Linguagem de Consulta Estruturada) para realizar consultas do banco de dados e estão entre os sistemas de banco de dados relacionais baseados em servidor mais populares, como SQL Server, Oracle, PostgreSQL e MySQL. Como usuário do Excel, você também pode estar familiarizado com o banco de dados Microsoft Access baseado em arquivo.

Bancos de Dados NoSQL

Atualmente, os bancos de dados relacionais têm forte concorrência dos bancos de dados *NoSQL* que armazenam dados redundantes na tentativa de obter as seguintes vantagens:

Nenhuma junção de tabelas

> Como os bancos de dados relacionais dividem seus dados em várias tabelas, muitas vezes você precisa combinar as informações de duas ou mais tabelas *juntando-as*, o que às vezes pode ser lento. Isso não é necessário com os bancos de dados NoSQL, o que pode resultar em melhor desempenho para determinados tipos de consultas.

Nenhuma migração de banco de dados

> Com os sistemas de banco de dados relacionais, toda vez que você faz uma alteração na estrutura da tabela, por exemplo, adicionando uma nova coluna a uma tabela, você deve executar uma *migração* do banco de dados. Uma migração é um script que traz o banco de dados para a nova estrutura desejada. Isso torna a implantação de novas versões de um aplicativo mais complexa, resultando potencialmente em inatividade, algo que é mais fácil de evitar com os bancos de dados NoSQL.

Mais fácil de escalar

> Os bancos de dados NoSQL são mais fáceis de distribuir em vários servidores, pois não há tabelas dependentes umas das outras. Isso significa que um aplicativo que usa um banco de dados NoSQL pode escalar melhor quando sua base de usuários dispara.

Os bancos de dados NoSQL têm vários tipos: alguns são simples armazenamentos de valores-chave, ou seja, funcionam de maneira semelhante a um dicionário em Python (por exemplo, Redis); outros permitem o armazenamento de documentos, geralmente no formato JSON (por exemplo, MongoDB). Alguns bancos de dados até combinam os mundos relacional e NoSQL: o PostgreSQL, que é um dos bancos de dados mais populares na comunidade Python, é tradicionalmente relacional, mas também permite armazenar dados no formato JSON — sem perder a capacidade de consultá-los via SQL.

SQLite, o banco de dados que usaremos, é um banco de dados baseado em arquivo como o Microsoft Access. No entanto, ao contrário do Microsoft Access, que funciona apenas no Windows, o SQLite funciona em todas as plataformas suportadas pelo Python. Por outro lado, o SQLite não permite criar uma interface de usuário como o Microsoft Access, mas o Excel é útil para essa parte.

Agora veremos a estrutura do banco de dados do Package Tracker antes de descobrir como usar o Python para conectar bancos de dados e fazer consultas SQL. Então, para concluir esta introdução sobre bancos de dados, veremos as injeções de SQL, uma vulnerabilidade popular de aplicativos orientados a banco de dados.

O banco de dados do Package Tracker

O banco de dados do Python Package Tracker não poderia ser mais simples, pois possui apenas duas tabelas: a tabela `packages` armazena o nome do pacote e a tabela `package_versions` armazena as strings da versão e a data do upload. As duas tabelas podem ser unidas em `package_id`: em vez de armazenar `package_name` com cada linha na tabela `package_versions`, ela foi *normalizada* na tabela `packages`. Isso elimina os dados redundantes — por exemplo, alterações do nome que precisam ser feitas apenas em um único campo em todo o banco de dados. Para ter uma ideia melhor sobre a aparência do banco de dados com os pacotes xlwings e pandas carregados, veja os Quadros 11-1 e 11-2.

Quadro 11-1. A tabela packages

package_id	package_name
1	xlwings
2	pandas

Quadro 11-2. A tabela package_versions (as três primeiras linhas de cada package_id)

package_id	version_string	uploaded_at
1	0.1.0	2014-03-19 18:18:49.000000
1	0.1.1	2014-06-27 16:26:36.000000
1	0.2.0	2014-07-29 17:14:22.000000
...	...	...
2	0.1	2009-12-25 23:58:31.000000
2	0.2beta	2010-05-18 15:05:11.000000
2	0.2b1	2010-05-18 15:09:05.000000
...	...	...

A Figura 11-3 é um diagrama do banco de dados que mostra as duas tabelas novamente de forma esquemática. Você pode ler os nomes das tabelas e das colunas, e obter informações sobre as chaves primárias e estrangeiras:

Chave primária
> Os bancos de dados relacionais exigem que cada tabela tenha uma *chave primária*, que consiste em uma ou mais colunas que identificam exclusivamente uma linha (uma linha também é chamada de *registro*). No caso da tabela `packages`, a chave primária é `package_id` e no caso da tabela `package_versions`, a chave primária é a chamada *chave composta*, ou seja, uma combinação de `package_id` e `version_string`.

Chave estrangeira
> A coluna `package_id` na tabela `package_versions` é uma *chave estrangeira* para a mesma coluna na tabela `packages`, simbolizada pela linha que conecta as tabelas: uma chave estrangeira é uma restrição que, em nosso caso, garante que cada `package_id` na tabela `package_versions` exista na tabela `packages` — isso assegura a integridade dos dados. As ramificações na extremidade direita da linha de conexão simbolizam a natureza do relacionamento: um `package` pode ter muitas `package_versions`, o que é chamado de relacionamento *um-para-muitos*.

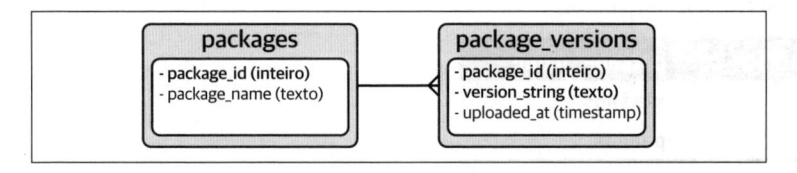

packages	package_versions
- package_id (inteiro) - package_name (texto)	- package_id (inteiro) - version_string (texto) - uploaded_at (timestamp)

Figura 11-3. Diagrama do banco de dados (as chaves primárias estão em negrito)

Para ver o conteúdo das tabelas do banco de dados e executar consultas SQL, você pode instalar uma extensão do VS Code chamada SQLite (consulte a documentação da extensão SQLite para obter mais detalhes) ou usar um software de gerenciamento SQLite dedicado, que existe em abundância. No entanto, usaremos o Python para executar consultas SQL. Antes de mais nada, vejamos como nos conectar a um banco de dados!

Conexões do banco de dados

Para se conectar a um banco de dados do Python, você precisa de um *driver*, ou seja, um pacote Python que saiba se comunicar com o banco de dados que você está usando. Cada banco de dados requer um driver diferente e cada driver usa uma sintaxe diferente, mas, felizmente, existe um pacote poderoso chamado SQLAlchemy que abstrai a maioria das diferenças entre os vários bancos de dados e drivers. O SQLAlchemy é usado principalmente como um *mapeamento objeto-relacional* (ORM) que traduz seus registros de banco de dados em objetos Python, um conceito que muitos desenvolvedores — embora não todos — acham mais natural para trabalhar. Para manter as coisas simples, ignoramos a funcionalidade ORM e usamos apenas SQLAlchemy para facilitar a execução de consultas SQL brutas. O SQLAlchemy também é usado internamente quando você usa o pandas para ler e gravar tabelas do banco de dados na forma de DataFrames. A execução de uma consulta do banco de dados do pandas envolve três níveis de pacotes — pandas, SQLAlchemy e o driver do banco de dados — conforme mostrado na Figura 11-4. Você pode executar consultas do banco de dados a partir de cada um desses três níveis.

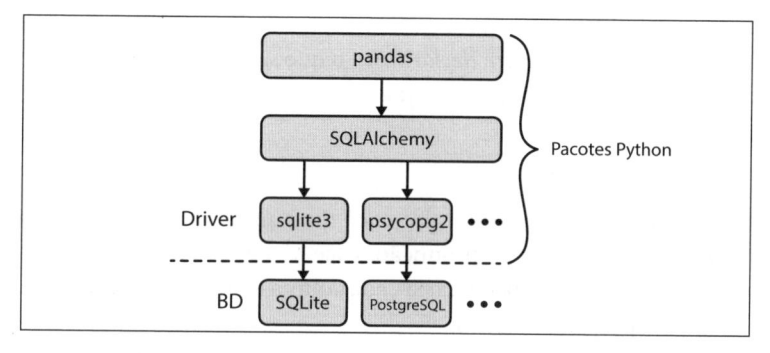

Figura 11-4. Acessando bancos de dados a partir do Python

O Quadro 11-3 mostra qual driver o SQLAlchemy usa por padrão (alguns bancos de dados podem ser usados com mais de um driver). Ele também fornece o formato da string de conexão do banco de dados — usaremos a string de conexão em um momento, quando executaremos consultas SQL reais.

Quadro 11-3. Drivers-padrão do SQLAlchemy e strings de conexão

Banco de Dados	Driver Padrão	Strings de Conexão
SQLite	`sqlite3`	`sqlite:///filepath`
PostgreSQL	`psycopg2`	`postgresql://username:password@host:port/database`
MySQL	`mysql-python`	`mysql://username:password@host:port/database`
Oracle	`cx_oracle`	`oracle://username:password@host:port/database`
SQL Server	`pyodbc`	`mssql+pyodbc://username:password@host:port/database`

Com exceção do SQLite, você geralmente precisa de uma senha para se conectar a um banco de dados. E, como as strings de conexão são URLs, você terá que usar a versão codificada da URL de suas senhas se tiver caracteres especiais nelas. Veja como imprimir a versão codificada da URL da sua senha:

```
In [9]: import urllib.parse
In [10]: urllib.parse.quote_plus("pa$$word")
Out[10]: 'pa%24%24word'
```

Tendo introduzido o pandas, o SQLAlchemy e o driver do banco de dados como os três níveis a partir dos quais podemos nos conectar a bancos de dados, veremos como eles se comparam na prática fazendo algumas consultas SQL!

Consultas SQL

Mesmo que você seja novo no SQL, não deve ter problemas para entender as poucas consultas SQL que usarei nos exemplos a seguir e no Python Package Tracker. SQL é uma *linguagem declarativa*, o que significa que você diz ao banco de dados *o que você quer* em vez de *o que fazer*. Algumas consultas são lidas quase como em inglês simples:

```
SELECT * FROM packages
```

Isso informa ao banco de dados que você quer *selecionar todas as colunas da tabela packages*. No código de produção, você não usaria o curinga *, que significa *toda as colunas*, mas especificaria cada coluna explicitamente, pois torna sua consulta menos propensa a erros:

```
SELECT package_id, package_name FROM packages
```

> ### Consultas do Banco de Dados versus DataFrames do pandas
>
> SQL é uma linguagem *baseada em conjunto*, o que significa que você opera em um conjunto de linhas, em vez de percorrer linhas individuais. Isso é muito semelhante a como você trabalha com os DataFrames do pandas. A consulta SQL:
>
> ```
> SELECT package_id, package_name FROM packages
> ```
>
> corresponde à seguinte expressão do pandas (supondo que packages seja um DataFrame):
>
> ```
> packages.loc[:, ["package_id", "package_name"]]
> ```

Os exemplos de código a seguir usam o arquivo *packagetracker.db* que você encontrará na pasta *packagetracker* do repositório complementar. Os exemplos esperam que você já tenha adicionado o xlwings e o pandas ao banco de dados por meio do front-end Excel do Python Package Tracker, como fizemos no início deste capítulo — caso contrário, você obteria apenas resultados vazios. Seguindo a Figura 11-4 de baixo para cima, primeiro faremos nossa consulta SQL diretamente do driver, depois usaremos o SQLAlchemy e, finalmente, o pandas:

```
In [11]: # Iremos começar com as importações
         import sqlite3
         from sqlalchemy import create_engine
         import pandas as pd
In [12]: # Nossa consulta SQL: "selecionar todas as colunas da tabela packages"
         sql = "SELECT * FROM packages"
In [13]: # Opção 1: driver do BD (sqlite3 faz parte da biblioteca padrão)
         # Usar a conexão como gerenciador de contexto automaticamente
         # envia a transação ou a reverte em caso de erro.
         with sqlite3.connect("packagetracker/packagetracker.db") as con:
             cursor = con.cursor()   # Precisamos do cursor para rodar consultas SQL
             result = cursor.execute(sql).fetchall()  # Retorna todos os registros
         result
Out[13]: [(1, 'xlwings'), (2, 'pandas')]
In [14]: # Opção 2: SQLAlchemy
         # "create_engine" espera a string de conexão do seu banco de dados.
         # Aqui, podemos executar uma consulta como um método do objeto de conexão.
         engine = create_engine("sqlite:///packagetracker/packagetracker.db")
         with engine.connect() as con:
             result = con.execute(sql).fetchall()
         result
Out[14]: [(1, 'xlwings'), (2, 'pandas')]
In [15]: # Opção 3: pandas
         # Fornecer um nome de tabela para "read_sql" lê a tabela completa.
         # O pandas requer um mecanismo SQLAlchemy que
         # reutilizamos do exemplo anterior.
         df = pd.read_sql("packages", engine, index_col="package_id")
         df
Out[15]:            package_name
         package_id
         1               xlwings
         2                pandas
In [16]: # "read_sql" também aceita uma consulta SQL
         pd.read_sql(sql, engine, index_col="package_id")
Out[16]:            package_name
         package_id
         1               xlwings
         2                pandas
In [17]: # O método DataFrame "to_sql" grava DataFrames nas tabelas
         # "if_exists" deve ser "fail", "append" ou "replace"
         # e define o que acontece se a tabela já existe
         df.to_sql("packages2", con=engine, if_exists="append")
In [18]: # O comando anterior criou uma nova tabela "packages2" e
         # inseriu os registros do DataFrame df como podemos
         # verificar lendo-o de volta
         pd.read_sql("packages2", engine, index_col="package_id")
Out[18]:            package_name
         package_id
         1               xlwings
         2                pandas
```

```
In [19]: # Iremos nos livrar da tabela novamente executando o
         # comando "drop table" via SQLAlchemy
         with engine.connect() as con:
             con.execute("DROP TABLE packages2")
```

Se você deve usar o driver do banco de dados, o SQLAlchemy ou o pandas para executar suas consultas, depende muito de suas preferências: eu pessoalmente gosto do controle refinado que você obtém usando o SQLAlchemy e gosto de usar a mesma sintaxe com diferentes bancos de dados. Por outro lado, o `read_sql` do pandas é conveniente para obter o resultado de uma consulta na forma de um DataFrame.

Chaves Estrangeiras com SQLite

Surpreendentemente, o SQLite não respeita as chaves estrangeiras por padrão ao executar consultas. No entanto, se você usar o SQLAlchemy, poderá impor facilmente chaves estrangeiras; consulte a documentação do SQLAlchemy. Isso também funcionará se você executar as consultas a partir do pandas. Você encontrará o respectivo código na parte superior do módulo *database.py* na pasta *packagetracker* do repositório complementar.

Agora que você sabe como executar consultas SQL simples, encerraremos esta seção examinando as injeções de SQL, que podem representar um risco de segurança para seu aplicativo.

Injeção de SQL

Se você não proteger suas consultas SQL adequadamente, um usuário mal-intencionado poderá executar um código SQL arbitrário injetando instruções de SQL em campos de entrada de dados: por exemplo, em vez de selecionar um nome de pacote como xlwings no menu suspenso do Python Package Tracker, ele poderia enviar uma instrução SQL que alteraria sua consulta pretendida. Isso pode expor informações confidenciais ou executar ações destrutivas, como excluir uma tabela. Como você pode evitar isso? Primeiro daremos uma olhada na seguinte consulta do banco de dados, que o Package Tracker executa quando você seleciona xlwings e clica em Mostrar Histórico:[1]

```
SELECT v.uploaded_at, v.version_string
FROM packages p
INNER JOIN package_versions v ON p.package_id = v.package_id
WHERE p.package_id = 1
```

Essa consulta une as duas tabelas e retorna apenas as linhas em que `package_id` é 1. Para ajudá-lo a entender essa consulta com base no que aprendemos no Capítulo 5, se `packages` e `package_versions` fossem DataFrames do pandas, você poderia escrever:

---

[1] Na realidade, a ferramenta usa package_name em vez de package_id para simplificar o código.

```
df = packages.merge(package_versions, how="inner", on="package_id")
df.loc[df["package_id"] == 1, ["uploaded_at", "version_string"]]
```

É óbvio que `package_id` precisa ser uma variável onde agora temos 1 codificado para retornar as linhas corretas dependendo do pacote selecionado. Conhecendo as f-strings do Capítulo 3, você pode ficar tentado a alterar a última linha da consulta SQL assim:

```
f"WHERE p.package_id = {package_id}"
```

Embora tecnicamente funcione, você nunca deve fazer isso, pois abre a porta para injeção de SQL: por exemplo, alguém pode enviar '1 OR TRUE' em vez de um número inteiro representando `package_id`. A consulta resultante retornaria as linhas de toda a tabela, em vez de apenas aquelas em que `package_id` é 1. Portanto, sempre use a sintaxe que o SQLAlchemy oferece para os espaços reservados (eles começam com dois-pontos):

```
In [20]: # Começaremos importando a função de texto do SQLAlchemy
         # do texto de importação sqlalchemy.sql
In [21]: # ":package_id" é o espaço reservado
         sql = """
         SELECT v.uploaded_at, v.version_string
         FROM packages p
         INNER JOIN package_versions v ON p.package_id = v.package_id
         WHERE p.package_id = :package_id
         ORDER BY v.uploaded_at
         """
In [22]: # Via SQLAlchemy
         with engine.connect() as con:
             result = con.execute(text(sql), package_id=1).fetchall()
         result[:3]  # Imprimir os três primeiros registros
Out[22]: [('2014-03-19 18:18:49.000000', '0.1.0'),
          ('2014-06-27 16:26:36.000000', '0.1.1'),
          ('2014-07-29 17:14:22.000000', '0.2.0')]
In [23]: # Via pandas
         pd.read_sql(text(sql), engine, parse_dates=["uploaded_at"],
                     params={"package_id": 1},
                     index_col=["uploaded_at"]).head(3)
Out[23]:                      version_string
         uploaded_at
         2014-03-19 18:18:49         0.1.0
         2014-06-27 16:26:36         0.1.1
         2014-07-29 17:14:22         0.2.0
```

Colocar a consulta SQL na função `text` do SQLAlchemy tem a vantagem de poder usar a mesma sintaxe para espaços reservados em diferentes bancos de dados. Caso contrário, você teria que usar o espaço reservado que o driver de banco de dados usa: o `sqlite3` usa ? e `psycopg2` usa %s, por exemplo.

Você pode argumentar que a injeção de SQL não é um grande problema quando seus usuários têm acesso direto ao Python e podem executar código arbitrário no banco de dados de qualquer maneira. Mas, se você pegar seu protótipo xlwings e transformá-lo em um aplicativo da web um dia, isso se tornará um grande problema, então é melhor fazê-lo corretamente desde o início.

Além das APIs da web e dos bancos de dados, há outro tópico que já abordamos e que é indispensável para o desenvolvimento sólido de aplicativos: o tratamento de exceções. Vejamos como isso funciona!

Exceções

Mencionei o tratamento de exceções no Capítulo 1 como um exemplo de onde o VBA com seu mecanismo *GoTo* ficou para trás. Nesta seção, mostro como o Python usa o mecanismo *try/except* para lidar com erros em seus programas. Sempre que algo está fora de seu controle, erros podem e vão acontecer. Por exemplo, o servidor de e-mail pode estar inoperante quando você tenta enviar um e-mail ou pode estar faltando um arquivo que seu programa espera — no caso do Python Package Tracker, pode ser o arquivo do banco de dados. Lidar com a entrada do usuário é outra área em que você deve se preparar para entradas que não fazem sentido. Iremos praticar — se a seguinte função for chamada com zero, você obterá um `ZeroDivisionError`:

```
In [24]: def print_reciprocal(number):
             result = 1 / number
             print(f"The reciprocal is: {result}")
In [25]: print_reciprocal(0)   # Isto irá gerar um erro
---------------------------------------------------------------------------
ZeroDivisionError                         Traceback (most recent call last)
<ipython-input-25-095f19ebb9e9> in <module>
----> 1 print_reciprocal(0)   # Isso gerará um erro

<ipython-input-24-88fdfd8a4711> in print_reciprocal(number)
      1 def print_reciprocal(number):
----> 2     result = 1 / number
      3     print(f"The reciprocal is: {result}")

ZeroDivisionError: division by zero
```

Para permitir que seu programa reaja normalmente a esses erros, use as instruções try/except (é o equivalente ao exemplo VBA do Capítulo 1):

```
In [26]: def print_reciprocal(number):
             try:
                 result = 1 / number
             except Exception as e:
                 # "as e" disponibiliza o objeto Exception como variável "e"
                 # "repr" significa a "representação imprimível" de um objeto
                 # e retorna uma string com a mensagem de erro
                 print(f"There was an error: {repr(e)}")
                 result = "N/A"
             else:
                 print("There was no error!")
             finally:
                 print(f"The reciprocal is: {result}")
```

Sempre que ocorre um erro no bloco try, a execução do código segue para o bloco except, no qual você pode lidar com o erro: isso permite dar um feedback útil ao usuário ou gravar o erro em um arquivo de log. A cláusula else só é executada se não há erro gerado durante o bloco try; e o bloco finally sempre é executado, independentemente de um erro ter sido gerado ou não. Frequentemente, você se safará apenas com os blocos try e except. Vejamos a saída da função dadas as diferentes entradas:

```
In [27]: print_reciprocal(10)
There was no error!
The reciprocal is: 0.1
In [28]: print_reciprocal("a")
There was an error: TypeError("unsupported operand type(s) for /: 'int'
    and 'str'")
The reciprocal is: N/A
In [29]: print_reciprocal(0)
There was an error: ZeroDivisionError('division by zero')
The reciprocal is: N/A
```

A maneira como usei a instrução except significa que qualquer exceção que ocorra no bloco try fará com que a execução do código continue no bloco except. Normalmente, não é isso que você deseja. Você deseja verificar se há um erro o mais específico possível e lidar apenas com aqueles que você espera. Caso contrário, seu programa pode falhar por algo completamente inesperado, o que dificulta a depuração. Para corrigir isso, reescreva a função da seguinte maneira, verificando explicitamente os dois erros que esperamos (estou deixando de lado as instruções else e finally):

```
In [30]: def print_reciprocal(number):
             try:
                 result = 1 / number
                 print(f"The reciprocal is: {result}")
             except (TypeError, ZeroDivisionError):
                 print("Please type in any number except 0.")
```

Iremos executar o código novamente:

```
In [31]: print_reciprocal("a")
Please type in any number except 0.
```

Se você quiser lidar com um erro de forma diferente, dependendo da exceção, trate-os separadamente:

```
In [32]: def print_reciprocal(number):
             try:
                 result = 1 / number
                 print(f"The reciprocal is: {result}")
             except TypeError:
                 print("Please type in a number.")
             except ZeroDivisionError:
                 print("The reciprocal of 0 is not defined.")
In [33]: print_reciprocal("a")
Please type in a number.
In [34]: print_reciprocal(0)
The reciprocal of 0 is not defined.
```

Agora que você sabe sobre tratamento de erros, APIs da web e bancos de dados, está pronto para passar para a próxima seção, na qual examinaremos cada componente do Python Package Tracker.

Estrutura do Aplicativo

Nesta seção, veremos os bastidores do Python Package Tracker para entender como tudo funciona. Primeiro, percorreremos o front-end do aplicativo, ou seja, o arquivo Excel, antes de examinar seu back-end, ou seja, o código Python. Para encerrar esta seção, veremos como funciona a depuração de um projeto xlwings, uma habilidade útil com projetos do tamanho e da complexidade do Package Tracker.

No diretório *packagetracker* no repositório complementar, você encontrará quatro arquivos. Você se lembra de quando falei sobre *separação de conceitos* no Capítulo 1? Agora podemos mapear esses arquivos para as diferentes camadas, conforme mostrado no Quadro 11-4:

Quadro 11-4. Separação de conceitos

Camada	Arquivo	Descrição
Camada de Apresentação	packagetracker.xlsm	Este é o front-end e, como tal, o único arquivo com o qual o usuário final interage.
Camada de Negócios	packagetracker.py	Este módulo lida com o download de dados via API da web e faz o processamento de números com o pandas.
Camada de Dados	database.py	Este módulo lida com todas as consultas do banco de dados.
Banco de Dados	packagetracker.db	Este é um arquivo do banco de dados SQLite.

Nesse contexto, vale ressaltar que a camada de apresentação, ou seja, o arquivo Excel, não contém uma única fórmula de célula, o que torna a ferramenta muito mais fácil de auditar e controlar.

Modelo-Visão-Controlador (MVC)

A separação dos conceitos tem muitas faces e a divisão mostrada no Quadro 11-4 é apenas uma possibilidade. Outro padrão de design popular que você pode encontrar relativamente rápido se chama *modelo-visão-controlador* (MVC). No mundo MVC, a essência do aplicativo é o *modelo* em que todos os dados e, em geral, grande parte da lógica de negócio são lidados. Enquanto a *visão* corresponde à camada de apresentação, o *controlador* é apenas uma camada fina que fica entre o modelo e a visão para assegurar que estejam sempre em sincronia. Para manter as coisas simples, não uso o padrão MVC neste livro.

Agora que você conhece a responsabilidade de cada arquivo, seguiremos em frente e veremos mais de perto como o front-end do Excel foi configurado!

Front-end

Ao criar um aplicativo da web, você diferencia entre o *front-end*, que é a parte do aplicativo executada no navegador, e o *back-end*, que é o código executado no servidor. Podemos aplicar a mesma terminologia com as ferramentas do xlwings: o front-end é o arquivo Excel e o back-end é o código Python que você chama via RunPython. Se você deseja criar o front-end do zero, comece executando o seguinte comando em um prompt do Anaconda (use cd primeiro no diretório de sua escolha):

    (base)> xlwings quickstart packagetracker

Vá para o diretório *packagetracker* e abra *packagetracker.xlsm* no Excel. Comece adicionando três guias, Tracker, Database e Dropdown, como na Figura 11-5.

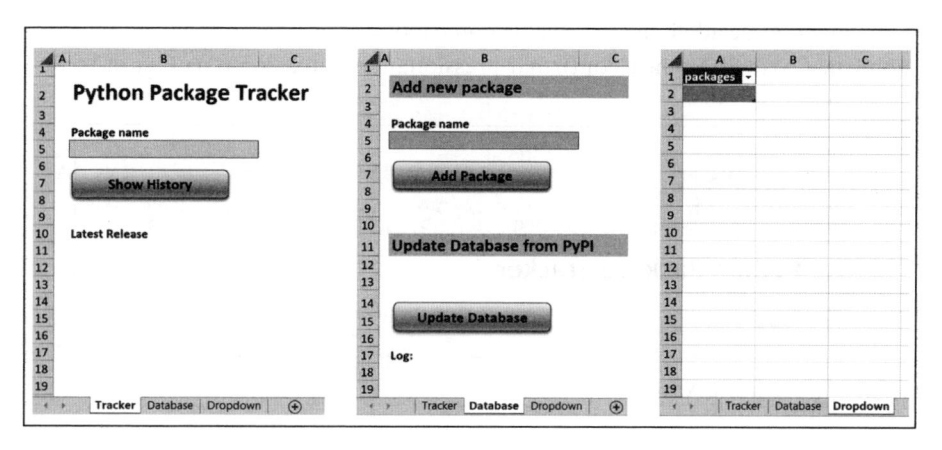

Figura 11-5. Construindo a interface do usuário

Embora você possa controlar o texto e a formatação da Figura 11-5, preciso fornecer mais alguns detalhes sobre as coisas que não estão visíveis:

Botões

Para tornar a ferramenta um pouco menos parecida com o Windows 3.1, não usei os botões de macro padrão que usamos no capítulo anterior. Em vez disso, fui para Inserir > Formas e inseri um Retângulo Arredondado. Se você quiser usar o botão padrão, tudo bem também, mas, neste ponto, não atribua uma macro ainda.

Intervalos nomeados

Para tornar a ferramenta um pouco mais fácil de manter, usaremos intervalos nomeados em vez de endereços de células no código Python. Portanto, adicione os intervalos nomeados conforme mostrado no Quadro 11-5.

Quadro 11-5. Intervalos nomeados

Planilha	Célula	Nome
Tracker	B5	package_selection
Tracker	B11	latest_release
Database	B5	new_package
Database	B13	updated_at
Database	B18	log

Uma maneira de adicionar intervalos nomeados é selecionar a célula, escrever o nome na Caixa de Nome e confirmar pressionando Enter, como na Figura 11-6.

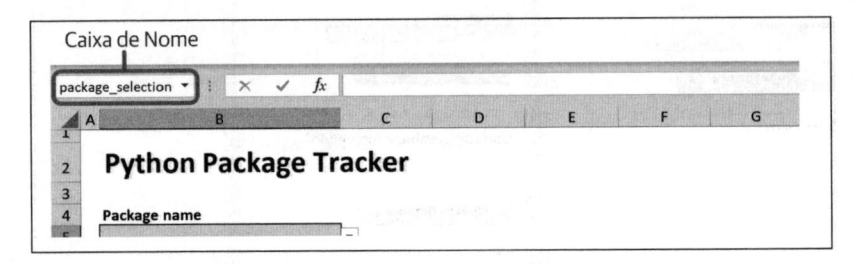

Figura 11-6. A Caixa de Nome

Tabelas

Na planilha Dropdown, depois de digitar "packages" na célula A1, selecione A1, vá para Inserir > Tabela e ative a caixa de seleção ao lado de "Minha tabela tem cabeçalhos". Para finalizar, com a tabela selecionada, vá para a guia da faixa de opções Design de Tabela (Windows) ou Tabela (macOS) e renomeie a tabela de `Table1` para `drop down_content`, conforme mostrado na Figura 11-7.

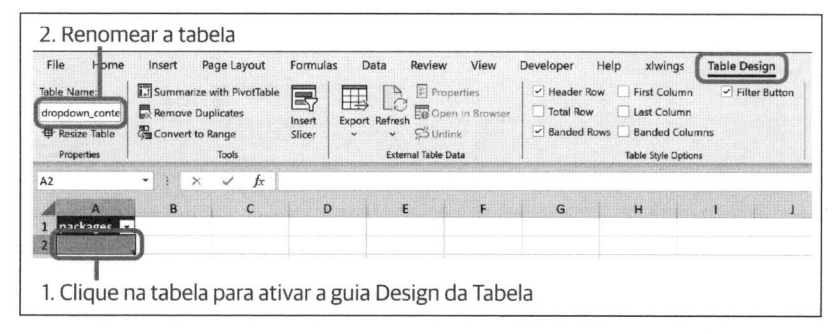

Figura 11-7. Renomeando uma tabela do Excel

Validação de Dados

Usamos a validação de dados para fornecer o menu suspenso na célula B5 na planilha Tracker. Para adicioná-lo, selecione a célula B5, vá para Dados > Validação de Dados e, em Permitir, selecione Lista. Em fonte, defina a seguinte fórmula:

```
=INDIRECT("dropdown_content[packages]")
```

Em seguida, confirme com OK. Essa é apenas uma referência ao corpo da tabela, mas, como o Excel não aceita uma referência de tabela diretamente, temos que colocá-la em uma fórmula INDIRECT, que determina a tabela para seu endereço. Ainda assim, usando uma tabela, ele redimensionará corretamente o intervalo que é mostrado no menu suspenso quando adicionarmos mais pacotes.

Formatação Condicional

Quando você adiciona um pacote, pode haver alguns erros que gostaríamos de mostrar ao usuário: o campo pode estar vazio, o pacote pode já existir no banco de dados ou pode estar faltando no PyPI. Para mostrar o erro em vermelho e as demais mensagens em preto, usaremos um truque simples baseado na formatação condicional: queremos uma fonte vermelha sempre que a mensagem contiver a palavra "erro". Na planilha Database, selecione a célula C5, que é onde escreveremos a mensagem. Em seguida, vá para Página Inicial > Formatação Condicional > Destacar Regras de Células > Texto que contém. Insira o erro de valor e selecione Texto Vermelho no menu suspenso, conforme mostrado na Figura 11-8, depois clique em OK. Aplique o mesmo formato condicional à célula C5 na planilha Tracker.

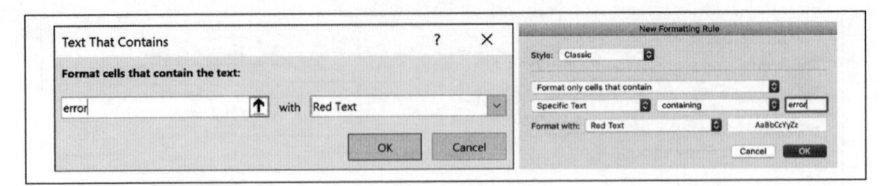

Figura 11-8. Formatação Condicional no Windows (esquerda) e no macOS (direita)

Linhas de grade
Nas planilhas Tracker e Database, as linhas de grade foram ocultadas ao desmarcar a caixa de seleção Exibir em Layout de Página > Linhas de Grade.

Neste ponto, a interface do usuário está completa e deve se parecer com a Figura 11-5. Agora precisamos adicionar as chamadas `RunPython` no editor VBA e conectá-las com os botões. Clique em Alt+F11 (Windows) ou Option-F11 (macOS) para abrir o editor VBA e, em VBAProject de *packagetracker.xlsm*, clique duas vezes em Module1 no lado esquerdo em Modules para abri-lo. Exclua o código `SampleCall` existente e substitua-o pelas seguintes macros:

```
Sub AddPackage()
    RunPython "import packagetracker; packagetracker.add_package()"
End Sub

Sub ShowHistory()
    RunPython "import packagetracker; packagetracker.show_history()"
End Sub

Sub UpdateDatabase()
    RunPython "import packagetracker; packagetracker.update_database()"
End Sub
```

Em seguida, clique com o botão direito do mouse em cada botão, selecione Atribuir Macro e selecione a macro que corresponde ao botão. A Figura 11-9 exibe o botão Mostrar Histórico, mas funciona da mesma forma para os botões Adicionar Pacote e Atualizar Base de Dados.

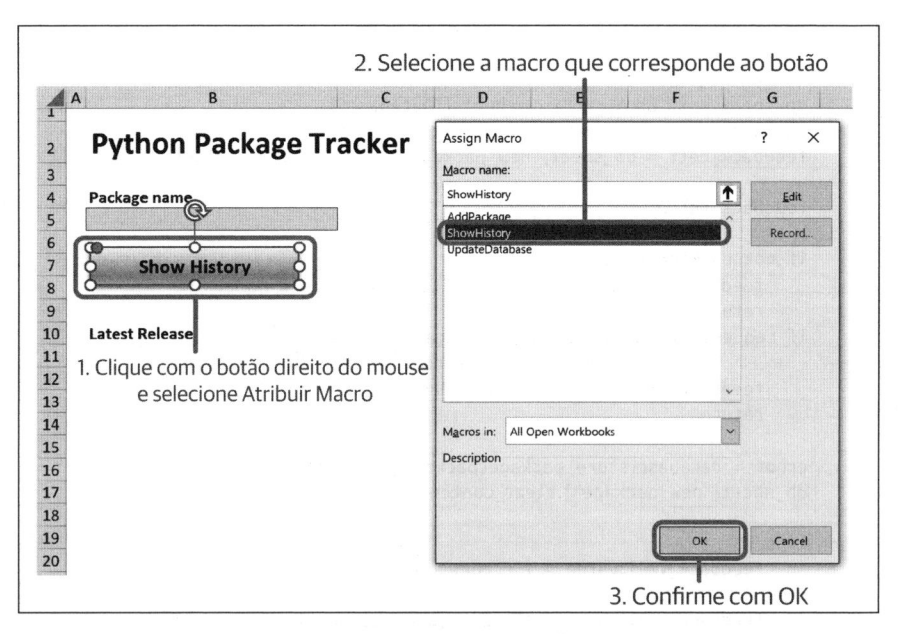

Figura 11-9. Atribua a macro ShowHistory ao botão Mostrar Histórico

O front-end agora está pronto e podemos prosseguir com o back-end do Python.

Back-end

O código dos dois arquivos Python *packagetracker.py* e *database.py* é muito longo para ser mostrado aqui, portanto você precisará abri-los no repositório complementar no VS Code. Vou, no entanto, referir-me a alguns trechos de código nesta seção para explicar alguns conceitos-chave. Vamos ver o que acontece quando você clica no botão Adicionar Pacote na planilha Database. O botão tem a seguinte macro VBA atribuída:

```
Sub AddPackage()
    RunPython "import packagetracker; packagetracker.add_package()"
End Sub
```

Como você pode ver, a função `RunPython` chama a função `add_package` no módulo `packagetracker` conforme mostrado no Exemplo 11-1.

> **Sem Código de Produção**
>
> O aplicativo é mantido o mais simples possível para facilitar o acompanhamento — ele não verifica todas as possíveis coisas que podem dar errado. Em um ambiente de produção, você gostaria de torná-lo mais robusto: por exemplo, você mostraria um erro intuitivo se não conseguisse encontrar o arquivo do banco de dados.

Exemplo 11-1. A função add_package em packagetracker.py (sem comentários)

```python
def add_package():
    db_sheet = xw.Book.caller().sheets["Database"]
    package_name = db_sheet["new_package"].value
    feedback_cell = db_sheet["new_package"].offset(column_offset=1)

    feedback_cell.clear_contents()

    if not package_name:
        feedback_cell.value = "Error: Please provide a name!"  ❶
        return
    if requests.get(f"{BASE_URL}/{package_name}/json",
                    timeout=6).status_code != 200:  ❷
        feedback_cell.value = "Error: Package not found!"
        return

    error = database.store_package(package_name)  ❸
    db_sheet["new_package"].clear_contents()

    if error:
        feedback_cell.value = f"Error: {error}"
    else:
        feedback_cell.value = f"Added {package_name} successfully."
        update_database()  ❹
        refresh_dropdown()  ❺
```

❶ O "erro" na mensagem de feedback acionará a fonte vermelha no Excel por meio da formatação condicional.

❷ Por padrão, Requests espera eternamente por uma resposta que pode levar o aplicativo a "travar" nos casos em que o PyPI tem um problema e está respondendo lentamente. É por isso que, para o código de produção, você sempre deve incluir um parâmetro de tempo limite explícito.

❸ A função `store_package` retorna `None` se a operação foi bem-sucedida e uma string com a mensagem de erro caso contrário.

❹ Para manter as coisas simples, todo o banco de dados é atualizado. Em um ambiente de produção, você adicionaria apenas os registros do novo pacote.

❺ Isso atualizará a tabela na planilha Dropdown com o conteúdo da tabela `packages`. Juntamente com a validação de dados que configuramos no Excel, isso garante que todos os pacotes apareçam no menu suspenso da planilha Tracker. Você precisaria fornecer aos usuários uma maneira de chamar essa função diretamente se permitisse que o banco de dados fosse preenchido de fora do arquivo do Excel. Esse é o caso assim que você tem vários usuários usando o mesmo banco de dados de diferentes arquivos do Excel.

Você deve seguir as outras funções no arquivo *packagetracker.py* com a ajuda dos comentários no código. Agora voltaremos nossa atenção para o arquivo *database.py*. As primeiras linhas são mostradas no Exemplo 11-2.

Exemplo 11-2. database.py (trecho com as importações relevantes)

```
from pathlib import Path

import sqlalchemy
import pandas as pd

...

# Queremos que o arquivo do banco de dados fique perto deste arquivo.
# Aqui, estamos transformando o caminho em um caminho absoluto.
this_dir = Path(__file__).resolve().parent  ❶
db_path = this_dir / "packagetracker.db"

# Mecanismo do banco de dados
engine = sqlalchemy.create_engine(f"sqlite:///{db_path}")
```

> ❶ Se você precisar relembrar o que essa linha faz, dê uma olhada no início do Capítulo 7, onde a explico no código do relatório de vendas.

Embora esse trecho se preocupe em reunir o caminho do arquivo do banco de dados, ele também mostra como resolver um erro comum ao trabalhar com qualquer tipo de arquivo, seja uma imagem, seja um arquivo CSV, como nesse caso, seja um arquivo do banco de dados. Ao montar um script Python rápido, você pode usar apenas um caminho relativo, como fiz na maioria dos exemplos dos Jupyter notebooks:

```
engine = sqlalchemy.create_engine("sqlite:///packagetracker.db")
```

Isso funciona desde que seu arquivo esteja em seu diretório de trabalho. No entanto, quando você executa esse código do Excel via `RunPython`, o diretório de trabalho pode ser diferente, o que fará com que o Python procure o arquivo na pasta errada — você obterá um erro `File not found`. Você pode resolver esse problema fornecendo um caminho absoluto ou criando um caminho como fazemos no Exemplo 11-2. Isso garante que o Python procure o arquivo no mesmo diretório do arquivo de origem, ainda que você execute o código do Excel via `RunPython`.

Se você quiser criar o Python Package Tracker do zero, precisará criar o banco de dados manualmente: execute o arquivo *database.py* como um script, por exemplo, clicando no botão Executar Arquivo no VS Code. Isso criará o arquivo do banco de dados *packagetracker.db* com as duas tabelas. O código que cria o banco de dados é encontrado na parte inferior de *database.py*:

```
if __name__ == "__main__":
    create_db()
```

Embora a última linha chame a função `create_db`, o significado da instrução `if` anterior é explicado na dica a seguir.

if name_ == " main "

Você verá essa instrução if na parte inferior de muitos arquivos Python. Ela garante que o código seja executado apenas quando você executa o arquivo *como um script*, por exemplo, a partir de um prompt do Anaconda executando python database.py ou clicando no botão Executar Arquivo no VS Code. Ele, porém, não será acionado quando você executar o arquivo *importando-o como um módulo*, ou seja, fazendo import database no seu código. A razão para isso é que o Python atribui o nome __main__ ao arquivo se você o executa diretamente como script, enquanto ele será chamado pelo nome do módulo (database) quando você o executar por meio da instrução import. Como o Python rastreia o nome do arquivo em uma variável chamada __name__, a instrução if será avaliada como True somente quando você executá-la como script; ela não será acionada quando você o importar do arquivo *packagetracker.py*.

O restante do módulo do banco de dados executa as instruções SQL por meio do SQLAlchemy e dos métodos to_sql e read_sql do pandas, para que você tenha uma ideia de ambas as abordagens.

Mudando para o PostgreSQL

Se você quiser substituir o SQLite pelo PostgreSQL, um banco de dados baseado em servidor, há apenas algumas coisas que precisa mudar. Em primeiro lugar, você precisa executar conda install psycopg2 (ou pip install psycopg2-binary se não está usando a distribuição Anaconda) para instalar o driver do PostgreSQL. Em seguida, em *database.py*, altere a string de conexão na função create_engine para a versão do PostgreSQL, conforme mostrado no Quadro 11-3. Por fim, para criar as tabelas, você precisaria alterar o tipo de dados INTEGER de packages.package_id para a notação específica do PostgreSQL SERIAL. A criação de uma chave primária de incremento automático é um exemplo de onde os dialetos SQL diferem.

Ao criar ferramentas com a complexidade do Python Package Tracker, você provavelmente se depara com alguns problemas ao longo do caminho: por exemplo, pode ter renomeado um intervalo nomeado no Excel e se esquecido de ajustar o código Python de acordo. Este é um bom momento para ver como a depuração funciona!

Depuração

Para depurar facilmente seus scripts xlwings, execute as funções diretamente do VS Code, em vez de executá-las clicando em um botão no Excel. As seguintes linhas na parte inferior do arquivo *packagetracker.py* irão ajudá-lo a depurar a função `add_package` (este é o mesmo código que você também encontrará na parte inferior de um projeto `quickstart`):

```
if __name__ == "__main__":  ❶
    xw.Book("packagetracker.xlsm").set_mock_caller()  ❷
    add_package()
```

❶ Acabamos de ver como a instrução `if` funciona quando examinamos o código *database.py* code; veja a dica anterior.

❷ Como esse código só é executado quando você roda o arquivo diretamente do Python como um script, o comando `set_mock_caller()` serve apenas para fins de depuração: quando você executa o arquivo no VS Code ou de um prompt do Anaconda, ele define `xw.Book.caller()` para `xw.Book("packagetracker.xlsm")`. O único objetivo de fazer isso é executar seu script de ambos os lados, Python e Excel, sem ter que trocar o objeto `book` dentro da função `add_package` entre `xw.Book("packagetracker.xlsm")` (quando você chama do VS Code) e `xw.Book.caller()` (quando chama do Excel).

Abra *packagetracker.py* no VS Code e defina um breakpoint em qualquer linha dentro da função `add_package` clicando à esquerda dos números da linha. Em seguida, pressione F5 e selecione "Arquivo Python" na caixa de diálogo para iniciar o depurador e fazer seu código parar no breakpoint. Pressione F5 em vez de usar o botão Executar Arquivo, pois o botão Executar Arquivo ignora os breakpoints.

Depurando com VS Code e Anaconda

No Windows, ao executar o depurador do VS Code pela primeira vez com um código que usa o pandas, você pode ver um erro: "Exception has occurred: ImportError, Unable to import required dependencies: numpy." Isso acontece porque o depurador está funcionando antes que o ambiente Conda tenha sido ativado corretamente. Como solução alternativa, interrompa o depurador clicando no ícone de parada e pressione F5 novamente — funcionará na segunda vez.

Se você não está familiarizado com o funcionamento do depurador no VS Code, veja o Apêndice B, no qual explico todas as funcionalidades e os botões relevantes. Também retomaremos o assunto na respectiva seção do próximo capítulo. Se você quiser depurar uma função diferente, interrompa a sessão de depuração atual e ajuste o nome da função na parte inferior do seu arquivo. Por exemplo, para depurar a função `show_history`, altere a última linha em *packagetracker.py* da seguinte maneira antes de pressionar F5 novamente:

```
if __name__ == "__main__":
    xw.Book("packagetracker.xlsm").set_mock_caller()
    show_history()
```

No Windows, você também pode ativar a caixa de seleção Mostrar Console no suplemento xlwings, que mostrará um Prompt de Comando enquanto a chamada `RunPython` está em execução.[2] Isso permite que você imprima informações adicionais para ajudá-lo a depurar o problema. Por exemplo, você pode imprimir o valor de uma variável para inspecioná-la no Prompt de Comando. Depois que o código for executado, no entanto, o Prompt de Comando será fechado. Se você precisar mantê-lo aberto por mais algum tempo, existe um truque fácil: adicione o comando `input()` como a última linha da sua função. Isso faz com que o Python aguarde a entrada do usuário em vez de fechar o Prompt de Comando imediatamente. Quando terminar de inspecionar a saída, pressione Enter no Prompt de Comando para fechá-lo; apenas remova a linha `input()` antes de desmarcar a opção Mostrar Console!

Conclusão

Este capítulo mostrou que é possível construir aplicativos razoavelmente complexos com um mínimo de esforço. Ser capaz de utilizar pacotes Python poderosos, como Requests ou SQLAlchemy, faz toda a diferença para mim quando comparo isso com o VBA, em que conversar com sistemas externos é muito mais difícil. Se você tiver casos de uso semelhantes, recomendo que examine mais de perto Requests e SQLAlchemy — ser capaz de lidar com fontes de dados externas de maneira eficiente permitirá que você torne o copiar/colar uma coisa do passado.

Em vez de clicar em botões, alguns usuários preferem criar suas ferramentas do Excel usando fórmulas de células. O próximo capítulo mostra como o xlwings permite escrever funções definidas pelo usuário em Python, permitindo que você reutilize a maioria dos conceitos do xlwings que aprendemos até agora.

---

[2] No momento da escrita deste livro, esta opção ainda não estava disponível no macOS.

CAPÍTULO 12
Funções Definidas Pelo Usuário (UDFs)

Os três capítulos anteriores mostraram como automatizar o Excel com um script Python e como executar esse script no Excel com o clique de um botão. Este capítulo apresenta as funções definidas pelo usuário [em inglês, *user-defined functions* — UDFs] como outra opção para chamar o código Python a partir do Excel com xlwings. UDFs são funções Python que você usa nas células do Excel da mesma forma como usa as funções internas, como SOMA ou MÉDIA. Como no capítulo anterior, começaremos com o comando quickstart que nos permite experimentar uma primeira UDF rapidamente. Em seguida, passamos para um estudo de caso sobre a busca e o processamento de dados no Google Trends como desculpa para trabalhar com UDFs mais complexas: aprenderemos a trabalhar com DataFrames e gráficos do pandas, e também como depurar as UDFs. Para concluir este capítulo, iremos nos aprofundar em alguns tópicos avançados com foco no desempenho. Infelizmente, o xlwings não oferece suporte a UDFs no macOS, o que torna este capítulo o único que exige que você execute os exemplos no Windows.[1]

> **Uma Observação para Usuários de macOS e Linux**
>
> Mesmo se você não estiver no Windows, ainda pode querer dar uma olhada no estudo de caso do Google Trends, pois pode facilmente adaptá-lo para funcionar com uma chamada RunPython no macOS. Você também pode produzir um relatório usando uma das bibliotecas de gravação do Capítulo 8, que funcionam até no Linux.

Primeiros Passos com UDFs

Esta seção começa com os pré-requisitos para escrever UDFs antes de podermos usar o comando quickstart para executar nossa primeira UDF. Para acompanhar os exemplos deste capítulo, você precisará do suplemento xlwings instalado e ter a opção do Excel "Confiar no acesso ao modelo de objeto de projeto VBA" habilitada:

---

[1] A implementação do Windows usa um servidor COM (apresentei brevemente a tecnologia COM no Capítulo 9). Como o COM não existe no macOS, as UDFs teriam que ser reimplementadas do zero, o que dá muito trabalho e simplesmente ainda não foi feito.

Suplemento
   Presumo que você tenha o suplemento xlwings instalado, conforme explicado no Capítulo 10. No entanto, esse não é um requisito difícil: embora facilite o desenvolvimento, especialmente para clicar no botão Importar Funções, ele não é necessário para a implantação e pode ser substituído configurando a pasta de trabalho no modo autônomo — para ter mais detalhes, consulte o Capítulo 10.

Confiar no acesso ao modelo de objeto de projeto VBA
   Para escrever suas primeiras UDFs, você precisará alterar uma configuração no Excel: vá para Arquivo > Opções > Central de Confiabilidade > Configurações da Central de Confiabilidade > Configurações de Macro e marque a caixa de seleção "Confiar no acesso ao modelo de objeto de projeto VBA" como na Figura 12-1. Isso permite que o xlwings insira automaticamente um módulo VBA em sua pasta de trabalho quando você clica no botão Importar Funções no suplemento, como veremos em breve. Como você depende apenas dessa configuração durante o processo de importação, considere-a como uma configuração de desenvolvedor com a qual os usuários finais não precisam se preocupar.

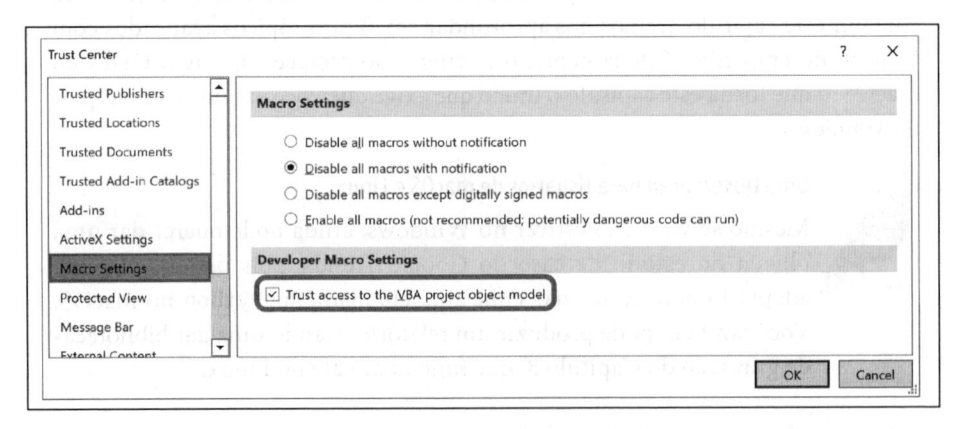

Figura 12-1. Confiar no acesso ao modelo de objeto de projeto VBA

Com esses dois pré-requisitos em vigor, você está pronto para executar sua primeira UDF!

Início Rápido de UDFs

Como de costume, a maneira mais fácil de começar é usar o comando `quickstart`. Antes de executar o seguinte em um prompt do Anaconda, mude para o diretório de sua escolha com o comando `cd`. Por exemplo, se você estiver

em seu diretório inicial e quiser mudar para a área de trabalho, execute primeiro
cd Desktop:

```
(base)> xlwings quickstart first_udf
```

Navegue até a pasta *first_udf* no Explorador de Arquivos e abra *first_udf.xlsm* no Excel e *first_udf.py* no VS Code. Em seguida, no suplemento da faixa de opções xlwings, clique no botão Importar Funções. Por padrão, essa é uma ação silenciosa, ou seja, você só verá algo em caso de erro. No entanto, se ativar a caixa de seleção Mostrar Console no suplemento do Excel e clicar no botão Importar Funções novamente, um Prompt de Comando será aberto e imprimirá o seguinte:

```
xlwings server running [...]
Imported functions from the following modules: first_udf
```

A primeira linha imprime mais alguns detalhes que podemos ignorar — a parte importante é que, uma vez que essa linha é impressa, o Python está funcionando e sendo executado. A segunda linha confirma que importou as funções do módulo `first_udf` corretamente. Agora digite =hello("xlwings") na célula A1 da planilha ativa em *first_udf.xlsm* e, depois de pressionar Enter, você verá a fórmula avaliada conforme mostrado na Figura 12-2.

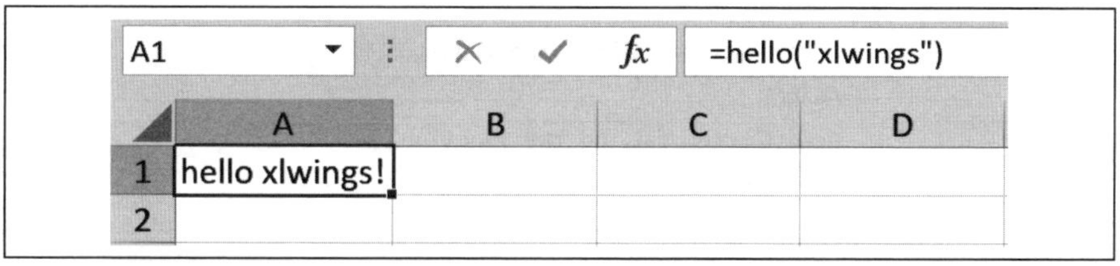

Figura 12-2. first_udf.xlsm

Iremos detalhar isso para ver como tudo funciona: comece observando a função `hello` em *first_udf.py* (Exemplo 12-1), que é a parte do código `quickstart` que ignoramos até agora.

Exemplo 12-1. first_udf.py (trecho)

```python
import xlwings as xw


@xw.func
def hello(name):
    return f"Hello {name}!"
```

Cada função que você marca com `@xw.func` será importada para o Excel quando clicar em Importar Funções no suplemento xlwings. A importação de uma função a torna disponível no Excel para que você possa usá-la nas fórmulas da célula — veremos os detalhes técnicos em um momento. @xw.func é um *decorador*, o que significa que você deve colocá-lo diretamente no topo da definição da função. Se quiser saber um pouco mais sobre como funcionam os decoradores, veja o box a seguir.

> ### Decoradores de Função
>
> Um decorador é um nome de função que você coloca no topo de uma definição de função, começando com o sinal @. É uma forma simples de alterar o comportamento de uma função e é utilizada pelo xlwings para reconhecer quais funções você deseja disponibilizar no Excel. Para ajudar a entender como um decorador funciona, o exemplo a seguir mostra a definição de um decorador chamado verbose que imprimirá algum texto antes e depois da execução da função print_hello. Tecnicamente, o decorador pega a função (print_hello) e a fornece como um argumento func para a função verbose. Em seguida, o corpo da função é executado; nesse caso, imprime um valor antes e depois de chamar a função print_hello. O nome da função interna não importa:
>
> ```
> In [1]: # Esta é a definição do decorador de função
>         def verbose(func):
>             def wrapper():
>                 print("Before calling the function.")
>                 func()
>                 print("After calling the function.")
>             return wrapper
>
> In [2]: # Usando um decorador de função
>         @verbose
>         def print_hello():
>             print("hello!")
>
> In [3]: # Efeito de chamar a função decorada
>         print_hello()
> Before calling the function.
> hello!
> After calling the function.
> ```
>
> No fim deste capítulo, você encontrará o Quadro 12-1 com um resumo de todos os decoradores que o xlwings oferece.

Por padrão, se os argumentos da função forem intervalos de células, o xlwings fornecerá os valores desses intervalos de células em vez do objeto range do xlwings. Na grande maioria dos casos, isso é muito conveniente e permite chamar a função hello com uma célula como argumento. Por exemplo, você pode escrever "xlwings" na célula A2 e, em seguida, alterar a fórmula em A1 para o seguinte:

```
=hello(A2)
```

O resultado será o mesmo da Figura 12-2. Mostrarei a você na última seção deste capítulo como alterar esse comportamento e fazer com que os argumentos cheguem como objetos range do xlwings — como veremos a seguir, há ocasiões em que você precisará disso. No VBA, a função hello equivalente ficaria assim:

```
Function hello(name As String) As String
    hello = "Hello " & name & "!"
End Function
```

Quando você clica no botão Importar Funções no suplemento, o xlwings insere um módulo VBA chamado xlwings_udfs em sua pasta de trabalho do Excel. Ele contém uma função VBA para cada função Python que você importa: essas funções wrapper do VBA cuidam da execução da respectiva função no Python. Embora ninguém o impeça de ver o módulo VBA xlwings_udfs abrindo o editor VBA com Alt+F11, você pode ignorá-lo, pois o código é gerado automaticamente e quaisquer alterações serão perdidas quando você clicar no botão Importar Funções novamente. Agora lidaremos com nossa função hello em *first_udf.py* e substituiremos Hello no valor de retorno por Bye:

```
@xw.func
def hello(name):
    return f"Bye {name}!"
```

Para recalcular a função no Excel, clique duas vezes na célula A1 para editar a fórmula (ou selecione a célula e pressione F2 para ativar o modo de edição), então pressione Enter. Como alternativa, digite o atalho de teclado Ctrl+Alt+F9: isso *forçará* o recálculo de todas as planilhas em todas as pastas de trabalho abertas, incluindo a fórmula hello. Observe que F9 (recalcular todas as planilhas em todas as pastas de trabalho abertas) ou Shift+F9 (recalcular a planilha ativa) não recalculará a UDF, pois o Excel apenas acionará um recálculo de UDFs se uma célula dependente for alterada. Para alterar esse comportamento, você pode tornar a função *volátil* adicionando o respectivo argumento ao decorador func:

```
@xw.func(volatile=True)
def hello(name):
    return f"Bye {name}!"
```

As funções voláteis são avaliadas toda vez que o Excel executa um recálculo, independentemente de as dependências da função terem sido alteradas ou não. Algumas funções internas do Excel são voláteis, como =ALEATÓRIO() ou =AGORA(), e usar muitas delas tornará sua pasta de trabalho mais lenta, portanto não exagere. Quando você alterar o nome ou os argumentos de uma função ou o decorador func como acabamos de fazer, será necessário reimportar sua função clicando no botão Importar Funções novamente: isso reiniciará o interpretador Python antes de importar a função atualizada. Agora, quando você alterar a função de Bye para Hello, bastará usar os atalhos de teclado Shift+F9 ou F9 para fazer com que a fórmula seja recalculada, pois a função agora é volátil.

> **Salve o Arquivo Python Depois de Alterá-lo**
>
> Uma pegadinha comum é se esquecer de salvar o arquivo de origem do Python depois de fazer alterações. Portanto, sempre verifique se o arquivo Python foi salvo antes de clicar no botão Importar Funções ou recalcular as UDFs no Excel.

Por padrão, o xlwings importa as funções de um arquivo Python no mesmo diretório com o mesmo nome do arquivo Excel. Renomear e mover seu arquivo de origem Python requer alterações semelhantes às do Capítulo 10, quando fizemos o mesmo com as chamadas RunPython: vá em frente e renomeie o arquivo de *first_udf.py* para *hello.py*. Para informar o xlwings sobre essa alteração, adicione o nome do módulo, ou seja, hello (sem a extensão *.py*!) aos Módulos UDF no suplemento do xlwings, conforme mostrado na Figura 12-3.

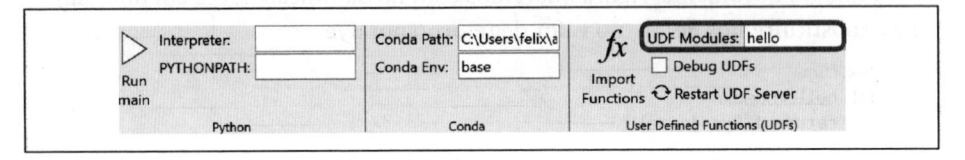

Figura 12-3. A configuração dos Módulos UDF

Clique no botão Importar Funções para reimportar a função. Em seguida, recalcule a fórmula no Excel para garantir que tudo ainda funciona.

> **Importar Funções de Vários Módulos do Python**
>
> Se você quiser importar funções de vários módulos, use um ponto e vírgula entre seus nomes na configuração Módulos UDF, por exemplo, hello;another_module.

Agora vá em frente e mova *hello.py* para sua área de trabalho: isso requer que você adicione o caminho de sua área de trabalho a PYTHONPATH no suplemento do xlwings. Como visto no Capítulo 10, você pode usar variáveis de ambiente para tanto, ou seja, pode definir a configuração PYTHONPATH no suplemento para *%USERPROFILE%\Desktop*. Se ainda tiver o caminho para a pasta *pyscripts* do Capítulo 10, substitua-o ou deixe-o lá, separando os caminhos com um ponto e vírgula. Após essas alterações, clique novamente no botão Importar Funções e recalcule a função no Excel para verificar se tudo ainda funciona.

Configuração e Implantação

Neste capítulo, estou sempre me referindo à alteração de uma configuração no suplemento; no entanto, tudo do Capítulo 10 com relação à configuração e à implantação também pode ser aplicado a este capítulo. Isso significa que uma configuração também pode ser alterada na planilha xlwings.conf ou em um arquivo de configuração localizado no mesmo diretório do arquivo Excel. E, em vez de usar o suplemento do xlwings, você pode usar uma pasta de trabalho configurada no modo autônomo. Com as UDFs, também faz sentido criar seu próprio suplemento personalizado — isso permite que você compartilhe as UDFs entre todas as pastas de trabalho sem precisar importá-las para cada pasta. Para obter mais informações sobre como criar seu próprio suplemento personalizado, consulte a documentação do xlwings.

Se você alterar o código Python da sua UDF, o xlwings selecionará automaticamente as alterações sempre que salvar o arquivo Python. Conforme mencionado, você só precisa reimportar suas UDFs se alterar algo no nome, nos argumentos ou nos decoradores da função. Se, no entanto, seu arquivo de origem importar o código de outros módulos e você alterar algo nesses módulos, a maneira mais fácil de permitir que o Excel selecione todas as alterações é clicar em Reiniciar Servidor UDF.

Neste ponto, você sabe como escrever uma UDF simples em Python e como usá-la no Excel. O estudo de caso na próxima seção irá apresentá-lo a UDFs mais realistas que fazem uso de DataFrames do pandas.

Estudo de Caso: Google Trends

Neste estudo de caso, usaremos dados do Google Trends para aprender a trabalhar com DataFrames do pandas e arrays dinâmicos, um dos mais empolgantes novos recursos do Excel que a Microsoft lançou oficialmente em 2020. Em seguida, criamos uma UDF que se conecta diretamente ao Google Trends, bem como uma que usa o método plot de um DataFrame. Para encerrar esta seção, veremos como a depuração funciona com as UDFs. Começaremos com uma breve introdução ao Google Trends!

Introdução ao Google Trends

Google Trends é um serviço do Google que permite analisar a popularidade das consultas de pesquisa do Google ao longo do tempo e entre regiões. A Figura 12-4 mostra o Google Trends depois de adicionar algumas linguagens de programação populares, selecionando Worldwide como a região e 01/01/2016 a 26/12/2020 como o intervalo de tempo. Cada termo da pesquisa foi selecionado com o contexto *Linguagem de Programação* que aparece em uma lista suspensa após a digitação do termo de pesquisa. Isso garante que ignoramos Python, a cobra, e Java, a ilha. O Google indexa os dados dentro do período e do local selecionados com 100 representando o interesse máximo de pesquisa. Em nossa amostra, isso significa que, dentro do período e do local especificados, o maior interesse de pesquisa foi em Java em fevereiro de 2016. Para obter mais detalhes sobre o Google Trends, consulte a postagem do seu blog oficial.

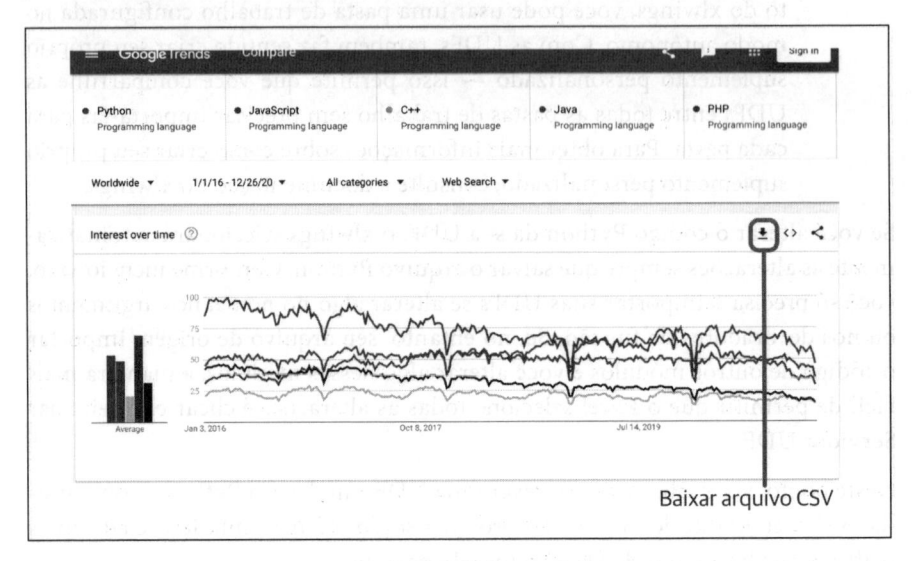

Figura 12-4. Interesse ao longo do tempo; fonte de dados Google Trends

Amostras Aleatórias

Os números do Google Trends são baseados em amostras aleatórias, o que significa que você pode ver uma imagem ligeiramente diferente da Figura 12-4, até se usar o mesmo local, período e termos de pesquisa da captura de tela.

Apertei o botão de download que você vê na Figura 12-4 para obter um arquivo CSV do qual copiei os dados para a pasta de trabalho do Excel de um projeto quickstart. Na próxima seção, mostrarei onde encontrar essa pasta de trabalho — iremos usá-la para analisar os dados com uma UDF diretamente no Excel!

Trabalhando com DataFrames e Arrays Dinâmicos

Tendo chegado até aqui no livro, você não deve se surpreender que os DataFrames do pandas também sejam os melhores amigos de uma UDF. Para ver como DataFrames e UDFs funcionam juntos e aprender sobre arrays dinâmicos, navegue até a pasta *describe* no diretório *udfs* do repositório complementar e abra *describe.xlsm* no Excel e *describe.py* no VS Code. O arquivo Excel contém os dados do Google Trends e no arquivo Python você encontrará uma função simples para começar, conforme mostrado no Exemplo 12-2.

Exemplo 12-2. describe.py

```
import xlwings as xw
import pandas as pd


@xw.func
@xw.arg("df", pd.DataFrame, index=True, header=True)
def describe(df):
    return df.describe()
```

Em comparação com a função `hello` do projeto `quickstart` você notará um segundo decorador:

```
@xw.arg("df", pd.DataFrame, index=True, header=True)
```

`arg` é a abreviação de *argumento* e permite que você aplique os mesmos conversores e opções que usei no Capítulo 9, quando introduzi a sintaxe do xlwings. Em outras palavras, o decorador oferece a mesma funcionalidade para as UDFs que o método `options` dos objetos `range` do xlwings. Formalmente, esta é a sintaxe do decorador `arg`:

```
@xw.arg("argument_name", convert=None, option1=value1, option2=value2, ...)
```

Para ajudá-lo a fazer a conexão de volta ao Capítulo 9, o equivalente da função `describe` na forma de um script se parece com isto (pressupondo que *describe.xlsm* está aberto no Excel e a função é aplicada ao intervalo A3:F263):

```
import xlwings as xw
import pandas as pd


data_range = xw.Book("describe.xlsm").sheets[0]["A3:F263"]
df = data_range.options(pd.DataFrame, index=True, header=True).value
df.describe()
```

As opções `index` e `header` não seriam necessárias, pois estão usando os argumentos-padrão, mas as incluí para mostrar como são aplicadas com as UDFs. Com *describe.xlsm* como a pasta de trabalho ativa, clique no botão Importar Funções e digite =describe(A3:F263) em uma célula vazia — em H3, por exemplo. O que acontece quando você pressiona Enter depende da sua versão do Excel, mais especificamente se a sua versão do Excel for recente o suficiente para oferecer suporte a *arrays dinâmicos*. Em caso afirmativo, você verá a situação mostrada na Figura 12-5, ou seja, a saída da função `describe` nas células H3:M11 é circundada por uma fina borda. Você só conseguirá ver a borda se o cursor estiver dentro do array, e ela é tão sutil que você pode ter problemas para vê-la claramente se olhar a captura de tela em uma versão impressa do livro. Veremos como os arrays dinâmicos se comportam em um momento e você também pode aprender mais sobre eles no box "Arrays Dinâmicos" mais adiante neste capítulo.

	A	B	C	D	E	F	G	H	I	J	K	L	M
1	Category: All categories												
2													
3	Week	Python	JavaScript	C++	Java	PHP			Python	JavaScript	C++	Java	PHP
4	1/3/2016	30	47	22	84	39		count	260	260	260	260	260
5	1/10/2016	33	48	23	90	42		mean	54.42692	49.78462	21.58462	69.71923	30.54615
6	1/17/2016	35	51	26	97	43		std	12.07659	5.047243	3.442376	14.51673	7.543042
7	1/24/2016	35	52	25	94	41		min	30	32	13	38	15
8	1/31/2016	37	52	26	95	44		25%	45	48	19	60	25
9	2/7/2016	35	49	27	98	42		50%	55.5	50	21	68	29
10	2/14/2016	37	53	27	99	43		75%	64	53	24	81	37
11	2/21/2016	38	53	27	100	44		max	77	60	29	100	45
12	2/28/2016	38	54	27	96	44							

Borda

Figura 12-5. A função `describe` com arrays dinâmicos

Se, no entanto, você estiver usando uma versão do Excel que não suporta arrays dinâmicos, parecerá que nada está acontecendo: por padrão, a fórmula retornará apenas a célula superior esquerda em H3, que está vazia. Para corrigir isso, use o que a Microsoft hoje chama de *arrays CSE* herdados. Os arrays CSE precisam ser confirmados digitando a combinação de teclas Ctrl+Shift+Enter, em vez de pressionar apenas Enter — daí o nome. Vejamos como eles funcionam em detalhes:

- Verifique se H3 é uma célula vazia selecionando-a e pressionando a tecla Delete.
- Selecione o intervalo de saída começando na célula H3 e, em seguida, selecione todas as células no caminho até M11.
- Com o intervalo H3:M11 selecionado, digite a fórmula `=describe(A3:F263)`, e confirme pressionando Ctrl+Shift+Enter.

Agora você deve ver quase a mesma imagem da Figura 12-5 com estas diferenças:

- Não há borda ao redor do intervalo H3:M11.
- A fórmula mostra chaves ao redor dela para marcá-la como um array CSE.
- `{=describe(A3:F263)}`.
- Enquanto você exclui os arrays dinâmicos indo para a célula superior esquerda e pressionando a tecla Delete, com os arrays CSE, você sempre tem que selecionar o array inteiro primeiro para poder excluí-lo.

Vamos agora tornar nossa função um pouco mais útil introduzindo um parâmetro opcional chamado `selection` que nos permitirá especificar quais colunas queremos incluir em nossa saída. Se você tiver muitas colunas e quiser incluir apenas um subconjunto na função `describe`, isso poderá se tornar um recurso útil. Altere a função da seguinte forma:

```
@xw.func
@xw.arg("df", pd.DataFrame)  ❶
def describe(df, selection=None):  ❷
    if selection is not None:
        return df.loc[:, selection].describe()  ❸
    else:
        return df.describe()
```

❶ Deixei de fora os argumentos `index` e `header`, pois eles estão usando os padrões, mas fique à vontade para deixá-los.

❷ Adicione o parâmetro `selection` e torne-o opcional atribuindo `None` como seu valor-padrão.

❸ Se `selection` for fornecido, filtre as colunas do DataFrame com base nele.

Depois de alterar a função, salve-a e, em seguida, pressione o botão Importar Funções no suplemento do xlwings — isso é necessário, pois adicionamos um novo parâmetro. Escreva `Selection` na célula A2 e TRUE nas células B2:F2 (note que você deve usar sua versão local de TRUE se está usando uma versão internacional do Excel). Por fim, ajuste sua fórmula na célula H3, caso possua arrays dinâmicos ou não:

Com arrays dinâmicos
Selecione H3, altere a fórmula para `=describe(A3:F263, B2:F2)` e pressione Enter.

Sem arrays dinâmicos
Começando na célula H3, selecione H3:M11, pressione F2 para ativar o modo de edição da célula H3 e altere a fórmula para `=describe(A3:F263, B2:F2)`. Para finalizar, pressione Ctrl+Shift+Enter.

Para experimentar a função aprimorada, iremos alterar o TRUE de Java na célula E2 para FALSE e ver o que acontece: com os arrays dinâmicos, você verá a tabela encolher magicamente em uma coluna. Com os arrays CSE herdados, no entanto, terminará com uma coluna feia cheia de valores #N/A, conforme mostrado na Figura 12-6.

Para resolver esse problema, o xlwings pode redimensionar os arrays CSE herdados usando o decorador de retorno. Adicione-o alterando sua função assim:

```
@xw.func
@xw.arg("df", pd.DataFrame)
@xw.ret(expand="table")  ❶
def describe(df, selection=None):
```

```python
    if selection is not None:
        return df.loc[:, selection].describe()
    else:
        return df.describe()
```

❶ Ao adicionar o decorador de retorno com a opção `expand="table"`, o xl-wings redimensionará o array CSE para corresponder às dimensões do DataFrame retornado.

	A	B	C	D	E	F	G	H	I	J	K	L	M
1	Category: All categories												
2	Selection	TRUE	TRUE	TRUE	FALSE	TRUE							
3	Week	Python	JavaScript	C++	Java	PHP			Python	JavaScript	C++	PHP	
4	1/3/2016	30	47	22	84	39		count	260	260	260	260	
5	1/10/2016	33	48	23	90	42		mean	54.42692	49.78462	21.58462	30.54615	
6	1/17/2016	35	51	26	97	43		std	12.07659	5.047243	3.442376	7.543042	
7	1/24/2016	35	52	25	94	41		min	30	32	13	15	
8	1/31/2016	37	52	26	95	44		25%	45	48	19	25	
9	2/7/2016	35	49	27	98	42		50%	55.5	50	21	29	
10	2/14/2016	37	53	27	99	43		75%	64	53	24	37	
11	2/21/2016	38	53	27	100	44		max	77	60	29	45	
12	2/28/2016	38	54	27	96	44							

	A	B	C	D	E	F	G	H	I	J	K	L	M
1	Category: All categories												
2	Selection	TRUE	TRUE	TRUE	FALSE	TRUE							
3	Week	Python	JavaScript	C++	Java	PHP			Python	JavaScript	C++	PHP	#N/A
4	1/3/2016	30	47	22	84	39		count	260	260	260	260	#N/A
5	1/10/2016	33	48	23	90	42		mean	54.42692	49.78462	21.58462	30.54615	#N/A
6	1/17/2016	35	51	26	97	43		std	12.07659	5.047243	3.442376	7.543042	#N/A
7	1/24/2016	35	52	25	94	41		min	30	32	13	15	#N/A
8	1/31/2016	37	52	26	95	44		25%	45	48	19	25	#N/A
9	2/7/2016	35	49	27	98	42		50%	55.5	50	21	29	#N/A
10	2/14/2016	37	53	27	99	43		75%	64	53	24	37	#N/A
11	2/21/2016	38	53	27	100	44		max	77	60	29	45	#N/A
12	2/28/2016	38	54	27	96	44							

Figura 12-6. Arrays dinâmicos (acima) versus arrays CSE (abaixo) após a exclusão de uma coluna

Depois de adicionar o decorador de retorno, salve o arquivo de origem do Python, alterne para o Excel e pressione Ctrl+Alt+F9 para recalcular: isso redimensionará o array CSE e removerá a coluna #N/A. Como essa é uma solução alternativa, recomendo fortemente que você faça o que estiver ao seu alcance para obter uma versão do Excel que suporte arrays dinâmicos.

Ordem dos Decoradores de Funções

Coloque o decorador `xw.func` sobre os decoradores `xw.arg` e `xw.ret`; observe que a ordem de `xw.arg` e `xw.ret` não importa.

O *decorador de retorno* funciona conceitualmente da mesma forma como o decorador de argumento, com a única diferença de que você não precisa especificar o nome de um argumento. Formalmente, sua sintaxe é assim:

```
@xw.ret(convert=None, option1=value1, option2=value2, ...)
```

Normalmente, você não precisa fornecer um argumento `convert` explícito, pois o xlwings reconhece o tipo do valor de retorno automaticamente — esse é o mesmo comportamento que vimos no Capítulo 9 com o método `options` ao gravar valores no Excel.

Por exemplo, se você deseja suprimir o índice do DataFrame retornado, use este decorador:

```
@xw.ret(index=False)
```

> ## Arrays Dinâmicos
>
> Tendo visto como os arrays dinâmicos funcionam no contexto da função `describe`, tenho certeza de que você concorda que são uma das adições mais fundamentais e empolgantes ao Excel que a Microsoft criou há muito tempo. Eles foram apresentados oficialmente em 2020 para os assinantes do Microsoft 365 que usam a versão mais recente do Excel. Para ver se sua versão é recente o suficiente, verifique a existência da nova função UNIQUE: comece a digitar =UNIQUE em uma célula e, se o Excel sugerir o nome da função, os arrays dinâmicos serão suportados. Se você usa o Excel com uma licença permanente, não como parte da assinatura do Microsoft 365, terá acesso aos novos recursos com o Office 2021. Aqui estão algumas notas técnicas sobre o comportamento dos arrays dinâmicos:
>
> - Se os arrays dinâmicos sobrescreverem uma célula com um valor, você obterá um erro #SPILL!. Depois de abrir espaço para o array dinâmico excluindo ou movendo a célula que está no caminho, o array será escrito. Observe que o decorador de retorno do xlwings com `expand="table"` é menos inteligente e substituirá os valores de célula existentes sem aviso!
> - Você pode se referir ao intervalo de um array dinâmico usando a célula superior esquerda seguida por um sinal #. Por exemplo, se seu array dinâmico estiver no intervalo A1:B2 e você quiser somar todas as células, escreva =SOMA(A1#).
> - Se quiser que seus arrays se comportem como os arrays CSE herdados novamente, inicie sua fórmula com um sinal @, por exemplo, para que uma multiplicação de matrizes retorne um array CSE herdado, use =@MMULT().

Baixar um arquivo CSV e copiar/colar os valores em um arquivo do Excel funcionou bem para este exemplo introdutório do DataFrame, mas copiar/colar é um processo tão sujeito a erros que você desejará se livrar dele sempre que puder. Com o Google Trends, você realmente pode, e a próxima seção mostra como!

Buscando Dados no Google Trends

Os exemplos anteriores foram todos muito simples, praticamente envolvendo apenas uma única função pandas. Para obter um caso mais real, criaremos uma UDF que baixa os dados diretamente do Google Trends para que você não precise mais ficar online e baixar um arquivo CSV manualmente. O Google Trends não possui uma API oficial (interface de programação de aplicativos), mas existe um pacote Python chamado pytrends que preenche a lacuna. Não ser uma API oficial significa que o Google pode alterá-la a qualquer momento, portanto existe o risco de que os exemplos desta seção parem de funcionar em algum momento. No entanto, como o pytrends existe há mais de cinco anos quando este texto foi escrito, também há uma chance real de que ele seja atualizado para refletir as alterações e fazê-lo funcionar novamente. De qualquer forma, serve como um bom exemplo para mostrar que *existe um pacote Python para praticamente qualquer coisa* — uma afirmação que fiz no Capítulo 1. Se você estivesse restrito a usar o Power Query, provavelmente precisaria investir muito mais tempo para fazer algo funcionar — eu, pelo menos, não consegui encontrar uma solução plug-and-play disponível gratuitamente. Como o pytrends não faz parte do Anaconda e também não possui um pacote oficial do Conda, iremos instalá-lo com o pip, caso ainda não tenha feito isso:

```
(base)> pip install pytrends
```

Para replicar o caso exato da versão online do Google Trends, conforme mostrado na Figura 12-4, precisaremos encontrar os identificadores corretos para os termos de pesquisa com o contexto "Linguagem de programação". Para tanto, o pytrends pode imprimir diferentes contextos de pesquisa ou *tipos* que o Google Trends sugere no menu suspenso. No exemplo de código a seguir, mid significa *Machine ID*, que é a ID que estamos procurando:

```
In [4]: from pytrends.request import TrendReq
In [5]: # Primeiro, iremos instanciar um objeto TrendRequest
        trend = TrendReq()
In [6]: # Agora podemos imprimir as sugestões como apareceriam online
        # no menu suspenso do Google Trends depois de digitar "Python"
        trend.suggestions("Python")
Out[6]: [{'mid': '/m/05z1_', 'title': 'Python', 'type': 'Programming language'},
         {'mid': '/m/05tb5', 'title': 'Python family', 'type': 'Snake'},
         {'mid': '/m/0cv6_m', 'title': 'Pythons', 'type': 'Snake'},
         {'mid': '/m/06bxxb', 'title': 'CPython', 'type': 'Topic'},
         {'mid': '/g/1q6j3gsvm', 'title': 'python', 'type': 'Topic'}]
```

Repetir isso para as outras linguagens de programação nos permite recuperar o mid correto para todas elas e podemos escrever a UDF conforme mostrado no Exemplo 12-3. Você encontrará o código-fonte no diretório *google_trends* dentro da pasta *udfs* do repositório complementar.

Exemplo 12-3. A função `get_interest_over_time` *em google_trends.py (trecho com as instruções de importação relevantes)*

```python
import pandas as pd
from pytrends.request import TrendReq
import xlwings as xw

@xw.func(call_in_wizard=False)  ❶
@xw.arg("mids", doc="Machine IDs: A range of max 5 cells")  ❷
@xw.arg("start_date", doc="A date-formatted cell")
@xw.arg("end_date", doc="A date-formatted cell")
def get_interest_over_time(mids, start_date, end_date):
    """Query Google Trends replaces the Machine ID (mid) of
    common programming languages with their human-readable
    equivalent in the return value, e.g., instead of "/m/05z1_"
    it returns "Python".
    """  ❸
    # Verifique e transforme os parâmetros
    assert len(mids) <= 5, "Too many mids (max: 5)"  ❹
    start_date = start_date.date().isoformat()  ❺
    end_date = end_date.date().isoformat()

    # Faça a solicitação do Google Trends e retorne o DataFrame
    trend = TrendReq(timeout=10)  ❻
    trend.build_payload(kw_list=mids,
                        timeframe=f"{start_date} {end_date}")  ❼
    df = trend.interest_over_time()  ❽

    # Substitua o "mid" do Google por uma palavra legível por pessoas
    mids = {"/m/05z1_": "Python", "/m/02p97": "JavaScript",
            "/m/0jgqg": "C++", "/m/07sbkfb": "Java", "/m/060kv": "PHP"}
    df = df.rename(columns=mids)  ❾

    # Descarte a coluna isPartial
    return df.drop(columns="isPartial")  ❿
```

❶ Por padrão, o Excel chama a função quando você a abre no Assistente de Função. Como isso pode torná-lo lento, especialmente com solicitações de API envolvidas, estamos desativando.

❷ Opcionalmente, adicione uma docstring para o argumento da função, que será mostrado no Assistente de Função quando você editar o respectivo argumento, como na Figura 12-8.

❸ A docstring da função é exibida no Assistente de Função, como na Figura 12-8.

❹ A instrução `assert` é uma maneira fácil de gerar um erro, caso o usuário forneça muitos mids. O Google Trends permite no máximo cinco mids por consulta.

❺ O pytrends espera as datas de início e de término como uma única string no formato YYYY-MM-DD YYYY-MM-DD. Como estamos fornecendo as datas de início e de término como células com formato de data, elas chegarão como objetos datetime. Chamar os métodos date e isoformat neles irá formatá--los corretamente.

❻ Estamos instanciando um objeto request do pytrends. Ao definir timeout para 10 segundos, reduzimos o risco de ver um erro requests.exceptions.ReadTimeout, que ocasionalmente acontece se o Google Trends demora um pouco mais para responder. Se você ainda vir esse erro, basta executar a função novamente ou aumentar o tempo limite.

❼ Fornecemos os argumentos kw_list e timeframe para o objeto de solicitação.

❽ Fazemos a solicitação real chamando interest_over_time, que retornará um DataFrame do pandas.

❾ Renomeamos mids com seu equivalente legível por pessoas.

❿ A última coluna se chama isPartial. True indica que o intervalo atual, por exemplo, uma semana, ainda está em andamento e, portanto, ainda não possui todos os dados. Para manter as coisas simples e alinhadas com a versão online, estamos descartando essa coluna ao retornar o DataFrame.

Agora abra *google_trends.xlsm* no repositório complementar, clique em Importar Funções no suplemento do xlwings e chame a função get_interest_over_time na célula A4, conforme mostrado na Figura 12-7.

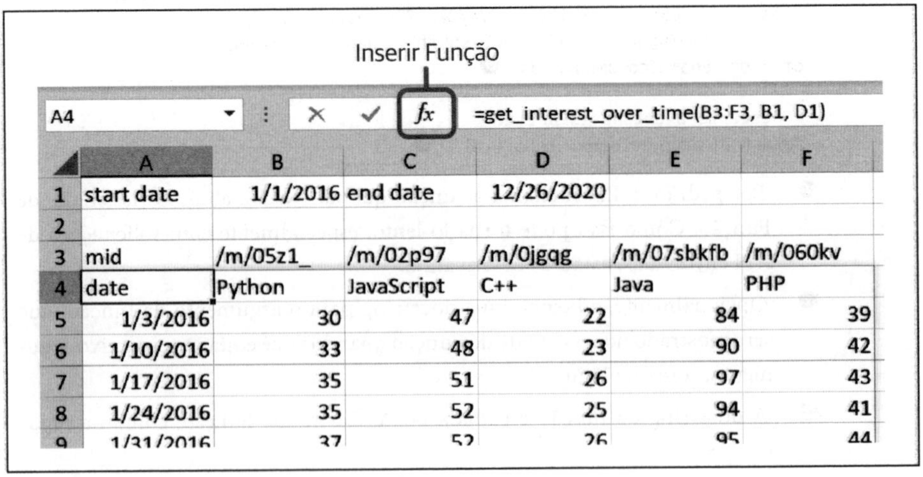

Figura 12-7. google_trends.xlsm

Para obter ajuda com relação aos argumentos da função, clique no botão Inserir Função à esquerda da barra de fórmulas enquanto a célula A4 está selecionada: isso abrirá o Assistente de Função, onde você encontrará suas UDFs na categoria xlwings. Depois de selecionar get_interest_over_time, você verá o nome dos argumentos da função, bem como a docstring como a descrição da função (restrita aos primeiros 256 caracteres): veja a Figura 12-8. Como alternativa, comece a digitar =get_interest_over_time(na célula A4 (incluindo o parêntese de abertura) antes de clicar no botão Inserir Função — isso o levará diretamente à exibição mostrada na Figura 12-8. Observe que as UDFs retornam datas não formatadas. Para corrigir isso, clique com o botão direito do mouse na coluna com as datas, selecione Formatar Células e selecione o formato de sua escolha na categoria Data.

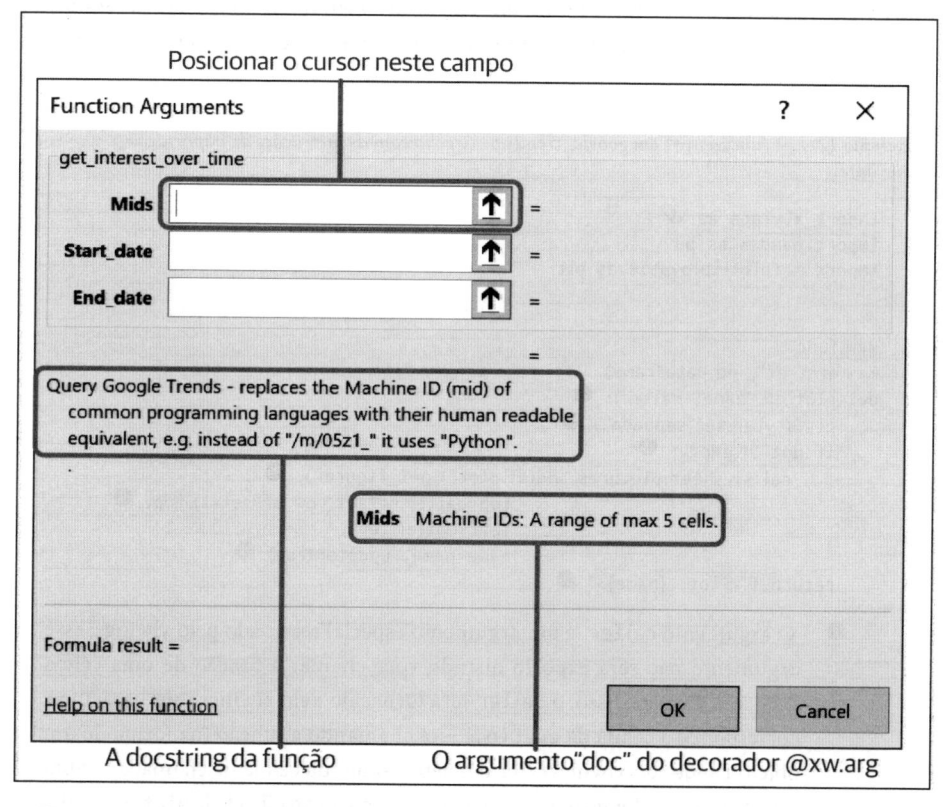

Figura 12-8. O Assistente de Função

Se você observar atentamente a Figura 12.7, poderá perceber pela borda ao redor do array de resultados que estou usando arrays dinâmicos novamente. Como a captura de tela é cortada na parte inferior e o array começa bem à esquerda, você vê apenas as bordas superior e direita começando na célula A4, e mesmo elas podem ser difíceis de reconhecer na captura de tela. Se sua versão do Excel não oferece suporte a arrays dinâmicos, use a solução adicionando o seguinte decorador de retorno à função `get_interest_over_time` (abaixo dos decoradores existentes):

```
@xw.ret(expand="table")
```

Agora que sabe como trabalhar com UDFs mais complicadas, veremos como usar gráficos com as UDFs!

Plotando com UDFs

Como você deve se lembrar do Capítulo 5, chamar o método `plot` de um DataFrame retorna uma plotagem Matplotlib por padrão. Nos Capítulos 9 e 11, já vimos como adicionar uma plotagem como uma imagem ao Excel. Ao trabalhar com UDFs, existe uma maneira fácil de produzir plotagens: veja a segunda função em *google_trends.py*, mostrada no Exemplo 12-4.

Exemplo 12-4. A função `plot` em google_trends.py (trecho com as instruções de importação relevantes)

```
import xlwings as xw
import pandas as pd
import matplotlib.pyplot as plt


@xw.func
@xw.arg("df", pd.DataFrame)
def plot(df, name, caller):  ❶
    plt.style.use("seaborn")  ❷
    if not df.empty:  ❸
        caller.sheet.pictures.add(df.plot().get_figure(),  ❹
                                  top=caller.offset(row_offset=1).top,  ❺
                                  left=caller.left,
                                  name=name, update=True)  ❻
    return f"<Plot: {name}>"  ❼
```

❶ O argumento `caller` é um argumento especial reservado pelo xlwings: esse argumento não será exposto quando você chamar a função de uma célula do Excel. Em vez disso, o `caller` será fornecido pelo xlwings internamente e corresponde à célula da qual você está chamando a função (na forma de um objeto `range` do xlwings). Ter o objeto `range` da célula de chamada facilita a colocação da plotagem usando os argumentos `top` e `left` de `pictures.add`. O argumento `name` definirá o nome da imagem no Excel.

❷ Definimos o estilo `seaborn` para tornar a plotagem mais atraente visualmente.

❸ Somente chame o método `plot` se o DataFrame não estiver vazio. Chamar o método `plot` em um DataFrame vazio geraria um erro.

❹ `get_figure()` retorna o objeto `figure` de Matplotlib a partir de uma plotagem do DataFrame, que é o que `pictures.add` espera.

❺ Os argumentos `top` e `left` são usados apenas quando você insere a plotagem pela primeira vez. Os argumentos fornecidos colocarão a plotagem em um local conveniente — uma célula abaixo daquela de onde você chama essa função.

❻ O argumento `update=True` garante que as chamadas da função repetidas atualizarão a imagem existente com o nome fornecido no Excel, sem alterar sua posição ou tamanho. Sem esse argumento, o xlwings reclamaria que já existe uma imagem com esse nome no Excel.

❼ Embora não precise retornar absolutamente nada, sua vida fica muito mais fácil se você retorna uma string: isso permite reconhecer onde está sua função de plotagem na planilha.

Em *google_trends.xlsm*, na célula H3, chame a função `plot` da seguinte forma:

```
=plot(A4:F263, "History")
```

Se a sua versão do Excel oferece suporte a arrays dinâmicos, use `A4#` em vez de `A4:F263` para tornar a fonte dinâmica, conforme mostrado na Figura 12-9.

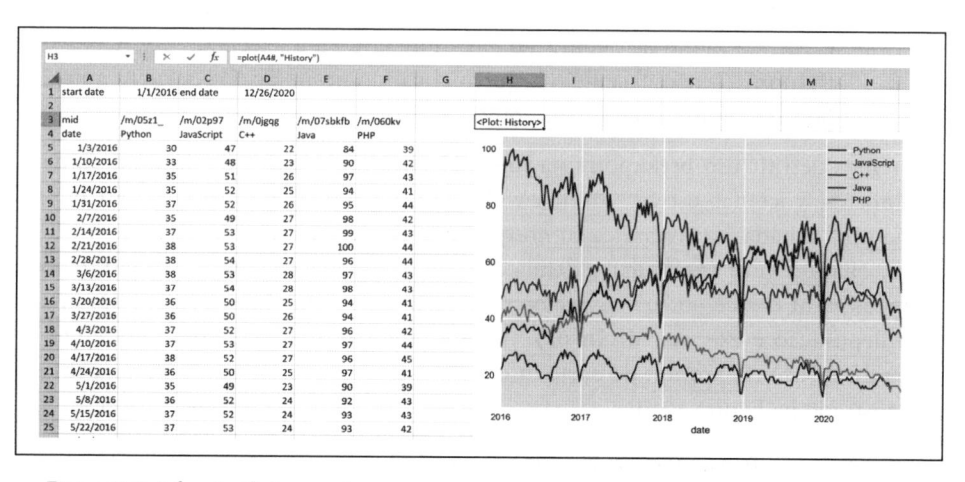

Figura 12-9. A função `plot` em ação

Vamos supor que você esteja um pouco confuso sobre como a função `get_interest_over_time` funciona. Uma opção para entender melhor é depurar o código — a próxima seção mostra como isso funciona com as UDFs!

Depurando UDFs

Uma maneira simples de depurar uma UDF é usar a função `print`. Se você tiver a configuração Mostrar Console habilitada no suplemento do xlwings, poderá imprimir o valor de uma variável no Prompt de Comando que aparece quando você chama sua UDF. Uma opção um pouco mais confortável é usar o depurador do VS Code, que permitirá fazer uma pausa nos breakpoints e percorrer o código linha por linha. Para usar o depurador do VS Code (ou o depurador de qualquer outro IDE), você precisará fazer duas coisas:

1. No suplemento do Excel, ative a caixa de seleção Depurar UDFs. Isso evita que o Excel inicie automaticamente o Python, o que significa que você deve fazer isso manualmente, conforme explicado no próximo ponto.

2. A maneira mais fácil de executar o servidor Python UDF manualmente é adicionando as seguintes linhas na parte inferior do arquivo que você está tentando depurar. Já adicionei essas linhas na parte inferior do arquivo *google_trends.py* no repositório complementar:

```
if __name__ == "__main__":
    xw.serve()
```

Como você deve se lembrar do Capítulo 11, a instrução `if` garante que o código só seja executado quando você executa o arquivo como um script — ele não será executado quando você importar o código como um módulo. Com o comando `serve` adicionado, execute *google_trends.py* no VS Code, no modo de depuração, pressionando F5 e selecionando "Arquivo Python" — não execute o arquivo clicando no botão Executar Arquivo, pois isso ignoraria os breakpoints.

Iremos definir um breakpoint na linha 29 clicando à esquerda do número da linha. Se você não estiver familiarizado com o uso do depurador do VS Code, dê uma olhada no Apêndice B, no qual o apresento com mais detalhes. Agora, quando você recalcular a célula A4, sua chamada de função irá parar no breakpoint e você poderá inspecionar as variáveis. O que é sempre útil durante a depuração é executar `df.info()`. Ative a guia Console de Depuração, escreva `df.info()` no prompt na parte inferior e confirme pressionando Enter, como mostrado na Figura 12-10.

Depurando com VS Code e Anaconda

Este é o mesmo aviso do Capítulo 11: no Windows, ao executar o depurador do VS Code pela primeira vez com um código que usa o pandas, você pode ver um erro: "Exception has occurred: ImportError, Unable to import required dependencies: numpy". Isso acontece porque o depurador está funcionando antes que o ambiente Conda tenha sido ativado corretamente. Como solução alternativa, interrompa o depurador clicando no ícone de parada e pressione F5 novamente — funcionará na segunda vez.

Funções Definidas Pelo Usuário (UDFs) | 267

1. Ativar o Console de Depuração   Parar o depurador

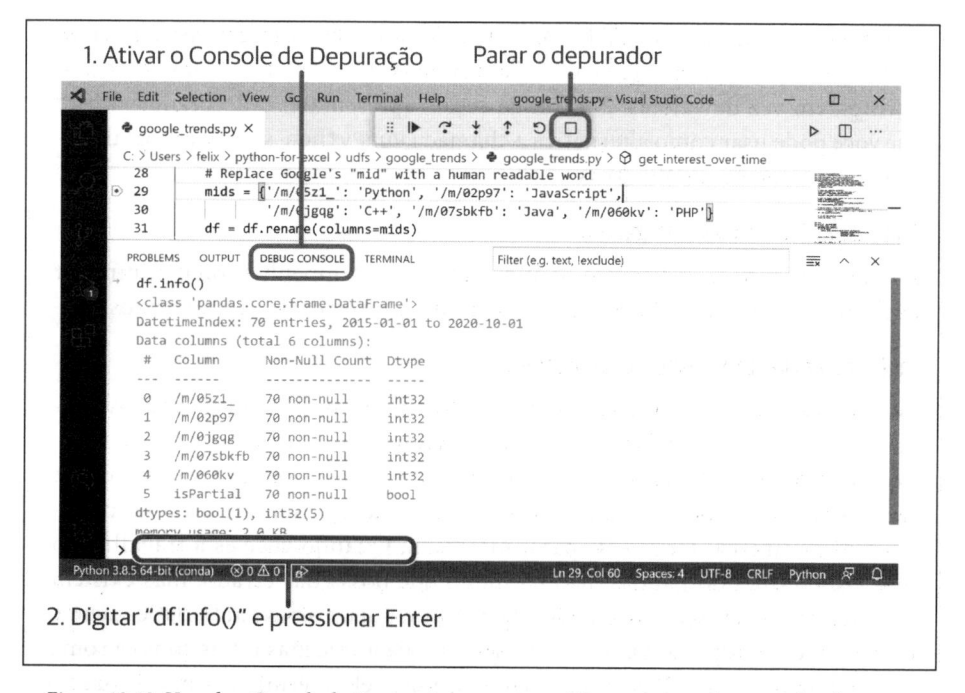

```
C: > Users > felix > python-for-excel > udfs > google_trends > ● google_trends.py > ۞ get_interest_over_time
28        # Replace Google's "mid" with a human readable word
29        mids = {'/m/05z1_': 'Python', '/m/02p97': 'JavaScript',
30                '/m/0jgqg': 'C++', '/m/07sbkfb': 'Java', '/m/060kv': 'PHP'}
31        df = df.rename(columns=mids)

PROBLEMS    OUTPUT    DEBUG CONSOLE    TERMINAL           Filter (e.g. text, !exclude)
> df.info()
<class 'pandas.core.frame.DataFrame'>
DatetimeIndex: 70 entries, 2015-01-01 to 2020-10-01
Data columns (total 6 columns):
 #   Column     Non-Null Count   Dtype
---  ------     --------------   -----
 0   /m/05z1_   70 non-null      int32
 1   /m/02p97   70 non-null      int32
 2   /m/0jgqg   70 non-null      int32
 3   /m/07sbkfb 70 non-null      int32
 4   /m/060kv   70 non-null      int32
 5   isPartial  70 non-null      bool
dtypes: bool(1), int32(5)
memory usage: 2.0 KB
>
```

2. Digitar "df.info()" e pressionar Enter

Figura 12-10. Usando o Console de Depuração enquanto o código está pausado em um breakpoint

Se você mantiver seu programa pausado por mais de 90 segundos em um breakpoint, o Excel mostrará um pop-up dizendo que "o Microsoft Excel está aguardando outro aplicativo concluir uma ação OLE". Isso não deve afetar sua experiência de depuração, exceto ter que confirmar o pop-up para fazê-lo desaparecer assim que terminar a depuração. Para terminar esta sessão de depuração, clique no botão Parar no VS Code (veja a Figura 12-10) e desmarque a configuração Depurar UDFs novamente no suplemento na faixa do xlwings. Se você esquecer de desmarcar a configuração Depurar UDFs, suas funções retornarão um erro na próxima vez que as recalcular.

Esta seção mostrou a funcionalidade da UDF mais comumente usada trabalhando com o estudo de caso do Google Trends. A próxima seção abordará alguns tópicos avançados, incluindo o desempenho da UDF e o decorador xw.sub.

Tópicos Avançados em UDF

Se você usar muitas UDFs em sua pasta de trabalho, o desempenho poderá se tornar um problema. Esta seção começa mostrando as mesmas otimizações básicas de desempenho que vimos no Capítulo 9, mas aplicadas a UDFs. A segunda parte trata do cache, uma técnica adicional de otimização de desempenho que podemos usar com as UDFs. Ao longo do caminho, também aprenderemos como fazer com que os argumentos da função cheguem como objetos range do xlwings, em vez de valores. No fim da seção, apresentarei o decorador xw.sub que você pode usar como alternativa à chamada RunPython se estiver trabalhando exclusivamente no Windows.

Otimização Básica do Desempenho

Esta parte aborda duas técnicas de otimização de desempenho: como minimizar as chamadas entre os aplicativos e como usar o conversor de valores brutos.

Minimize as chamadas entre os aplicativos

Como você provavelmente se lembra do Capítulo 9, as chamadas entre os aplicativos, ou seja, chamadas entre Excel e Python, são relativamente lentas, então, quanto menos UDFs você tiver, melhor. Portanto, você deve trabalhar com arrays sempre que puder — ter uma versão do Excel que suporte arrays dinâmicos definitivamente torna essa parte mais fácil. Quando você está trabalhando com DataFrames do pandas, não há muito que possa dar errado, mas existem certas fórmulas em que você pode não pensar em usar arrays automaticamente. Considere o exemplo da Figura 12-11 que calcula as receitas totais como a soma de determinada Taxa Base mais uma taxa variável determinada por Usuários vezes o Preço.

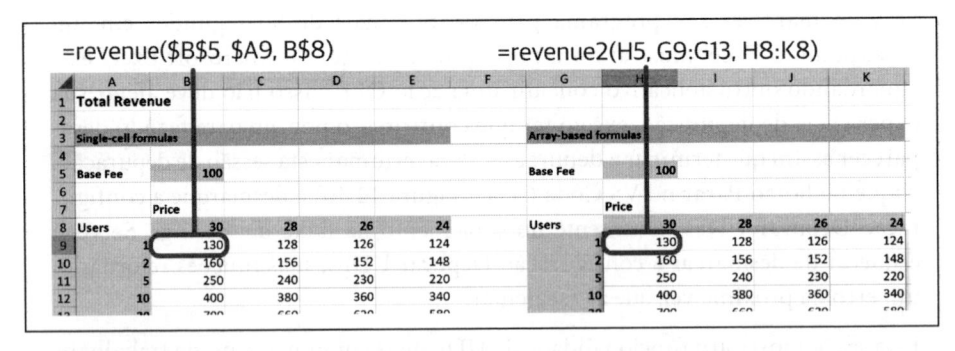

Figura 12-11. Fórmulas de célula única (à esquerda) versus fórmulas baseadas em array (à direita)

Fórmulas de célula única

A tabela da esquerda na Figura 12-11 usa a fórmula =revenue($B$5, $A9, B$8) na célula B9. Essa fórmula é aplicada a todo o intervalo B9:E13. Isso significa que você tem 20 fórmulas de célula única que chamam a função revenue.

Fórmulas baseadas em array

A tabela da direita na Figura 12-11 usa a fórmula =revenue2(H5, G9:G13, H8:K8). Se você não tiver arrays dinâmicos em sua versão do Excel, será necessário adicionar o decorador xw.ret(expand="table") à função revenue2 ou transformar o array em um array CSE herdado selecionando H9:K13, pressionando F2 para editar a fórmula e confirmando com Ctrl+Shift+Enter. Ao contrário da fórmula de célula única, esta versão chama a função revenue2 apenas uma vez.

Você pode ver o código Python para as duas UDFs no Exemplo 12-5 e encontrará o arquivo de origem na pasta *revenues* dentro do diretório *udfs* do repositório complementar.

Exemplo 12-5. revenues.py

```
import numpy as np
import xlwings as xw


@xw.func
def revenue(base_fee, users, price):
    return base_fee + users * price


@xw.func
@xw.arg("users", np.array, ndim=2)
@xw.arg("price", np.array)
def revenue2(base_fee, users, price):
    return base_fee + users * price
```

Ao alterar a taxa base na célula B5 ou H5, respectivamente, você verá que o exemplo da direita será muito mais rápido que o da esquerda. A diferença nas funções do Python é mínima e difere apenas nos decoradores de argumento: a versão baseada em array lê users e prices como um array NumPy — a única ressalva aqui é ler users como um vetor de coluna bidimensional definindo ndim=2 no decorador de argumentos. Você provavelmente lembra que os arrays NumPy são semelhantes aos DataFrames, mas sem índice ou cabeçalho, e com apenas um tipo de dados, mas, se quiser lembrar com mais detalhes, dê uma olhada no Capítulo 4.

Usando valores brutos

O uso de valores brutos significa que você está deixando de fora as etapas de preparação e limpeza de dados que o xlwings executa sobre o pywin32, a dependência do xlwings no Windows. Isso, por exemplo, significa que você não pode mais trabalhar com os DataFrames diretamente, pois o pywin32 não os entende, mas isso pode não ser um problema se você trabalha com listas ou arrays NumPy.

Para usar UDFs com valores brutos, use a string raw como o argumento convert no argumento ou no decorador de retorno. Isso equivale a usar o conversor raw por meio do método options de um objeto range do xlwings, como fizemos no Capítulo 9. De acordo com o que vimos lá, você terá maior velocidade durante as operações de gravação. Por exemplo, chamar a seguinte função sem o decorador de retorno seria cerca de três vezes mais lento no meu notebook:

```python
import numpy as np
import xlwings as xw


@xw.func
@xw.ret("raw")
def randn(i=1000, j=1000):
    """Returns an array with dimensions (i, j) with normally distributed
    pseudorandom numbers provided by NumPy's random.randn
    """
    return np.random.randn(i, j)
```

Você encontrará o respectivo exemplo no repositório complementar na pasta *raw_values* dentro do diretório *udfs*. Ao trabalhar com UDFs, você tem outra opção fácil para melhorar o desempenho: evitar cálculos repetidos de funções lentas armazenando em cache seus resultados.

Armazenando em cache

Quando você chama uma *função determinística*, ou seja, uma função que, dadas as mesmas entradas, sempre retorna a mesma saída, você pode armazenar o resultado em um *cache*: chamadas repetidas da função não precisam mais esperar pelo cálculo lento, mas podem pegar o resultado do cache onde já está pré-calculado. Isso é mais bem explicado com um pequeno exemplo. Um mecanismo de cache muito básico pode ser programado com um dicionário:

```python
In [7]: import time
In [8]: cache = {}

        def slow_sum(a, b):
            key = (a, b)
            if key in cache:
                return cache[key]
            else:
                time.sleep(2)   # Dormir por 2 segundos
                result = a + b
                cache[key] = result
                return result
```

Quando você chama essa função pela primeira vez, cache está vazio. O código, portanto, executará a cláusula else com a pausa artificial de dois segundos que imita um cálculo lento. Após realizar o cálculo, ele adicionará o resultado ao dicionário cache antes de retornar o resultado. Agora, quando você chamar essa função uma segunda vez com os mesmos argumentos e durante a mesma sessão do Python, ele a encontrará no cache e a retornará imediatamente, sem precisar realizar o cálculo lento novamente. O armazenamento em cache de um resultado com base em seus argumentos também é chamado de *memorização*. Assim, você verá a diferença de tempo ao chamar a função na primeira e na segunda vez:

```
In [9]: %%time
        slow_sum(1, 2)
Wall time: 2.01 s
Out[9]: 3
In [10]: %%time
        slow_sum(1, 2)
Wall time: 0 ns
Out[10]: 3
```

O Python possui um decorador embutido chamado lru_cache, que pode facilitar muito sua vida e que você importa do módulo functools que faz parte da biblioteca padrão; lru significa o cache *menos usado recentemente* [em inglês, *least recently used*] e quer dizer que ele contém um número máximo de resultados (por padrão 128) antes de se livrar dos mais antigos. Podemos usar isso com nosso exemplo do Google Trends da última seção. Contanto que estejamos apenas consultando valores históricos, podemos armazenar em cache o resultado com segurança. Isso não apenas agilizará várias chamadas, mas também diminuirá a quantidade de solicitações que enviamos ao Google, diminuindo a chance dele nos bloquear — algo que pode acontecer se você envia muitas solicitações em um curto período.

Aqui estão as primeiras linhas da função get_interest_over_time com as alterações necessárias para aplicar o armazenamento em cache:

```
from functools import lru_cache  ❶

import pandas as pd
from pytrends.request import TrendReq
import matplotlib.pyplot as plt
import xlwings as xw

@lru_cache  ❷
@xw.func(call_in_wizard=False)
@xw.arg("mids", xw.Range, doc="Machine IDs: A range of max 5 cells")  ❸
@xw.arg("start_date", doc="A date-formatted cell")
@xw.arg("end_date", doc="A date-formatted cell")
def get_interest_over_time(mids, start_date, end_date):
    """Query Google Trends replaces the Machine ID (mid) of
    common programming languages with their human-readable
    equivalent in the return value, e.g., instead of "/m/05z1_"
    it returns "Python".
    """
    mids = mids.value  ❹
```

❶ Importe o decorador `lru_cache`.

❷ Use o decorador. O decorador deve estar no topo do decorador `xw.func`.

❸ Por padrão, `mids` é uma lista. Isso cria um problema nesse caso, pois as funções com listas como argumentos não podem ser armazenadas em cache. O problema subjacente é que as listas são objetos mutáveis que não podem ser usados como chaves em dicionários; consulte o Apêndice C para obter mais informações sobre objetos mutáveis versus objetos imutáveis. Usar o conversor `xw.Range` nos permite recuperar `mids` como um objeto `range` do xlwings em vez de uma lista, o que resolve nosso problema.

❹ Para fazer o restante do código funcionar novamente, agora precisamos obter os valores por meio da propriedade `value` do objeto `range` do xlwings.

> **Armazenando em Cache com Diferentes Versões do Python**
>
> Se você estiver usando uma versão do Python inferior a 3.8, terá que usar o decorador com parêntesis assim: `@lru_cache()`. Se estiver usando o Python 3.9 ou posterior, substitua `@lru_cache` por `@cache`, que é o mesmo que `@lru_cache(maxsize=None)`, ou seja, o cache nunca se livra dos valores mais antigos. Você também precisa importar o decorador `cache` de `functools`.

O conversor `xw.Range` também pode ser útil em outras circunstâncias, por exemplo, se você precisa acessar as fórmulas da célula em vez dos valores em sua UDF. No exemplo anterior, você poderia escrever `mids.formula` para acessar as fórmulas das células. Você encontrará o exemplo completo na pasta *google_trends_cache* dentro do diretório *udfs* do repositório complementar.

Agora que você sabe como ajustar o desempenho das UDFs, encerraremos esta seção apresentando o decorador `xw.sub`.

O Decorador Sub

No Capítulo 10, mostrei como acelerar a chamada `RunPython` ativando a configuração Use UDF Server. Se você vive somente no mundo Windows, existe uma alternativa para a combinação `RunPython/Use UDF Server` na forma do decorador `xw.sub`. Isso permitirá que importe suas funções Python como procedimentos Sub para o Excel, sem ter que escrever manualmente nenhuma chamada `RunPython`. No Excel, você precisará de um procedimento Sub para poder anexá-lo a um botão — uma função do Excel, como você obtém ao usar o decorador `xw.func`, não funcionará. Para experimentar, crie um novo projeto quickstart chamado `importsub`. Como de costume, coloque `cd` primeiro no diretório em que deseja que o projeto seja criado:

```
(base)> xlwings quickstart importsub
```

No Explorador de Arquivos, navegue até a pasta *importsub* criada e abra *importsub.xlsm* no Excel e *importsub.py* no VS Code, em seguida decore a função `main` com `@xw.sub`, conforme mostrado no Exemplo 12-6.

Exemplo 12-6. importsub.py (trecho)

```python
import xlwings as xw


@xw.sub
def main():
    wb = xw.Book.caller()
    sheet = wb.sheets[0]
    if sheet["A1"].value == "Hello xlwings!":
        sheet["A1"].value = "Bye xlwings!"
    else:
        sheet["A1"].value = "Hello xlwings!"
```

No suplemento do xlwings, clique em Importar Funções antes de pressionar Alt+F8 para ver as macros disponíveis: além de `SampleCall` que usa `RunPython`, agora você também verá uma macro chamada `main`. Selecione e clique no botão Executar — você verá a saudação familiar na célula A1. Agora você pode prosseguir e atribuir a macro principal a um botão, como fizemos no Capítulo 10. Embora o decorador `xw.sub` possa facilitar sua vida no Windows, lembre-se de que, ao usá-lo, você perde a compatibilidade entre as plataformas. Com `xw.sub`, conhecemos todos os decoradores do xlwings — eu os resumi novamente no Quadro 12-1.

Quadro 12-1. Decoradores do xlwings

Decorador	Descrição
`xw.func`	Coloque este decorador em cima de todas as funções que você deseja importar para o Excel como uma função do Excel.
`xw.sub`	Coloque este decorador em cima de todas as funções que você deseja importar para o Excel como um procedimento Sub do Excel.
`xw.arg`	Aplique conversores e opções nos argumentos, por exemplo, adicione uma docstring por meio do argumento `doc` ou você pode fazer com que um intervalo chegue como DataFrame fornecendo `pd.DataFrame` como o primeiro argumento (isso pressupõe que você importou o pandas como pd).
`xw.ret`	Aplique conversores e opções para retornar valores, por exemplo, suprima o índice de um DataFrame fornecendo `index=False`.

Para obter mais detalhes sobre esses decoradores, dê uma olhada na documentação do xlwings.

Conclusão

Este capítulo foi sobre como escrever funções Python e importá-las para o Excel como UDFs, permitindo que você as chame por meio de fórmulas da célula. Ao trabalhar com o estudo de caso do Google Trends, você aprendeu como influenciar o comportamento dos argumentos da função e retornar valores usando os decoradores `arg` e `ret`, respectivamente. A última parte mostrou alguns truques de desempenho e apresentou o decorador `xw.sub`, que você pode usar como substituto do `RunPython` se está trabalhando exclusivamente com o Windows. O bom de escrever UDFs em Python é que isso permite substituir fórmulas de células longas e complexas por código Python que será mais fácil de entender e manter. Minha maneira preferida de trabalhar com UDFs é definitivamente usar os DataFrames do pandas com os novos arrays dinâmicos do Excel, uma combinação que facilita o trabalho com o tipo de dados que obtemos do Google Trends, ou seja, DataFrames com um número dinâmico de linhas.

E é isso — chegamos ao fim do livro! Muito obrigado pelo seu interesse em minha interpretação de um ambiente moderno de automação e análise de dados para Excel! Minha ideia era apresentá-lo ao mundo do Python e seus poderosos pacotes de código aberto, permitindo que você escreva código Python para seu próximo projeto, em vez de ter que lidar com as próprias soluções do Excel, como VBA ou Power Query, mantendo assim uma porta aberta para se afastar facilmente do Excel se precisar. Espero ter dado alguns exemplos práticos para facilitar o início. Depois de ler este livro, você agora sabe como:

- Substituir uma pasta de trabalho do Excel por um Jupyter notebook e código pandas.
- Processar pastas de trabalho do Excel em batch lendo-as com OpenPyXL, xlrd, pyxlsb ou xlwings e, em seguida, consolidá-las com o pandas.
- Produzir relatórios do Excel com OpenPyXL, XlsxWriter, xlwt ou xlwings.
- Usar o Excel como um front-end e conectá-lo a praticamente qualquer coisa que você deseja via xlwings, clicando em um botão ou escrevendo uma UDF.

Em breve você desejará ir além do escopo deste livro. Convido-o a verificar a página inicial do livro na internet de tempos em tempos para ter atualizações e material adicional (em inglês). Nesse espírito, aqui estão algumas ideias que você pode explorar por conta própria:

- Agendar a execução periódica de um script Python usando o Agendador de Tarefas no Windows ou um trabalho cron no macOS ou no Linux. Você pode, por exemplo, criar um relatório do Excel toda sexta-feira com base nos dados que consome de uma API REST ou de um banco de dados.

- Escrever um script Python que envia alertas de e-mail sempre que os valores em seus arquivos do Excel atendem determinada condição. Talvez seja quando o saldo da sua conta, consolidado de várias pastas de trabalho, fica abaixo de determinado valor ou quando mostra um valor diferente do que você espera com base em seu banco de dados interno.
- Escrever um código que encontra erros em pastas de trabalho do Excel: verifique se há erros de célula como #REF! ou #VALUE!, ou erros lógicos, como verificar se uma fórmula inclui todas as células que deveria. Se você começar a rastrear suas pastas de trabalho de missão crítica com um sistema de controle de versão profissional como o Git, poderá até executar esses testes automaticamente sempre que enviar a uma nova versão.

Se este livro o inspirar a automatizar sua rotina diária ou semanal de baixar dados e copiá-los/colá-los no Excel, eu não poderia estar mais feliz. A automação não apenas lhe dá mais tempo, mas também reduz drasticamente a chance de cometer erros. Se você tiver algum comentário, por favor me avise sobre isso! Você pode entrar em contato via Twitter em @felixzumstein.

APÊNDICE A

Ambientes Conda

No Capítulo 2, introduzi os ambientes Conda explicando que (base) no início de um prompt do Anaconda representa o ambiente Conda atualmente ativo com o nome base. O Anaconda exige que você sempre trabalhe em um ambiente ativado, mas a ativação é feita automaticamente para o ambiente base quando você inicia o prompt do Anaconda no Windows ou o Terminal no macOS. Trabalhar com ambientes Conda permite separar adequadamente as dependências de seus projetos: se você quiser experimentar uma versão mais recente de um pacote como o pandas sem alterar seu ambiente base, poderá fazê-lo em um ambiente Conda separado. Na primeira parte deste apêndice, guiarei você no processo de criação de um ambiente Conda chamado xl38, no qual instalaremos todos os pacotes na versão que usei para escrever este livro. Isso permitirá que você execute as amostras deste livro como estão, mesmo que alguns pacotes tenham lançado novas versões com alterações importantes nesse meio-tempo. Na segunda parte, mostrarei como desabilitar a ativação automática do ambiente base se você não gostar do comportamento-padrão.

Crie um Novo Ambiente Conda

Execute o seguinte comando no prompt do Anaconda para criar um novo ambiente com o nome xl38 que usa o Python 3.8:

```
(base)> conda create --name xl38 python=3.8
```

Ao pressionar Enter, o Conda imprimirá o que irá instalar no novo ambiente e pedirá para você confirmar:

```
Proceed ([y]/n)?
```

Pressione Enter para confirmar ou digite n se quiser cancelar. Terminada a instalação, ative seu novo ambiente assim:

```
(base)> conda activate xl38
(xl38)>
```

O nome do ambiente mudou de base para xl38 e agora você pode usar Conda ou pip para instalar pacotes nesse novo ambiente sem afetar nenhum outro ambiente (lembrete: use pip apenas se o pacote não estiver disponível via Conda).

Vamos em frente e instalaremos todos os pacotes deste livro na versão que eu estava usando. Primeiro, verifique se você está no ambiente xl38, ou seja, veja se o prompt do Anaconda está sendo exibido (xl38), em seguida instale os pacotes Conda desta maneira (o seguinte comando deve ser digitado como um único comando; as quebras de linha são apenas para a exibição):

```
(xl38)> conda install lxml=4.6.1 matplotlib=3.3.2 notebook=6.1.4 openpyxl=3.0.5
                     pandas=1.1.3 pillow=8.0.1 plotly=4.14.1 flake8=3.8.4
                     python-dateutil=2.8.1 requests=2.24.0 sqlalchemy=1.3.20
                     xlrd=1.2.0 xlsxwriter=1.3.7 xlutils=2.0.0 xlwings=0.20.8
                     xlwt=1.3.0
```

Confirme o plano de instalação e finalize o ambiente instalando as duas dependências restantes com pip:

```
(xl38)> pip install pyxlsb==1.0.7 pytrends==4.7.3
(xl38)>
```

Como Usar o Ambiente xl38

Se você quiser usar o ambiente xl38 em vez do ambiente base para trabalhar com os exemplos deste livro, sempre tenha seu ambiente xl38 ativado executando:

```
(base)> conda activate xl38
```

Ou seja, sempre que eu mostrar o prompt do Anaconda como (base)>, você desejará que ele mostre (xl38)>.

Para desativar o ambiente novamente e voltar ao ambiente base, digite:

```
(xl38)> conda deactivate
(base)>
```

Se deseja excluir o ambiente completamente, execute o seguinte comando:

```
(base)> conda env remove --name xl38
```

Em vez de seguir as etapas manualmente para criar o ambiente xl38, você também pode utilizar o arquivo de ambiente *xl38.yml* que incluí na pasta *conda* do repositório complementar. A execução dos seguintes comandos cuida de tudo:

```
(base)> cd C:\Users\username\python-for-excel\conda
(base)> conda env create -f xl38.yml
(base)> conda activate xl38
(xl38)>
```

Por padrão, o Anaconda sempre ativa o ambiente base quando você abre um Terminal no macOS ou o prompt do Anaconda no Windows. Se não gostar disso, pode desabilitar a ativação automática, conforme mostrarei a seguir.

Desabilite a Ativação Automática

Se você não deseja que o ambiente `base` seja ativado automaticamente sempre que inicia um prompt do Anaconda, pode desabilitá-lo: isso exigirá que digite `conda activate base` manualmente em um Prompt de Comando (Windows) ou no Terminal (macOS) antes de poder usar o Python.

Windows

No Windows, você precisará usar o Prompt de Comando normal, em vez do prompt do Anaconda. As etapas a seguir habilitarão o comando `conda` em um Prompt de Comando normal. Substitua o caminho na primeira linha pelo caminho no qual o Anaconda está instalado em seu sistema:

```
> cd C:\Users\nomeusuário\Anaconda3\condabin
> conda init cmd.exe
```

Seu Prompt de Comando normal agora está configurado com o Conda, portanto, daqui para frente, você pode ativar o ambiente `base` desta maneira:

```
> conda activate base
(base) >
```

macOS

No macOS, basta executar o seguinte comando em seu Terminal para desativar a ativação automática:

```
(base)> conda config --set auto_activate_base false
```

Se quiser reverter, execute o mesmo comando novamente com `true` em vez de `false`. As alterações entrarão em vigor após a reinicialização do Terminal. No futuro, você precisará ativar o ambiente `base` assim antes de poder usar o comando `python` novamente:

```
> conda activate base
(base)>
```

APÊNDICE B
Funcionalidade Avançada do VS Code

Este apêndice mostra como o depurador funciona no VS Code e como você pode executar os Jupyter notebooks diretamente de dentro do VS Code. Os tópicos são independentes, então você pode lê-los em qualquer ordem.

Depurador

Se você já usou o depurador VBA no Excel, tenho uma boa notícia: depurar com o VS Code é uma experiência muito semelhante. Começaremos abrindo o arquivo *debugging.py* do repositório complementar no VS Code. Clique na margem à esquerda da linha número 4 para que apareça um ponto — este é o seu *breakpoint* no qual a execução do código será pausada. Agora pressione F5 para iniciar a depuração: o Painel de Comando aparecerá com uma seleção de configurações de depuração. Escolha "Arquivo Python" para depurar o arquivo ativo e execute o código até atingir o *breakpoint*. A linha será destacada e a execução do código será pausada, veja a Figura B-1. Durante a depuração, a barra de status muda de cor.

Se a seção Variáveis não aparecer automaticamente à esquerda, clique no menu Executar para ver os valores das variáveis. Como alternativa, você também pode passar o mouse sobre uma variável no código-fonte e obter uma dica de ferramenta com seu valor. Na parte superior, você verá a Barra de Ferramentas de Depuração que fornece acesso aos seguintes botões da esquerda para a direita: Continue, Step Over, Step Into, Step Out, Restart e Stop. Ao passar o mouse sobre eles, também verá os atalhos de teclado.

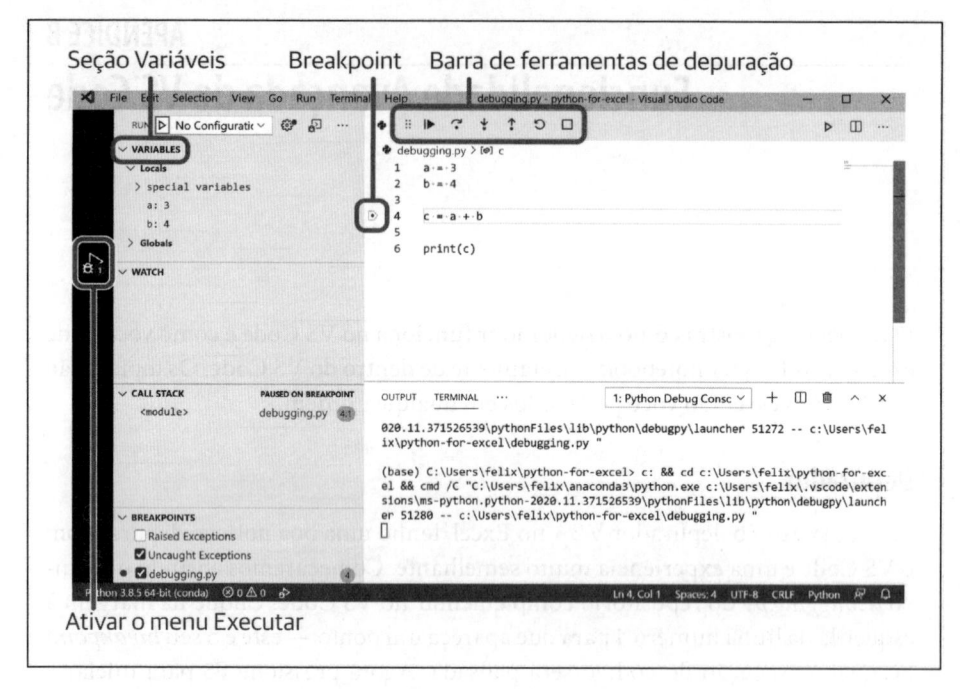

Figura B-1. Código VS com o depurador parado no breakpoint

Vejamos o que cada um desses botões faz:

Continue
> Continua a executar o programa até atingir o próximo breakpoint ou o final do programa. Se chegar ao final do programa, o processo de depuração será interrompido.

Step Over
> O depurador avançará uma linha. *Step Over* significa que o depurador não percorrerá visualmente as linhas de código que não fazem parte do seu escopo atual. Por exemplo, ele não entrará no código de uma função que você chama linha por linha — mas a função ainda será chamada!

Step Into
> Se você tiver um código que chama uma função ou uma classe etc., *Step Into* fará com que o depurador entre nessa função ou classe. Se a função ou classe estiver em um arquivo diferente, o depurador abrirá o arquivo para você.

Step Out
    Se você entrou em uma função com Step Into, *Step Out* fará com que o depurador retorne ao próximo nível superior até que, finalmente, você estará de volta ao nível mais alto de onde chamou Step Into inicialmente.

Restart
    Isso interromperá o processo de depuração atual e iniciará um novo desde o início.

Stop
    Isso interromperá o processo de depuração atual.

Agora que você sabe o que cada botão faz, clique em Step Over para avançar uma linha e ver como a variável c aparece na seção Variáveis, então finalize o exercício de depuração clicando em Continue.

Se você salvar a configuração de depuração, o Painel de Comando não aparecerá e perguntará sobre a configuração toda vez que você pressionar F5: clique no ícone Executar na Barra de atividades e clique em "criar um arquivo launch.json". Isso fará com que o Painel de Comando apareça novamente e, quando você selecionar "Arquivo Python", ele criará o arquivo *launch.json* em um diretório chamado *.vscode*. Quando você pressionar F5, o depurador será iniciado imediatamente. Se você precisar alterar a configuração ou quiser obter o pop-up do Painel de Comando novamente, edite ou exclua o arquivo *launch.json* no diretório *.vscode*.

Jupyter Notebooks no VS Code

Em vez de executar seus Jupyter notebooks em um navegador da Web, você também pode executá-los diretamente com o VS Code. Além disso, o VS Code oferece um explorador de variáveis conveniente, bem como opções para transformar o notebook em arquivos Python padrão sem perder a funcionalidade da célula. Isso torna mais fácil usar o depurador ou copiar/colar células entre os diferentes notebooks. Começaremos executando um notebook no VS Code!

Execute os Jupyter Notebooks

Clique no ícone do Explorador na barra de atividades e abra *ch05.ipynb* no repositório complementar. Para continuar, você precisará tornar o notebook confiável clicando em Trust na notificação que aparece. O layout do notebook parece um pouco diferente daquele no navegador para combinar com o restante do VS Code, mas, fora isso, é a mesma experiência, incluindo todos os atalhos de teclado. Iremos executar as três primeiras células via Shift+Enter. Isso iniciará o servidor do notebook Jupyter se ainda não estiver em execução (você verá o status no canto superior direito do notebook). Após executar as células, clique no botão Variáveis no menu na parte superior do notebook: isso abrirá o explorador Variáveis, no qual você pode ver os valores de todas as variáveis existentes no momento, conforme a Figura B-2, ou seja, você só encontrará variáveis de células que já foram executadas.

Salvando Jupyter Notebooks no VS Code

Para salvar notebooks no VS Code, você precisa usar o botão Salvar na parte superior do notebook, pressionar Ctrl+S no Windows ou Command-S no macOS. Arquivo > Salvar não funcionará.

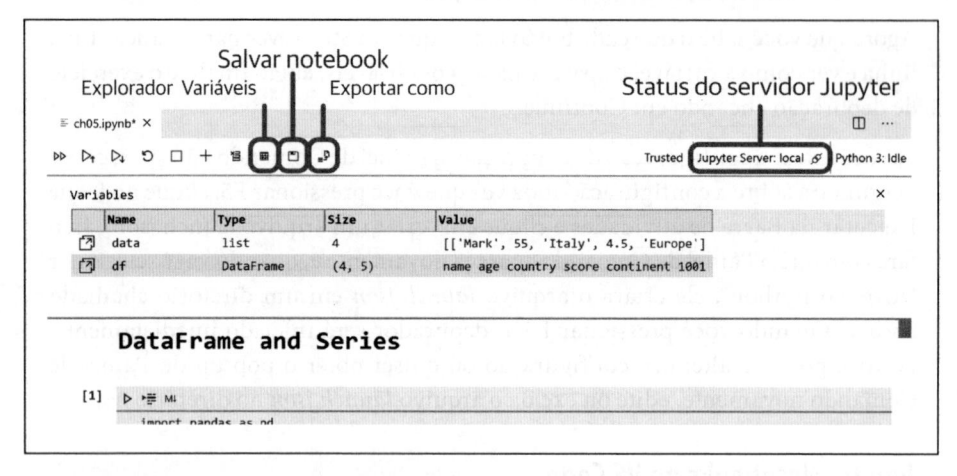

Figura B-2. Explorador Variável do Jupyter notebook

Se você usar estruturas de dados como listas aninhadas, arrays NumPy ou DataFrames, poderá clicar duas vezes na variável: isso abrirá o Visualizador de Dados e fornecerá uma visualização familiar semelhante a uma planilha. A Figura B-3 mostra o Visualizador de Dados depois de clicar duas vezes na variável df.

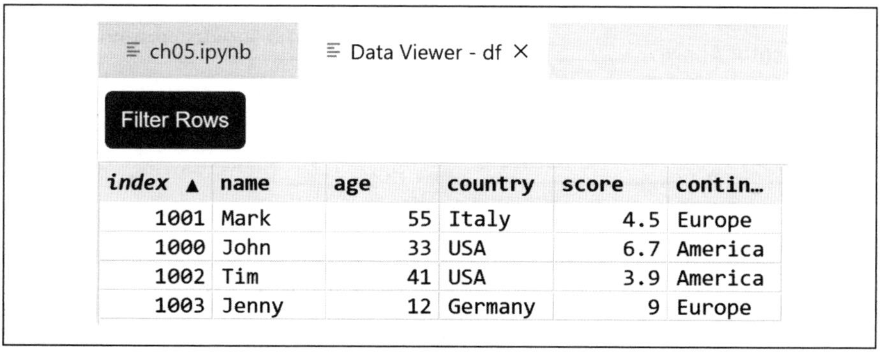

```
  ch05.ipynb      Data Viewer - df  ×

 Filter Rows

   index ▲  name      age    country   score    contin...
     1001  Mark       55    Italy       4.5    Europe
     1000  John       33    USA         6.7    America
     1002  Tim        41    USA         3.9    America
     1003  Jenny      12    Germany       9    Europe
```

Figura B-3. Visualizador de Dados do Jupyter notebook

Embora o VS Code permita executar arquivos Jupyter notebook padrão, ele também permite que você transforme os notebooks em arquivos Python normais — sem perder suas células. Vejamos como isso funciona!

Scripts do Python com Células de Código

Para usar as células do Jupyter notebook em arquivos Python padrão, o VS Code usa um comentário especial para denotar as células: # %%. Para converter um Jupyter notebook existente, abra-o e clique no botão Exportar como no menu na parte superior do notebook; veja a Figura B-2. Isso permitirá que você selecione "Arquivo Python" na paleta de comandos. Porém, em vez de converter um arquivo existente, criaremos um novo arquivo que chamamos de *cells.py* com o seguinte conteúdo:

```
# %%
3 + 4
# %% [markdown]
# # Isto é um título
#
# Algum conteúdo de marcação
```

As células de marcação precisam começar com # %% [markdown] e exigem que toda a célula seja marcada como comentário. Se você deseja executar um arquivo como notebook, clique no link "Executar Abaixo" que aparece quando você passa o mouse sobre a primeira célula. Isso abrirá a *Janela Interativa do Python* à direita, como na Figura B-4.

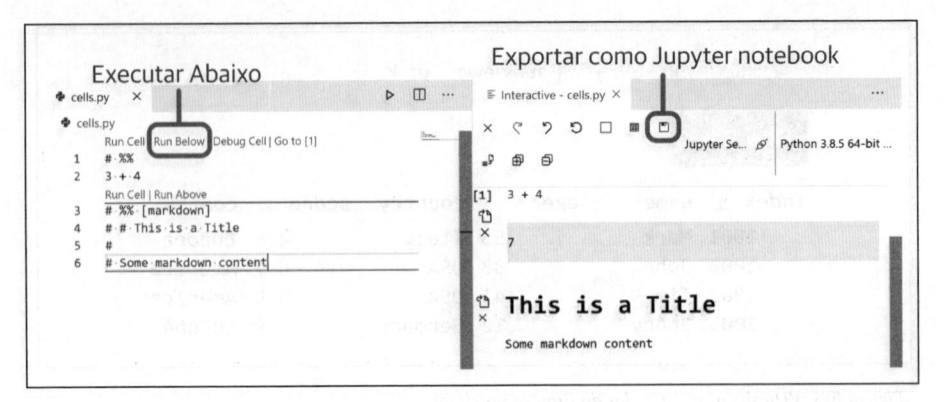

Figura B-4. Janela Interativa do Python

A Janela Interativa do Python é mostrada novamente como notebook. Para exportar seu arquivo no formato *ipynb*, clique no ícone Salvar (Exportar como Jupyter notebook) na parte superior da Janela Interativa do Python. A Janela Interativa do Python também tem uma célula na parte inferior de onde você pode executar o código interativamente. O uso de arquivos Python comuns, em vez de Jupyter notebooks, permite que você use o depurador VS Code e facilita o trabalho com controle de versão, pois as células de saída, que normalmente adicionam muito ruído entre as versões, são ignoradas.

APÊNDICE C
Conceitos Avançados do Python

Neste apêndice, examinaremos melhor os três tópicos a seguir: classes e objetos, objetos datetime com fuso horário e objetos mutáveis versus imutáveis. Os tópicos são independentes, portanto você pode lê-los em qualquer ordem.

Classes e Objetos

Nesta seção, escreveremos nossa própria classe para entender melhor como classes e objetos se relacionam. As classes definem novos tipos de objetos: uma classe se comporta como uma fôrma desmontável que você usa para assar bolos. Dependendo dos ingredientes usados, você obtém um bolo diferente, por exemplo, um bolo de chocolate ou um cheesecake. O processo de obter um bolo (o objeto) a partir da fôrma desmontável (a classe) é chamado de *instanciação*, e é por isso que os objetos também são chamados de *instâncias de classe*. Se é um bolo de chocolate ou um cheesecake, ambos são um *tipo* de bolo: as classes permitem que você defina novos tipos de dados que mantêm dados (*atributos*) e funções (*métodos*) relacionados juntos e, portanto, ajudam você a estruturar e organizar seu código. Deixe-me agora retornar ao exemplo do jogo de corrida de carros do Capítulo 3 para definir nossa própria classe:

```
In [1]: class Car:
            def __init__(self, color, speed=0):
                self.color = color
                self.speed = speed

            def accelerate(self, mph):
                self.speed += mph
```

Esta é uma classe `car` simples com dois métodos. Métodos são funções que fazem parte de uma definição de classe. Essa classe tem um método regular chamado `accelerate`. Esse método irá alterar os dados (`speed`) de uma instância dessa classe. Também possui um método especial que começa e termina com sublinhados duplos chamado `__init__`. Ele será chamado automaticamente pelo Python quando um objeto for *inicializado* para anexar alguns dados iniciais ao objeto. O primeiro argumento de cada método representa a instância da classe e é chamado `self` por convenção. Isso ficará mais claro quando você vir como usa a classe `Car`. Primeiro, iremos instanciar dois carros. Você está fazendo isso da mesma forma como chama uma função: chame a classe adicionando parênteses e fornecendo os argumentos do método `__init__`. Você nunca fornece nada para `self`, pois o Python cuidará disso. Nesta amostra, `self` será `car1` ou `car2`, respectivamente:

```
In [2]: # Iremos instanciar dois objetos car
        car1 = Car("red")
        car2 = Car(color="blue")
```

Quando você chama uma classe, está realmente chamando a função `__init__`, e é por isso que tudo em relação aos argumentos da função também se aplica aqui: para `car1`, fornecemos o argumento como um argumento posicional e, para `car2`, usamos argumentos de palavra-chave. Depois de instanciar os dois objetos `Car` da classe `Car`, daremos uma olhada em seus atributos e chamaremos seus métodos. Como veremos, depois de acelerar `car1`, a velocidade de `car1` é alterada, mas a velocidade de `car2` permanece igual, pois os dois objetos são independentes:

```
In [3]: # Por padrão, um objeto imprime sua localização de memória
        car1
Out[3]: <__main__.Car at 0x7fea812e3890>
In [4]: # Os atributos fornecem acesso aos dados de um objeto
        car1.color
Out[4]: 'red'
In [5]: car1.speed
Out[5]: 0
In [6]: # Chamando o método de aceleração em car1
        car1.accelerate(20)
In [7]: # O atributo de velocidade de car1 mudou
        car1.speed
Out[7]: 20
In [8]: # O atributo de velocidade de car2 permaneceu o mesmo
        car2.speed
Out[8]: 0
```

O Python também permite que você altere os atributos diretamente sem precisar usar métodos:

```
In [9]: car1.color = "green"
In [10]: car1.color
Out[10]: 'green'
In [11]: car2.color  # Inalterado
Out[11]: 'blue'
```

Para resumir: as classes definem os atributos e os métodos dos objetos. As classes permitem que você agrupe funções relacionadas ("métodos") e dados ("atributos") para que possam ser acessados convenientemente por meio da notação de ponto: `myobject.attribute` ou `myobject.method()`.

Trabalhando com Objetos datetime com Fuso Horário

No Capítulo 3, examinamos brevemente os objetos datetime sem fuso horário. Se o fuso horário for importante, você geralmente trabalha no fuso horário *UTC* e apenas transforma os fusos locais para fins de exibição. UTC significa *Coordinated Universal Time* e é o sucessor do Greenwich Mean Time (GMT). Ao trabalhar com Excel e Python, você pode querer transformar os timestamps simples, conforme fornecidos pelo Excel, em objetos datetime com fuso horário. Para ter suporte do fuso horário no Python, você pode usar o pacote dateutil, que não faz parte da biblioteca padrão, mas vem pré-instalado com o Anaconda. Os exemplos a seguir mostram algumas operações comuns ao trabalhar com objetos datetime e fusos horários:

```
In [12]: import datetime as dt
         from dateutil import tz
In [13]: # Objeto datetime sem fuso horário
         timestamp = dt.datetime(2020, 1, 31, 14, 30)
         timestamp.isoformat()
Out[13]: '2020-01-31T14:30:00'
In [14]: # Objeto datetime com fuso horário
         timestamp_eastern = dt.datetime(2020, 1, 31, 14, 30,
                                        tzinfo=tz.gettz("US/Eastern"))
         # A impressão em isoformato facilita
         # a visualização da diferença do UTC
         timestamp_eastern.isoformat()
Out[14]: '2020-01-31T14:30:00-05:00'
In [15]: # Atribuir fuso horário a um objeto datetime simples
         timestamp_eastern = timestamp.replace(tzinfo=tz.gettz("US/Eastern"))
         timestamp_eastern.isoformat()
Out[15]: '2020-01-31T14:30:00-05:00'
In [16]: # Converta de um fuso horário para outro.
         # Como o fuso horário UTC é muito comum,
         # existe um atalho: tz.UTC
         timestamp_utc = timestamp_eastern.astimezone(tz.UTC)
         timestamp_utc.isoformat()
Out[16]: '2020-01-31T19:30:00+00:00'
In [17]: # Com fuso horário a sem fuso horário
         timestamp_eastern.replace(tzinfo=None)
Out[17]: datetime.datetime(2020, 1, 31, 14, 30)
In [18]: # Hora atual sem fuso horário
         dt.datetime.now()
Out[18]: datetime.datetime(2021, 1, 3, 11, 18, 37, 172170)
In [19]: # Hora atual no fuso horário UTC
         dt.datetime.now(tz.UTC)
Out[19]: datetime.datetime(2021, 1, 3, 10, 18, 37, 176299, tzinfo=tzutc())
```

> ## Fusos Horários com Python 3.9
>
> O Python 3.9 adicionou o suporte de fuso horário adequado à biblioteca padrão na forma do módulo `timezone`. Use-o para substituir as chamadas `tz.gettz` de `dateutil`:
>
> ```
> from zoneinfo import ZoneInfo
> timestamp_eastern = dt.datetime(2020, 1, 31, 14, 30,
>                                 tzinfo=ZoneInfo("US/Eastern"))
> ```

Objetos Python Mutáveis versus Imutáveis

Em Python, os objetos que podem mudar seus valores são chamados de *mutáveis* e aqueles que não podem são chamados de *imutáveis*. O Quadro C-1 mostra como os diferentes tipos de dados se qualificam.

Quadro C-1. Tipos de dados mutáveis e imutáveis

Mutabilidade	Tipos de Dados
Mutável	Listas, dicionários, conjuntos
Imutável	Inteiros, floats, booleanos, strings, datetime, tuplas

Saber a diferença é importante, pois os objetos mutáveis podem se comportar de maneira diferente do que você está acostumado em outras linguagens, incluindo o VBA. Dê uma olhada no seguinte trecho de VBA:

```
Dim a As Variant, b As Variant
a = Array(1, 2, 3)
b = a
a(1) = 22
Debug.Print a(0) & ", " & a(1) & ", " & a(2)
Debug.Print b(0) & ", " & b(1) & ", " & b(2)
```

Isso imprime o seguinte:

```
1, 22, 3
1, 2, 3
```

Agora faremos o mesmo exemplo em Python com uma lista:

```
In [20]: a = [1, 2, 3]
         b = a
         a[1] = 22
         print(a)
         print(b)
[1, 22, 3]
[1, 22, 3]
```

O que aconteceu aqui? Em Python, variáveis são nomes que você "anexa" a um objeto. Ao fazer b = a, você anexa os dois nomes ao mesmo objeto, a lista [1, 2, 3]. Todas as variáveis anexadas a esse objeto irão, portanto, mostrar mudanças na lista. Porém, isso só acontece com os objetos mutáveis: se você substituir a lista por um objeto imutável como uma tupla, alterar a não alteraria b. Se você deseja que um objeto mutável como b seja independente das alterações em a, deve copiar explicitamente a lista:

```
In [21]: a = [1, 2, 3]
         b = a.copy()
In [22]: a
Out[22]: [1, 2, 3]
In [23]: b
Out[23]: [1, 2, 3]
In [24]: a[1] = 22   # Mudar "a"...
In [25]: a
Out[25]: [1, 22, 3]
In [26]: b   # ...não afeta "b"
Out[26]: [1, 2, 3]
```

Ao usar o método copy de uma lista, você está criando uma *cópia superficial*: você obterá uma cópia da lista, mas, se a lista contiver elementos mutáveis, eles ainda serão compartilhados. Se deseja copiar todos os elementos recursivamente, precisa fazer uma *cópia profunda* usando o módulo copy da biblioteca padrão:

```
In [27]: import copy
         b = copy.deepcopy(a)
```

Vejamos agora o que acontece quando você usa objetos mutáveis como argumentos de função.

Chamando Funções com Objetos Mutáveis como Argumentos

Se você vem do VBA, provavelmente está acostumado a marcar argumentos de função como passagem por referência (ByRef) ou passagem por valor (ByVal): quando você passar uma variável para uma função como argumento, a função terá a capacidade de alterá-la (ByRef) ou trabalhará em uma cópia dos valores (ByVal), deixando assim a variável original intocada. ByRef é o padrão no VBA. Considere a seguinte função em VBA:

```
Function increment(ByRef x As Integer) As Integer
    x = x + 1
    increment = x
End Function
```

Em seguida, chame a função assim:

```
Sub call_increment()
    Dim a As Integer
    a = 1
    Debug.Print increment(a)
```

```
        Debug.Print a
    End Sub
```

Isso imprimirá o seguinte:

```
2
2
```

No entanto, se você alterar `ByRef` na função `increment` para `ByVal`, imprimirá:

```
2
1
```

Como isso funciona no Python? Ao passar variáveis, você passa nomes que apontam para objetos. Isso significa que o comportamento depende de o objeto ser mutável ou não. Primeiro usaremos um objeto imutável:

```
In [28]: def increment(x):
             x = x + 1
             return x
In [29]: a = 1
         print(increment(a))
         print(a)
2
1
```

Agora repetiremos a amostra com um objeto mutável:

```
In [30]: def increment(x):
             x[0] = x[0] + 1
             return x
In [31]: a = [1]
         print(increment(a))
         print(a)
[2]
[2]
```

Se o objeto for mutável e você quiser deixar o objeto original inalterado, precisará passar uma cópia do objeto:

```
In [32]: a = [1]
         print(increment(a.copy()))
         print(a)
[2]
[1]
```

Outro caso a ser observado é o uso de objetos mutáveis como argumentos padrão nas definições de funções — vejamos por quê!

Funções com Objetos Mutáveis como Argumentos Padrão

Quando você escreve funções, normalmente não deve usar objetos mutáveis como argumentos padrão. A razão é que o valor dos argumentos padrão é avaliado apenas uma vez como parte da definição da função, não sempre que a função é chamada. Portanto, usar objetos mutáveis como argumentos padrão pode levar a um comportamento inesperado:

```
In [33]: # Não faça isso:
         def add_one(x=[]):
             x.append(1)
             return x
In [34]: add_one()
Out[34]: [1]
In [35]: add_one()
Out[35]: [1, 1]
```

Se quiser usar uma lista vazia como argumento padrão, faça isto:

```
In [36]: def add_one(x=None):
             if x is None:
                 x = []
             x.append(1)
             return x
In [37]: add_one()
Out[37]: [1]
In [38]: add_one()
Out[38]: [1]
```

Sobre o Autor

Felix Zumstein é o criador e mantenedor do xlwings, um pacote de código aberto popular que permite a automação do Excel com o Python no Windows e no macOS. Ele também organiza os encontros xlwings em Londres e Nova York para promover uma ampla gama de soluções inovadoras para o Excel.

Como CEO da xltrail, um sistema de controle de versão para arquivos do Excel, ele conversou com centenas de usuários que usam o Excel para tarefas críticas de negócios e, portanto, obteve uma visão profunda dos casos de uso e dos problemas típicos do Excel em vários setores.

Colofão

O animal na capa do livro *Python para Excel* é uma falsa cobra coral (*Anilius scytale*). Essa cobra de cores vivas, também conhecida como cobra de cachimbo americana, é encontrada na região das Guianas da América do Sul, na Floresta Amazônica e em Trinidade e Tobago.

A falsa cobra coral cresce até cerca de 70cm de comprimento e tem faixas vermelhas e pretas brilhantes. Sua aparência é semelhante à da cobra coral, de quem deriva um de seus nomes comuns; no entanto, a cobra coral falsa não possui as faixas amarelas distintas da cobra coral "verdadeira". Seu corpo tem aproximadamente o mesmo diâmetro na maior parte de seu comprimento, com uma cauda muito curta, dando-lhe uma aparência de tubo. Seus pequenos olhos são cobertos por grandes escamas na cabeça.

Observou-se que essa cobra escavadora é ovovivípara. Alimenta-se de besouros, anfíbios, lagartos, peixes e outras pequenas cobras. A falsa cobra coral também retém esporas, ou pequenos pedaços protuberantes de osso perto de sua cloaca, que são vestígios de quadris e, ocasionalmente, ossos da perna. Essa característica, juntamente com os ossos grossos e a forma distinta de seu crânio, faz com que a falsa cobra coral lembre a condição ancestral das cobras, semelhantes a um lagarto.

O estado de conservação da falsa cobra coral é "Deficiente de dados", o que significa que ainda não há informações suficientes para julgar a ameaça de sua extinção. Muitos dos animais nas capas dos livros desta coleção estão ameaçados de extinção; todos eles são importantes para o mundo.

A ilustração da capa é de Karen Montgomery, baseada em uma gravura em preto e branco da English Cyclopedia Natural History. As fontes da capa são Gilroy Semibold e Guardian Sans. A fonte do texto é Adobe Minion Pro; a fonte do cabeçalho é Adobe Myriad Condensed; e a fonte do código é Ubuntu Mono de Dalton Maag.

Índice

A

Alinhamento de dados 85, 89, 102

Ambiente
    Conda 29
    de desenvolvimento 21
    de desenvolvimento integrado (IDE) 37
    virtual 29

Anaconda 27, 277

Análise de dados 85

API
    da web 222
    oficial 260
    REST 223

Argumento
    axis 103, 111
    caller 264
    convert 189, 259
    first_cell 154
    index_col 125
    kw_list
    last_cell 154
    parse_dates 125
    self 287
    start 61
    step 61
    stop 61
    timeframe
    update=True 265

Argumentos
    de palavra-chave 65
    nomeados 66
    posicionais 65

Arquivos CSV 12, 119, 260

Arrays 53, 73
    CSE herdados 256, 259
    de floats 78
        unidimensionais 78
    dinâmicos 253, 259

NumPy 77, 83, 115, 118, 184, 269
    visualizar versus copiar 83

Atalhos de teclado 34

Atribuição aumentada 63

Atributo
    api 200
    date 126
    dtype 78
    iloc 93, 97
    loc 92, 97
    str 104
    value 183, 188

Autocompletar 36

AutoFiltro xiv

Azure DevOps 10

B

Back-end 13, 237, 241

Banco de dados 7
    do Python Package Tracker 227
    NoSQL 226
    PostgreSQL 226
    relacional 108, 225

Barra
    de atividades 39
    de status 39
    de tarefas 23

Biblioteca 15
    Altair 117
    Bokeh 117
    do Python xv
    HoloViews 117
    Matplotlib 113, 167, 191
    NumPy 84
    padrão 15
    Pillow 193
    Plotly 115, 127
    Seaborn 117

Big data xiii

Binder 35

Bitbucket 10

Bloco
    except 235
    finally 235
    try 235

Bloco de código 59

Bugs 16

C

Cache 270
    armazenando em 270

Cálculos
    aritméticos 93
    vetorizados 99

Camada
    de apresentação 6
    de dados 6
    de negócios 6

Caminho
    absoluto 25
    relativo 25

Caractere pipe 56

Células
    de código 285
    de marcação 285

Chamadas de função 46

Chave
    composta 228
    estrangeira 228
    primária 228

Classe
    Book 182
    DataFrame 188
    datetime 68
    ExcelFile 143, 145, 153
    ExcelWriter 148, 153
    Path 141

Cláusula else 235, 270

Código 13, 31

aberto 16
    espaguete 18
    VBA 11, 21

Coleção
    charts 192
    nomes definidos 193

Coleções 188

Comando
    cd 41, 248
    code 40
    conda 279
    input() 246
    install 205
    python 279
    quickstart 203, 205, 210, 248
    save 186
    serve 266

Comandos mágicos 115, 167

Comentários 49

Commit message 11

Compatibilidade 18

Computing stack 14

Concatenação 107

Conda 27
    comandos 27
    versus pip 27

Condição de junção 109

Confiabilidade 101

Construtor 47
    bool 50
    de array 82
    float 47
    int 47
    set 57

Consultas SQL 71, 230

Controle de versão 10, 37, 286

Controles
    ActiveX 19, 209

de formulário 209
Conversores 188
    de valores brutos 268
    integrados 189
Cópia
    profunda 291
    superficial 291
Correlação 130

D
Dados
    ausentes 100
    duplicados 101
    homogêneos 78
    redundantes 226, 227
Data Analysis Expressions xiii
DataFrame 17, 85, 110, 124, 178, 225, 253
    adicionar colunas extras 99
    booleano 94
    colunas 90
        de texto 104
    combinando 106
    filtrar seu 95
    formatar 168
    importando e exportando 118
    linhas 90
    transpondo um 91
    visualizar versus copiar 106
DAX xiii, 12
Declaração import 67
Decorador 250
    de função 250
    de retorno 258
    func 251
    lru_cache 271
    xw.func 272
    xw.sub 272

Dependências 16, 29, 278
Depuração 244
Depurador 37, 266, 283
Destaque da sintaxe 32, 36
Dicas do tipo 72
Dicionário 55
    cache 270
    compreensões de 63
    descompactar 56
    releases 225
Diretório 24, 40
    pai 25
Distribuição 22
Distribuição Anaconda Python 21
Downsampling 133

E
Editor de texto 36
Encadeamento de métodos 89
Escalar 79, 191
Espaço em branco significativo 59
Estatística descritiva 101, 110
Estruturas de dados 53, 189
Executáveis congelados 213
Explorador de variáveis 283
Expressões
    condicionais 60
    lambda 105, 144
Extensões 37
    de arquivo 25

F
Fatiamento 53, 71, 83, 184
    de rótulos 92

Ferramentas 23, 43
    integradas 37
Fluxo
    de controle 58
    do código 18
Fonte dinâmica 265
Formatação condicional 239
Fórmulas
    baseadas em array 269
    de célula única 268
    INDIRECT 239
    PROCV 106
Fortran 17
Front-end 237
Função 8
    add_package 241, 245
    aggfunc 112
    anônima 105
    arange 82
    concat 107, 131
    conversora 144
    create_db 243
    create_engine 244
    date_range 124
    definida pelo usuário (UDF) 247, 264
    describe 255
    determinística 270
    fix_missing 144
    __init__ 288
    Join 108
    lambda 4
    main 209
    melt 113
    Merge 108
    pivot_table 112
    plot 265
    print 32, 265
    read 154
    read_csv 119, 121, 126

read_excel 86, 140, 143, 153
RunPython 203, 206, 207, 210, 241
show_history 245
spline cúbica 8
strptime 69
text 233
to_datetime 125
to_excel 153
UNIQUE 259
view 178
volátil 251
write 154
Funcionalidade
    ausente 200
    AutoAjuste 179
Funções 46, 64
    chamando as 65
    universais (ufunc) 80

G
Gerenciadores
    de contexto 146
    de pacotes 9, 27
Git 10, 275
GitHub xiv, 10
GitHub Codespaces 37
GitLab 10
Globbing 142
    recursivo 142
Google 35
Google Trends 253
Guia de estilo 55, 70

I
Implantação 212
Indexação 52, 71, 183
    booleana 94, 98
    encadeada 81
Indexar 184
Índice 88, 170

baseado em um 185
baseado em zero 185
DataFrame 88
DatetimeIndex 124
MultiIndex 96, 111
Injeção de SQL 232
Instanciação 68, 69, 287
Instâncias de classes 69, 287
Instrução
   assert 261
   break 62
   Case 56
   continue 62
   except 235
   if 58, 243, 266
   if/else 60
   import 67, 244
   pass 59
   return 65
   Set 46
   VBA
      For Each 61
   with 146, 155
Instruções 18
   GoTo 18
   obrigatórias 65
   opcionais 65
   Resume 18
Interpretador Python 26, 166, 215
Intervalo nomeado 193

J
Janelas contínuas 135
JavaScript Object Notation (JSON) 222
Jupyter 21
   kernel 35
   notebooks 18, 21, 29, 283

K
Kaggle 35
Kernel 35

L
Legibilidade 14
Linhas duplicadas 101
Linter 72
   flake8 72
Listas 54, 98
   aninhadas 54, 77, 118, 199, 284
   compreensões de 58, 63
   concatenar 54
   simples 78
Literais 58, 69
Localização por índice 93
London Whale 5, 19
Loop
   aninhado 80
   de célula 154
   for 58, 60
   while 58, 60

M
Macro 25, 160, 207
   habilitar 207
Manipulação 91
   de dados 106
Manutenibilidade 14
Mapeamento objeto-relacional 229
Markdown 32, 49
Mecanismo
   GoTo 234
   try/except 146, 234
Média móvel 135
Memorização 271
Merge requests 10
Método
   add 103, 192

agg 111
append 165
applymap 104
astype 126
autofit 196
capitalize 104
copy 291
corr 132
date 262
describe 120
de string
   lower 65
drop_duplicates 101
duplicated 101
expand 189
ffill 134
get 56
head 120
info 87, 120, 143
__init__ 287
isoformat 262
items 62
mean 111, 135
ohlc 134
options 188, 255, 259, 270
pct_change 130
plot 114, 253, 264
read_json 225
read_sql 244
reindex 89, 91
replace 99
resample 134
resolve 141
rglob 142
rolling 135
save 156
shift 129
sort_index 89
sort_values 90
strftime 69

strip 104
tail 120
to_csv 119
to_excel 148, 171
to_sql 244
tz_convert 128
update 192
Métodos 47
   de DataFrame 89, 106
   de string 104
Migração 226
M, linguagem xiii
Modelo quantitativo xiv
Modelo-Visão-Controlador (MVC) 236
Modin 168
Modo
   de comando 33
   de edição 33
Modularidade 6
Módulo
   copy 291
   datetime 68
   excel.py 153
   first_udf 249
   functools 271
   json 222
   packagetracker 241
   pathlib 141
Multiplataforma 37
mypy 73

N
Namespace 68
NaN (Not-a-Number) 100, 131, 148
None 50, 65
Normalização 225
Notação matemática 79
Números
   pseudoaleatórios 81, 115

NumFOCUS 16
NumPy 4, 77

O
Objeto 287
   api 201
   app 185
   datetime 289
   figure 192
   imutável 290, 292
   macro 187
   mutável 290, 292
   range 182, 255, 270
   request 262
   sheet 180
   Styler 172
Objetos 46, 47
   datetime 47
   imutáveis 272
   mutáveis 272
Opções 189
   integradas 190
OpenPyXL xv, 22
Open Source Software (OSS) 16
Operação element-wise 79
Operações do conjunto 58
Operadores
   aritméticos 103
   booleanos 49, 95
   groupby 97
   matemáticos 48, 63
   ternários 60
Ordem de execução 34
ORM 229
Outliers 96

P
Pacote
   dateutil 289

oletools 173
OpenPyXL 152, 155, 165
pyexcel 173
PyExcelerate 173
pylightxl 173
pytrends 260
pyxlsb 147, 152, 161
reader xvi
styleframe 173
writer xvi
xlrd 152, 162, 165
XlsxWriter 152, 159, 165
xlutils 152, 164
xlwings 153, 177, 195, 203, 248
xlwt 152, 163
Palavra-chave def 64
Paleta de Comandos 39
pandas xv, 4, 22, 68, 85, 97, 174, 220
   limitações 136, 150
Paralelização 166
Parâmetro
   convert 188
   date_format 154
   engine 153
   fillna 101
   how 100
   isna 100
   keep=False 101
   keep_vba 158
   selection 256
   sheet_name 143
   skiprows 143
   usecols 143
Parâmetros
   read_excel 147
   to_excel 149
pip 27
   comandos 27
   installs packages 15

Plotagem 113, 264
   no pandas 117
PostgreSQL 244
Power BI 13
   Desktop 13
Power Pivot xiii, 12
Power Query xiii, 12, 260
Princípio DRY 8, 16
Prompt
   de comando 21
   do Anaconda 21, 41
Propostas de Aprimoramento do Python (PEP) 70
   PEP 8 70
Propriedade
   Cells 184
   value 272
Protocolo HTTP 222
PTVS 38
Pull requests 10
pydantic 72
PyPy 15
Python xiii
   janela interativa 286
   REPL 27
   sessão interativa do 26
Python Package Index (PyPI) 15, 219
Python Package Tracker 219, 243
   funcionalidade principal 221
PYTHONPATH 209, 214, 252

R
Ramificações 228
Rebaseamento 130
Reinicialização 279
Repositório complementar 36

Rótulos 18, 92, 102
   ErrorHandler 18
   Finally 18

S
Salesforce 12
Sandbox 186
Scripts 64, 203
   do Python 13, 21, 36, 285
   xlwings 244
Separação de conceitos 6, 236
Separador de lista 181
Série 85, 93, 110, 191
   booleana 94, 101
   temporal 123
      manipulações comuns de 128
Sets 57
   compreensões de 63
Simulações de Monte Carlo 83
Sintaxe
   CSS 172
   from x import y 68
   JavaScript 222
   sheet[row_selection, column_selection] 185
Sistema de controle de versão (VCS) 10
Solicitação
   GET 222
   POST 222
SQLAlchemy 229
SQLite 225, 228
SQL (Linguagem de Consulta Estruturada) 226
StackOverflow xiv
String 36, 183
   bruta 119
   concatenar 50

de formatação 156

de frequência 134

de texto 104

docstring 70, 261

formatar 105

f-string 105

f-strings 51, 233

JSON 225

raw 199, 270

repetir 50

Subdependências 16

Suplementos VBA 8

T

Tabela 87

dinâmica 112

Teoria Moderna do Portfólio 17

Testes 9

automatizados 9

de unidade 9

Tipagem dinâmica 46

Tipos de dados 45

booleanos 49

numéricos 47

decimal 48

de ponto flutuante (float) 47

números inteiros (int) 47

strings 50

Transmissão 79, 132

Tratamento

de erros 18

de exceções 219, 234

Tuplas 57

concatenar 57

U

ufuncs 104

Upsampling 133

UserVoice xiii

V

Validação de dados 239

Valores 30

brutos 269

de retorno 41, 65

hex 157

Variância 17, 135

Variável 46

de ambiente 215, 252

df 284

embutida 61

enumerate 61

range 61

VCS 10

Versões do pacote 28

Vetorização 77, 79, 85, 102, 129

Visual Basic for Applications (VBA) xiii, 3

Visualização diff view 11

Visualizador de dados 178

Visual Studio Code (VS Code) 21, 36, 140, 244, 281

versus Visual Studio (IDE) 38

X

xltrail 11

xlwings 22

PRO 217

Z

Zen of Python 14